# 교사를 일깨우는 사유

양은주 엮음

문음사
도서출판

# | 서 문 |

교육현실의 근본적인 변화는 현장에서 교육의 본질에 관한 물음을 사유하며 깨어 있는 교사를 통해서만 가능하다고 나는 믿는다. 교사가 가르침의 일상 속에서 '도대체 무엇이 진정한 교육인가'를 되묻고, 인간이란 존재의 가능성과 한계, 앎과 배움의 본뜻, 공동의 좋은 삶의 의미를 더불어 사유하며, 자신의 실천을 반성적으로 새롭게 모색해 나갈 때, 교육은 비로소 질적으로 달라질 수 있다. 모든 정책적 · 제도적 지원, 교육과학적 분석, 기술공학적 처방 등은 그 자체로는 교육 혁신을 가져올 수 없으며, 주체적인 교사의 철학적 사유와 실험적 실천의 힘에 의해 매개될 때라야만 순기능을 발휘하는 것이다.

그런데 교사의 철학적 사유란, 교육의 질을 높이고 학교교육의 현실을 개선할 수 있는 것이기에 앞서, 무엇보다도 교사 자신의 삶을 풍요롭고 의미 있고 행복하게 만들어 주는 것이라고 나는 믿는다. 철학적 사유는 사람됨의 근본적인 요구라는 점에서, 어떤 일을 하며 살아가든지 모두에게 필요하고 삶의 의미와 방향성을 주는 것이다. 그렇지만 특히 인간의 교육적 성장을 배려하며 자라나는 아이들과 만나는 교사는 내면으로부터 철학적 사유의 요구를 더욱 강렬하게 느낄 수 있다. 기계적 · 기능적 · 관성적으로 되어 가는 일상 속에 함몰되지 않는 한, 인간을 가르치는 교사의 일에는 철학적 사유의 계기가 늘 존재하기 때문이다. 아이들과 만나는 자리에서 온 몸과 마음이 살아 깨어 있다면, 가르치려는 우리 자신을 찌르는 '마음의 가시'는 어디에나 있다. 이를 계기로, 당연하게 여기며 묻어버렸던 교육의 가치를 돌이켜 보고, 스쳐 지나간 경험의 교육적 의미를 다시 숙고하며, 우리 자신의 교육 실천에 대해 의식적이 될 때, 우리는 스스로를 주체적인 존재로 느끼며, 교사로서 의미있고 행복한 삶과 성장의 길을 열어갈 수 있다.

이 책은 교사가 되려는 이들과 현장 교사들을 교육철학적 사유의 길로 안내하기 위한 목적으로 기획되었다. 그러나 이 책은 교육철학 분야의 주요 주제들을 체계적으로 기술하는 형식의 일반적인 개설서와는 약간 다른 형식을 취한다. 이 책에서는 교육의 이론과 실제에 대한 철학적 논의 주제들을 선별하고, 각각의 주제에 맞는 고전적 교육철학 텍스트와 그 사상사적 맥락과 의의를 해설하는 성격의 글을 함께 실었다.

좀 더 구체적으로 설명하면, 1장은 이 책의 전체 주제들에 대한 도입부로서, 교사들에게 교육철학의 성격과 의미를 생각해 보도록 안내하는 글을 모았다. 2장부터 5장까지는 각각 지식의 문제와 교육, 가치의 문제와 교육, 학교교육과 사회, 인간이해와 교육이라는 주제를 생각해 볼 수 있도록 구성하였다. 각 주제를 다루기에 적절한 화두를 제공하는 교육철학 고전으로는 플라톤의 『메논』, 루소의 『에밀』, 듀이의 『민주주의와 교육』, 볼노오의 『교육의 인간학』을 선정하였다. 플라톤의 『메논』을 제외한 나머지 고전적 텍스트는 해당 주제를 고려하여 일부를 발췌한 것이다. 그리고 각각의 교육 고전에 이어 사상사적 맥락에 대한 포괄적 이해를 돕는 글로서 이명준, 안인희, 양은주, 한명희 선생님의 저서에서 일부를 부분적으로 재구성하여 실었다. 마지막 6장은 결론적 주제로서, 프레이리와 그린의 교사론을 소재로 삼아 이 시대 교사의 본질적 의미와 역할을 성찰해 보도록 구성하고, 교사에 관한 교육철학적 탐구의 동향과 과제를 개괄하는 논문을 덧붙였다.

본서의 이러한 구성 방식은 철학자의 엄밀한 사유의 궤적을 직접 따라가는 글 읽기가 철학적 사유의 힘을 기르는 최선의 방법이라는 엮은이의 믿음에 토대를 두고 있다. 다시 말해, 완성된 사고의 집적물을 가리키는 명사로서 '철학 내용'이 아니라 주체적인 행위를 뜻하는 동사로서 '철학하기'를 배우기 위해 적절한 소재는 다른 무엇보다 위대한 사상가의 교육철학적 텍스트이다. 교사의 실천 가운데 철학하기란 자신이 갖고 있던 기존의 일상적인 생각들을 모아 하나의 교육적 신념으로 확고하게 굳혀 세우는 일과 동일한 것이 아니다. 그것은 인습과 관행에 따라 무의식적으로 교육행위 속에 녹아들게 된 신념들에 대해 비판적으로 반성하고, 총체적 · 건설적 사유를 통해 새롭게 재구성해 나가는 수고로운 과정이다. 물론 플라톤, 루소, 듀이, 볼노오 등의 철학적 저술을 직접 읽는 일은 쉽지 않다. 그러나 그것을 능동적으로 읽고 다시 읽으면서, 진정한 교사로서의 의식을 일깨우는 소리와 만날 수 있을 것이며, 교육 실천 가운데 '철학하는 마음의 습관'을 조금씩 키워갈 수 있을 것이다.

교육철학이란 어떤 학문 분야이며, 교사가 되려는 이들에게 어떤 도움을 주는가? 학문적 탐구 영역으로서 교육철학이 교사를 위해 유의미한 것이 되려면 어떤 고려와 조정이 가해져야 할까? 교사를 위한 교육철학 공부는 무엇을 목표로 어떤 내용을 소재로 어떻게 가르치고 배워야 하는 것일까? 교육철학의 내용 영역을 구성하는 다양한 사상과 개념과 주제들 가운데 교사들이 꼭 알아야 할 것은 무엇일까? 이것들이 지난 8년 동안 엮은이가 예비 교사들에게 교육철학을 가르치며 거듭하여 새롭게 다시 만나게 되는 물음들이다. 이러한 물음들을 갖고 여러 가지 방식의 교육철학 수업을 시도해 보면서 지금까지 얻어진 나름의 답을 이 책에 담아 보고자 했다. 여러 가지로 아직은 미진하고 부족한 점이 많지만 독자들의 질정을 기다리며 계속 수정 보완해 가고자 한다.

이 책이 간행될 수 있게 된 데에는 많은 분들의 도움이 있었다. 누구보다도 우선 교육사상가의 고전적인 텍스트 번역본의 일부를 이 책에 실어 활용할 수 있도록 허락해 주신 다섯 분의 번역자들과 논문과 책으로 발표된 옥고玉稿의 일부를 이 책에 실을 수 있도록 허락해 주신 세 분의 필자들에게 깊은 감사를 드린다. 또한 이 책의 간행을 계획하고 실행에 옮기도록 가까이에서 가장 실질적인 자극과 도움을 주신 교육사 전공 박연호 교수님께 깊이 감사드린다. 2004년 봄에 광주교대에 부임하여 〈교육의 역사적·철학적 이해〉 과목을 박 교수님과 팀티칭 방식으로 운영하면서, 교육철학의 학문적 성격 및 적합한 교재와 수업 방법에 대해 서로 의견을 나누고 고민과 수정을 거듭하는 과정을 통해 이 책이 지금과 같은 모습을 갖출 수 있게 되었다. 그리고 수업을 통해 만난 예비 교사들에게도 감사한 마음을 전한다. 쉽지 않은 철학 텍스트를 꼼꼼히 따져 읽고 함께 모여 궁리하고 참신한 발표와 질문으로 수업에 생기를 불어넣어준 그들이 있었기에, 이런 형식의 책의 의미와 가치에 대한 믿음을 확고히 할 수 있었다. 마지막으로 출판계의 어려운 사정 속에서도 이 책의 출판을 쾌히 허락해 주신 문음사의 조복자 사장님 이하 편집부 직원들께도 깊이 감사드린다.

2007년 8월  
무등산 기슭에서  
양은주 씀.

# | 차 례 |

## 4. 학교교육과 사회



## 5. 인간 이해와 교육



## 6. 교사의 교육철학

제 1 장

# 교육·철학·교육철학

- 맥신 그린, "철학하기와 세상 만들기"*

- 헬렌 켈러, "우물가에서"**

- 한스 라우쉔베르거, "교육함과 철학함"**

* Greene, Maxine (1973). "Doing Philosophy and Building a World", *Teacher as stranger: Educational Philosophy for the Modern Age*. Belmont, California: Wadsworth Publishing Company. pp. 3-25. (양은주 역).

이 글은 6장에 실린 "이방인으로서의 교사"와 함께 Thomson Learning Global Rights Group으로부터 번역 출판 허락을 얻어 수록하였다. 번역자가 독자의 이해를 돕고자 세부 주제별 소제목과 주석을 첨가하고, 1970년대 미국적 맥락을 반영한 예시 내용들의 일부를 중략하는 방식으로 재구성하였다.

** Flitner, A. & Scheuerl, H. (Eds.) (2000). 『사유하는 교사』(송순재 역). 서울: 내일을 여는 책. (원전제목: *Einfuhrung in Padagogisches Sehen und Denken*, 원본출판: 1984). "우물가에서": pp. 21-25; "교육함과 철학함": pp. 232-254.

위의 두 글은 모두 플리트너와 쇼이얼의 편저서, 『사유하는 교사』에 실린 것으로, 번역자의 허락을 얻어 수록하였다. "교육함과 철학함"은 본 장의 주제를 고려하여 일부를 중략하였다.

〈그림출처: M. Greene, *Teacher as Stranger*〉

교육철학이란 어떤 탐구 분야인가? 교육에 대해 철학함philosophizing education, 혹은 교육철학하기doing philosophy of education란 무엇인가? 교육의 철학적 탐구에 고유한 의미와 가치는 무엇인가? 그것은 다른 탐구 양식들, 특히 교육에 대한 과학적 접근과는 어떻게 구별되는가? 이 시대의 교사에게 교육에 대한 철학적 이해는 왜 필요한가? 교육과 철학과 교육철학은 어떻게 상호 관련되는가? 이러한 물음들을 토대로, 이 장은 교육철학의 학문적 성격과 교사의 교육철학 탐구가 갖는 의미를 이해하고, 교사 자신의 교육관에 대한 철학적 성찰의 계기를 마련해 보려는 목적으로 구성되었다.

이를 위해 만나는 첫 번째 글은 맥신 그린의 "철학하기와 세상 만들기"이다. 이 글은 가르치는 일을 자신의 "근본적인 프로젝트"fundamental project로 선택한 교사들을 위해 쓴 교육철학 입문서 첫 장을 옮긴 것이다. 현장 교사로서 자신의 실천적 경험을 토대로, 또한 실존철학과 현상학 및 프래그머티즘에 근간을 두는 교육철학적 관점을 반영하여, 저자는 교사들에게 교육현실의 불확실성 속에서 철학하기의 의미를 일깨우고자 한다. 이 글은 1970년대 초 미국적 상황을 배경으로 쓰인 것이지만, 교사들을 기계적·기능적으로 무감각하게 만드는 사회현실에 대한 비판적 통찰은 우리의 현실에서도 주목을 끈다. 특히 깊게 생각해 볼 부분은 철학과 교육철학의 성격에 관한 내용이다. 철학이란 "세계 이해에 접근하는 길"이며, 또한 "자기 자신을 알아가는 길"이요, 교육철학하기란 가르침과 배움에 내포된 것들을 "비판적으로 의식해가는 일"이다. 따라서 교사가 철학하기를 배울 수 있다면, 진정한 자유인이요, 자기 자신을 아는 자로서, 자신의 자유에 따라 행동하며, "실존하는 존재"가 될 수 있다고 말한다. 또한 철학하기를 통해 자신의 고유한 세계를 만들어가려는 교사에게 예술이 갖는 의미에 관한 논의도 음미해 봄직하다.

이어지는 두 가지 글은 플리트너와 쇼이얼이 독일에서 교육학 공부를 시작하는 이들을 위해 엮은 입문서, 『사유하는 교사』에서 발췌한 것이다. 먼저 헬렌 켈러가 쓴 "우물가에서"는 저자가 자신의 삶에서 교육적으로 의미심장한 변화의 계기가 되었던 경험을 묘사하는 짧은 글이다. 이 글을 통해 독자들은 헬렌 켈러의 사례로부터 교육학적 "현상"에 함축된 "전형적이고 범례적인 의미"를 읽어냄으로써, "교육학적 사유"로 안내될 수 있다. 이 글을 읽고 독자들은 각자 자신에게 의미 깊었던 교육적 경험을 떠올려보고 헬렌 켈러의 교육적 경험 사례와 유사한 패턴이나 의미 구조를 찾을 수 있는지 생각해 보았으면 한다.

한스 라우쉔베르거의 "교육함과 철학함"은 교육함에 내재된 불확정성을 인지하며 구체적인 교육적 상황에서 철학함이 필요함을 밝히는 글이다. 한편으로 교육함의 근거를 검증가능한 과학적 원리에 두려는 경험과학적 교육학과, 다른 한편으로 사회화로서의 교육을 문제시하는 비판적 교육학의 흐름에 대한 반성의 맥락에서 글이 전개된다. 이러한 논쟁들에 대한 선이해를 전제로 쓰였기에 다소 난해할 수 있으나, 주요 논지를 따라가 보면, 교육이란 무엇인가? 교육함에는 왜 그리고 어떠한 방식의 철학함이 요청되는가? 라는 물음에 답하려는 저자의 견해를 만날 수 있다. 특히 교육함에는 필연적으로 어떤 방향으로의 적극적인 안내와 인도가 필요하다는 것과 최종적으로는 아이들에게 그들 자신의 삶의 방향을 추구할 자유를 되돌려주어야 한다는 것 사이에 놓인 긴장감은, 구체적인 교육적 상황 속에서 민감하게 깨어있는 교사들에게 낯설지 않은 주제로 다가올 것이다. 또한 달팽이를 갖고 무심히 장난하는 어린 아이와 교육적 관계를 맺는 사례를 주목해 읽으며, 교육의 개념을 규정하는 조건과 교육함 가운데 철학함의 의미에 관한 저자의 독특한 관점을 읽을 수 있다.

# 철학하기와 세상 만들기

맥신 그린 지음 / 양은주 옮김

어떤 생각이 세계를 변화시키기 위해서는 먼저 그 생각을 품은 사람의 삶을 변화시켜야 한다. 그것이 하나의 좋은 본보기가 되어야 한다.

– 알베르 까뮈, 『노트 제5권, 1945년 9월~1948년 4월』 –

철학이란 우리의 지성에 마법을 거는 힘에 맞서 언어를 수단으로 벌이는 투쟁이다.

– 루드비히 비트겐슈타인, 『블루 북(*The Blue Book*)』 –

철학이란 새로이 얻은 앎이 우리에게 무엇을 요구하는지, 그러한 앎에 답하여 어떤 태도를 강력하게 요구하는지를 사유하는 일이다. 철학은 앞으로 무엇이 가능한가에 대한 생각이지, 이미 성취된 사실들의 기록이 아니다.

– 존 듀이, 『민주주의와 교육』 –

### *교사의 문제상황*

교육이 무엇인가는 보는 관점에 따라 달리 규정된다. 어떤 관점에서 교육이란 아동과 청소년들을 자신이 태어난 문화의 고유한 사고와 행동 양식으로 입문시키는 일이다. 다른 관점에서 교육은 무지에서 경험으로, 유아적이고 즉각적인 충동의 굴레에서 개념적 사고의 열린 지평으로 발전시키는 일이다. 또 다른 관점에서 교육이란 사회공동체가 자라나는 세대와 함께 자기를 재창조함으로써 역사 속에 존속하고자 힘쓰는 과정이다.

이렇게 일반화해서 볼 때, 교육이란 분명히 가치 있는 일이라 여겨진다. 계몽과 성장은 그 자체로 대단히 가치 있는 일이며, 지속 가능한 공동체적 삶을 보존하는 일도 그러하다. 그러나 사실상 교육은 진공 속에서 일어나는 것이 아니다. 교육자가 의도하거나 성취한 것의 가치는 그것이 행해지는 구체적인 실세계 맥락들에 따라 어떤 식으로든 달라진다. 따라서 이런 물음들이 제기될 수 있다. 만일 어떤 사회의 문화에 문제가 있다면, 어린이들을 모두 그런 사회에 적합한 구성원으로 이끄는 것이 진정으로 가치 있는 일이겠는가? 사회에서 어른들의 삶의 경험이 대부분 제한적이거나 무의미하다면, 어린이들이 본래의 순진무구함을 간직하도록, "본성 그대로의" 어린이다움을 간직한 사람들로 피어날 수 있도록 하는 것이 더 낫지 않을까? 어느 사회가 명백히 불의不義하고 불공평하다면, 교육자는 사회 변혁에 일차적으로 관심을 기울여야 하지 않을까? 쓸모없고 "병들은" 것으로 여겨지는 사회 유산이라면 전수해야 할 이유가 있을까? 과연 교육의 이름으로 퇴락한 문화를 되살리려 할 필요가 있겠는가?

이러한 물음들은 아주 극단적이긴 하지만, 우리 사회에 대한 비판들을 인지하며 고심하는 교사들의 문제의식과 무관하지 않다.[1] 그런 비판들을 심각하게 받아들이는 교사라면, 교사의 일을 의례적으로 규정하는 방식에 대해 모순과 혼란을 느낄 것이다. 예컨대, 흔히 말하듯이, 인지 발달의 고양, 자아실현의 고취, 혹은 시민의식의 함양 등을 위해 헌신한다 할지라도, 교사는 실제로 교실과 학교 내부 깊숙이에 스며있는 불신과 불확실성으로 인해 영향 받지 않을 수가 없다. 현대사회에서는 교육에 대해 역사상 유례없을 정도로 많은 것을 요구하고 있다. 반면에 제도화된 학교교육은 비효율성으로 인해 공격 받으면서 정당성과 지지를 모두 잃어가고 있다. 교사

---

1_ 예를 들어 다음과 같은 것을 참고할 것: 일반적인 논의로는 William Braden, *The Age of Aquarius*(Chicago: Quadrangle Books, 1970); Charles Reich, *The Greening of America*(New York: Random House, 1970) 등을 참조. 청소년 문제, 가치 변화와 이견에 관해서는 Daniel Berrigan and Robert Coles *The Geography of Faith* (Boston: Beacon Press, 1971); Noam Chomsky, *American Power and the New Mandarins*(New York: Pantheon Books, 1969); Erik H. Erikson, *Identity: Youth and Crisis*(New York: W. W. Norton & Company, 1968) 등을 참조. 인종 문제와 무질서의 문제는 James Baldwin, *The Fire Next Time*(New York: Dell Publishing Company, 1964); Kenneth Clark, *Dark Ghetto*(New York: Harper & Row, Publishers, 1965) 등을 참조.

는 교실에서의 실패에 대해 책임을 추궁 당하면서 여러 가지 요구를 받는다. 학생들의 학습결과를 향상시키라 하고, 개별화된 지도를 해주어야 한다 하고, 학생들에게 보다 직접적인 관심을 기울여주라 한다. 이런 식으로 오늘날 교사는 갑작스레 온갖 방향에서 자신을 끌어당기는 듯한 상황에 처하게 되었다. 교사는 과연 누구에 대해 책임을 져야 하는가? 공동체, 학교 행정가, 자신의 학생들, 동료 교사들, 혹은 그 누구에 대해서 책임을 져야 할까? 그리고 교사는 무엇을 책임져야 할까?

교육의 중요성에 대해서도 교사는 여러 가지 말을 듣는다. 오로지 교육을 통해서만 아이들은 변화하는 환경에 대처하고, 사회 복지에 기여하고, 자신들의 좋은 삶을 위한 준비를 해갈 수 있다고들 말한다. 오로지 교육을 통해서만 아이들 개개인이 독립적이고 비판적으로 사고하는 자유인이 되어 스스로 의미를 창조할 수 있게 된다고들 말한다. 오로지 교육을 통해서만 직업을 선택하고 삶의 이력을 발전시켜 나갈 수 있다고들 한다. 오로지 교육을 통해서만 사회적인 불의를 줄여나가고 국가적 안위를 지키고 사회 진보를 보장할 수 있다고들 한다. 그대로 듣고만 있으면, 교사는 어디를 가나 온갖 현란한 언어의 공세를 받을 것이다. 신문을 통해서나 회의실이나 거리에서까지도 온갖 소리를 듣게 될 것이다. 교육에 대한 납세자들의 불평, 가난한 이들의 항변, 더욱 향상된 수행 능력에 대한 기업가의 요구, 수업 계획에 자신들의 목소리를 반영하라는 학생들의 요청, 정부의 입장에서 규준을 부과하는 지침 등이 교사를 둘러싸고 넘쳐나고 있다.

이런 식의 온갖 요구에 교사들이 대처하는 방식은 다양하다. 때로는 교사를 향한 책임 전가와 끊임없는 도전들을 체로 거르듯 없애 버린다. 헤밍웨이의 소설 속에서 괴롭힘을 당한 인물처럼, 심하게 상처 입은 교사는 "그런 것에 대해 생각하지 않는 편이 더 낫다"고 여기게 된다. 그러면서 학교의 반복되는 일상에만 매달린 채 기계처럼 기능적이 된다. 인격적 존재가 아닌 한낱 도구처럼 차갑게 굳어져서 어떤 일에도 쉽게 참여하지 않으려 한다. 또 때로는 기대와 현실 사이의 갭이 너무도 커서 분노하거나 절망한다. 그럴 때 교사들은 자기 예언적이 되어 교사도 학생들도 결국 실패할 것이란 쪽으로 포기해 버리고 자신들의 좌절감을 교실에서 학생들이나 어린이들을 향해 투사하기도 한다. 가장 흔하게 나타나는 방식은 교사들이 마치 심부름꾼처럼 되는 것이다. 저 멀리서 교사에게 명령하고 감독하며 관례와 지배적인 "법규"에의 순종 그 이상을 요구하지 않는 권위에 대해 충직한 종복從僕처럼 행동한다. 그런 식으로 교사들은 무력해지고 순응적이 된다.

물론 순응하는 방식이나 거부하는 방식에는 여러 가지가 있다. 그런데 너무나 많은 경우에 교사는 현실을 부정하거나 정면대결을 회피하는 쪽으로 되는 것 같다. 자신을 보호하기 위해 전략적으로 온전한 의식을 기피하며, 학교가 끝나는 시간까지 자신의 "진짜 인생"을 미루곤 한다. 하지만 사람이란 결국 자기 자신을 의식하게 될 때, 어떤 상황에서든 하나의 인간으로 존재할 수 있다. 그때 현실부정이나 이탈의 기제는 작동하지 않으며, 자기 자신과 자신이 헌신하는 것 전부를 걸지 않을 수 없게 된다. 그런데 새로운 가능성들이란 저 앞에 놓여 있을 때는 두려운 것으로 보인다. 그래서 자기 자신에게 진실한 입장을 취하는 일, 인격적으로 책임 있는 존재로서 자신을 선택하는 일은 그리 쉽지가 않다. 선하고 합당한 이유에 근거하여, 자신이 진정으로 믿는 바에 따라 행동한다는 것은 결코 쉬운 일이 아니다.

교육을 하면서 우리는 고유한 자신을 선택하고 창조해가기보다, 슬로건이나 교훈적인 계율을 진리로 받아들이고 싶은 유혹을 받기 쉽다. 교사들은 끊임없이 아이들을 꽃에, 학습을 태양 빛을 받아 꽃피우는 과정에 비유하는 식의 은유에 젖어들곤 한다. 혹은 교사들이 실제로 느끼는 것과 관계없이 교육이란 성스럽고 정의로운 일이라는 구호를 좇으며 자신들의 불안감을 누그러뜨리기도 한다. 예를 들면, 조나단 코졸은 『어린 나이에 죽음』에서 그와 같은 사례를 보여준다. 코졸이 묘사하는 비인간적인 빈민가 학교에서는 그러한 장식적인 언어가 현실에서의 무기력과 적대감을 감추어 넘기는 데 이용되고 있다. 절망과 소외감과 가난에 젖어 있는 어린이들을 가르치는 교사들이 마련한 어느 교과 과정에 다음과 같은 도입글이 나온다.

> 교실은 어린이들에게 매일 여러 시간 동안 머무는 집과 같은 곳이며 또한 그의 일터이기도 합니다. 그러므로 교실은 일터에서의 효율성뿐 아니라 집에서와 같은 행복, 보호, 사랑어린 지도의 특성을 잘 반영해야 합니다... 어린이의 신체적인 건강과 지적인 향상을 고려하는 일과 더불어 일종의 문화적인 분위기가 가르침의 장면에 두루 퍼져 있어야 합니다.

이런 경우가 도시 슬럼가의 교사들에게 매우 익숙한데, 이렇게 극단적인 사례가 "평균적인" 어린이에 대한 기대를 기술할 때 흔히 쓰는 의례적인 언어와 별로 다르지 않다. 결국 자신이 처한 현실과의 괴리감을 느끼며 낙담한 교사는 그러한 상투적인 언어로 인해 일종의 지적인 수면에 빠져들 위험이 있다. 한 마디로, 교사는 "무감각해지기" 쉽다. 그것은 존 홀트가 『어떻게 아이들이 실패하는가』에서 묘사한 어린이들의 경우와 같다. 그렇게 무감각해진 교사는 학생이 망설이거나 돌려서 말할 때에 "바로 알아차리지" 못할 것이다. 그는 앞이 잘 보이지 않는 탐험이나 아직 조리가 서지 않은 탐구의 시작점을 암시하는 징후를 놓치기 십상이다. 결과적으로 그런 교사에게 나타나는 것은 자신이 하고 있는 일에 대해 느끼는 일종의 권태이다. 진정으로 살아있는 느낌을 열망하는 이에게는 이보다 더 무가치한 보상은 없을 것이다.

### *교육현실을 철학하기*

『인간의 조건』 서문에서 한나 아렌트는 우리 시대를 "조심성 없는 무모함, 희망을 잃어버린 혼돈, 하찮고 공허해진 '진리들'의 무의미한 반복" 등으로 특징짓는다.[2] 이런 현상을 학교 현장의 교사들은 잘 알고 있다. 근본적으로 그 원인은 대개 무지보다는 혼란과 자신감 상실에 있다. 그러한 혼

---

2_ Hannah Arendt, *The Human Condition*(Garden City, N.Y.: Doubleday Academy Books, 1959), p.6.

란과 자신감 상실 및 편재한 현실 부정은 재성찰이 필요함을 나타내 주는 표지이다. 그것은 아렌트가 말하듯이, "우리에게 가장 새롭게 경험된 것과 가장 최근에 느낀 두려움의 지점"에서 교육적 과정을 재성찰하는 일이라고 해도 무방하다. 아렌트는 단순한 한 가지를 제안하는데, 자기 자신이 되기를 원하며 이 세계에서 뭔가 의미 있는 것을 성취하기 원하는 교사라면 귀기울일 가치가 있다. 그 단순한 제안이란 "다른 무엇이 아니라 우리가 바로 지금 하고 있는 것에 대해 깊이 성찰하는 일이다."

물론 교사가 자신이 하고 있는 일을 어떻게 하면 잘 할 수 있을까 하고 상당한 시간 동안 생각하는 것은 분명하다. 하지만 아렌트는 이와는 좀 다른 것을 염두에 두고 있다. 즉, "우리의 가장 새로운 경험과 가장 최근의 두려움"과 직접 관련되는 어떤 것, 지금 우리가 하고 있는 것에 대해 **철학적으로***philosophically* 말하려는 것이다. 그리고 사실 이것이 이 글에서 초점을 두려는 주제이다. 여기서 "우리"란 학교 안팎에서 교육적인 활동에 종사하거나 종사할 계획을 갖고 있는 개개인들을 말한다. (또한 남성이든 여성이든 모두를 포괄하며 개별 인간으로서의 교사를 말한다는 것도 덧붙여야겠다.) 이 글의 주된 관심은 교육에 종사하는 개개인들을 널리 일깨울 수 있는가, 어디에서 일하며 살아가건 간에, 아렌트가 말하듯이, 그들 자신이 헌신하고 행동하는 일에 대해 깊이 생각하도록 자극할 수 있는가 하는 문제에 있다. 우리는 가르침, 배움, 교육의 목표와 정책, 교실에서의 선택들, 우리가 추구하는 좋음에 관하여 철학하기를 시도하려는 것이다.

**철학***philosophy*이란 역사학이나 생물학과 같은 특정한 지식의 구조를 가리키는 것이 아니다. 사실 철학자들이 내용적 지식을 제공한다고 주장하기는 어렵다. 물론 철학 공부를 통해 과거 철학자들의 사유와 현재 철학자들의 저술에 관한 지식을 배울 수는 있다. 철학적 내용의 세부 영역과 분류 방식에 대해 정통해질 수도 있고, 다양한 학파의 철학자들이 다루었던 문제의 유형에 대한 정보를 얻을 수는 있다. 그러나 철학적 사고 그 자체가 교사에게 자신이 가르치는 상황에서 궁극적으로 무엇이 최선이며 가장 바람직한 일인지를 가르쳐 줄 수 있는 것은 아니다. 철학적 사고란 교사를 교육에 관한 진리에로 인도해 주거나 학생들에게 학습 방법을 터득하게 해줄 교수 방법으로 안내해 줄 수 있는 그런 것이 아니다.

철학이란 세계 이해에 접근하는 길(혹은 세상을 바라보고 그에 대해 입장을 취하는 길)이라고 볼 수 있다. 즉, 자연과학과 인문학이 밝혀낸 지식, 제반 기술과 예술이 제공하는 앎, 개개인이 살면서 축적한 존재에 대한 통찰에 접근하는 한 가지 방법이다. 철학은 우리가 당연하게 가정하는 것, 지각한 것, 직관한 것, 믿는 것, 인식한 것에 관계하는 특수한 물음들의 얼개를 잡아가는 방식이요, 중요하고 가치 있고 아름답고 헌신할 만하다고 받아들여진 것에 대해 성찰하고, 검토하고, 사고하는 방법이다. 또한 그것은 자기 자신을 알아가는 길이요, 개개인의 삶의 세계에서 의미를 구성하는 방법이다. 따라서 철학에는 비판적 사고가 요구되며, 사물을 명료화하려는 사려 깊은 시도들이 따라야 한다. 다시 말해, 밑바탕에 깔린 의식을 깊이 탐구하려는 노력, 주변적인 것들에 대한 탐험, 통합적 관점의 창조가 수반되어야 하는 것이다. 또한 규범적 사고도 필요한데, 그것은 가능한 것과 마땅히 있어야 할 것을 깊이 궁리하는 일이요, 이상ideals을 수립하는 일이다. 그러므로 철학하기란 세계 그 자체가 우리 의식 속에 드러나는 현상과 사건들에 대해 깨어 의식적이 되는 일이다. 철학을 한다는 것은, 장 폴 사르트르가 말하듯이, 하나의 근본적인 프로젝트를 계발하는 일, 즉 스스로 직면한 상황을 넘어서 이룩되어야 할 현실의 이름으로 주어진 현실을 거부하는 일이다.

교육철학은 교육자가 종사하는 교육적 위업에 관해 철학함이요, 실천가로서의 자기 자리에서 가장 새롭게 다가온 경험과 가장 최근에 느낀 두려움의 지점에서 철학하기이다. 교육철학을 한다는 것은 가르침과 배움이라는 복잡한 과업에 내포된 것들을 비판적으로 의식해 가는 일이다. 그것은 교육의 의미를 명료화하는 작업이요, 교육을 둘러싼 개념들(훈련, 교수, 조건화, 그리고 가르침)의 의미뿐 아니라 행동적 목표, 문화화, 시민의식, 성장의 밑거름, 개념적 발달의 촉진 등과 같이 당대의 이슈로 떠오른 교육적 용어와 구절들의 의미를 명료화하는 일이다. 또한 학교에 다양한 요구를 가하는 압력 단체들, 관료주의자들, 공동체 대표들과 학부모들이 어떤 가치를 향해 움직이는지, "좋은 것"과 "올바른 것"의 차원에서 그들은 어떤 가치를 선호하는지에 대해 명료화하는 일이다. 오늘날 어떤 교사가 실생활과의 관련성, 수준별 교육, 인성교육 등에 대한 논쟁적 견해들을 무시할 수 있겠는가? 언제나 호락호락하지 않은 세계에서 의사 결정할 때 부딪히는 온갖 도전과 혼란을 과연 어떤 교사가 피해갈 수 있겠는가? 따라서 철학하기를 배울 수 있으면, 교사는 자신의 이해와 선택에 있어서 진정한 자유인이 될 수 있다. 역사적 존재로서 자신이 누구인가를 아는 자로서, 사려 깊은 행동을 위해 자신을 해방시키고, 자신의 자유에 따라 행위하며, 매일매일 진정으로 **실존하려고** 애쓰게 될 것이다.

이러한 철학하기는 세계 내에서 자기 존재를 감히 인식하려는 사람에게 생기와 충족감을 주는 일이 될 수 있다. 이런 시도를 할 만한 용기가 있는 교사는 더 이상 그저 단순한 기능인이나 부속품 같은 역할에 만족할 수 없다. 그는 권력과 어떤 관계 속에 놓이든지, 자신의 감각을 신뢰하고 스스로 생각하며 분명하게 자신의 입장을 취하는 존재이기를 열망한다. 랄프 엘리슨의 소설 『투명인간』의 나래이터처럼, "비판하거나 인정하며, '아니오' 또는 '예'라고 분명하게 말하기"를 원한다. 그는 자신의 새로운 삶의 계획에 대해 "그것을 마음에 그리게 만드는 현실 밑바탕의 **혼돈**을 망각하지 않으면서" 사유하기를 원한다. 여기서 말하는 혼돈이란 개인적으로 어려서 이해할 수 없었던 것으로 남겨진 기억들이나, 교사가 자신이 누구이며 무엇을 할 수 있는 존재인가에 대해 느끼는 불확실성만을 의미하는 것은 아니다. 더 나아가 그것은 가치, 신념, 열망, 이상과 관련하여 우리 시대의 거대한 무질서를 의미한다. 따라서 이제 더 이상 교사는 "전문가들"이 전수해 주는 것을 수동적으로 받아들이기만 해서는 이 세계를 제대로 이해할 수가 없다. 또한 과거로부터 축적된 지식의 권위나 많은 이들이 의존하는 관습적 지혜에 의지할 수도 없다. 교사 자신이 원칙을 결정해야 하며, 이전과 다른 **새로운** 원칙들과 보다 더 적절한 규범과 규칙들을 규정해야 할 것이다. 그러므로 교사는 주위의 현실 상황에 대한 새로운 표현들과 교과서에서 다룰 수 없는 이야기 방식들에도 익숙해져야 한다. 세계를 바라보는 고정되고 관습적인 방식들을 끊어버릴 때에만, 자기만족에 빠지게 하는 눈가리개를 제거할 수 있다. 교사는 문화적인 소임을 맡은 자로서, 마땅히 다양한 집단에 속하여 그 사회가 지향하는 목적에 참여한다. 그러나 그는 또한 자기 자신의 생애사적 관점에서 볼 때 유일무이하게 개성적인 존재이다. 따라서 이러한 자신만의 독특한 존재 의미와 여러 가지 "의미의 하위세계"를 자신의 삶 안에서 통합할 수 있는 자신의 능력을 깊이 깨달아야 하며, 스스로 자신의 고유한 세계를 만들기 위해 행동해야 한다.

### *인간의 고유한 삶과 다원주의*

그런데 기존의 패턴에 맞추어 따라가는 삶은 정말 문제일까? 왜 그럴까? 또는 일어나는 일을 그저 있는 그대로 보고 분별하기만 해서는 왜 안 되는가? 이런 물음들 앞에서 주의해야 할 점은 순전히 수용적이고 "순진무구함"에 가까운 시선으로 세계를 바라볼 수 있는 것은 오직 갓난아기뿐이라는 사실이다. 심지어 말을 배우기 이전에도 어린아이는 벌써 자기가 지각한 것에 질서를 부여하기 시작한다. 일단 아이가 언어를 사용하고 현실을 상징으로 표상할 수 있을 만큼 자라게 되면, 그저 시끄럽게 울리는 것 같은 사물의 혼돈상태에 어떤 식으로든 질서를 부여하지 않을 수 없게 된다. 그 때 그가 지각하는 모든 것은 있는 그대로가 아니라, 배워 얻은 의미의 형식과 **그가** 스스로 만들어 낸 형식들을 통해 매개된 것이다. 이렇게 배움이 계속 확장될수록, 그는 점점 더 다양한 항목 하에 대상과 사건들을 분류할 수 있게 된다. 또한 세계를 바라보는 관점을 점점 더 넓고 다양하게 하면 할수록, 그는 더욱더 합리적이 되며 점점 더 많은 것을 참되게 "인식한다." 그가 의식적으로 공부한 교과 내용들, 예술적 경험들, 문화가 제공하는 "처방적 원리들", 이런 모든 배움은 일상 삶에서 발견한 것들, 본능적 감각으로 알게 된 것들, 자기만의 개인적인 체득지personal knowledge 등이 갖고 있는 한계를 보충해 준다. 다행이 운이 좋으면, 그는 다면적인 지식체를, 즉 자신의 경험에 질서를 부여하는 데 쓰일 다양한 구성물들을 만들어 갈 것이다. 이렇게 할 때, 그의 관점은 다원적이 되며 점진적으로 보다 의미 있는 세계에서 살아가게 될 것이다.

그러므로 자기를 둘러싼 것들에 대해 물음을 던지려할 때, 교사는 가능한 여러 관점에서 볼 수 있어야 (그리고 의식적으로 그렇게 보려고 애써야) 한다. 기술공학적technological 방법론적 견해에 구속되지 말아야 하고, 아주 비非지성적이거나 직관적인 견해에 안주해서도 안 된다. 또한 매우 합리적인 사람 아니면 감각적인 사람, 객관주의자 아니면 주관주의자, 행동주의자 아니면 침묵하는 자 등으로 이분하여 꼭 어느 한 쪽을 선택할 필요는 없다. 다양한 문화에서 변화하는 현실을 조직적으로 이해하려면, 단일한 구조나 범주로는 충분치가 않다. 인종차별주의자, 노동자, 자본가, 비국교도, 정치가 등과 같이 추상적인 부류로 묶어 생각하는 방식은 필연적으로, 양면적인 감정, 소망, 두려움 등을 갖고 살아가는 구체적인 개인들의 존재를 가려버린다. 반면에, 일상 현실의 구체적이고 특수한 것들에만 전적으로 의지하는 방식도, 참여자나 관찰자로서 관련성을 탐색하고 유사성을 발견하여 일반화하고 해석하는 과정을 어렵게 한다. 한편, 거시적으로 통계적인 관점을 취하는 방식의 경우에는 인격적인 요소를 배제하게 되는 한계를 가질 수 있다. 이와 대조적으로 여러 사안들을 감성적으로만 접근하여 다루는 방식은 또한 판단을 거의 불가능하게 만든다는 점에서 문제이다. 결국 어떤 경우에서든지 일차원적으로 자신을 어떤 한 가지 방식에 일치시킨다면, 언제나 자신의 인간성의 일부를 부인하는 일이 된다. 자신의 경험을 충실하게 그리고 인간적으로 완성해 가기 위해 꼭 필요한 일은, 시인 윌리엄 블레이크가 언젠가 사중적인 비전이라고 표현한 것처럼, 이성뿐 아니라 느낌과 감각과 직관에서도 의미를 이끌어 내는 것이다.

우리 사회의 다원주의와 세계의 수없이 다양한 삶의 모습을 바라볼 때, 문화적 상대주의의 관점이 필요하고 다원적인 세계 이해 방식의 실천이 중요하다는 것을 깨닫게 된다. 인간 존재를 탐구하는 이들 가운데 인류학자들은 그 필요성을 더욱 분명히 말해준다. 그들은 세계의 다양한 문화들에 대한 연구를 통해, 사람들이 자신의 현실을 얼마나 다중적인 방식으로 코드화하는지, 현실이 어떤 방식으로 각각에 내재된 코드화에 의존하여 지각되는지를 보여준다. 루스 베네딕트[3]의 『문화의 제 양식』에서 보고된 것들이나, 페블로 인디언들, 도부 섬주민들, 북서해안을 따라 거주하는 디오니시안 종족들에게서 보이는 다양한 문화 형식들에 대해 현대의 교사들은 알고 있을 것이다. 또한 널리 알려진 것으로 마가렛 미드[4]의 『사모아의 사춘기』와 그 이후에 여러 종족들에 대해서 편견 없이 쓴 인류학의 입문서들이 있다. 이러한 성과로 인해, 영원성의 감각과 전체 집단적 활동의 관습을 가진 아라페쉬족, 계속적인 상호교류 속에서도 변하지 않는 정체성을 유지하는 뉴기니아인들, 미네소타라는 완전히 낯선 땅에 와서도 자기들에게 익숙한 삶의 방식을 유지해 가는 스칸디나비아인들 등에 대해서도 알게 되었다. 이러한 연구들이 보여주듯이, 각각의 문화는 분명한 자기정체성을 갖고 있으며, 그것에 질서를 부여하는 것은 특수한 문화적 구성물들, 예컨대, 신화, 이야기, 신념의 패턴 등이다. 각 문화에서 **의미**meaning는 그 구성원들이 현실에 대해 생각하고, 상징화하고, 기술하는 방식이 작용한 결과이다. 그런 점에서 볼 때, 사람들은 오랜 세월에 걸쳐 발달한 코드 체계 안에서 그리고 그것을 통해서만 존재한다. 예를 들어, 도로시 리Dorothy Lee가 트로브리안드군도(남태평양 파푸아뉴기니의 동부에 위치한 군도-역주) 사람들

---

3_ [역주]Ruth Benedict (1887-1948). 미국의 문화 인류학자. 심리학적 특징에 기인한 문화적 유형을 제창하고, 문화와 인성(人性) 연구의 기초를 닦았다. 저서 『국화와 칼』 등으로 유명하다.

4_ [역주]Margaret Mead (1901~1978). 미국의 인류학자. 인격의 형성 과정에 문화의 영향을 강조하고, 여자다움이 후천적으로 획득된다는 이론을 폈다. 저서에 『사모아의 사춘기』, 『남성과 여성』, 『권위에 대한 소비에트 인의 태도』 등이 있는데, 대다수 미국 대학에서 전공 교과서로 쓰인다.

의 현실 이해를 묘사한 바에 따르면, 그들의 언어로는 사건이나 대상들 간의 선형적 관계에 대해 말하는 것이 불가능하다. "중요한 활동에 관한 한, 트로브리안드인들은 어떤 수준에서도 선형성lineality(시간적인 선후 연쇄와 인과적 질서-역주)의 전제前提에서 행동하지 않는다. 트로브리안드인들의 활동은 전체적인 패턴에 따른 것이기에 그들의 행동에는 조직적 연대 혹은 긴밀한 응집력이 있다. 이 패턴 안에서 하나의 행동은 예정된 일련의 다른 행동들을 낳는다." 그들의 삶에는 어떤 절정의 순간들이 없고, 과거나 미래가 모두 현재 속에 존재한다. 그들은 사고의 연쇄적 가닥을 따라가지 않는다. 사고의 갭, 즉 논리적 비약을 다리 놓지도 않고 결론을 이끌어내지도 않는다. 현실이란 사람이 그 세계를 매개하거나 코드화하는 방식에 달려 있기에, 트로브리안드에서 현실은 비선형적이다. 그렇다고 해서 트로브리안드인들이 (혹은 파푸아족, 호피족, 아라페쉬족이) 어떤 식으로든 문화가 지체되었다거나, 혹은 기존의 경멸적 의미를 담아 "원시적"이라는 뜻은 아니다. 『야생의 사고』에서 레비 스트로스[5]는 "우리가 원시적이라고 일컫는 생각"도, 제반 과학들과 마찬가지로 "질서에의 요구"로부터 나온 것이라고 말한다. 사실, 그가 바라본 것처럼, 미개인의 생각도 "이미지에 담겨진 개념들의 체계"로 보아야 한다.

### *철학하기의 의미와 방법*

여기서 중요한 것은 현실이란 누구에게나 주어진 것으로, 독립하여 **거기에** 존재하는 것이 아니라는 점이다. 우리가 현실과 만나는 것은 생각하고 느끼고 상상하는 패턴화된 틀(양식)을 통해서이며, 이러한 양식들은 각각의 언어와 문화에 따라 다르다. 철학하기를 통해 온전히 깨어 있으려는 교사라면 모든 현실의 이러한 우연성과 대면해야 한다. 교사는 자신의 의식

5_ [역주]Claude Levi-Strauss (1908 ~ ). 벨기에 태생. 프랑스 구조주의 인류학의 창시자. 무질서해 보이는 사회·문화 현상 속에서 그것을 관통하는 일정한 질서를 찾아내는 구조주의 이론의 선구자이면서 또 문화 사이의 우열을 인정하지 않는 문화상대주의의 선구자로도 유명하다. 저서로 『슬픈 열대』, 『신화의 논리』 등이 있다.

이 어떤 방식으로 삶의 세계를 지향하는지, 혹은 **파악하는지**grasp 알아야 한다. 또한 그러한 패턴(양식)이 형성되는 과정뿐 아니라 각기 다른 문화적 구조가 요구하는 방법이나 의례적 절차에 대해서도 민감해야 한다. 현대를 살아가는 교사의 사고가 "원시적인"primative 사고와 다르다면, 그 차이는 원시 사회가 상대적으로 일차원적이라는 데 있다. 현대 세계로부터 고립된 섬 주민이나 오지 원주민과 달리, 교사는 매우 광범위하게 여러 관점들을 접할 수 있다. 따라서 교사는 (제대로 생각하려고 하면) 특정한 관점에서의 견해를 "현실 그 자체"로 혼동할 리 없다. 보다 관습적이고 폐쇄된 문화에서 살아가는 이들과 달리, 현대의 교사는 지배적인 통념들과 신성시되는 경전들을 어느 정도 거리를 두고 떨어져서 바라볼 자유가 있다. 또한 언어적 습관이 어떤 방식으로 자신의 삶의 세계를 제한하고 에워싸는지를 인식하는 데 있어서도 자유로울 수 있다. 무엇보다 더욱 중요한 점은, 교사가 의미 구성 과정에서 자신의 역할을 스스로 의식할 수 있다는 것이다. 이를 인식한다면, 교사는 스스로 강한 내적 동기에서 온갖 애매모호함을 해소하려 하고, 진정한 "실재", "진리", "선"이란 무엇을 의미하는지에 대해 물음을 던지게 될 것이다. 물론 그때 교사는 철학하기의 준비가 된 것이다.

앞서 말했듯이, 철학하기란 사실적인 질문들에 답하거나, 행동 지침을 수립하거나, 혹은 심미적 이해의 질을 높이기 위한 것이 아니다. 사건이나 경험의 의미가 어떻게 해석될 수 있고 또 해석되어야 하는지 혼란스러워질 때, 우리는 철학을 하게 된다. 우리의 세계 이해가 부분적이고 파편화된 것임을 고통스럽게 직면하게 될 때, 그래서 모종의 전체성과 통합성을, 그리고 우리 자신에 대해 어떤 시종일관성을 갈망하게 될 때, 우리는 철학을 한다.

이렇게 각성될 수 있도록, 우리는 주위 세계에 대해, 다른 인간 존재들에 대해, 크게는 공동체 전체에 대해 널리 깨어 관여할 필요가 있다. 속물근성이나 무지나 두려움 때문에 의식의 문門을 닫아거는 것은 우리 삶에서 생각을 의미 있게 만들 소재를 제거하는 일이 된다. 그것은 또한 물음을 제기할 토대를 없애는 것이다. 이런 이유에서 감히 철학을 하려는 교사라면 무엇보다도 현실의 다양성에 대해 개방되어 있어야 한다. 교사가 그렇게 할 수 있으려면, 자신의 자유와 한계를 끌어안고서, 문화가 제공하는 것을 이용하여 **자신의** 의미를 스스로 구성해야 하는 존재임을 인식해야 한다. 또한 그러려면, 교사는 필요한 경우 자신의 세계 이해를 굳어지게 만드는 기본 전제들에 대해 "괄호치기"bracketing 혹은 잠시 접어두기를 할 수 있어야 한다.

그러므로 교사는 매일의 일상 속에서 자신에게 영향을 미치는 것들, 예를 들어 대중매체의 메시지, 거리 군중의 영향, 시장터, 정부 부처, 학교에서의 분위기, 가족이라는 사적私的 영역 등에 대해서도 탐구하고 이해하려고 애써야 한다. 매일 자신이 느끼는 것들을 조금씩이라도 글로 적어놓을 수 있다면 훨씬 더 좋다. 또는 마샬 맥루한[6]이 "사건들의 동시성"이라 지칭한 것처럼, 전경과 배경, 환상과 사실의 구별을 매우 어렵게 하는 온갖 정보의 홍수에 자신이 어떻게 반응하는지 면밀히 살필 필요가 있다. TV에서 접하는 고통스런 영상들이나 거리의 고통스런 사건들을 외면하는 식의 방어적인 무감각증에 대해서도 직접 대면할 필요가 있다. 학생들과 마찬가지로 교사는 다른 사람들이 오랜 시간에 걸쳐 공적 영역으로 이미 구축해놓은 세계에서 살아가지 않을 수 없다. 따라서 교사는 때때로 비판적으로 주의를 기울여야 하고, 무엇이 적합하고 무엇은 버려야 하는지 의식적으로 선택해야 한다. 자연적으로 매일매일을 당연시하는 일상적인 태도로는 충분치가 않을 것이다. 어떤 식으로든 매일의 일상을 문제 삼아야 하며, 그렇게 할 때 의미 있는 질문들을 제기할 수 있다.

---

6_ Marshall McLuhan (1911~1980). 캐나다의 미디어 이론가이자 문화비평가. 1964년 『미디어의 이해』라는 저서를 통해 '미디어는 마사지다', '미디어는 인간의 확장'이라는 견해를 제시하였다. 미디어의 발전과 인간 존재의 관계를 연구하여 근대의 인쇄혁명과 TV로 대표되는 전자미디어가 서구문명에 미칠 영향을 예견하여 오늘날 미국을 비롯한 서구에서 그에 대한 새로운 평가작업이 활발히 진행되고 있다.

### *대안적인 사고와 행위 양식들 : 예술의 사례*

일상의 대중매체를 통해 주입되는 것들에 대한 대안으로 물론 그와 대립되는 여러 가지 다양한 사고와 행위 양식들이 존재한다. 그 잠재적 가능성을 보여주고자 여기서는 그 일부를 살펴보려 한다. 하지만 의미의 체계나 영역들을 위계적으로 배열할 의도는 없다. 먼저 예술 영역에 대해 다룰 텐데, 그렇다고 해서 예술을 과학, 실천, 철학 영역보다 "더 고귀하거나" "더 저급한" 것으로 여기는 것은 아니다. 여기서 우리의 관심은 다양한 상징적 구조들을 생성하는 인간존재로서의 교사에 있으며, 그러한 교사는 (자기 학생들도 그러하길 기대하듯이) 자신의 생활세계를 여러 다른 각도에서 바라볼 수 있어야 한다. 어느 한 분야나 학문영역 **안에서는**, 기본 원리에서부터 점점 더 복잡한 개념들로 위계적으로 발달하는 것이 당연한 일이겠지만, 여기서 다룰 내용은 가치나 심오함의 척도에 따른 배열은 아니다. 우리는 어떤 거대한 존재의 사슬이나 피라미드식 구성과 같은 것을 그리려는 것이 아니다.

그러면 다소 임의적이지만, 먼저 현대 예술가들—화가, 조각가, 영화감독, 문인들에게로 주의를 돌려보자. 오늘날 시각 예술가들은 콜라주나 기계 같은 구성을 이용하여 경험을 표현하는 경우가 빈번하다. 혹은 대중적 이미지들, 상업화된 사회의 저속한 표면들에서 선별한 것들, 추상하고 확대하고 그 의미가 고갈되도록 무한히 반복한 것들을 통하여 의사소통을 한다(화가 앤디 워홀의 수프 통조림이나 전기의자 사례에서처럼). 또는 채색 도료를 부자연스럽게 쓰거나, 텅빈 공간에 훌쭉하고 작은 막대들을 그리거나, 물감이 소용돌이치며 파열하게 함으로써, 자신이 지각한 것을 현실이 되게 한다. 초현실적인 혹은 "마술적인" 이미지들을 만들어서, 모호하고 사적인 정서나 출몰하는 꿈의 부산물들을 암시적으로 표현하기도 한다. 혹은 전혀 이미지가 아닌 것들, 그저 예술에 **관한** 말들, 사막 같은 곳으로 열린 배수구들, 벼랑 위에서 던진 천조각 같은 것만을 제시하기도 한다. 사실주의(혹은 비인간주의inhumanism) 예술의 경우에는 종종 일종의 포스터 같거나 비인격적이고 차갑다. 우리에게 익숙한 풍경들을 사진처럼 재현하거나, 몇 해 전에 잘 구성된 얼굴들을 칭송하던 때나, 더 일찍이 시각 예술을 통일성 있는 힘으로 만들었던 시절의 공동의 상징주의를 이제는 거의 찾기가 어렵다. 오늘날의 상징주의 작품들은 너무나 많은 사람들에게 비밀스럽거나 추하거나 "병적인" 인상을 주기 때문에, 대중들은 "전위예술"avant-garde을 거부하고 싶어 한다. 그렇지만 새로운 작품들 가운데 상당히 많은 것들이 기교면에서 대담하고, 또 그런 만큼 불안하고 쉽게 정의내릴 수 없게 느껴진다. 그것은 예술적 재능이 있고 감수성이 예민한 사람들이 오늘날의 세계에 대해 자신들의 느낌을 어떻게 형성하고 있는지를 나타내 주는 중요한 척도이다. 그것이 표상하는 것이 미래의 선구자이건 어떤 지하 세계의 낯선 메시지건 간에, 새로운 작품들은 의식적으로 주목해서 보기를 요구한다. 특히 표현의 형식을 발견하여 완전한 의미를 느끼고자 하는 이들에게는 더욱더 그렇다. 현대의 화가와 조각가들은 전통적인 관습들을 탈바꿈함으로써, 예술이라는 개념 자체에 물음을 던지고 우리들이 가지고 있는 선개념들이나 기대를 재검토하게 만든다. 완고하고 틀에 박힌 사람들에게 의도적으로 충격을 가하는 현대 예술가들은 우리 문화의 의미에 있어 아주 중요하다. 그들의 작품을 통해서, 어떻게 몰입해야 하고 새로운 재료와 형식들에 어떻게 반응해야 하는지 알고 있는 감상자라면, 자신의 현실과의 만남encounters에 관해서 어떤 새로운 것을 발견하게 된다.

문학 영역에서 상상력이 풍부한 작가들도 이와 같은 방식으로 늘 우리를 동요시키곤 하지만, 여러 시각예술가들, "해체주의자", "펑크 예술가", "미니멀리스트", "대지 미술가"earth artist(지형, 경관 등을 소재로 한 공간예술-역주) 등으로 불리는 이들이 현재 사용하는 다중적인 매체들에 비해 언어라는 매체는 실험적 시도에 보다 더 완고하다. 그러나 문학 작가들 또한 전통적인 스타일이나 기법들은 진부한 것이 되었고 변화된 현대 세계에서 역기능을 한다는 것을 보여주고 있다.……[7]

또한 교사는 적어도 자신이 살고 있는 시대의 영화에 대해서도 잘 알고 있어야 한다. 자신이 어떻게 평가하든지 간에, 영화란 현실을 사진처럼 그대로 찍어낸 것이 아니라는 것, 경험적인 "참"이 아니라는 것을 교사 스스로 이해해야 한다. 그리고 더 나아가 학생들이 그 점을 이해할 수 있도록 도와주고자 힘써야 한다. 어느 영화가 아무리 직접적으로 와 닿고 깊게 영향을 미치는 것일지라도, 그것을 사실의 기록물들과 혼동하거나 사물의 본질에 대한 열쇠로 보지는 말아야 한다. 소설, 시, 회화와 마찬가지로, 영화도 '상상' 가능한 영역들에로 다가가는 하나의 길이다. 어떤 영화가 진정으로 예술 작품이라면, 그것은 영화감독이 가진 세계에 대한 비전을 구현한 것이다. 꿈이나 다른 종류의 상상작용이 그렇듯이, 영화는 경험을 구조화하는 데 대안적인 방식을 제공해 준다. 영화에 몰입할 때, 그 사람은 사실적 정보를 얻는 것이 아니다. 영화에 대해 어떤 태도를 취하고 어떻게 보아야 하는지 마침 잘 알고 있는 사람이라면, 자신의 경험의 여러 단면들이 새롭게 다시 보일 것이다. 심지어 자신이 갖고 있는 지식을 부분적으로 재평가하기에 이를 수도 있다. 어쩌면 충분히 감동을 받아 자신의 삶의 조건에 대한 질문들을 던지며 자기각성self-consciousness의 계기를 마련하게 될 수도 있다. 그러한 질문들은 자신의 삶 속의 어떤 주제들과 관련되고, 따라서 철학적인 물음들처럼 보다 더 근본적인 질문들을 불러일으킬 수 있다.

요컨대, 교사가 주체적으로 깨어있는 인간으로서 예술작품들에 자신을 기꺼이 개방하고자 하면, 여러 가지 방식으로 학생들을 도울 수 있다. 그는 예술작품을 통해 학생들이 생각하고 느낀 것을 분명하게 표현하도록 도울 수 있다. 또한 예술에 대해 토론하면서 표현 과정에 있어서 스타일과 기교의 중요성을 깨닫도록 도울 수 있다. 영국의 소설가 콘라드Joseph Conrad가 말하였듯이, 예술의 기능은 사람들이 **제대로 보도록**see 만드는 데에 있다. 무엇을 보느냐, 어떻게 보느냐 하는 것은 작품의 소재들이 어떻게 형식을

7_ [역주] 생략된 부분의 골자: 앞에서 시각예술 분야에서의 변화를 통해 나타나는 현대의 대안적인 사고와 행위 양식에 대한 논의를 구체적인 문학 작품들의 예시를 통해 이어나간 후에 영화 분야로 옮겨서 예술영화로 평가될 수 있는 작품 사례들을 제시한다.

갖추는가에 크게 의존해 있다. 형식의 안내 하에서 주의 깊게 읽고 보고 듣는 사람들이라면, 자신 안에서 새로운 질서를 창조할 수 있다. 그렇게 하면서 새로운 의미들, 즉 예기치 않았던 각도에서의 비전을 발견할 가능성이 있으며, 살아있음의 참된 의미를 독창적으로 지각할 수 있다. 또한 학생들이 가치 있는 질문을 제기할 수 있는 바탕이 될 만한 "관련성 깊은 주제들"themes of relevance을 발견할 수 있을 것이다.

그러나 예술을 통한 새로운 비전의 발견은 현상의 지적인 이해를 위한 토대를 제공할 수는 있겠지만, 지적인 이해를 대신할 수는 없다. "비인지적"이고 "정서적인" 인식 일반의 경우도 마찬가지이다. 하지만 요즈음 일부 교육자들은 마치 그런 것들이 개념적인 인식에 상응하거나 심지어는 그 보다 월등한 것이라고 주장하곤 한다. 비논증적인nondiscursive 직관들이란 분명히 값진 것이다. 그것이 내적 세계를 질서 지우는 방식 때문에 그러한 정의적인 성격의 직관적 통찰은 동기를 북돋아줄 수 있다. 그러나 직관적 통찰은 인간이 현대 사회에서 효과적으로 기능하도록, 혹은 "이룩되어야 할 현실의 이름으로" 현재 주어진 것을 변형하도록, 능력을 갖추어 주는 데에는 충분치가 않다.

교사는 이 점에 대해 깊이 깨달음으로써, 자신에게 소중한 예술작품이나 개인적인 체득지體得知; personal knowledge와의 만남encounter을 다룰 때처럼, 인지적인 학습 내용도 실존적으로 의미 깊게 다룰 수 있어야 한다. 교사가 가르치는 교과를 사물에 대한 자신의 비전을 확장시키는 잠재적 수단으로 만들 수 있을 때에만, 지적인 탐구의 의미를 다른 이들에게 제대로 소통할 수 있게 된다. 역사(혹은 물리학이나 사회학)와 같은 학문의 구조를 스스로에게 의미 있게 생성하는 일이란 개인적인 한계를 초월하여 경계를 가로지르며 담을 허무는 것이기에, 인간을 자유롭게 하는 일종의 해방liberation이 된다. 창조적인 예술가가 자신의 경험에 형식을 부여하여 표현함으로써 새로운 관점을 제공하듯이, 역사가나 물리학자는 배우는 이들이 그 특정 학문의 규범을 습득함으로써 세계를 달리 새롭게 볼 수 있게 해준다.

여기서 우리가 주목할 점은 교사에게는 접근 가능한 다양한 인지 구조들을 수단으로 삼아 세계에 참여할 수 있는 기회가 있다는 것이다. 만일 교사가 이런 인지 구조들을 자신의 세계 이해를 위한 자원으로, 상호 관련성을 보여줄 잠재적 관점들로 다룰 수 있다면, 인지적인 개념 학습과 진보적인 세계 구성patterning 간의 관련성을 훨씬 더 예민하게 의식하게 될 것이다. 동시에 자신의 존재를 구성하고 그것에 의미와 가치를 부여하는데 활용하는 패러다임들에 대해서도 보다 비판적으로 인식하게 될 것이다.

### *학문적 패러다임 변화의 교육적 의미*

패러다임이란 삶에 의미를 부여하기 위한 하나의 표준 혹은 모범적인 장치이다. 앞에서 썼던 표현으로 하자면, 이러한 상징적 구조는 경험을 다양한 영역에서 조직하도록 작용한다. 또한 패러다임은 생각의 역사와 개별 학문 분야의 발달에서도 어떤 방식으로 작용한다. 따라서 자신의 관점을 다양화하려고 시도하는 교사라면, **자신이** 선택하여 활용하고 있는 표준이나 규범에 대해서 분명하게 인식해야 한다. 그러한 반성적 인식이 없다면, 각기 다른 관점들을 상호 관련지으며 순수하게authentically 자신의 것이라 할 하나의 입장을 발전시킴으로써 자신이 바라는 총체적 전일성the wholeness에 이르는 데 어려움을 겪을 것이다.

"과학의 혁명"과 새로운 과학 이론들의 출현에 대해서 썼던 쿤Thomas Kuhn에 따르면, 과학적 패러다임이란 "실제의 과학적인 실천practice에서 받아들여진 모범으로서, 법칙, 이론, 응용과 기계사용을 포함하며, 과학적 탐구에 고유한 특정 전통들이 생겨나도록 모델을 제공해 주는 것"이다. 예컨대, "고전적인" 뉴턴의 역학에 오랜 기반을 두었던 실천적 패러다임은 여러 세대의 과학자들에게 언어와 방법론과 일단의 표준이나 규범을 제공해 왔다. 그러다 1920년대에 이르러, 수많은 물리학자들이 원자 구조에 대한 뉴턴식 설명은 더 이상 그들의 발견에 적용되지 않음을 깨닫게 되면서, 익숙한 패러다임을 벗어던지고 새로운 언어와 새로운 개념적 장치를 탐색해야 했다. 그 당시에 보어Niels Bohr는 이렇게 완곡하게 말했다. “우리는 자신이 알았던 모든 것과 조건이 근본적으로 다르고, 설상가상으로 원주민들의 언어가 우리와 완전히 다른 그런 동떨어진 어느 섬에 고립된 항해사에 비길 만한 그런 처지에 놓여 있다.” 그들은 “적절한 탐구 과정을 거치면, 원자에서 일어나는 이러한 표현할 수 없는 과정들을 이해하는 데 도움이 될 새로운 개념들이 나타나리라는” 희망 속에서, 그저 계속해서 실험을 하는 수밖에 없었다.

개인 학습자의 경우에도 자신의 삶의 다양한 측면들 가운데 이전에는 표현할 수 없었던 과정들을 점차적으로 이해하게 될 때, 분명히 이와 비슷한 유추가 가능하다. 예컨대, 자연 세계에 대한 앎과 관련하여, 어느 학생이 태양계의 지구와 행성들을 이해할 수 있게 해주는 패러다임을 의심 없이 받아들이며 성장했다고 하자. 그렇다면 그는 마땅히 인간이 살아가는 우주를 절대 공간과 절대 시간 속에 존재하는 것으로 상상했을 것이다. 나중에, 팽창하는 우주에 대해서나 우주여행의 시초들에 대해서, 또는 가령 전자현미경에 대해서 이야기를 들었을 때, 그가 “정상 과학”에 따른 질서정연하고 균형 잡힌 우주를 생각하고 있는 한은 이를 이해할 방도가 없었을 것이다. 그가 여전히 받아들이는 패러다임에 근거하여, 우주적 현실을 시각화할 수 있을 것으로 기대하고, 아마도 전자의 세계를 쉽게 언어로 묘사할 수 있는 행성계의 축도와 같은 소우주로 생각했을 것이다. 그래서 원자물리학이나 물리적 현실 해석을 위해 지금 사용되는 수학적 수식들에 대해서는 고립된 항해사처럼 느끼며, 또한 현재 일어나는 일들을 “표현할 수 없는 것”으로 여길 것이다. 그러다 현대물리학 공부에 몰입함으로써, 그는 마침내 있는 그대로의 편안하고 익숙한 패러다임을 벗어 버려야 할 필요성을 인지하게 될 것이다. 이제 점차적으로 보어, 하이젠베르그, 아인슈타인 등이 고안해야 했던 개념들을 익히고 활용하면서, 그는 현실에 대한 **자신의** 견해를 확장하고 수정해 가기 시작할 것이다. 이와 마찬가지로, 역사학 공부에서도 그 학생은 정치가와 장군들의 확정된 역할에 관한 “정상적인” 생각들이나 계획에 관한 기존의 생각들을 접도록 만드는 것을 배울 것이다. 경제학 공부에서는 "시장 메커니즘" 패러다임으로는 양립할 수 없는 빈곤 혹은 인플레이션의 사례를 발견하게 될 것이다. 요컨대, 배움이란 이와 같이 그 사람이 수많은 새로운 현실에 참여해 가는 일이다. 교사와 학생이 이를 깨닫는다면, 그리고 달리 새롭게 볼 수 있게 해주는 패러다임들에 대해 알게 된다면, 교사도 학생도 모두 세계에서 자아를 정향 짓는orienting the self in the world 과정에서 학문의 패턴화된 구성이 갖는 중요한 역할을 인지할 수 있게 될 것이다.

하나의 현실에서 또 다른 현실로 옮아갈 때에는 심한 동요를 경험하며, 그것은 개인에게 자신의 **현존**presence을 직접 와닿는 의식으로 상기시켜준다. 오늘날 교사는 변화하는 패러다임들뿐 아니라, 특정한 교과 영역에 따라서는 논쟁 중인 그러면서 공존하는 패러다임들도 직면해야 한다. 역사학의 예를 들어보자. 어떤 이들은 역사학이 과거의 사건들에 대해 객관적으로 설명하면서 동시에 "직접적으로 현재 일어나는 사건들에 대한 이해와 설명에도 기여"할 수 있는 것으로 믿는다. 달리 생각하는 이들은 이러한 접근이 학문적 엄밀성을 결여한 것으로 보면서 역사상의 특정한 순간들 속에서 동기, 관심, 행위의 복잡성을 밝히는 일에 집중하는 쪽을 선택한다. 이들은 프래그머티즘 역사가들처럼 자유주의와 민주주의적 개혁을 증진시키는 일에 관심을 갖지 않는 점에서 일차적으로 보수주의자들의 마음에 들게 하는, 소위 여론에 영합하는 역사가들로 불리곤 한다. 또 다른 한편에는 과학주의적 역사가들이 있는데, 그들은 정치학이나 경제학 혹은 생태학의 개념들을 역사 연구에 적용하는 데 관심을 둔다. 그들에게 역사학이란 "기본적으로 과거의 주요한 인간 경험에 대해 어떤 특정한 시간 차원 안에서 서사적 설명narrative accounts이 가능하도록 안내하는 사료와 역사가 사이의 대화"이다. 그리고 또 다른 입장에서는 "새로운 역사..., 즉 인간 문화의 형식들을 근본적으로 재창조하는 일"을 요구하는 사람들이 있다. 또한 보통 사람들이나 소수자 집단들의 삶에 집중하기를 원하는 사람들, 즉 "풀뿌리로부터 거슬러 올라" 역사를 서술하기 원하는 사람들도 있다. 이렇게 역사학을 이해하는 각기 상이한 관점들은 특징적인 방법론을 개발해 왔으며, 각각은 특정한 규범 체계를 따르며 기능한다.

경제학에서도 역사학의 경우와 동일한 흐름이 있는 것이 사실이다. 이러한 변화는, 요즘 흔히 말하는 "시스템", "기술사회", "성장지상주의", "신생산업국가" 등에 대해 교사가 자신의 생각을 분명히 하려면, 불가피하게 알아야 할 것이다. 구성주의적 개념 일반의 경우에 그렇듯이, 경제학자들의 현실에 대한 그림들은 그들이 사용하는 방법에 따라 달라진다. 어떤 경제학자들은 순전히 분석적 기법을 사용하여 자원을 최대치로 만드는 문제를 연구하면서, 추구하는 우선순위와 목표들에 대해서는 거의 관심을 기울이지 않는다. 다른 학자들은 정책결정에 관심을 기울이며 그들의 전문성을 경제 성장의 증진에 활용한다. 또 다른 이들은 구체적으로 군사지배가 미국적 삶에 미치는 결과나 풀어야 할 과제에 대해 혹은 기업구조의 역할에 대해 집중한다. 일부 급진적인 경제학자들은, 경제적 권력을 분산시키고 빈곤을 치유하고 공해를 막고 도시의 갈등을 해결하는 방식으로, 제도적인 틀을 바꾸어야 할 필요성에 대해 말한다. 그들은 "경제학의 재구성, 새로운 종합과 새로운 패러다임," 즉 "인간적인 가치에 대한 보다 더 큰 관심을 향하여, 범세계적인 차원에서 인간적인 경제학을 향하여" 나아가는 새로운 패러다임을 요구하고 있다.

유사한 일들이 사회학 분야에서도 일어나고 있다. 다양하게 구성된 개념들이 문화와 제도의 연구에 활용된다. 즉, 어떤 이들은 시스템에 대해 이야기하고, 다른 이들은 계급에 대해, 또 다른 이들은 구조에 대해 말하며, 몇몇은 현실이란 사회적으로 구성됨을 강조한다. 여기서도 또한 급진적인 도전들이 존재한다. 예를 들어, 굴드너Alvin Gouldner는 학문적 사회학자들이 세계를 더 낫게 만들어야 하는 책임감을 부인하는 것을 비판하면서, 사회과학의 가치중립적 개념화는 불완전한 사회에 순응하는 방식이라고 말한다. "그러한 가치중립적 개념 틀 안에서는, 권력과 선 사이에 균형을 회복하는 일이 사회학자들의 임무가 아니라고 말하는 것이 용인되며, 이렇게 해서 그들 스스로도 도덕적으로 신뢰할 수 없다고 여기는 권력에 순응하게 되는 것이다." 굴드너는 오늘날 다른 행동하는 과학자들처럼, 사회학자에게 자신의 입장을 책임 있게 설명하도록 요구한다. 동료 학자들에게 자기 자신을 깨어 의식하도록 요청하고, 또한 독자들에게 그들이 참된 현실로 여기도록 배운 것이 사실은 인식 방법, 세계를 바라보는 방식, 역사적 시간 속에서의 위치 등에 따라 우연적으로 변하는 것임을 일깨운다.

또한 심리학자들, 문화기술학자들과 또 다른 분야 전문가들의 탐구 패러다임과 방법에서도 유사하게 의미심장한 차이가 나타나고 있음을 발견할 수 있을 것이다. 여기서 우리가 줄곧 강조하려는 점은 교육적 과정에 대해서도 많은 서로 다른 이해의 형식들이 있으며, 그것이 그토록 많은 교육적 논쟁들 이면에 깔려 있다는 것이다. 교육학을 포함해서 모든 학문 분야에 관하여 우리가 관심을 두는 까닭은, 보다 진보된 위치에서 각 학문 분야에서 새로이 열린 개인적 비전과 관점들에 비추어 개념적 틀을 검토할 수 있기 때문이다. 결국 이러한 이해를 통해 교사가 현대의 삶을 해석하는데 필요한 다양한 구조들에 대해 점점 더 자기각성이 생기고, 가능한 패러다임들 가운데 어떤 관점을 선택하여 결정하는 일에 대해 교사 자신이 보다 더 책임을 갖게 되는 것이 관건이다.

### *실존하는 교사의 프로젝트*

우리 사회는 정박지를 상실하고 있다. 학문의 세계에서조차도 확고부동한 규범을 찾기 어렵다. 교사는 주변에서 일어나는 일에 대해 어떻게 생각해야 옳은지, 또한 위기로 가득한 세계에서 자신의 일을 어떻게 생각해야 할지, 스스로 찾고자 힘써야 한다. 어린이들을 입문시키도록 요청받는 여러 갈래의 골치 아픈 문화에 대해 교사는 어떻게 합리적인 이해를 수립할 수 있을까? 학생들이 자신의 실존적인 현실에 대한 감촉을, 이 세계에 현존해 있는 자기 자신의 느낌을 잃어버리지 않게 하면서, 어떻게 하면 그들을 자발적으로 체계적인 사고를 향해 나아가게 할 수 있을까? 조종manipulations은 피하면서 통제 전략들을 활용할 수 있는 길이 어디에 있을까? 어떻게 하면, 상대적으로 더딘 아이들, 냉담한 아이들을 새로운 의미를 향한 탐구에 착수하도록 이끌 수 있을까? 난폭한 아이들과 재능 있는 아이들을 모두 진정으로 자유롭게 하면서 참을 수 없는 현실을 변화시켜 가도록 어떻게 이끌 수 있을까? 또한 그토록 많은 학생들의 삶에 깊이 관여하는 교사 자신의 일을 어떻게 정당화할 수 있을까? 교사는 자신의 프로젝트, 즉 자기 자신이 진정한 참여자가 되려는, **존재하려는**to be 노력들에 대해 어떻게 정당화할 수 있을까?

한때 교사는 이러한 질문들에 대한 답을 교육철학자에게서 찾아야 한다는 말을 들었을 것이다. 철학자는 처방을 내려 주는 위치에서 불확실한 실천가들에게 그들이 무엇을 해야 하는지, 교육의 목표는 무엇이어야 하는지를 말해줘야 하는 것으로 여겼다. 철학이 보다 우월한 형식의 과학이라는 견해는 한때 이런 방식으로 "말해주기"를 정당하게 여겼다. 철학자들은 절대 진리와 선에 대해, 인간이란 무엇을 해야 하며 어떤 존재여야 하는지에 대한 특권적인 인식을 소유한 존재로 생각되었다. 더 나아가, 그들은 위대한 사고의 체계를, 즉 개별적인 지각과 살아있음에 대한 개인적인 반응들을 초월하는 포괄적인 세계 그림을 구성해 낼 수 있는 존재로 생각되었다. 교육철학자들은 당연히 그러한 철학적 사고 체계로부터 교육적인 시사점을 이끌어 내려고 했다. 관념론(혹은 실재론이나 유물론이나 프래그머티즘)에 내포된 의미들로부터, 그들은 실천하는 교사를 위한 혹은 교육 목표를 결정하도록 위임된 이들을 위한 지침을 찾아냈다.

오늘날은 그런 안내란 없다. 의견을 타진해야 할 보다 상위의 지혜란 없다. 그러나 교육의 개념과 쟁점들을 힘써 명료화하려는 사람이 찾아 볼 수 있는 실마리는 있다. 교육자로서 문제로 가득한 세계 한가운데서 자신의 상황에 대한 통찰을 얻으려는 사람이 취할 수 있는 유리한 지점들이 존재한다. 물론, 다양한 정향을 가진 철학자들이 무슨 말을 했으며, 인간, 지식, 진리, 현실, 가치의 본질에 대해, 그리고 과학이 결코 해결할 수 없는 온갖 다른 혼란스런 일들의 본질과 같은 문제에 대해, 철학자들은 어떻게 사유했는가를 알아보는 것은 유용하다. 그러나 그러한 탐색의 핵심은 스스로 철학적인 활동에 참여하는 법을 배우는 데에 있다. 교사에게 철학적 탐구의 초점은 책임의식을 갖고서, 의미 명료화 · 구조적 인식 · 발견의 능력을 갖추고서, 교육적인 맥락들을 직시하는 법을 배우는 데에 있다. 그런데 그러한 탐구는 놀라움에서in wonder 시작된다. 즉, 철학은 언제나 경이驚異에서 시작되는 것이다. 그 사람 자신의 마음이 움직여서 스스로 우주에 대해서 질문을 던지고, 그에게 영향을 미치는 세계와 다른 이들이 제공하는 세계 해석에 관해 자기 자신과의 대화에 참여해야 하는 것이다. 그렇게 할 용기가 있다면, 그는 여러 교조적인 주장들과 의견들과 기본 전제들에 대해 검토하면서 "사유의 바람"the wind of thought을 견디며 굳게 서야 한다. 특히 새롭게 인식된 세계가 무엇을 요청하는지를 발견하는 일에 관심을 둔 교사라면, 그는 판단을 내리는 가운데, **실천하는 가운데**in praxis, 자신의 생각이 현실이 되도록 해야 한다.

철학적인 탐구를 통해서, 우리는 인식된 것이 교사에게 무엇을, 어떤 행동을 요청하는지를 끊임없이 묻게 된다. 인간 이해의 여러 경쟁적인 관점들을 고려할 때, 어떤 **행동**action이 뒤따르는가? 사고와 인식과 신념과 규범 준수에 관한 현재의 이해는 무엇을, 어떤 변화를 수반하는가? 문화적 규범들의 해체, 가치 주장들의 임의성, 자유의지에 대한 의심에 직면한 교사에게 무엇이 요청되는가? 교사는 의미를 명료화하고, ("구조화된 패턴을 생각하게 하는 무질서"를 잊어버림이 없이) 의미 있는 형식을 구성하기 위해 끊임없이 힘써야 한다. 그리고 직면하는 선택지의 다양성과 끊임없이 해야 하는 선택의 어려움을 인지해야 한다.

『불충한 유럽인의 고백』*Confessions of a Disloyal European*이란 책에서 머달Jan Myrdal은 각 개인이 스스로 자기 상황에 대한 통찰력을 발달시켜야 할 필요성에 대해 이야기하면서, 모든 교사와 예비 교사가 잘 알고 있는 "세뇌"brainwash의 위험에 대해 쓰고 있다. 그런데 그는 독자들에게 "그 어떤 세

뇌도 완벽하게 이루어질 수 없다"는 것, 사람은 "아주 잠시 동안 밖으로부터 그 자신을 보아야" 한다는 것을 상기시켜 준다. 그때에, 서구 문화의 정신 나간 비정상성이 한 번 더 그를 기계화하기 전에, "아마도 그의 의식이 기회를 잡으면 그에게서 인간 존재를 이루어 낼 수가 있다." 이 글의 목적들 가운데 하나는, 교사로 하여금 그의 의식이 깨어 기회를 잡고, 기계화와 획일적 통제에 대항하는 진정한 인간 존재로서, 또한 다른 인간 존재들이 스스로를 선택해가도록 자유롭게 해줄 수 있는 교사로서, 자기 자신을 창조해 갈 수 있도록 하는 데에 있다.

# 우물가에서

헬렌 켈러* 지음 / 송순재 옮김

두 살 때 눈멀고 귀가 먼 헬렌 켈러는 여선생님 설리반의 도움으로 손가락으로 알파벳 쓰기를 배웠다. 우물가에서의 장면은 드문 형식으로 된 자서전적인 사례 보고로서, 여기에는 헬렌 켈러에게 그때까지 거의 기계적으로 행해졌던 손가락 쓰기가 삶의 의미를 얻게 되는 순간이 기술되어 있다.

학생의 삶에 나타난 이 순간은 역시 교사에게 의미심장한 체험이 된다. 설리반은 한 편지에서 이렇게 적고 있다.

> 우리는 펌프로 갔다. 거기서 나는 펌프질을 하면서 헬렌에게 컵을 입구 아래쪽에 대고 있도록 했다. 찬물을 길어 컵을 채웠을 때, 나는 헬렌이 내민 손바닥에 w-a-t-e-r(물)라는 글자를 썼다. 아이의 손바닥 위로 떨어져 흐르는 물의 차가운 느낌에 직접 연관 지은 '물'이라는 단어는 헬렌을 놀라움으로 갑자기 멈추어 서게 했던 것 같다. 아이

* 헬렌 켈러(Helen Keller, 1880-1968) : 생후 열아홉 달 되던 때에 듣고 보지 못하게 되었다. 여교사 설리반(A. M. Sullivan)으로부터 읽기와 쓰기를 배웠다. 학업을 성공리에 마친 후 미국 맹인장학회의 회장이 되었고, The story of my life(1904), The world I live in(1908), My religion(1929)등, 많은 저작을 남겼다.

> 는 컵을 내려놓고는 마치 뿌리박은 듯 우뚝 서 있었다. 아이는 이 물이라는 단어를 여러 번 반복하여 썼다. 그리고는 웅크리고 앉아 땅을 만지작거리며 그 이름이 무엇인지 물었다. 그리고 펌프와 울타리에 대해서도 물었다. 그 다음에는 갑자기 몸을 돌이켜서 내 이름을 물었다. 나는 아이에게 내 이름을 써 주었다. ……
>
> 헬렌은 오늘 아침 빛나는 요정처럼 일어났다. 이 물건에서 저 물건으로 나는 듯이 오가며 그 이름을 묻고는 아주 밝게 기쁨에 넘쳐 내 손에 입을 맞추었다. 어제 저녁 잠자리에 들려 하자, 헬렌은 제 발로 내 팔에 안겨 처음으로 입을 맞추었다. 내 가슴은 기쁨에 넘쳐 뛰놀았다.

내가 살아온 나날을 돌이켜 볼 때 가장 중요한 날은 설리반 선생님이 내게 오셨던 날이다. 나는 그 분이 오시기를 전후하여 내게 일어난 뭐라 측량하기 어려운 정반대의 사건을 설명하기가 몹시 어렵다. 그것은 일곱 번째 생일이 돌아오기 3개월 전인 1887년 3월 3일의 일이었다.

그 뜻깊은 날 오후 나는 생기 없이 무디어진 감정으로 집 문 앞에 서 있었다. 나는 집안에서 이리저리 돌아다니며 노는 일이나 아니면 엄마가 시키는 일들로부터 벗어나 앞으로 일어날 어떤 특별한 사건을 막연히 예상하였기 때문에, 문 앞 층계 위에서 기다리고 있었던 것이다.

오후 햇살은 문을 둘러싼 두터운 인동덩쿨 덤불을 두루 비추며 뚫고 들어와 마주하여 쳐든 내 얼굴을 비추었다. 내 손가락은 내게 익숙한 아름다운 남쪽의 봄을 맞기 위해 방금 돋아난 나뭇잎과 꽃봉오리를 그저 아무런 생각 없이 만지작거리고 있었다. 어떤 기적과 놀라움이 나를 위한 미래를 그 품에 숨기고 있었는지 몰랐다. 몇 개월 전부터 내게는 거부할 수 없는 쓰디씀과 노여움이 몰아닥쳤다. 이 의심에 사로잡힌 투쟁으로 인해 나는 몹시 쇠약해졌다.

사랑하는 독자 여러분, 당신은 혹시 큰 배를 타고 항해하다가 손으로 붙잡을 것 같은 하얀색의 어두움으로 겹겹이 싸인 안개 속에 들어가 본 적이 있는가? 그때 당신은 불안에 휩싸여 조심스레 해안을 따라가면서 콤파스와 추측선을 사용하여 그 배의 항로를 추적해 가는 동안 혹시 일어날지도 모를 사고를 예상하며 가슴 두근거려 본 적이 있는가? 나는 그 배를 내가 받을 교육이 시작되기 전으로 비유하려 한다. 다만 내게는 컴퍼스와 추측선이 없었고, 항로가 얼마나 가까운 거리에 있는지 전혀 알 길이 없었다는 것이다. '빛! 내게 빛을 달라!' 하고 나의 영혼은 말없이 외쳤다. 사랑의 빛은 이미 그 순간 나의 가느다란 오솔길을 비추었던 것이다.

나는 가까이 오는 발자국 소리를 느꼈다. 나는 생각나는 대로 엄마에게로 손을 뻗었다. 그때 어떤 사람이 내 손을 붙잡았다. 나는 붙잡아 일으켜졌고, 그래서 나도 그 팔을 붙잡았다. 나는 그 팔에 붙잡혀 단단히 안겼다. 그것은 내게 세계를 감추었던 휘장에 바람을 불어넣고, 나아가서 내게는 아주 많은 것을 의미했던, 나를 사랑하는 한 부인의 팔이었다.

선생님은 도착한 그 이튿날 아침, 나를 자기 방으로 데리고 가서 인형 하나를 주었다. 그것은 피킨스연구소의 브리지맨L. Bridgeman이 양육하는 눈먼 작은 여자아이들이 내게 보낸 것이었다. 나는 이것을 후에야 알게 되었다. 내가 잠시 동안 인형과 놀고 있을 때 설리반 선생님은 천천히 d-o-l-l(인형)이라는 단어를 내 손에 써 주셨다. 이 손가락으로 하는 놀이는 내게 당장 흥미를 일으켰기 때문에, 나는 그것을 따라 하기 시작했다. 마침내 철자를 정확하게 따라 쓸 수 있게 되었을 때, 나는 어린이들이 느끼는 기쁨과 자신감에 넘쳐 얼굴이 붉어졌다. 나는 계단을 뛰어 내려가 엄마에게 손을 뻗쳐 방금 배운 철자를 가리켜 보였다. 그때까지 나는 단어를 철자에 따라 쓰는 것을 알지 못했으며, 도대체 단어라는 것이 있는지도 몰랐던 것이다. 나는 단순히 손가락을 원숭이와 같이 움직였다.

이렇게 개개의 사물이 무엇인지는 알지 못하면서도 계속해서 아주 많은 양의 단어쓰기를 배웠다. 그 가운데는 pin(핀), hat(모자), cup(컵), 그리고 sit(앉다), stand(서다), walk(걷다) 같은 동사들도 있었다. 마침내 선생님이 내 곁에 계신 지 수주일이 지나서, 개개의 사물이 이름을 가지고 있다는 사실을 알게 되었다. 하루는 내가 인형을 가지고 놀 때, 설리반 선생님은 이전에 내가 가지고 놀던 너덜너덜해진 인형을 내 품에 안겨 주셨다. 그리고는 d-o-l-l이라는 철자를 분리하여 낱낱이 제시해 주시면서, 이 글씨가 두 개의 인형 모두를 가리킨다는 것을 알아듣게끔 해주셨다. 우리는 이전에 벌써 m-u-g(컵)와 w-a-t-e-r(물)라는 단어에 대하여 경험한 적이 있었다. 설리반 선생님은 m-u-g가 컵이며 w-a-t-e-r가 물을 나타낸다는 것을 내가 마음에 새길 수 있도록 힘을 기울이셨으며, 나는 이 둘을 혼동하지 않도록 계속해서 애를 썼다. 선생님은 이 주제에 회의를 품고는 일단 그만 두셨다가 다음 기회가 오면 다시 한 번 시도하셨다. 그녀의 되풀이된 이러한 시도에 대해서 나는 더 이상 참을 수 없었다. 그래서 새 인형을 집어 들고는 세차게 바닥에 내동댕이쳤다. 나는 바닥에 흐트러진 부서진 인형조각들을 발로 이리저리 건드려 보면서 (선생님 마음이 상했을 것을 생각하고는) 어떤 쾌감을 느꼈다. 이렇게 격정이 돌출하는 가운데서도 고통이나 후회 같은 감정은 따르지 않았다. 나는 인형을 사랑하지 않았다. 내가 살고 있던 정적이 깔린 어두운 세계 안에서는 강한 애호심이나 달콤함 같은 것은 있을 곳이 없었던 것이다.

나는 선생님이 그렇게 떨어져 나간 조각들을 벽난로 쪽으로 옮겨 놓으셨음을 느꼈다. 그리고서 나는 불만족스러운 감정의 원인이 제거되었다는 것에 대하여 일종의 깊은 만족을 느꼈다. 설리반 선생님은 내 모자를 가져오셨다. 그렇지만 나는 그러한 만족감이 따뜻한 햇볕이 비추자 그 속으로 나가 버렸다는 것을 알았다. 여기서 나는 그렇게 어떤 말로 포착되지 않는 느낌이 바로 '생각'이라고 불릴 수 있다는 생각이 들었을 때, 나는 기뻐서 어쩔 줄 몰라 펄쩍펄쩍 뛰었다.

우리는 샘물이 나오는 길을 —그것을 휘감고 있는— 인동덩쿨의 향기에 이끌려 걸어 들어갔다. 누가 물을 푸고 있었다. 선생님은 내 손을 펌프의 관 아래쪽에 대게 하셨다. 찬 물줄기가 내 손 위로 퍼부어질 동안, 선생님은 나의 다른 편 손 위에 water(물)라고 썼다. 처음에는 천천히 다음에는 빨리, 나는 가만히 서서 그녀의 손가락의 움직임을 정신을 집중하여 따라잡았다. 어떤 안개에 싸인 것 같이 떠도는 기억이 단숨에 나를 꿰뚫고 지나갔다. 그것은 섬광과도 같이 되돌아 온 생각이었다. 그리고 언어의 비밀이 돌연히 내 앞에 열렸다. 나는 비로소 water라는 것이 내 손 위를 흐르는 아주 놀랍고 차가운 그 어떤 것을 의미한다는 것을 알게 되었다. 이 살아 있는 말이 내 영혼을 삶으로 일깨웠으며, 빛과 희망 그리고 기쁨을 선사하였고, 올무에서 해방시켰다. 그럼에도 불구하고 여기에는 끊임없이 울타리가 쳐져 있었다. 그러나 이것들마저 시간이 흐름에 따라 제거될 수 있는 그 무엇이었다.

나는 그 샘물을 배우려는 욕구로 가득 차서 떠났다. 모든 사물은 개개의 이름을 가지고 있으며, 그러한 이름들은 새로운 생각들을 불러일으킨다는 것이었다. 우리가 집으로 돌아왔을 때 모든 대상은 어떤 활동하는 생명으로서 내 앞에서 빠르게 떨면서 움직이는 것처럼 보였다. 그것들은 내가 받았던 드물게 새로운 안목으로 관찰하도록 내 면전에 다가왔다. 방에 들어섰을 때 내가 부서뜨린 인형이 생각났다. 나는 벽난로를 더듬어 나아가서 그 조각들을 집어 들어 제자리에 끼워 맞춰 보려 하였다. 나는 내가 무슨 짓을 했는지 알게 되었다. 그리고 내 생애에서 처음으로 후회와 고통을 느꼈다.

그날 나는 한 무더기의 단어들을 배웠다. 지금 그 모든 것들을 기억할 수는 없다. 하지만 Mother(엄마), Father(아빠), Sister(언니), Teacher(선생님)와 같은 단어들이 생각난다. 이 단어들은 세계를 —아론의 지팡이에서 싹이 나듯— 내게 꽃피우게 했던 말들이었다. 나는 이 사건에 가득 찬 날이 저물 때, 조그만 침대에 누워 내게 오늘날까지 계속되어 오는 기쁨을 깊은 상념으로 마주 대하면서 나보다 더 행복한 아이가 어디 있을까 하고 어쩔 줄 몰라 했으며, 처음으로 동터올 이튿날 아침을 고대하였다.

출전 : H.Keller u. A.M. Sullivan: *Geschichte meines Lebens*. Bern 1955, S.31–34, 183f. (zuerst Leipzig 1905, S. 20ff.,224ff)

# 교육함과 철학함

한스 라우쉔베르거 지음 / 송순재 옮김

## 철학함이야말로 교육의 의미를 밝혀 줄 수 있다.

우리는 과학으로부터 출발하여, 이를 근거로 교육을 행할 수는 없다. 과학은 많은 일에 도움을 주고 교육을 위해 쓸모없는 것은 아니겠지만, 교육을 형성하는 유일무이하게 적합한 원천은 아니다. 우리가 만일 모든 교육적 조처들에 관하여 결정을 내릴 수 있는 권한을 교육과학자라는 이들의 손에 맡겨놓는다면, 어린이들의 운명은 크게 훼손되고 말 것이다. 다행스럽게도 상황은 전적으로 그렇지는 않다. 현대의 부모들은 아이들을 최선의 길로 교육할 수 있을 만큼 잘 알고 있다고 믿는 어떤 낙관주의를 가지고 있다. 그래서 그들은 더 이상 알 필요를 느끼지 않고, 따라서 구태여 어떤 교육과학자에게 묻지도 않을 것이다. 우리는 이들에게 전혀 충고할 수 없는 것이다. 왜냐하면 페스탈로치나 혹은 품격 있는 서정시에 관해서는 잘 말해 줄 수 있는 어떤 교육전문가도 다음과 같은 상황, 즉 어떤 사내아이가 자기 여동생을 계속해서 괴롭히는 상황에 대하여 그리 마땅한 처방을 내리지 못할 경우도 있을 것이기 때문이다.

다시 말해서, 만일 교육과학이 우리가 기대하는 대로 하나의 잘 실험된 행위의 모형들, 단 있을 법한 경우를 해결하는 모형들을 준비하는 것이 아니라면, 이 과학의 효력과 타당성에 관하여 까다로운 문제가 제기될 것이다. 의학은 치료 방안을 강구해 내고, 법학은 무엇이 옳은지를 인식하려 하는데, 이러한 종류의 과학은 이론을 뒤따르는 실천적 응용의 장을 가진다. 이에 비해 교육과학은 위와 같은 두 과학과 비슷한 맥락을 갖지 못한다면, 그 외에 어떤 고유한 특징을 가지는가? 솔직히 말해서 필자 역시 그에 관해 아는 바가 없다. 다행히도 이 문제가 여기서 본론은 아니다. 보다 중요한 물음은 다음과 같은 것이다. 교육하는 이가 근거로 삼아야 할 것이 과학이 아니라면, 그 다른 것이란 무엇인가? 그는 무엇에 근거하여 사고하고 행동하며, 만일 어떤 오류를 자백해야 한다면 무엇을 기준으로 삼아서 그렇게 할 수 있는 것일까? 필자가 제시하려는 바는 교육이 불가피하다는 전제 안에서 철학적 사고가 이 가능성을 보여줄 수 있다는 것이다. 이는 철학함이야말로 교육의 의미를 밝혀줄 수 있다고 믿기 때문이다.

이렇게 생각하게 된 것은 어떤 이론의 여지없는 논리적 결론을 인식했기 때문이 아니라, 불안의 경험을 통해서이다. 다시 말해서 가르치는 자로서 일하고, 또한 교육적 행위가 어떤 성과를 낳으리라는 의식 속에서 일할 때마다, 나는 상황에 의미를 부여하는 데에서 그릇되며 교육적 조처를 내리는 데에서 잘못된 선택을 할 수 있으리라는 강한 느낌이 들었던 것이다. 그것은 문제의 중요성이 나에게 있지 않다는 뜻으로 말한 것이 아니다. 나를 불안하게 한 것은 좋은 방향에서든 나쁜 방향에서든 사안으로 떠오른 문제를 파악하고 있었다는 인식이었다. 내가 확신할 수 없었던 것은 다름 아니라 그것을 좋은 방향에서 파악했었는가 하는 점이었다. 내가 교육적 문제에 관한 물음에 대해서 확신을 가졌던 때는 결코 한 번도 없었다. 나는 자기 아이들을 아주 자명하게 아무런 의심도 없이 기르면서, 무엇이 옳은지를 항상 알면서, 더구나 단 하나의 올바름만이 있으며 그 밖에 어떤 다른 가능성도 생각지 않는 사람들을 부러워하기 시작했다. 내 주위에는 교육학 책이라고는 단 한 권도 읽지 않았으면서도 교육학을 조소하고, 그렇지만 자기 아이들을 확신에 차서 나름대로의 자명성을 가지고 교육하는 이들이 있다. 반면에 나는 교육에 관한 전문인으로서 어린이들과 관계하면서 의심에 사로잡히고, 끊임없이 오류에 빠질 것을 각오하면서, 스스로를 냉대하였다. 나는 그렇듯 확신에 차서 교육하는 사람들의 아이들을 나지막한 희망을 가지고 관찰하기 시작했는데, 즉 그들은 얼마 가지 않아서 오류에 빠질 것이고, 그렇게 되면 나는 은밀하게 승리를 거두리라는 것이었다. 그러나 그들은 그렇게 되지 않았다. 그뿐 아니라 그들의 아이들은 점차 부모를 닮아갔고, 부모들이 말하듯 비슷하게 말하였다. 차이가 있다면 아이들이 보다 개방적이라는 점이었다. 나는 아이들이 표현하는 언행 속에서 부모의 의견을 —부모 자신을 통해서보다— 더 잘 알 수 있었다. 그런 점에서 나는 이들의 교육이 성공을 거두고 있음을 인정해야 했다.

나의 마지못한 존경심에는 물론 다른 문제가 쌓이기 시작했다. 즉, 그 아이들을 보다 잘 이해하면 할수록, 어쩔 수 없이 그들에 대한 연민의 정이 슬며시 드는 것이었다. 그들은 유쾌하고 건강하게 자라나면서도 기만하는 모습으로 나타났던 것이다. 아이들은 불명료한 특징들을 드러내기 시작했다. 아이들이 지금까지와는 다른 식으로 발전할 수 있는 가능성을 사람들은 앗아갔다. 그 부모들은 그들에게 단 하나의 올바른 결과를 끌어내기 위해, 결단의 상황이 있을 때마다 자기들의 손으로 정확하게 계산한 결과를 토대로, 아이들의 긴 미래를 아이들의 짧은 과거에 붙들어 매고, 그렇게 함으로써 아이들을 스스로 결박하였다. 아이들의 발달은 때 이른 시점에서 미리 표시되었다. 그리고는 이와 달리 아이들이 궤도를 이탈하리라는 가능성은 고려되지 않았다. 아이들은 다른 것은 아무것도 알지 못하기 때문에, 자라나면서 겪게 되는 자신의 결손 부분 역시 느낄 수 없었다.

이 점을 파악했을 때, 나는 불안하게 형성되어 있는 내 아이들과의 관계가 어떤 이점利點을 가지고 있음을 통찰하기 시작했다. 게다가 이런 불안은 내가 결정을 내리는 데 머뭇거린다거나 혹은 자주 마음을 바꾼 데서 생기는 것이 아니다. 내가 내린 조처들은 오히려 탐험여행과도 같은 영향력을 행사했다. 여기에 관한 내 기대에 대해서는 내 입으로 미리 말할 수 없었다. 어쨌든 나는 그러한 조처들에서 교육의 성과를 미리 내다보며 확신하지 못했다. 그 성과는 보다 멀리 떨어져 숙고되었으며, 그곳에 이르는 길은 위험에 처하여 머뭇거렸고, 오류의 길에 맞닥뜨리곤 했다. 나는 그러한 상황에서 교사로 일하는 사람은 아이들을 사슬로 매놓지 않고, 그들에게 그들의 자유를 —그들이 붙잡고, 시험하고, 또한 수행해 낼 수 있는 형성 가능성으로서— 다시 돌려줄 수 있다는 사실을 발견했다. 그러한 행위는 아이에게 던져지는 형성 가능성의 물음, 즉 여기에 그의 내적 삶의 방향이 놓여 있는지 아닌지를 묻는 물음이 되는 것이다.

이렇게 하여 분명해진 것은, 교육이란 다른 사람에게 어떠한 결과도 미리 규정짓지 않으며, 또한 그에게 귀속되어 있는 속성이 무엇인지를 미리 확정짓지 않는 하나의 행위 형식이라는 점이다. 교육의 구조는 개방되어 있다. 왜냐하면 그것은 사전에 임의로 처리할 수 없는 하나의 의미방향을 추구하는 것이기 때문이다. 보다 정확히 말해서, 그것은 다른 사람으로 하여금 그 자신의 삶의 방향을 추구하도록 하는 행위, 곧 모든 방향에서 가능한 한 잘 추구할 수 있도록 하는 행위를 말한다. 그래서 교육이란 교사가 일종의 안내인 같은 역할을 하는 항해와도 같은 것이다. 교사는 배를 얼마쯤 인도해서 망망한 대해로 이르는 길을 가리킨다. 여기까지는 교사의 일이다. 그 다음은 길이 바뀐다. 선장은 다음 갈 길을 간다. 만일 우리가 이러한 교육행위의 구조를 언어로 풀어본다면, 하나의 단순한 물음의 형식으로 나타날 것이다. 교육함은 어떠한 성과를 확정짓는 혹은 속성을 규정짓는 행위가 아니라, 행위 하는 범주로 된 물음의 형식이며, 여기에 교육의 철학적 기원이 있는 것이다. 잘 준비하여 던진 물음은 하나의 세계를 열어 보일 수 있다. 이에 반하여 아주 정확한 답변은 어느 것이나 본질적으로 박약한 것이다. 왜냐하면 그것은 하나의 물음 말고는 어떤 다른 것도 해결할 수 없기 때문이다. 따라서 정형화된 형식을 따라, 즉 "너는 어떻게 그런 일을 그렇게 즐겨 하니?" 하는 식의 물음을 따라 교육을 그르칠 수는 없는 것이다. 이는 어떤 부패한 교육이리라. 교사는 어린이가 스스로 던질 수 없는, 그럼으로써 스스로 행위 할 수 없는 물음을 끄집어내는 과제를 갖는다. 그러나 어떻게 학생이 물음과 관계하는지, 즉 그가 물음에 답하는지, 한다면 어떻게 하는지에 관하여 교사는 거의 영향을 미치지 않으며 또 그럴 권한도 전혀 없다.

교육을 그만두어야 한다는 요구가 있다. 그렇지만 그러한 요구는 동의하거나 동의할 수 없는 어떤 절실히 요망되는 사항이 아니다. 왜냐하면 그러한 요구는 현실성을 갖지 못하기 때문이다. 이런 요구와 마찬가지로 사람들은 다음과 같은 것들, 예컨대 음식 먹기를 그만두어야 한다든지, 다만 배고픔을 느끼지 않도록 하는 수준에서 습관이 들어야 한다든지 하는 것을 요구할 수 있다. 그렇지만 많은 사람들은 그러한 요구를 단순한 유명론적 논의에 불과한 것으로 간주한다. 그래서 그들은 더 이상 말로 명백히 표현하지 않으려 하는데, 그 이유는 그렇게 하면 말에 상응하여 현실적 경험이 속박되리라는 것 때문이다. 한편 또 다른 사람들은 교육이란 어른이 아이들을 그들이 생각하는 바에 따라 길들여 보려는 것으로 생각하며, 그래서 그들은 그런 식의 만남으로 된 교육을 거절한다. 교육에 관한 그릇된 견해는 존재하며, 또한 오늘날에도 이러한 견해가 널리 만연해 있다는 점에서 그러한(교육을 그만두어야 한다는) 주장이 지지를 받을 수 있다.

그러나 그들이 자신들이 사용하는 언어가 문제를 푸는 데 적절하다고 생각한다면, 이는 착각일 것이다. 필자가 보기에 이 상황은 교육이라는 말보다는 진리 혹은 자유와 같은 어휘를 가지고 다루어야 할 것이다. 어휘들이 잘못 사용될 때마다 우리는 이 어휘들과 끊임없이 논쟁을 벌여야 한다. 필자는 무엇보다도 교육이라는 사실을 확정지을 수 있는 다음과 같은 두 가지 근거에 대하여 알고 있다.

첫째 근거로서, 교육을 거절하는 사람 가운데 누구도 사회화와 같은 것, 다시 말해서 사회적 공동생활의 과정 안에서 어린이와 청소년을 도야하는 영향력이 존재한다는 사실을 부인할 사람은 없다. 그러나 사회화의 길 안에 모든 것이 다 삶을 도야하는 데 좋고 이득이 되는 것은 아니다. 사회화의 부정적 결과를 우려하는 사람들은 누구든지 그러한 악영향을 미연에 방지하거나 아이로 하여금 면역을 갖게 하는 식으로, 그러한 영향을 저지하려고 노력할 것이다. 바로 이것이 그의 교육행위이다. 왜냐하면 교육이란 아이의 관심사 안에서 어떻게든 발생하는 사회화와 벌이는 실천적 논쟁에 다름 아니기 때문이다. 이것을 이해하면서 매일같이 어린이와 관계를 맺는 사람은 "교육은 필요 없다"라는 슬로건을 그리 쉽게 입에 올리지 않을 것이다.

둘째 근거로, 우리는 아이에 대하여 아무런 기대도 하지 않는 부모를 가정해 볼 수 있다. 그들은 아이들에 대해 책임을 묻거나 권한을 행사하거나 영향을 끼치거나 하지 않고, 또한 그들로부터 무엇을 거두어들인다든지 형성한다든지 하지 않고, 다만 아이들의 친구가 되어 잘 지내려 하는 부모를 말한다. 이 경우에 그들은 아주 의미 깊은 경험, 즉 아이들이 그들로부터 어떤 것을 기대하며 신뢰하는 체험을 하게 될 것으로 보인다. 아이들은 감상적으로가 아니라 개방된 마음으로 아주 현실적으로 그렇게 하는 것이다.

예컨대, 그들은 어른들이 자기들보다는 강한 신체적 힘을 통해서 아주 여러 가지 도움을 주고 있음을 알아차린다. 분명 한계가 있기는 하지만, 어른들은 때에 따라서 매우 걸맞은 놀이 친구가 되기도 한다. 그 밖에 자동차를 태워 줄 수도 있다. 그래서 어른은 아주 좋은 자동차 운전수이기도 하다. 혹은 친구의 부모를 돕는 변호사가 되어 줄 수도 있다. 그러나 이런 면만이 다는 아니다. 아이들은 부모가 어려움과 갈등상황에 처한 것을 관찰하면서, 그들이 강하게 되어주기를 원한다. 아이들은 종종 부모의 화를 돋우기도 하지만, "아니 안 돼." 하고 말해주기를 원하기도 한다. 불안과 슬픔의 순간에 아이들은 부모에게로 피하면서 위로뿐 아니라, 부모가 그들과 함께 슬퍼해 주고 고통 받기를 원한다. 그리고 이런 요구는 아이들이 장성한 후라 할지라도 그치지 않고 제기된다. 우리는 이를 얼마간 결손된 사람들의 경우에서 가장 잘 알 수 있다. 만일 어떤 청소년이 인격적 위기에 처했을 때, 일이야 어찌됐든 부모님께서 자기를 이해하지 못하실 것이라고 생각하면서 부모님과는 상의하지 않겠다고 한다면, 우리는 여기서 그가 일종의 기만된 느낌을 가지고 있음을, 다시 말해 그에게 중요한 과제가 결손되었음을 알 수 있다.

여기서도 역시 하나의 교육의 과제가 문제시되고 있는 것이다. 왜냐하면 어린이와 청소년이 부모에 대하여 거는 기대는 기계론적 의미에서 마치 어른이란 어린이의 소원을 채워 주는 자동기계와 같은 것이 되어야 한다는 뜻은 아니기 때문이다. 중요한 것은 대화이다. 그러나 여기서 말하는 대화의 의미는 어른이 이 수단을 통하여 자라나는 이들에게 그들이 지금 가지고 있지 않은 어떤 것이나, 혹은 그가 자력으로 성취할 수 없거나 아직 성취하지 못한 어떤 것을 줄 수 있음을 함축한다. 우리는 어린이의 필요에 응할 수 있는 존재로서뿐 아니라, 우리 자신 스스로를 어린이에게 드러내 제시하는 것이 바람직한 것이다.

아이들은 자신의 생각을 표현하면서, 어른을 독점할 뿐 아니라, 자신을 어른에게 내어주고 있다. 어른이 아이들의 소원을 채워 주느냐 그렇지 않느냐에 따라, 그는 아이들을 그가 원하는 방식으로나 혹은 원치 않는 방식으로 형성하며, 또한 종종 그가 전혀 원치 않았던 방식으로 그들을 형성하기도 하는 것이다. 여기서도 역시 교육은 불가피해진다.

## 교육이란 무엇인가 – 올바른 개념 정립

여기서는 독자들이 필자에게 기대하는 점, 즉 교육의 개념–내용상 자명한 문제–을 해명하고자 한다. 왜냐하면, 특히 교육을 반대하는 사람들은 방금 위에서 설명한 것은 도대체 교육하고는 전혀 상관없는 것이라고 할 것이기 때문이다. 이를테면 다음과 같이 말할 것이다.

"오랜 세월을 두고 완고한 가장노릇을 하며 고약하게 엉덩이를 두드려댄 사람들이 자신들의 좌절을 아이들에게 쏟아놓으며 사용했던 고리타분한 어휘가 도대체 무엇 때문에 여기서 필요하다는 말인가? '교육'이라는 말에서 훈육이나 종속시킴과 같은 냄새가 나지는 않는가?"

그것은 사실이다. 그것은 특히 길들여지지 않는 중세와 르네상스가 질서를 세우기 위한 어떠한 대위법도 만들어 내지 못했을 때보다 산업화 이후의 시대에 들어맞는 말이다. 물론 우리는 하나의 어휘를 못 쓰게 만들 수 있다. 교육이라는 단어가 여기서 특히 그렇게 될 수 있다.

그러나 우리는 교육이라는 말이 근거해 있는 바에 대해서 잘 알지 못하기 때문에 이 말을 충분히 정당하게 사용하고 있지는 못하다. 이 사정은 이 단어를 대치해 보려는 모든 시도에서 나타난다. 이를테면 반교육학反敎育學; Antipädagogik[1]에서 제기된 여러 논점들을 살펴보기로 하자.

브라운뮐E. v. Braunmühl[2]은 교육이라는 말 대신에 "우정"이라는 어휘를 사용하였다. 그녀는 여기서 어른이 참여하는 몫에 어느 정도 정당하게 제한을 가할 수 있다고 하면서, 이를 "정당방위"로 특징지었다. 이렇게 하여 교육의 합법적 부분은 우정과 정당방위의 요소로 분할된다고 말할 수 있다. 밀러A. Miller는 전체적으로 교훈적인 어조나 윤리적인 어조로 교육을 "동반"의 개념으로 대치하고 있다. 그리고 다른 이들은 모든 교육을 "도야"Bildung의 개념으로 나타내려 하고 있다. 다만 일리히I. Illich만이 교육의 대치 불가능한 특수성을 강조하면서 대단히 명료하게 이 문제에 관계해 들어가고 있다. 그는 그것을 가장 쉬운 방식으로 접근하고 있다. 이를테면, 인격적-직업적인 관계에서 아이들과 어떠한 지속적 띠도 갖고 있지 않은 사람은 이

---

1_ [역주] 기존의 교육을 어린이를 억압하고 적대시하는 권위적 이데올로기로 고발하고, 어린이 안에 숨겨진 특정한 내적 가능성과 성장하는 힘에 대해서 최대한의 긍정적 신뢰를 가짐으로써 기존의 교육을 폐하는 대신, 어른과 어린이 사이에 전적으로 새로운 관계를 설정하려는 현대 교육학의 한 흐름을 말한다. 반교육학에 대한 주요 논쟁은 다음 문헌에서 찾아볼 수 있다.
E. v. Braunmühl: *Antipädagogik. Studien zur Abschaffung der Erziehung.* Weinheim, Basel 1975; Miller: *Am Anfang war Erziehung.* Frankfurt 1980; I.Illich: "Erziehung am Ausgang des Industriezeitalters". In: *Z.f.Päd.* Beih. 17(1981). S.41-48; A. Flitner: *Konrad sprach die Frau Mama... Über Erziehung und Nicht-Erziehung.* Berlin [2]1983.

2_ 각주 1)에 소개한 문헌을 참고하시오.

미 "교육"이라는 의미에서 결정적으로 "아니"라는 식이다. 보다 어려운 문제는 자녀를 둔 교육전문가들에게서 나타난다. 그들은 "아이에게 영향력을 행사하는 행위"(우리가 앞서 교육으로 표기한 것)를 양심을 위배하면서, 혹은 양심 몰래 실행에 옮겨 놓기 때문이다.

교육이란 우정이 아니다. 왜냐하면 우정이란 동등한 가치와 동등한 권리를 가진 이들 사이에서 발생하는 하나의 관계-이는 특히 우정이 부담을 주는 상황에서 잘 나타난다-이기 때문이다. 교육은 또한 동반의 관계가 아니다. 동반이란 전적으로 공허한 표현이기 때문이다. 이에 비해 교육이란 특수한 한편의 상황에서 발생하는 과제를 함축한다. 사회적 세계에서 한 사람이 자라나면서 스스로 삶을 부지할 수 없고 혹은 뚫고 나아갈 수 없는 곳에서, 그리고 이미 주어진 문화 안에서 스스로 자신의 삶의 자리를 발견할 수 없는 사람이 자라나는 곳에서, 말하자면 어떤 형태든 그런 곳에서 사회적-문화적 탄생의 도움을 주는 이가 있어야 한다. 잘 알려진 바와 같이 사람은 태어난 후에 도움을 받지 않고는 생존할 수 없다. 그 때문에 우리는 생물학적인 조기 탄생에 관하여 말하는 것이다. 이는 사회적-문화적 탄생이 나중에 뒤따른다는 사실을 의미한다. 이러한 의미의 탄생은 물리적 탄생보다 훨씬 오래 지속된다. 산파가 아이를 그의 육체적 삶을 가능케 하기 위해 어머니에게서 끌어내듯이, 우리는 아이를 사회적-문화적 삶으로 이행하도록 돕는 행위, 즉 교육을 한다. '교육하다'라는 뜻을 나타내는 독일어 동사 er-ziehen에서 "ziehen"(끌어당기다)은 산파술에 그 어원을 두고 있다. 접두어 "er"는 문화적 의미를 강조하는 것 외에 다른 뜻이 없다. 만일 이 말이 옳다면, 교육이란 삶의 힘으로 갖추어져 있고, 또한 그의 개별화와 사회화를 추구하는 인간의 본질에서, 그러나 그러한 가능성이 손상되지 않고 실현되기 위해서는 도움이 필요한 인간의 본질에서 유래하는 것이다. 그의 가능성을 향해 뒷받침하는 한, 그를 실제로 돕는 타자가 존재하는 것이다. 따라서 교육에 관한 모든 물음은 다음과 같다.

"무엇이 인간의 가능성이며, 여기 있는 이 사람의 가능성은 무엇인가?

얼마나 그는 도움을 받아야 하는가? 어디서, 어떤 방식으로?"

이 물음에 대하여 이제 우리는 유형상 특수화시켜 나타낸 영역에 머무는 한 비교적 단순화시켜 대답할 수 있다. 즉, 어떻게 "그" 인간이 교육을 통하여 도움을 받아야 하는가에 대하여 우리는 동의할 수 있다. 문제는 어떻게 "이 사람"이 하나의 특정한 상황 안에서 교육을 받을 수 있을까 하는 것이다. 한 가지 예를 들어 보기로 하자.

지난 여름 나는 일곱 살 난 이웃집 사내아이를 관찰할 수 있는 기회가 있었다. 그 애는 달팽이 몇 마리를 파내어 짧은 실로 묶어 빨랫줄에 매달아 놓았다. 그 아이는 달팽이가 움직이는 모양을 보고 기뻐서 내게 말했다.

"이것 좀 보세요, 달팽이들이 말라가요."

나는 이 말에 대해서 내 안에서 어떤 요구받고 있음, 즉 어떤 식으로든 답변해야 한다는 의무감 같은 것을 느꼈다. 바로 여기에 교육의 개념을 규정하는 최초의 문제 상황이 나타나고 있는 것이다. 다른 사람의 상황을 위해 보다 힘 있는 사람이 무엇을 하지 않으면 안 된다는 의식을 요청받고 있는 것, 이것이 바로 교육의 문제 상황인 것이다. 일반적으로 이는 세대간에, 즉 부모와 어린이, 교사와 학생, 스승과 도제 사이에서 발생하는 문제이다. 다음으로 위에서 언급한 상황으로 돌아가, 나는 책임을 떠맡아야 하는 이 장면, 즉 달팽이 처형의 장면에 개입하고 싶었다. 여기에 교육의 개념 규정을 위한 두 번째 차원이 있다. 즉, 이는 다른 사람이 나의 행위-말함 혹은 중지시킴 등-를 어떻게 받아들이는지를 기대하는 것이다. 이 경우를 사회적-문화적 산파술의 표현을 따라 말하자면, 그 소년이 나에게 자기가 하고 있는 일을 보여준 행위는 단순한 문제가 아니라, 지금 벌어지고 있는 그 과정에 대하여 통합적 중요성을 갖는다. 그는 그의 경험을 사회화하려는 것이다. 그는 근본적으로 자기가 사는 사회가 생물과 어떻게 관계하는지를 내게 묻고 있는 것이다. 나는 여기서 그 아이가 요청하고 있는 바에 대하여, 어떤 식으로든 사회적-문화적인 의사소통을 이루어야 한다.

만일 여기서 반교육학의 시각으로 접근하자면, 다음과 같이 말해야 하리라.

“어떻게 내가 이 아이에게 영향을 미칠 수 있을까? 아마도 이 조그만 녀석은 지금 중요한 경험을 하고 있을 게다. 지금 나는 그 아이로 하여금 이 피조물의 고통에 주의를 환기시켜야 할까? 그리고 그 다음 식사 시간에는 도살자가 동물을 어떻게 죽였는지 묻지도 않고 갈비를 뜯어야 할까?”

만일 이렇게 생각하면서 아이와 교육적 대화를 이끈다면, 나는 나 스스로를 바꾸어야 할 것이다. 이것은 말하자면 내가 아이에게 관철시키지 않았던 “변화를 향한 요청”을 나 자신의 문제로 만드는 상황이다.

그렇지만 앞에서 한 달팽이 이야기를 좀 더 해석해 보자. 내 생각으로는, 그 소년은 먼저 그가 잘 만든 예술작품(실에 꿰어 빨랫줄에 매단 것)만을 보면서 그 생물체가 움직이는 모양에 기뻐하고 있다. 그는 나를 관찰자요, 심판관이며, 화랑의 주인으로서 필요하기 때문에 나에게 답변을 요청한 것이다. 그는 내가 이 작품을 자기와는 딴판으로 보리라고는 결코 생각하지 않고 있다. 자, 그러면 어떻게 해야 할까? 그를 그런 창조적 기쁨으로부터 끄집어내야 할까? 아니면 나도 그 꿈틀거리는 벌레를 보고 그 아이와 마찬가지로 경탄하는 것처럼 보여야 할까? 나는 아이에게 그 벌레를 그렇게 하는 게 좋은지 물었다. 먼저 그 아이는 아무 대답도 하지 않았다. 그리고 나선 무엇에 붙잡힌 듯 벌레를 주시했다. 나는 한 발짝 더 다가가서 물었다.

“잘 봐라, 벌레가 그걸 별로 좋게 여기지 않는 것처럼 보이지 않니?”

아이는 조금 틈을 두었다가 말했다.

“그렇게 한다고 아파하지 않아요!”

나는 대답했다.

“자, 달팽이가 꿈틀거리는 모양을 좀 보렴. 마치 도망가려고 하는 것 같지 않니.”

아이는 대답했다.

“벌레가 아파할까요?”

이제야 비로소 그는 자신의 작품에 대하여 비판적으로 생각할 만큼 되었다. 그러나 그는 나에게 아무것도 주지 않았고, 오히려 나의 무지에 대하여 파악하고 있었다. 그의 얼굴에서 분명하게 읽을 수 있었던 것은 바로 내가 달팽이가 고통을 느낄 수 있는지를 알려줄 수 있다고 믿지 않으려는 것이었다. 나는 그 문제에서 발을 뺐다.

"그런지 난 모르겠다. 달팽이들이 그런지 어떤지 말해 줄 수는 없으니까."

한동안 침묵이 흘렀다. 그런 연후 -산파술적인 용어로 표현해서- 아이의 마음을 괴롭히며 "찌르는 가시"가 작용하기 시작했다. 조심스럽게 아이는 달팽이 한 마리를 풀어 놓았다. 달팽이는 땅바닥에 떨어지자마자 즉시 땅 속으로 파고들려 했다. 이 광경을 보고 아이는 경탄을 발했다. 그는 다른 달팽이도 풀어놓아 주고는 부드러운 땅에 자리를 펴 주었다. 그는 만족해 하면서 자기의 예술품을 달팽이 해방의 예술제로 바꾸어 놓았다.

이 이야기는 하나의 교육적 핵심을 말하고 있기는 하나, 그 이상의 뜻을 함축하고 있지는 않다. 다시 말해서 여기에는 연속적인 관계의 요소가 결여되어 있기 때문이다. 이것이 교육을 규정하는 세 번째 요소이다. 소년은 나에게 요청했고 나를 신뢰하게 되었다. 그러나 이웃에 살기 때문에 맞닥뜨리게 되었던 잠시의 우연한 기회는 우리가 이를 교육이라고 부를 수 있을 만큼 충분한 조건을 충족시키지 못하고 있다. 만일 소년이 달팽이에게 고문을 가했다면 어떠한 일이 발생했을까? 나는 나지막이 중얼거리는 논평과 함께 완전히 공허감 속으로 빠져들었을 것이다. 그 아이를 생물체와 함께 보다 인간적으로 관계할 수 있도록 하기 위해, 나는 보다 큰 기본적 신뢰를 필요로 했을 것이며, 이것이 이루어지기 위해서는 다름 아닌 연속적인 관계가 전제되어야 한다.

인간성의 탄생은 여러 가지 상황에서, 즉 어른이 자라나는 아이의 상태와 의지를 이해하고, 동시에 아이가 어떤 존재인지 아이 자신에게 가리켜 보일 때, 또한 그가 개인적으로 다른 입장을 취할지라도 문제 자체에서만은 지원을 아끼지 않고 있음을 아이에게 나타내 보일 때 이루어지는 것이다. 그러한 상황들은 하나의 대화, 다시 말해서 그 아이가 다른 사람의 반대하는 힘에도 불구하고 스스로를 포기하지 않고 지탱해 나아갈 수 있게 하는 대화를 열어 준다. 그러한 것들은 아이로 하여금 어른이 취하는 입장에 대하여 호기심을 가지게 한다. 어른은 아이가 이해하는 바만을 고려하면서 지원을 하며, 그리고 여기서 아이는 자신이 어른에게 받아들여지는 체험을 통하여 행복을 느낀다.

우리는 여기서 개개의 상이한 경우와 유형들은 접어 두고, 오늘날 사회적 상황에서 자라난다는 문제가 어떤 위기에 처해 있음을 지적하고 싶다. 여기서 문제가 되는 것은 용납되는 것과 용납하는 일이다. 위기란 하나의 과정에서 결정적 단계를 나타내는 말이다. 생각건대, 어린 시절에서 어른으로 이행하는 과정은 불가피하게 그러한 위기를 통과하게 되어 있으며, 그렇지만 그것이 어떤 식으로 나타나는지는 미리 알 수 없다. 어린이는 행복과 불안과 슬픔과 혹은 위협받는 상황에서 추호도 의심치 않고 특정한 어른에게 자신을 내어맡길 줄 안다. 이에 비해 어른은 스스로는 그런 확고한 신뢰를 가질 수 없음에도 불구하고, 어린이의 신뢰에 참여하거나 혹은 아이를 위로하면서 답변을 줄 수 있는 사람이다. 아이가 더 이상 어떤 사람도 신뢰하지 않고 자라나는 경우도 있는데, 그렇다고 이 사실이 위의 논점과 상반되는 것은 아니다. 그렇게 된 이유는 아이가 기만당했던 경험이 있기 때문이다. 어른의 경우도 마찬가지이다. 왜냐하면 어떤 위기상황에 처하여 그를 보호하고 위로해 주는 곳으로 주저하지 않고 피하는 사람은 자신을 특정한 방식의 어른됨으로 내어놓는 것이기 때문이다. 청소년은 스스로 어른됨에 이르는 자기의식과 친숙하게 되는 단계에 있다. 자기를 인식하는 이행 과정 안에서 가장 빈번하게 나타나는 위기에 대해서는 심층심리학이 외디푸스 콤플렉스의 개념을 통해 연구한 유명한 예가 있다. 오늘날 아버지의 상이 프로이트S. Freud의 외디푸스적 갈등상황에 –그 빈도와 내용에서– 상응하지 않을 만큼 변했을지라도 우리는 이 이론의 연구 성과에 동의하려 한다.

위기의 또 다른 형식으로 『구약성경』에 나오는 아브라함과 이삭의 갈등을 들어보자. 그것은 아들을 하나님이 명령한 대로 그에게 제물로 바치려는 아버지의 시도에서 나타난다. 우리가 이 이야기를 조금만 변형하면, 즉시 이 이야기의 생동하는 의미를 알아챌 수 있다. 여기서 다루려는 바는 반드시 아버지일 필요도 없고, 아들일 필요도 없다. 신의 자리 대신에 우리는 부모가 의무로 생각하는 원칙, 예컨대 자식이 직업에서 성공하는 따위의 문제로 바꿔놓을 수도 있다. 여기서 제물 이야기는 고대의 부모가 가진 상像, 즉 아이에게 감추어진 내적 성격을 주의 깊게 물러나서 찾는 대신, 아이를 부모가 세운 무조건적 원칙에 내어주는 상을 대변하고 있다. 우리는 여기서 이에 합당한 예를 찾기 위해 모차르트라는 천재적 음악가까지 거슬러 올라갈 필요는 없다. 우리 시대에 인간의 수많은 운명들이 혹은 적어도 부모와 자식 간의 관계가 그러한 갈등에 부딪혀 부서지고 있기 때문이다.

『구약성경』에서 다시금 찾아볼 수 있는 유형은 가인과 아벨 간의 갈등이다. 형제자매의 갈등관계는 부모와 자식의 관계에서와는 달리 비교적 적게 나타나는 현상이다. 형제간에는 대부분 이른 시기부터 경쟁관계가 형성된다. 이는 문화화된 어른에게서도 끊임없이 새로이 돌출하기도 하는 문제이다. 사람들은 모든 것을 자기 품에 안고, 사람들에게 사랑받으며, 성공을 거두는 형제를 죽이고 싶어 하거나 혹은 적어도 죽게 되거나 좌절하거나 혹은 탈락하기를 바란다.

부모나 혹은 부모의 위치에 있는 이들은 누구나 어린이에서 어른으로 이르는 단계에서 발생하는 위기를 약화시키려고 한다. 간단한 예를 들자면, '나와 같이 이렇게, 혹은 내가 너에게 말하듯 해라!'라고 하는 경우이다. 보다 복잡한 경우는, '네가 이 점에서 어떤 혼란이나 그 이상의 어떤 갈등도 겪게 되지 않으리라는 것을 나는 안단다'라고 하는 것이다. 이 두 가지 경우 모두에서 우리는 위기상황을 약화시키려는 의도를 분명히 읽을 수 있다. 그것은 논쟁을 인간성의 침해로서 이해하고, 사랑하는 사람으로부터 모든 고통을 덜어 주고 없애주려는 인간의 특이한 자기이해 및 세계이해에 다름 아니다. 추측컨대, 우리 문화가 가진 이 교육적 태도는 하나의 반문화적 색조를 내포하고 있다. 만일 모차르트가 아버지에게 혹독하게 훈련받지 않았더라면, 그리고 그가 십 년 동안 아버지와 후작의 작위를 가진 주교 사이의 이중적 권위관계 안에서 강요된 방식으로 자유로운 성장이 계속해서 막혀 있지 않았더라면, 그는 그의 천재적 음악을 거의 창작해 낼 수 없었을 것이다. 마찬가지로 만일 횔덜린Hölderlin이 그가 이룬 사랑으로 충분히 보상 받았더라면, 결코 그렇게 탁월한 시작詩作 활동을 하지는 못했으리라. 그런 점에서 문화의 역사는 실존으로 가득한 무엇, 즉 청소년과 어른 사이에서 일어나는 까다로운 결단의 나날들을 투쟁이나 단념 혹은 환멸과 같은 식으로 경험하면서, 또한 이것들을 다음 단계로 미루거나 연기하기도 하면서, 이 논쟁의 부담스런 짐을 조각조각 문화적 창조의 형식으로 산출해 온 실존으로 가득한 무엇이라 할 수 있다.

프로이트는 이 발전을 연속적 승화로 파악하면서, 문화를 그러한 승화의 결과로 보려 하였다. 그가 옳은지는 그리 확실치 않다. 우리는 곧 그 문제를 다루게 될 것이다. 현대의 부모들이 계속해서 (창조적 실존으로서의) 문화를 반대하면서 이를 약화시키려 한 시도들은 경우에 따라서 자기도취로 설명되어 왔는데, 지금은 그런 견해가 보다 지배적이 되었다. 왜냐하면 부모로부터 가능한 한 갈등을 겪지 않은 청소년의 병적 자기도취는 마치 기댈 수 있는 버팀벽이 -그것 없이는 아이가 자율적으로 자라나기 어려운- 무너져 버린 것과 같은 상태로 비유할 수 있다. 그는 어떠한 반대의 원칙도 -저지당함으로써 스스로를 새로이 발전시킬 수 있도록 한다는 의미에서- 찾지 못하며, 그래서 어쩔 수 없이 어린 시절의 실존을 지속시켜 자신을 지배하는 전능한 것으로 만드는데, 이로부터 그는 경우에 따라서 우울하고 의기소침한 상태로 떨어져 버리기도 하는 것이다. 자식에게 모든 점에서 잘해 주는, 즉 모든 갈등상황을 피해 가는 (자식에 대한) 부모의 공생적 행동이나, 혹은 어른이 되는 과정은 어떠한 혼란도 없이 매끄럽게 발전해야 한다고 생각하는 것은, 그렇게 성장하는 청소년으로 하여금 스스로 경험하도록 하고, 스스로 어떤 의미 있는 존재가 되게 하는 데 가장 중요한 점을 속이는 것이다.

…… (중략) ……

### 교육함의 근저는 철학함이다.

만일 도대체 어떻게 교육해야 하며, 또한 어디로 교육해야 하는지 묻는 사람이 있다면, 우리는 매우 일반적 원칙으로만 답할 수 있을 것이다. 우리는 앞에서 과학"으로부터" 출발하여 교육이라는 일을 수행할 수 없다는 점을 밝힌 바 있는데, 이제 우리는 (만일 가능하다면) 철학"으로부터" 교육을 수행할 수 있으리라는 점이 보다 분명해졌음을 조심스레 피력해 보려 한다. 그러나 이 "~으로부터"라는 말은 무엇을 뜻하는가? 이 말은 사상을 어떤 작업으로 바꾸어 놓는 것을 뜻하지는 않는다. 철학으로부터 교육함이란 교육적 행위에 대하여 숙고하는 것, 즉 하나의 가능성으로서 교육이 지향하는 바에 의하여 숙고하는 것이다. 그것은 더 이상 왜곡된 길을 가지 않고, 그 대신 어떤 길이 잘못되어 있음을 인식하고, 인정하는 것이다.

우리는 아이들에게 바라는 것이 있다. 그러나 이것들 가운데 많은 부분은 철학하는 교사의 길을 가로막는다. 그는 아이들이 스스로 생각하고 행할 바에 관한 어떤 상이라도 만들기를 원하지만, 그러나 그 자신은 아이들에 관한 어떠한 상도 만들어서는 안 된다. 그는 아이들이 하나의 문제를 잘 생각하여 확신 있게 나타내 주기를 바라지만, 그러나 그 자신은 교육적 행위를 함에 있어 미리 가지고 있는 확신을 너무 많이 집어넣어서는 안 된다. 그는 행동해야 한다. 이 행동은 문제 상황뿐 아니라, 아이들이 강요하는 것이다. 그러나 그는 자신이 행동한 결과가 부정적으로 나타나게 될 경우에 대해 책임을 질 줄도 알아야 한다. 그는 죄를 범한 자로서 비판을 받을지 모른다. 철학은 그의 행동에 자주 제동을 걸게 될 것이다. 철학은 그의 행동을 아직 미완의 것으로 나타나게 하고, 이러한 방식으로 결손된 행동에서 보다 나은 방식으로 사고하도록 한다.

이런 점에서 아주 심각하고 광범위하게 퍼져 있는 교육적 오류를 우리는 철학적인 근본 전제가 잘못된 탓으로 돌린다. 또한 철학은 다음과 같은 상황의 오류를 밝혀 준다. 즉 교사 자신이 행복하게 여기는 것을 아이들에게 나타내 보일 수 있다고 믿는 대신에, 아이들을 교사 자신에게도 결손되어 있는 부분으로 이끌어 낼 수 있다고 믿는 상황이다. 이런 방식으로 부모가 하는 최선의 양육이 직업적 성공이나 끊임없는 사랑의 행복을 그리고 영원한 삶을 가져다줄 것이라고 믿는 행위가 있게 되는 것이다. 기만당함, 슬픔 및 죽음 같은 것 등은 본래 교육학적으로 짜여진 삶의 계획에 속하지는 않는다. 그 때문에 우리는 이것들을 과정상 일어난 사고로 보려는 경향이 있다. 어떤 어머니나 어떤 아버지가 자식들에게 과거의 실패나 곤경 때문에 흘린 눈물로부터 배운 교훈을 말해 주었는가? 익히 아는 것은 이 세상의 삶에는 피할 만한 눈물이 있으며, 우리는 후세대에게 피할 만한 것은 피하도록 강하게 키워야 한다는 것이다. 그러나 역시 불가피란 것이 있음도 알아야 한다.

여기에 대해서 우리는 어떤 교육학적 개념도 알지 못하며, 구체적인 경우에 있어서도 어떤 슬퍼할 만한 능력도 가지고 있지 못하다. 이 점에서 교육학은 예나 지금이나 별반 대수롭게 보이지 않는다. 왜냐하면 교육학은 부모의 이루지 못한 절대적 소원을 아이 안에 집어넣고는, 이것이 잘 성취되지 않으면 않을수록 어쩔 줄을 모르기 때문이다. 우리 세기의 교육사상가 가운데 이러한 주제에서 공감할 수 있는 사람이 있다면, 그는 야누쉬 코르착J. Korczak[3]일 것이다. 그는 모든 아이가 "자신이 죽을 권리"를 가지고 있다고 하였는데, 이를 통해서 그는 일반적으로 교육이라는 것이 자주 그 자체 안에 내포된 한계를 부인하고 있는 상황을 지적하였다. 말하자면 우리는 우리가 키우는 아이가 혹시 죽을지 모른다는 생각에서 벗어나려고 하

3_ J. Korczak: *Wie man ein Kind lieben soll*. Göttingen [6]1978, S. 40ff.

면서, 마치 죽음이 원칙적으로 피할 만한 것인 것처럼 태도를 취할 수 있다. 우리는 삶에는 죽음이 속해 있다는 사실을 받아들이려 하지 않기 때문에, 삶으로부터 도망치려 하는 것이다. 그러나 코르착과 같이 우리가 이러한 변증법에서 벗어나 피하려 하지 않는다면, 그 경우에 철학함"으로부터" 교육하는 것이다.

출전: Neue Sammlung, Heft 3, 23 (1983), S. 216-227(원문을 약간 변경하였음).

제 2 장

# 지식의 문제와 교육

- 플라톤, 『메논』*

- 이명준, “플라톤의 교육과 형이상학”**

* Plato (1957). *Protagoras and Meno*. trans. W. K. C. Guthrie. Penguin Classics. (김안중 역).
플라톤의 대화편 『메논』의 영역본을 토대로 번역한 것으로서, 번역자의 허락을 얻어 전문을 수록하였다.

** 이명준 (2001). “플라톤의 교육과 형이상학”, 『유토피아와 교육: 플라톤의 교육학』 서울: 문음사. pp.65-102.
이 글은 플라톤의 교육사상을 다섯 가지 주제로 나누어 다룬 책 가운데 제3장 내용으로, 저자의 허락을 얻어 수록하였다. 본문 중에 플라톤의 『메논』에서 인용한 예시 부분은 각주에 제시하고 중략하였다.

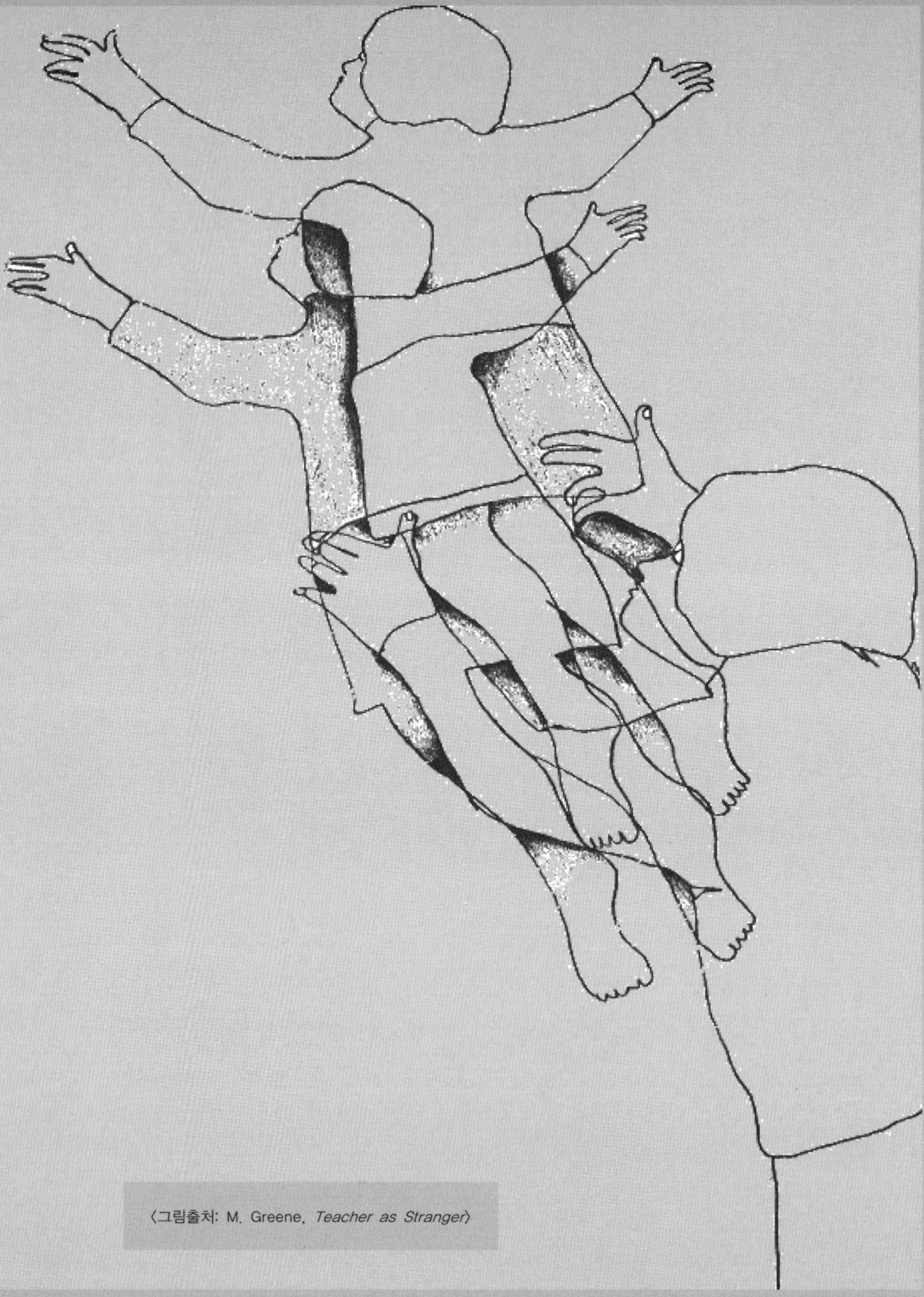

〈그림출처: M. Greene, *Teacher as Stranger*〉

교육이란 지식을 가르치고 배우는 과정과 동일시 할 만큼, 교육과 지식은 불가분의 관계에 있다. 교육의 과정을 통해 학생들이 이루는 지식과 이해의 성장은 교육의 질을 가름하는 중요한 준거가 된다. 또한 교사와 학생이 만나는 대부분의 시간은 모종의 지식을 매개로 이루어지며, 교과지식을 얼마나 잘 가르치는가가 교사의 일차적인 책무로 간주되는 것이 현실이다. 개인적으로나 사회적으로 인간다운 삶을 위해 의미 있는 지식의 학습이 갖는 의의에 비추어 볼 때, 교육에서 지식의 자리는 매우 중요하다. 그런데 과연 지식이란 무엇일까? 현대와 같이 지식이 급속하게 변화하는 시대에 무엇이 교육적으로 가치 있는 지식인가? 또한 의미 있는 학습이란 어떤 것인가? 그리고 인간 삶에서 지식의 가치는 무엇인가? 우리는 왜 지식을 배워야 하는가? 이 장은 지식과 학습의 본질적 성격을 탐구하고, 교사 자신의 인식론적 입장과 학교교육과정을 바라보는 관점에 대한 철학적 성찰의 계기를 마련해 보려는 목적으로 구성되었다.

이를 위해 만나는 교육고전은 고대 희랍의 철학자 플라톤(427~347 B.C.)이 쓴 『메논』이다. 플라톤은 대화의 형식으로 방대한 분량의 철학적 저술을 남겼고, 대부분의 대화편에서 소크라테스가 중심인물로 등장한다. 플라톤의 중기 저술에 속하는 『메논』은 소크라테스와 당대의 소피스트 고르기아스에게서 배운 메논이 나누는 대화로 구성되어 있다. 이것은 당시의 실제 사건이라기보다는 플라톤의 철학적 상상의 소산으로 보는 견해가 일반적이다. 따라서 이 글에서 소크라테스의 주장을 그 자체로 소크라테스 혹은 플라톤의 견해로 해석하기보다, 대화 상황의 참여자가 되어 능동적으로 사유하며 플라톤이 의도하는 본뜻을 찾으려는 적극적인 글읽기 자세가 요청된다.

덕arete이란 가르쳐질 수 있는가를 묻는 메논의 질문으로 시작되는 이 대화편에는 덕의 본질과 그에 이르는 길, 지식의 본질, 지식과 의견의 차이, 무지의 자각, 모르는 것의 탐구가능성, 가르침과 배움의 뜻, 덕과 지식의 관계 등 다양한 교육철학적 주제가 함축되어 있다. 전체 구성은 크게 세 부분으로 나누어 살펴볼 수 있다. 첫째 부분은 덕이란 무엇인가라는 물음을 중심으로 이어지는 대화로서, 메논이 소크라테스의 논박을 통해 덕에 대한 자신의 무지를 자각하게 되는 과정이다. 둘째 부분은 소크라테스가 노예소년에게 기하학 문제를 놓고 상기설 혹은 회상설을 입증하는 과정이다. 셋째 부분은 다시 메논과 함께 덕의 주제로 돌아와 덕과 지식의 관계를 풀어가는 과정이다.

여기서는 지식의 문제와 관련한 다음 세 가지 주제에 초점을 두어 읽으면서, 플라톤의 견해를 해석해보고, 교사로서 자신의 지식관 형성에 주는 시사점을 찾아보기를 기대한다. 첫째는 지식의 본질적 성격의 문제이다. 메논과 소크라테스의 대화를 통해 볼 때, “무엇을 안다” 혹은 “무엇에 대한 지식이 있다”는 것은 어떤 수준의 앎의 상태를 뜻하는 것일까? 그것은 지식에 대한 우리의 일상적 이해와는 어떻게 다른가? 둘째는 지식에 이르는 방법으로서 학습의 본질의 문제이다. “학습은 곧 상기”라는 말은 무엇을 뜻하는가? 그것은 현재에도 유의미하게 쓰일 수 있는 견해인가? 셋째는 지식의 가치와 효용, 혹은 지식과 덕의 관계의 문제이다. “덕은 부분으로 보나 전체로 보나 지혜일세”라는 일차적 결론은 무엇을 시사하는가? 덕과 지식에 관한 우리의 일상적 이해와는 어떻게 다른가?

이어지는 글은 플라톤의 교육사상을 그의 형이상학의 기초 위에서 이해하려는 것이다. 특히 그의 이원론적 형이상학 생성배경으로 다루어진 소크라테스 이전 희랍철학 형성의 고찰 부분은 플라톤의 이해를 위한 사상사적 맥락을 제공하는 점에서 주목할 만하다.

# 메논*

플라톤 지음 / 김안중 옮김

**메논** 소크라테스. 덕(훌륭함)arete이란 가르쳐질 수 있는 것인지 또는 실천에 의해서 획득되는 것인지 아니면, 덕이란 가르침이나 실천에 의해서가 아니라 자연의 선물로서 사람에게 주어지는 것인지 말해 주십시오. 그것도 아니면 덕이란 도대체 어떻게 해서 생기는 것입니까?

**소크라테스** 오, 메논. 테살리아인들은 그리스 사람들 사이에 돈이 많고 말을 잘 타는 것으로 알려져 있었는데 이제 보니 그들은 철학자이기도 한 모양이군. 특히 자네의 친구 아리스티푸스의 고향인 라릿사 출신의 사람들이 더 그런 것 같군. 이건 순전히 고르기아스 덕분이네. 이 사람이 그곳에 가서 그의 지혜로 그곳의 다른 지도자급 사람들은 말할 것도 없고 알류다이 일가의 유수한 인물들을 사로잡았던 모양이야. 자네가 존경하는 아리스

* W.K.C. Guthrie의 영문판을 주로 하고, John E. Thomas 의 *Musings on the Meno: A New Translation and Commentary* (The Hague: Martinus Nijhoff, 1980)와 Jacob Klein의 *A Commentary on Plato's Meno*(Chapel Hill: N. Carolina Univ. Press, 1977)를 참고로 함.

티푸스도 그 중의 한 사람이지. 특히 고르기아스는 당신들 테살리아인에게 어떤 질문을 대할 때나 그 답을 알고 있을 때에 취할 수 있는 그런 자신만만하고 당당한 태도로 답하게 하는 습관을 붙여 주었네. 이런 태도는 고르기아스 자신이 모든 그리스인들에게 어떤 질문이든지 묻도록 하고 그 질문들을 모조리 대답해 온 것과 일치하는 것일세. 그러나 메논, 이곳 아테네 사람들의 처지는 전혀 다르네. 이곳에는 지혜의 가뭄이 들었달까? 이곳의 지혜란 지혜는 모두 당신의 나라로 이사를 가버렸달까? 어쨌든, 자네가 그 질문을 이곳 사람들에게 던진다면, 그들은 모두 하나같이 웃으면서 이렇게 말할 걸세. "당신에게는 내가 덕이라는 것이 가르쳐질 수 있는지 또는 그것이 어떤 방식으로 얻어지는 것인지를 알만큼 운이 트인 사람으로 보이는 모양인데 실은 내가 그것을 알기는커녕, 덕이라는 것 자체가 무엇인지도 모르고 있다네."

나도 그들과 꼭 같다네. 그 질문에 관한 한 나는 그들과 마찬가지로 지혜의 빈곤 상태에 빠져 있고, 부끄러운 고백이지만 덕이라는 것에 대해서 알고 있는 것이라곤 하나도 없다네. 내가 어떤 것에 관해서 그것이 무엇인지도 모르면서 그것의 속성을 안다는 것이 어떻게 가능하겠나? 메논, 어떤 사람이 메논이 누구인지 전혀 모르면서 메논은 미남이라느니, 부자라느니, 귀족이라느니 또는 그 반대라느니 하고 말할 수 있겠나? 어떻게 생각하나, 메논?

**메논** 그렇게 말할 수 없습니다. 그러나 소크라테스, 당신이 덕이 무엇인지도 모르고 있다는 그 말은 진심에서 하는 말입니까? 내 고향에 가서 그렇게 말해도 괜찮을까요?

**소크라테스** 그것뿐만 아니라, 나는 덕이 무엇인지 아는 사람조차 여태 만난 기억이 없다는 것도 덧붙여 주게나.

**메논** 뭐라구요? 아니, 당신은 고르기아스가 여기에 왔을 때 그를 만나지 않았습니까?

**소크라테스** 만났지.

**메논** 그가 덕이란 무엇인지 알고 있지 못하더라는 말인가요?

**소크라테스** 나는 건망증이 많은 사람이어서 그때 내가 어떤 생각을 했는지 말하기가 힘들다네. 아마 그는 알고 있었는지도 모르지, 그가 이 문제에 관해 무어라고 말했는지 자네는 알고 있는 것 같은데 그것을 나에게 좀 말해주게. 아니면 자네 자신의 생각을 말해주게, 자네 생각은 고르기아스의 생각과 같을 것이 틀림없을 테니 말이야.

**메논** 그건 그렇습니다.

**소크라테스** 그럼 어차피 그는 이 자리에 없으니 그에 관해서는 덮어 두세. 그래 자네는 덕이 무엇이라 생각하나, 메논? 제발 진지하게 묻는 것이니 주저하지 말고 말해 보게. 만일 자네나 고르기아스가 덕이 무엇인지 알고 있다면, 솔직히 말해서 나는 무척 기쁠 걸세. 비록 나는 그것이 무엇인지 아는 사람을 한 번도 만난 적이 없다고 거짓말을 한 셈이 되더라도 말일세.

**메논** 덕이 무엇인지는 답하기 쉬운 문제입니다. 무엇보다도 먼저, 만일 우리가 알려는 것이 남자의 덕일 경우, 덕이란 국가의 일을 잘 돌봄으로써 친구를 돕고 적을 상하게 하면서도 자기 자신은 아무런 해를 입지 않는데 있습니다. 여자의 덕이 무엇인가도 쉽게 알 수 있습니다. 좋은 주부로서 집안 살림살이를 잘 돌보고 남편에게 순종하는 것이 그것입니다. 뿐만 아니라, 남자든 여자든 상관없이 아이에게는 아이의 덕이 있고, 노예든 자유인이든 상관없이 노인에겐 노인의 덕이 따로 있습니다. 덕이란 이 외에도 많은 종류가 있기 때문에 그것이 무엇인지를 말하는 것은 정말 쉬운 일입니다. 덕이든 악덕이든 그것은 우리생활 속에서의 활동에 대하여 항상 우리 각자가 다 다르게 가지고 있는 것입니다.

**소크라테스** 자네 이야기를 들어보니 나는 참 운이 좋다는 생각이 드네. 내가 알고자 한 것은 하나의 덕이었는데 자네는 한 보따리의 덕을 풀어놓는다는 말일세. 이건 농담이 아닐세. 덕이라는 것을 벌의 경우에 비유해서 생각해 보세. 자네의 답은 마치 벌이란 무엇인가 또는 벌이라는 것의 본성이 무엇인가라는 나의 질문에 대해 벌이란 여러 가지 많은 종류가 있다고 하는 대답과 꼭 같네. 내가 만일 이 여러 가지 종류의 벌들이라는 것이 벌이라는 점에 있어서 다소간 서로 다르다는 것인지, 아니면 그것들이 모두 벌이라는 점에서는 같으나 그 크기나 아름다움에 있어서 서로 다르다는 것인지를 물어본다면 자네는 무엇이라 대답하겠나?

**메논** 그것들이 모두 벌이라는 점에서는 서로 같다고 말해야 하겠지요.

**소크라테스** 내가 계속 이렇게 묻는다고 가정해 보게. 이게 바로 내가 자네의 생각을 듣고 싶은 부분일세. 우리로 하여금 그 벌들이 모두 서로 같다고 말할 수 있게 하는 바로 그 특성이 무엇인가? 자네는 이 질문에 대한 답을 무엇인가 가지고 있을 것 아닌가?

**메논** 그렇습니다.

**소크라테스** 그럼 바로 그와 같은 대답을 덕에 관해서 말해보게. 덕이란 여러 가지 많은 종류가 있겠지만, 그것들을 모두 덕으로 성립시키는 어떤 공통된 특징이 있을 것 아닌가? 덕이란 무엇인가라는 질문에 답하려는 사람이면 누구나 반드시 염두에 두어야 할 것이 이 점이라네. 내 말 알아듣겠나?

**메논** 알 듯 합니다. 그러나 당신의 질문의 요지는 내 능력으로 파악하기 힘들군요.

**소크라테스** 그럼 자네는 유독 덕에 대해서만 그것이 남자와 여자, 그리고 그 외의 다른 사람들에게 다 다른 모양으로 있다고 생각하는 건가? 건강이라든가 크기라든가 또는 힘이라는 것들은 어떤가? 건강의 경우, 남자에 있어서의 건강이란 그 외 다른 사람에 있어서의 건강이라는 것과 같은가, 다른가?

**메논** 남자에 있어서나 여자에 있어서나 건강이란 다 같은 것이겠지요.

**소크라테스** 크기나 힘의 경우는 어떤가? 어떤 여자가 기운이 세다고 말할 경우에도 기운 또는 힘의 본질이란 한 가지 같은 것 아니겠나? 다시 말해서, 힘이라는 점에서 그것은 남자의 경우든 여자의 경우든 한 가지 같은 것이지 다른 것이 아니지 않느냐 말일세. 어떻게 생각하나?

**메논** 그렇습니다.

**소크라테스** 그렇다면 덕의 경우에도 아이나 어른이나, 남자든 여자든, 덕이란 같은 것인가, 다른 것인가?

**메논** 잘은 모르겠지만, 덕의 경우와 건강이라든가 힘이라든가 하는 경우와는 좀 다르지 않겠나 하는 느낌이 듭니다.

**소크라테스** 좋아. 아까 자네는 국가의 일을 잘 돌보는 것이 남자의 덕이고, 여자의 덕은 가사를 잘 돌보는 것이라고 말하지 않았나?

**메논** 그렇지요.

**소크라테스** 어떤 일을 절도 있고 공정하게 처리한다는 말인즉 그 일을 하는 사람이 절제와 정의를 가지고, 즉 절제와 정의로써 그 일을 처리한다는 것 아닌가?

**메논** 그야 말할 것도 없지요.

**소크라테스** 그렇다면 남자나 여자나 모두 같은 특성, 즉 절제와 정의라는 특성을 갖추어야만 덕이 있다는 말이 된다네.

**메논** 그럴 듯합니다.

**소크라테스** 어린 아이나 노인의 경우도 마찬가지 아니겠나? 절제 없이 제멋대로 행동한다면 어린아이든 노인이든 우리가 그를 가리켜 덕 있는 사람이라 말할 수 없을 걸세.

**메논** 당연합니다.

**소크라테스** 그들도 절도 있고 공정해야 한다는 말이지.

**메논** 그렇습니다.

**소크라테스** 그렇다면, 덕을 가진 사람은 모두 같다는 말이 되네. 그들은 한 가지 같은 특성을 가지고 있기 때문에 말일세.

**메논** 이제 보니 그런 것 같군요.

**소크라테스** 사람들이 가지고 있는 이 덕이라는 것이 한 가지 같은 특성을 가리키는 것이 아니라면, 덕 있는 사람이라도 그 덕스러운 모습이 모두 제 각각일거라는 말이 된다네.

**메논** 그렇습니다.

**소크라테스** 자, 그러면 메논, 덕이라는 것이 모든 경우에 한 가지 같은 것을 나타낸다면, 고르기아스가 그것을 무엇이라 말했는지 자네의 기억을 좀 말해주게. 아니, 그와 자네는 의견을 같이 한다고 했으니 자네는 덕을 무엇이라 하는지 말해 보게나.

**메논** 당신이 모든 경우에 공통적인 것을 물어오니 말이지만, 나는 덕이란 간단히 다스리는 능력이라고 말하겠습니다.

**소크라테스** 정말 내가 알고자 하는 것은 바로 그런 것이네. 그런데 자네가 말하는 이 덕이란 어린아이나 노예에게도 해당되는 것인지 말해주게. 노예가 자기 주인을 다스릴 수 있겠나? 만일 다스릴 수 있다면, 그는 더 이상 노예가 아니지 않은가?

**메논** 아니지요.

**소크라테스** 노예가 주인을 다스린다는 것은 있을 수 없지. 그리고 이 점을 생각해 보게. 자네는 "다스리는 능력"이라고 말했지만, 거기에다 "공정하게"라는 말을 덧붙여야 하지 않겠나?

**메논** 맞습니다. 정의가 덕이니까요.

**소크라테스** 그 덕이란 그냥 덕인가, 아니면 여러 가지 덕 중의 어떤 한 가지 덕을 말하는가?

**메논** 무슨 말인지요?

**소크라테스** 말 그대로일세. 둥근 것을 예로 들어 보겠네. 둥근 것이란 여러 가지 모양들 중의 어떤 한 가지 모양을 말하는 것 아니겠나. 둥근 것 이외에도 다른 모양들이 있으니까.

**메논** 이제 무슨 말인지 알겠습니다. 정의 이외에도 다른 덕들이 있다는 말이지요. 동감입니다.

**소크라테스** 그 다른 덕이라는 것들이 무엇인지 말해주게. 둥근 것 외의 다른 모양들을 말할 수 있듯이 그것들의 이름을 말할 수 있겠지.

**메논** 제 생각으로는 용기도 하나의 덕이고, 절제와 지혜, 품위 등과 같은 것들도 모두 덕입니다.

**소크라테스** 이것 보게, 메논. 그렇게 되면 우리는 다시 아까의 상태로 되돌아 왔네 그려. 비록 아까와는 다른 방식이긴 하지만 우리는 하나의 덕을 찾고 있었는데 아까처럼 여러 개의 덕을 찾아냈을 뿐이란 말야. 이 여러 개의 덕들에 모두 공통으로 들어 있는 그 하나의 덕이 무엇인지 우리는 찾지 못하고 있단 말일세.

**메논** 다른 경우들과는 달리 나는 아직 당신이 말하는 그 하나의 덕, 여러 개의 덕들에 공통으로 들어 있다는 그 한 가지 덕이 무엇을 말하는지 알아들을 수가 없습니다.

**소크라테스** 그게 나에게는 놀라운 일은 아니야. 우리가 그 한 가지 덕이 무엇인지 찾아내기 위해서 내가 할 수 있는 일은 무엇이든 하겠네. 우선 우리의 질문이 어떤 경우에나 해당하는 것이라는 점을 이해할 수 있겠지? 조금 전의 예에서, 만일 누가 자네에게 "모양이란 무엇인가?"라고 물었을 때 자네가 "둥근 것은 한 가지 모양이다"라고 답한다면, 그 사람은 나처럼 이렇게 계속 물어볼 걸세. "둥근 것은 여러 가지 모양 중의 한 가지 모양인가? 아니면 모양 그 자체인가?" 그러면 자네는 틀림없이 그것은 여러 가지 모양 중의 한 가지 모양이라고 답하겠지.

**메논** 물론입니다.

**소크라테스** 왜냐하면 둥근 것 외에도 다른 모양들이 있으니까 말이지?

**메논** 그렇습니다.

**소크라테스** 만일 그 사람이 계속해서 둥근 것 이외의 다른 모양이라는 것들이 무엇인지 묻는다면 자네는 그것이 무엇인지 말해 줄 것 아닌가?

**메논** 물론 말해 주지요.

**소크라테스** 색깔이라는 것을 예로 들어보세. 만일 어떤 사람이 "색깔이란 무엇일까?" 라고 물으면, 자네는 "흰 것은 한 가지 색깔이다"라고 답할 테고, 그 사람은 "흰 것은 여러 가지 색깔 중의 한 가지 색깔인가, 아니면 색깔 그 자체인가?"라고 묻겠지. 자네의 대답은 "흰 것은 한 가지 색깔일 뿐이다. 왜냐하면 흰 것 외에도 다른 색깔들이 있으니까"라는 것 아니겠나?

**메논** 물론 나는 그렇게 대답해야겠지요.

**소크라테스** 만일 그 사람이 그 흰 것 외의 색깔들을 말해보라고 하면, 자네는 서슴없이 말할 수 있지 않겠나?

**메논** 예.

**소크라테스** 자. 그러면 이제 그 사람이 이렇게 이의를 제기한다고 가정해 보게. "우리는 매번 복수의 것을 찾아내게 된단 말이야. 그러나 그건 우리가 찾는 것이 아니야. 서로 다르게 생긴 여러 가지 특수한 것들을 다 가리켜서 우리는 '모양'이라는 한 가지 같은 이름으로 부르지 않나? 곧은 것과 둥근 것은 서로 완전히 다르게 생겼음에도 불구하고 그 각각을 다 '모양'이라 부를 수 있다면, 도대체 이 '모양'이란 것은 무엇이냐 말이야." 곧은 것이나 둥근 것이나 다 모양이라고 자네는 말하지 않나, 메논?

**메논** 예. 그렇습니다.

**소크라테스** 그 말은 둥근 것은 곧은 것과 마찬가지로 둥글다거나, 곧은 것은 둥근 것과 마찬가지로 둥글다는 그런 말인가?

**메논** 물론 아니라고 대답해야지요.

**소크라테스** 자네 말인즉 둥근 것은 곧은 것과 마찬가지로 한 가지 모양이고, 곧은 것은 둥근 것과 마찬가지로 한 가지 모양이라는 말이지?

**메논** 당연한 말씀입니다.

**소크라테스** 그러면 이 "모양"이라는 것이 무엇인가 그걸 말해주게. 모양이든 색깔이든 간에 이 질문에 대해 만일 자네가 "도대체 당신이 바라는 게 무엇인가? 무슨 말을 하는지 못 알아 듣겠군" 하고 대답한다면, 그 질문을 한 사람은 아마 놀랍다는 듯이 이렇게 말하겠지. "이 여러 가지 다른 것들 사이에 공통적으로 들어 있는 요소가 무엇인지 그걸 내가 알고 싶단 말일세. 이 말도 못 알아듣겠나?" 또 어떤 사람은 이렇게 말하겠지. "거 당신이 '모양'이라고 부르는 둥근 것이나 곧은 것 따위에 공통적으로 들어 있는 그것이 무엇이냐"고. 최선을 다해서 이 질문에 답해 보게. 그렇게 하는 것이 덕이란 무엇인가를 대답하는 연습이라 생각하고 말일세.

**메논** 아니, 나보다는 소크라테스 당신이 말해보시지요.

**소크라테스** 나에게 그 기회를 양보하고 싶단 말인가?

**메논** 예. 그렇습니다.

**소크라테스** 그러면 다음에는 자네가 덕에 관한 질문에 대답하겠나?

**메논** 하겠습니다.

**소크라테스** 그렇다면 나도 최선을 다해 보겠네. 자네가 이 정의를 좋아하는지 어떤지 말해주게. 모양이란 "색깔을 동반하는 유일한 것"일세. 어때, 마음에 드는가? 아니면 이것과는 다른 종류의 정의를 원하나? 만일 자네가 덕에 대해서 이와 비슷한 정의를 내려 준다면 나는 만족할 걸세.

**메논** 그러나 이건 정의치고는 너무 소박하지 않습니까?

**소크라테스** 어째서?

**메논** 당신은 모양이란 언제나 색깔을 동반하는 것이라 말했지만, 글쎄요……. 만일 어떤 사람이 모양이 무엇인지 모를 뿐만 아니라 색깔이 무엇인지도 모른다고 말한다면, 당신은 무어라 말하겠습니까?

**소크라테스** 진실을 말할 수밖에 없지! 만일 그렇게 말하는 사람이 논쟁을 즐기고 말싸움에 능한 사람이라면 나는 이렇게 말하겠네. "당신은 내 답을 듣지 않았나. 만일 당신이 그것을 틀린 답이라고 생각한다면, 그것이 틀렸다는 것을 밝혀야 하는 것은 당신의 일이네." 그러나 메논, 자네와 나 같이 서로 친근한 사이에서는 토론이 잘 이루어지도록 보다 부드러운 어조로 대화를 해야겠지. 이 말의 요지인즉 친근한 사이에서의 질문과 응답은 진실을 말하는 것이어야 할 뿐만 아니라 서로가 잘 알고 있는 용어들을 사용해야 한단 말일세. 나도 그렇게 해 보겠네. 메논, 자네는 "끝", "한계", 또는 "경계"라는 용어들을 알고 있지 않나? 프로디쿠스 같은 사람이 이 자리에 있다면, 이 용어들의 뜻을 따지고 들겠지만, 나는 그냥 우리가 보통 어떤 것이 한계에 달한 것을 가리켜 "끝"에 도달했다고 말하는 그런 뜻에서 이들을 같은 뜻의 용어로 사용하려 하네. 여기에는 하등 까다로울 것이 없다네.

**메논** 당신의 말이 무슨 뜻인지 알겠습니다.

**소크라테스** 자네는 또한 "표면"表面이니 "면체"面體니 하는 말들을 알고 있지 않나? 기하학에서 쓰이는 그 말들 말일세.

**메논** 예, 압니다.

**소크라테스** 그러면 이제 내가 내놓으려는 정의를 자네는 이해할 수 있을 걸세. 모양이란, 어떤 경우나 어떤 예에서든지, 면체가 끝나는 것, 즉 면체의 한계라고 말할 수 있네.

**메논** 그럼 색깔이란 무엇이라고 말하겠습니까?

**소크라테스** 자네는 염치가 없군, 메논. 자네의 기억력을 동원해서 고르기아스가 덕의 정의를 무엇이라 말했는지는 나에게 말해주지 않고 이 늙은 이에게 괴로운 질문을 던지기만 하니 말일세.

**메논** 당신이 이 질문만 답해 준다면, 내가 그걸 말하겠습니다.

**소크라테스** 자네와 이야기를 나누는 사람은 누구나 자네가 아주 미남인 데다가 자네를 좋아하는 사람이 많다는 것을 눈을 감고도 알 수 있을 걸세.

**메논** 어째서 그런 말을 하는지요?

**소크라테스** 이것 보게. 자네는 나와 대화를 하는 동안 줄곧 마치 폭군처럼 명령만 내리고 있다네. 사교계에서 젊고 미남인 자들은 항상 그렇게 하지. 나도 젊은 미남들에게 약한 사람이라는 것을 자네는 이미 간파하고 있어. 어쨌든, 내가 양보하지. 내가 먼저 색깔의 정의를 말할 테니 자네가 덕에 관해서 말해 주게.

**메논** 물론, 나도 말할 겁니다.

**소크라테스** 자네가 좋아하는 그 고르기아스 식의 대답을 말해 볼까? 자네는 그런 식을 좋아하지 않나.

**메논** 물론 좋아합니다.

**소크라테스** 자네나 고르기아스나 다 엠페도클레스의 "방출설"을 믿고 있겠지?

**메논** 진심으로 믿고 있습니다.

**소크라테스** 빛의 방출이 드나드는 통로가 있다는 것이 그의 이론이지?

**메논** 그렇습니다.

**소크라테스** 방출 중의 어떤 것은 그 통로에 알맞지만, 어떤 것은 그 통로를 지나기에 너무 거칠거나 너무 작은 것도 있다고 말하지?

**메논** 맞습니다.

**소크라테스** 그러면 자네는 "시각"이란 말을 알겠지?

**메논** 예.

**소크라테스** 그럼 이런 말들을 염두에 두고, 시인 핀다로스의 말을 흉내 내자면, "내가 말하노니 들어 보라." 색깔이란 시각으로 감지될 수 있는, 그리고 시각에 상응하는, 도형(즉, "모양")으로부터의 방출이라네.

**메논** 그건 매우 훌륭한 대답으로 들립니다, 소크라테스.

**소크라테스** 자네는 말할 것도 없이 이런 대답에 익숙해 있겠지. 그리고 음향이라든가 냄새, 그 외의 많은 것들도 이와 비슷한 방식으로 정의될 수 있다는 것을 아마 자네는 알고 있겠지.

**메논** 그렇습니다.

**소크라테스** 그래, 그건 매우 유식한 정의임에 틀림없어. 그래서 자네는 이 정의를 아까의 모양에 대한 정의보다 더 낫다고 생각하고 있지.

**메논** 그렇습니다.

**소크라테스** 그러나 알렉시데무스의 아들 메논이여, 나는 아까의 모양에 대한 정의가 이번 것보다 더 낫다고 확신하고 있네. 아울러 자네가 어제 말한 대로 성찬절 이전에 이곳을 떠나지 않고 머물러 준다면 자네도 내 생각에 동의하도록 할 수가 있네.

**메논** 소크라테스, 당신이 나에게 이런 종류의 대답을 계속 말해준다면 여기에 머물겠습니다.

**소크라테스** 자네를 위해서나 나 자신을 위해서나 내가 그렇게 할 수 있을 만큼 머리가 녹슬지 않았다면 좋겠네만, 어쨌든, 아까 약속했던 대로 이제 자네의 차례가 왔네. 덕의 본질이 무엇인지 내게 말해 주게. 접시 하나를 깨뜨려서 여러 개를 만든다는 농담이 있네만, 제발 하나의 덕을 여러 개로 만드는 것은 그만 해 주게. 내가 이미 예를 통해서 했듯이 그냥 전체로서의 덕을 두고 그것이 무엇인지 내게 말해주면 되네.

**메논** 소크라테스, 내가 보기에는 덕이란, 시적인 표현을 빌리자면, "좋은 것을 함께 하고 힘을 갖는"데 있습니다. 그래서 나는 덕을 좋은 것을 바라고 그것을 얻을 수 있는 능력이라고 정의하겠습니다.

**소크라테스** 좋은 것을 바란다고 말했지만, 그것은 무슨 뜻인가? 어떤 사람이 바라는 것이 좋은 것이라는 뜻인가?

**메논** 물론입니다.

**소크라테스** 그러면 자네는 어떤 사람은 좋은 것을 바라고, 또 어떤 사람은 악한 것을 바란다고 믿고 있는가? 모든 사람은 다 좋은 것을 바란다고 자네는 생각하지 않나?

**메논** 그렇지 않습니다.

**소크라테스** 그러면 그 악한 것을 바란다는 사람들은 악을 선이라고 믿기 때문에 그런가, 아니면 그것이 악인 줄 알면서도 그것을 원한다는 말인가?

**메논** 두 가지 경우가 다 포함된다고 말해야 하겠지요.

**소크라테스** 무엇이라고? 자네는 정말 악을 악인 줄 알면서 그것을 원하는 사람이 있다고 생각한다는 말인가?

**메논** 그렇습니다.

**소크라테스** 악을 원한다는 것이 무엇인가? 그것을 갖기를 바란다 이 말인가?

**메논** 물론이지요.

**소크라테스** 악한 것이 그 소유자에게 이익을 가져다주기 때문인가? 또는 손해를 가져다주기 때문인가?

**메논** 악한 것을 소유하는 것이 이익을 가져온다고 믿는 사람도 있고, 손해를 가져온다고 믿는 사람도 있습니다.

**소크라테스** 그것이 이익을 가져온다고 믿는 사람들은 그들이 가지고 있는 그것이 악한 것이라는 것을 정말 알고 있단 말이지?

**메논** 아닙니다. 내가 꼭 그렇다고 믿고 있는 것은 아닙니다.

**소크라테스** 그렇다면 그 악한 것을 바란다는 부류의 사람들은 그들이 바라는 것이 무엇인지 모르고 있다고 말해야 하지 않겠나? 사실은 악한 것인데도 선이라고 생각하기 때문에 그들은 그것을 바라는 것이 아니냐 말이지. 결국 무지 때문에 악을 악인 줄 모르고 선이라고 생각하는 사람들, 그들이 바라는 바도 선이라는 점은 분명하지 않는가?

**메논** 그런 사람들의 경우에는 그런 것 같습니다.

**소크라테스** 그리고 자네가 말한 바, 악을 소유한 사람은 그 악에 의해서 해를 입게 된다는 것을 알면서도 그것을 바란다는 부류의 사람들, 이들도 자신이 언젠가는 그 악에 의해서 해를 입으리라는 것을 알고 있지 않은가?

**메논** 알고 말고요.

**소크라테스** 해를 입는다는 것은 곧 불행하게 된다는 것 아닌가? 그들은 이것을 모를까?

**메논** 물론 알지요.

**소크라테스** 뿐만 아니라 그것은 비참해지는 것 아닌가?

**메논** 그렇습니다.

**소크라테스** 그렇다면 이 세상에 불행하고 비참해 지기를 바라는 사람이 있을까?

**메논** 없다고 해야지요.

**소크라테스** 그런 사람이 없다고 하면, 사람은 누구나 악을 바라지 않는다는 결론이 되네. 악을 바라고 그것을 소유하는 것보다 더 불행하고 비참한 일은 없을 테니까 말이지.

**메논** 당신 말이 옳은 것 같아요. 악을 바라는 사람은 없습니다.

**소크라테스** 그런데 자네는 조금 전에 덕이란 좋은 것을 바라고 그것을 얻을 수 있는 힘이라고 말하지 않았나. 이 정의에서의 "바라는 바"란 모든 사람에게 다 있는 것이 되고, 결국 사람은 누가 더 덕이 있고 없고를 말할 수 없다는 결론이 되지 않나?

**메논** 그렇게 되는군요.

**소크라테스** 그렇다면 덕에 있어서 사람마다 차이가 나는 것은 그 "힘"이라는 것 때문이라고 해야 하지 않겠나? 자네가 말한 그 좋은 것을 "얻을 수 있는 힘" 말일세.

**메논** 예, 그렇습니다. 지금 당신이 말한 그게 바로 지금까지의 덕에 관한 내 의견을 가장 잘 나타내는 것입니다.

**소크라테스** 이번에는 자네가 진실을 맞추었는지 알아봐야 하겠네. 자네 의견이 옳은 것일지도 몰라. 좋은 것을 얻을 수 있는 힘, 이것이 덕이란 말이지?

**메논** 예.

**소크라테스** 이때의 좋은 것이란 건강이나 부와 같은 것을 포함하는가?

**메논** 그런 것뿐만 아니라, 금은 재화의 획득, 높은 지위와 명성의 획득을 모두 포함합니다.

**소크라테스** 자네가 좋은 것이라고 말하는 것은 모두 이런 종류의 것뿐인가?

**메논** 예. 그런 종류의 것은 무엇이나 좋은 것입니다.

**소크라테스** 그래. 대대로 "대제"(페르시아 대제)의 친구로 내려온 가문의 메논, 자네의 정의에 의하면 금은 재화의 획득이 덕이라 이 말이지. 금은 재화의 "획득"이라는 말에 "옳고 공정하게"라는 말을 덧붙일 필요는 없는가? 그런 표현을 덧붙여도 자네의 정의에는 하등 상관이 없는가? 다시 말해서 부당하고 공정하지 않게 재화를 획득하는 것도 덕이라고 자네는 말하고 있는 건가?

**메논** 물론 아닙니다.

**소크라테스** 그것은 악덕이 아닌가?

**메논** 두 말 할 필요 없지요.

**소크라테스** 그렇다면 그 "획득"이라는 것에다 우리는 반드시 "공정"이라든가 "절제", "경건", 또는 다른 덕을 덧붙여야 한다는 것 아닌가? 그렇지 않고서는 자네의 "획득"이라는 것은 덕을 얻는 수단은 될지 몰라도 덕 자체는 아니지 않은가?

**메논** 그렇습니다. 그런 것이 붙지 않으면 덕이랄 수 없지요.

**소크라테스** 공정하지 못한 방법으로 금은 재화를 획득하는 것이 불가피한 상황에서라면, 그 금은 재화를 얻지 않는 것이 오히려 덕 아닌가?

**메논** 그런 것 같군요.

**소크라테스** 그러면 금은 재화의 획득이든 금은 재화의 유실이든 그 어느 쪽도 덕이 아니긴 마찬가지일세. 차라리 우리는 정의가 결핍된 것은 무엇이나 악덕이고, 정의를 수반하는 것은 무엇이나 덕이라고 해야 하겠지.

**메논** 당신의 결론이 옳습니다.

**소크라테스** 그러나 조금 전에 우리는 정의, 절제 등의 각각이 모두 덕의 일부분이라고 동의하지 않았었나?

**메논** 예, 그렇습니다.

**소크라테스** 그렇다면, 메논, 자네는 나를 놀리는 것 같지 않나?

**메논** 왜요, 소크라테스?

**소크라테스** 나는 금방 자네에게 예를 들어가면서 내가 원하는 대답이 어떤 것인가를 보여주지 않았나. 덕이라는 것을 여러 개의 작은 조각으로 나누지 말라고 말일세. 그런데 자네는 지금 덕이란 정의로운 방법으로 어떤 것을 획득하는 것이라 말하면서 정의는 덕의 한 부분이라고 말하고 있지 않나?

**메논** 그렇습니다.

**소크라테스** 그러니 자네의 의견에 따르면, 덕의 한 부분이 곧 덕이라는 말이 되지 않나? 내 말의 요점인즉 나는 자네에게 전체로서의 덕이 무엇인가를 말해 달라고 요청하고 있음에도 불구하고 자네는 그것을 말해주기는 커녕 덕의 일부분에 해당하는 행위는 모두 덕이라고 말한단 말일세. 이것은 자네가 전체로서의 덕 그 자체가 무엇인가를 이미 말해주었을 때만 성립하네. 전체가 무엇인지 알지 못하고서야 어떻게 그 한 부분이 무엇인지 알 수 있겠나. 이런 식으로 덕의 일부를 나타내는 행위를 모두 덕이라 부른다면, 나는 처음의 "덕이란 무엇인가?"라는 내 질문으로 돌아갈 수밖에 없네. 바꾸어 말해서 정의롭게 이루어진 행위는 모두 덕이라는 말의 뜻이 무엇인가로 돌아가야 한단 말일세. 그렇지 않은가, 메논? 도대체 전체로서의 덕이 무엇인가를 알지 못하면서 덕의 한 부분이 무엇인가를 안다는 것이 가능한가?

**메논** 가능하지 않겠지요.

**소크라테스** 아까 우리는 모양이라는 것을 정의함에 있어서 그 의미가 무엇인지 잘 알 수 없는 용어를 사용하는 것은 옳지 않다고 의견을 모으지 않았나? 자네는 그것을 기억하고 있겠지.

**메논** 기억합니다. 그리고 그것은 옳은 말이었습니다.

**소크라테스** 그러면 제발 그와 꼭 같은 방식으로 해 보게. 전체로서의 덕이라는 것이 어떤 특징을 가지고 있는지 모르면서 그것을 그 부분을 나타내는 용어로 설명할 수 있다고 하지 말게. 자네는 덕에 관해서 이런 것 저런 것 여러 가지를 이야기했네만, 그러나 그것이 무엇인지는 말하지 않았다네. 그것이 무엇인지, 이것이 여전히 우리에게는 답해지지 않고 있단 말일세. 내 말이 자네에게는 말도 안 되는 소리로 들리나?

**메논** 그렇지는 않습니다. 오히려 아주 옳은 말인 것 같습니다.

**소크라테스** 그럼 다시 처음으로 돌아가서 내 질문에 답해 보게. 덕이란 무엇이라고 자네나 자네 친구는 생각하고 있나?

**메논** 소크라테스, 내가 당신을 만나기 전에 사람들이 그러더군요. 쉽게 말해서 당신은 당신 자신이 종잡을 수 없는 사람일 뿐만 아니라, 다른 사람들까지도 혼란에 빠뜨리곤 한다고 말입니다. 이 순간의 나의 느낌을 말하면 이렇습니다. 당신은 지금 나에게 마술과 주문을 걸어서 당신 마음대로 주무르고 그 결과로 나는 지금 완전한 무기력 상태에 빠진 것 같습니다. 실례의 말인 줄 알지만, 당신은 그 외모로 보나 다른 면으로 보나 저 바다 속에 사는 전기가오리와 영락없이 닮았습니다. 그 가오리란 놈은 자기에게 닿는 것이면 무엇이든지 마비시켜 버리고 마는데, 당신이 지금 나에게 하고 있는 일이 바로 그것입니다. 내 마음과 입은 지금 문자 그대로 얼어붙어 버려서 도대체 당신의 말에 대꾸조차 할 수가 없습니다. 그렇지만 지금까지 나는 덕에 관해서 수백 번도 더 이야기를 하기도 했고, 대중 앞에서 그것을 주제로 연설도 꽤 잘해 온 사람이라고 나는 믿고 있습니다. 그런데도 지금 나는 그것이 무엇인지조차 말을 할 수 없게 되었으니, 내가 보기에는 소크라테스 당신은 아테네를 떠나 다른 곳에 가서는 살지 않는 것이 좋을 것 같습니다. 다른 나라에 가서 당신이 이런 식으로 행동한다면 당신은 틀림없이 마술사로 체포될 것이란 말입니다.

**소크라테스** 자네는 정말 장난꾸러기 악당이군. 내가 거의 속을 뻔했어.

**메논** 그게 무슨 말입니까?

**소크라테스** 자네가 나를 그런 것에 비유하는 까닭을 알겠네.

**메논** 그것이 뭔데요?

**소크라테스** 그 사교계 사람들이 잘 하듯이 자네가 나를 어떤 것에 비유하면, 내가 자네를 어떤 것에 비유해서 답하는 일 말이지. 자네처럼 미남인 사람들은 이 게임을 잘 이용하곤 하지. 왠지 아나? 미남인 사람들은 역시 아름다운 것에만 비유되니까 말이지. 그렇지. 그러나 나는 자네를 무엇에 비유하는 일은 하지 않겠네. 나의 경우, 만일 그 전기가오리란 놈이 자신을 먼저 마비시킴으로써만 남을 마비시킬 수 있다면 자네의 비유는 맞네. 그러나 그렇지 않을 경우에는 그것은 공정치 못한 비유이네. 나는 나 자신이 답을 알고 있으면서 남을 혼란에 빠뜨리는 것이 아니란 말일세. 오히려 진실은 어느 편인가 하면 나는 나 자신이 혼란 속에 있기 때문에 그것에 감염되어서 남들도 혼란에 빠뜨리게 되는 것이라네. 덕이 무엇인지 나는 모른다네. 아마 자네는 나를 만나기 전에는 알고 있었을지도 모르지. 그러나 지금은 자네도 모르는 것 같아. 그럼에도 불구하고 나는 지금부터 자네만 동의한다면 덕이 무엇인가에 대한 공동탐구를 해 볼 준비가 되어 있네.

**메논** 그렇지만 당신은 당신이 찾으려는 것이 무엇인지도 모르면서 어떻게 그것을 탐구하겠다고 말합니까? 도대체 당신이 모르고 있는 것을 당신의 탐구 대상으로 삼는다는 것이 가능한 일입니까? 바꾸어 말해서, 설사 당신이 그것을 찾는 경우에도 어떻게 당신은 지금 당신이 찾은 그것이 당신이 모르고 있던 바로 그것인지를 알 수가 있습니까?

**소크라테스** 자네가 무슨 말을 하고 싶은지 알겠네, 메논. 자네는 자네가 지금 끄집어낸 문제가 억지스런 속임수 주장인 줄 알고 있는가? 사람은 자기가 알고 있는 것도, 알고 있지 않은 것도 탐구할 수 없다고 하는 주장 말일세. 그 주장에 따르면, 우리는 우리가 알고 있는 것은 물론 탐구하지 않을 걸세. 이미 알고 있으니까 탐구할 필요가 없지. 또한 우리는 우리가 모르고 있는 것도 탐구할 수 없다고 하네. 왜냐하면, 이 경우 우리는 우리가 찾고자 하는 것이 무엇인지 모르기 때문이라는 걸세.

**메논** 그러면 당신은 그 주장이 그럴듯한 훌륭한 것이라고 생각하지 않습니까?

**소크라테스** 아니지.

**메논** 그 주장에서 어디가 잘못되었는지 설명해 주실 수 있습니까?

**소크라테스** 할 수 있네. 나는 현자들이 말하는 신성한 것에 관하여 이야기를 들은 적이 있네.

**메논** 무슨 이야기였는데요?

**소크라테스** 무엇인가 참되고 훌륭한 것이었다고 생각되네.

**메논** 그게 무엇입니까? 그리고 어떤 사람들이 그것을 말했습니까?

**소크라테스** 그것을 말한 사람들은 사제나 무녀들인데 그들은 자기들이 하고 있는 일을 가장 잘 설명하는 사람들이지. 핀다로스와 같은 신성한 능력을 가진 시인들도 그것을 말한다네. 그들이 말한 것은 이런 것이네. 그것이 진리인지 들어 보게. 그들은 인간의 영혼은 불멸의 것이라고 말하네. 영혼이란 때로는 우리가 죽음이라고 부르는 종말에 도달하지만, 그것은 곧 다시 태어나네. 그래서 영혼은 절대로 영원히 죽어 없어지지는 않는다네.

그렇기 때문에 우리는 할 수 있는 데까지 경건한 삶을 살도록 노력해야 한다는 것이네.

> 태고의 저주로부터 구원을 원하는 자들에게
> 페르세포네는 9년째에 그 영혼을 구원하네.
> 그 여신은 영혼들을 다시
> 햇빛 밝은 지상에 부활시켜
> 그들 중에서 존귀한 왕과
> 힘세고 지혜로운 자가 태어나
> 후세에 영웅으로 칭송되도다. (Pindar, fr. 133)

어쨌든, 영혼은 이렇게 영원히 멸망하지 않고 여러 번 다시 태어나기 때문에 현세뿐만 아니라 저승에 있는 모든 것을 다 보고 모든 것을 다 배워 알고 있는 상태에 있네. 그래서 우리의 영혼이 원래 한 번 가지고 있었던 덕이라든가 그 외의 어떤 것에 대한 지식이든지 회상할 수 있다고 해서 우리가 놀랄 것은 없다네. 삼라만상은 그 본성에 있어서 모두 상통하는 바가 있기 때문에 모든 것을 이미 학습한 영혼이 그 중의 어느 한 가지에 대한 지식이라도 회상할 수 (즉 "배울 수") 있다면, 나머지 모든 것을 다 알아낸다는 것이 불가능할 까닭이 없다네. 단, 탐구니 학습이니 하는 것은 오직 회상일 따름이기 때문에 우리가 우리의 마음을 굳건히 해서 탐구하는 일에 지치지 않도록 한다면 말일세. 따라서 우리는 지금 자네가 말한 그 주장에 현혹되어서는 안 되네. 그 주장은 우리를 게으름에 젖게 하는, 그리고 나약한 심성에 울리는 달콤한 음악과 같은 것이네. 그와는 달리 내가 지금 말한 것은 우리들을 진리의 탐구자로 만들어 준다네. 나는 그 주장이 옳은 것이라고 확신하고 있으며, 만일 자네만 동의한다면 덕에 대한 우리의 탐구를 계속할 준비가 되어 있네.

**메논** 알겠습니다, 소크라테스. 그러나 우리는 가르침을 통해 학습을 하는 것이 아니라, 회상을 할 뿐이라고 하는 것은 무슨 뜻인지 잘 모르겠습니다. 우리가 학습이라고 부르는 것이 실은 회상이라는 것을 저에게 좀 가르쳐 주실 수 있겠지요.

**소크라테스** 조금 전에 나는 자네를 악당이라고 불렀지. 내가 지금 막 가르치는 일은 없고 오직 회상이 있을 뿐이라고 말했는데도 자네가 나에게 가르침을 달라고 말하니 말일세. 자네는 내가 내 말을 스스로 부정하도록 유도하려는 것임에 틀림없군.

**메논** 아닙니다, 소크라테스. 정직하게 말해서 나는 그런 것을 생각한 것이 아니었습니다. 가르침을 요청하는 것은 저의 습관일 뿐입니다. 당신이 말한 내용이 진리라는 점을 저에게 분명히 해주실 수만 있다면 제발 그렇게 해주시기만 바랍니다.

**소크라테스** 그것이 쉬운 일은 아니지만, 자네가 그렇게 요청한다면 해보아야지. 자네는 많은 노예를 거느리고 있는데 그 중의 아무나 한 사람만 불러 주게. 나는 그를 통해서 학습은 회상이라는 나의 말을 실지로 시범해 보이고 싶네.

**메논** 그러지요. (노예소년에게) 이리 와.

**소크라테스** 이 아이는 그리스 사람이고 그리스 말을 하겠지?

**메논** 물론입니다. 우리 집에서 나고 자랐습니다.

**소크라테스** 잘 지켜 보게. 이 아이가 나로부터 무엇을 "배우게" 되는지, 아니면 단순히 회상을 할 따름인지.

**메논** 그러겠습니다.

**소크라테스** (소년에게) 얘야, 너는 정사각형이 이런 모양이라는 것을 알고 있겠지? (소크라테스는 땅바닥에 다음과 같은 그림을 그리고, 정사각형 ABCD를 손가락으로 짚어 보인다.)

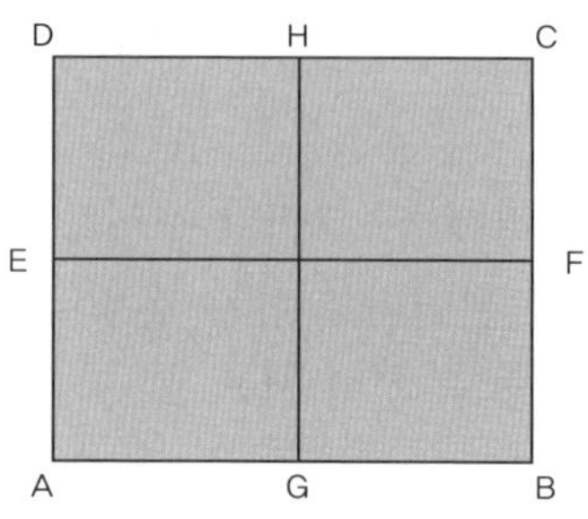

**소년** 예, 압니다.

**소크라테스** 이 모양에서 이 네 개의 변이 각각 서로 같은 길이라는 것도 알겠지?

**소년** 예, 그렇습니다.

**소크라테스** 이 모양의 가운데를 지나는 이 두 개의 길이도 서로 같겠지?(EF와 GH를 가리킴)

**소년** 예.

**소크라테스** 이런 정사각형의 크기에도 여러 가지가 있지 않겠니?

**소년** 그렇습니다.

**소크라테스** 만일 이 변의 길이(AB)가 두 자이고, 또 이쪽 길이(AD)도 두 자라면, 이 사각형의 넓이는 얼마이겠느냐? 아니, 이렇게 생각해 보자. 이 쪽 길이(AB)가 두 자이고 이 쪽 길이(AE)는 한 자이면, 그 넓이(ABFE)는 두 자가 한 번 있는 셈 아니냐?

**소년** 예.

**소크라테스** 그런데 이쪽 길이(AD)도 두 자이면, 그것은 두 자가 두 번 있는 것 아니냐?

**소년** 그렇습니다.

**소크라테스** 두 자가 두 번 있으면 얼마이냐? 셈해 보고 내게 말해다오.

**소년** 4가 됩니다.

**소크라테스** 그렇지. 이제 이것과 꼭 같은 모양으로, 네 변의 길이가 같은 정사각형으로서, 이것의 넓이보다 배가 되는 넓이의 정사각형을 생각할 수 있겠지?

**소년** 예.

**소크라테스** 그 사각형의 넓이는 얼마이겠느냐?

**소년** 8입니다.

**소크라테스** 그래, 그러면 그 사각형의 한 변의 길이가 얼마이겠는지 말해 보아라. 처음의 이 사각형은 한 변의 길이가 두 자였는데, 그것보다 넓이가 두 배인 사각형의 한 변의 길이는 얼마이겠느냐?

**소년** 그야 당연히 두 배가 되어야지요, 소크라테스님.

**소크라테스** (메논에게) 이보게, 메논. 나는 지금 이 아이에게 아무것도 가르치고 있지 않네. 질문만 던지고 있다네. 지금 이 아이는 넓이가 8인 정사각형의 한 변의 길이를 안다고 생각하고 있네.

**메논** 예, 그렇습니다.

**소크라테스** 이 아이는 정말 알고 있나?

**메논** 물론 아닙니다.

**소크라테스** 이 아이는 정사각형의 한 변의 길이를 두 배로 하면 된다고 생각하지 않나?

**메논** 그렇습니다.

**소크라테스** 자, 이제부터 이 아이가 어떻게 올바른 순서에 따라 하나씩 회상해 내는가를 잘 지켜보게.

(소년에게) 얘야, 너는 한 변의 길이를 두 배로 하면, 넓이도 두 배가 된다고 생각하고 있는 거지? 우리는 지금 기다란 사각형을 말하는 것이 아니라 네 변의 길이가 같은 사각형으로서 넓이가 이것의 두 배인 것을 말하고 있지. 다시 생각해 보고, 아직도 한 변의 길이를 두 배로 하면 그 넓이는 두 배가 된다고 생각하는지 말해다오.

**소년** 예, 지금도 그렇다고 생각합니다.

**소크라테스** 그래? 이것을 봐. 여기(AB)에다 이와 꼭 같은 길이(BJ)를 덧붙이면 이것(AJ)은 네가 말하는 대로 원래 길이의 두 배가 되겠지?

**소년** 그렇습니다.

**소크라테스** 넓이가 8이 되는 정사각형은 내 말에 의하면 결국 이 길이(AJ) 위에다 나머지 변의 길이가 다 같도록 세운 사각형이라는 말이지.

**소년** 그렇습니다.

**소크라테스** 그림을 그려 보자. 네가 말하는 넓이가 8인 정사각형이란 이것(AJKL)이란 말 아니냐?

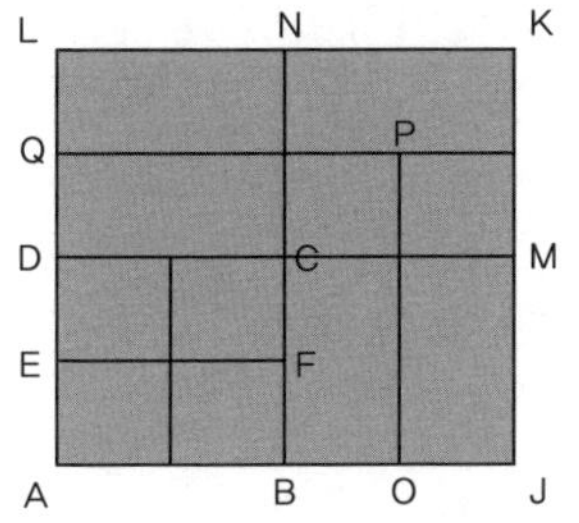


**소년** 바로 그것입니다.

**소크라테스** 그러나 그것은 그 속에 넓이가 4인 이런 정사각형(CMKN)을 네 개나 가지고 있지 않으냐?

**소년** 예.

**소크라테스** 그럼 그 크기가 얼마가 되겠느냐? 그것은 원래 것의 네 배가 될 것 아니냐?

**소년** 물론입니다.

**소크라테스** 네 배는 두 배와 같으냐?

**소년** 아닙니다.

**소크라테스** 그러면 한 변을 두 배로 했을 때 정사각형의 넓이는 두 배가 아니라 네 배가 되는 것 아니냐?

**소년** 맞습니다.

**소크라테스** 4의 네 배면 16이 아니냐?

**소년** 맞습니다.

**소크라테스** 그러면 넓이가 8이 되려면 한 변은 얼마라야 되겠느냐? 네가 말한 이것은 원래 넓이의 네 배가 되게 하지 않았느냐?

**소년** 그렇습니다.

**소크라테스** 그리고 그것의 반이 되는 길이(AB)로 만들어진 사각형의 넓이는 4가 아니었느냐?

**소년** 그렇습니다.

**소크라테스** 좋아. 그러면 넓이가 8인 정사각형은 이것(ABCD)의 배이고, 이것(AJKL)의 반이 되는 것 아니냐?

**소년** 예.

**소크라테스** 그것의 한 변의 길이는 이 길이(AB)보다는 크지만 이 길이(AJ)보다는 작을 것 아니냐?

**소년** 그렇다고 생각합니다.

**소크라테스** 그래. 언제나 네가 생각하는 대로만 대답해 주면 된다. 여길 봐라. 이 길이는 두 자였고, 이 길이는 넉 자였지?

**소년** 그렇습니다.

**소크라테스** 그러면 우리가 찾으려는 길이는 두 자보다 길고, 넉 자보다 짧지 않겠느냐?

**소년** 틀림없습니다.

**소크라테스** 그게 얼마인지 말해 보아라.

**소년** 석 자입니다.

**소크라테스** 그러면 원래의 길이(AB)에다 이 길이의 반(BO)을 붙여 전체를 석 자로 만들어볼까? 이것이 두 자이고, 이것이 한 자니까 이 길이(AO)는 석 자가 되지. 마찬가지로 이쪽도 두 자 더하기 한 자, 자 이것(AOPQ)이 네가 말하는 사각형이지.

**소년** 그렇습니다.

**소크라테스** 이쪽이 석 자이고 저쪽도 석 자이면 이 넓이는 석 자를 두 번 곱한 것이 아니냐?

**소년** 그렇겠지요?

**소크라테스** 그게 얼마이지?

**소년** 9입니다.

**소크라테스** 그러나 원래 우리가 구하려는 넓이는 얼마였지?

**소년** 8입니다.

**소크라테스** 그러면 한 변의 길이를 석 자로 해도 그 넓이는 나오지 않은 것 아니냐?

**소년** 예, 나오지 않습니다.

**소크라테스** 그러면 그 길이를 얼마로 해야 하겠느냐? 정확히 말해 보아라. 계산하기가 싫으면 그림에서 가리켜 보아라.

**소년** 소크라테스님, 이제 더 물어도 소용없습니다. 저는 정말 모릅니다.

**소크라테스** (메논을 향하여) 자, 지금 이 아이가 회상의 과정에서 어떤 단계에 도달했는가를 보게, 메논. 처음 이 아이는 넓이가 8인 정사각형의 한 변의 길이를 모르고 있었네. 지금도 모르고 있긴 마찬가지이네. 그러나 처음엔 이 아이는 그것을 안다고 생각하고, 무엇을 아는 사람이 으레 그렇듯이 자신만만하고 아무런 주저 없이 대답했었지. 그러나 이 아이는 곤란감에 쌓여 있다네. 스스로 답을 모르고 있을 뿐만 아니라 답을 알고 있다고 생각하지도 않기 때문이지.

**메논** 그렇습니다.

**소크라테스** 이 아이가 이와 같이 자신의 무지를 아는 것이 훨씬 좋은 것 아니겠나?

**메논** 그 점도 동의합니다.

**소크라테스** 그러면 우리가 저 바다 속의 전기가오리처럼 이 아이를 당황스럽게 만들고 마비시켰다고 해서 그게 무슨 해를 끼친 것이 있나?

**메논** 없습니다.

**소크라테스** 실은 어느 편인가 하면 우리는 이 아이가 답을 찾는 데에 상당한 도움을 준 셈이지. 왜냐하면 지금 이 아이는 자기의 무지를 알고 있을 뿐만 아니라, 답이 무엇인지 알고 싶어 하고 있으니 말일세. 오늘 이때까지 이 아이는 여러 번 그리고 많은 사람 앞에서 주어진 정사각형의 넓이를 배로 하기 위해서는 그 변의 길이를 배로 늘이면 된다고 자신 있게 서슴없이 말해오지 않았겠나.

**메논** 틀림없이 그랬겠지요.

**소크라테스** 이 아이는 자기가 모르고 있으면서도 스스로는 안다고 생각하는 문제에 대해서 탐구하거나 학습하려는 태도를 가질 수 있었겠나? 그의 알고자 하는 욕구는 그가 혼란에 빠지게 되고, 자신의 무지를 깨닫기 시작하면서 생긴 것 아닌가?

**메논** 그렇습니다.

**소크라테스** 그러면 이 아이를 혼란에 빠뜨린 과정은 그에게 좋은 약이 된단 말이지?

**메논** 동의합니다.

**소크라테스** 자. 지금의 이 혼란 상태에서부터 이 아이가 나와 함께 진실이 무엇인지 탐구해 가는 과정을 잘 보게. 나는 여전히 그에게 질문만 던지겠네. 내가 혹시 이 아이에게 그의 의견을 묻는 것 이외에 무엇을 가르쳐 주거나 설명해 주는 일이 있으면 즉시 지적을 하게.

(이어 소크라테스는 지금까지의 그림을 모두 지우고 다시 시작한다.)

**소크라테스** 얘야, 이것이 처음의 그 정사각형(ABCD)아니냐?

**소년** 그렇습니다.

**소크라테스** 거기에다 그와 꼭 같은 정사각형 하나(BCEF)를 덧붙여 그릴 수 있겠지?

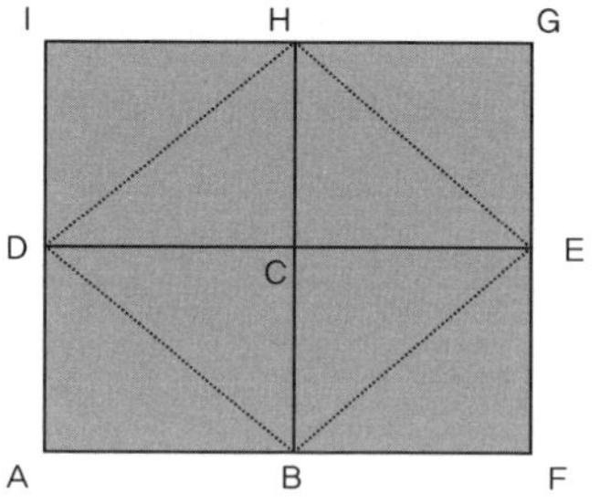


**소년** 예.

**소크라테스** 그리고 여기에다 또 하나(CEGH) 덧붙일 수 있겠지?

**소년** 예.

**소크라테스** 그리고 이 구석에도 하나(DCHI) 만들 수 있지?

**소년** 예.

**소크라테스** 그럼 우리는 크기가 같은 네 개의 정사각형을 얻은 셈이지?

**소년** 예.

**소크라테스** 그러면 이 전체는 처음 것의 몇 배이냐?

**소년** 네 배입니다.

**소크라테스** 우리가 찾는 것은 처음 것의 두 배 되는 것 아니냐?

**소년** 예.

**소크라테스** 자. 이 각각의 작은 사각형의 이 모서리에서 저쪽 모서리로 그은 선들(BD, BE, EH, DH)은 각각의 넓이를 반으로 나누지 않느냐?

**소년** 예.

**소크라테스** 그리고 이 네 개의 선은 모두 같은 길이이면서 여기에 또 하나의 정사각형 (BEHD)을 만들지 않느냐?

**소년** 그렇습니다.

**소크라테스** 그 넓이가 얼마인지 생각해 보아라.

**소년** 알 수 없습니다.

**소크라테스** 여기 있는 네 개의 사각형을 이 모서리를 잇는 선들이 각각 반씩으로 나누지 않았느냐?

**소년** 그렇습니다.

**소크라테스** 그러면 이 새로 생긴 사각형(BEHD) 속에는 그런 반 조각이 몇 개나 들어 있느냐?

**소년** 네 개입니다.

**소크라테스** 이 속(ABCD)에는 몇 개 있느냐?

**소년** 둘입니다.

**소크라테스** 4는 2의 몇 배이냐?

**소년** 두 배입니다.

**소크라테스** 그럼 이 넓이는 이제 얼마이냐?

**소년** 8입니다.

**소크라테스** 그 사각형의 변은 어느 것이냐?

**소년** 이것(BE)입니다.

**소크라테스** 넓이가 4인 사각형의 모서리와 모서리를 잇는 이것이란 말이지?

**소년** 예.

**소크라테스** 학자들은 그것을 가리켜 "대각선"이라 부른다. 이 "대각선"이란 이름을 사용할 때 원래 정사각형의 대각선을 한 변으로 하는 다른 정사각형은 그 넓이가 배로 된다는 것이 너의 생각이란 말이지?

**소년** 그렇습니다, 소크라테스님.

**소크라테스** (메논을 향하여) 어떻게 생각하나? 이 아이가 지금까지 대답한 것 중에 자기 자신의 생각이라고 할 수 없는 것이 있었는가, 메논?

**메논** 없었습니다. 그 대답은 모두 이 아이 자신의 의견이었습니다.

**소크라테스** 그러나 이 아이는 몇 분 전만 해도 답을 모르고 있었지 않나?

**메논** 그렇습니다.

**소크라테스** 그렇다면 사람은 현재 모르고 있는 것에 대해서도 올바른 견해를 그 속에 가지고 있다고 보아야 하지 않겠나?

**메논** 그렇게 보이는군요.

**소크라테스** 현재의 이 올바른 의견은 이제 막 깨우쳐지기 시작한 것으로서 마치 꿈속에서의 일과 비슷한 상태에 있네. 그러나 같은 질문이 여러 가지 경우에 다양하게 이 아이에게 주어진다면, 그는 결국 그 문제에 관해서 누구보다 못지않게 정확한 지식을 가지게 될 것이네.

**메논** 그럴 것입니다.

**소크라테스** 그 지식은 가르침이 아니라 질문을 통해서 얻어질 것이네. 이 아이는 스스로 그것을 돌이켜 낼 것이란 말일세.

**메논** 예.

**소크라테스** 이 아이가 자기 속에 들어 있는 지식을 자발적으로 돌이켜 낸 것이 곧 회상이라네. 그렇지 않은가?

**메논** 그렇습니다.

**소크라테스** 그렇다면 그 지식은 이 아이가 과거 어느 때엔가 획득했던 것이거나, 아니면 원래부터 항상 가지고 있었던 것 아니겠나. 만일 원래부터 소유하고 있었던 것이라면 이 아이는 그것을 내내 알고 있었을 것이고, 만일 이전 언젠가 획득했던 것이라면 그 이전이란 이 현세를 말하는 것은 아닐 걸세. 왜냐하면 현세에서 이 아이에게 기하학을 가르친 사람은 없으니까 말일세. 이 아이는 기하학뿐만 아니라 다른 과목에서도 마찬가지일 걸세. 누구든지 이 아이에게 그런 것들을 가르친 적이 있나? 이 점은 자네가 잘 알 걸세. 그는 자네의 집에서 자라났으니까.

**메논** 누구도 그 아이를 가르친 일은 없다는 것을 제가 압니다.

**소크라테스** 그리고 이 아이는 그런 것들에 대한 바른 의견을 가지고 있지 않았나?

**메논** 예. 그것은 부정할 수가 없습니다.

**소크라테스** 만일 이 아이가 그것을 현세에서 획득한 것이 아니라면, 전생에서 그것을 배워서 소유하게 되었다는 점은 자명하지 않은가?

**메논** 그렇게 보입니다.

**소크라테스** 인간으로 태어나기 이전에 말이지?

**메논** 예.

**소크라테스** 그렇다면 그 바른 의견들-질문을 통해서 상기되고 또 지식으로 바뀌는 것-이 아이 속에 언제나, 사람이었을 때나 사람이 아니었을 때나, 존재하고 있었다는 것은 곧 그의 영혼이 언제나 지식을 가진 상태에 있다는 것을 말해주는 것이 되네. 이 아이가 항상 사람이었거나 사람이 아니었거나 둘 중의 하나였을 것임은 분명하지 않겠나?

**메논** 분명합니다.

**소크라테스** 그리고 만일 실재에 대한 바른 의견이 항상 우리의 영혼 속에 있으려면, 우리의 영혼은 영원불멸의 것이 아니면 안 될 것이네. 그리고 우리는 우리가 현재 알지 못하고 있는 것-보다 정확히 말해서 우리가 회상하지 못하고 있는 것-을 알아내도록 용기를 갖고 노력해야 한다네.

**메논** 잘은 모르겠지만 당신 말이 옳다는 생각이 듭니다.

**소크라테스** 나도 내가 옳다고 생각하네. 내가 한 말 전부에 대해서 자신하는 것은 아니지만, 한 가지 점은 나의 말과 행동을 통해서 옳다고 주장할 수 있네. 즉, 우리가 모르는 것을 찾아낼 수 없기 때문에 탐구는 의미 없는 것이라고 믿어서는 안 된다는 점이네. 오히려 우리가 모르는 것도 알아낼 수 있다고 믿고 있으면, 우리는 보다 더 용감하고 능동적인 훌륭한 사람이 될 수 있다네.

**메논** 그 점에 대해서도 역시 당신이 옳다고 믿습니다.

**소크라테스** 그러면 우리는 이미 우리가 모르고 있는 것도 탐구할 수 있다는 점에 합의를 한 셈이니까 자네는 나와 함께 "덕이란 무엇인가"라는 질문을 탐구해 볼 준비가 되어 있겠지?

**메논** 준비야 충분히 되어 있습니다만, 저는 아까나 지금이나 제가 처음 제기했던 방식으로 그 질문을 다루어 보고, 또 그에 대한 당신의 생각을 듣고 싶습니다. 즉, 덕이란 가르쳐질 수 있는 것인지, 자연의 선물인지, 아니면 어떤 다른 방식이 있는지 하는 것 말입니다.

**소크라테스** 메논, 만일 내가 자네를 마음대로 할 수만 있다면 덕이 무엇인지를 묻기 전에 그것이 가르쳐질 수 있는지를 묻도록 하지는 않겠네. 그런데 자네는 자신의 행동을 통제하기는커녕 오히려 나의 행동까지도 마음대로 하려 하네. 아마 짐작컨대 자네는 자네의 자유를 소중히 생각하겠지. 실지로 자네는 나를 통제하는 일에서도 성공을 하였네. 자네가 하자는 대로 하겠다는 말일세. 다른 뾰족한 수가 없으니까. 우리는 지금 우리가 찾는 어떤 것의 정체를 깜깜히 모르고 있으면서도 그것의 속성이 무엇인가를 알아내려고 하고 있네. 어쨌든 자네 뜻대로 하긴 하되 내게 한 가지만 허락해 주게. 덕이 가르쳐질 수 있는 것인지를 생각함에 있어서 저 기하학자들이 흔히 쓰는 가설이라는 것을 사용해 보자는 말일세. 기하학자들은 예컨대 어떤 주어진 면적이 주어진 원에 삼각형으로 내접할 수 있는가 하는 질문을 받으면 이렇게 대답한다네. "그게 가능한지는 아직 모르겠지만, 그걸 알아내는 데에는 가설을 동원하는 것이 도움되리라는 것은 틀림없지요. 이 경우 가설이란 이런 것입니다. 즉, 만일 그 면적이 원 안의 어떤 직선(예컨대, 지름) 위에 하나의 도형(즉, 직사각형)으로서 주어졌을 경우, 그 도형이 그것과 닮은꼴의 도형만큼 없어지는 그런 모양이라면, 우리는 하나의 결론을 얻을 수 있습니다. 만일 그런 모양이 아니라면 그것과는 다른 결론이 나올 것입니다. 그러므로 나는 어떤 주어진 면적이 원에 내접하는지의 문제에 대하여 이렇게 가설적인 방식으로 대답할 수 있습니다."

덕에 관해서도 마찬가지로 생각해 보세. 우리는 지금 덕이 무엇인지, 어떻게 생겼는지 모르고 있기 때문에 그것이 가르쳐질 수 있는 것인지 아닌지를 알기 위해서 가설을 세우고 탐구를 해 보세. 이렇게 질문을 해 보게. "덕이라는 것이 가르쳐질 수 있는 것이라면 그것은 우리 마음의 어떤 특성을 나타내는 것일까?" 글쎄. 무엇보다도 먼저 덕이 지식이 아니라면 우리가 그것을 가르칠 수 있을까? 조금 전에 우리가 사용했던 표현을 쓰자면, 지식이 아닌 것을 회상시킬 수가 있을까? 어느 표현이든 상관없이, 그 경우, 덕이란 가르쳐질 수 있는가? 우리가 지식이 아닌 것을 가르치고 배울 수 없다는 것은 너무나 분명하지 않은가?

**메논** 그건 제 생각과 같습니다.

**소크라테스** 만일 덕이 지식이라면, 그것은 틀림없이 가르쳐질 수 있을 것 아닌가?

**메논** 그렇습니다.

**소크라테스** 그럼 이 문제는 분명하게 되었네. 덕이 가르쳐질 수 있는 것이기 위해서는 그것이 어떤 조건을 만족해야 하는가 하는 것 말일세.

**메논** 예, 그렇습니다.

**소크라테스** 다음에 우리가 해야 할 일은 덕이 지식인지, 또는 다른 무엇인지를 알아내는 일이겠지.

**메논** 그렇습니다. 그게 다음 일이라는 데에 동감합니다.

**소크라테스** 그러면 덕이란 무엇인가 좋은 것이라는 점은 확실히 믿어도 좋을까?

**메논** 그야 틀림없습니다.

**소크라테스** 그렇다면 만일 지식 외에도 좋은 것이 있다면 덕이 반드시 지식일 필요는 없지만, 만일 지식만이 좋은 것이라면 우리는 덕도 지식이라는 생각을 할 수 있겠지?

**메논** 동의합니다.

**소크라테스** 그럼, 우선, 덕은 우리를 좋게 만들어 주는 것 아닌가?

**메논** 예.

**소크라테스** 좋은 것은 유익한 것 아닌가? 좋은 것은 모두 유익한 것이라고 생각하지 않나?

**메논** 예, 그렇다고 생각합니다.

**소크라테스** 덕 그 자체는 무엇인가 유익한 것이라는 말이지?

**메논** 그렇게 됩니다.

**소크라테스** 그럼 이제 우리를 이롭게 하는 것이 어떤 종류의 것들인지 생각해 보게. 예컨대 건강이라든가 힘, 잘 생긴 얼굴, 부 같은 것을 나열하고 우리는 이런 것들을 모두 유익한 것이라고 부르지 않나?

**메논** 예. 그렇습니다.

**소크라테스** 그러나 우리는 동시에 이런 것들이 때로는 우리에게 유해한 것이라 말하기도 하지. 자네는 이 말에 반대하겠나?

**메논** 아닙니다. 그런 것들은 때로 우리에게 해롭기도 합니다.

**소크라테스** 그럼 이제 이 점을 생각해 보게. 건강, 힘, 부 등의 것들이 때로는 우리에게 유익하기도 하고 때로는 우리에게 해롭기도 한 것은 무엇 때문인가? 어떤 요인이 그것을 결정하는가 말일세. 그 각각을 바르게 사용하면 유익하고, 바르게 사용하지 않으면 해롭게 되는 것 아니겠나?

**메논** 그렇습니다.

**소크라테스** 그럼 그건 그만해 두고, 이제 우리의 정신적인 측면의 것을 생각해 보게. 자네는 절제니, 정의, 용기, 재주의 학습, 기억력, 성품 등의 것들이 있다는 것을 인정하겠지?

**메논** 물론입니다.

**소크라테스** 자네는 이런 것들을 지식이라고 하지는 않겠지. 그리고 자네는 이런 것들도 우리에게 해로울 수도 있고 이로울 수도 있다고 생각하지 않나? 용기라는 것을 예로 들어보세. 지혜가 따르지 않는 용기란 만용 같은 것 아니겠나. 이성이 빠진 자신감이란 우리를 해롭게 하는 반면에 이성으로 뒷받침된 자신감은 우리를 이롭게 해주겠지?

**메논** 예.

**소크라테스** 절제나 재주의 학습이라는 것도 마찬가질세. 지혜를 가지고 학습한 것은 유익하겠지만, 지혜가 빠졌을 때의 재주란 해로운 것 아니겠나?

**메논** 옳고 말고요.

**소크라테스** 요컨대 우리의 영혼에 관한 일들은 무엇이든지 모두 지혜에 의해서 안내되었을 때는 우리에게 행복을 가져다주지만, 지혜가 빠지면 그 반대라는 것 아닌가?

**메논** 합당한 결론입니다.

**소크라테스** 그렇다면 덕이라는 것이 이와 같이 우리 마음의 속성으로서 항상 이로운 것이라면, 그것은 지혜임에 틀림없네. 왜냐하면 지혜 이외의 마음의 속성이라는 것은 모두 그 자체로서 이롭거나 해롭거나 한 것이 아니고, 지혜 또는 어리석음이라는 속성과 함께 나타날 때에 비로소 이롭기도 하고 해롭기도 한 것이니까 말이지. 만일 이 추론이 옳은 것이라면, 덕이란 지혜의 일종이기 때문에 항상 좋은 것이라고 해야 한다네.

**메논** 동의합니다.

**소크라테스** 그럼 아까의 그 부라든가 하는 것들에 관해서 다시 생각해 보세. 우리의 정신적인 것들이 지혜에 의해서 지배되면 이익을 가져오고, 어리석음에 의해서 지배되면 손해를 가져오는 것과 꼭 마찬가지로, 이 물질적인 것들도 지혜에 의해서 바르게 사용되면 이롭기도 하고, 어리석음에 의해서 사용되면 해롭기도 한 것 아닌가?

**메논** 그렇습니다.

**소크라테스** 지혜로운 자는 그것을 바르게 사용하고, 어리석은 자는 잘못 사용하겠지?

**메논** 그렇습니다.

**소크라테스** 그러면 우리는 이제 한 가지 일반적인 규칙을 세울 수 있네. 물질적인 것들은 모두 우리의 정신적인 것들에 의존하고, 인간의 마음에 관한 일은 무엇이나 다 지혜에 의존할 때에만 좋은 것일 수 있다는 것이 그것이네. 이 추론을 따르면, 결국 우리를 이롭게 하는 것은 지혜인 셈이고, 우리는 이미 덕이란 우리에게 이로운 것이라고 말했었다네.

**메논** 그렇습니다.

**소크라테스** 그러므로 덕이란, 전체로서든지 부분으로서든지 간에, 지혜이네.

**메논** 당신의 추론은 매우 훌륭합니다, 소크라테스.

**소크라테스** 이 추론이 옳다면, 선한 사람은 날 때부터 그렇게 태어나는 것은 아니라네.

**메논** 맞습니다.

**소크라테스** 또 한 가지, 메논. 만일 덕 있는 사람이 원래 날 때부터 덕을 가지고 태어난다면, 우리들 중에는 덕을 가지고 태어난 어린 아이를 일찍이 가려낼 수 있는 전문가가 반드시 있어야 할 걸세. 그러면 우리는 그 사람이 골라내는 어린아이들을 아크로폴리스에 따로 격리시키고, 순금을 봉할 때 보다 더 조심스럽게 봉해 둠으로써 세상의 타락으로부터 그들을 보호하고, 그들이 자라나면 국가의 일을 맡길 수 있어야 할 걸세.

**메논** 그럴 듯합니다.

**소크라테스** 그러면, 덕이 자연의 선물이 아니므로, 그것은 학습의 결과 아니겠나?

**메논** 그것은 불가피한 결론입니다. "덕은 지식이다"라는 우리의 가설에 비추어 볼 때, 덕이란 정말 가르쳐질 수 있는 것임에 틀림없습니다.

**소크라테스** 아마 그럴지도 모르지. 그러나 우리의 이 결론이 옳지 않은 것이면 어떡하나?

**메논** 지금까지 보기로는 괜찮은 것 같은데요.

**소크라테스** 그러나 그것이 "지금까지" 보아서 옳다는 것만 가지고는 부족하네. 지금도 옳아야 하고, 앞으로도 옳아야 한단 말일세.

**메논** 물론입니다. 그런데 당신은 왜 갑자기 마음을 돌려서 덕은 지식이 아닐지도 모른다는 생각을 합니까?

**소크라테스** 이보게. 덕이 지식이라면 가르쳐질 수 있는 것이라는 내 입장을 바꾼 일은 없네. 나는 덕이 정말 지식인지, 그것을 의심하고 있다네. 나의 의심이 근거 있는 것인지 생각해 보게. 비단 덕뿐만 아니라 어떤 것이 가르칠 수 있는 것이라면, 그것을 가르치고 배우는 교사와 학생이 있어야 할 것이 아닌가?

**메논** 그렇지요.

**소크라테스** 만약, 이와 반대로, 그것을 가르치는 교사나 배우는 학생이 없다면, 그것은 가르쳐질 수 없는 것이라는 것을 우리는 쉽게 알 수 있지 않겠나?

**메논** 그건 사실입니다. 그러나 당신은 지금 덕을 가르치는 교사가 없다고 생각한단 말입니까?

**소크라테스** 나는 지금까지 덕이라는 것에 관해서 많은 경험을 쌓아온 학자들을 여럿 보아왔지만, 아직 덕을 가르치는 사람을 찾지는 못했다고 말할 수밖에 없네.(아뉘투스 등장) 그러나 메논, 우리는 운이 좋은가 보네. 마침 아뉘투스가 우리 옆에 와 앉았으니 말이야. 그는 우리를 도와주기에 안성맞춤인 사람이야. 왜냐하면 무엇보다도 먼저 그는 안테미온의 아들이기 때문일세. 그의 아버지는 재산도 많고 지혜도 갖춘 사람일 뿐 아니라, 그 재산이 어쩌다가 생긴 것도 아니고, 또 그 테베 사람 이스메니아스처럼 갑자기 크로서스의 부를 물려받은 것도 아니라네. 그는 그 자신의 두뇌와 노력으로써 재산을 모았지. 이 외에도 그는 선량하고 점잖은 시민으로서, 거만하거나 떠벌리는 사람도 아니고 남을 헐뜯는 사람도 아니지. 또는 아테네 시민들이 다 알고 있다시피, 그의 아들을 잘 길러서 좋은 교육을 받게 했다네. 아테네 시민들이 이 사람을 최고의 관직에 선출한 것을 보면 알지. 그러니 목하 덕을 가르치는 교사가 있는지. 있다면 어떤 사람인가 하는 문제를 물어보기에는 딱 알맞은 사람이 바로 이 사람일세. 아뉘투스여, 그대의 집안 친구인 이 메논과 나를 좀 도와주게. 우리는 덕을 가르치는 교사가 누구인가를 찾고 있었다네. 우리의 질문을 이런 방식으로 말할 수 있네. 만일 우리가 메논을 훌륭한 의사로 만들려면, 우리는 그를 의사에게 보내야 하지 않겠나?

**아뉘투스** 물론이지요.

**소크라테스** 그를 구두 수선공으로 만들려면, 역시 구두 수선공에게 보내야겠지?

**아뉘투스** 예.

**소크라테스** 다른 직업들에 대해서도 이와 마찬가지로 말할 수 있겠지?

**아뉘투스** 예.

**소크라테스** 또 물어 볼 것이 있네. 메논을 의사로 만들려면 그를 의사에게 보내야 한다는 말은 곧 의술을 직업적으로 가르치는 사람들, 즉 그들의 가르침에 합당한 보수를 받고, 누구든 배우기를 원하는 사람에겐 그것을 가르칠 수 있다고 말하는 사람들에게 그를 보내야 한다는 뜻 아닌가?

**아뉘투스** 예.

**소크라테스** 피리 부는 법이나 다른 일에서도 이것은 맞는 말이네. 만일 우리가 어떤 사람을 피리 부는 사람으로 만들기를 원하면서도 피리 부는 기술을 가르치고 그 대가를 받는 전문가에게 그를 보내지 않고 다른 사람들에게 보내서 그들을 괴롭히거나 그들로부터 그 기술을 배우라고 말하는 것은 어리석은 일이 아니겠나. 스스로를 교사라고 자처하지 않는 사람이나 아예 제자를 두기를 허락하지 않는 사람들에게 그를 보내는 것은 매우 이상한 일이란 말일세.

**아뉘투스** 그건 정말 바보 같은 짓이라고 봐야겠지요.

**소크라테스** 나도 공감이네. 그리고 우리는 지금 이 메논에 관해서 좀 더 의논해야 할 처지에 있네, 그는 아까부터 내내 가정이나 국가를 잘 다스리고 부모를 잘 돌보며, 외국인이든 아니든 간에 손님들을 적절히 대접할 수 있는 그 덕이라는 것을 가지게 되기를 바라고 있다네. 이 덕을 얻으려면 우리는 그를 누구에게 보내야 하겠나? 방금 우리가 말한 바에 따르자면, 스스로 덕을 가르친다고 자처하는 사람들, 그리고 원하는 사람에게는 누구에게나 그것을 가르쳐 주고 그 가르침에 합당한 대가를 받는 그런 사람들이겠지.

**아뉘투스** 아니, 그런 사람들이란 도대체 누구를 두고 하는 말입니까, 소크라테스?

**소크라테스** 그 왜 자네도 알지 않나. 소피스트들 말일세.

**아뉘투스** 맙소사. 그런 말을 하시다니! 내 친척이나 친구들 중에, 외국인이든 우리 아테네 시민이든 간에, 그 소피스트들을 찾아가서 신세를 망칠 정도로 미친 사람이 없기를 바랄 뿐입니다. 그들은 그런 사람들이라오. 누구든 그들을 접촉하기 시작하면 신세를 망치고 타락하게 된단 말입니다.

**소크라테스** 무슨 소린가, 아뉘투스? 사람들에게 유용한 지식을 나누어준다고 알려져 있는 그들이 그들에게 맡겨진 사람들에게 아무런 도움도 주지 않고 오히려 그들을 타락시키고 그 대가로 돈을 받는단 말인가? 나는 자네 말을 못 믿겠네. 프로타고라스라는 소피스트가 그 직업을 통해서 버는 돈이 그 뛰어난 조각가 피디아스와 다른 10명의 조각가들이 버는 것보다 더 많다는 걸 나는 알고 있네. 구두나 양복을 고치는 사람이 자기에게 맡겨진 구두나 양복을 처음 맡았을 때보다 더 못쓰게 해서 돌려준다면 그는 아마 한 달도 못 가서 굶어 죽을 수밖에 없을 걸세. 그러니 프로타고라스가 전 그리스인을 상대로 해서 40년 이상이나 젊은이들을 타락시키고, 그들이 처음 자기를 찾아왔을 때보다 더 나쁘게 만들어서 돌려보내는 일을 했다고는 도저히 믿을 수 없네. 그는 거의 70세가 되어 죽을 때까지 40년간이나 그 일을 했지만, 그 동안 내내-아니 이 날 이때까지도-그의 명성은 높기만 하지 않았는가? 그리고 프로타고라스뿐만 아니라, 그 이전이나 지금도, 소피스트는 많기만 하다네. 자네의 말에 의하면, 이들이 모두 교묘하게 젊은이들을 속이고 타락시키고 있다는 것 아닌가? 아니면 소피스트 자신들도 그들이 그런 일을 하고 있다는 것을 깨닫지 못하고 있을 만큼 그토록 정신 나간 사람들이란 말인가? 사람들은 그들을 아주 뛰어난 인물들이라고 말하지 않는가?

**아뉘투스** 정신 나간 건 소피스트들이 아니라오, 소크라테스. 소피스트들에게 돈을 갖다 바치는 그 젊은이들이 돌았고, 그들이 그렇게 하도록 내버려두는 그 보호자들이 돈 사람들이라오. 그리고 가장 나쁜 것은 외국인이든 그리스인이든 소피스트들을 나라 안에 들어오게 하고 또 그들을 내쫓지 않는 정부라오.

**소크라테스** 자네는 소피스트 때문에 무슨 개인적인 손해를 본 일이 있나? 왜 그들을 그렇게 심하게 욕하나?

**아뉘투스** 천만에요! 나는 지금까지 살면서 소피스트들과 거래를 한 적이 없고, 또 나의 집안도 그들과는 일체 상종을 하지 않습니다.

**소크라테스** 그렇다면 자네는 소피스트들이 어떤 사람들인지 전혀 경험해 본 일이 없다는 말이군?

**아뉘투스** 이제까지 없었을 뿐만 아니라 앞으로도 없을 것입니다.

**소크라테스** 난 자네 말에 놀랄 뿐이네. 한 번도 경험해 보지 않고 어떻게 그렇게 좋다 나쁘다를 알 수 있나?

**아뉘투스** 그야 쉽습니다. 경험을 했든 안 했든 난 그들이 어떤 종류의 사람인지 알고 있단 말입니다.

**소크라테스** 자네는 천리안을 가졌군. 난 도저히 자네 말을 듣고서는 그들이 그런 사람이란 것을 상상도 할 수가 없다네. 어쨌든, 지금 우리는 메논의 인품을 망칠 사람을 찾고 있는 건 아닐세. 자네 말대로 소피스트는 모두 그런 사람이라 치고, 우리가 찾고 있는 사람 이야기를 좀 해주게. 만일 이 훌륭한 나라 안에서 덕이라는 것을 배우려면 누구를 찾아가야 할지를 자네가 말해준다면, 자네는 자네 집안의 친구 되는 이 메논에게 아주 좋은 일을 해주는 셈이 되네.

**아뉘투스** 왜 소크라테스 당신 자신이 말해주지 않고요?

**소크라테스** 글쎄, 나는 나대로 그런 것을 가르치는 사람이 누구인가를 말한 셈인데, 그게 얼토당토않다는 것이 드러난 것 같네. 그러니 자네가 말해보게. 아마 자네는 알아맞힐지 모르지. 그 사람이 어떤 사람인지 자네가 말할 순서야. 누구든 좋으니 자네가 생각하는 그 아테네 사람 이름을 들어보게.

**아뉘투스** 왜 특정한 개인의 이름을 들어 말해야 합니까? 고상한 아테네의 신사들이라면 누구든지 메논을 소피스트가 하는 것보다는 더 낫게 만들어 줄 것입니다. 메논이 그들의 가르침을 따를 용의만 있다면 말입니다.

**소크라테스** 그 신사들은 이 덕이라는 것을 스스로 얻었다는 말인가? 말하자면, 그들은 이 가르쳐지지 않은 덕이라는 것을 "자기 교육"으로 얻었다는 말인지?

**아뉘투스** 그들에게 그것을 가르쳐 준 조상대의 고상한 신사들이 또 있었을 것 아니겠습니까. 우리 아테네에 많은 훌륭한 사람들이 있어 왔다는 것을 부정하지야 않겠지요?

**소크라테스** 그 반대일세. 우리 아테네는 지금도 많은 훌륭한 정치 지도자들을 가지고 있고, 또 과거에도 그래 왔네. 문제는 그들이 가지고 있는 덕을 그들 자신이 가르치는 일에서도 성공해 왔느냐 하는 점일세. 우리가 논의하고 있는 것은 아테네에 훌륭한 사람이, 현재에나 과거에나, 있는지 없는지가 아니고, 덕이라는 것이 가르쳐질 수 있는가 일세. 달리 말해서, 현재 또는 과거의 훌륭한 사람들이 그들이 소유한 그 훌륭함을 다른 사람에게 나누어 주는 방법을 알고 있었는지 아니면 덕이란 아예 누가 누구에게 나누어 주거나 나누어 받거나 할 수 있는 것이 못되는 것인지, 메논과 내가 지금까지 궁금하게 생각해 본 것이 바로 그것일세. 자네 자신의 이에 대한 관점을 정리해 보게. 테미스토클레스는 훌륭한 사람이었지?

**아뉘투스** 예. 그보다 더 훌륭한 사람도 드물지요.

**소크라테스** 덕이라는 것이 가르쳐질 수 있는 것이라면, 그도 훌륭한 덕의 교사였을 것 아닌가?

**아뉘투스** 그가 가르치려고 마음만 먹었다면 그랬겠지요.

**소크라테스** 그러나 그가 다른 사람들이 훌륭한 사람으로 되기를 바라지 않았다 할 수는 없지 않겠나? 무엇보다도 특히 그것이 그의 아들일 경우라면 말이지. 그가 그의 아들을 미워해서 자기의 덕을 아들에게 가르치지 않았다고 생각하나? 그가 자기의 아들 클레오판투스에게 말타기를 잘 가르쳐서 그의 아들이 달리는 말 위에 서서 창을 던질 수도 있다는 이야기를 못 들었나? 그 외에도 그는 좋은 교사가 할 수 있는 것은 무엇이나 가르쳤기 때문에 그의 아들이 여러 가지 뛰어난 기술과 능력을 갖도록 하지 않았나? 자네도 선배들로부터 이런 이야기는 모두 들었을 텐데.

**아뉘투스** 예, 들었습니다.

**소크라테스** 그러면 그의 아들이 타고 난 능력에서 무엇이 모자란다는 말은 할 수 없겠지?

**아뉘투스** 아마 그렇겠지요.

**소크라테스** 그렇지만 자네는 테미스토클레스의 아들 클레오판투스가 그의 아버지처럼 덕이 있는 훌륭한 사람이라는 평판을 들은 일이 있나?

**아뉘투스** 없습니다.

**소크라테스** 그렇다면 테미스토클레스는 그의 아들에게 다른 것은 다 가르치면서도 덕이라는 것은-그것이 가르쳐질 수 있는 것이라 할 경우-일부러 다른 사람보다 낫게 가르치려하지 않았다고 볼 수 있겠는가?

**아뉘투스** 그건 절대로 아닐 것입니다.

**소크라테스** 그럼 자네가 고인들 중에서 가장 훌륭한 사람이었다고 말하는 그 테미스토클레스의 이야기는 이만 하고, 다른 사람의 예를 들어보세.

리시마쿠스의 아들인 아리스티페스가 있지 않나? 리시마쿠스는 훌륭한 사람이었지?

**아뉘투스** 물론입니다.

**소크라테스** 그는 그의 아들이 교사로부터 배울 수 있는 것은 무엇이던지 다른 아테네인들보다 잘 배우도록 했지. 그럼에도 불구하고 그의 아들이 다른 사람들보다 더 훌륭하다고 말할 수 있는 점이 있나? 자네는 그를 만났으니, 그가 어떤 사람인지는 스스로 잘 알 테지. 또 그 위대하고 지혜 있는 페리클레스를 보게. 그는 두 아들 파랄루스와 키산티푸스에게 말타기, 음악, 운동, 그 외의 기술들을 누구 못지않게 가르쳤다네. 그러면 그는 그 두 아들이 훌륭한 인격을 갖춘 사람이 되기를 바라지는 않았을까? 그가 그걸 바랐다는 것은 의심의 여지가 없지. 그러나 그것은 무엇인가 가르침에 의해서 달성할 수 있는 것이 못되었나 보네. 자네가 혹시 이 덕이란 것을 가르치지 못한 사람들이 모두 소수의 특수한 경우라고 생각할까봐 하는 말이네만, 두 아들을 둔 투키디데스에 대해서도 생각해 보게. 그는 그의 아들 멜레시아스와 스테파누스를 뛰어나게 잘 교육했다네. 무엇보다도 그의 아들들은 아테네에서 가장 뛰어난 씨름 선수들이 되었는데 이것은 그가 그의 한 아들은 크산티아스에게, 또 한 아들은 유독서스에게 맡긴 덕분이지. 유독서스와 크산티아스가 당대 제일의 씨름 선수였다는 것은 자네도 기억하겠지?

**아뉘투스** 그들의 명성은 듣고 있었습니다.

**소크라테스** 투키디데스가 그의 아들들에게 이런 비싼 교육을 받게 하면서도 그들에게 돈이라곤 한 푼도 들일 필요가 없는 덕의 교육은 시키려 하지 않았을 까닭이 없지 않았겠나? 덕이 교육될 수 있는 것이라면 말일세. 투키디데스가 중요한 인물이었다는 것, 그가 아테네와 그 밖의 다른 곳에 많은 친구를 가지고 있었다는 것을 부인할 수야 없겠지? 그는 아주 영향력 있는 집안에 태어나서 이곳 아테네와 그리스 전체에서도 막강한 권력을 소유하고 있었지. 만일 덕이 가르쳐질 수 있는 것이었다면, 그는 그 자신이 여러 가지 정치적 업무들로 바빴다 하더라도 자기 대신에 그의 아들들을 훌륭한 인격의 소유자로 가르칠 만한 다른 사람들을 찾아 낼 수 있었을 것이네. 아테네인 중에서든 또는 외국인 중에서든 말이야. 아뉘투스, 덕이란 가르쳐질 수 없는 것임에 틀림없는 것 같단 말이야.

**아뉘투스** 소크라테스여. 제가 보기에 당신은 너무 쉽게 사람들을 헐뜯는 것 같습니다. 당신이 경청할 마음이 있다면, 저는 조심하시라는 충고를 드리고 싶습니다. 제가 감히 말하겠습니다만, 어디가나 남에게 선을 베풀기보다는 해치는 일을 하기가 더 쉽습니다. 이곳 아테네에서도 그럴 것입니다. 이미 당신 스스로 잘 알고 계시리라 믿지만 말입니다.(아뉘투스 퇴장)

**소크라테스** 메논, 아뉘투스가 화가 났나 보군. 놀랄 것은 없네. 그는 내가 우리 정치 지도자들을 헐뜯는다고 생각하고, 그 속에는 자신도 포함되어 있다고 믿는 모양이야. 그는 남을 헐뜯는다는 것이 정말 어떤 것인지 모르고 있어. 안다면 나를 용서해 주게 될 걸세.

어쨌든, 자네가 말해보게. 자네가 사는 곳에도 이와 유사한 훌륭한 인물들이 있겠지?

**메논** 물론 있고말고요.

**소크라테스** 그들은 스스로 젊은이들을 가르치는 일에 앞장서곤 하나? 그들은 덕이 가르쳐질 수 있다고 생각하고 있나?

**메논** 아닙니다. 사실 그들도 이 점에 대해서는 합의하지 못하고 있습니다. 그들은 때로는 덕이 가르쳐질 수 있다고도 말하고 때로는 가르쳐질 수 없다고 말하기도 합니다.

**소크라테스** 덕이 가르쳐질 수 있는지에 대해서도 의견을 달리 하는 그들을 덕의 교사로 간주할 수 있겠나?

**메논** 그건 안 되겠지요.

**소크라테스** 그럼 스스로 덕을 가르친다고 자처하는 그 소피스트들은 어떤가? 그들은 덕을 가르치나?

**메논** 소크라테스. 제가 특히 고르기아스를 존경하는 까닭은 그가 이런 주장을 하지 않는다는 데 있습니다. 그는 사실 다른 소피스트들이 스스로 덕을 가르친다고 주장하는 것을 들으면 웃고 맙니다. 그는 그의 할 일이 사람들로 하여금 훌륭한 연설가가 되게 하는 것이라고 말합니다.

**소크라테스** 어쨌든 자네도 소피스트들은 덕의 교사가 아니라고 생각한다는 말인가?

**메논** 저는 정말 말하기 힘듭니다. 대부분의 사람들처럼 저는 이 문제에 관해 주저하고 있습니다. 때로는 소피스트들이 덕의 교사인 것 같기도 하고 또 어떤 때는 아닌 것 같기도 합니다.

**소크라테스** 자네는 자네와 정치 지도자들만 그런 것이 아니라는 것을 생각해 본 일이 있나? 시인 테오그니스도 마찬가지로 어떤 때는 덕이란 가르쳐질 수 있다고 말하고 어떤 때는 아니라고 말한다네.

**메논** 정말입니까? 어디에 그런 말이 있습니까?

**소크라테스** 그의 만가에 이런 구절이 있네.

> 위대하고 권능 있는 자들과 함께 앉아 먹고, 마시고,
> 그리고 그들의 비호를 받음을 역겨워하지 말라.
> 훌륭한 사람의 가르침은 당신을 훌륭하게 하고,
> 못난 사람들과 섞이면 당신도 못나게 되니.(Theognis 33 sq.)

여기서는 덕이 가르쳐질 수 있다고 말하지 않나?

**메논** 그렇군요.

**소크라테스** 그러나 다른 곳에서 그는 어조를 바꾸어 이렇게 읊고 있네. 만일 사람들 속에 지혜를 만들어 놓을 수 있다면, 그의 주머니는 그 얼마나 큰 보상으로 가득 채워질 것인가. 여기에서 "보상"이란, 지혜를 사람들 속에 만들어 넣어 주는 사람에게 돌아 갈 보상을 말한다네. 그리고 또 이런 구절도 있네.

> 가르침이 있기에
> 훌륭한 아버지에 못난 아들은 없다네.

> 그러나 못나게 태어난 것을
> 훌륭한 것으로 바꾸는 교사의 기술도 없다네.(Theognis 435 sq.)

이건 자기모순이 아닌가?

**메논** 분명히 그렇습니다.

**소크라테스** 소위 "전문가"라는 사람들이 자기가 가르치는 분야에 대해 아무런 이해도 없고 그것을 잘 가르치지도 못하는 그런 분야가 이것 외에 또 있는지 말해 보게. 더욱이 그 분야에 가장 정통하다는 사람들이 어떤 때는 그것이 가르쳐질 수 있다고 하고 어떤 때는 그렇지 않다고 말하는 그런 분야 말일세. 사람들이 어떤 분야에 대해서 이 정도로 혼란 상태에 빠져 있다고 할 때, 우리가 그들을 가리켜 그 분야의 교사라는 말을 할 수 있겠나?

**메논** 물론 없습니다.

**소크라테스** 좋아. 만일 소피스트들이나 정치 지도자들이 스스로는 훌륭한 품성을 나타내 보이면서도 그것을 가르치는 교사는 아니라고 한다면 다른 사람들은 더 말할 것도 없다네. 그리고, 교사가 없다면, 그것을 배우는 학생도 없다는 것 아니겠나.

**메논** 진심으로 동감입니다.

**소크라테스** 우리는 이미 교사나 학생이 없는 교과는 가르쳐질 수 없는 교과라는 데에 동의를 했었다네.

**메논** 그랬지요.

**소크라테스** 이제 덕을 가르치는 교사도 그것을 배우는 학생도 없으니, 덕이란 가르쳐질 수 없는 것 같네.

**메논** 우리가 잘못 생각한 점이 없다면, 그것은 옳아 보입니다. 그런데, 소크라테스, 정말 훌륭한 사람이란 없는지, 또 있다면 어떻게 그런 사람이 생겨나는지 궁금합니다.

**소크라테스** 자네나 나나 머리가 모자란다는 의심이 든다네. 자네 스승인 고르기아스도 나의 스승인 프로디쿠스와 마찬가지로 자네를 잘 가르치지 못한 것 같단 말일세. 우리는 누군가 우리 자신을 도와 줄 사람을 찾아야 하네. 이런 말을 하는 것은 조금 전에 우리가 하던 탐구를 염두에 두고서이네. 우리는 아까의 탐구에서 인간의 행동을 올바르게 하는 것이 꼭 지식의 안내만은 아니라는 점을 간과했다네. 인간이 어떻게 덕을 갖추게 되는가를 아는 데에 이것은 방해가 되지 않나 싶단 말이야.

**메논** 무슨 뜻인지요?

**소크라테스** 이런 뜻이네. 우리가 아까 훌륭한 사람은 유익한 사람 또는 유용한 사람이라고 한 것은 옳지 않았나? 그럴 수밖에 없을 것 아닌가?

**메논** 예.

**소크라테스** 그리고 우리는 훌륭한 사람이란 실제적인 일들에서 우리를 바르게 안내해 주기 때문에 유익한 것이라고 합의하지 않았나?

**메논** 예.

**소크라테스** 그러나 지식만이 실제적인 일에서 우리를 올바르게 이끌어 준다는 것은 잘못된 것이 아닌가 하네.

**메논** 어째서 그렇습니까?

**소크라테스** 설명해 주겠네. 만일 어떤 사람이 라릿사로 가는 길을 알고 있다면, 그는 다른 사람을 그곳으로 데리고 가는 데에 매우 유능한 안내자 역할을 할 수 있을 것 아닌가?

**메논** 물론이지요.

**소크라테스** 그러나 만일 어떤 사람이 한 번도 그곳에 가 본 일이 없고 따라서 그에 관한 지식episteme을 가지고 있지 않지만, 그 길에 대한 올바른 의견doxa은 가지고 있다면 어떻게 되겠나? 그 사람도 남을 올바르게 안내할 수 있을 것 아닌가?

**메논** 그렇겠지요.

**소크라테스** 그 사람은 진리에 대한 지식은 가지고 있지 못하지만, 진리에 대한 의견(신념)은 가지고 있기 때문에 지식을 가진 사람과 마찬가지로 남을 안내할 수는 있을 것이네.

**메논** 그렇습니다.

**소크라테스** 그렇다는 말인즉 올바른 의견도 지식과 마찬가지로 우리의 행동을 올바르게 안내할 수 있다는 말 아닌가? 아까 덕의 본성을 토의하면서 지식만이 우리의 행동을 올바르게 안내한다고 말할 때 우리가 빠뜨렸던 것이 바로 이것이라네. 지식만이 아니라 올바른 의견이라는 것도 있는 것 같단 말일세.

**메논** 그렇게 보이는군요.

**소크라테스** 그러면 올바른 의견도 지식보다 덜 유용할 까닭이 없겠지.

**메논** 지식을 가진 사람은 항상 행동을 바르게 안내하는 데 성공하지만, 바른 의견을 가진 사람은 가끔가다 한 번씩 실패하리라는 점을 제외하고 말이지요.

**소크라테스** 뭐라고? 올바른 의견을 가지고 있는 한 그도 항상 성공할 것 아닌가?

**메논** 글쎄, 그래야 할 것 같습니다만, 그렇다면 왜 바른 의견보다 지식을 더 좋은 것으로 생각하며, 또 둘 사이에 도대체 어떤 차이가 있다는 말입니까?

**소크라테스** 자네가 궁금해 하는 까닭을 말해 줄까? 아니 자네는 그걸 알고 있겠지?

**메논** 아니 모릅니다. 말해 보십시오.

**소크라테스** 그건 자네가 아직 대달러스의 조각품을 본 일이 없기 때문이야. 자네 나라엔 그게 없겠지?

**메논** 그 이야기는 왜 하시는지요?

**소크라테스** 이 동상들은 만일 단단히 묶어두지 않으면 도망가 버린단 말이야. 묶어두면 있던 자리에 항상 그대로 있다네.

**메논** 그게 어쨌다는 말입니까?

**소크라테스** 고삐 매지 않은 그의 조각품은 가치가 떨어진다네. 왜냐하면 그것은 노예가 달아나듯이 도망가 버린다네. 그러나 고삐를 붙들어 맨 것은 대단한 가치를 가지네. 그것은 미적美的으로 걸작품이기 때문이지. 바로 이 점이 우리가 말하는 바른 의견이라는 것에도 해당한다네. 한 곳에 머물러 있는 한 바른 의견이란 여러 가지 좋은 일을 하지만, 그것은 빨리 사라지기 쉽다네. 우리의 마음에서 도망가 버리는 거지. 그래서 그것은 우리가 이성을 발휘해서 단단히 고삐 매지 않으면 별 가치가 없는 것이네, 메논. 바로 이 고삐 매는 과정이 우리가 아까 회상의 과정이라고 부른 것이네, 바른 의견은 일단 고삐 매어지면 지식이 되어 오래 머물러 있게 되네. 바른 의견보다 지식이 더 가치 있는 까닭이 바로 이것이네. 양자의 구분이 곧 이 고삐 매는 일에 달렸네.

**메논** 그렇군요! 소크라테스, 당신 말은 아주 그럴 듯합니다.

**소크라테스** 당연하지. 그러나 내가 지금 말한 것은 지식이라기보다는 나의 짐작일 뿐이라네. 그러나 지식과 바른 의견이 서로 별개의 것이라는 점은 단순한 짐작만은 아니라는 것을 나는 확신하고 있네. 내가 감히 안다고 말할 수 있는 것은 거의 없지만 적어도 이것만은 그 속에 포함되네.

**메논** 당연한 말씀입니다.

**소크라테스** 그럼 이것도 옳은가? 바른 의견이 지식과 꼭 마찬가지로 우리의 행위를 올바르게 한다는 점 말일세.

**메논** 그 점도 역시 옳다고 생각합니다.

**소크라테스** 그러니까 실제적인 목적을 위해서 바른 의견은 지식보다 못하지 않고, 바른 의견을 가진 사람은 지식을 가진 사람보다 못하지 않다는 말이 되는군.

**메논** 그렇습니다.

**소크라테스** 우리는 아까 훌륭한 사람은 유용한 사람이라는 데에 합의했었지?

**메논** 예.

**소크라테스** 그러면 지금까지 말한 것을 다시 요약해 보면, 우리가 사회에 유용한 사람들이 있다는 점을 가정할 때 지식뿐만 아니라 바른 의견도 그들을 그런 사람으로 만드는 것이라고 할 수 있고, 이 지식과 바른 의견은 어느 것이나 날 때부터 자연적으로 생긴 것이 아니라 후천적으로 획득한 것이라고 할 수 있지 않나? 아니면, 자네는 지식 또는 바른 의견이 자연적인 것이라고 생각하나?

**메논** 아닙니다.

**소크라테스** 이 두 가지가 다 획득된 것이라면, 훌륭한 인품도 자연의 선물은 아니지 않은가?

**메논** 그렇습니다.

**소크라테스** 그건 그렇다 하고, 다음에 우리는 훌륭한 인품이 가르침의 결과인지를 알아보았었지. 그 때 우리는 만일 덕이 지식이라면 그것은 가르침의 결과이고, 또 반대로 말해서 만일 그것이 가르쳐질 수 있는 것이라면, 덕은 지식이라고 하지 않았나?

**메논** 예.

**소크라테스** 그 다음에, 만일 그것을 가르치는 사람이 있다면, 그것은 가르쳐질 수 있는 것이고, 만일 아무도 그것을 가르치는 사람이 없다면, 그것은 가르쳐질 수 없는 것이라고 했었지.

**메논** 그랬습니다.

**소크라테스** 그러나 우리는 덕을 가르치는 교사가 없다는 점에 동의를 했었지. 따라서 그것은 가르쳐질 수 없고, 또 지식도 아니라고 했었지.

**메논** 그렇습니다.

**소크라테스** 그런가 하면, 우리는 덕이란 무엇인가 좋은 것이고, 무엇인가 유용하고 좋은 것은 우리에게 바른 안내를 해 주기 때문에 그렇다고 했었네.

**메논** 예.

**소크라테스** 그리고 우리를 바르게 이끌어 주는 것은 오직 바른 의견과 지식의 두 가지뿐이고 이 두 가지를 가진 사람만이 바르게 안내할 수 있다고 했지. 우연히 우리를 바르게 안내하는 것은 인간의 노력의 결과가 아니므로 제외해야 하네. 인간이 관련된 한, 바른 의견과 지식, 이 두 가지가 우리의 안내자일세.

**메논** 동의합니다.

**소크라테스** 자, 덕은 가르쳐질 수 없는 것이므로 우리는 덕이 지식이라는 것도 받아들일 수 없다네. 따라서 우리를 바르게 안내하는 두 가지 중에서 하나는 없어졌네. 즉, 지식은 우리의 도덕생활을 이끌어 가지 못한다네.

**메논** 그렇습니다.

**소크라테스** 그렇다면 결국 아뉘투스가 조금 전에 언급한 테미스토클레스와 다른 정치 지도자들이 국가의 지도급 인물로 된 것은 그들이 지식을 가지고 있었기 때문이라고 볼 수가 없네. 그들이 지식 때문에 그런 훌륭한 사람이 된 것은 아니라는 이 점은 그들이 왜 다른 사람들은 그들 자신과 마찬가지로 덕 있는 사람으로 만들지 못하였는가를 설명해 주고 있다네.

**메논** 사실 그렇습니다.

**소크라테스** 덕을 가진 것이 지식 때문이 아니라면, 정치가들로 하여금 국가의 일을 잘 돌보게 할 수 있었던 것은 바른 의견이라고 할 수밖에 없네. 지식에 관한 한, 정치 지도자들은 점쟁이나 예언자들과 비슷한 처지에 있는 셈이지. 그들은 신의 계시가 있는 동안에는 진실을 말하지만, 자기가 말하는 대상에 관해서 아무런 지식은 가진 것이 없는 사람들이란 말이야.

**메논** 아주 그럴듯한 말씀입니다.

**소크라테스** 그와 같이 아무 것도 알고 있지 못하면서도 아주 뛰어나게, 그리고 계속적으로, 잘 알아맞히는 사람을 우리는 신성하다고 말할 수밖에 없겠지?

**메논** 그렇습니다.

**소크라테스** 그러므로 우리가 사제나 예언자, 그리고 내가 언급한 시인들까지도 모두 이 신성한 사람들이라는 이름에 어울리는 사람들이지. 이 점에서는 정치 지도자들도 마찬가지지. 그들도 연설 하나만 가지고 위대한 일을 이루어 놓는 사람들이지만, 그들의 연설의 대상에 관해서는 아무것도 진정으로 아는 것이 없다는 점에서 신성한 힘에 지배되는 사람들이고 영적인 능력을 지닌 사람들이네.

**메논** 그렇습니다.

**소크라테스** 여자들은 훌륭한 남자를 부를 때에 "신성하다"는 말을 쓰지 않나, 메논? 그리고 스파르타 사람들도 훌륭한 사람을 찬양할 때에 "그는 신성하도다!"라는 표현을 즐겨 쓰곤 하지.

**메논** 아뉘투스가 당신 말을 들으면 화를 낼지 모르지만, 그 스파르타 사람들이 그렇게 말하는 것은 옳은 것 같습니다.

**소크라테스** 나는 그렇게 말할 수밖에 없네. 아뉘투스에게는 따로 이야기할 기회가 있겠지. 만일 지금까지 우리가 말해 온 것이 옳다면, 덕이란 자연의 선물도 아니고, 가르침의 선물도 아니라네. 그것을 가진 사람은 신성한 기운의 시여施與 때문에 그렇게 된 것이지 무엇을 알거나 머리가 좋기 때문에 그것을 가지게 된 것은 아닐세. 어떤 정치 지도자가 있어서 다른 사람들을 자기와 마찬가지로 정치 지도자로 교육할 수 있다면 그렇지 않겠지만 말일세. 만일 그런 사람이 있다면, 그는 아마 호머가 말한 바, 죽은 자들 속의 테이레시아스와 같은 존재일세. "그만이 이해를 가진 자이니, 타인은 모두 정체 모를 그림자이니라." (Odyssey 10.494.) 덕을 두고 말할 경우, 그런 사람은 곧 허깨비들 중에서의 진짜 사람과 같은 존재일 것일세.

**메논** 아주 잘 표현하셨습니다, 소크라테스.

**소크라테스** 우리의 추리에 의하면, 덕을 가진 사람은 누구나 신성한 기운의 시여에 의해서 그렇게 된 것이네. 그러나 이 문제의 진상은 우리가 어떻게 덕을 획득하는가를 묻기에 앞서서 덕이란 그 자체로서 무엇인가를 먼저 알아내지 않으면 알 수 없는 것이라네. 나는 이제 가야 할 시간이 되었네. 메논, 자네에게 부탁하고 싶은 것은 자네가 지금 진실이라 믿고 있는 것을 자네 친구인 아뉘투스에게 설득해서 그의 화를 달래 주라는 것이네. 자네가 이 일에 성공하면 아테네 사람들은 모두 자네에게 고마워할 걸세.

# 플라톤의 교육과 형이상학

이명준 지음

플라톤의 교육사상은 그의 철학이 서양 철학사에서 차지하는 비중만큼이나 중요하다. 플라톤이 서양 철학에서 차지하는 위상은 화이트헤드의 언명 속에 잘 나타나 있다. 서구의 그 어느 철학적 학설도 플라톤과 아리스토텔레스의 철학적 진술의 일부를 인용하지 않고 자신의 철학을 독자적으로 논하기는 매우 어렵다(Whitehead, 1929 : 1). 이처럼 플라톤은 그 어느 철학자보다 서양철학에 큰 영향을 주고 있다. 그 중에서도 특히 플라톤의 이상적 세계관, 즉 형이상학적 세계관은 그의 사상의 핵심을 이루면서 오늘날까지도 철학에 지대한 영향을 주고 있다. 플라톤의 교육사상도 그의 형이상학적 세계관으로부터 나온 것이라고 할 수 있다. 이 점에서 그의 교육사상의 맹아를 형이상학에서 찾아보는 것은 의미가 있다고 할 수 있다.

플라톤의 교육사상은 그의 유명한 대화편인 『국가』와 『법률』에 잘 나타나 있다. 매우 유명하지만 짧지 않은 이 두 대화편에서 플라톤은 자신의 형이상학에 기초한 이상국가의 모습을 그리고, 교육을 통하여 이를 실현할 수 있다고 주장하였다. 전자는 이상적 사회를 이루기 위한 교육은 어떠해야 하는가를 당위적 관점에서 다루고, 후자는 전자에서 부족했던 교육을 현실적이고 사실적인 관점에서 실천적으로 다루었다. 이 점에서 『법률』에 나타나는 교육사상은 『국가』의 이상적 교육사상을 실천하기 위한 방법의 변화를 상징적으로 보여주는 것이다.[1] 플라톤이 두 대화편을 통해서 우리에게 전달하려고 한 것은 이상사회이건 현실사회이건 교육은 바람직한 사회건설의 유일한 희망이자 대안이라는 사실이었다.

우리는 여기서 플라톤이 제기하는 몇 가지 교육적 문제를 중심으로 형이상학과 교육의 관계를 살펴본다. 먼저 플라톤 철학의 생성배경과 형이상학과 교육의 관계를 살피고, 그의 형이상학적 관점에서 본 교육의 목적, 내용, 교수-학습방법 등에 관해서 알아본다. 플라톤의 교육적 문제를 부분적인 관점에서가 아니라 총체적 관점에서 어떻게 그의 형이상학의 일부인 상기설想起說 및 영혼론과 연계되어 있는가를 음악, 체육, 대수학, 기하학, 천문학, 화성학, 변증법 교육을 중심으로 살펴본다. 이 과정에서 플라톤에게 영혼의 조화와 인성의 발달이 교육의 목적이 되어야 하는 이유를 설명한다. 그리고 마지막으로 플라톤 교육사상의 현대적 의미를 알아본다.

## 1. 형이상학의 생성배경

철학의 출발을 경이驚異; Thauma라고 아리스토텔레스가 갈파한 것처럼, 서양철학은 그 창시자인 탈레스가 자연을 관찰하면서 경이로운 우주에 대한 궁극적 존재를 찾는 것으로 시작한 이래, 지금까지도 이 우주의 본질에 대한 탐구를 통하여 끊임없이 계속되고 있다. 탈레스가 우주의 본질을 인간

1_ 플라톤의 『국가』와 『법률』의 철학적 입장을 일관성 있는 것으로 보는 경우에는 이와 같은 해석이 가능하다. 하지만 그의 철학적 입장이 『국가』와 『법률』에서 다르다는 주장도 제기된다. 이 경우에 『국가』는 형이상학적 혹은 이상적 교육사상을 펼치는 것이고, 반면에 『법률』은 초기의 이상적 교육사상을 포기하고 현실적 교육사상을 펼치는 것이기 때문에 양자는 서로 다른 교육적 입장을 견지하는 것으로 해석할 수 있다.

의 밖인 자연에서 찾으려고 하면서 시작된 자연철학은 종교에 의해서 표현된 세계관을 배제하고 자연을 관찰하여 우주를 하나의 물질로 환원하려고 시도하였다. 하지만 외계에서 세계의 본질을 찾으려고 한 자연철학의 시도는 우울한 실패로 끝나고 말았다.

그 이후 우주의 본질에 대한 탐구는 자연철학의 실패를 거울로 삼아 존재와 비존재를 규명하려는 존재론적이고 형이상학적인 관점에서 시도되었다. 피타고라스Pythagoras는 우주의 근본원리를 수數의 원리로 나타낼 수 있다고 했으며,[2] 헤라클레이토스Heracleitos는 만물은 유전流轉하며 변화하는 것이라고 하면서 유일한 진리는 만물이 변화한다는 사실뿐이라고 하였다. 이에 반하여 파르메니데스Parmenides는 우주에는 오직 불변하는 존재만이 있다고 하였다(Guthrie, 1972 : 60). 이러한 형이상학적 관점에서 논의되는 입장과는 대조적인 철학적 입장이 일어났는데, 그것은 인간중심의 인본주의 철학이었다.

소피스트들 중에는 우주론적이고 자연주의적 관심을 이어간 이들도 없지 않았지만 그들의 활동의 초점은 근본적으로 인간이었다. 따라서 이들의 활동이 당시의 그리스인의 사고와 생활에 미친 영향은 철학적 탐구의 대상을 물리적 자연으로부터 인간에로, 이해를 초월한 과학으로부터 실제적이고 구체적인 인간 문제에 대한 근본적인 관심에로, 보다 궁극적인 것으로부터 보다 직접적인 것에로, 세계에 대한 분석으로부터 세계를 다루는 기술과 방법의 주체인 인간으로 옮겨 놓은 점에 있다고 지적할 수 있다(Lamprecht, 1978 : 45). 이 점에서 소피스트는 인간 중심의 교육의 중요성을 누구보다도 잘 알고 있었고 또한 그것을 강조하였다.

여기서는 대표적 소피스트 중의 한 사람인 프로타고라스를 중심으로 소피스트의 철학적 입장을 간단히 살펴본다. 프로타고라스는 상대주의적이

2_ 피타고라스 학파는 도형도 수로 표시하였으며, 이 방법은 오늘날의 수학에서도 매우 유용하게 쓰이고 있다. 그러나 무엇보다도 중요한 것은 수의 적용이 형식의 원리라는 사상, 즉 가치 있고 훌륭한 것에는 정확하고 명확한 형식이 필요하다는 사상을 가지고 있었다는 사실이다(Lamprecht, 1978 : 26).

면서 실용주의적 입장을 취하였다. 그는 인간은 만물의 척도라는 주장을 한 것으로 유명하다(Plato, *the Theaetetus* : 152a). 프로타고라스에 의하면, 인간 한 사람 한 사람이 존재하는 모든 것의 기준이 된다. 비록 나의 주장이 더 진리라고 할 수 없을지라도, 내가 한 주장에 대해서 나는 다른 어떤 사람이 나의 주장에 대해서 안다고 하는 것보다 더 잘 아는 위치에 있다. 예를 들면, 내가 황달에 걸렸을 때, 내가 보는 모든 것이 노랗게 보인다고 말한다. 그런데 어떤 사람이 나에게 그것은 노란 것이 아니라고 한다면 그것은 나에게는 의미가 없는 것이 된다(Russell, 1972 : 77). 이렇게 볼 때, 프로타고라스의 논의의 초점은 객관적 사실 혹은 진리에 주어지는 것이 아니라 어떤 의견이 나에게 주관적으로 의미 있는 것인가 아닌가 하는 것에 주어지게 된다. 프로타고라스의 이런 태도는 사실이나 진리가 사람에 따라 달라질 수 있다는 상대주의적 입장은 물론이고, 그것이 무엇이건 나에게 유용성이나 편리성을 준다면 그것으로 충분하지 참과 거짓을 판단하는 것과는 무관하다는 식으로 유용성을 강조하는 실용주의적 입장을 취할 수 있는 근거를 마련한다.[3]

이와 같은 소피스트의 사상은 한마디로 지식이 인간 중심이어야 한다는 주장이었다. 그리고 이 점에서 그들은 사고의 대상을 자연으로부터 인간으로 바꾸는 데 성공했다. 그렇지만 소피스트의 지나치게 주관적인 인간 중심주의는 유용성을 중시하고 상대성을 강조함으로써 오히려 참다운 가치가 무엇인가에 대한 혼란을 가져오고 모두가 자기중심으로 생각하고 판단하여 행동하는 부정적이고 주관주의적인 결과를 낳게 되었다. 하지만 이런 부정적 측면에도 불구하고 소피스트가 실용성과 유용성을 중시하고 인간

3_ 이 밖에도 소피스트인 트라시마코스에 의하면, 정의는 강자의 이익일 뿐이다. 법은 강자의 이익을 대변하기 위하여 제정된다. 권력을 쟁취하기 위한 투쟁에서 정의와 같은 객관적 기준은 존재하지 않는다. 그 밖에도 상대주의의 부정적 측면의 극단인 주관적 상대주의의 입장을 취하는 고르기아스에 의하면, 이 세상에는 아무 것도 존재하지 않는다. 만약 어떤 것이 존재하더라도 그것을 알 수 없다. 그것을 안다 해도 지식은 전달될 수 없다. 이 양자의 주장은 프로타고라스처럼 존재와 진리의 상대성을 강조하는 상대주의적 입장의 극단을 보여준다.

에 관한 지식을 교육을 통하여 전파하려고 하면서 당시의 교육을 활성화하는 데 기여한 것은 사실이었다.

그러나 상대주의적 관점에서 실용성과 유용성을 중시하는 프로타고라스와 같은 소피스트는 교육을 인간의 본성과 삶의 본질에 관한 것이어야 한다는 진지하고 심각한 고민 없이, 논쟁에서 승리하는 논쟁술eristic을 기술로서 가르치는 것으로 간주하였다. 이에 반해서 소크라테스는 논쟁술을 가르치는 교육은 능력 있고 바람직한 인간을 양성하는 참교육이 아니라고 주장하면서 논쟁술 위주의 소피스트의 교육론에 반대하였다.

만약 소피스트의 주장처럼 교육을 기술적으로 가르칠 수 있고, 그것이 가능하다고 간주한다면, 언제나 부와 권력 같은 세속적 힘을 가진 자의 자식이 교육을 통하여 그 기술을 습득함으로써 자신의 부모가 누리고 있었던 사회적으로 유리한 지위나 위치를 세습적으로 차지할 수 있었을 것이다. 그리고 이 논리대로라면, 서양뿐만 아니라 동양에서도 공자나 노자와 같은 훌륭한 성인들은 그들이 깨달은 바를 기술적으로 후손에게 그대로 전할 수 있었을 것이며, 석가모니가 제자에게 염화시중의 미소로 불교의 진리를 설법할 필요가 없이 직접적으로 자신이 깨달은 진리를 논쟁술 가르치듯이 가르칠 수 있었을 것이다. 그러나 말을 물가에 데리고 갈 수 있지만 물을 먹일 수는 없듯이, 자식이나 제자에게 교육의 기회를 마련해 줄 수는 있지만 그가 훌륭한 교육을 받고 그것을 자신의 것으로 내면화할 수 있을 것인가 아닌가는 부모나 스승이 아니라 그 자신에게 달려있는 것이다. 이런 이유로 소크라테스는 인간의 본성과 진리에 대한 심각한 고민이나 고찰이 부족한 소피스트의 유용성에 기초한 기술 위주의 수단적 교육에 반대하였다.

소크라테스는 프로타고라스를 비롯한 소피스트들이 교육을 이익만을 추구하는 것, 즉 도구적 혹은 수단적 기술을 전수할 수 있는 것으로 간주하고 교육을 그것에만 한정하는 것을 심각하게 비판한 것이었다(Jaeger, 1986 : 114). 소크라테스의 사상을 이어받은 플라톤도 이 점에서 소피스트의 유용성에 근거한 교육과 상대주의적 입장을 비판하였다. 그는 참다운 인간성에 근거한 교육을 하기 위하여 스승인 소크라테스처럼 진리의 절대성과 정의正義의 사상을 계승 발전시키고, 위대한 철학자인 피타고라스, 헤라클레이토스, 파르메니데스의 사상을 종합한 형이상학을 완성하고 그것을 근거로 교육론을 펼쳤다.

플라톤에 의하면, 피타고라스는 우주의 근본 원리를 수의 원리로 표현할 수 있다고 보았다. 수가 지배하는 세계에 법칙이 있는 것처럼, 우주에도 수의 원리로 표현할 수 있는 법칙이 있다. 또한 피타고라스는 오르피우스교 Orpheus의 영향을 받아 수에 대한 탐구를 영혼 정화의 한 방법으로 보고 수를 연구하기도 하였다. 이에 따르면, 인간이 영혼을 정화해야 하는 이유는 영혼의 윤회, 즉 영혼이 육신의 죽음 이후에도 사는 것이라고 믿었기 때문이었다. 피타고라스 자신은 물론이고 그보다 뒤의 피타고라스 학파들도 영혼의 윤회를 믿고, 영혼의 정화를 위하여 수학을 연구하였다(Lamprecht, 1978 : 28). 이러한 사상의 경향은 플라톤으로 하여금 영혼불멸설을 이해하고 그 필요성을 인정하도록 하였고, 그것이 상기설과 더불어 그의 형이상학의 중요한 한 축을 형성하게 되었다.

플라톤의 사상에 영향을 끼친 또 다른 철학자인 헤라클레이토스는 만물은 유전한다는 주장을 하였다. 그에 의하면, 만물이 유전하는 까닭에 아무것도 고정된 상태로 있을 수 없다. 세상의 모든 것은 끊임없는 변화 상태로 존재할 뿐이다. 예를 들면, 가을에 잎이 모두 떨어지고 한 겨울에는 죽은 것처럼 보이는 진달래나무를 보면서, 마음속으로 내년 봄에는 이것이 다시 진달래꽃을 피우고 잎이 무성하게 자랄 것이고, 이런 변화의 과정을 거치면서 끊임없이 진달래나무가 성장해 간다는 것을 우리는 예측한다. 변화의 관점에서 보면, 진달래는 항상 변화하면서 성장하고 시간이 지나면서 사라져 갈 뿐 그 외에는 다른 아무 것도 영원히 존재하는 것은 없다. 이처럼 만물은 잠시 지나쳐 가는 것이며, 현상계에 있는 것은 그 어느 것도 참으로 존재하지 않는다(Copleston, 1972 : 39). 이와 같은 헤라클레이토스의 변화의 사상은 피타고라스의 영혼의 정화, 영혼의 불멸과 더불어 현상을 중시하는 플라톤 철학의 또 다른 하나의 중심 축을 이루게 되었다. 그의 변화의 철학은 플라톤에게 현상계, 즉 시간과 공간 속의 '존재'에 대한 중요성을 일깨워 주었다.

파르메니데스는 헤라클레이토스가 "모든 것은 다툼으로부터 탄생하며, 끊임없는 흐름 속에 있다(Guthrie, 1972 : 58)."라고 주장한 것과 정반대의 입장을 취하였다. 그는 존재하는 것은 불변하고 영원한 것, 즉 '있음有 ; einai'이라고 보았다. 그에 의하면, 참으로 존재하는 것은 '억견臆見 ; doxa의 길'에서는 알 수 없고 '진리眞理 ; episteme의 길'에서 오직 이성에 의해서만이 파악될 수 있는 것이라고 하였다.[4] 그러므로 현상의 세계는 실제로 존재하는 것이 아닌 가상의 세계일 뿐 상주불변常住不變하는 실재의 세계는 아니다. 따라서 파르메니데스에 의하면, 존재는 감각에 의해서 지각될 수 없고, 사유에 의해서만 파악될 수 있는 것이다. 그리고 언제나 변화무쌍한 현상계에서 '있음'은 변화하거나 소멸하는 것이 아니라 변화 속에 언제나 변화하지 않고 존재하면서 현상계의 변화를 가능하게 해주는 실체이다. 따라서 파르메니데스에게 있어서 존재는 오직 '있음'일 뿐이다. 그에 의하면, 이 세상은 '있음'으로만 되어 있기 때문에 '없음'은 존재하지 않는다. '있음'은 존재하는 것이고 '없음'은 존재하지 않기 때문에 '있음'은 '없음'으로부터 올 수 없다. 달리 말하면, '있음'은 '있음'이지 '있음'이 결코 '없음'일 수 없고, 또 '없음'으로부터 '있음'이 올 수도 없다. 왜냐하면 '있음'은 '없음'이 아니고, 그 반대 또한 참이기 때문이다.

파르메니데스의 철학을 통하여 플라톤은 변화하는 가운데서 변화에 관계없이 참으로 존재하는 것과 그렇지 않은 것을 구별할 수 있는 안목을 갖게 되었다. 그리고 그 구분에 근거하여 시간과 공간 속에 존재하는 물질적인 것과 시공간을 벗어나 존재하는 정신적인 것 사이의 차별을 분명히 인

4_ Parmenides는 *On Nature*에서 인간의 인식의 정도에 따라 ① 眞理의 길(way of truth)과 ② 臆見의 길(way of seeming)로 나눈다(*The Encyclopedia of Philosophy*, 1968 : Vol. VI. 49).

식할 수 있었다. 나아가서 플라톤은 이 구분을 발전시켜 자신의 형이상학적 입장을 형성할 수 있었다. 이에 따라 그는 물질적인 것을 '감각에 의해서 알 수 있는 것'the sensible이라고 표현했으며, 정신적인 것은 '정신에 의해서 알 수 있는 것'the intelligible이라고 표현하였다. 구스리에 의하면, 파르메니데스는 감각에 의해서 알 수 있는 것보다 정신에 의해서 알 수 있는 것을 더 높인 최초의 철학자였다(Guthrie, 1972 : 64). 달리 말하면, 파르메니데스는 정신, 즉 이성이 감성보다는 더 높은 단계의 것이며, 인간은 감성에 의해서가 아니라 이성에 의해서 실재를 알 수 있다고 보았고, 플라톤도 이 점을 인정하였다.

이처럼 피타고라스의 수에 관한 철학적 입장, 영혼불멸설, 헤라클레이토스의 변화의 철학, 파르메니데스의 존재(있음)에 관한 철학적 통찰은 플라톤의 형이상학의 형성에 많은 영향을 주었다. 특히 플라톤이 참으로 존재하는 세계는 물질적이거나 감관을 통해서 알려지는 것이 아니라 시공간을 초월하는 정신적인 것에서 찾을 수 있다는 파르메니데스의 철학적 입장을 더욱 발전시켜 자신의 형이상학, 즉 형상론Theory of Idea의 근간으로 삼았음을 알 수 있다. 이런 점에서 플라톤은 파르메니데스가 '진리의 길'에서 논하는 존재에 관한 입장, 헤라클레이토스의 현상계의 변화에 대한 철학적 통찰, 그리고 마지막으로 오르피우스교의 입장과 피타고라스의 영혼정화의 입장을 모두 종합하여 발전적이고 독창적으로 자신의 형이상학을 세웠음을 알 수 있다. 따라서 플라톤의 형이상학은 영혼불멸, '있음'으로서의 존재와 참으로 존재하지는 않지만 시간과 공간 속에 존재하는 현상, 그리고 영혼의 정화사상이 하나의 체계 속에서 창조적으로 종합화된 철학이라고 할 수 있다.

플라톤은 이와 같은 자신의 형이상학에 근거하여 현상계現象界 ; phenomena의 변화를 인정하면서 형상계形相界 ; noumena의 존재의 질서에 근거한 이상국가를 설립하려고 하였으며, 그것을 성취하기 위하여 교육이 필요하다고 보았다. 이 점에서 우리는 그의 교육론의 근저에는 형이상학이 자리하고 있으며, 형이상학과 교육의 관계를 살펴봄으로써 그의 교육사상을 전체적 관점에서 올바로 이해할 수 있을 것이다.

## 2. 형이상학과 교육

위에서 우리는 간략하게 플라톤의 형이상학의 생성배경을 살피면서 그의 형이상학에는 헤라클레이토스, 파르메니데스, 오르피우스교, 피타고라스의 철학이 중요한 역할을 하였고, 그것이 플라톤의 형이상학 속에서 창조적으로 수용되었음을 보았다. 달리 말하면 플라톤의 형이상학은 이 모든 것을 아우르고 있으며 그 핵심에는 형상론(이데아론)이 자리하고 있다. 플라톤은 이 형상론에 근거해서 교육을 통한 이상국가를 세우려고 하였다. 이런 이유로 여기서 플라톤의 형상론과 그의 교육사상의 관계를 살펴본다.

플라톤은 감각적이고 시공간적인 현상의 세계와 그것을 초월하는 형상의 세계를 모두 그의 형이상학에서 수용하였다.[5] 위에서 언급한 바와 같이 헤라클레이토스의 현상계phenomena와 파르메니데스의 형상계the world of idea가 모두 실체로 인정된다면, 실재의 세계는 서로 상반되는 두 개의 세계가

---

5_ 플라톤이 현상의 세계와 형상의 세계를 모두 중시하였다는 주장은 역설처럼 들린다. 왜냐하면 우리는 주로 플라톤의 철학이 형이상학적인 것만 주장한 것으로 이해하고 있기 때문이다. 그러나 플라톤은 형상의 세계를 현상의 세계보다 더 높은 차원의 것으로 인정한 것은 사실이지만 그렇다고 현상의 세계를 경시하거나 무시하지는 않았다(Plato, *the Republic* : 509d–510b).

개별적인 것이 존재하는 현상의 세계와 실체들이 존재하는 형상의 세계는 각기 다른 세계를 구성한다. 전자는 정지 없이 끊임없는 운동이 있을 뿐이며, 지각과의 관련 속에서 이해되어질 수 있는 영역으로 되어감(생성)의 세계, 감각의 세계, 의견의 세계이고, 후자는 존재의 세계, 형상의 세계, 지식의 세계이다. 그런데 이 양분된 세계는 서로 어떤 관계를 갖는가? 변화하는 세계는 불변하는 세계의 형상에 참여하거나 형상을 모방하는 관계를 갖는다. 사물 또는 사태가 형상을 따르고자 하는 이유는 개별적 사물은 변화하기 때문에, 지식(episteme)의 대상이 될 수 없고 억견(doxa, 의견)의 대상에 불과하기 때문이다. 인간이 갖는 지식은 불변하는 존재에 대한 지식이어서 변화하는 비존재에 대한 감각의 세계와는 구분되는 세계에 속한다. 그리고 지식의 두 종류는 각각 이성(reason)과 이해(understanding, 오성)로 불리운다. 이들 중에서 이성이 더 높은 종류의 것이다. 즉 그것은 순수형상(idea)과 관계된다. 그리고 그가 양자의 세계를 연결하기 위하여 사용한 방법은 변증법이다. 또한 이해는 수학에서 사용되는 점에서 이성보다 열등하다(Russell, 1972 : 145).

모순적으로 대립하게 되어 양립하기 어렵게 된다. 이런 난점을 해결하기 위하여 플라톤은 대립되는 양자를 변증법적으로 통합하여 변화하는 세계가 존재하지만, 그것이 형상처럼 실재하는 것은 아니라고 봄으로써 창조적 종합을 이루어 내었다. 실제로 플라톤은 오직 형상의 세계만이 유일하게 실재하는 것이라고 보았다.

플라톤의 이 같은 양면적 입장은 다음과 같은 대화에 잘 나타나 있다. "그렇다면 우리들의 이야기대로 이들은 두 가지인데, 그 하나는 가지적可知的 세계에, 다른 하나는 가시적可視的 세계에 존재한다는 사실을 알아 두게,…… 아무튼 자네는 가지적인 것과 가시적인 것의 두 가지 종류를 갖고 있네(Plato, *the Republic*: 509a)." 플라톤이 세계를 가지적 세계와 가시적 세계로 나누고 있는 것은 불변의 세계와 변화의 세계를 함께 인정하고 있는 것이라고 할 수 있다. 전자는 이성에 의해서 파악되는 세계이고 후자는 감관에 의해서 파악되는 세계임을 의미하는 것이다. 이와 같은 이원적 세계관에 근거한 플라톤의 교육사상은 이상주의적이었다. 그럼에도 불구하고 그는 현실 교육을 경시하지 않았다. 왜냐하면 선분의 비유에서 보듯이, 플라톤은 형상적(가지적) 세계와 현상적(가시적) 세계를 서로 연결시켜 보고 있었기 때문이었다.

플라톤의 선분의 비유에 의하면, 가지적 세계와 가시적 세계는 하나의 수직 선분을 특정한 비율 없이 둘로 나눈 것에 비유된다(Plato, *the Republic*: 510a). 이 관점에서 보면, 플라톤의 교육도 이 두 선분 단계처럼 크게 보아서 두 단계를 거치는 과정으로 볼 수 있다. 선분의 아래 부분에서 인간의 인식의 수준은 주관성이 강한 의견opinion과 신념belief 수준에 머무른다. 여기서 교육은 인식의 최초의 단계인 의견과 신념의 수준을 극복하는 과정이 된다. 반면에 선분의 위 부분에서 이루어지는 교육은 인간의 인식 수준의 객관성이 보장되는 대수학, 기하학, 천문학(자연과학), 화성학, 논리학, 변증법 등을 다룸으로써 경험의 단계를 넘어서게 된다. 이 단계의 교육은 모든 사람에게 개방되지만 적절한 학습 능력이 있는 자가 아니면 받기 어려운 교육단계이다.

## 3. 형이상학과 교육과정

플라톤은 먼저 선분의 아래 단계에 관련된 비유에서 기본적 교육과정을 음악교육과 체육교육 중심으로 논의하였다. 그는 음악교육과 체육교육은 현실적인 것을 중시하는 스파르타의 교육에서 그랬던 것처럼 어느 교육과정에서나 기초로서 반드시 필요하다고 보았다. 물론 그 당시에도 일반적으로 넓은 의미의 교육은 음악교육과 체육교육 이상의 것을 포함하였다. 그러나 플라톤에게 있어서 음악교육과 체육교육은 더 수준 높은 교육으로 가기 위한 과정에서 반드시 거쳐야 하는 기초 교육으로 누구에게나 필요한 것이었다. 달리 말하면, 음악교육과 체육교육은 교육을 하는 과정에서 한 차원 높은 이성적 교육을 실시하기 전에 인간으로 하여금 그에 대비하도록 하기 위하여 준비하는 과정이었다. 플라톤은 그 중에서도 특히 유희적 요소를 갖고 있는 음악교육은 이성의 발달을 수용하는 능력을 양성하는 데 매우 필요하다고 보았다.

그리스어로 유희(놀이)paidia와 교육paideia은 같은 어원인 파이스(아동)pais를 갖는다는 것에서 알 수 있듯이 아동, 교육, 유희는 서로 밀접한 관계가 있다(Jaeger, 1986 : 317). 이처럼 아동을 교육할 때 유희적 방법을 사용할 필요가 있다는 인식은 현대에 접어들면서 프뢰벨 같은 학자들이 '유희학습'Play Way을 주장하기 이전에 이미 그리스에서부터 인정된 사실이자 이론이었다. 이런 점에서 그리스인들은 아동이 학습 단계에서 유희paidia를[6] 사용하여 배울 때 효과적으로 배울 수 있다고 보았다. 플라톤도 이 같은 관점에서 아동 교육에서는 유희적 방법에 의한 교육이 매우 효과적이라고 보았다.

6_ 어린아이가 교육을 할 때는 유희적 방법을 사용한다. 그러나 이와는 반대로 상위교육의 하나인 변증법을 배울 때에는 진지한(σπουδή, earnest) 방법을 사용해야 한다(Jaeger, 1986 : 317).

그럼에도 불구하고 플라톤은 교육에서 유희만을 강조하는 것은 교육의 본질과 방법을 전도하는 것이라는 경고를 잊지 않았다.[7]

아동은 음악교육을 통하여 점진적으로 현상의 세계로부터 형상의 세계로 접근하는 능력을 갖게 된다. 이와 같은 점진적인 교육과정 없이 아동은 곧바로 이성적인 것을 이해할 수 없다. 아동의 이성 발달은 개인에 따라 달라서 각자에게 적절한 시기가 따로 있다. 그렇기 때문에 아동은 이성을 발달시킬 수 있는 때가 왔을 때, 이성을 효과적으로 발전시키기 위한 준비단계로서 음악교육을 필요로 한다. 이런 이유로 음악 교육을 받은 아동은 이성의 발달 시기가 자신에게 다가왔을 때 가장 먼저 그것이 온 것을 환영하고 발전시킬 수 있는 능력을 갖게 될 것이다. 왜냐하면 그는 이미 음악교육을 통해 이성적인 것과 친숙해져 있고 그것을 받아들일 준비가 되어 있기 때문이다(Plato, *the Republic*: 402a).

그러나 사실상 이 시기의 아동은 아직 인간의 행위에 대하여 이성적으로 도덕적 판단을 할 능력을 충분히 갖지 못한 단계에 있다. 따라서 아동은 선과 악에 대한 인식을 이성적 판단에 의해서가 아니라 쾌락과 고통에 대한 단순한 인식을 통해서 판단하고 행동하게 된다(Plato, *the Laws*: 653b-c).[8] 이런 정도로 아동은 이성적으로 불완전한 발달 상태에 있다. 플라톤

---

7_ 플라톤에 의하면, 한 사람이 특정한 직업에서 자신의 일을 잘 하기 위해서는 어려서부터 교육을 받아야 한다. 그는 어려서부터 유희를 통하여 그것을 익혀야 한다. 예를 들면, 훌륭한 농부가 되기 위해서는 어려서부터 농사와 관련된 놀이를 통하여 훌륭한 농부가 될 교육을 받아야 한다(Plato, *the Laws* : 643b-c). 아동은 놀이를 통하여 규칙에 따라 노는 것을 배워야 한다. 그래야 올바른 교육이 이루어진다. 만약 규칙 없이 놀이를 하면 그 반대의 현상이 일어난다(Plato, the Republic : 425a). 유희를 통한 교육의 중요성에 대한 주장은 플라톤만이 강조한 것은 아니다. 아리스토텔레스도 이 점을 강조하였다. 인간은 자신의 성향에 따라서 행동하는 것이 가장 바람직한 것이다. 훌륭한 사람은 덕에 따라 행동하는 것이 자신의 성향이다. 유희는 유희만으로 존재할 때는 의미가 없다. 유희는 일종의 기분전환이며 휴식(relaxation)이다. 인간은 휴식을 필요로 한다. 왜냐하면 인간은 끝없이 일만 할 수 없기 때문이다. 그러나 휴식만을 위한 휴식은 아무 의미가 없다(Aristotle, *the Nichomachean* Ethics : bk x, 1176b-1177a). 여기서 유희는 교육과 생산을 위한 것이지 유희를 위한 유희가 되어서는 안 된다는 것을 두 철학자가 분명히 하고 있다.

8_ 이 점에 대해서는 아리스토텔레스도 유사한 생각을 하였다. 그에 의하면, 육체적 쾌락을 금욕으로 극복하고, 금욕적 생활을 기꺼이 받아들이는 사람은 절제할 줄 아는 사람이고, 무서움과 고통을 감내하고 맞서는 사람은 용감한 사람이고, 그것 때문에 고통받는 사람은 비겁

은 이 점을 고려하여 아동은 아직 이성을 충분히 발전시키지 못해서 이성적 사고와 판단 능력이 부족하기 때문에 적절한 시기에 이성을 발달시키기 위한 교육이 필요하다고 주장한 것은 매우 의미 있는 것이라고 할 수 있다.[9]

음악교육은 이성을 발달시키는 것 외에 또 다른 중요한 역할을 한다. 그것은 영혼을 위한 교육, 즉 영혼의 조화로운 발달을 위한 교육이다. 플라톤은 음악교육을 체육교육보다 먼저 실시해야 한다고 보았다. 왜냐하면 체육교육보다 음악교육이 영혼의 가장 깊숙한 곳에까지 영향을 미치고, 그곳에 오래 머물면서 지속적으로 영향을 미치기 때문이다(Plato, *the Republic* : 401d). 물론 이때의 음악교육은 현대적 의미의 기악과 성악에만 국한하는 것이 아니라 서사적 이야기와 같은 문학적 역사적 내용을 포함하는 종합적인 음악교육을 말한다(Plato, *the Republic* : 376e). 이런 이유로 플라톤은 음악교육이 어려서부터 실시되어야 할 가장 필요한 교육 중의 하나라고 보았다.

체육교육은 육체의 발달을 중요시하지만, 플라톤에게 있어서 체육교육의 궁극적인 목적은 음악교육처럼 영혼을 위한 것이었다. 그렇기 때문에 체육교육은 신체 능력의 발달만을 위하여 애쓰는 직업적 운동선수가 되기 위한 것이 아니라 이 교육을 통하여 개인의 영혼을 뛰어나게 함양하려는 것이었다(Plato, *the Republic* : 410c).[10] 체육교육을 통하여 아동은 훌륭한 정신에 기여할 수 있는 건강한 신체를 가질 수 있다. 달리 말하면, 건강한 신체에 건강한 정신이 깃드는 것이 아니라 건강한 정신을 위하여 건강

한 사람이다. 만약 덕이 행위와 열정(passions)에 관련되는 것이라면, 바로 이런 이유로 덕은 쾌락 및 고통과 관련되는 것이다(Aristotle, *the Nicomachean Ethics* : bk ii , 1104b).

9_ 그리고 이 문제는 최근에도 이성적 사고를 할 수 있는 정확한 연령이 몇 세인가에 대한 논의를 중심으로 여전히 지속되고 있다. 예를 들면, 피아제는 사고의 발달 단계를 감각동작(sensory motor) 단계-선개념(pre-conceptional) 단계-직관(intuitive) 단계-구체적 조작(concrete operational) 단계-형식적 조작(formal operational) 단계로 나눈다. 피아제는 구체적 조작 단계에서부터 논리적 사고가 가능하다고 보았다. 그리고 스토아 학파는 14세 정도에서 아동이 이성적 사고를 할 수 있다고 보았다.

10_ 플라톤에 의하면, 인간이 소유할 수 있는 것 중에서 가장 값진 것은 정신이고, 그 다음이 신체의 건강함이고, 마지막이 재산의 소유이다(Plato, *the Laws* : 743e). 달리 말하면, 인간 소유 중에서 가장 값진 것은 재산이 결코 아니다. 가장 소중한 것은 정신적인 것이다.

한 신체가 필요한 것이었다(Plato, *the Protagoras*: 326b-c). 체육교육은 남녀가 모두 필요로 하는 것이지만 남자는 남자대로 여자는 여자대로 각각의 능력에 맞게 실시되어야 한다(Plato, *the Laws*: 833c-d).

위에서 보았듯이, 플라톤은 체육교육을 단순히 신체의 단련 혹은 훈련에만 국한하는 것은 인간영혼의 조화로운 발전을 위하여 매우 바람직하지 못한 것이라고 보았다.[11] 같은 이유로 그는 인간이 정신의 단련에만 치우치고 신체의 발달을 소홀히 하는 것 역시 바람직하지 않다고 보았다. 다시 말하면, 지혜를 열렬히 사랑하는 사람이 자신의 한쪽인 정신만을 사랑하고 다른 한쪽인 신체를 소홀히 하면 조화로운 영혼을 갖기 어렵기 때문에 그것 또한 바람직하지 않다. 왜냐하면 그로 인해서 영혼이 조화와 균형을 잃기 때문이다. 달리 말하면, 지나친 음악교육은 인간을 유약하게 만든다. 반면에 지나친 체육교육은 인간을 경직되게 만든다. 이런 단점을 인식한 플라톤은 음악교육과 체육교육을 통하여 정신과 육체가 균형 있게 발달한 인간을 양성하려고 하였다.[12] 왜냐하면 플라톤에게 있어서 교육의 궁극적인 목적은 인간의 영혼을 조화롭게 발달시킨 전인全人; whole person을 양성하는 것이었기 때문이다.

플라톤은 초기 음악교육과 체육교육을 두 선분의 아래 부분인 현상의 세계에 해당하는 교육으로 분류하고 가능한 한 모든 사람들이 받아야 하는 공통교육 혹은 보편교육으로 간주한 반면에, 선분의 윗부분인 형상의 세계에 해당하는 교육은 그 사회 구성원 중에서 최고의 이성적 능력을 갖춘 사람들이 받아야 하는 교육으로 보았다.

플라톤은 바로 이 부분과 관련해서 가장 뛰어난 자最善者; the best의 교육을 논하였다. 그는 한 사회가 이상적으로 통치되기 위해서는 가장 뛰어난 자

11_ 신체적 활동인 운동과 사냥을 지나치게 좋아하여 그것에 자신의 모든 것을 투자하는 반면에 학습, 남의 지혜에 귀 기울이기, 탐구 정신 같은 일을 포기하는 사람 역시 영혼의 불균형에 빠지게 된다(Plato, *the Republic*: 535d).

12_ 신은 우리에게 음악과 체육을 주었다. 이 양자는 교육에서 분리할 수 없는 것이다(Jaeger, 1986 : 234).

가 통치해야 한다고 보았다. 플라톤은 여기서 최선자 정치the best rules를 주장하고 있다. 최선자는 그 사회에서 가장 능력이 뛰어난 자이기 때문에, 그 사회에서 가장 우수한 자가 되는 것은 당연하다. 하지만 이때의 최선자는 세습적 권력에 의해서 유지되는 비합리적이고 불공정한 귀족주의aristocracy에 의해서 양성되는 것이 아니다. 플라톤에 의하면, 최선자는 교육에 의해서 엄격하게 선발되고 양성된다는 점에서 기존의 세습적 귀족정치에서처럼 능력이 부족함에도 불구하고 당연히 지위를 얻는 귀족과는 본질적으로 다르다. 우리는 이것을 앞의 것과 구분하기 위해서 합리적이고 공정한 귀족주의(최선자 지배체제)라고 부를 수 있을 것이다(Jaeger, 1986 : 247). 이렇게 공정한 경쟁을 통해서 선발되어 교육을 받고 능력을 개발한 최선자, 즉 그 가운데서도 가장 뛰어난 자가 철인왕이 되는 것이다. 하지만 철인왕이 되기 위하여 끊임없는 교육과 수련을 거쳐야 한다. 철인왕이 그와 같은 힘든 과정을 거쳐서 최상의 것인 '선의 이데아'the Idea of the Good를 알고 국민을 위하여 그것을 실천할 때, 교육에 의한 이상국가Edutopia가 이루어질 수 있고 사회의 모든 구성원은 각자 자신의 정의를 실현할 수 있다고 보았다.

이런 방식으로 플라톤은 가장 공정한 방법으로 가장 능력이 뛰어난 자를 선택하기 위해서 국가가 철저히 인재를 양성하고 관리하는 교육체제를 갖추어야 한다고 보았다. 이것은 근대 국가주의 교육의 원초적 아이디어를 보여주는 것이기도 하다. 왜냐하면 형식상 근대 민주주의 국가에서도 정부는 교육에 의해서 가장 능력이 뛰어난 자를 선발하여 훌륭하게 교육시키고 그들이 국가의 발전에 이바지할 수 있는 교육체제와 사회체제를 만들려고 하였기 때문이다. 따라서 반대로 만약 국가가 공정한 교육에 의해서 뛰어난 인재를 양성하지 못하면, 비합리적이고 불공정한 방법에 의해서 세습되는 귀족주의와 플라톤이 말하는 최선자에 의한 사회통치는 구분될 수 없을 것이다. 그리고 그로 인하여 자신이 꿈꾸던 이상국가는 실현되기 어려울 것이다. 달리 말하면, 가장 뛰어난 자, 즉 최선자는 그 사회가 제공할 수 있는 가장 공정하면서 동시에 가장 질 높은 교육을 통하여 양성되어야 한다는 것이 플라톤의 주장이었다. 이런 점에서 플라톤에게 있어서 최선자 교육은 결국 그 사회의 가장 우수한 자를 선발하는 교육이 되어야 하고 그렇기 때문에 최상의 교육이면서 동시에 그 어떤 사회적 기득권에 의해서 영향을 받지 않고 공정하게 인재를 양성할 수 있는 정의로운 교육이어야 하였다.

이처럼 플라톤은 자신의 이상사회의 실현 가능성을 성취할 수 있는 통치자인 철인왕은 형이상학의 최고의 자리에 위치하고 있는 선의 이데아를 깨달은 사람이어야 한다고 보았다. 그리고 플라톤은 이것이 교육에 의해서 가능하다고 보았다. 이 점에서 그의 교육론은 형이상학과 불가분리의 관계를 맺고 있다고 볼 수 있다.

플라톤은 최선자에 대한 교육을 통하여 인재를 양성하고 그들이 사회를 통치할 수 있는 능력을 함양하기 위한 교육내용을 자세하고 진지하게 제시하였다. 그는 최선자의 교육내용의 일부로 후에 4학quadrivium으로 불리게 된 수학, 기하학, 천문학, 화성학 등을 제시하였다. 물론 기초적인 수학, 기하학, 천문학, 화성학 등은 어려서부터 부분적으로 배우지만 이 단계에 이르면 장래의 예비 최선자들은 좀 더 높은 수준의 교육을 통하여 이성에 의해서 인식이 가능한 형상계의 가지적인 것에 대한 인식을 할 수 있다고 보았다.[13]

먼저 수학교육은 인간의 영혼을 생성의 세계the world of becoming로부터 존재의 세계the world of being로 나아가게 해준다. 이때의 수학 교육은 생성의 세계에서 보거나 만질 수 있는 사물을 세는 것이라기보다는 수 자체에 대한 논의를 통하여 영혼을 향상시킬 수 있다는 의미로 해석되어야 한다. 플라톤에 의하면, 수학교육 혹은 수에 관한 연구는 영혼으로 하여금 진리에

---

13_ 여기서 주목할 것은 4학인 천문학, 기하학, 대수학, 화성학이 모두 기본적으로 수에 대한 철학에 바탕을 두고 있다는 것이다. 아테네 사람들은 4학의 중심에 있는 수(數; number, 숫자[數字, numeral] 아님)로 세상의 모든 것을 해석해 낼 수 있다는 형이상학적 믿음을 가지고 있었다. 천체의 움직임은 수에 의해서 규칙적으로 표현될 수 있으며, 기하학과 대수학은 수에 의한 조화의 세계를 보여주며, 화성학의 모든 음(音)은 수에 의해서 표현될 수 있고 조화로운 음악은 규칙적인 수의 세계를 보여주며, 불협화음은 불규칙적인 수를 보여준다.

대한 안목을 갖고 현상계에 대한 사고를 할 수 있도록 해주기 때문에 최선자의 교육에 필수 불가결한 것이다. 따라서 수학과 기하학의 지식은 생성의 세계에 대한 지식이 아니라 영원히 존재하는 것에 대한 지식이다. 플라톤에 의하면, 기하학에 대한 교육은 영혼을 진리에로 인도하고, 세속적인 것을 향한 인간의 정신을 그 이상으로 향상시키면서 철학적 태도를 함양하도록 도와준다. 따라서 어느 사회이건 기하학을 가르치는 것을 소홀히 해서는 안 된다(Plato, *the Republic*: 526a-b). 나아가서 플라톤은 기하학과 수에 대한 연구는 민첩하고 정확한 사고와 현상계를 넘어가는 것을 인식하도록 하는 것은 물론이고, 실생활이나 전쟁에서도 매우 유용하게 사용된다고 보았다. 예를 들면, 수는 상인에게 가감승제의 계산을 정확하고 빠르게 할 수 있는 능력을 키워주기 때문이고, 기하학은 건축을 하거나 전쟁시 군대의 대열을 강하게 구성하고 효과적으로 배치하여 전쟁을 승리로 이끄는 데 매우 유용하게 사용할 수 있기 때문이었다.

천문학 교육은 인간의 영혼을 이 지상의 것이 아니라 그보다 더 높은 곳에 있는 것으로 이끌고, 또 그곳을 향하게 해준다. 누군가가 머리를 뒤로 젖히고 하늘을 응시한다면, 그는 눈으로 천체를 바라보는 것뿐만 아니라 더 높은 이성으로 그 이상의 것을 명상하고 있는 것임을 알아야 한다. 그는 경험적 사물을 생각하는 것이 아니라 눈에 보이지 않는 존재를 사고하는 것이다. 왜냐하면 천체의 움직임과 그 관계를 파악하는 것은 육신의 눈으로 볼 수 있는 것이 아니라 이성과 사유에 의해서만 알려지는 것이기 때문이다(Plato, *the Republic*: 529a-d).

플라톤에 의하면, 이 밖에도 천문학은 계절의 변화를 빠르고 정확하게 예측할 수 있도록 해준다. 천문학에 의해서 우리는 해와 달의 변화로부터 시간의 변화와 계절의 변화를 알 수 있다. 이런 천체와 천기에 대한 지식은 농업, 항해, 군대의 이동과 전술을 운용하는 인간의 능력을 극대화시켜 준다. 이런 점에서 플라톤은 천문학 교육이 실용적 교육인 동시에 그것을 초월하는 인간의 능력, 즉 이성의 능력을 계발하는 데 유용한 학문이라고 보았다.

화성학harmonics은 비합리적이거나 바람직하지 않은 쾌락을 추구하는 도구적인 것으로서가 아니라 영혼에서 일어날 수 있는 불협화음을 정정하기 위하여 매우 필요한 것이다. 화성학은 음악의 모든 것을 수로 표시할 수 있을 뿐만 아니라 아름다운 화음symphony은 수적인 균형과 조화를 통하여 인간의 영혼에 조화를 가져다준다는 점에서 중요하다. 반대로 불협화음cacophony은 인간의 영혼을 불안하게 하며 영혼의 균형과 조화를 잃게 한다. 화성학 교육은 인간의 영혼이 여러 가지 이유로 삶 속에서 혼돈을 일으키고 품위를 잃을 때 그것에 반대하고 영혼의 리듬을 찾게 해준다(Plato, *the Timaeus*: 47d-e). 인간이 현상계를 넘어서 형상계로 나아가기 위하여 천체의 움직임에 눈을 고정하듯이 조화로운 음악에 귀를 기울일 때 그는 영혼의 조화를 얻는다. 이 점에서 천문학과 화성학은 인간의 영혼의 조화에 교육의 초점을 맞춘다는 점에서 교육의 목적이 유사하다고 볼 수 있다(Plato, *the Republic*: 530d).

이상에서 보았듯이 플라톤은 대수를 배우고, 기하학을 연구하고, 천문학과 화성학을 학습하는 것은 현대처럼 단순히 생활에 필요한 천문이나 음악에 관한 지식과 기술을 익히고 그것을 농사나 항해와 같은 실생활에 적용하거나 유용한 직업을 얻기 위해서 학교에서 가르치는 것에 국한되는 것이 아니라고 보았다. 달리 말하면, 그는 그와 같은 교육이 일상생활에 필요한 것이기는 하지만 그것만이 그러한 교육을 실시하는 주된 목적은 아니라고 보았다. 그보다는 오히려 교육을 통하여 인간의 영혼을 균형 있게 발전시키는 것에 주안점을 두었다고 하는 것이 타당할 것이다.

이 과목들 이외에 또 중요한 것으로는 변증법에 대한 교육이 있다. 대수학, 기하학, 천문학, 화성학과 필요한 모든 예비 과목들을 성공적으로 배우고 난 사람은 다음 단계로 변증법을 배울 수 있다(Plato, *the Republic*: 536d). 플라톤에 의하면, 건축물의 갓돌처럼 변증법은 다른 모든 학문보다 높은 지위를 갖는다. 그리고 이 변증법 교육은 아무나 원한다고 해서 누구나 배울 수 있는 것이 아니라 학습 능력을 인정받은, 즉 미래의 지도자 능력과 자질을 가진 뛰어난 사람만이 받을 수 있다(Plato, *the Republic* : 534e). 따라서 변증법 훈련을 받은 사람은 의견 혹은 신념과 지식을 구분할 수 있다. 이 과정에서 그는 감정이나 주관적 의지에 의해서가 아니라 실체에 대한 객관적 식견과 이성의 힘에 의해서 총체적으로 진리를 인식할 수 있다(Plato, *the Republic* : 534c ; *the Statesman* : 286a). 이런 이유로 변증법을 터득한 사람은 감각이 주는 오류를 구분하고 그것을 극복할 수 있는 능력을 갖게 된다(Plato, *the Republic* : 537d-e). 이 점에서 변증법 교육은 어떤 교육보다 중요하다. 만약 누군가가 변증법 이외의 다른 학문을 그것보다 우선하려고 한다면 그 학문은 변증법에 의해서 반박을 받을 것이다. 왜냐하면 이성을 가진 사람은 모든 종류의 지식의 궁극적 목표인 진리를 이해하게 해주고 그것을 가장 잘 다루는 변증법이 인식의 최고 단계의 존재를 다루는 학문이라는 것을 잘 알고 있기 때문이다.

그러나 당시 교육 현장에서 다수를 차지하고 있던 소피스트들은 플라톤의 이러한 주장에 동의하지 않았다. 고르기아스Gorgias는 논쟁술eristic, 수사학rhetoric, 설득술the art of persuasion 등이 다른 모든 학문에 앞서는 중요한 것이라고 주장하였다. 그리고 이 가운데서도 설득술은 힘에 의존하지 않고 사람들의 동의를 구할 수 있다고 믿었기 때문에 가장 중요한 것이라고 보았다(Plato, *the Philebus* : 57e-58b). 물론 한 사회의 지도자가 될 사람에게 사회 구성원을 설득할 수 있는 능력이 필요하다는 사실을 부인하는 사람은 없을 것이다. 하지만 사회의 지도자에게 그보다 더욱 중요하고 필요한 것은 무엇이 참이고 거짓인지 구분할 수 있고, 참으로 존재하는 것을 파악할 수 있고, 무엇이 시민을 위하여 좋은 것인지 파악하는 능력을 갖추고, 그것을 올바로 실천하는 능력이다. 플라톤은 이 점에서 통치자는 사회 구성원을 위해서 최선의 것을 실천할 수 있는 능력을 함양하는 변증법 교육을 통해서 양성되어야 한다고 보았다. 이런 이유로 그는 한 사회의 미래 지도자에게 있어서 변증법 교육은 필수적이라고 보았다.

## 4. 인식론과 영혼론

플라톤은 인간의 인식에서 경험세계의 중요성을 무시하지 않았지만, 최상의 지식에 대한 최종적 인식은 인간 영혼의 본성과 관계가 있다고 보았다. 그에 의하면, 인간의 영혼은 육체의 죽음으로 소멸하는 것이 아니라 오히려 그로 인하여 육체로부터 해방된다. 달리 말하면, 인간의 영혼은 죽음과 더불어 육체와 함께 사라지는 것이 아니라 육신의 죽음 후에도 살아있는 것이다(Plato, *the Laws*: 904a). 이처럼 영혼이 불멸하기 때문에 인간은 교육을 통하여 개발된 영혼의 능력으로 현실계의 변화를 넘어서 존재하는 자연법칙, 수의 법칙, 천체의 법칙, 그리고 최상의 것인 선善의 이데아를 알 수 있게 된다.

플라톤은 인간이 경험세계의 현상을 보면서 그 기저에서 그것을 가능하게 하는 자연의 법칙을 인식하는 능력, 즉 학습 능력이 현상계에 한정되지 않음을 인식론을 통하여 보여주려고 하였다. 이처럼 플라톤은 인간의 학습 능력이 '변화하는 것'은 물론이고 그것을 넘어서 존재하는 실체까지도 파악할 수 있다고 보았다. 그는 바로 이 점에서 교육론을 현상계의 보이는 것으로부터 출발해서 형상의 세계의 보이지 않는 것을 다루는 형이상학으로까지 연결시켰다.

플라톤에 의하면, 인간의 인식은 기본적으로 상기recollection에 의해서 이루어진다. 인간의 영혼은 형상(이데아)의 세계에 머물고 있을 때 모든 이데아를 알고 있었다. 하지만 이 세상에서 인간의 육신과 함께 태어나는 순간부터 영혼이 알고 있었던 모든 것을 망각하게 되었다. 이런 이유로 인간이 인식을 한다는 것은 지금은 잊어버렸지만 과거에는 알고 있었던 이데아에 대한 기억을 되찾는 것, 즉 현세에서 현상계에 대한 지각과 경험으로부터 영혼이 상기에 의해서 이성을 통하여 형상계로 나아감으로써 가능해진다고 보았다. 그리고 이것은 인간이 현상의 세계를 벗어나 형상의 세계로 나아갈 수 있는 유일한 통로이기도 하였다(Plato, *the Phaedrus*: 249b-c).

인간이 사물로부터 감관에 주어진 감각여료the given[14]를 통하여 이성의 사고 작용을 거쳐서 보편적 개념을 파악하고, 형상을 인식하는 것은 이성의 작용으로 가능하게 된다. 따라서 인간이 형상을 알게 되는 것은 새로운 지식을 얻는 것이 아니라 영혼이 이미 알고 있던 것을 상기하는 것일 뿐이다. 이 점에서 플라톤의 인식작용과 상기, 나아가서 인식론과 영혼불멸론을 연계시켜 전체적인 관점에서 보아야 양자의 관계의 참된 의미가 드러난다.

이러한 플라톤의 입장은 『메논』에서 소크라테스가 대화를 통하여 노예 소년에게 기하학의 진리를 상기시키는 과정을 묘사한 것에서 잘 나타나고 있다.[15]

여기서 소년이 지식을 얻는 과정은 소크라테스의 가르침에 의해서가 아니라 단지 소년의 형상에 대한 기억을 일깨워 주기 위해서 소크라테스가 대화를 통하여 도움을 주는 것으로 묘사되었다. 그리고 소년은 소크라테스가 한 질문의 도움을 받아 자신이 이미 알고 있었지만 영혼이 현실세계에 살게 되면서 망각했던 도형에 관한 지식을 상기해 나갔다. 달리 말하면, 인간은 지식을 경험으로부터 획득하는 것이 아니라 영혼이 육체라는 감옥 속에 들어오기 전에 이미 알고 있었던 것, 즉 형상을 현상계에 있는 여러 가지 사물들을 경험하면서 그것의 도움으로 이성의 능력에 의하여 상기하게 됨으로써 그가 전에 알고 있었던 것에 대한 지식을 알게 되는 것이다. 달리 말하면, 인간의 인식은 경험으로부터 직접적으로 오는 것이 아니라 경험을 통하여 인간이 자신이 알고 있던 형상을 상기해 내는 것이다.

---

14_ 여기서 감각여료(sense data 혹은 the given)는 인간이 외계를 인식하기 위해서 감관을 통해서 받아들이는 기본적 자료라는 의미로 쓰였다. 인식론적으로 볼 때 인간은 외계에 대한 인식의 최초의 단계에서 외계와 어떤 방식으로든지 접촉을 하게 되고 그 과정에서 인간이 대상으로부터 갖게 되는 것을 감각여료라고 할 수 있다.

15_ 저자의 원문에는 여기에서 소크라테스와 노예소년의 대화를 도해와 함께 간략하게 소개한다. 이 책에서는 플라톤의 『메논』 전체를 싣고 있으므로, 노예소년과의 대화 예시 부분은 중복을 피하기 위해 생략한다. -엮은이.

## 5. 학습 이론

플라톤에게 있어서 학습은, 소크라테스와 노예소년의 대화에서 볼 수 있듯이, 인간의 영혼이 이미 알고 있던 것을 상기할 수 있도록 도와주는 것이었다. 그런데 여기서 소크라테스가 노예소년을 도와주는 교육방법, 즉 교수-학습 방법은 우리에게 적어도 두 가지 점에서 교육적 의미를 주고 있다. 하나는 가장 빈번하게 언급되고 있는 소크라테스의 대화에 의한 교육방법이고, 다른 하나는 교육에 의하여 인간 속에 내재해 있던 능력의 개발, 즉 인간의 지적 발달은 내재적 능력을 개발하는 것이라는 신념이다.

소크라테스의 대화에 의한 교육, 즉 일명 그의 산파술Socratic maieutic이란 교수-학습 이론이 암시하는 것은 학습자인 노예소년이 교사인 소크라테스와 쌍방향으로 대화를 주고받으면서 교육을 한다는 점이다. 여기서 소크라테스는 자신이 알고 있는 지식을 일방적으로 노예소년에게 주입하는 것이 아니다. 그는 소년의 내재적 학습 능력을 최대한 발휘할 수 있도록 도와주는 역할을 할 뿐이다. 이는 현대의 교육에서 중요시하는 학습자의 자발성을 교육에 도입하는 것으로 가장 바람직한 교수-학습 방법 중의 하나라고 할 수 있다.

이와 관련된 플라톤의 이론은 그의 사후 수천년이 지난 지금도 현대의 교육학자가 주장하는 것과 상당한 유사성이 있다는 점에서 놀라움을 주고 있다. 예를 들면, 피터스R. S. Peters는 교육이 참다운 교육이 되기 위한 기준을 세 가지로 제시하고 있다. 먼저 가치 있는 것을 전달하고, 학습자가 지식, 이해, 인식적 조망cognitive perspective 능력을 함양할 수 있도록 해야 하고, 이 모든 것이 학습자의 자발성을 기초로 해서 이루어져야 한다고 주장한다(Schofield, 2000 : 58). 이미 언급했듯이 이 예에서 지적된 자발성을 기초로 한 교육은 현대의 교육학자들이 논하기 훨씬 전에 소크라테스와 노예소년의 대화에서 나타났듯이 이미 플라톤에게서도 올바른 교육이 성립하기 위한 중요한 조건 중의 하나였다. 이것이 함축하는 바는 교육이 올바로 이루어지기 위해서는 학습자의 연령에 상관없이 강제적으로 이루어져서는 안 된다는 사실이다. 플라톤에 의하면, 자유로운 영혼은 노예처럼 독창성 없는 학습을 추구해서는 안 된다. 왜냐하면 강제로 수행된 육체적 훈련이 신체에 해를 주지 않는다 할지라도, 강제적으로 학습된 것은 인간의 정신에 아무것도 남기지 않기 때문이다(Plato, *the Republic* : 536d).

이처럼 플라톤에게 있어서 교육에 의한 인간의 능력 개발은 인간이 전혀 갖고 있지 않던 새로운 것을 외부로부터 주입하거나 개발하는 것이 아니라 인간이 태어날 때부터 이미 갖고 있던 능력, 즉 인간의 내재적 능력 개발을 의미하는 것이다. 플라톤에 의하면, 인간의 영혼의 능력은 지적인 것, 분노와 같이 느낌과 관계되는 감정적인 것, 먹고 마시는 것과 그와 같은 것을 획득하는 수단이 되는 재화에 대한 욕망과 관계 있다(Plato, *the Republic* : 580d-e).[16]

플라톤에 의하면, 교육은 영혼의 이 세 가지 능력을 조화 있고 균형 있게 발전시키는 것이다. 하지만 플라톤은 교육적 관점에서 인간의 능력이 무한하다고 생각하지 않았으며 또한 인간의 능력이 모두 같다고 보지도 않았다. 어떤 사람은 그 사회를 통치할 수 있는 능력인 금의 영혼, 어떤 사람은 그들을 도와주고 국가를 수호하는 능력인 은의 영혼, 어떤 사람은 농사를 짓는 생산에 적절한 철의 영혼, 어떤 사람은 생활에 필요한 물품을 만드는 청동의 영혼을 갖고 태어난다. 이처럼 영혼이 다름에도 불구하고 같은 도시국가에 사는 사람은 그의 타고난 능력에 관계없이 모두가 형제이다(Plato, *the Republic* : 415a-c). 플라톤은 인간의 능력이 이처럼 각기 다르기 때문에 그에 합당한 교육을 받고, 각각의 능력에 따라 개인의 영혼을 최대한으로 발달시키면 그것이 곧 덕(그리스어 arete(ἀρετή)는 virtue 혹

16_ 여기서 플라톤이 말하는 영혼은 물질적 욕망에 관련된 부분, 감정에 관련된 부분, 이성에 관련된 부분으로 소위 인간 영혼의 세 가지 부분적 기능을 총칭하는 것이다. 그리고 플라톤이 논하는 영혼의 조화는 이 세 가지 영혼의 기능이 서로 충돌하지 않고 조화와 균형을 이루는 것이다. 이 조화와 균형을 유지하는 총체적 기능은 영혼의 최고의 위상을 차지하는 이성이 한다.

은 excellence를 의미함)이 된다고 보았다. 이 점에서 그는 인간의 능력을 다른 무엇보다도 중시하는 능력주의meritocracy를 지지한다.

## 6. 플라톤 교육사상의 현대적 함의

현대 교육은 지나치게 현실 지향적이라고 말한다. 현실 지향적 교육이란 교육이 지나치게 시간과 공간 속에 존재하는 것에 집중하고 있다는 것을 의미한다. 과거의 교육이 지나치게 이상적 인간의 내적인 능력의 발달, 즉 인간의 내면세계의 발달에 해당하는 인간의 인성함양을 지향하고 현실적인 것을 무시하여 비판 받았던 것과는 반대로 현대의 교육은 지나치게 외적인 것, 즉 현상을 다루는 과학적이거나 기술적인 지식과 정보를 전달하고 이해시키는 것에 치중하는 경향이 있다. 이러한 외부 지향적 교육에 치중하다보니 인간의 내면세계에 대한 교육과 개인의 인성의 발전에 자연히 소홀하게 되었다. 그 결과로 교육은 이루어지고 있지만 인간다운 인간을 양성하는 인성교육과 도덕교육은 점점 더 어려움을 겪고 있다.

현대 사회는 산업의 발전과 두 차례의 세계 대전을 겪으면서 인간 소외 현상의 심화와 인간의 참혹한 대량살상을 통하여 인간성의 말살을 처절하게 경험하였다. 그리고 사회주의 국가의 멸망과 더불어 일어나고 있는 자본주의의 세계화는 이전보다 더 유용성과 실용성을 강조하는 사회적 상황을 만듦으로써 어떤 점에서는 인간의 소외를 더욱 악화시키는 방향으로 세계가 나아가고 있다고 할 수 있다. 이에 대한 반성으로 현대 사회는 인간성 회복을 위하여 실존주의 사상, 세계인권선언, 연대의식, 공동체주의, 포스트모더니즘과 같은 선언, 사상, 활동을 통하여 인간성과 도덕성을 회복하여 인간다운 삶을 실현하려고 노력하고 있다. 달리 말하면, 세계는 이 같은 활동을 통하여 인간의 삶의 어두운 측면을 가능한 한 최소화하고 인간다운 삶을 최대화하기 위하여 도덕교육과 인성교육을 그 어느 때보다도 강조하고 있다. 그럼에도 불구하고 실제로 현대 사회는 비인간적이고 비도덕적인 일들이 이전보다 더욱 빠른 속도로 증가하고 있다.

이와 같은 현대 사회의 문제점을 해결하는 데 플라톤의 영혼의 조화를 중시하는 교육사상은 우리에게 많은 시사점을 준다고 할 수 있다. 왜냐하면 플라톤의 교육의 궁극적 지향점은 영혼의 세 가지 기능인 물질적 욕망에 대한 절제, 시민을 보호하고 그들의 안전을 확보하려는 의지로서의 용기, 욕망과 의지를 통제하는 이성인 지혜가 서로 상충하지 않고 균형과 조화를 이루는 교육, 즉 인성교육이면서 동시에 도덕교육이기 때문이다. 이 점에서 플라톤은 인간의 영혼이 균형과 조화를 이루는 것이야말로 인간의 인성과 도덕성을 발전시킨 이상적 상태, 즉 개인의 정의가 이상적으로 실현된 상태라고 보았다.

플라톤은 인간의 영혼의 능력이 감각의 단계인 의견과 신념을 거쳐서 진리의 단계로 나아가기 위하여 교육을 받아야 한다고 보았다. 이 과정을 그는 음악교육을 통하여 예시적으로 보여주고 있다. 앞에서 보았듯이 음악교육을 통하여 아동은 인식 능력과 정서를 효과적으로 발전시킬 수 있다. 플라톤은 아동이 갑자기 이성적 능력을 개발하는 것이 아니라 음악교육을 통하여 자신의 내재적 능력을 개발함으로써 이성적 발달 단계가 왔을 때, 그 능력을 개발하는 것이라고 보았다. 예를 들면, 음악에서 일어나는 아동의 음악활동은 수의 법칙을 따르기 때문에 영혼의 조화에 기여하고 이를 통하여 인간의 정서를 안정시킬 수 있다고 보았다.

플라톤은 영혼이 조화롭고 온전한 인간을 양성하기 위해서는 정신의 교육뿐만 아니라 신체의 교육도 중요하다고 보았다. 물론 이때의 체육교육은 영혼의 발달을 위한 교육에 한정되어야 한다는 것을 우리는 이미 앞에서 보았다. 플라톤은 이처럼 체육과 음악교육이 함께 이루어질 때 인간의 영혼이 균형 있고 조화롭게 발전한다고 생각하였다. 이러한 플라톤의 교육과 비교하면 현대의 학교교육은 인성과 도덕교육을 강조하면서도 목적한 만큼의 효과를 거두지 못하고 있다. 왜냐하면 현대의 학교교육은 지나치게 교과를 세분화하였고 그나마도 대부분 협소한 의미의 인성교육을 실시함으로써, 비록 교과로서 음악교육과 체육교육을 실시하고 있기는 하지만, 플라톤의 교육에서처럼 인간의 영혼의 조화로서의 인성과 도덕성을 발전시키는 교육의 목적을 달성하기 어렵게 되어 있기 때문이다.

플라톤은 교육의 목적을 최상의 '선의 형상(이데아)'을 인식하는 것에 두고 있다. 여기서 형상은 인식론적으로 보편적 진리, 도덕적으로 선한 행위의 이상理想, 미학적으로 최상의 아름다움을 포함하는 것은 물론이고 이런 진선미眞善美를 모두 아우르는 성聖까지도 포함하는 인간의 최고의 인식 대상의 총체를 의미한다. 따라서 그의 형상론에 의하면 진, 선, 미, 성을 인식하는 전체 과정을 교육이라고 할 수 있을 것이다. 한 인간이 교육을 통하여 이러한 인식의 상태에 도달한다면 그것은 곧 그가 최선자가 되는 것을 의미한다. 그리고 인성과 도덕성의 발달 단계에서 최고의 단계에 다다른 개인은 정의正義를 완성한 단계인 자아실현의 단계에 이르게 된다.

이를 위하여 플라톤은 인간이 음악교육과 체육교육을 통하여 의견과 신념의 세계를 넘어설 수 있는 기초를 마련하고, 다음은 대수학, 기하학, 천문학, 화성학 교육을 통해서 세상의 자연적 이치와 그것을 합리적으로 이해하는 능력을 함양해야 한다고 강조하였음은 이미 앞에서 보았다. 그리고 마지막으로 변증법적 교육을 통하여 이렇게 얻어진 지식을 비판적으로 검토할 수 있는 능력을 키우고 나아가서 변증법적 사고와 실천을 통하여 형상(이데아)의 인식에까지 이를 수 있게 된다. 그 중에서도 특히 변증법 교육을 성공적으로 통과한 사람은 국가의 행정 현장에 직접 참여하여 실습함으로써 이론과 실천을 겸비하여 진정한 의미의 통치자가 된다. 그리고 이런 교육을 모두 성공적으로 통과한 사람 중에서 극히 소수만이 끊임없는 노력에 의해서 최상의 형상인 선의 이데아를 인식한다. 이 과정에서 최선자는 이미 인성과 도덕성의 최고 단계를 성취한다.

여기서 보듯이 플라톤의 교육의 목적은 인간의 능력의 단계에 따라 교육을 하되 최종적인 것은 지고至高의 선의 형상(이데아)을 인식하는 것이었다. 다시 말하면, 교육은 현실적으로 개인을 그의 능력에 맞게 교육시키되 그 궁극적인 목적은 다른 모든 것에 앞서는 최상의 것인 선의 형상을 인식할 수 있도록 하는 것이다.

이와는 대조적으로 현대 교육의 목적은 지나치게 지식과 정보 전달 중심으로 구성되어 있어서 인간의 영혼의 조화를 통한 인성과 도덕성의 함양을 하기 어렵다. 특히 산업혁명으로부터 시작하여 포스트모더니즘의 시대인 20세기 말과 21세기 초에 걸쳐서 지식과 정보의 폭발적인 증가로 인하여 교육의 목적은 지식과 정보의 전달을 중시하는 경향이 더욱 강해지고 있다. 이처럼 고대에서 현대로 오면서 교육의 목적은 인성과 도덕성을 바탕으로 한 지혜 추구의 활동에서 지식과 정보 수집이라는 인식활동 중심으로 옮아가게 되었다. 이 과정에서 교육은 플라톤이 강조한 인간의 영혼의 조화인 인성과 도덕성 계발이라는 측면보다는 지식과 정보에 대한 기능적 학습과 그 습득에 치우치게 되었다. 달리 말하면, 교육의 목적이 내재적 가치 중심에서 외재적 가치 중심으로 이동하였음은 물론이고 이제는 양자의 균형이 깨져서 인성과 도덕성의 함양이 점점 경시되는 상황에 이르게 되었다. 그럼에도 불구하고 현대의 사회나 국가체제가 효율성을 추구하는 경쟁 위주로 구성되어 있어서 지식과 정보의 습득이나 활용이 교육에서 중요한 부분을 차지하는 것이 사실이라 할지라도, 우리는 지식과 정보를 가르치는 교육조차도 결국은 인간의 행복한 삶을 위한 수단에 불과하다는 점을 간과해서는 안 된다. 이 점을 무시하고 지식과 정보 전달만을 중시하고 인성과 도덕성 교육을 소홀히 하는 것은 교육의 본말을 전도하는 것이다.

따라서 모든 교육의 궁극적 목적은 인간의 행복한 삶과 온전한 존재의 충만을 추구하는 것이고, 그것은 지식과 정보가 가져다주는 외적인 물질적 만족보다는 내적이고 정신적인 것, 즉 영혼의 조화에서 찾을 수 있다는 것이 플라톤의 교육사상이다. 이처럼 플라톤의 영혼의 조화에 관한 교육론에서 우리는 현대 교육의 약점으로 지적된 인성교육과 도덕교육에 대한 새로운 접근 가능성을 발견할 수 있을 것이다.

## | 참고문헌 |

Aristotle, *the Nichomachean Ethics*.

Borchert, D. (ed.) (1967), *Encyclopedia of Philosophy*, New York: Macmillan & Free Press.

Conford, F. M. (1957), *Plato and Parmenides*, New York: The Liberal Arts Press.

Copleston, S. J. (1972), *History of Philosophy*, vol Ⅰ.

Guthrie, W. K. C. (1972), *The Greek Philosophers–From Thales to Aristotle*, 박종현 역, 『희랍철학입문』, 종로서적.

Jaeger, Werner (1986), *Paideia: Ideas of Greek Culture*, vol, Ⅰ–Ⅲ.

Lamprecht, S. P. (1978), *Our Philosophical Traditions*, 김태길 외 2인 공역, 『서양철학사』, 을유문화사.

Plato, *the Laws*, trans. A. E. Talyor.

_____, *the Meno*, trans. W. K. C. Guthrie.

_____, *the Phaedrus*, trans. R. Hackforth.

_____, *the Philebus*, trans. R. Hackforth.

_____, *the Protagoras*, trans, W. K. C. Guthrie.

_____, *the Republic*, trans, Paul, Shorey.

_____, *the Statesman*, trans, J. B. Skemp.

_____, *the Timaeus*, trans, Benjamin Jowett.

Russell, B. (1972), *History of Western Philosophy*, New York: Free Press.

Schofield, H. (2000), *Philosophy of Education*, 이명준 역, 『분석적 교육철학』, 원미사.

Whitehead, A. N. (1929), *Process and Reality*, New York: Macmillan.

제 3 장

# 가치의 문제와 교육

- 장 자크 루소, 『에밀』(발췌)*
- 안인희, "루소의 아동관"**

* Rousseau, J. J. (1998). 『에밀』 (민희식 역). 서울: 육문사. (원전제목: *Emile, ou l'Education*; 원본출판: 1762). pp.23-34, pp.38-45, pp.77-83, pp.100-103.

전체 5부로 구성된 『에밀』 가운데, 본 장의 주제를 고려하여 1부와 2부 중의 일부를 발췌하고, 번역자의 허락을 얻어 수록하였다. 독자의 이해를 돕고자 엮은이가 세부 주제별 소제목을 첨가하였다.

** 안인희 (1992). "아동관", 『루소의 자연교육 사상』(안인희, 정희숙, 임현식 공저). 서울: 이화여자대학교 출판부. pp. 9-42.

이 글은 루소의 교육사상을 다섯 가지 주제로 나누어 다룬 책 가운데 제1장 내용으로 저자의 허락을 얻어 수록하였다. 본 장의 구성에 맞추어 문장 표현을 부분적으로 수정하였다.

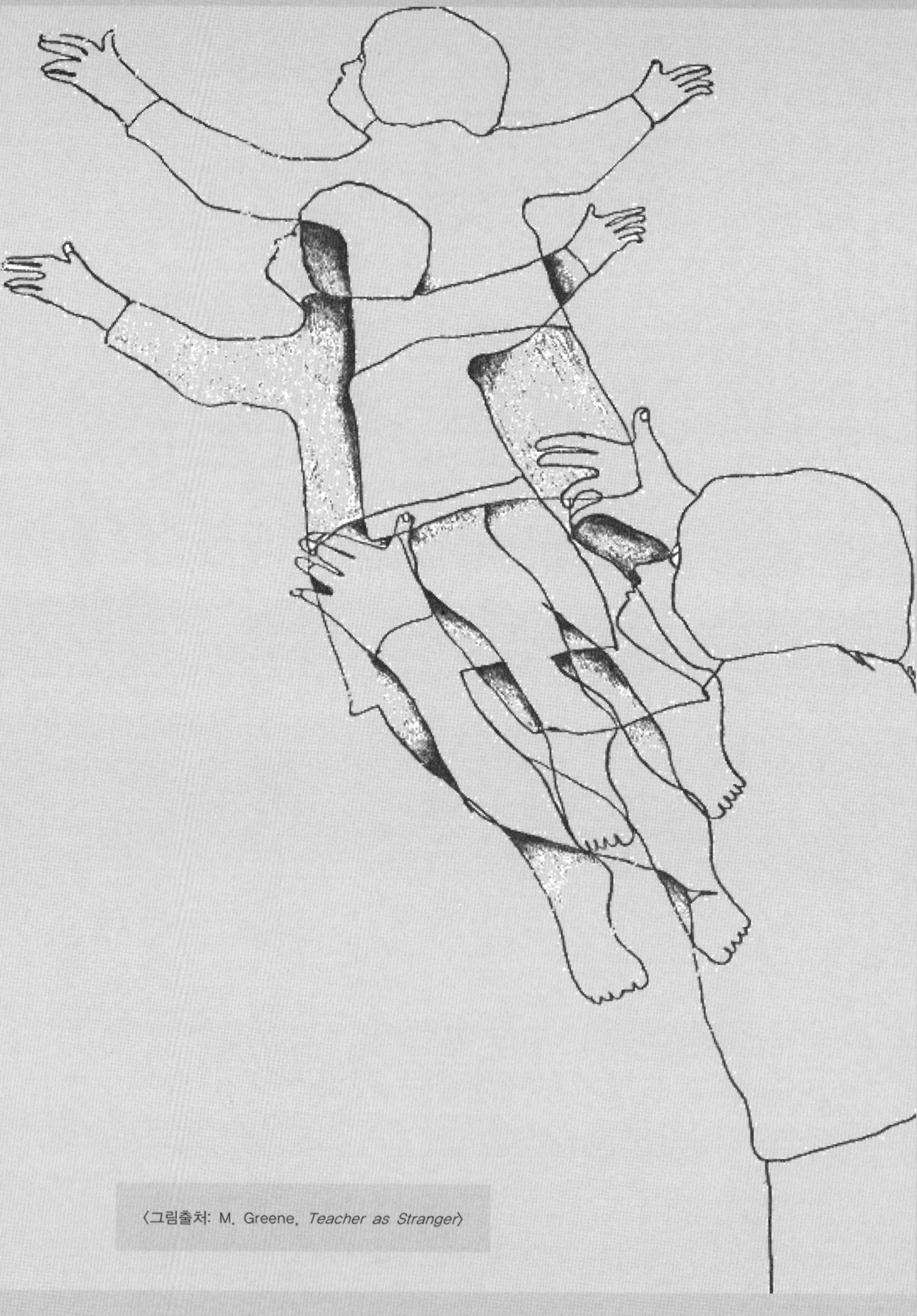

〈그림출처: M. Greene, *Teacher as Stranger*〉

지식의 문제와 더불어 교육에 대한 본질적 이해를 위해 필수적으로 고려되어야 할 것이 가치의 문제이다. 가치의 제 영역 가운데 교육에서 중요시하는 것으로 도덕적, 사회적, 심미적, 종교적 가치 등을 꼽을 수 있으며, 학교교육에서는 도덕적 가치의 문제가 특별한 관심사로 부각된다. 인간 행위를 이끌어가는 것은 내면에 형성된 가치에 대한 성향과 관심임을 고려할 때, 선하고 올바르고 아름다운 가치를 지향하는 인격의 형성은 교사에게 보다 근본적이고 궁극적인 과제일 것이다.

가치란 무엇인가? 가치는 주관적인 경험에 속하는 상대적인 것인가? 절대적이고 보편적인 가치가 있는가? 가치는 인간 삶에서 어떤 의미와 기능을 갖는가? 가치관은 어떻게 형성되는가? 사회 속에서 무의식적으로 형성된 인습적인 가치에 대한 비판적 각성과 재구성은 어떻게 가능한가? 특히 도덕적 가치란 무엇인가? 도덕성의 근거는 인간의 내적인 동기와 인격에 있는가? 외적인 결과와 행위 그 자체를 통해 판단되는 것인가? 도덕성은 행위 원칙에 대한 합리적 사고 능력을 기름으로써 얻어지는가? 일련의 실천적 경험을 통해 인격의 일부로 형성되는 것인가? 도덕적 가치는 학교에서 독립된 교과로서 가르칠 수 있는가? 아니면 제반 교과 과정을 통해 도덕적 성향이 인격과 행위에 깊게 스며들도록 해야 하는가? 지적, 도덕적 성장이 통합적으로 이루어지는 도덕교육의 길이 있는가? 도덕교육을 통해 우리는 무엇을 가르치려 하고, 어떤 인간을 기르고자 하는가? 이러한 물음을 토대로, 이 장은 가치의 본질적 성격을 이해하고, 교사 자신의 가치론적 입장과 도덕교육에 대한 관점을 철학적으로 성찰하는 계기를 마련해 보려는 목적으로 구성되었다.

이를 위해 만나는 교육고전은 근대 프랑스 대혁명의 사상적 기틀을 놓은 철학자 루소(1712~1778)의 『에밀』이다. 18세기 절대왕정시대를 살았던 루소는 당시 사회의 불평등한 현실을 문제로 의식하며, 선하고 자유롭고 평등하고 합리적인 자연의 질서에 호소하는 철학을 전개하였다. 따라서 『에밀』을 읽으며, 이것이 개인의 교육 원리를 밝히는 것 자체를 목적으로 한 것이 아니라, 자연인 교육을 통해 사회개혁을 이루려는 전망 속에서 쓰여진 것임을 상기할 필요가 있다.

『에밀』은 가상의 교사 루소가 가상의 학생 에밀을 데리고 어려서부터 성인이 되기까지 교육하는 과정으로 구성된 교육소설이다. 여기에 발췌한 것은 에밀이 12세가 되기 이전까지의 내용 가운데 루소의 교육사상이 잘 드러나는 부분들이다. 선한 자연성, 자연의 교육원리, 자연인의 의미, 사회의 인습과 제도화된 교육의 문제, 교사의 자격조건, 유년기 발달의 질서, 인간의 행복과 불행의 근원, 소극적인 초기 교육의 원리, 신체 감각 훈련을 통한 감각적 이성의 도야 등에 관한 루소의 견해를 읽을 수 있다.

여기서는 가치의 문제와 관련한 다음 두 가지 물음에 초점을 두어 읽으면서, 루소의 견해를 해석해보고 현재적 의미를 찾아보기를 기대한다. 첫째는 선한 자연성에 대한 물음이다. 루소가 생각한 선한 가치는 무엇일까? 자연 그대로의 상태를 본래적 선으로 보았는데, 근대사상가 루소에게 문명사회의 인습적 가치에 대비되는 선한 자연성이란 무엇을 의미하는가? 둘째는 선에 이르는 길, 선한 인간을 형성하는 방법에 대한 물음이다. 루소에게 선한 인간은 어떻게 형성되는가? 그는 자연적으로 주어진 자기애의 정서로부터 결국 선과 행복의 길을 추구하는 방향으로의 성장이 가능하다고 보았는데, 그 구체적인 의미와 방법을 짚어볼 필요가 있겠다.

이어지는 글은 루소의 자연주의 교육사상과 아동관을 발달단계론, 감성론, 성선론을 중심으로 해명하려는 것이다. 특히 루소 이전의 아동관의 변화를 역사적으로 고찰한 부분은 루소 아동관의 특징적 면모를 이해하는 배경 맥락을 제공하는 점에서 주목할 만하다.

# 에밀

장 자크 루소 지음 / 민희식 옮김

## 제 1 부

### *자연의 교육 원리*

신이 만물을 창조할 때에는 모든 것이 선하지만, 인간의 손에 건네지면 모두가 타락한다. 인간은, 어떤 땅에서 나는 산물을 다른 땅으로 하여금 억지로 기르게 하고, 어떤 나무에 다른 나무의 열매를 맺게 하려고 억지를 쓴다. 그리고 때와 장소와 자연 조건을 혼란케 한다. 자기의 개나 말이나 노예를 불구로 만든다. 인간은, 모든 것을 깨뜨리고, 일그러뜨리며, 기형奇形과 괴이한 것을 좋아한다. 자연이 만든 상태 그대로는 무엇 하나 마음에 들어 하지 않는다. 인간 자신에 대해서조차도 그렇다. 그리하여 인간은, 승마하기 위해 말을 훈련시키듯, 인간을 훈련시킨다. 정원의 나무처럼, 자기 주인의 취향에 맞도록 뒤틀려야 하는 것이다.

그러나 그렇게라도 교육하지 않는다면, 사태는 더욱 악화될 것이다. 게

다가 인간은 어중간하게 만들어지는 것을 바라지 않으니까. 현재의 상황 하에서는, 태어난 순간부터 오직 홀로 다른 사람들 사이에 내팽개쳐진 사람은 누구보다도 괴물 같은 인간이 될 것이다. 여러 가지 편견이나 권위 · 필요 · 선례先例, 그 밖에 우리들을 둘러싼 일체의 사회적 여건은, 인간의 내면에 있는 본성을 압도하고, 그 자리에 아무것도 가져다주지 않는다. 인간의 내면에 있는 그 본성은, 길 한가운데에 우연히 난 작은 나무처럼, 통행인에게 이리 밟히고 저리 밟혀서 이윽고 시들어 죽을 것이다.

인자하고 조바심 많은 어머니여,[1] 당신에게 간곡히 부탁하노니, 넓은 길에서 이제 막 태어났을 뿐인 작은 나무를 옮겨 주어, 사회의 인습이라는 폭력에 짓밟히지 않게 해주시오. 어린 나무가 짓밟혀 죽기 전에 보살피고 물을 주시오. 그 나무의 열매는 언젠가 당신의 보살핌에 보답할 것입니다. 한시 바삐 당신 아이의 영혼의 둘레에 울타리를 만들어 주십시오. 울타리의 설계는 다른 사람도 할 수 있지만, 울타리를 거기에 두르는 것은 당신이 하지 않으면 안 됩니다.[2]

---

1_ 최초의 교육이 가장 중요한 것이다. 그리고 그 최초의 교육은, 의심할 여지없이 여성의 일이다. 만약 자연의 창조자가 그것을 남성의 일로서 원했다면, 아이를 기르기 위한 젖을 남성들에게 주었을 것이기 때문이다. 그러니 교육에 대한 당신들의 이론을 여성에게 언제나 이야기하도록 하라. 여성이 남성보다 가까이에서 아이를 보살필 수 있고, 또 언제나 남성보다 더 많은 영향을 아이에게 줄 뿐만 아니라, 교육의 결과에도 여성 쪽이 훨씬 더 관계가 깊기 때문이다. 많은 미망인은 대체로 그 아이의 신세를 지게 되는데, 그 경우, 그녀들이 취한 아이 교육 방법의 결과를 확실히 느끼게 된다. 법률은 평화를 목적으로 하는 것이지 덕을 목적으로 하는 것이 아니다. 따라서 언제나 재산에 큰 주의를 기울이고 사람에게는 거의 주의를 기울이지 않으므로, 어머니의 권위를 충분히 인정하지 않는다. 그럼에도 불구하고, 어머니의 지위가 아버지의 지위보다 확실하며, 그녀의 의무가 한층 더 힘들다. 어머니의 배려는 가정의 질서를 잘 유지하기 위해 더욱 중요하다. 일반적으로, 어머니가 아이에게 보다 더 많은 애착을 가지고 있다. 자식이 아버지를 덜 존경하는 경우, 그것은 얼마간 허용되는 일도 있지만, 어떤 경우이든, 아이가 어머니를, 그를 태내(胎內)에 잉태하고, 그 젖으로 기르고, 오랜 세월 동안 자신의 몸을 잊고 그의 일만을 생각한 사람으로 존경하지 않을 정도로 본성을 잃었다면, 그런 가련한 인간은 살 가치가 없는 괴물로서, 곧 숨통을 끊어야 한다. '어머니는 아이를 응석받이로 기른다'고 사람들은 말한다. 이 점, 확실히 어머니는 잘못되어 있지만, 아이를 타락시키는 당신들만큼 잘못되어 있지는 않을 것이다. 어머니는 아이가 행복하기를, 지금 곧 행복하게 되기를 원한다. 이 점에 있어서 어머니는 바르다. 따라서 그 방법에 잘못이 있다면, 가르쳐 주어야 한다. 아버지의 야심 · 탐욕 · 압제 · 잘못된 선입관 · 무관심 · 냉담 …… 그런 것은 어머니의 맹목적인 애정에 비해 아이에게 백배나 더 해롭다. 또, 〈어머니〉라는 명칭에 내가 부여하는 의미를 설명할 필요가 있는데, 그것은 뒤에서 곧 설명될 것이다.

식물은 재배에 의해 가꾸어지고, 인간은 교육에 의해 만들어진다. 태어날 때부터 키가 크고 힘이 세다 해도, 그 키와 힘을 사용하는 방법을 배우지 않는다면, 그 키와 힘이 대체 무슨 소용이 있단 말인가! 그 키와 힘 때문에 아무도 그를 도우려 하지 않을 테니, 그에게 있어서는 오히려 큰 키와 힘이 장애물이 될 뿐이다.[3] 오직 홀로 내팽개쳐져서, 그는 자신의 욕구를 알기도 전에 죽어 버리고 말 것이다. 사람들은 유아기幼兒期의 이러한 무력을 한탄하는데, 그것은 인간이 처음에 어린아이로 시작하지 않았더라면, 인류는 진작 멸망해 버렸으리란 사실을 인식하지 못하기 때문이다.

우리는 약한 존재로서 태어난다. 그래서 우리에게는 힘이 필요하다. 우리는 무력하기 때문에 타인의 도움을 필요로 하는 것이며, 우매하기 때문에 이성理性을 필요로 하는 것이다. 우리가 태어날 때 지니지 못했던 것, 어른이 되었을 때 필요한 것은 모두 교육에 의해 주어진다.

이 교육의 근원은 자연과 인간과 사물이다. 우리의 능력과 기관器官의 내적 성장은 자연의 교육이고, 이 성장을 어떻게 이용할 것인지를 가르쳐 주는 것은 인간의 교육이다. 그리고 우리가 환경의 경험에 의해 얻는 것은 사물의 교육이다.

따라서 우리는 세 종류의 스승에 의해서 교육된다. 그 스승들의 가르침이 서로 모순되는 경우, 제자는 나쁜 교육을 받게 되고, 정서의 안정을 가지지 못한다. 스승들의 가르침이 일치할 때에만, 제자는 자기의 목적을 향해 나아가고 일관된 인생을 보낼 수 있다. 그러한 사람만이 좋은 교육을 받은 것이다.

그런데, 이 세 가지 교육 중에서 자연의 교육은 우리의 힘으로는 어떻게

---

2_ 포르메이씨(Jean Henri Samuel Formey, 1707~1797. 베를린 출생의, 망명 프로테스탄트 계통의 목사. 〈에밀〉을 다시 쓴 〈기독교도 에밀〉, 〈안티 에밀〉의 저작이 있다)는, 내가 여기에서 자신의 어머니에 대하여 말하려 하는 것이라고 믿고, 그것을 어느 저서 속에서 말했다고 내게 확언(確言)한 사람이다. 이것은 포르메이씨 자신이나 나를 매우 모욕한 말이다.

3_ 겉보기에는 어른들과 비슷하지만, 말을 모르며, 또, 말이 나타내는 관념도 지니지 못했으므로, 그런 아이는 자신이 도움을 필요로 하고 있는 것을 타인에게 알릴 수가 없을 것이고, 그 필요를 타인에게 나타내 보일 방법을 전혀 가질 수 없게 될 것이다.

도 할 수가 없다. 또 사물의 교육은 어느 정도까지는 우리가 좌우할 수 있지만 아무튼 우리가 진정으로 마음대로 할 수 있는 유일한 것은 인간의 교육이다. 그러나 이것마저도 아직 그럴 수 있으리라는 가능성을 말할 수 있을 뿐이다. 왜냐하면 한 어린이를 둘러싼 모든 사람들의 말이나 행동을 완전히 선도할 수 있으리라고는 아무도 기대할 수 없기 때문이다.

그러므로 교육도 하나의 기술이라는 관점에서 보면, 그 성공은 거의 불가능하다. 성공의 필수 조건인 세 가지 교육의 일치는, 누구의 힘으로도 이룰 수 없기 때문이다. 온갖 노력을 기울인 끝에 고작 해낼 수 있는 일이라고는 조금이라도 목표에 가까이 가는 일뿐, 그 목표에 도달하기 위해서는 행운이 따라야 한다.

그러면 이 목표란 무엇일까? 앞에서 여러 차례 말했듯이 그것은 바로 자연의 목표이다. 완전한 교육을 위해서는 세 가지 교육이 일치되어야 하니까, 우리의 힘으로는 어떻게도 할 수 없는 '자연'의 교육 쪽으로 다른 두 가지 교육을 일치시켜 나갈 수밖에 없지 않은가. '자연'이라는 말이 많이 나오는데, 이 자연이라는 말의 의미가 너무 막연하다. 여기서 그 의미를 확실히 할 필요가 있을 것 같다.

'자연이란 습관에 지나지 않는다'고 말하는 사람이 있다.[4] 그것은 무슨 의미일까? 강제에 의하여 형성되는 습관은 없는가? 자연을 압도하여 죽이지 않는 습관은 없는가? 예를 들면, 수평으로 성장하도록 훈련된 식물의 습성이 그것이다. 그 식물은, 자유롭게 된 다음에도 강제로 굽혀진 그대로 있다. 그러나 수액樹液은 최초의 성장 방향을 잠시라도 바꾼 적이 없기 때문에, 그 식물이 새로운 성장을 한다면, 그것은 수직적인 성장을 취할 것이다. 인간의 성향性向도 이와 마찬가지이다. 같은 여건에 머물러 있는 한, 사

4_ 포르메이씨는, 아무도 정확히 그런 말을 하지 않았다고 우리에게 단언하고 있다. 그러나 다음의 시(詩) 속에서, 실로 명확히 말하고 있다고 생각되므로, 그것을 두고 나는 이렇게 쓴 것이다. 자연이란 습성에 지나지 않는다. 정말로 그렇게 생각해도 좋다. 포르메이씨는 자신의 동료를 오만한 인간으로 만들고 싶지 않아서, 조심스럽게, 자신의 지능의 한도를 인간 오성(悟性)의 한도로서 우리에게 부여하고 있는 것이다.

람들은 습성으로부터 생긴 성향, 심지어는 자기 자신에게 가장 부자연스런 성향까지도 계속 보전한다. 그러나 여건이 변하자마자, 그 습성은 사라지고, 다시 자연이 고개를 든다. 자신이 받은 교육을 잊어버리거나 잃어버리는 사람들이 있는가 하면, 그것을 계속 지니고 있는 사람들이 있는 걸 보면, 교육이란 확실히 하나의 습관에 지나지 않는다. 그러면 그 차이는 어디에서 오는 것일까? 만일 자연에 일치된 여러 가지 습관만을 '자연'이라고 한다면, 더 이상 말할 필요도 없다.

우리는 감각적인 존재로 태어난다. 그리고 태어나면서부터 우리들은 주위환경으로부터 여러모로 영향을 받는다. 우리가 우리 자신의 감각을 의식하게 되자마자, 그 감각을 만들어 내는 사물을 추구하거나 피하게 된다. 처음에는 그것이 유쾌한 감각이거나 불쾌한 감각이기 때문에, 다음에는 그것이 우리에게 맞거나 맞지 않기 때문에, 마지막에는 이성이 우리에게 주는 행복과 선善에 대한 관념에 기초하여 내리는 판단 때문에 그것을 추구하거나 피하거나 한다. 이 성향性向은, 우리의 이성이 발달하고 지식이 늘어감에 따라 점점 확대되고 확고해져 간다. 그러나 그것은, 우리의 습관에 의해 방해되고, 우리의 편견에 의해 다소 변질된다. 그 변화되기 전의 성향을, 나는 우리 안에 있는 자연이라고 부르는 것이다.

따라서 모든 것을 이 자연적인 성향과 조화시키지 않으면 안 된다. 그리고 그것은, 우리의 세 가지 교육 양식이 단지 서로 다르기만 하면 가능한 일이다. 그러나 이 세 가지 교육이 서로 대립하고 있어서, 사람을 그 사람 자신을 위해 교육하지 않고 다른 사람들을 위해 교육하려 하는 경우에는 어떻게 될까? 그런 경우에는 자연적인 성향과의 조화는 불가능하다. 자연과 싸우든가 사회와 싸우도록 강요받기 때문에 당신은 한 인간을 만들 것인가 시민市民을 만들 것인가를 선택해야 한다. 양자兩者를 동시에 만들 수는 없으니까 말이다.

### *시민을 기르는 공공교육의 문제*

보다 작은 규모의 사회는, 남들을 멀리하고 굳게 단결해 있는 경우, 큰 사회로부터 떨어져 나간다. 애국자는 모두 외국인에 대해 가혹하다. 애국자 입장에서 보면 외국인은 단지 인간일 뿐으로, 자기와는 아무런 상관도 없다.[5] 이것은 불가피한 부당함이지만, 대단한 일은 아니다. 중요한 것은, 함께 생활하고 있는 사람들에게 친절해야 한다는 것이다. 스파르타인은 이방인에 대해서는 이기적이고 인색하고 불공평한 인간이었다. 그러나 그들의 도시 안에서는, 공평무사公平無私 · 일치협력一致協力의 정신이 지배하고 있었다. 세계주의자들을 신용하지 말라. 그들은 자기 가까이의 사람들에 대해서는 의무를 소홀히 하면서, 멀리, 책 속에서 자신의 의무를 찾으려 한다. 이런 철학자들은, 자기 이웃을 사랑하는 의무로부터 벗어나기 위하여 달단인들韃靼; Tatar(몽고의 한 부족)을 사랑할 것이다.

자연인에게는 자신이 전부이다. 그는 자기 자신이 그 사회의 구성원인 동시에 전체이므로, 그는 자기 자신에 대해서 또는 자신과 동등한 것에만 의존한다. 시민은, 분모에 의해 가치가 결정되는 분자에 지나지 않는다. 그의 가치는, 사회라는 전체와의 관계에 의해서 정해진다. 훌륭한 사회 제도란, 인간으로부터 아주 교묘하게 자연성을 빼앗아, 그 절대적 존재를 제거하고 대신 상대적 존재를 주어, '자아'를 공동체 속으로 옮길 수 있게 하는 제도이다. 그리하여 각 개인은, 자신을 하나의 개체적 존재로 생각하지 않고 공동체의 일부분으로 생각하여, 공공의 생활만을 의식하게 된다.

로마의 시민은 카이우스(컬리쿨라 황제)도 루키우스(네로황제)도 아니었다. 그들은 단지 한 사람의 로마인이었다. 게다가 그들은, 자신을 돌아보지 않고 오로지 조국을 사랑했다. 카르타고에 사로잡혀 간 레굴루스[6]는, 자기

---

5_ 따라서 공화국 사이의 전쟁이 군주국 사이의 전쟁보다 잔혹하다. 그러나 국왕끼리의 전쟁은 온화하다 하더라도, 그들의 평화는 두렵다. 그들의 신하가 되기보다 적이 되는 것이 나을 정도이다.

6_ 기원 전 3세기 로마의 장군. 카르타고와의 싸움에 패하여 포로가 되었다가, 도망하지 않는다는 약속하에 휴전의 사절로서 로마에 보내지는데, 원로원에서 휴전을 거부하라는 이야기

는 주인의 재산이 되어 버렸기 때문에 카르타고인이라고 주장했다. 그는, 자기는 외국인이므로, 주인의 명령이 없이는 로마의 원로원元老院 자리를 수락할 수 없다고 거절했다. 그는 사람들이 자기의 목숨을 구하려 하는 것을 비웃었다. 그는, 자신의 의지를 굽히지 않고 사형을 받기 위하여 의연히 돌아갔다. 레굴루스와 오늘날의 사람들과는 너무나 동떨어진 거리가 있다.

스파르타 사람인 페다레토스[7] 는 3백인 회의의 일원이 되기 위하여 출마했는데, 낙선되었다. 그렇지만 그는, '스파르타에는 나보다 뛰어난 사람이 3백 명이나 있구나' 하고 말하면서 기쁨에 넘쳐 되돌아갔다고 한다. 나는 그가 진심으로 그렇게 말했으리라고 믿는다. 그렇게 믿어도 좋을 만한 근거가 있으니까. 그것이 곧 시민이란 것이다.

스파르타의 어떤 부인이, 다섯 명의 아들을 군대에 보내고 전투의 상황 소식을 기다리고 있었다. 하인이 소식을 가지고 도착했다. 부인은 떨면서 전황을 물었다.

"마님, 마님의 아드님들은 모두 전사하셨습니다."

"못난 녀석이로다! 내가 네게 그런 것을 물었느냐?"

"우리 군대가 승리했습니다."

그제서야 부인은 신전神殿으로 달려가 신들에게 감사했다. 이것이 곧 시민인 것이다.

사회생활 속에서 자연의 감정의 우월성을 보존하려 하는 (자기애가 이기심으로 변질되는) 사람은, 자기가 무엇을 바라고 있는지 알지 못한다. 그런 사람은 언제나 자기 자신과 모순되어, 자신의 소망과 의무 사이를 방황하면서 결코 하나의 인간도 하나의 시민도 되지 못한다. 그런 사람은 자신에게나 다른 사람에게나 아무런 도움이 되지 못하는 사람이 된다. 그것이 현대의 인간이요 프랑스인, 영국인, 중류 계급의 한 사람이다. 그런 사람들은 아무것도 되지 못한다.

---

를 하고, 카르타고로 돌아와 처형되었다고 한다.

**7**_ 플루타크의 〈라케다이몬인에 대한 유명한 이야기〉 60. 라케다이몬인이란 스파르타인을 말한다.

무언가 되기 위해서는, 자기 자신이 되기 위해서는, 그리고 언제나 개체의 한 인간이기 위해서는, 말과 행동을 일치시켜야 한다. 언제나 자기가 취해야 할 태도를 분명히 결정하고, 그것을 과감히 관철해 나가야 한다. 내가 이 기적을 보는 때가 되면, 그 사람이 한 인간인지 시민인지를, 그리고 동시에 그 양쪽이기 위해서는 그는 어떻게 행동하면 좋은지를 결정할 수 있을 것이다.

이 필연적으로 상반되는 두 가지 목적으로부터, 상반되는 두 가지 형태의 교육이 나온다. 하나는 대다수인들에게 공통되는 일반적인 공공교육公共教育이고, 다른 하나는 개별적인 가정교육이다.

공공교육이 무엇인지를 알고자 한다면, 플라톤의 『국가國家』를 읽어 보라. 그 책은, 표제表題만 보고 판단하는 사람들이 생각하는 것처럼 정치에 관한 것을 다룬 책이 아니다. 그것은 지금까지 쓰여진 교육론 중에서 가장 훌륭한 것이다.

사람들은 플라톤의 국가제도론國家制度論을 평할 때, 공상적이고 비현실적인 것으로 단정해 버린다. 그러나 만약 리쿠르고스[8]가 그의 제도를 책으로 써서 남겨 놓았더라면, 나는 그 쪽이 훨씬 더 공상적이었으리라 생각한다. 플라톤은 인간의 마음을 정화淨化하려 한 데 지나지 않았지만, 리쿠르고스는 인간의 마음을 아주 변질시켰으니까.

공공의 제도는 이미 존재하지도 않고 존재할 수도 없다. 오늘날에는 조국도 없으며 애국자도 없기 때문이다. '조국'과 '애국자'라는 두 가지 말은 현대어現代語로부터 축출되어야 한다. 그 이유를 나는 잘 알고 있지만, 그것을 말하고 싶지는 않다. 그것은 이 책의 주제와는 아무런 관계도 없기 때문이다.

나는 사람들이 꼴레쥬college(대학)라고 부르는 저 가소로운 시설을 공공교육기관이라고는 생각지 않는다.[9] 또 상류 사회의 교육도 공공교육의 영

---

8_ 고대 스파르타의 입법가(立法家)로서, 스파르타의 헌법을 제정했다. 루소는 그를 뛰어난 입법가로서 〈사회 계약론〉 속에서도 자주 언급했다.

역에 넣지 않는다. 상류 사회의 교육은 상반되는 두 가지 목적을 추구하다가 어느 쪽 목적에도 도달할 수 없게 되기 때문이다. 그것은 언제나 남들을 위해 살도록 교육하는 것처럼 보이면서, 실은 자신의 일 외에는 절대로 생각지 않는 이중二重 인격의 인간을 만드는 것 외에 아무것도 아니다. 그런데, 그러한 가장假裝은 모든 사람에게 공통적인 것이어서, 아무도 그것에 속지 않는다. 따라서 가장하느라고 마음을 쓰는 것이 모두 공연한 헛수고일 뿐이다.

이 모순으로부터 끊임없이 우리가 마음속으로 느끼고 있는 모순이 생겨난다. 자연과 인간에 의해 서로 상반되는 길로 이끌려 들어가, 그 서로 다른 힘에 강요되어, 우리는 어느 쪽 목표에도 도달하지 못하는 어중간한 길을 걷게 된다. 그리하여 일생 동안 괴로워하고 휘청거리다가 일관된 의견을 가지지 못한 채, 자기에게나 다른 사람에게나 아무런 도움이 되지 못하는 인간으로 살아가게 되는 것이다.

### *자연인을 위한 진정한 삶의 교육: 사는 것을 가르쳐라*

이제 남은 것은 가정교육 또는 자연의 교육인데, 오로지 자기 자신만을 위한 교육을 받은 사람이 다른 사람들과 어떻게 조화 있게 살 수 있을까? 만약 인간의 여러 가지 모순을 제거함으로써 인간이 지향하는 이중의 목적이 하나로 통일될 수 있다면, 인간의 행복을 방해하는 큰 장애물 하나가 제거될 것이다. 그것을 판단하기 위해서는, 완성된 인간을 보아야만 한다. 또, 그의 취향을 관찰하고, 그의 발전을 바라보며, 그의 성장 과정을 지켜보아 두었어야 한다. 한마디로 말해, 자연인을 알아야 한다. 당신이 이 책을 다 읽었을 때에는, 그러한 탐구 속으로 얼마간 발을 들여 놓았을 것으로

---

9_ 몇 개 학교, 특히 파리 대학에는 내가 사랑하고 존경하는 교수가 있어서, 만약 그들이 기성(旣成)의 관습에 따르기를 강요받지 않는다면, 그들은 청년을 훌륭하게 교육할 수 있으리라고, 나는 생각한다. 나는 그 사람들 중의 한 사람에게, 그가 생각한 개혁안을 발전시키도록 권하고 있다. 폐해를 고칠 수단이 없지는 않다는 것을 알면, 사람들은 이윽고 필시 그 폐해를 올바르게 하려는 마음을 갖게 될 것이다.

나는 믿는다.

이와 같은 예외적인 인간을 훈련하기 위하여 우리는 무엇을 해야 할 것인가? 여러 가지가 있으리라. 그러나 가장 중요한 것은 그에게 어떤 일도 행해지지 않도록 방지하는 일이다. 바람을 거슬러서 항해하기 위해서는 사행蛇行만 하면 된다. 그러나 바다가 거친데 해안에 머물러 있으려 할 때에는 닻을 내리지 않으면 안 된다. 젊은 키잡이여, 조심하라! 당신이 모르는 사이에 밧줄이 풀어지거나 닻이 떠내려 가거나 하지 않도록.

각자가 자신의 지위를 가지고 있는 사회 질서 아래에서는 사람은 모두 그 지위를 위해 교육되지 않으면 안 된다. 만약 그 지위에 맞게 만들어진 사람이 그 지위를 버린다면, 그 사람은 아무 데에도 쓸모없는 사람이 된다. 그의 교육은 그 사람의 운명이 부모의 선택과 일치할 때에만 유효하다. 그렇지 못한 경우, 교육은 그 학생에게 있어 언제나 해로운 것이 된다. 교육이 만들어 내는 여러 가지 편견만을 생각해도 그렇다. 아들이 아버지의 직업을 반드시 계승해야 했던 이집트에서는, 적어도 교육에 뚜렷한 목적이 있었다. 그렇기는 하나, 신분은 그대로이고 그 신분을 차지하는 사람들이 끊임없이 바뀌고 있는 우리 사회에서는, 신분에 맞도록 자기 자식을 교육하는 일이 과연 자식에게 좋은 것인지 어떤지는 아무도 모른다.

자연의 질서 아래에서 인간은 모두 평등하며, 그들의 공통의 천직天職은 인간 바로 그것이다. 그러므로 잘 교육된 인간은 그 천직 및 그와 연관된 직업이라면 무슨 일이든 해낼 수가 있다. 나의 학생을 장차 군인으로 만들려 하든 성직자로 만들려 하든 법률가로 만들려 하든 그것은 아무래도 좋다. 자연은, 그의 부모가 그의 천직을 선택하기 전에, 먼저 인간으로서의 생활을 하도록 명령한다. 그러므로 인생이 내가 학생에게 가르치려는 직업이다. 내게서 떠나갈 때, 그는 틀림없이 관리도 군인도 성직자도 아니리라. 그는 무엇보다도 먼저 인간일 것이다. 인간에게 어울리는 모든 것을 그는 다른 것들과 똑같이 빨리 배울 수가 있을 것이다. 아무리 운명의 여신이 그의 지위를 바꾸려 해도, 그는 의연히 자신의 지위에 머물러 있을 것이다.

'운명의 여신이여, 나는 그대의 창끝을 막고 그대를 포로로 잡았노라. 그리고 그대가 내게 가까이 올 수 있는 길은 모조리 막아 버렸노라.'[10] 하고 말이다. 우리가 정말로 연구해야 할 것은, 인간과 그의 환경에 대해서이다. 우리들 가운데 인생의 좋은 일 나쁜 일에 가장 잘 견디는 사람이야말로 가장 잘 교육된 사람이라고 나는 생각한다. 그러므로 진정한 교육이란, 훈시하는 것이 아니라 훈련시키는 것이다. 우리는 태어남과 동시에 배우기 시작한다. 결국 우리의 교육은 우리와 함께 시작되며, 우리의 최초의 선생님은 유모이다. 그래서 '교육'Education이라는 말은, 고대에는, 우리가 사용하고 있는 의미와는 다른 의미, 즉 '양육'養育을 의미했었다. '산파가 받고, 유모가 기르고, 가정교사가 예의범절을 가르치고, 선생님이 교육한다'고, 바로는 말했다.[11] 이와 같이 기르는 것, 예의범절을 가르치는 것, 교육하는 것을 각각 다른 사람이 하는 것과 같이, 그 각각의 목적 또한 서로 달랐다. 그러나 이와 같은 구분은 결코 바람직하지 못하며, 아이는 한 사람의 스승에게서 배워야 한다.

따라서 우리는 특수인보다는 일반인들 중에서 스승을 찾아야 하며, 그 스승을 특별한 사람으로 생각해서는 안 되며, 인생의 과정을 통해 산전수전을 다 겪은 사람으로 간주하지 않으면 안 된다. 만약 인간이 일정한 어떤 땅에 묶여 있다면, 일 년 내내 같은 계절이 계속된다면, 모든 사람이 어떤 신분에 고정되어 결코 신분이 바뀌지 않는다면, 이제까지의 교육법도 어떤 점에서는 괜찮을지 모르겠다. 그 신분에 맞추어 교육된 어린이는, 그 신분에서 벗어나는 일이 결코 없을 터이니, 신분이 달라짐으로 해서 발생하는 불편함에 시달리거나 하는 일은 없을 테니까. 그러나 변하기 쉬운 인간의 일을 생각하고, 모든 것이 세대마다 달라지는 불안하고 동요하는 현대를 생각할 때, 결코 방 밖으로 나갈 필요가 없는 인간, 언제나 하인에 둘러싸

---

**10**_ 키케로의 〈토스쿠룸 논총〉 제5권 제9장. 루소는 이 말을 라틴어 그대로 인용했다.

**11**_ 바로(Varro)는, 기원 전 1세기의 로마 학자. 이 글은, 4세기의 문법학자 노니우스 마르케르스의 인용에 의한다.

여 있는 인간으로서 어린이를 기르는 것이 과연 어떨지? 아마도 그것보다 무분별한 짓은 없을 것이다. 그런 불쌍한 인간은, 지상에 한 발짝이라도 내딛거나, 한 계단이라도 내려선다면 그대로 파멸하고 말리라. 이것은 그에게 고통을 참는 것을 가르치는 것이 아니다. 그것은 그에게 고통을 느끼도록 훈련하는 것이다.

사람들은 어린아이로서의 삶을 영위하는 일만 생각하는데, 그것으로는 충분하지 않다. 어른이 되었을 때, 자신의 삶을 영위하고, 운명의 시련을 견뎌 내고, 유복함과 빈곤함을 문제 삼지 않고, 아이슬랜드의 얼음 속이나 말타 섬의 돌덩이 같은 바위 위에서라도 살아갈 수 있도록 훈련하지 않으면 안 된다. 당신들은 아이가 죽을까 하여 걱정하며 조심해서 보살피는데, 그것은 헛수고이다. 아이는 언젠가 죽을 것이다. 그 아이에게 죽음을 피하는 것을 가르치기보다는 사는 것을 가르쳐라. 산다는 것은 호흡을 하는 것이 아니다. 활동하는 것이다. 우리의 기관과 감각과 능력을, 그리고 우리에게 존재감을 주는 몸의 모든 부분을 활용하는 것이다. 가장 잘 산 사람이란, 가장 오랜 세월을 산 사람이 아니라 인생을 가장 잘 체험한 사람이다. 100년을 살고 죽은 사람이, 태어나자마자 금방 죽은 사람과 똑같을 수도 있다. 그런 사람은 젊어서 무덤에 가는 편이 낫다. 적어도 그때까지 참되게 살았다면 말이다.

### *아이를 속박하는 사회의 불합리한 관습*

우리의 지혜라고 하는 것은 모두 비굴한 편견에 지나지 않는다. 우리의 습관이라고 하는 것은 억제와 속박과 강압에 지나지 않는다. 사회인은 노예 상태 속에서 태어나 살다가 죽어 간다. 태어나면 배내옷에 싸이고, 죽으면 관에 갇히게 된다. 인간으로서 살아가고 있는 한, 우리는 사회 제도에 얽매이게 된다.

많은 산파들이 막 태어난 어린아이의 머리를 주무르면서 머리 모양을 좀 더 예쁘게 만든다는 따위의 말을 하고, 사람들은 또 그것을 묵인한다. 인간의 머리는 신이 만들어 준 상태 그대로 두어서는 별로 모양이 나지 않는다는 것이다. 그리하여 바깥쪽(외모)은 산파가, 안쪽은 철학자가 고친다. 그런 면에서는 저 미개한 카리브인 쪽이 우리보다 훨씬 행복하다. 아기가 어머니의 태내胎內에서 나와, 몸을 움직이거나 손발을 뻗거나 하는 자유를 얻자마자 사람들은 아기에게 새로운 속박을 가한다. 배내옷으로 싸고, 머리를 고정시키고, 발을 뻗게 하고, 양팔을 몸에 가지런히 붙여서 잠을 자게 한다. 몸에 헝겊이나 끈을 휘감아서, 몸을 마음대로 움직일 수 없게 한다. 옆으로 눕게 하여, 입에서 나오는 침이 저절로 흘러나올 수 있을 정도면 그래도 행복한 것이다. 아기에게는, 침이 흘러나오도록 머리를 돌리는 자유조차도 주어지지 않으니까 말이다.

막 태어난 아기는 손발을 뻗거나 움직일 필요가 있다. 오랫동안 실뭉치처럼 움츠려 있던 마비 상태에서 손발을 풀어야 할 테니까. 물론 아기의 손발을 뻗게는 한다. 그러나 손발을 마음대로 움직이게 하지 않는 것은 사실이다. 머리에도 모자를 씌워 자유롭지 못하게 한다. 마치 아기가 살아 있는 것으로 보이는 것을 두려워하고 있는 것 같다.

그래서 성장하려고 하는 내적 충동은, 요구되는 운동에 대해 큰 장애를 발견하게 된다. 아기는 계속해서 헛된 노력을 하여 힘이 쇠진하고, 그 때문에 발육이 늦어지게 된다. 배내옷에 싸여 있는 것보다 어머니의 태내에 있을 때가, 그래도 좁지 않고 구속당하지 않고 죄이지 않았다. 이래서야 무엇 때문에 태어난 것인지, 나로서는 알 수가 없다.

아기의 손발을 움직일 수 없게 묶어 놓는 것은, 혈액과 체액體液의 순환을 나쁘게 하여, 아기가 강해지고 성장하는 것을 방해하고 체질을 손상하게 할 뿐이다. 그런 터무니없는 보살핌을 하지 않는 곳에서는, 인간은 모두 크고 강하고 균형이 잘 잡힌 몸을 하고 있다. 반면에, 아기를 배내옷에 싸는 나라에는 꼽추 · 절름발이 · 안짱다리 · 발육 부전 · 구루병환자 등 여러 종류의 기형아가 우글거린다. 자유로운 운동으로 인해 아기의 몸이 상하는 것을 염려하여, 태어나자마자 아기를 묶어 놓음으로써 아기의 몸을 더욱 손상시킨다. 불구가 되지 않도록 신경을 쓴다는 것이 오히려 그들을 불구로 만들고 있는 것이다.

이러한 잔혹한 구속이 아기의 체질이나 기질에 영향을 주지 않을 수 있을까? 생각해 보라, 아기들이 최초에 느끼는 감정이 어떤 것이겠는가를. 아기들은 태어나자마자 아픔과 고통을 느낄 것이다. 아기들이 필요로 하는 모든 운동에 대한 방해를 만날 뿐일 것이다. 쇠사슬에 묶인 죄인보다도 불쌍한 그들은, 헛된 노력을 하다가 화를 내고 울 것이다. '그들이 내는 최초의 소리는 울음소리다'라고, 당신들은 말하고 싶은가? 그건 맞는 말이라고 나도 생각한다. 그러나, 당신들은 아기가 태어난 그 순간부터 그들의 본성을 거스르려 한다. 아기들이 당신들로부터 받는 최초의 선물은 몸을 묶는 쇠사슬이고, 최초로 받는 대접은 고문이다. 그들이 마음대로 할 수 있는 일이란 소리를 지르는 것뿐이니, 어찌 소리로써 괴로움을 호소하지 않을 수 있겠는가. 그들은 당신들이 주는 고통에 대해 소리쳐 울어 호소하는 것이다. 당신들 자신이 그들처럼 묶여 있다면, 아마 그들보다 더 큰 소리로 외쳐댈 것이다.

이렇게 불합리한 관습은 어디서 생겨난 것일까? 자연에 역행하는 관습으로부터 생긴 것이다. 어머니들이 그 최초의 의무를 무시하고 자기의 아기를 몸소 기르려 하지 않게 되면서부터, 아기는 돈으로 고용된 여자들에게 맡겨지게 된 것이다. 그래서 전혀 애정을 느끼지 못하는 다른 사람의 아기 엄마가 된 여자는, 오직 힘이 드는 일을 피하고 싶은 생각뿐이었다. 아기를 자유롭게 내버려 두면, 아기에게서 한시도 눈을 뗄 수 없었을 것이다. 그러나 꽉 잡아매 두면, 울거나 말거나 한 귀퉁이에 내버려 둘 수 있다. 유모는, 그 아기에게 소홀했다는 증거만 없으면, 또 그 아기의 팔이나 다리가 부러지거나 하지만 않으면, 그 후에는 그 아기가 죽든 일생을 병약하게 살든 상관할 바가 없다. 그래서 아기의 몸을 희생시키면서 그 팔다리를 보호하고, 그렇게 함으로써 발생하는 다른 일에는 아무런 책임을 느끼지 않는 것이다.

자식으로부터 해방되어 환락이 넘치는 도시의 즐거움에 빠져 있는 멋쟁이 엄마들은, 그동안 배내옷에 싸인 아기가 유모에게는 어떤 취급을 받고 있는지 알고 있을까? 조금만 귀찮게 굴어도 아기는 헌옷 보따리처럼 싸여 못에 걸리게 된다. 유모가 천천히 자기 용무를 다 마칠 때까지, 불쌍한 아기는 그렇게 벽에 매달려 있는 것이다. 이런 상태에 있는 어린이들의 얼굴은 모두 보랏빛이었다. 가슴이 세게 압박받으니 혈액 순환이 원활히 될 수가 있겠는가. 그러니, 피는 머리로 올라가 있을 수밖에. 사람들은 아기가 아주 조용해졌다고 생각하겠지만, 아기는 소리 지를 힘조차 없어진 것이다. 그런 상태에서 아기가 얼마나 견딜 수 있을지 의문이다. 이와 같이 아기를 속박하는 것이 배내옷의 가장 큰 효용效用의 한 가지이다.

…… (중략) ……

### *자연의 법칙에 거슬러 노예이자 폭군으로 키워지는 아이*

이와는 정반대의 상황에 의해 자연의 궤도를 벗어나는 수가 있다. 그것은 어머니가 아이를 지나치게 보호하는 경우이다. 그런 여성은, 아이를 지나치게 소중히 여기는 나머지, 아이로 하여금 약함을 느끼지 않게 하려다가 더욱 아이를 약하게 만든다. 그리고 자연히 법칙에서 벗어나게 하기 위해, 고통으로부터 아이를 멀리한다. 그러나 그녀는, 한때의 고통으로부터 아이를 지켜 주는 것에 의해 장래에 얼마만큼의 사고와 위험을 아이에게 가져오게 하는지, 또 유년 시대의 약함을 오래 연장시켜 어른이 되었을 때 큰 고생을 하게 하는 것이 얼마나 잔혹한 일인지를 생각지 않는 것이다. 신화에 의하면, 테티스[12]는 아들을 불사신으로 만들기 위해 지옥의 강물에 집어넣었다고 한다. 이 신화는, 아름답고 그 의미가 명료하다. 내가 말하는 잔혹한 어머니들은, 그런 일은 하지 않는다. 그녀들은 아이를 유약柔弱하게

12_ 그리스 신화의 해신(海神) 네레우스의 딸. 테사리아의 왕 펠레우스의 아내이며, 아킬레우스의 어머니.

만들어, 장차 괴로움을 당하게 하기 위한 준비를 하고 있다. 모든 병病을 향해 숨구멍을 열어 놓는 것이다. 아이는 자라서, 틀림없이 병으로 고통당할 것이다.[13]

자연을 관찰하라. 그리고 자연이 보여주는 길을 가라. 자연은 끊임없이 아이에게 시련을 준다. 온갖 시련으로 아이의 체질을 단련시킨다. 자연은 일찍부터 아이들에게 고통이 무엇인가를 가르친다. 이齒가 날 때에는 열이 나고, 심한 배앓이는 경련을 일으키며, 오랜 기침은 숨을 막히게 한다. 게다가 기생충에 시달린다. 패혈증敗血症은, 혈액을 부패시키고, 온갖 병원균이 발효하여 악성 부스럼을 나게 한다. 유년 시대의 초기는 병과 위험의 시기라 해도 과언이 아니다. 태어난 아기의 절반이 여덟 살이 되기 전에 죽는다. 이 시련이 끝나면, 아이에게는 힘이 생긴다. 그리고 자기의 생명을 유지할 수 있게 되면, 생명의 뿌리는 한층 확고해진다.

이것이 자연의 법칙이다. 왜 그것에 거역하려 하는가. 당신들은 자연을 교정矯正하려다가 오히려 자연의 법칙을 파괴하고 자연의 배려를 방해하고 있다는 것을 모르는가. 지나친 보살핌을 받으며 자라는 아이가 그렇지 않은 아이보다 훨씬 사망률이 높다는 것을 경험에 의해 알 수 있다. 힘의 한계를 넘지 않는다면, 힘을 쓰게 하는 것이 쓰게 하지 않는 것보다 덜 위험하다. 언젠가 부닥뜨리게 될 공격에 대비해 단련시켜라. 불순한 계절 · 풍토 · 환경 · 굶주림 · 가뭄 · 피로에 견딜 수 있도록 단련시켜라. 지옥의 강물에 집어넣어라. 신체에 습성이 생기기 전이라면, 아무런 위험도 없이 어떤 습성이라도 익힐 수 있다. 그러나 일단 몸이 굳어 버리면, 모든 변화는 위험한 것이다. 아이는 어른이 견뎌 내지 못하는 변화에도 견딜 수 있다. 아이의 신체 조직은 유연하기 때문에, 고통 없이 변화시킬 수 있다. 어른의 신체 조직은 굳어버렸기 때문에, 강한 힘을 가하지 않고서는 이미 형성된

13_ 육체적인 면에서의 유아 기르는 법은 당시 사회의 상당한 관심거리였다. 루소와 똑같은 정신으로 쓰여진 책도 나와 있다. 『에밀』과 거의 같은 무렵에, 제네바 사람 바레크셀의 『아이의 체육에 관한 논고(論考)』가 나왔는데, 루소는 바레크셀을 표절자(剽竊者)라 비난했다(『고백』 제11권).

구조를 바꿀 수가 없다. 따라서 아이는, 생명과 건강에 위험을 받지 않고 튼튼한 몸으로 자랄 수가 있다. 설령 다소의 위험이 따른다 해도, 망설일 필요는 없다. 그것은 인생에 있어서 으레 따르는 위험이니까, 가장 위험이 적은 시기에 그것을 경험시키는 게 좋지 않을까?

아이가 청년기에 이르기 전에 청년기에 겪어야 할 병에 저항할 수 있도록 미리 단련시켜 주어야 한다. 어렸을 때 작은 고통을 면하게 해줌으로 해서 이성이 작용하는 나이가 되었을 때 고통을 크게 겪게 한다면, 그것은 참으로 어리석은 일일 것이다. 그것이 교사의 가르침일 수 있을까?

사람은 언제나 고통 속에 사는 운명을 지녔다. 자신을 지키려는 노력 그 자체가 고통과 연결되어 있다. 유년 시절에 육체적인 고통밖에 몰랐던 사람은 행복하다. 육체의 고통은 다른 고통에 비해 훨씬 덜 잔인하고 덜 고통스러우므로, 그 때문에 삶을 단념하는 사람은 거의 없다. 사람을 절망시키는 것은 정신적인 고통뿐이다. 우리의 가장 큰 고통은 우리의 마음에서 비롯된다.

아기는 태어나자마자 큰 소리로 운다. 아기의 초기 시절은 울면서 보내게 된다. 사람들은 아기를 달래기 위해 아기를 흔들기도 하고 어르기도 한다. 그런가 하면 아기의 울음을 그치게 하기 위해 놀라게 하기도 하고 때리기도 한다. 우리는 아이의 기분에 따라 주는가 하면 우리의 기분에 따라 아이를 다루기도 한다. 도대체 중간이 없다. 아이는 명령을 하든지 명령받든지 해야 한다. 따라서 아이가 최초로 품는 관념은 지배와 복종의 관념이다. 아이는 말을 배우기도 전에 명령하고, 행동할 수 있게 되기도 전에 복종한다. 그리고 때로는 자신의 잘못을 깨달을 수 있는 능력을 갖기도 전에, 아니, 잘못을 저지를 줄도 모르는 시기에 벌을 받는다. 이런 식으로 사람들은 어린 마음에 감정을 부어 넣고는 그것을 자연의 탓으로 돌린다. 그리고 아이를 애써 나쁘게 만들어 놓고는 아이가 나쁘다고 한탄한다.

이런 식으로 아이는, 여자들 사이에서 그녀들의 변덕과 자신의 변덕의 희생자가 되어 6,7년을 보낸다. 그리고 여러 가지를 배운 뒤에, 즉 아이들이 이해할 수 없는 말이나 아무 쓸모없는 것을 익힌 뒤에, 인위적으로 생긴 감정에 의해 천성을 말살당한 뒤에, 이 인위적인 아이는 교사의 손에 맡겨진다. 그 교사는 이미 완성되어 있는 인공적인 싹을 완전하게 발전시키기 위해 여러 가지를 가르치는데, 그러면서도 자신을 아는 일, 자기 자신을 활용하는 일, 살아서 행복하게 되는 일은 가르치지 않는다. 결국 노예인 동시에 폭군이며, 지식은 있으되 분별이 없는, 육체도 정신도 허약한 이 아이가 사회에 내던져져 그 무능함과 오만함과 모든 결점을 드러내면, 사람들은 인간의 가련함과 사악함의 씨가 된 그를 한탄하게 된다. 그러나 그것은 잘못이다. 그 인간이야말로 우리의 변덕이 만들어 낸 소산인 것이다. 자연의 인간은 결코 그렇게 만들어지지 않는다.

### *아버지의 교육, 좋은 교사의 자격*

따라서 당신들은, 아이가 그 본래의 모습을 유지하기를 원한다면, 아이가 태어난 순간부터 그 본래의 모습을 유지시켜야만 한다. 아이가 태어나면 즉시 꽉 잡아, 어른이 될 때까지 손에서 놓지 말아야 한다. 그렇게 하지 않으면 성공하지 못한다. 참으로 아기에게 젖을 주어야 할 사람이 어머니인 것처럼, 정녕 스승이 되어야 할 사람은 아버지이다. 아버지와 어머니는, 교육방법이나 일의 순서에 있어서 완전히 일치하지 않으면 안 된다. 아이는 어머니에 의해 길러지고 아버지에 의해 교육되어야 한다. 세계에서 가장 유능한 선생에 의해서보다 분별 있는 평범한 아버지에 의해서 아이는 훌륭하게 교육된다. 그것은, 재능은 있으나 열의가 부족한 선생의 교육보다는, 재능은 부족하나 열의가 있는 아버지의 교육이 더 효과적이기 때문이다.

그러나 일이, 의무가 ……. 아아, 의무! 확실히, 가장 가벼운 의무는 아버지로서의 의무인 것이다![14] 두 사람의 결합에 의해서 태어난 아이, 그 아이

---

14_ 그토록 훌륭하게 로마를 다스린 풍기 감찰관(風紀監察官) 카토(큰 카토, 기원 전 234~149)가 그 아들을 요람에 있을 때부터 스스로 기르고, 더욱이, 유모, 즉 어머니가 아이를 움직이

의 양육을 게을리 하는 아내를 가진 남편이 아이의 교육을 게을리 한다고 해서 놀랄 일은 아니다. 가정의 정경만큼 사람의 마음을 끄는 장면은 없다. 그러나 거기에서 한 점 한 획이라도 빠져 있다면, 전체가 보기 흉해진다. 어머니가 건강하지 않으므로 유모가 될 수 없다고 하면, 아버지는 일이 많아서 교사가 될 수 없게 된다. 집을 떠나서 기숙사나 수도원이나 학원으로 흩어진 아이들은, 집에 대한 애정을 다른 곳으로 옮기게 된다. 아니, 그보다, 무엇에도 애착을 가지지 않는 습관을 집으로 가져간다. 형제자매의 얼굴도 제대로 모른다. 어쩌다 축제 같은 때에 모두가 모이게 되면, 마치 타인들처럼 서로 예의를 갖추어 인사한다. 양친 사이가 친밀하지 않게 되면, 즉 가정의 단란이 생활에 즐거움을 가져오지 않게 되면, 아무래도 그 대신에 나쁜 습관이 초래된다. 이런 모든 연관 관계를 모를 만큼 머리가 나쁜 사람이 어디에 있겠는가.

아이를 낳아 기르는 아버지는, 아이를 부양하는 것만으로는 자기 임무의 3분의 1밖에 수행하지 못하는 것이다. 아버지는 아이를, 인류에 대해서는 인간으로, 사회에 대해서는 사회인으로, 국가에 대해서는 국민으로 만들어야 하는 책임을 가진다. 이 3중의 책임을 수행할 능력이 있으면서 수행하지 않는 사람은 모두 죄인이며, 그것을 어중간하게 수행하는 사람은 더 큰 죄인이다. 아버지로서의 의무를 수행하지 못하는 사람은 아버지가 될 권리가 없다. 빈곤도, 일도, 세상에 대한 체면도, 자기 아이를 직접 양육해야 하는 의무에서 벗어날 수 있는 이유가 되지 못한다. 독자여, 내 말을 믿어 주기 바란다. 누구든 아이가 있으면서도 이 신성한 의무를 게을리 하는 자

---

게 하거나 씻기거나 할 때에는 모든 일을 젖혀놓고 거기에 입회할 정도로 배려했다는 것을 플루타크 속에서 읽을 때, 전 세계를 정복하고 다스려, 그 지배자가 되었던 아우구스투스가 몸소 손자들에게 글씨 쓰는 것·헤엄치는 것·학문의 기초를 가르쳤으며, 언제나 그들을 자신의 곁에 두었다는 것을 수에토니우스 속에서 읽을 때, 그런 하찮은 일을 즐기던 그 시대의 소인배들에 대해서 사람들은 웃음을 금치 못할 것이다. 확실히 그들은, 우리 시대의 위대한 인물이 하고 있는 위대한 일에 종사하기에는 너무나도 도량이 좁은 사람들이었던 것이다(플루타크의 『영웅전』에서의 마르쿠스 카토 傳 제 41절, 수에토니우스의 『아우구스투스 傳』 제 66장 참고).

에게 경고하겠다. 그런 사람은 언제까지나 자신의 과오에 대해 후회의 눈물을 흘릴 것이며, 또한 결코 위로받지 못할 것이다.[15]

그런데, 너무 바빠서 도저히 아이를 돌볼 수 없다는 부유한 가정의 아버지는 어떻게 하고 있는가. 그는 다른 사람을 돈으로 고용하여, 자기의 귀찮은 의무를 회피하고자 한다. 금전만능의 인간이여! 그대는 돈의 힘으로 자식에게 또 한 명의 아버지를 줄 수 있다고 생각하는가. 착각하지 말라. 그대가 자식에게 준 것은 선생이 아니라 고용인인 것이다. 그 고용인은 머지않아 그대의 아들을 제 2의 고용인으로 길러 낼 것이다.

좋은 교사의 자격에 대해서는 여러 가지로 논의되고 있다. 내가 요구하는 첫째 자격 — 이 한 가지 자격은 다른 많은 자격을 필요로 하지만 — 은 교사는 절대로 돈으로 살 수 없는 인간이어야 한다는 점이다. 세상에는 돈을 위해서 할 수 없는 직업, 돈을 위해서 하는 사람은 절대로 그 직업에 어울리지 않는 그런 고귀한 직업이 있다. 군인이 그렇다. 교사가 그렇다. 그렇다면 도대체 누가 내 아이를 교육해 줄 것인가? 그것은 아이의 아버지인 당신 자신이라고, 내가 이미 말하지 않았는가. 당신은 할 수 없다고? 당신이 할 수 없다면, 한 가지 방법밖에 없다. 고용인이 아니라 친구를 찾을 일이다.

교사! 아아, 얼마나 숭고한 영혼인가! 실로, 한 인간을 교육하기 위해서는 우리는 그 아이의 아버지가 되든가 그렇지 않으면 인간 이상의 존재가 되어야 한다. 그와 같은 일을, 당신들은 태연히 돈으로 고용한 인간에게 맡기려 하는 것이다.

그것을 생각하면 생각할수록 자꾸 새로운 어려움에 생각이 미친다. 교사는 학생에게 어울리도록 교육되어 있어야 하고, 고용인은 주인에게 어울리도록 교육되어 있어야 하며, 아이 곁에 있는 모든 사람은 아이에게 좋은

15_ 이 구절은 다섯 명의 아이를 양육원에 보낸 루소 자신의 자책감을 쓴 것으로, 루소는 『고백록』에서, '『에밀』의 첫머리에서 좀 더 자신의 잘못을 밝히려 했었다'고 쓰고 있는 부분에 해당한다.

인상을 줄 수 있도록 해야 한다. 자기 자신이 좋은 교육을 받지 못한 사람이 어떻게 아이를 훌륭하게 교육시킬 수 있겠는가.

그런 훌륭한 인간을 찾기란 불가능한 일일까? 나로서는 알 수가 없다. 이 타락한 시대에 인간의 영혼이 얼마나 많은 덕을 쌓을 수 있는지는 아무도 모른다. 그러나 그런 훌륭한 사람을 찾아냈다고 하자. 그 사람이 무슨 일을 해야 하는지를 생각하면, 그 사람이 어떤 사람이어야 한다는 것을 알 수 있을 것이다. 우리가 예상할 수 있는 것은, 좋은 교사의 자격이 어떤 것인지를 완전히 알고 있는 아버지라면 교사를 고용하겠다는 생각은 하지 않으리라는 것이다. 그런 교사를 찾는 것이, 자신이 교사가 되는 것보다 훨씬 힘들 테니까 말이다. 아이에게 친구를 찾아 주느니, 스스로 아이의 친구가 되어 아이를 교육하라.

어떤 사람이 — 나는 그 사람의 신분만 알 뿐이다 — 내게 자기 자식의 교육을 맡아 달라고 청해 왔다. 그것은 내게 큰 명예였으나, 나는 그의 청을 거절했다. 그는 내가 거절한 것에 대해 불평했지만, 정말은 나의 사려 깊음에 감사해야 할 것이다. 만약 내가 그 청을 받아들여 나의 방법에 따라 그의 아들을 교육하는데, 거기에 잘못이 있다면 그 교육은 실패할 것임에 틀림없다. 성공한다면, 더욱 나빠지리라. 그 자식은 자기의 신분을 버리고 귀공자 따위가 되고 싶어 하지는 않을 테니까.

나는 교사의 의무가 매우 중요함을 뼈저리게 느끼고 있으며, 또한 자신의 무능력을 너무나 잘 알고 있기 때문에, 어느 누구의 부탁이든 그런 일은 결코 받아들일 생각이 없다. 이 책을 읽은 다음에는, 내게 그런 부탁을 하는 사람은 없으리라 생각한다. 그래도 혹시 내게 그런 부탁을 하고 싶은 사람이 있다면, 쓸데없는 수고는 그만두기 바란다. 나는 일찍이 그 직업을 충분히 경험해 보았기 때문에, 나 자신이 그에 적합하지 않다는 것을 잘 알고 있다. 설령 나의 재능이 그 일을 해낼 수 있다 하더라도, 나의 여건이 그 일을 할 수 없도록 할 것이다. 나는 나의 결심이 진지한 것임을 믿어 주지 않으려는 사람들에게 이것을 공표하는 것이 나의 임무라고 생각했다.

더없이 유익한 그 일을 할 수 없는 형편이므로, 나는 좀 더 쉽게 할 수 있는 방법을 시도해 보련다. 즉, 다른 많은 사람들처럼 실제의 일에는 종사하지 않고, 펜을 잡는 것이다. 그리하여, 곧바로 그 일을 실행하는 대신 그 방법을 글로 써 보려는 것이다.

이런 기획에 즈음하여, 저자著者는 스스로 실행할 수 없는 많은 불필요한 교훈을 태연히 늘어놓거나, 저자가 말하는 대로 실행할 수 있는 것도 구체적인 실행 방법이나 실례實例를 들어 놓지 않음으로 해서 활용되지 못하는 일이 있음을, 나는 잘 알고 있다.

그래서 나는 한 명의 가상假象의 학생을 설정하기로 했다. 그리하여 그 학생을 교육하는 데에 알맞은 연령 · 건강 상태 · 지식, 그리고 모든 재능을 내가 갖추고 있는 것으로 가정하고, 그 학생이 태어난 때부터 한 사람의 성인이 되어 자기 자신 이외의 지도자指導者를 필요로 하지 않게 될 때까지 교육하기로 했다. 이 방법은, 자신의 능력을 의심하는 저자가 환상에 빠져 갈팡질팡하는 것을 막는 데 유효하리라고 생각된다. 보편적인 교육방법에서 멀어지게 되면, 저자는 학생에게 자신의 방법을 실험해 보아, 그렇게 교육되는 아이가 인간 본성의 자연스런 흐름에 따라 자라는지 어떤지를 알 수 있을 것이며, 그렇지 않더라도 독자들이 그것을 알 수 있을 것이다.

이것이 내가 해내려고 애쓴 바로 그것이다. 이 책을 쓸데없이 크게 하지 않기 위해서, 나는 누구든 진리라고 느낄 수 있는 원리만을 서술하는 데 그쳤다. 그러나 증명을 필요로 하는 원리들은 모두 나의 에밀이나 다른 예에 적용했다. 그리고 내가 서술하는 것이 어떻게 실행될 수 있는지를 광범위하고도 상세한 실례實例를 들어 설명했다. 이 방법의 성공 여부는 독자의 판단에 맡긴다.

그래서 처음 얼마 동안은 에밀에 대해서는 거의 이야기하지 않는다. 내 교육방법의 기본적인 준칙은 지금까지 행해진 것과는 정반대의 것이지만 아주 명백하므로, 이치를 아는 사람이라면 인정하지 않을 수 없을 것이다. 그러나 교육이 진행됨에 따라, 나의 학생은 여러분의 학생과는 다른 지도를 받기 때문에 보통 아이와는 다르게 될 것이며, 그를 위해서는 특별한 방법이 필요하게 될 것이다. 그렇게 되면 그가 이제까지보다 자주 등장하게 되며, 마지막 단계에 가까워지면, 나는 잠시도 그에게서 눈을 떼지 않고, 그가 뭐라 하든 그가 나를 조금도 필요로 하지 않을 때까지 그를 지켜볼 것이다.

여기서 나는 좋은 교사의 자격에 대해서는 아무것도 말하지 않는다. 내가 교사라 하고, 나 자신이 그 자격을 모두 갖추고 있다고 가정한다.

단, 주의해 두고 싶은 것은, 일반적인 의견과는 반대로 아이의 교사는 젊어야 한다는 것, 현명한 사람이라면 되도록 젊은 쪽이 좋다는 것이다. 가능하면 교사 자신이 아이여서, 학생의 친구가 되어 함께 놀면서 신뢰를 받을 수 있으면 좋으리라 생각한다. 아이와 어른 사이에는 너무 차이가 있어, 두 사람을 단단히 결속시켜 줄 만한 공통점이 없다. 아이는 때로 노인에게 친절하지만, 결코 노인을 사랑하지는 않는다.

사람들은 아이를 교육해 본 경험이 있는 교사를 희망하는데, 그것은 무리한 요구다. 한 인간은 일생에 한 번밖에 교육에 종사할 수 없다. 두 번째의 교육에서나 성공할 수 있는 사람이라면, 무슨 권리로 첫 번째 교육을 맡겠는가.

경험이 풍부해지면 좀 더 잘 할 수 있을지도 모르지만, 그때에는 이미 할 수 없게 된다. 한 번 이 일을 꽤 잘 수행하여 그 고생을 맛본 사람이라면, 다시 한 번 교육에 종사하고 싶은 생각은 절대로 일어나지 않을 테니까.

4년간 아이를 보살핀 것과 25년간 지도한 것과는 큰 차이가 있다. 당신들은 이미 다 자란 자식에게 교사를 붙여 주는데, 나라면 태어나기 전에 교사를 붙여 주고 싶다. 당신들의 교사는 5년마다 학생을 바꿀 수가 있다. 나의 교사는 평생 한 명의 학생밖에 가지지 못하게 된다. 당신들은 교사(양육자)와 가정교사를 구별하는데, 아주 바보스러운 짓이다. 당신들은 학생과 제자를 구별하겠는가? 아이에게 가르쳐야 할 학문은 단 한 가지밖에 없다. 그것은 인간으로서의 의무에 대한 학문이다. 페르시아인의 교육에 대해 크세노폰[16]이 무슨 말을 하든, 이 학문은 분할할 수 없다. 그리고 이 학문의 선생은 교사라고 하기보다는 양육자養育者라 하고 싶다. 가르치는 것보다는 이끌어 주는 것이 문제이기 때문이다. 그는 교훈을 주어서는 안 되고, 학생 스스로가 그것을 찾아내도록 이끌어 주어야 한다.

…… (중략) ……

## 제 2 부

### *유년기의 특성, 언어와 신체적 발달*

여기서부터 인생의 제 2기에 들어간다. 정확히 말한다면, 이 시점에서 유년 시대enfance가 끝난 것이다. 유년infans과 소년puer이라는 말[모두 라틴어]은 동의어가 아니기 때문이다. 전자는 후자 속에 포함되며, '말할 줄 모르는 사람'이라는 의미이다. 그러나 나는, 프랑스어의 관용에 따라 다른 명칭으로 불리는 시기가 올 때까지 '아이'enfant라는 용어를 계속 사용하기로 한다.

말을 하기 시작하면, 아이는 전보다 울지 않게 된다. 이것은 당연한 일이다. 하나의 언어가 다른 언어를 대신했기 때문이다. 말로 고통을 알릴 수 있게 되었는데 말로써 표현할 수 없을 정도로 고통스럽지 않는 한, 무엇 때문에 울겠는가. 만일 이 시기가 되어서도 아이가 계속 운다면, 그것은 주위 사람들의 잘못이다. 일단 에밀이 '아프다'라는 말을 할 수 있게 되면, 어지간히 심한 고통을 느끼지 않는 한 우는 일은 없을 것이다.

아이가 섬세하고 예민하여 천성적으로 아무것도 아닌 일에 잘 우는 경향

---

16_ 크세노폰은, 그 정치 소설 『큐로스의 교육』 속에서 페르시아인의 군국적(軍國的)인 교육을 기술하고, 실질 강건한 스파르타적 생활의 이상(理想)을 이야기하고 있다. 여기서 루소가 말하는 것은, 몽떼뉴의 『수상록』 제 1권 제 25장에 있는 크세노폰에 관한 기술을 가리킨다. 그것에 의하면, 페르시아 왕은 여러 가지 덕목(德目)에 각각 전문 교사를 두어 왕자에게 가르치도록 했다고 한다.

이 있더라도, 아무리 울어도 아무런 소용이 없다는 것을 가르쳐 줌으로써, 나는 이윽고 그 눈물의 근원을 없앨 것이다. 아이가 울고 있는 동안에는, 나는 그의 곁에 가까이 가지 않는다. 울음을 그치면 당장 달려간다. 결국 그가 나를 부르는 방법은, 울음을 그치든지 기껏해야 큰 소리를 한 번 지르는 것이 될 것이다. 아이는 표정이나 몸짓이 나타내는 의미를 각각 그 효과들을 통해 배운다. 그것들은 아이에게 있어 그 이외의 아무런 의미도 없다. 아무리 고통스러워도, 혼자 있거나 아무도 자기를 돌봐 줄 기대가 없으면, 아이는 좀처럼 울지 않는다.

아이가 넘어지거나, 머리를 부딪쳐 혹이 나거나, 코피를 쏟거나, 손을 베이거나 해도 나는 당황해서 금방 그의 곁으로 뛰어가지는 않는다. 상처는 이미 난 것이다. 아이는 그 고통을 참지 않으면 안 된다. 내가 당황하면, 아이를 더욱 두려움에 떨게 하고, 아픔을 더 심하게 느끼게 할 뿐이다. 다쳤을 경우, 실제로 고통을 주는 것은, 상처의 아픔보다도 공포이다. 나는 적어도 이 후자의 고통에서만은 벗어나게 해 주려고 한다. 아이는 틀림없이 내가 그 상처를 어떻게 생각하느냐에 따라 판단을 내릴 것이다. 내가 걱정하며 뛰어가서 달래거나 하면, 아이는 '정말 큰일났구나' 하고 생각할 것이다. 그러나 내가 냉정하게 있으면, 그도 냉정을 되찾아, 아픔이 가라앉으면 '이제 다 나았구나' 하고 생각할 것이다. 이 시기에 사람은 최초의 용기를 배우게 되고, 작은 고통을 두려워하지 않고 견뎌냄으로써 이윽고 큰 고통을 견디는 방법을 배우게 된다.

나는 에밀이 다치지 않도록 주의하는 일은 하지 않겠다. 오히려 그가 한 번도 다치지 않아 고통을 모르고 자라는 것을 더 곤란한 일로 생각할 것이다. 괴로워하는 것, 이것은 그가 무엇보다도 먼저 배워야 할 것이며, 이것을 아는 일이야말로 장래에 가장 필요한 일이다. 아이의 몸이 작고 약한 것은, 그러한 중요한 교훈을 위험을 동반하지 않고 가르치려 했기 때문이 아닐까? 아이는 높은 곳에서 떨어져도 다리가 부러지거나 하는 일이 거의 없다. 막대기에 얻어맞아도 팔을 삐는 일이 거의 없다. 칼 따위를 쥐어도 그것을 꽉

쥐지 못하기 때문에 깊은 상처를 낼 정도는 아니다. 아이를 자유스럽게 두었다고 해서, 그 아이가 목숨을 잃거나 불구가 되거나 심한 상처를 입은 예를 나는 아직 본 적이 없다. 다만 무분별하게 아이를 높은 곳에 내버려 두거나, 불 가까이에 아이를 혼자 두거나, 아이의 손이 닿는 곳에 위험한 도구를 방치해 두는 것은 별문제다. 아이를 고통으로부터 보호하기 위해 철저하게 무장시키려고 그의 주위에 엄청나게 쌓아 올리는 도구에 대해서 뭐라고 말하면 좋을까? 그렇게 자라는 아이는 결국, 용기도 경험도 없어서, 고통에는 전혀 저항력이 없게 될 것이다. 그리하여 바늘에 조금만 찔려도 죽는 것이 아닐까 하고 생각하고, 한 방울의 피만 보아도 기절하게 될 것이다.

어리석고 현학적衒學的인 방법에 사로잡혀 있는 우리들은, 아이가 혼자의 힘으로 훨씬 더 잘 배울 수 있는 것은 가르치려 하면서도 우리들만이 가르칠 수 있는 것은 잊고 있다. 아이에게 걷는 것을 가르치려고 애쓰는 것만큼 바보스러운 일이 또 있을까? 유모의 태만 때문에 자라서도 걷지 못하는 아이가 어디에 있단 말인가. 반대로, 걷는 법을 이상하게 배운 까닭에 일생 동안 바르게 걷지 못하는 사람을 얼마나 많이 볼 수 있는가.

에밀에게는 두꺼운 모자도 씌우지 않을 것이며, 걷는 것을 도와주는 도구 따위도 주지 않을 것이다. 그가 한쪽 발을 앞으로 내디딜 수 있게 되면, 포장된 길에서만 잡아 주기로 한다. 그리고 그러한 곳은 되도록 빨리 지나간다.[17] 방의 탁해진 공기 속에 가만히 앉아 있게 하지 않고 날마다 초원으로 데리고 가 뛰어놀게 할 것이다. 하루에 백 번을 넘어져도 좋다. 그것은 필요한 일이다. 그만큼 빨리 일어나는 법을 배우게 될 테니까. 자유의 기쁨은 그것을 충분히 보상하리라. 나의 학생은 늘 상처를 입을 것이다. 그래도 언제나 쾌활할 것이다. 당신들의 학생은, 그만큼 상처입지 않을지도 모르지만, 언제나 자신의 의지대로 하지 못하고, 언제나 속박되어 슬픈 얼굴을

17_ 어렸을 때에 걸음마를 이끌어 주는 끈에 의해 너무나 오랫동안 걸었던 사람의 걸음걸이만큼 이상하고 불안한 것은 없다. 이것은 너무나 당연하고 흔한 일이면서도 여러 가지 의미에서 바른 고찰의 하나이다.

하고 있으리라. 그런 학생 쪽이 더 나을지 어떨지 내게는 의문이다.

또 하나의 진보 덕분에 아이는 전보다 덜 울게 된다. 그것은 체력의 진보이다. 자기 혼자서 보다 많은 일을 할 수 있게 되면, 남에게 도움을 청할 필요가 적어진다. 체력과 더불어 그것을 바르게 사용할 수 있는 감각도 발달한다. 진정한 의미에서의 개인의 생활이 시작되고 자기 자신을 의식하게 되는 것이 바로 이 제 2기이다. 그는 진정으로 하나의 인간이 되어, 기쁨과 슬픔의 감정을 가지게 된다. 따라서 이때부터 그를 하나의 도덕적 존재로 생각하지 않으면 안 된다.

### *불확실한 미래를 위한 노예의 교육*

사람은 보통, 인생을 되도록 길게 생각하며, 모든 시기에 있어서 그 한계까지 살 수 있다고 생각하지만, 각 개인의 인생의 길이만큼 불확실한 것은 없다. 사람이 살 수 있는 나이의 한계까지 사는 사람은 극히 적다. 인생의 최대의 위험은 그 초기에 있다. 이제까지 살아 온 시간이 적으면 적을수록 이제부터 살아남을 희망도 적다. 태어난 아이들 중 기껏해야 절반 정도가 청년기에 도달한다. 따라서 당신의 학생도 성인이 될 때까지 살지 못할 가능성이 크다.

그러니, 불확실한 미래를 위해 현재를 희생시키는 그 야만적인 교육을 도대체 어떻게 생각해야 할까? 아이에게 갖가지 속박을 가하고, 아이가 결코 맛보지 못할지도 모르는 막연한 행복이라는 것을 미리 준비시키기 위해 먼저 그 아이를 불행하게 하는 교육을 어떻게 생각해야 좋을까? 설령 그런 교육이 목표에 도달하는 데 있어 현명한 것이라 해도, 견디기 힘든 속박을 받고, 노젓기를 강요받는 노예처럼 끊임없이 교육을 강요당하며, 더욱이 그렇게 애써도 그들에게 꼭 도움이 되리라는 보장도 없는 불쌍한 아이를 보고 어찌 분개하지 않을 수 있겠는가! 즐겁게 보내야 할 시기가, 눈물과 벌과 위협과 노예 상태 속에서 지나가 버린다. 불쌍하게도 아이는, 자신을 위해서 그렇게 해야 한다는 말을 들으며 그 고통을 받는 것이다. 당신들은 죽음의 신을 불러 그 아이를 이 딱한 처지로부터 낚아채 가도록 자초自招하면서도 그 사실을 알아차리지 못한다. 부모들의 지나친 보살핌에 희생되어 죽어간 아이들이 얼마나 많은가. 그들은 이 잔학으로부터 도망칠 수 있어 행복하다. 그들이 참기를 강요받았던 온갖 고통으로부터 얻어낸 것은 결국 죽음이라는 행복이다. 그들은 인생의 슬픔밖에 알지 못하므로 아무 미련 없이 죽는다.

인간들이여, 동료 인간들을 깊은 사랑으로 대하라. 그것이 당신들의 첫째 의무이다. 어떤 신분의 사람에게도, 어떤 연령의 사람에게도, 인간에게 관계있는 모든 것에게 인간적으로 대하라. 인간애人間愛보다 더 위대한 지혜가 어디에 있겠는가. 아이를 사랑해야 한다. 아이의 놀이를, 즐거움을, 사랑스러운 본능을, 호의를 가지고 지켜 줄 일이다. 입가에는 언제나 미소가 담겨 있고, 마음은 언제나 평화로웠던 그 시절을 때로 그리워해 보지 않은 사람이 우리 가운데 있단 말인가. 어째서 당신들은 천진난만한 아이들에게서 그 짧은 순간의 즐거움과 그들이 남용할 줄 모르는 귀중한 행복을 빼앗으려 하는가. 당신들에게 있어서 다시는 돌아올 수 없는 것과 마찬가지로, 아이들에게 있어서도 다시는 돌아오지 않을 시절, 금방 지나가 버릴 그 최초의 몇 년을 왜 당신들은 괴로움과 고통으로 채워 주려 하는가. 아버지들이여, 죽음이 당신들의 아이를 언제 데리고 갈는지를 알고 있는가? 자연이 아이들에게 준 이 지극히 짧은 시간을 그들로부터 빼앗음으로 해서 후회하는 일이 없도록 하라. 아이가 산다는 기쁨을 느낄 수 있게 되었다면, 되도록 인생을 즐기게 하는 것이 좋다. 언제 신에게 불려가도 후회가 없도록, 인생의 즐거움을 맛보지도 못하고 죽어 가는 일이 없도록 하라.

나의 주장에 이의를 제기하는 많은 사람의 소리가 들려온다. 저 허위로 가득 찬 지혜의 외침소리가 멀리서 들려온다. 우리를 끊임없이 우리 자신의 밖으로 쫓아내고, 언제나 현재를 무의미한 것으로 평가하며, 우리가 추적할수록 자꾸 도망쳐 버리는 미래를 쉴 새 없이 추적하고, 우리를 결코 도달할 수 없는 곳으로 끌고 가려는 저 허위에 가득 찬 지혜의 외침소리가!

당신들은 나에게 말할 것이다. '그것은 인간의 나쁜 성향性向을 교정하는 시기이다. 고통을 적게 느끼는 어린 시절에 고통을 많이 주어, 이성의 시기에 고통을 덜 느끼게 할 필요가 있다'라고. 그러나 그런 일이 모두 당신 뜻대로 된다고 누가 보장하겠는가? 또, 아이의 약한 정신을 괴롭히는 당신들의 그 훌륭한 교육이 아이에게 유익하기는커녕 해로운 것이 되지 않는다고 누가 보장하겠는가? 당신들이 멋대로 아이에게 주는 고통에 의해, 아이가 무엇인가를 얻을 수 있다고 누가 보장하겠는가? 아이의 힘으로 견뎌낼 수 있는 이상의 괴로움을 왜 주는 것인가? 현재의 괴로움이 장래에 도움이 된다는 보장도 없는데, 왜 그런 짓을 하는가? 당신들이 고쳐 준다는 나쁜 성향性向이 자연에서 생겼다기보다 오히려 당신들의 잘못된 배려에서 생긴 것이 아니라는 것을 어떻게 증명하겠는가? 화禍가 되는 선견지명, 그것은 한 인간을 언젠가 행복하게 해준다는 불확실한 희망에 의거해서, 현재의 그를 비참하게 만들고 있다. 만일 이런 범속한 이론을 내세우는 무리가 있어, 방종과 자유를 혼동하고, 아이를 행복하게 해주는 것과 응석을 받아 주는 일을 혼동한다면, 그들에게 그것을 구별하는 법을 가르쳐 주어야 하겠다.

### *진정한 행복의 길*

공상을 추구하지 않기 위해, 무엇이 우리의 현 상태에 적합한지를 잊지 않도록 하자. 인간은 만물의 질서 속에 그 지위를 차지한다. 아동기는 인간 생애의 전체 속에 그 지위를 차지한다. 따라서 어른은 어른으로서 다루고, 아이는 아이로서 다루어져야 한다. 각각에게 그 지위를 주어 그곳에 정착시키고, 인간의 구조에 따라 생각에 질서를 부여하는 것이, 인간의 행복을 위해 우리가 할 수 있는 일의 전부이다. 그 이상의 것은, 우리의 힘이 미치지 않는 외부의 원인에 의존한다.

우리는 절대적 행복이라든지 불행이라는 것이 어떤 것인지 모른다. 이 세상은 모든 것이 뒤섞인 상태에 있다. 순수한 감정이라는 것은 맛볼 수가 없다. 인간은 같은 상태에 한순간밖에 머무르지 못한다. 우리의 마음은, 육체가 변화하는 것과 마찬가지로, 끊임없는 흐름 가운데에 있다. 행복도 불행도 만인에 공통적으로 있는데, 단지 그 정도가 다를 뿐이다. 가장 행복한 사람은 고통을 가장 적게 받는 사람이며, 가장 불행한 사람은 기쁨을 가장 적게 느끼는 사람이다. 언제나 기쁨보다 고통이 더 많다. 이 세상에 있어서의 인간의 행복은 하나의 소극적인 상태에 지나지 않는다. 행복은 그 사람이 받는 고통의 최소량에 의해 측정되어야 한다.

고통의 감정에는 언제나 그것에서 벗어나려는 욕망이 뒤따르며, 기쁨의 관념에는 반드시 그것을 즐기려는 욕망이 뒤따른다. 모든 욕망은 결핍을 전제로 하며, 그 결핍에는 반드시 고통이 뒤따른다. 따라서 우리의 불행은 우리의 욕망과 능력의 불균형 사이에 존재한다.

그렇다면 인간의 지혜, 즉 진정한 행복의 길은 어디에 있는 것일까? 그것은 우리의 욕망을 줄이는 데에 있지는 않다. 욕망이 능력보다 적으면, 우리 능력의 일부는 할 일을 잃게 되어, 우리는 우리의 존재를 완전한 상태에서 즐길 수가 없기 때문이다. 그것은 또, 우리의 능력을 증대하는 데에 있지도 않다. 동시에 욕망이 더 큰 비율로 커질수록 그만큼 더 우리는 불행해질 뿐이기 때문이다. 진정한 행복은, 오직 능력을 넘는 욕망을 없애, 힘과 의지를 완전한 평형 상태에 두는 데 있다. 그렇게 함으로써 비로소, 모든 힘이 활동 상태에 있게 되고 마음은 평정을 유지하여, 조화를 이룬 상태의 자신을 발견할 수 있다.

모든 것을 최선의 것으로 만드는 자연은, 처음에 인간을 이런 식으로 만들었다. 자연은 인간에게, 직접적으로는 자기 보존에 필요한 욕망과 그것을 충족시키기에 충분한 능력만을 주었다. 그 이외의 능력은 모두, 필요에 의해 발달하도록, 예비로 인간의 마음 속 깊숙이 숨겨 두었던 것이다. 이 본원적本源的인 상태에서만, 힘과 욕망의 평형을 찾아낼 수 있고, 인간은 불행해지지 않는다. 잠재적인 능력이 활동을 시작하면, 모든 능력 중 가장 활동적인 상상력이 눈을 떠, 다른 능력을 앞지른다. 상상력이야말로, 좋은 일이건 나쁜 일이건 우리 능력의 한계를 넓혀, 욕망을 만족시킬 수 있다는 기대에 의해 욕망을 자극하고 크게 해주는 것이다. 그러나 처음엔 손이 닿는 곳에 있다고 생각되었던 것도 따라갈 수 없을 정도의 빠른 속도로 도망쳐 버린다. 잡았다고 생각하면 이미 모습을 바꾸어 먼 저편에 나타난다. 이미 지나온 나라는 벌써 눈에 들어오지 않고, 우리는 그것에 아무런 가치도 부여하지 않는다. 이제부터 갈 나라는 계속해서 커지고 넓어져 간다. 이리하여 사람들은 지쳐 버리고, 결국 목적지에 도달할 수 없게 된다. 그리고 쾌락을 맛보면 맛볼수록 행복은 우리로부터 멀어져 간다.

반대로, 자연의 상태에 머물러 있으면 있을수록 인간의 능력과 욕망의 차이가 좁아져, 행복에서 멀어지는 일이 적어진다. 불행은, 결핍 그 자체에 있는 것이 아니라, 결핍감을 느끼게 하는 욕망 속에 있는 것이다.

현실 세계에는 한계가 있으나, 상상의 세계는 무한하다. 전자를 크게 할 수는 없으니까, 후자를 작게 하기로 하자. 우리를 불행하게 하는 모든 괴로움은 이 두 세계의 차이에서 생겨나는 것이기 때문이다. 체력 · 건강 · 자신은 선한 사람이라는 신념, 이것들을 제외하고는 이 세상의 행복은 모든 사람들의 생각 안에 있다. 신체의 고통과 마음의 고통을 제하면, 우리의 불행은 모두 상상에서 생겨난 것이다. 그런 사실은 상식적인 것이라고 사람들은 말할지 모른다. 나도 그것은 인정한다. 그러나 실천 문제에 들어가서는 그것은 결코 상식적인 것이 아니다. 그리고 지금 문제가 되고 있는 것은 오직 그 실천에 관한 것뿐이다.

인간이 약하다는 것은 어떤 의미일까? 이 약하다는 말은 하나의 관계, 즉 그 말이 적용되는 자의 어떤 관계를 나타낸다. 체력이 욕망을 채우고도 남는 자는 곤충이나 벌레라 할지라도 강한 존재이다. 힘에 부치는 욕망을 가진 자는 코끼리나 사자, 또는 정복자나 영웅, 나아가 신이라 할지라도 약한 존재이다. 자신의 본성과 투쟁했던 반역의 천사는, 자신의 본성에 따라 평화롭게 사는 행복한 인간보다 약한 존재였다. 있는 그대로의 자신에게 만족하고 있을 때, 인간은 대단히 강하다. 그러나 인간 이상의 존재가 되려고 안간힘을 쓸 때, 약한 존재가 된다. 그러니까, 능력을 크게 한다고 해서 당신이 강한 인간이 된다고 생각하면 안 된다. 만약 당신의 오만함이 능력 이상으로 커지면, 당신의 능력은 반대로 줄게 된다. 거미가 자기 집의 한가운데에 있는 것처럼, 우리의 힘이 미치는 범위를 알고 그 한가운데에 머무르도록 하자. 그렇게 하면 우리는 언제나 자기 자신에 만족하고, 자기가 약하다는 것을 느끼지도 한탄하지도 않을 것이다.

…… (중략) ……

*소극적인 초기 교육의 원리*

자연으로부터 오는 최초의 충동은 언제나 바르다는 것을, 의심할 여지없는 준칙으로서 세워 놓자.

인간의 마음에는 선천적으로 사악함이 존재하지 않는다. 어떤 과정을 통해 인간의 마음에 들어왔는지 설명할 수 없는 악은 하나도 없다. 인간에게 있어 유일한 자연적인 정념은 자기애, 좀 더 넓은 의미에서의 이기심이다. 이 이기심은 그 자체에 있어서, 또는 우리에게 관계하는 한, 좋은 것이고 유익한 것이다. 그런데 아이는, 타인에 대해 필연적인 관계를 가지지 않으므로, 본성적으로 타인에 대해 무관심하다. 아이의 자기애는 그것을 적용한다거나 어떤 것과 관계가 생길 때에 비로소 좋은 것이 되기도 하고 나쁜 것이 되기도 한다. 이기심을 이끄는 것, 즉 이성이 발달하기 전까지는, 아이가 타인과의 관계를 의식하여 행동하지 않도록 하는 것이 중요하다. 오직 자연이 그에게 원하는 것만을 하도록 한다. 그렇게 하면, 그는 결코 나쁜 일을 하지 않게 될 것이다.

그렇다고 해서, 아이가 결코 해를 끼치지도 않고 다치지도 않으며 손이 닿는 곳에 비싼 물건이 있어도 그것을 부수지 않을 것이라는 말은 아니다. 많은 나쁜 짓을 할지도 모르지만, 결과적으로는 나쁜 짓을 한 것이 되지 않을 것이다. 나쁜 행위란 해를 끼치려는 의도하에 행해지는 것인데, 그는 결코 그런 의도를 가지고 있지 않기 때문이다. 만약 한번이라도 그런 의도를 가졌다면, 모든 일은 그것으로 끝장이다. 그는 거의 구제할 수 없는 악인이 될 것이다.

탐욕의 눈으로 보면 나쁜 일도, 이성의 눈으로 보면 그렇지 않은 것이 있다. 아이에게 완전한 자유를 주었을 때에는, 부서지기 쉬운 것이나 귀중한 것은 모두 아이의 손이 닿지 않는 곳에 두어야 한다. 아이의 방에는 튼튼한 가구를 놓아야 한다. 거울이나 값비싼 도자기, 사치스러운 물건은 놓지 말아야 한다. 나의 에밀은 어떤가 하면, 나는 그를 시골에서 키우는데, 그의 방은 농부의 방과 조금도 다름없게 할 것이다. 에밀은 불과 얼마 동안밖에 그 곳에 머물러 있지 않을 것이므로, 마음을 써서 방을 꾸밀 필요가 없다고 생각되기 때문이다. 아니다, 내 생각이 잘못이다. 그는 자기 손으로 방을 꾸밀 것이다. 어떻게 꾸밀까? 그것은 곧 알게 될 것이다.

당신들이 여러 가지로 주의했는데도 아이가 무언가를 저지르고 귀중한 물건을 부수었다. 그렇다 하더라도 아이를 벌하거나 꾸짖어서는 안 된다. 아이에게 비난의 말은 한 마디라도 해서는 안 된다. 아이가 당신의 마음을 언짢게 했다는 것조차도 눈치 채게 해서는 안 된다. 귀중한 물건을 부쉈다면, 그 물건이 저절로 부서진 것처럼 행동하라. 어쨌든 당신들이 아무 말도 하지 않고 견뎌냈다면, 그것으로 대단히 많은 것을 이루었다고 믿어도 좋다.

여기서 나는 감히 가장 중대하고 유익한 교육 전체의 규칙을 말하겠다. 그것은 시간을 아끼라는 것이 아니고 낭비하라는 것이다. 일반 독자들이여, 나의 역설을 용서해 주기 바란다. 깊이 생각해 보면, 당신들도 역설을 피할 수 없다. 그리고 당신들이 뭐라 하든, 나는 편견에 사로잡힌 인간이기보다는 역설에 빠진 인간 쪽을 택하겠다. 인생에서 가장 위험한 기간은 태어나서부터 12세까지의 시기이다. 그 시기는 오류와 부덕不德이 싹트는 시기이며, 더구나 그것을 없앨 수단을 가지지 못한 시기이다. 그리고 그 수단을 강구하였을 때에는, 이미 악은 그 뿌리를 깊이 내린 뒤여서 뽑아 없앨 수가 없다. 만약 아이가 젖먹이에서 단번에 이성을 갖춘 시기에 도달할 수 있다면, 현재 행해지고 있는 교육방법이 적합할지도 모른다. 그러나 자연의 흐름에 따른다면, 그와는 정반대의 교육이 그에게는 필요하다. 정신이 그 모든 능력을 갖추기 전까지는 아이가 정신을 사용해서 뭔가 하지 않도록 할 필요가 있다. 정신이 눈을 뜨기 전에는, 당신들이 주는 빛을 아이가 인식하기란 불가능하며, 또 관념의 넓은 들판에서 가장 뛰어난 눈에도 어렴풋이 밖에 보이지 않는 이성의 길을 따르기란 불가능하기 때문이다.

그러므로 초기의 교육은 철저하게 소극적이어야 한다. 그것은, 미덕이나 진리를 가르치는 것이 아니고, 악덕으로부터 마음을, 오류로부터 정신을 보호해 주는 일이다. 당신들이 아무것도 시키지 않고, 남들로 하여금 당신들을 따르게 할 수 있다면, 설사 당신들의 학생이 오른손과 왼손을 구별하지 못하더라도 12세까지 튼튼하게 길러 낼 수 있다면, 당신의 최초의 교육으로 그의 오성悟性의 눈은 이성을 향해 열릴 것이다. 아무런 편견도 습성도 가지지 않은 그는, 당신들에게 인도되어, 인간 중에서 가장 현명한 인간이 될 것이다. 이렇게 처음에는 아무것도 하지 않음으로써, 당신들은 훌륭한 교육을 베푸는 것이 된다.

일반적으로 행해지고 있는 것과 정반대의 일을 하는 것이, 대개의 경우 좋은 결과를 가져온다. 아버지나 교사들은 아이를 아이로 만들려 하지 않고 박사로 만들려고 하기 때문에, 꾸짖거나, 잘못을 고쳐 주거나, 잔소리하거나, 비위를 맞추거나, 위협하거나, 상으로 매수하거나, 가르치거나, 이치를 역설하거나 하는 일을 아무리 일찍 시작해도 지나친 일이 아니라고 생각한다. 그들보다 좀 더 잘해야 한다. 합리적으로 해야 한다는 말이다. 특히 아이가 싫어하는 일을 납득시키려고 이치를 설명해서는 안 된다. 그런 식으로 싫어하는 일에 이치를 들고 나오는 것은, 그것을 질색인 것으로 만들 뿐만 아니라, 아직 이치가 무엇인지 알지 못하는 정신에, 일찍부터 그것을 믿을 수 없는 것으로 생각하게 하는 데에 지나지 않는다. 육체를, 기관器官을, 감관感官을, 힘을 길러 주는 것이 좋다. 그러나 정신은, 되도록 오랫동안 아무것도 하게 하지 않고 그대로 두는 것이 좋다. 여러 가지 생각을 평가할 수 있는 판단력이 생기기 전의 모든 생각을 인정해 주어서는 안 된다. 또 외부로부터 오는 낯선 인상印象을 차단해 주는 것이 좋다. 그리고 악이 생겨나는 것을 막기 위해서 일찍부터 선을 길러 주려고 서두르면 안 된다. 아이가 이성의 빛을 볼 수 없는 한, 선은 결코 선이 되지 못하기 때문이다. 일체의 지연이 오히려 시간을 크게 얻는 것이라고 생각하라. 아무것도 잃지 않고 목표를 향해 나아간다는 것은, 큰 이익을 보는 것이다. 아이의 내부에 유년기를 성숙시키는 것이 좋다. 아이에게 무언가 교훈이 필요해지더라도, 내일까지 연기해도 위험이 없다면, 내일까지 보류하라.

이 교육 방법이 유효하다는 것을 확증하는 또 하나의 고찰은, 아이의 특수한 성향에 대한 고찰로서, 아이에게 어떤 도덕 교육이 적합한지를 알기 위해서는 그 성향을 잘 알아두어야 한다. 정신은 각기 고유한 형태를 이루고 있으므로, 그 형태에 맞추어 지도해야 한다. 신중한 사람이여, 당신이 아이에게 한 마디 말을 하기 전에, 아이를 오랫동안 관찰하라. 그의 천성을 알아두는 것이 좋으리라. 무엇보다도 그의 성격의 싹이 스스로 드러나도록 자유롭게 놔두라. 그 참모습을 잘 보기 위해 어떤 것이든 강제하면 안 된다. 당신들은 이 자유의 시기가 학생에게 있어 헛되이 보내진 시기라 생각하는가? 전혀 그렇지 않다. 그 시간은 가장 유효하게 쓰여진 시간이 될 것이다. 그렇게 하는 일이야말로 당신들이 귀중한 시간을 한순간도 헛되이 보내지 않았다는 것을 알게 해줄 것이다. 그에 반해, 만약 당신들이 무엇을 해야 할지도 모르면서 행동[교육]을 시작한다면, 당신들은 되는 대로 행동하게 된다. 그렇게 되면 당신들은 잘못하기 쉽고, 또 잘못 온 길을 되돌아가지 않으면 안 되게 된다. 목표에 도달하려고 서두르지 않았던 경우보다 오히려 목표로부터 멀어져 버리는 결과가 된다. 그러므로 아무것도 잃지 않으려다가 더욱 많이 잃어버린 수전노와 같은 짓을 해서는 안 된다. 초기에는 시간을 낭비하라. 그러면 나중에 이자가 붙어서 되돌아올 것이다. 현명한 의사는 한 차례의 진찰만으로 경솔히 처방해 주거나 하지 않는다. 처음에 병자의 체질을 확인하지 않고는 무엇 하나 권하지 않는다. 그는, 늦게 치료를 시작하나, 병자를 회복시킨다. 그러나 무턱대고 서두르는 의사는 병자를 죽이고 만다.

…… (중략) ……

*감각 교육의 방법*

촉각이 그 작용을 인간의 주위에 집중시키는 것만큼이나 시각은 그 작용을 인간의 밖으로 펼친다. 그래서 시각은 사람을 속이기 쉽다. 인간은 한눈에 지평선에 있는 것의 절반을 바라볼 수 있다. 동시에 느낄 수 있는 그 무수한 감각과, 그것이 불러일으키는 무수한 판단에 있어서, 어떻게 잘못되는 일이 없을 수 있겠는가. 그래서 시각은, 우리의 모든 감관 중에서 가장 잘못을 잘 저지르는 것으로 되어 있다. 이것은 가장 넓게 퍼져 있으며, 다른 모든 감관보다 훨씬 앞서 있고, 그 작용이 너무 민첩하고 광범위해서 다른 감관에 의해 수정될 수가 없기 때문이다. 그러나 공간을 인식하고 그 여러 가지 부분을 비교할 수 있기 위해서는, 원근遠近에 의한 착각 그 자체가 필요하다. 이 착각이 없다면, 우리는 먼 곳에 있는 것은 아무것도 볼 수 없다. 아니, 그보다 우리에게서 거리라는 개념이 없어질 것이다. 같은 크기의 두 나무가 있는데, 한 나무는 우리로부터 백 발짝 떨어진 곳에 있고, 한 나무는 열 발짝 떨어진 곳에 있다고 하자. 그 두 나무가 같은 크기로 보이고, 똑같이 확실하게 보인다면, 우리는 그것들을 같은 위치에 나란히 늘어놓고 보는 것이 될 것이다. 만약 우리가 물체의 치수를 모두 그 진짜 크기로 지각知覺한다면, 우리에게는 어떤 공간도 보이지 않고, 모두 우리의 눈 위에 나타나게 될 것이다.

시각은, 물체의 크기와 그 거리를 판단하는 데 있어서, 동일한 척도, 즉, 그 물체들이 우리 눈에 비치는 각도만을 가진다. 그리고 이 각도는 복합적인 원인의 하나의 단순한 결과이므로, 그것이 우리 내부에 야기하는 판단은, 개개의 원인을 미확정적인 것으로 해 두지 않으면, 필연적으로 잘못된 것이 된다. 왜냐하면, 각도의 차이에 따라 한 물체가 다른 물체보다 작게 보일 수 있는데, 그것이 정말 작은 것인지, 멀리 있어서 작게 보이는 것인지를 어찌 단순한 시각만으로 판별하겠는가.

따라서 여기서는, 촉각의 경우와는 반대의 방법이 필요하다. 감각을 단순화하지 않고 이중으로 하여, 끊임없이 다른 감각에 의해 그것을 음미하고, 시각 기관을 촉각 기관에 종속시켜, 말하자면 성급한 시각을 둔한 촉각의 제어된 보조에 맞춰 억제할 필요가 있다. 이런 방법을 사용하지 않으면, 우리의 목측目測은 부정확한 것이 되어 버린다. 한 번 보아서는, 높이 · 길이 · 깊이 · 거리를 정확하게 판단할 수 없다. 그리고 그것은, 감관의 잘못이라기보다는 그 사용법이 잘못 되었기 때문이라고 할 수 있다. 그 증거로 기사技士 · 측량사 · 건축가 · 석공石工 · 화가 같은 사람은, 한 번 슬쩍 보아 우리보다 정확한 판단을 하고, 공간에 있는 물체의 크기도 정확하게 판단한다. 왜냐하면 그들은, 우리가 획득하기를 게을리 하는 경험을 직업상 계속하기 때문에, 각도에 따른 외관을 볼 뿐이므로 각도의 애매성을 제거할 수 있기 때문이다. 결국 외관은, 그들의 눈으로 보면, 각도를 만들고 있는 두 원인의 관계를 가장 정확하게 결정하고 있는 것이다.

아이에게 강요하지 않고 아이로 하여금 거리를 측정하고, 알고, 판단하는 일에 흥미를 가지도록 하는 방법은 얼마든지 있다. 가령 '아주 높은 벚나무가 있다. 버찌를 따려면 어떻게 해야 할까? 광에 있는 사닥다리로 될까? 폭이 꽤 넓은 냇물이 있다. 어떻게 하면 건널 수 있을까? 안 뜰에 있는 판자로 양쪽 둑을 연결할 수 있을까? 창문으로부터 낚싯줄을 늘어뜨려, 우리의 방 창문에서 낚시질을 하고 싶다. 낚싯줄의 길이를 어느 정도나 하면 될까? 두 그루의 나무 사이에 그네를 매고 싶다. 3.6미터 정도의 밧줄로 충분할까? 이사하면 우리 방은 25평방피트라는데, 그 정도면 우리에게 적당할까? 그것은 지금 우리가 살고 있는 방보다 큰 것일까? 배가 몹시 고프다. 저 쪽에 두 마을이 있는데, 그 중 가까운 마을로 가야 좀 더 빨리 식사할 수 있다. 어느 마을로 가야 할까?' 하는 식의 방법이다.

### *게으른 도련님의 통합적 훈련 사례*

언젠가 아주 게으른 아이에게 뛰는 것을 연습시키게 되었다. 그 아이는 어떤 연습이건 스스로 하려고 들지를 않았다. 그런데다가 그 아이는 장차 군인이 되게 되어 있었다. 그는, 왜 그런지는 알 수 없지만, 자기와 같은 신분의 사람은 아무것도 하지 않아도, 아무것도 몰라도 괜찮다고 생각하고 있었으며, 귀족이라는 자기의 신분이 팔의 힘이나 다리의 힘, 그 밖의 모든 종류의 능력을 대신할 수 있다고 믿고 있었다. 그런 도련님을 발이 빠른 아킬레우스처럼 길러 내려면, 케이론[18]의 재능을 가지고서도 충분하지 못할 것이다. 게다가 나는 절대로 그에게 아무것도 명령하지 않기로 하고 있었으므로, 곤란은 더욱 컸다. 격려한다든지, 무언가 약속한다든지, 위협한다든지, 경쟁심을 불러일으킨다든지, 훌륭한 일을 해 보고 싶다는 욕망을 자극한다든지 하는 일은 일체 하지 않기로 했다. 그에게 아무런 말도 하지 않고, 뛰고 싶다는 욕망을 불러일으키려면 어떻게 해야 좋을까? 나 자신이 뛰어 보았자 별로 확실한 방법이 될 것 같지도 않다. 아니, 오히려 바람직하지 못한 일이 될 것이다. 그리고 또 이 경우, 그 연습으로부터 그에게 무언가 교훈이 되는 것을 끄집어내어, 몸의 작용과 판단력의 작용이 언제나 서로 협력하여 나아가도록 시키는 일도 필요하다. 그러면 나는 어떻게 했는가. 바로 다음과 같이했다.

오후, 그와 함께 산책하러 갈 때,[19] 나는 때때로 그가 몹시 좋아하는 과자를 두 개 주머니에 넣어 가지고 갔다. 우리는 산책하면서 그것을 한 개씩 먹고, 아주 만족하여 집으로 돌아오곤 했다. 어느 날 그는, 내가 과자를 세 개 가지고 있는 것을 알았다. 그는, 그 과자라면 여섯 개 정도는 거뜬히 먹

---

18_ 켄타우로족(族)의 가장 현명한 의사로, 아킬레우스를 맡아 기른 사람.

19_ 이것은, 곧 알게 될 시골길의 산책이다. 도시의 공중 산책장(公衆散策場)은, 남자아이에게도 여자아이에게도 해롭다. 아이들이 허영심을 가지게 되고, 남들이 자기를 보아주기를 바라게 되는 것이, 바로 이곳에서부터 시작되는 것이다. 파리의 젊은 여성들이 그토록 우스꽝스럽게 되고, 유럽 전체의 사람들로부터 비난당하는 저 건방지고 같잖은 태도를 익히는 것은, 다름 아닌 뤽상부르 튀틀리, 특히 팔레 르와이얄에서인 것이다.

을 수 있을 것이다. 그는 자기 몫의 과자를 재빨리 먹고는, 내게 세 개째의 과자를 달라고 했다. 나는 싫다고 했다. 나도 그 과자를 충분히 먹을 수 있으며, 그리고 반씩 나누어 먹어도 좋지 않으냐고 말했다. 그러나 나는 저쪽에서 놀고 있는 작은 사내아이 두 명에게 뜀박질을 시켜, 이긴 아이에게 주리라고 생각했다. 나는 그 아이들을 불렀다. 과자를 보이고, 나의 조건을 이야기했다. 그들에게는 생각지도 않은 일이었다. 과자는 큰 돌멩이 위에 놓이고, 그곳이 도착 지점이 되었다. 경주할 길을 정했다. 우리는 거기에 가서 쭈그리고 앉았다. 신호와 함께 사내아이들이 뛰기 시작했다. 이긴 아이는 과자를 집어 들어, 우리와 진 아이가 보고 있는 데에서 맛있게 먹었다.

이 놀이는 과자보다 가치가 있었다. 그러나 그 일은 금방은 성공하지 못했고 아무런 결과도 얻지 못했다. 나는 실망하지도 않고 서두르지도 않았다. 아이를 교육함에 있어서는, 시간을 벌기 위해서는 시간을 낭비할 것을 각오하지 않으면 안 된다. 우리는 여전히 산책을 계속했다. 때때로 과자를 세 개 가져가기도 하고 네 개 가져가기도 했으므로, 뜀박질하는 아이에게 한 개 혹은 두 개의 과자가 주어졌다. 상품도 대단한 것이 아니었지만, 그것을 다투는 어린 경쟁자들의 야심도 그만큼 크지는 않았다. 그러나 상품을 받은 아이는 굉장한 칭찬을 받았다. 모든 것이 화려하게 진행되었다. 이 뜀박질 대회를 더욱 화려하게 진행시키고 아이들의 흥미를 더욱 높이기 위해서, 나는 경주하는 거리를 좀 더 멀리 정하고 되도록 많은 경주자들을 끌어들였다. 그들이 그 경주로에 들면, 모든 통행인들은 발걸음을 멈추고 아이들의 경주를 구경했다. 박수갈채와 격려의 외침소리가 그들을 자극했다. 한 아이가 이제 곧 결승점에 들어가려 할 때, 혹은 다른 아이를 따라잡으려 할 때, 나의 어린 도련님이 뛰어오르고 소리치고 하는 것을 나는 보았다. 그것은 그에게 있어서는 올림픽 경기와 같은 것이었다.

그동안 경주자들은 때로 옳지 못한 행동을 하기도 했다. 서로 상대방을 밀거나, 넘어뜨리거나, 다른 아이가 뛰어가는 앞길에 돌을 차 놓거나 했다. 그 때문에 나는, 그들을 한 사람씩 나누어, 도착 지점에서 같은 거리의 각각 다른 지점에서 뛰게 하는 일도 있었다. 내가 왜 이렇게 배려했는지는 곧 알게 될 것이다. 나는 이 중대한 사항에 대해서 자세히 취급할 필요가 있다고 생각한다.

자기가 그렇게나 좋아하는 과자를 언제나 자기 눈앞에서 남이 먹는 것을 보기가 괴로웠던 도련님은, 이윽고 빨리 뛴다는 것도 무언가에 쓸모가 있구나 하고 생각하기 시작했고, 자기에게도 다리가 둘 있는 것을 보고, 사람이 없는 곳에서 연습을 하게 되었다. 나는 아무것도 모르는 체하고 있었지만, 나의 방법이 성공했다는 것을 알았다. 나는 그보다도 먼저 그의 마음을 읽고 있었다. 그는 충분히 자신이 생겼을 때, 나에게 남은 과자를 달라고 조르는 체했다. 물론 나는 거절했다. 그는 끈질기게 졸랐다. 그리고 유감스러운 얼굴을 하면서 드디어 이런 말을 했다. '그럼, 그 과자를 돌 위에 놓고, 출발 장소를 정해 주세요. 나도 하겠어요.' '좋아!' 하고 웃으며 말하고는, 나는 또 이렇게 덧붙였다. '기사騎士가 잘 뛸 수 있을까? 뛰느라고 배만 고프고, 만족스러운 결과는 나오지 않을 것 같은데.' 그는 나의 말에 흥분하여 열심히 뛴다. 그리고 그는, 내가 거리를 매우 짧게 하고 가장 빠른 아이를 뺏기 때문에, 아주 쉽게 상품을 손에 넣을 수 있게 된다. 그가 이 첫 발짝을 내디딘 후에는, 그를 이끄는 것이 나에게 있어서 얼마나 쉬운 일이 되었는지는 잘 알 것이다. 이윽고 그는 이 연습에 큰 흥미를 느끼게 되어, 후원을 해주지 않아도, 또 경주의 거리가 상당히 멀어도, 거의 언제나 확실히 경주에서 개구쟁이들에게 이기게 되었다.

그렇게 하나의 이익이 얻어지자, 그것은 내가 생각지도 않았던 또 하나의 이익을 낳았다. 드물게 밖에 상품을 손에 넣지 못했던 때에는, 그의 경쟁 상대들이 언제나 그랬던 것처럼, 그는 그 과자를 혼자서 먹었다. 그러나 자꾸 이기게 되자, 그는 인심이 후해졌고, 그래서 때때로 경주에 진 아이들에게 과자를 나누어 주게 되었다. 그것은 하나의 도덕적인 관찰을 나에게 제공하는 기회가 되었고, 그것에 의해 나는 관대한 마음의 근원이 참으로 어디에 있는지를 배우게 되었다.

각 경주자가 동시에 출발하는 지점을 그와 함께 각각 다른 장소로 지정하면서, 그가 눈치 채지 않도록 나는 거리를 똑같이 정하지 않고 달리했다. 따라서 어떤 아이는 같은 도착 지점에 닿기 위해 다른 아이들보다 더 많이 뛰어야 하는 불리한 입장에 놓이게 되는 것이다. 나는 선택을 나의 제자에게 맡겼다. 그러나 그는 자신에게 유리한 거리를 선택할 줄 몰랐다. 거리 따위에는 상관 않고, 그는 언제나 가장 아름다운 길을 선택했다. 그래서 그가 어떤 길을 선택할지 쉽게 알 수 있었으므로, 과자를 그의 손에 들어가게 하는 것도 들어가지 않게 하는 것도 거의 나의 생각대로 할 수가 있었다. 이런 연구는 단 하나의 목적에만 이용되지는 않았다. 어쨌든 나의 의도는 거리의 차이를 그에게 알게 하는 것이었으므로, 나는 그 차이를 그가 알도록 노력했다. 그러나 조용히 있을 때에는 게으른 그도, 놀이에 있어서는 대단히 활발하여 나를 의심하는 일이 거의 없었기 때문에, 내가 속임수를 쓰고 있다는 것을 그에게 눈치 채도록 하기 위해서 나는 상당히 고생했다. 마침내 나는 그에게 알리는 데 성공했다. 그는 나를 비난했다. 나는 이렇게 말했다. '너는 무엇을 불평하는 거냐! 상품을 내가 주니까, 조건도 내 마음대로 할 수 있지 않니? 누가 네게 뛰라고 했니? 나는 뛰는 거리를 똑같이 하겠다는 약속을 한 기억은 없어. 너는 네 마음대로 선택했잖아. 가장 짧은 거리를 선택하렴. 아무도 네가 선택하는 것을 방해하는 사람은 없으니까. 나는 언제나 너를 후원해 왔다. 그리고 지금 너는 거리가 다르다고 투덜거리는데, 네가 그것을 잘만 이용하면 그것은 반대로 너의 이익이 된다는 것을 너는 어째서 모르지?' 그것은 확실한 사실이었다. 그는 그것을 이해했다. 그리고 경주로를 선택할 때, 그는 좀 더 잘 살펴보아야 했다. 처음에는 몇 발짝으로 갈 수 있는지 세어 보려고 했다. 그러나 아이의 걸음으로 잰다는 것은 더디고 틀리기 쉽다. 게다가 나는 하루에 여러 차례씩 경주를 시키기로 했다. 그래서 놀이는 일종의 정열이 되어, 뛰는 데에 할당하는 시간을 거리를 재는 데에 낭비해 버리게 되는 것을 그는 유감스럽게 생각하게 되었다. 활발한 아이에게는 그렇게 시간 걸리는 일은 적합하지 않다. 그래서 좀 더 잘 보고 시각에 의해 거리를 잘 추정하는 것을 연습하게 되었다. 그렇게 되자 나는 그다지 힘들이지 않고 그 능력을 촉진하고 길러 줄 수 있었다. 그렇게 몇 달인가를 오차를 바로잡아 가면서 연습시킨 결과, 그에게는 훌륭한 시각視覺의 자尺가 만들어지게 되었다. 무언가 멀리 떨어져 있는 것을 지정하고 그 위에 과자를 놓겠다고 말하면, 그는 측량 기사가 측정한 것과 거의 비슷할 정도로 정확하게 목측目測할 수 있게 되었다.

### *정확한 눈과 손, 예민한 감각과 올바른 판단력의 훈련*

시각은 모든 감각 중에서 정신의 판단과 가장 떨어질 수 없는 관계에 있기 때문에, 보는 방법을 배우려면 긴 시간이 필요하다. 시각이 사물의 형태와 거리를 우리에게 충실히 전해 주는 습관을 들이기 위해서는, 그 전에 시각과 촉각을 오랜 시간 비교해 보아야 한다. 촉각이 없다면, 또 점진적인 운동이 없다면, 아무리 날카로운 눈이라도 우리에게 공간의 관념을 줄 수가 없다. 굴 조개石花 같은 것에게는 우주 전체는 하나의 점에 지나지 않는다. 인간의 혼이 그 굴 조개 안에 머문다 해도, 우주는 그 이상의 무엇으로도 보이지 않을 것이다. 걷거나, 만지거나, 세거나, 재거나 하는 것에 의해서만 크기를 판단하는 것을 배울 수 있다. 그러나 또, 언제나 재기만 해서는, 감관은 모든 것을 도구에 맡겨 버리게 되어, 결코 정확성을 얻지 못하게 된다. 아이가 단번에 측정으로부터 추정으로 옮기는 것도 안 된다. 처음에는, 그가 한 번에 비교할 수 없는 것을 부분적으로 비교하는 것을 계속한다. 그런 다음 그 정확한 부분을 추정에 의한 부분으로 바꾸어, 언제나 손으로 자를 사용하여 재는 대신, 눈만으로 똑같이 잴 수 있도록 연습한다. 나는, 아이가 처음으로 추정해 본 것을 진짜 자로 확인시켜 그 오차를 스스로 정정하게 하고, 또, 감각 중에서 무언가 잘못된 인상이 남아 있다면, 좀 더 바른 판단에 의해 그것을 스스로 정정하게 하고 싶다. 우리는 모든 장소에서 거의 동일한 자연의 척도를 가지고 있다. 사람의 보폭 · 팔 길이 · 키 등이 그것이다. 아이가 집의 높이를 추정하는 경우, 교사는 그 척도가 될 수 있다. 종루鐘樓의 높이를 추정하려면, 집을 척도로 하면 된다. 거리를 알려면, 걷는 시간을 재면 된다. 그리고 무엇보다 중요한 것은, 그런 일은 절대로 아이 대신 해주어서는 안 된다는 사실이다. 아이 스스로 하게 해야 한다.

공간과 물체의 크기를 정확하게 판단하는 법을 배우려면, 그 물체의 형태를 알아야 하고, 그것을 모사模寫하는 법을 알아야 한다. 결국 이 모사는 원근법에 의거하는 것이며, 원근법을 얼마간이라도 알지 못하면 공간을 그 외관에 의해 추정할 수 없다. 아이들은 위대한 모방자이므로, 무엇이든 그려 보려고 한다. 나는 나의 학생에게도 이 모사 기술을, 기술 그 자체를 위해서가 아니라 정확한 눈과 탄력 있는 손을 가지게 하기 위해서 가르치려고 생각한다. 그리고 일반적으로 말하면, 그가 여러 가지 연습에 능숙해진다는 것은 그리 중요한 일이 아니다. 단지 그 연습에 의해 예민한 감각과 좋은 습관을 가질 수 있으면 된다. 그래서 나는, 그에게 데생 선생을 딸려주지 않을 작정이다. 데생 선생은 모사한 것을 모사시킬 뿐이고, 데생을 데생시킬 뿐일 테니까. 나는 그에게 자연 외의 선생을, 물체 외의 모델을 주고 싶지 않다. 그의 눈앞에는 물체 자체가 놓여지지 그것을 그린 종이 따위가 놓여지지는 않을 것이다. 집을 보고 집을 그리고, 나무를 보고 나무를 그리고, 인간을 보고 인간을 그려, 물체와 그 외관을 바르게 관찰하는 것에 익숙해지도록 할 것이다. 그리하여 흔히 있는 잘못된 모사를 참된 모사라고 생각하지 않도록 할 것이다. 또한 나는, 거듭되는 관찰에 의해 물체의 정확한 형태가 그의 상상 가운데에 확실히 새겨지기 전까지는 어떤 물체도 기억에 의해 그리게 하지 않을 생각이다. 그것은, 실상實像 대신에 이상한 형태를 그리게 하여, 균형에 대한 지식과 자연의 미에 대한 취미를 잃게 할 우려가 있기 때문이다.

이런 방법-내가 시도하는 방법-을 쓰면, 아이는 오랫동안 뭐가 뭔지 도저히 알 수 없는 것만 그리게 될 것이다. 화가처럼 우아하고 아름다운 윤곽이나 경쾌한 선은 여간해서 그리지 못할 것이다. 회화적인 효과를 구별하는 능력이나 데생에 대한 뛰어난 취미도 어쩌면 결코 가지지 못할지도 모른다. 그런 것은 나도 잘 알고 있다. 그러나 그 대신, 한층 정확한 눈, 확실한 손, 동물 · 식물 · 자연의 물체 사이에서 볼 수 있는 크기나 모양의 올바른 비율에 대한 지식, 그리고 원근 효과에 대한 한층 민감한 경험을 습득할 것이다. 이것이야말로 내가 의도했던 일로서, 아이가 사물을 잘 모사하기보다는 그것을 잘 분별할 수 있게 하고 싶은 것이다. 나는 그가 '아, 이건 아칸서스 잎이로구나!' 하고 알아볼 수 있는 정도의 그림을 그리기를 바란다. 코린트식 건축물의 원주두圓柱頭에 그려져 있는 것처럼 잘 그리지 않아도 좋으니까 말이다.

그리고 이런 연습에 있어서도 다른 모든 연습에 있어서와 마찬가지로, 그가 혼자서 그것을 하도록 내버려 두지는 않을 생각이다. 그와 항상 즐거움을 함께 함으로써, 그것을 한층 더 즐거운 것으로 해주고 싶다. 나는 그에게 나 이외의 경쟁자를 가지게 하고 싶지는 않다. 그러나 나는, 열성적이고도 위험이 없는 경쟁자가 될 것이다. 그것은, 우리 사이에 질투심을 일으키지 않고, 그의 일에 흥미를 더하게 될 것이다. 나는 그와 똑같이 연필을 잡기로 한다. 처음에는 그와 똑같이 연필을 서투르게 사용하기로 한다. 설령 내가 아펠레스[20]와 같은 훌륭한 화가라 할지라도, 아주 서투른 그림을 그릴 것이다. 처음에는, 하인들이 벽에 낙서하듯이 한 남자를 그릴 것이다. 양쪽 팔을 각각 한 개의 선으로, 양쪽 다리를 각각 하나의 막대기처럼, 그리고 팔보다 굵은 손가락을 그릴 것이다. 훨씬 뒤에 우리 중 누군가가 이 불균형에 대해 깨닫게 될 것이다. 다리에는 굵기가 있으며, 어느 부분이나 똑같이 굵지는 않다는 것, 팔은 몸과 균형을 이루는 일정한 길이로 해야 한다는 것 등을 깨닫게 될 것이다. 이런 진보 과정에 있어서, 나는 그와 나란히 가든지, 혹은 그보다 조금 앞서 가든지 하기 때문에, 그는 나를 따라올 수도 앞지를 수도 있을 것이다. 우리는 이윽고 그림물감과 붓을 사용하

20_ 기원 전 4세기의 그리스 화가. 마케도니아의 궁정 화가로서, 필립포스 2세와 알렉산드로스 3세의 초상을 그렸다.

게 될 것이다. 물체의 색조와 그 외관을 똑같이 그리려고 애쓸 것이다. 또 그림을 그려놓고 색을 칠하기도 하고, 처음부터 그림물감으로 그리고 그 위에 색을 범벅으로 칠하기도 할 것이다. 그러나 색을 범벅으로 칠하는 동안에도 우리는 끊임없이 자연을 관찰할 것이다. 이 자연이라는 선생이 보고 있는 곳에서가 아니면, 우리는 결코 아무것도 그리지 않을 것이다.

우리는 방을 장식할 게 없어서 곤란하던 참이었는데, 드디어 장식할 것을 발견했다. 나는 우리의 그림을 액자에 넣는다. 깨끗한 유리를 끼워 사람들이 그림에 손을 대지 않도록 하여, 그 그림들이 우리에 의해 놓여진 그 상태대로 언제나 놓여 있는 것을 보면서, 자기의 그림을 소홀히 하지 않도록 유의시킨다. 20번, 30번 되풀이하여 그린 그림의 하나하나를 보면, 그린 사람의 발전 과정을 알 수 있도록 순서대로 방 안에 걸어 놓는다. 집이 거의 모양을 이루지 않은 사각형에 지나지 않던 시기의 것에서부터, 집의 정면이나 옆면 · 균형 · 그림자가 더없이 정확한 진실성으로 그려진 시기의 것까지 순서대로 늘어놓는 것이다. 이렇게 순서대로 늘어놓는 것은, 우리에게는 흥미 있는 그림을, 다른 사람에게는 진귀한 그림을 보여 주게 되어, 우리의 경쟁심을 한층 더 자극하게 된다. 나는 우리가 그린 그림들 중에서 초기의 것, 즉, 가장 조잡한 것은 아주 훌륭한 금빛 액자에 넣어 그림을 돋보이게 하지만, 그림이 좀 더 정확해지고 훌륭해지면, 그때에는 매우 검소한 검은 액자에 넣기로 한다. 그림이 훌륭하면 그림 그 자체 외에 달리 장식을 필요로 하지 않으며, 그림에 향해져야 할 관심이 반쯤 액자에 향해진다면 유감스러운 일이기 때문이다. 그래서 우리는 검소한 검은 액자에 자기 그림이 넣어지는 것을 영광으로 생각하면서, 언젠가 그렇게 되기를 바라게 된다. 그리고 한 사람이 상대의 그림을 경멸하려고 할 때에는, 그 그림을 금빛 나는 액자에 넣게 한다. 필시 언젠가는 그러한 금빛 액자의 일이 우리 사이에서는 이야깃거리가 될 것이다. 그리고 우리는, 얼마나 많은 사람들이 그런 식으로 자신을 금빛 액자에 끼움으로써 자신을 훌륭하다고 생각하는지를 알고는 어이없어 할 것이다.

### *기하학을 배우는 아이의 방법*

기하학은 아이의 능력으로 감당하기 힘들다는 것을 이야기한 적이 있다. 그러나 그것은, 우리가 잘못한 것이다. 아이의 방법은 우리의 방법과는 다르며, 우리에게는 추론의 기술로 되어 있는 것이 아이에게는 단순히 사물을 보는 기술에 지나지 않다는 것을 우리는 모르고 있다. 우리의 방법을 그들에게 가르치려 하지 말고, 그들의 방법을 우리가 채택하는 것이 좋다. 우리의 기하학 방법은, 추론하는 것과 똑같은 정도로 상상력을 요구하기 때문이다. 명제가 주어지면, 그 증명 방법을 생각해 내야 한다. 즉, 주어진 명제가 이미 알려져 있는 어떤 명제의 결과인가를 찾아내어, 그 같은 명제로부터 끌어낼 수 있는 모든 귀결 가운데에서 문제가 되어 있는 귀결을 정확하게 선택해야 한다.

이런 방법으로는 아무리 정확한 이론가라도 발명의 재능이 없으면 막혀 버리고 말 것이다. 그래서 그 결과는 어떻게 될까. 선생은 우리에게 증명 방법을 찾게 하는 대신, 그것을 말로써 설명하게 된다. 추론하는 방법을 가르치지 않고, 우리 대신 추론하여 우리의 기억력만을 훈련시키게 된다.

정확한 도형을 그려 그것들을 짜 맞추고, 하나의 도형을 다른 도형 위에 놓고 그 비율을 조사해 보는 것이 좋다. 관찰을 거듭함으로써, 초등기하학의 모든 것을 알아낼 수 있을 것이다. 그때, 정의定義나 예제, 그리고 단순히 겹쳐 쌓는 것 이외의 어떠한 증명 형식도 문제 삼을 필요가 없다. 나는 에밀에게 기하학을 가르칠 생각은 없다. 그가 나에게 가르쳐 주게 될 테니까. 내가 비율을 구하려고 하면, 그가 그것을 구해 줄 것이다. 에밀이 그것을 구할 수 있도록 내가 그를 유도하기 때문이다. 예를 들면, 하나의 원을 그리는 데에 컴퍼스를 사용하지 않고 하나의 축을 중심으로 도는 실 끝에 바늘을 달아 그것으로 그린다. 그런 다음, 내가 반지름을 비교해 보려 하면, 에밀은 웃으면서 팽팽히 당겨진 똑같은 실은 언제나 같은 거리를 그린다고 내게 알려 줄 것이다.

60도의 각을 재려면, 나는 그 각의 정점에서 하나의 호弧를 그리지 않고 완전한 원을 그린다. 아이에게는 내가 무엇 하나라도 알고 있는 것처럼 해서는 안 되기 때문이다. 나는 이 각의 두 변에 끼워진 원의 일부가 원둘레의 6분의 1이라는 사실을 알아낸다. 그 다음, 나는 같은 정점에서 또 하나의 더 큰 원을 그린다. 그리고 이 두 번째 호弧도 그 원둘레의 6분의 1이라는 사실을 알아낸다. 나는 세 번째 동심원을 그려, 똑같은 사실을 알아낸다. 나는 새로운 원을 그려서 그것을 계속해 나간다. 에밀은 마침내 나의 어리석은 행동에 지쳐서, 같은 각 사이에 있는 호弧는, 크든 작든 모두 그 원둘레의 6분의 1이라는 사실을 나에게 가르쳐 주게 된다. 그렇게 하여 우리는 분도기를 사용할 수 있게 되는 것이다.

연속한 몇 개의 각이 2직각과 같다는 것을 증명하기 위해 사람들은 하나의 원을 그린다. 나는 그와는 완전히 반대로, 먼저 원에 의해 그것을 에밀에게 확인시킨다. 그런 다음에 그에게 말한다. '만약 이 원과 직선을 없앤다면, 이들 각의 크기가 바뀔 수 있을까?' 하고.

사람들은, 도형을 정확히 그리는 일을 소홀히 하고는, 그것을 정확한 것으로 간주하고, 오로지 증명에 열중한다. 그러나 우리에게는, 증명은 결코 문제가 되지 않는다. 우리에게 가장 중요한 일은, 선을 똑바로 정확히 균등하게 그리는 것이며, 완전한 정사각형과 아주 동그란 원을 그리는 것이다. 도형이 정확한지 아닌지를 조사하기 위해, 우리는 그 모든 감각적인 성질을 검토할 것이다. 그리고 그것은, 날마다 새로운 성질을 발견하는 기회를 우리에게 줄 것이다. 지름으로 접어 두 개의 반원을 만들어 보고, 정사각형을 대각선으로 접어 절반으로 나누어 본다. 우리는 두 개의 도형을 비교하여, 어느 쪽 도형의 가장자리가 더 정확하게 맞는지, 따라서 더 정확하게 이등분했는지를 비교한다. 우리는 평행사변형이나 사다리꼴 등도 언제나 이와 같이 등분等分할 수 있는지를 토의한다. 때로는, 실제로 해 보기 전에 그 결과를 예측해 보기도 한다. 또 그 이유를 발견하도록 노력한다.

나의 학생에게는 기하학은 자와 컴퍼스를 능숙하게 사용하기 위한 기술에 지나지 않는다. 아이가 기하학을 데생과 혼동하는 일이 있어선 안 된다.

데생에서는 그러한 도구는 사용하지 않는다. 자와 컴퍼스는 어쩌다가, 그것도 잠시 동안만 사용하게 한다. 무턱대고 그것을 사용하여 그림을 그리지 않도록 하기 위해서이다. 그러나 우리는 때로 산책하러 나갈 때 도형을 가지고 나가서, 우리가 그린 것이나 그리려고 생각한 것에 대하여 이야기를 나눌 수도 있다.

나는 토리노에서 만난 어떤 청년을 결코 잊지 못할 것이다. 그의 양친은 그가 아이 적에 날마다 여러 가지 기하학적인 모양을 한 과자 중에서 둘레가 같은 과자 몇 개를 고르게 하였는데, 그는 그것으로 둘레와 표면적의 비율을 배웠다고 한다. 그 어린 먹보는, 어떤 것을 집어야 가장 많이 먹을 수 있는지를 알아내기 위해, 아르키메데스의 기술을 철저히 연구했던 것이다.[21]

아이 적에 배드민턴을 하면, 눈과 팔을 정확히 움직이는 연습이 된다. 그러나 팽이치기는 힘을 사용함으로써 힘을 강하게 해 주기는 하나, 거기에서는 아무것도 배울 수가 없다. 나는 때로 사람들에게 '아이에게 어째서 어른들처럼 숙련을 요하는 놀이, 이를테면, 테니스 · 산책 · 당구 · 활쏘기 · 축구 · 악기 연주 같은 것을 시키지 않느냐'고 묻곤 한다. 그러면 사람들은, 그런 놀이 가운데 어떤 것은 아이의 힘에 부치며, 또 어떤 것에 대해서는 아이의 손발이나 기관이 아직 충분히 발육하지 않았기 때문이라고 대답한다. 나는 그런 것은 이유가 되지 않는다고 생각한다. 아이는 어른처럼 키가 크지는 않지만, 어른과 똑같은 옷을 입는다. 그렇다고 해서 나는 아이에게 3피트 높이의 당구대에서 성인용 큐를 잡게 한다거나, 그 작은 손에 어른용 라켓을 쥐게 하려는 것은 아니다. 유리를 깨뜨릴 염려가 없는 작은 방에서 부드러운 공을 사용하게 할 것이며, 처음에는 나무로 만든 라켓을 사용하게 하다가, 숙달됨에 따라 양피지羊皮紙로 만든 것을, 마지막으로 장선腸線을 친 라켓을 사용하게 하고 싶다. 당신들은 덜 피로하고 위험이 없다는

21_ 쁘띠판(petit版: 19세기판)의 주(註)에 의하면, 윤곽(輪郭) 혹은 둘레의 길이가 같은 도형을 등주 도형(等周圖形)이라 한다. 그런데 모든 도형 중에서 가장 넓은 면적을 포함하는 도형은 원이다. 따라서 아이는, 원형의 과자를 선택했음에 틀림없다.

이유로 배드민턴이 좋다고 말하지만, 그것은 잘못된 생각이다. 배드민턴은 여성의 놀이이다. 여성의 흰 피부가 공에 맞아서 단단해져서는 안 되며, 얼굴도 타박상을 입어서는 안 된다. 그러나 남자는 강해지도록 태어났다. 고통 없이 강해질 수 있다고 생각하는가? 또, 한 번도 공격받은 일이 없다면, 어떻게 자신을 방어할 수 있겠는가. 실수를 해도 아무런 위험이 없는 경기에서는 언제나 산만한 태도로 하게 된다. 배드민턴공은 떨어진다 해도 아무도 다치지 않는다. 그러나 머리를 보호하지 않으면 안 될 때만큼 정확하게 보도록 하지는 않는다. 방의 한쪽 끝에서 다른 쪽 끝까지 돌진하고, 아직 공중에 있는 공의 방향을 판단하여 강하고 확실하게 그것을 되받아 치는 그런 경기는, 어른에게 맞는다기보다는 오히려 아이를 어른으로 만들어 내는 데에 도움이 된다.

아이의 근육이 너무나 약하다고 사람들은 말한다. 물론 근육의 탄력성은 어른보다 못하지만, 그 대신 아이의 근육은 부드럽다. 아이의 팔은 약하다. 그러나 어쨌든 그것은 팔이다. 그에 맞는 것만을 하게 하면, 비슷한 다른 도구로 할 수 있는 일은 무엇이든 그 팔로 할 수 있지 않겠는가. 아이는 손재주가 없다. 그래서 나는 아이에게 손재주를 길러 주고 싶다. 어른도 아이와 마찬가지로, 훈련하지 않으면 아이보다 잘할 수 있을 리가 없다. 기관을 자꾸 사용함으로써만, 우리는 그 사용법을 알 수가 있다. 우리 자신을 가장 잘 이용하는 법을 가르쳐 주는 것은 오랜 경험뿐이다. 그리고 그 경험이야말로 진정한 공부이며, 아무리 일찍 시작한다 해도 이르다고 할 수 없는 것이다.

…… (중략) ……

# 루소의 아동관

안인희 지음

## 1. 어린이의 발견

『에밀』을 가리켜 어린이의 발견서, 혹은 루소를 어린이의 발견자라고 하는 데는 연구자에 따라 다소의 시각 차이를 보여준다. 많은 연구자들은 『에밀』의 서문에서 "사람들은 어린이를 전혀 알지 못한다"고 한 루소 자신의 말에 동조하여 루소야말로 어린이의 위치를 찾아낸 최초의 사람으로 인정한다. 그러나 루소의 이 같은 주장에 대해 이미 16세기부터 이어져 내려온 근대 교육사상의 중심적 과제를 대변한 것으로 보는 사람들도 있다. 한층 더 거슬러 올라가 중세에도 어린이에 대한 특별한 보살핌과 애정을 쏟아왔다는 증거는 얼마든지 있다고 주장하는 사람도 있다.[1]

어린이에 대한 애정과 보살핌이 어린이를 모르고는 할 수 없는 일이라면, 루소가 어린이를 발견한 최초의 인물은 아닐 것이다. 태고 때부터 어떤

1_ Aries, Philippe, *Centuries of Childhood*, trans. by R. Baldick(New York: Alfred A. Knopf, 1962), 참조.

형태로든 어린이와 어른의 관계는 애정과 보호를 통한 불가분의 관계였을 것으로 추측된다. 그렇지 않고서는 지금까지 인류는 종족으로 존속될 수 없을 것이기 때문이다. 그렇다면 "어린이의 발견"이란 새삼스럽게 무엇을 의미하는 것일까? 즉, 어린이 발견의 대표작으로 『에밀』을 꼽는 이유는 무엇일까?

이 물음에 답하려면 어린이에 대한 시각이 변천해 온 역사적 배경에서 출발하여 근대의 아동관을 살펴보고, 루소의 아동관에 미친 영향과 그의 관점의 특징적 차이를 찾아보아야 한다. 그러나 이에 앞서, 루소가 『에밀』에서 의도하는 교육론의 참된 목적이 무엇인가에 대해, 더 나아가 왜 그런 교육론을 쓰지 않으면 안 되었는가에 대해 살펴볼 필요가 있다.

『에밀』 서문에서 루소는 저술 동기에 대해 어느 착한 어머니의 요청에 의해 쓴 것이라고 밝히기는 했지만, 그 내용상 그렇게 간단하게 납득되는 책은 아니다. 다시 말하면, 일개 부인의 요청으로 아이 기르는 방법에 대해 써준 육아서나 교육 지침서와 같은 단순한 책은 아니라는 것이다. 루소는 당시의 정치적, 사회적 불안과 도덕적 부패상을 배경으로, 그 속에서 살아야 할 인간의 참된 모습을 진실 되게 그려보려고 애쓴 사람이다. 18세기 후반 절대 왕정의 부패상에서 그 앞날의 큰 변혁을 예고한 듯, 그는 다음과 같이 쓰고 있다.

> 당신들은 사회의 현존 질서를 믿고 있으며 그것이 조만간 피할 수 없는 혁명의 위협을 받고 있다는 것을 생각하지 않는다. 우리는 위기의 상태와 혁명의 시대에 살아가고 있다. 그때에 가서 당신들이 어떻게 될지, 누가 당신들을 책임지는지 알 수 있겠는가? 인간이 만든 모든 것은 인간이 파괴할 수 있다. 자연이 새겨놓은 것만큼은 아무도 지워 버릴 수 없다. 그리고 자연은 왕도, 부자도, 귀족도 만들지 않았다.[2]

그는 이미 혁명의 소리를 예감했고 장차 교육의 길이 어느 쪽으로 나아가야 할지를 짐작한 것 같다. 그런 의미에서 『에밀』은 미래의 새로운 인간

2_ 민희식 역, 『에밀』 (서울: 육문사, 1987), p. 346.

성을 목표로 한 교육론이며, 어린이의 대표인 에밀은 새 시대를 열어갈 새로운 어린이 상像이 되는 것이다. 이런 의미에서 새로운 어린이 상을 제시한 점이 루소의 "어린이의 발견"이 갖는 참뜻이 되겠다.

그런데 이 새로운 어린이 상이란 앞으로 창조되어야 할 어른들의 과제로 남겨져 있을 뿐, 이미 존재하였거나 앞으로의 존재 가능성을 확신할 수 있는 것이 아니다. 이는 루소의 이상理想인 자연인의 설정과 같은 맥락에서 파악할 수 있는 것으로서, 가설적 · 조건적 추론으로부터 창조된 인간상이다. 즉, 자연인의 설정과 마찬가지로 새롭게 발견된 어린이는 실존하는 어린이가 아니다. 부모와 격리되어 가정교사와 단 둘이서만 한적한 전원에서 자라게 되는 어린이를 이 현실세계 어디에서 찾을 수 있겠는가? 에밀이라는 그 어린이는 루소 말대로 논리적으로 추론된 추상적인 어린이이며, 당시 현존하는 어린이들에 대한 부정적 대치 개념이다. 루소가 생각하기에 기존의 사회 질서에 따라 부모의 사회적 신분에 맞게 양육되는 어린이 교육은 미래의 삶에 적합한 교육이 될 수 없다. 그는 단언한다. "자연 질서에서는 사람은 모두 평등하고 그 공통의 직업은 사람이 되는 것이다. 부모의 신분에 적합한 교육을 하기보다 사람으로서의 삶을 자연은 명령한다. 살 줄 아는 것, 그것이 나의 제자에게 가르치고 싶은 것이다."[3]

루소의 이상적 어린이는 이처럼 어떤 구체적 직업을 준비하는 교육의 대상이 아니라, 새로운 삶을 개척하는 데 필요한 교육의 대상, 즉 그 근원으로부터 사람의 본성이 무엇인지를 다시 찾는 데 필요한 교육의 대상이 되어야 한다. 이런 의미에서 사람들은 끊임없이 어린이를 다시 보아야 하고 시대의 변천에 따라 재발견해야 하는 것이다. 어린이는 태고 때부터 존재해 왔으나, 그 시대 · 사회적 조건에 따라 그를 바라보는 시각이 달라져 왔다. 이런 맥락에서 어린이에 대한 시각의 변천사를 짚어봄으로써 루소의 "어린이의 발견"이 갖는 의미와 위상을 재검토해 볼 필요가 있다. 이제 다음

---

**3**_ 앞 저서, pp. 30~31.

장에서는 먼저 루소 이전의 아동관이 어떻게 달라져 왔는가를 살펴보겠다.

## 2. 루소 이전의 아동관

인류 역사상 어른의 어린이에 대한 태도는 두 가지 측면에서 고찰할 수 있다. 그 하나는 약하게 태어난 어린이에 대한 보호 본능과 그 속에 함유된 사랑의 감정이다. 이는 비단 인간에게 고유한 본성적 특질이라기보다 모든 동물에 공통된 본능적 유사성으로 보인다. 다른 하나는 어린이를 성인成人 세계의 생활 질서 안으로 끌어들이려는 적극적인 태도이다. 이 두 가지 태도는 인류의 존속을 가능하게 하고 사회 질서를 유지시키는 요인으로 작용하면서, 거의 무의식 속에서 자명한 것으로 인식되어 왔다. 그러나 사회질서 자체의 변동과 함께 다음 세대의 육성이 종래의 관습에 따라 기계적으로 반복될 수 없는 상황에 이르자, 사람들은 어린이에 대한 무의식적으로 자명한 원리가 더 이상 유효하지 않다는 것에 주목하게 된다. 이러한 변화에 대한 주목 혹은 의식은 르네상스 이후 근대에 이르기까지 가장 현저하게 나타났으며, 특히 어린이에 대한 새로운 인식을 불가피하게 했다. 루소의 아동관 형성 이전의 역사적 과정에서 어린이의 모습을 바라보는 시각은 어떻게 달라져 왔을까?

### *1) 고대의 아동관*

어린이를 보는 어른들의 관점은 시대와 상황에 따라 일정하지 않다. 어린아이를 한낱 사회유지의 방패로 보는 시각에서부터 인류애에 근거한 애정의 대상으로 보는데 이르기까지 그 시각은 다양하며 복합적이다. 인류의 역사를 전쟁의 역사로 보는 시각에서는 아이는 장차 있을 전쟁에 대비하는 역군이요, 동시에 소모품에 지나지 않는다. 인류의 역사를 권력의 각축전의 마당으로 보는 시각에서는 아이는 필요에 따라 권력자의 이해타산을 위해 혹은 지배층의 이익을 위해 효과적인 투자 대상이 된다.

원시사회에서는 종족의 생존을 위해 아기를 죽이는 풍습이 있었다고 한다. 오늘날 인류학자들의 관심 지역인 파푸아 뉴기니아에서는 아직도 그 흔적을 볼 수 있는데, 가령 쌍둥이나 기형아 또는 두 번째 출생한 아이는 기르지 않고 버린다든지, 캄착카 반도에서는 폭풍의 계절에 태어난 아이는 죽인다든지, 마다스칼에서는 흉일凶日에 태어난 아이는 내다버리는 등, 원시부족들 사이에서 이와 같은 기아棄兒 사건은 흔히 있는 풍습의 하나다. 아이를 죽이는 일은 거의 인류의 역사와 함께 내려온 풍습이라고 한다. 아이를 죽이는 이유는 비인간성非人間性이라든지 잔인성과 같은 개인적인 심성에서가 아니라, 생존을 위한 하나의 수단, 즉 요즘의 가족계획의 원리와 같은 차원에서 찾을 수 있다. 또 다른 이유는 공포에서 벗어나기 위한 주술적인 데서 찾을 수 있다. 즉, 죽음의 공포, 병마의 공포에서 벗어나기 위해 어린이를 희생물로 바치거나, 혹은 전쟁에서의 승리를 기원하는 풍속의식에 희생물로 제공되는 종교적 희생양을 대신했다. 그러나 대부분의 경우, 식구 수를 줄이려는 경제적인 이유에서 아이가 생매장되곤 했다.[4] 이런 풍습은 개인적인 심성과 상관없이 사회적 · 집단적 명령에 의존하기 때문에 크게 보아 그 집단의 인구정책에 의한 제도적 차원에서 보아야 한다. 앞서 언급한 바와 같이 이런 제도는 현대의 국가적 차원에서의 가족계획이나 인구조절 정책의 공공성을 사람들이 무리 없이 용납하듯이, 그 옛날에도 용인되었던 것으로 본다.

희랍의 대표적인 도시국가인 스파르타와 아테네에서는 각각의 사회 · 문화적 상황에 따라 어린이를 보는 시각이 대조된다. 항시 전쟁에 대비하는 상황에 있던 스파르타에서는 허약한 어린이를 기르지 못하게 했다. 국가에서 임명된 열 명의 장로들에 의해 허약한 것으로 판정받은 아이는 나라가 정해준 일정한 장소에 버려야 한다. 그 대신 건강한 아이는 국가가 경영하는 훈련소에서 철저한 신체 단련을 받는다. 단련의 목적은 물론 전쟁에서

4_ 梅根悟, 『世界教育史』(東京: 講談社, 1977), 참조.(우메네 사토루, 『세계교육사』 김정환 외 역, 풀빛, 1991)

의 승리를 위한 것이었다. 이에 반해, 아테네에서는 전승戰勝 국가를 위한 어린이로보다는 인간 형성을 위한 어린이로 보았다. 물론, 그 대상은 노예를 제외한 아테네 시민의 어린이에 한한 것이었다. 교육의 어원은 어린이를 이끌고 가르친다는 의미의 희랍어 '파이데이아'에서 나온 것이다. 비교적 높은 수준의 문화를 가진 아테네의 어른들은 어린이의 놀이를 주목하고 인간 내부에 갇혀 있는 영혼이 놀이를 통해 자랄 수 있다고 믿었다. 또한 놀이를 통해 발견되는 능력을 식별할 수 있다고 보았다. 희랍의 유명한 동화작가 이솝의 우화는 어린이를 대상으로 한 것이며, 어린이의 독자적 상상력은 풍부한 이야기 속에서 배양된다고 생각했다. 한편, 견실한 사회를 배경으로 한 로마인의 시각은 어린이에게 엄격하면서도 가정의 기본적 성립조건의 하나로 어린이의 존재를 인정했다. 유교의 수신제가치국평천하修身齊家治國平天下의 원리와 유사하게, 로마인의 가정 존중 사상은 어린이의 가정에서의 위치를 인정하면서도, 가정에 수치스러운 일을 저질렀다거나 아버지의 명예를 손상시킬 때는 그 아들을 살해할 권리를 아버지에게 주었다. 이는 어린이 생명의 근원이 아버지에게 있다는 생각에서 나온 생사여탈生死與奪의 권리다.[5]

### 2) 중세 기독교의 아동관

『성서』에서 흔히 볼 수 있는 비유의 하나로 양치기와 어린양이 묘사된다. 이 비유는 어린이와 민중을 동시에 의미하는 것이나, 목자와 어린이의 관계가 마치 양치기와 어린양에 비할 수 있다는 것이다. 어린이의 이미지를 동물의 그것과 동일시하는 풍습은 그 역사의 기원은 알 수 없으나 『성서』의 비유로 보아 오래 전에 전래되었음을 짐작할 수 있다. 그러나 양치기가 어린양을 죽일 수 없듯이 기독교인은 로마인처럼 어린이의 생사여탈권이 없다. 이는 기독교 교리에 의해 "만인은 하나님의 아들"이고, 따라서 어린이

5_ 앞 저서, 참조.

의 생명의 근원은 로마인들처럼 생부生父가 아니라 하나님에 속해 있기 때문이다. 따라서 집에서 버림받은 아이는 신을 섬기는 수도원에서 맡아야 할 의무가 있다.[6]

기독교의 원산지인 이스라엘 민족은 유목민으로서 그 생계의 기반은 목축업에 있었기 때문에 특별히 양치기와 양의 비유가 자주 등장한다고 하겠는데, 그와 더불어 양치기가 들고 다니는 장대가 상징으로 등장한 것도 당시의 아동관과 무관하지 않다. 양들을 인도하기도 하고 또 우리 속으로 몰아넣는 도구로서의 장대는 그대로 종교의식에 연결되어 대제사장이나 수도원장의 상징으로 사용되었다. 뿐만 아니라 그 장대는 교육 도구로 쓰여져서 막대기는 훈장訓長의 필수 도구이며 교직은 다름 아닌 교편敎鞭을 잡는 일이 되었다.[7] 어린이가 하나님의 아들이기는 하지만, 다름 아닌 죄의 존재이기 때문에 기독교에서 본 아동관은 원죄설에 입각한 것이다. 타고난 죄를 속죄하는 길이 유일한 삶의 길일진대 이 속죄하는 방법이 여러 가지 형태로 발전하게 되며, 어린이가 속죄하는 방법은 매를 맞는 교육에 의해서이다.

구약성서 「솔로몬의 잠언」에 의하면, 매를 아끼는 자는 그 아이를 미워하는 자이며 아이를 사랑하는 자는 매를 아끼지 않는다는 것이다. 이런 교육방법의 근거는 물론 기독교적 원죄설原罪說에 입각한 것이다. 즉, 어린이의 본성은 원죄설에 의해 악이다. 악을 줄이기 위해서 어린이는 양떼를 몰아 가둘 때 사용하는 장대와 같은 회초리를 달게 받아야 한다. 이 회초리는 신체에 고통을 주기 위한 것이며 죄는 육체적 고통을 통해 속죄가 되므로 이는 사랑의 매라고 할 수 있다. 신약성서에 나오는 "나는 좋은 목자요, 좋은 목자는 어린 양을 위해 목숨도 버린다"는 기독교의 시각은 어린이의 성악설의 기초를 확립한 아동관이라 하겠다. 이와 같은 아동관에 입각한 기

6_ 深谷昌志, 『兒童觀』(東京: 日本放送出版協會, 1988), pp. 9~13. 이탈리아의 많은 수도원에는 버린 아이들을 수용하는 방법으로 수도원 입구에 쟁반을 설치해 놓고 있다고 한다. 하나님의 아이이기 때문에 수도원에서 버린 아이를 길러야 했다.

7_ 앞 저서, p. 14.

독교의 교육이념은 특히 그 방법에 있어 중세 이후 근대적 학교교육에서도 가장 오랫동안, 그리고 가장 효과적인 방법으로 사용되어 왔다. 그러나 이런 동물사육법과 유사한 교육방법은 많은 진보적인 교육사상가에 의해 비난의 대상이 되어 왔다. 사실, 매로 다스리는 교육에 대한 비난은 일찍이 기원 1세기경 희랍의 플루타크의 『유아 교육론』에서도 언급되었다고 한다. 루소는 플루타크의 애독자였으며 그의 교육론에 깊이 영향 받았다는 것은 『고백』에서 서술된 바 있다.

중세의 아동관은 기독교적 원죄설에 입각한 것이나, 실제 생활에서 구체적으로 아이를 어떻게 보았는가에 대해 흥미 있는 관찰을 소개해 본다. 아리에스의 분석에 따르면, 대략 12세기까지의 중세 미술에서 보면 아동기에 대해서는 알지 못했고 어린이를 그림으로 그려 보려고도 하지 않았다. 이러한 무관심은 그림의 기술이 부족하거나 역량이 모자라서가 아니라 아동에게 관심이 없었기 때문이다. 설사 어린이를 그린다 해도 그것은 어른을 축소한 그림이었다. 어른과 어린이의 차이는 그 크기가 다를 뿐 어린이의 특징은 없었다. 또한 유아 사망률이 높았기 때문에 얼마 살지 못하는 어린이에 대해 별 관심이 없었던 것이다. 유아의 높은 사망률은 하나의 기정사실로 인정되어 어린이에 대한 어떤 개념도 형성하지 못했다.

이와 같은 무관심은 다른 각도에서도 찾아볼 수 있다.[8] 중세의 공동체적 집단생활에서는 다양한 연령과 계층, 신분이 잡다하게 섞여 있다. 감정생활의 차원에서도 공적 생활과 구분되는 사적 생활이라는 것이 존재하지도 않고 가족이란 다만 아이를 낳고, 재산을 상속하고, 이름을 전하는 일 이외에는 별다른 의미가 없었다. 이런 사회에서 어린이를 어른과 구분해서 의식적으로 교육한다는 생각은 있을 수 없었고 어린이가 어느 정도 자라면 자동적으로 공동체의 일원이 되어 어른 하는 대로 함께 일하고 함께 노는 것으로 여겼다. 어른의 세계와 어린이의 세계가 따로 없는 이런 사회에서

8_ 앞 저서, 참조.

어린이에 대한 무관심은 오히려 자연스러운 것이었다고 할 수 있다.

### *3) 근대의 아동관*

어른과 함께 공동체 일원으로 생활하면서 필요한 지식과 기술을 자연히 습득해온 중세의 어린이와 대조할 때, 근대의 어린이는 무엇보다도 먼저 의도적인 교육의 대상으로 발견되었다는 사실이 주목된다. 근대 사회질서의 변동으로 인해 중세적 공동생활이 붕괴되면서 새로운 세력의 중심으로 등장한 계층은 부르주아지이다. 그들은 집단보다는 그들 자신의 개인적 야심의 계승자로서의 다음 세대를 어린이로 보고 그 교육에 대해 강한 관심을 보인다. 근대 부르주아지의 특징인 가족 중심의 폐쇄적 · 배타적 성격과 중앙집권적인 국가의 성립을 배경으로 한 유럽사회에서 어린이는 어른의 세계와는 별도의 환경에서 의도적이고 계획적인 교육을 받게 된다. 즉, 부르주아지들은 그들의 재산과 사업을 인계하고 발전시켜줄 것을 어린이에게 기대하고 어른 세계의 가치를 계승하는 자로서 어린이를 교육의 대상으로 보았다. 따라서 근대에 이르러 어린이 문제는 교육 문제와 함께 학자들의 중요한 관심사가 되었다.

어린이를 단순히 어른의 축소물로 보지 않고 독자적인 위치에서 관찰하려는 새로운 움직임은 근대 초기의 사회 경제적인 변동에 따라 서서히 번져나갔다. 17세기 로크의 『교육론』은 어린이와 교육을 관련시켜 펴낸 새로운 아동관을 제시한 대표적인 교육서이다. 그의 백지설白紙設은 이전의 아동에 대한 무관심 내지 성악설의 낡은 시각에서 벗어난 최초의 과학적 경험론적 시각을 보여주는 이론이다. 그러나 그에 앞서, 코메니우스와 같은 자연주의 선구자에 의해 이미 새로운 아동관이 제시되었음을 알 수 있다. 그는 『대교수학』에서 학생을 종이로, 지식을 글자로, 인쇄하는 잉크의 역할을 선생으로 비유한다.[9]

---

9_ 深谷昌志, 앞 저서, p. 20.

코메니우스나 로크의 백지설에 입각한 어린이의 이미지는 기독교의 어린양과 같은 동물의 이미지와는 달리 하나의 기계적 재료로서의 무기물無機物과 같은 이미지를 준다. 로크는 그의 대표적인 철학서『인간 오성론』에서 일체의 관념은 감각의 경험에서 얻어지는 것으로 다른 어떤 선험적, 생득적인 관념도 부정한다. 즉, 후천적으로 얻는 경험에 따라 좋은 아이도 되고 나쁜 아이도 된다는 주장이다. 이 백지설은 로크의『교육론』에서 간단하게 언급되었는데, 그는 "아직 아이는 어려서 단지 백지와 같거나 어떤 모양이든 그릇에 넣어 만들 수 있는 밀랍과 같다."[10]고 생각하였다. 이 같은 로크의 무기물적 아동관은 이미 기독교적 아동관과의 결별을 선언한 것이며, 자연을 지배하는 인간 오성에 대한 신뢰를 확대시킨 계몽사상의 아동관과의 고리를 이어준다.

계몽사상의 시각에서 본 아동관은 로크의 경험론적 · 무기물적 이미지와는 달리, 어린이의 자연적 본성에 대한 신뢰에 기반을 두고 있다. 그러나 18세기 계몽주의 시대의 어린이에 대한 관점은 일률적으로 묶어 정리하기 어려운 점이 있다. 그것은 종교개혁 이후 두 파로 갈라진 프로테스탄트나 가톨릭 계열의 기독교적 아동관, 계몽주의자들의 아동관, 그리고 이들과 떨어져 나간 루소의 아동관의 세 가지 모델로서, 그 시각이 다양하기 때문이다. 이 세 가지 모델은 질적으로 구분되는 차이는 있으나 서로의 관계를 근대적 아동관의 연속적인 발전 과정에서 찾아야 한다.

먼저 종교개혁 이후 갈라진 신구新舊 기독교 세력의 공통된 관심으로, 교육에 대해 매우 적극적이며 조직적이었다는 점을 들 수 있다. 즉, 그들 양 세력의 공통점은 종교적, 도덕적 위기를 아이들 교육을 통해 극복하려고 노력했다는 점이다. 그 중에서도 가톨릭 세력의 주체인 예수회 산하에 있던 중등학교의 양적 증가는 괄목할 만한 것이어서 그 영향은 프랑스는 물론, 유럽의 가톨릭 국가 전역을 휩쓸다시피 했다. 한편, 종교개혁에 성공한

10_ 앞 저서, p. 20.

나라에서도 교육을 교권敎權 확대를 위한 유일한 수단으로 보았고, 특히 종교적 목적을 위한 학교교육의 수단적 가치를 인식하였다. 일찍이 루터는 기독교 교리의 재건과 교회의 쇄신을 교육과 관련지으며, 가정교육과 병행하는 학교교육의 중요성을 다음과 같이 말했다.

> 기독교 국가와 기독교인을 위해 가장 우수하고 가장 적절한 인재를 구한다면 하나님과 이 세상을 위해 봉사하는 우리들의 어린이를 교육하는 데 시간과 비용을 아껴서는 안 된다.[11]

이와 같이 신구 양파의 학교교육 강화에 따른 학교제도의 강력한 조직력은 당시의 정치적, 사회적 비호를 받아 경쟁적으로 발전하여 현대 학교교육행정에 지대한 영향을 미쳤다. 이 두 기독교 세력의 현실 참여, 혹은 세속화는 그러나 그들의 어린이에 대한 원죄설을 부정한 것은 아니다. 어린이는 여전히 죄의 존재이나 다만 세례를 통해 죄의 존재에서 사함을 받게 되는 상태이며, 교회에서 세례의식을 받은 어린이는 그 속에 그리스도라는 영원한 가치를 지니게 되므로 현세적인 가치로부터 멀리 떨어져 있어야 한다. 그러기 위해 학교는 세례 받은 어린이의 내재적인 가치를 지키는 곳으로서, 변덕스러운 가정의 느슨한 보호를 받는 것보다 학교에서 엄격한 감시와 훈련을 받음으로써 그 유지가 가능하다고 보았다.

한편, 같은 시대의 계몽주의자들에게는 무엇보다도 우선 기독교 교리에 입각한 원죄설, 인간관, 교육관을 어떻게 극복하느냐가 큰 관심사이며 첫째 과제로 대두되었다. 그들은 인간 내부에 존재하는 자연성을 인정하고 이 자연성은 종교적인 선악의 개념과 별개의 것으로 보았다. 계몽주의자들의 성서聖書라고 할 수 있는 『백과전서』의 「어린이」 항목에는 먼저 의학적인 시각에서 본 어린이를 설명한다.[12] 즉, 사람들은 어린이를 생각할 때 어

11_ E. Wilds, *The Foundations of Modern Education* (New York: Rinehart & Company, Inc., 1936), p. 284.

12_ 안인희, 『에밀-루소의 교육론』 (서울: 양서원, 1990), p. 48.

린이의 정신적인 면에만 관심을 쏟고 어린이의 육체적인 특징을 소홀히 한다. 어린이는 무엇보다도 자유로운 신체활동과 단련을 필요로 하고 있으며 야외에서의 일광욕이나 움직이는 데 편한 옷이 필요하다. 또한 정신적인 특징도 알아야 한다. 어린이의 신경조직은 부드럽고 섬세하기 때문에 한꺼번에 너무 강한 긴장을 강요하는 것은 백해무익이다. 따라서 훈련은 조금씩 단계를 밟아 해야 하고 또한 개인차가 크기 때문에 같은 방법을 모든 아이에게 획일적으로 써서는 안 된다는 것 등이다.

이렇게 해서 계몽주의자들은 우선 어린이를 종교적, 도덕적 차원에서 끌어내어 실증적이고 과학적인 대상으로 보았다. 다음으로 법적, 도덕적인 면에서 또한 어린이는 판단력이 불완전한 상태여서 어른의 보호가 필요하지만 보호기간 중 어린이는 이성理性이 발달할 때까지는 어른에게 절대 복종해야 한다고 보았다. 이와 같이 이성의 성숙을 경계선으로 하여 그 이전을 어린이로 보고 어른의 보호가 필요할 때까지는 어른에게 복종할 것을 도덕적 의무로 본다. 이성을 제일 원리로 세운 계몽주의자들은 이성이 성숙되기 이전의 상태를 어린이로 보는 아동관을 지지했다.

이상에서 고찰한 바와 같이 고대에서 근대에 이르기까지 어린이에 대한 시각은 시대에 따라, 또한 사회적 요청에 따라 그 각도를 달리해 왔음을 알 수 있다. 그러나 어느 시대나 어린이를 장차 사회 문화적 유산의 계승자로 보았다는 점에서 공통된 바가 있으며, 또한 어린이를 어른의 세계에서 점차 분리시켜 사회의 일원이 되기에 앞서 별도의 교육을 받아야 할 대상으로 생각한 점이 유사하다고 하겠다. 한편 근대에 이르러 종교단체는 그들의 교권教權 확립을 위한 학교교육의 중요성을 인식하였고 이에 따라 교육기관의 경쟁적, 양적 증가는 교회 세력의 팽창과 정비례하였다. 계몽주의 시대의 교육적 관심은 어린이가 아니라 어른들의 욕구나 제도적인 문제로 집중되었기 때문에, 교육의 중요성을 인식하면서도 정작 그 대상인 어린이에 대해서는 별 관심이 없었다. 즉, 교육에 관한 책이 그 어느 때보다 많이 출판되는 데 비해 어린이에 대한 의견은 별로 관심을 끌지 못했던 것이다. 이러한 맥락을 바탕으로 이제 루소의 아동관을 살펴보자.

## 3. 루소의 아동관

『에밀』은 단순한 교육론의 전개가 아닌 보다 포괄적인 루소 사상의 집약서라고 하는 사람도 있으나 그 중요한 주제는 어린이다. 이 책은 앞에서도 말한 바와 같이 「어린이의 발견서」 또는 「어린이의 복음서」라는 독자의 부제가 따라 다닌다. 그러나 『에밀』은 결코 돌발적인 사건이 아니다. 왜냐하면 루소의 아동관은 앞서 살펴본 아동관의 역사적 성숙 과정의 연장선에서 고찰되지 않으면 안 된다고 보기 때문이다.

루소는 그의 독특한 문명사회 비판으로 다른 계몽사상가와 구분되나 그 역시 계몽주의 사상가의 한 사람이다. 다만 그가 이상으로 그리는 사회는 이미 주어진 문명사회가 아니라 이를 부정한 저편의 유토피아다. 유토피아는 아직 실현되지 않은 비존재인 까닭에, 어린이를 일체의 구체적, 현실적 요청에서 해방시키고 어린이의 내재적인 발달에만 주목하게 한다. 이리하여 루소는 어린이를 다른 어떤 가치 실현의 수단으로서가 아니라 목적 그 자체로서 그 발달 단계의 고유한 성숙을 교육의 유일한 목적으로 삼는다. 그러므로 어린이를 일체의 사회적 관계에서 격리하는 픽션으로까지 몰고 가는 것이다.

루소는 『에밀』 서문에서 다음과 같이 말한다.

> 사람들은 어린이를 전혀 알지 못한다. 어린이에 대한 생각이 잘못되었기 때문에 나아가면 갈수록 점점 정도를 벗어나게 된다. 가장 현명하다는 사람들까지도 어린이가 무엇을 배울 수 있을까에 대해 생각하지 않고 어른들이 알아야 할 것에 대해서만 열중하고 있다.[13]

13_ 앞 저서, p. 64. 당시 어린이에 대한 일반적 견해는 부정적이었다. 어린이는 건방지고 거만하여 성을 잘 내고 타산적이며 변덕스럽고 소심하며 무절제하고 거짓말쟁이이며 위선적이

사람들은 언제나 어린이 속에서 어른을 찾고 어른이 되기 전의 어린이의 모습을 생각지 않는다. 이처럼 어린이를 그 본래의 모습으로 보지 않고 어른의 축소물이나 아니면 미성숙한 어른으로 보는 견해에 대해 루소는 비판한다. 그의 유일한 연애소설로 불리는 『신 엘로이즈』에서도 이 같은 견해가 묘사된다. "자연은 어린이들이 어른이 되기 전에 어린이이기를 바란다. 이 질서를 지키지 않을 때는 마치 여물지도 못하고 맛도 없이 썩어버리는 과일을 따게 되는 이치와 같은 것이다."[14] 미처 익지 않은 과일을 따버리는 것과 같은 어리석은 짓을 서슴없이 저지르며 아이에 대한 잘못된 인식을 고집하고 있는 세대에 대해 루소는 새로운 시각으로 아이를 이해한다. 그의 새로운 시각은 발달 단계론, 감성론, 성선론으로 나누어 고찰할 수 있다.

### *1) 발달 단계론*

『에밀』은 어린이 성장의 발달 단계를 구분하여 각기 그 단계에 적합한 교육을 논한 책이다. 어린이는 단순히 어른과 구분되는 것이 아니라 그 성장 과정이 단계적으로 구분되며, 각 단계에 고유한 특질을 탐구하여 그 특질을 이해하는 데서 출발하지 않으면 안 된다. 에밀은 다섯 단계의 순서를 밟아 성장하게 되는데, 이를 열거하면 유아기, 아동기, 소년기, 청년기 그리고 결혼할 때까지다.

루소의 발달 단계론은 당시 동물학 연구의 「반복설」[15]을 적용한 것으로, 개체발생은 계통발생을 반복한다는 법칙에 근거를 둔 것으로 알려졌다. 루소는 이 법칙을 응용하여 한 개인의 출생에서 시작하여 성숙될 때까지의 과정은 인류가 야만시대에서 문명시대에 이르는 과정을 되풀이한다고 보았다. 그러니까 사람은 출생 후 동물과 다름없는 생활을 하다가 점차 미개

---

라고 보았다. 그들은 고통을 참지 못하고 남을 해치기 좋아하며, 따라서 그들은 이미 타락한 성인이라고 간주하였다.

14_ Rousseau, *La Nouvelle Heloise*, trans. by J. H. McDowell (The Pennsylvania State University Press, 1968), 참조.

15_ Recapitulation Theory는 후에 독일의 동물학자 E. Haeckel에 의해 발표되었다.

인처럼, 다음엔 고독한 로빈슨 크루소처럼, 그 다음에 이성적 존재로, 사회적 존재로 성장하는 과정을 밟는다는 것이다.

다음은 각 단계에 따라 신체적, 심리적, 감성적 특징을 간단히 살펴보기로 한다. 제 1기인 유아기幼兒期는 출생 후 말을 하기 시작할 때까지의 기간이다. 이 시기의 특징은 동물의 상태와 흡사하다. 아이는 말도 못하고 생각이나 관념도 없다. 오직 감각작용만이 관찰될 뿐이며 반사적인 감각작용에 의해 편안한 것과 고통스런 것을 구분하고, 고통에 대한 반응으로는 우는 것으로 그 의사표현을 한다. 그래서 아이는 어른들의 도움을 청할 때 운다. 이 시기에 자연은 자기 보존에 필요한 운동 이외에는 아무것도 요구하지 않는다. 자기 힘으로 할 수 없는 일은 요구하지 않기 때문에 아기의 팔, 다리는 자유롭게 움직일 수 있도록 풀어주어야 한다. 유아기의 양육법에 대해 루소는 이같이 주장하면서, 유모나 어른들이 아기를 강보에 묶어 놓는 일이 아이를 위한 것이 아니라 어른들의 태만에서 비롯된 것이라 한다.

제 2기의 두 번째 발달 단계에 들어서는 것은 아이가 말을 배우기 시작한 때이며 이는 아동기兒童期의 시작이다. 말을 하기 시작하면 아이는 전보다 울지 않게 된다. 하나의 언어가 다른 언어를 대신했기 때문에 덜 우는 것이다. 말을 하게 되면 아이는 자기 힘으로 할 수 있는 일과 아닌 것을 알 수 있는데 이때 말로 할 수 있는 일을 울면서 호소하는 좋지 않은 버릇이 생기지 않도록 조심해야 한다. 즉, 어른들의 과보호는 좋지 않은 버릇을 만드는 계기가 되는 것이다.

이 시기의 특징은 감각 훈련을 통한 신체 각 기능의 정상적인 발달을 들 수 있다. 감각 능력은 다른 능력에 앞서 최초로 개발되어야 할 기본적인 능력이므로 어린이 시기의 완성은 이 능력 여부에 달린 것이다. 감각 능력의 완성은 다음 단계의 출발점이 되는 것으로 이것은 이성의 능력 배양을 위한 기초 능력이 된다.

제 3기 소년기少年期는 12세에서 15세까지의 시기를 말하며, 이 시기의 특징은 체력이 욕망보다 앞서기 때문에 한창 성장기의 동물이 그런 것처럼,

상대적으로 기운이 왕성한 시기다. 즉, 청년기에 나타나는 여러 가지 욕구, 그 중에서도 성욕과 같은 욕망이 나타나기 이전의 상태이며, 아동기에 속하기에는 힘이 넘치는 점에서 청년기와 아동기의 중간 상태로 보았다, 능력이 욕망보다 넉넉한 상태, 루소는 이 시기를 가장 행복하고 인생에서 두 번 다시 찾아오지 않는 유일한 시기라 한다. 이 남아도는 힘을 장래를 위해 팔과 머릿속에 저장해 두는데, 팔의 능력으로 저장하는 것은 노동하기 위해서이고, 머릿속에 저장하는 것은 배우고 연구하기 위한 것이다.

루소는 12세까지 책을 통한 학습을 금지했는데 이제 에밀은 그의 최초의 책 「로빈슨 크루소」를 만나게 된다. 무인도에서 혼자의 힘으로 살아가는 크루소의 모습을 통해 사는 법을 배우게 하는 것이다. 그는 실물實物 교육의 중요성을 강조한다. 그러나 또한 모든 사물을 망라해서 가르칠 수 없으므로, 가르치는 시기를 잘 선택해야 하는 것처럼, 내용도 잘 선택해야 한다고 말한다.

앞에서 언급한 바와 같이 루소의 교육목적은 단순한 지식의 축적이 아니라 사람답게 살 수 있는 사람을 만드는 데 있다. 따라서 남들이 아는 지식을 모두 학습하는 것은 무의미하고 쓸모가 없다. 그보다는 그 시기에 반드시 알아야 할 것을 놓치지 말고 배워야 한다. 소년기는 감각感覺이 성숙된 시기이며 이성理性이 발달하기 시작하는 시기, 즉 감각적 이성 다음에 오는 지적 이성을 기다리는 시기를 말한다. 감각적 이성은 말하자면 어린이의 이성이며, 지적 이성은 우리가 흔히 말하는 어른의 이성이다.

출생 시부터 15세까지는 "어린이 완성기"이며 이 기간은 사회적 존재로 들어서기 이전의 개인의 완성을 목표로 하는 시기다.[16] 루소는 이 기간의 교육을 공적, 일반적 교육과 구분하여 가정교육, 개인교육의 영역으로 보았다.

제 4기, 청년기青年期는 「반복설」의 법칙에서 문명인 단계에 해당된다. 루소의 유명한 구절인 "우리는 두 번 태어난다"에서 두 번째 탄생이 바로 청

16_ 임현식, *Rousseau since Mid-Century*, 박사학위논문, 미간행, 1989, pp. 39~52, 참조.

년기의 탄생이다. 즉, 처음엔 생존하기 위해 인류로 태어나고, 두 번째는 살기 위해 남성으로 태어난다. 사춘기를 맞이한 에밀은 남성으로서의 삶을 완전하게 살아야 한다. 완전한 삶이란 신체적, 감성적, 정신적, 그리고 성적으로 성숙한 어른의 인생을 뜻한다. 루소는 호머Homer의 『오딧세이』를 인용하면서 다음과 같이 사춘기를 묘사한다. "오! 현명한 유리시스여, 조심하여라. 그대가 그토록 조심해서 묶어놓은 주머니의 아가리가 열리고 말았구나."[17]

성性에 눈뜨기 시작하는 시기는 마치 질풍노도의 현상과 같으며 넘쳐흐르는 정열은 나 아닌 다른 사람에게, 특히 이성異性에게로 향한다. 지금까지 자기만을 사랑했던 에밀이 비로소 나 아닌 다른 이성, 타인에 대한 애정을 느끼게 된다. 즉, 성을 의식하면서 생기는 타인에 대한 애정에 의해 사람은 고립된 존재에서 벗어나 사회적 · 도덕적 존재가 되는 것이다. 에밀은 도덕과 종교와 같은 깊은 문제에 대해 자기성찰을 하게 된다. 종교와 도덕에 대한 루소의 연구는 청년기에 이른 에밀을 위한 교육론이기에 앞서 루소 자신의 철학적 탐색 과정을 그린 상당히 무게 있는 부분으로서 그 문학적 표현에 있어 압권을 이룬다고 하겠다.

이제 에밀은 어른이 되는 준비 단계에 들어선 것이다. 소년기까지의 튼튼한 발판에 이성적 능력을 배양할 때가 온 것이다. 사고력, 추리력, 이해력 등의 지적 능력에다 타인과의 관계 속에서 자신을 생각하는 사회적 존재가 된 것이다. 『에밀』 제 4부에서는 청년기에 도덕과 종교에 대한 자기성찰이 어떻게 이루어지는지에 대해 밝혀주며, 특히 자연종교에 대한 루소의 진솔한 신앙을 피력한다.

피교육자의 마지막 단계인 제 5기의 교육은 일반적으로 알려진 것처럼 여성교육론만을 담은 것은 아니다. 소피는 에밀의 인생 동반자로 등장한 것이지 여성 일반을 대표하는 것은 아니다. 물론, 루소의 여성에 대한 시각

---

**17**_ 민희식, 앞 저서, p. 276.

이 에밀에 대한 것과 다르고 그 교육에 차별을 둔 것은 사실이다. 뿐만 아니라 루소의 자유분방한 혁명적인 사고방식에 비해 여성에 대해서만은 구태의연한 보수적인 시각에 머물고 말았다는 점에서 이의를 제기할 수도 있다. 그러나 그가 그리는 이상적인 여성상은 당시 살롱의 주인공들이나 사치와 향락을 일삼은 "가출한 여자들"에 대한 비판이 바탕으로 되어 있다는 것을 상기시킨다. 즉, 루소의 여성교육론은 우리 동양 여성에게 익숙한 의미에서의 보수적 전통 여성교육과 같은 것이 아니다. 그는 가정보다 살롱생활을 즐기는 귀부인의 문제를, 아이 기르는 일을 유모에게 일임해 버리는 어머니의 부당성을 염두에 둔 것이다.

루소의 여성에 대한 참뜻은 남성의 노예로, 혹은 희생적인 봉사자로서가 아닌, 동반자로서의 여성에 있다. "여성은 그 타고난 것에 의해 남성과 동등한 위치에 있으며 복종하면서 동시에 남성을 지배한다."[18]고 했다. 루소는 또한 여성의 미덕을 단순히 수치심이나 매력적인 몸놀림에 두지 않고 있다. 이는 "여성이 현대 사회 제도에 대해 무지하거나 사회적 관습, 예법에 대해 아무것도 알지 못한다면, 사람들의 판단이 옳은 것인지 아닌지 모르고, 또한 판단을 좌우하는 정념을 보지 못한다면, 어떻게 사회생활을 할 수 있겠는가?"[19]라고 반문하는 데서 찾을 수 있다. 즉, 가정을 형성하기 위해서는 남성과 함께 여성도 공적인 생활을 알아야 한다는 것이다. 그런 의미에서 여성을 위한 교육은 에밀과 동일한 방법은 아닐지라도 필요불가결한 것이 된다.

제 5기의 에밀은 지적인 연마 못지않게 남녀 간의 사랑의 경험이 필요하다. 루소는 많은 교육론자들이 별로 다루지 않는 남녀 간의 첫사랑에 대해 그 중요성을 인식하고 연애는 결혼의 전제조건이 되어야 한다고 주장한다. 행복한 결혼생활을 위해서는 훌륭한 반려자가 첫째 조건이나, 이것만으로는 부족하기 때문에 장차 훌륭한 남편과 아버지가 되기 위해 사회인으로서

---

**18**_ 안인희, 앞 저서, p. 243.
**19**_ 민희식, 앞 저서, p. 544.

의 숙제가 남아 있다는 것을 인식해야 한다.

사회생활에 대한 지식과 경험이 필요하고 정치, 법률에 대한 지식도 습득해야 한다. 이런 실제 경험을 얻기 위해 에밀은 결혼에 앞서 수학여행을 떠난다. 제 5기의 대부분의 교육은 『사회 계약론』의 요약이라고 할 수 있을 만큼 정치, 법률을 익히는 데 필요한 실제 방법을 제시했다. 즉, 22세의 에밀은 사랑하는 소피를 잠시 떠나 선생과 함께 2년간의 수학여행을 떠난다. 여행의 목적은 단지 관찰기록을 읽는 것으로 끝나는 부족함을 보완하기 위해 직접적인 경험을 얻기 위한 것이다. 어떤 한 국민이나 도시만 보아서는 인간이 무엇인지 알지 못한다. 따라서 여러 곳을 다니며 보는 일은 실제 경험을 얻을 수 있는 가장 좋은 방법이 된다.

이상에서 에밀의 성장 과정을 통해 발달 단계론을 요약해 보았다. 앞서 루소의 발달론이 「반복설」의 적용이라고 지적한 바 있으나, 이는 단순한 형식적 적용이 아니라 하나의 방법론상의 적용, 즉 자연 질서의 과정을 표상적으로 적용한 것이라 하겠다. 즉, 인간 발달은 여러 단계를 거쳐 이루어지는 것으로서, 각 단계마다 그 독자적인 세계에 존재하는 성장과 성숙을 마칠 때에 비로소 다음 단계로 진행되는 발전적인 과정으로 보았다. 어린이는 어른의 세계를 축소한 세계에서 사는 것이 아니며, 또한 장차 어른이 되기 위해 오늘을 희생하는 생활이 되어서도 안 된다. 어린이에게는 성장 과정의 각 시기마다 완성해야 할 독자적 세계가 각기 따로 있다는 것을 발견했다는 점에서 루소는 어린이의 발견자가 되는 것이다.

### *2) 감성론(感性論)*

루소의 인간발달론의 기저는 결국 그가 인간을 어떤 존재로 파악하고 있느냐 하는 인간관에 있다. 그의 인간관은 두 가지 기본 원리에 입각한 것으로, 하나는 인간의 감성론과 다른 하나는 인간의 성선론이다. 우선, 그의 감성론을 살펴보기로 한다.

감성이란 루소가 사용하는 sensibilité를 번역한 것인데, 그 직접적인 뜻은 감수성感受性, 감각 기능의 의미로 쓰이겠으나 여기서는 넓은 의미로 이성理性에 대립되는 의미의 감성을 말한다.[20] 감성의 의미를 구체적으로 파악하기 위해 18세기 철학사조에서 사용된 이성과 감성에 대한 인식을 간단히 살펴보자. 18세기는 이성을 중시한 합리주의 철학과 과학만능사상이 지배적인 시대이나 그 후반에 들어서면서 이에 대한 비판세력이 대두하기 시작했다. 즉, 17세기와 18세기 전반에 걸쳐 모든 가치판단의 기준은 이성에 따르는 것으로 인간의 감정은 이성적 의지에 굴복해야 하며, 감수성의 발달이나 감동적인 표현은 억제되어야 한다는 생각이 지배적이었다. 그러나 이 같은 이성만능의 사고는 결국 인간 이해를 위한 근본적 검토에 의해 비판의 대상이 되었고, 그동안 무시되었던 감성의 세계를 인간 내부의 원동력으로 부각시키기 시작한다. 감성은 다른 어떤 분야에서보다 문학에서 한층 용이하게, 자연스럽게 침투된 것이 사실이지만, 문학 이외의 다른 분야에도 광범위하게 영향을 미쳤다. 따라서 이성에 대한 지나친 신뢰에 염증을 느낀 많은 지식인들은 이성 중심의 비평을 감성 중심으로 대치하고, 심한 경우에는 철학이나 기하학의 머리글로 시詩를 써넣는 사례까지 생기게 되었다고 한다.[21] 이런 추세에서 감성은 이성 못지않게 인생에 주는 의미가 큰 것으로서, 그것이 미치는 도덕, 정치, 사회 양상의 변화 또한 괄목할 만하다고 본다. 즉, 문학작품에서 그려지는 인간 내면의 원동력도 이성보다는 감성이 주원인이 될 뿐만 아니라, 자연에 대한 감동적인 묘사나 원시생활에 대한 동경, 이국적 문화에 대한 감상, 호기심, 그리고 신체 기능의 주요한 에너지로서의 감성까지, 감성은 이성에 앞서 인간의 기본적인 힘으로 다루어지게 된다.

루소는 이러한 사회문화적 배경을 한층 더 분명하게 부각시킨 사람으로서, 문학사文學史에서는 낭만주의 문학의 선구자로 불리고 있으나, 어떤 비

---

20_ 루소는 Sensibilité, Passion, Sentiments, Sentir의 뜻을 구별하지 않고 혼용한 것 같다. 조홍식, 『루소의 감성』, 成大論文集, 제11집, 1966, p. 87.

21_ 앞 저서, p. 89.

평가는 그가 없어도 이런 움직임은 중단되지 않았을 하나의 불가피한 대세로 보았다. 그럼에도 불구하고, 루소를 인간 내부의 본질적인 문제를 개발한 최초의 탐구자로, 감성을 발견한 최초의 연구자로 보는 이유는 무엇일까? 앞서 지적한 대로, 루소에게 감성은 이성에 못지않게 인격 형성의 중요한 요인이 된다. 이 점을 루소는『고백』에서 다음과 같이 설명한다.

> 나는 생각하기에 앞서 느낀다. 이것은 인간 공통의 운명이다. 그러나 나는 어느 누구보다도 이런 점을 더욱 많이 경험하였다. …… 사물에 대해서는 하등의 이렇다 할 일가견이 없으면서도 일체의 감정은 이미 나에게 통하고 있었다. 아무것도 충분히 이해하지는 못했지만 모든 것을 느끼고 있었다. 내가 계속 경험한 적이 있는 이 불확실한 감동은 내가 아직 가지고 있지 않은 이성을 손상시키지는 않았지만 이 감동은 나의 이성을 아주 특수한 것으로 만들어 버렸다.[22]

인간에게 있어 가장 원초적이며 자연적인 감성은 자기 자신에 대한 사랑, 즉 자애심自愛心; amour de soi이다. 이것이 있음으로 해서 사람은 생존할 수 있으며 이것은 인간의 모든 행동의 유일한 동기가 된다. 요컨대, 인간의 최초의 감성은 그 생존에 관계되는 느낌으로 표현된다. 인간의 자기보존을 위한 직접적인 감성, 즉 최초의 감성은 문명과 문화 속에서 혼합된 감정을 소유한 도시 문화인 속에서 찾는 것보다 미개인의 생활에서 쉽게 찾을 수 있다고 한다. 이런 관찰은 루소의『불평등기원론』에서 이미 인지된 바 있으나, 이는 비단 루소뿐 아니라 디드로와 같은 백과전서주의자들의 공통된 견해라고 하겠다. 다만 그 감성의 전개 과정에서 의견의 차이가 생긴다. 홉스의 경우처럼 자기보존의 감성이 결국 전쟁상태를 유발하거나 전쟁은 아니라도 언제나 경쟁자로서 남을 의식하는 고독한 존재로 만들 수도 있고, 루소의 경우처럼 욕심만 억제된다면 평화 상태를 유지할 수도 있는 것이다.

루소는『불평등기원론』에서 가장 단순한 인간의 영혼을 생각할 때, 거기에는 이성에 앞서는 두 개의 감성이 있다는 것을 인정한다. 하나는 자애심

22_ Rousseau, *Les Confessions*(Paris: Bibliotheque de la pleiade), p. 8.

이고, 다른 하나는 동정同情; pitié이다. 자애심은 앞에 설명한 바와 같고, 동정심은 나와 같은 감성적 존재, 즉 내 이웃이 고통 받는 것에 대한 혐오감 같은 것이다. 이 자애심과 동정은 두 개의 다른 속성이 아니라 우리의 최초의 감성인 자애심에서 동정과 같은 나머지 여러 감정이 파생되는 것으로 보아야 한다. 루소에게 있어 이 최초의 감성인 자애심만으로는 전쟁상태를 면할 수 없기 때문에 자애심의 변형으로라도 동정의 감정이 공존해야 하는 것이다.

『에밀』을 해석한 보이드W. Boyd는 어린이의 최초의 감성은 자애심이고 이는 생득적인 것임에 비해 두 번째의 감성은 최초의 감성에서 파생된 동정심이라고 분명히 말한다.[23] 즉, 동정심은 자애심과 같은 수준의 것이 아니라 순서로 보아 두 번째가 되는 것이다. 그러나 동정심은 사회적 관계를 의식하게 하는 계기가 되며 여기서 타인에 대한 선택적 관계와 이에 따르는 의무감도 수반하게 된다. 이 관계에서 사람은 타인에 대한 지배욕, 질투심, 속임수, 복수심과 같은 감정, 즉 이기심利己心; amour propre이 생긴다. 자애심은 자신의 욕구가 충족될 때 끝나는 것이지만, 반면에 이기심은 다른 사람과의 경쟁심이 포함되어 있기 때문에 결코 만족하는 법이 없다. 왜냐하면 이 감정은 다른 사람보다 자기를 사랑할 뿐만 아니라 다른 사람에게도 자기를 사랑하라고 요구하기 때문이다.

루소는 『에밀』 4부의 첫 부분에서 다음과 같이 말한다.

> 이 시기는 대략 15세에서 20세까지 걸치게 된다. 우리의 정념은 자기보존을 위한 중요한 도구가 된다. 따라서 정념을 없앤다는 것은 어리석은 일일 뿐 아니라 불가능한 것이다. 이는 신이 만드는 것으로 바꿀 수도, 없앨 수도 없는 것이다. 사람의 본성에서 나온 정념은 자연적인 것이어서, 우리의 자유를 위해 유용하게 쓰여야 하고 우리의 자기보존의 목적에 사용되어야 한다. 우리를 굴복시키고 파멸시키는 정념이 있다면, 그것은 자연 이외에 다른 것에서 유래된 것이다.[24]

23_ W. Boyd, *The Emile of J. J. Rousseau, Classics in Education*, No. 10, Columbia University Press, 1956, p. 97.

24_ 안인희, 앞 저서, p. 174.

자애심이 자연에서 온 감성인 데 비해 이기심은 자연 이외에서, 즉 사회적 산물로 보는 루소의 견해는 여기서도 자연과 사회를 대비시키고 있다. 자칫 사회악의 원인이 될 수 있는 이기심을 억제하기 위해서는 가능한 한 타인과의 비교를 적게 함으로써 인간 본성인 선을 파손하지 않도록 해야 한다는 것이다. 루소의 말대로 혼자서 산다는 것은 불가능하고 언제나 착하게 산다는 것은 어려운 일이 아닐 수 없다. 이 어려움은 대인관계가 늘어감에 따라 필연적으로 증대한다. 따라서 인간에게 가장 적합한 연구는 인간관계의 연구라고 할 수 있다.

어린 시절에는 신체적인 존재로만 자신을 인식하는 것으로 족했으나 정신적 존재로 자기를 인식하기 시작하면서 사람은 인간과의 관계를 통해 자기를 연구하지 않으면 안 된다. 인류와의 모든 관계의 바탕이 되는 애정, 그것이 자애심에서 파생했든 아니든, 그것 없이 우리는 살 수 없는 것이다. 반면에 우리를 파멸로 몰아넣을 가능성을 내포한 이기심은 극단으로 가지 않는 한 크게 해로운 것은 아니라 해도 언제나 경계해야 할 감정이다. 이런 감정으로 인해 인간 사회의 도덕과 법질서 또는 종교적 제재制裁는 사회악의 증가와 정비례하여 복잡하게 발전한다. 이에 대한 해결책은 무엇인가?

루소는 인간의 감성을 자연이 준 불가피한 속성으로 보고 두 가지 방안을 제시한다. 하나는 스스로 욕심을 억제함으로써 양심의 소리에 귀 기울이는 자가치료법이고, 다른 하나는 타인과의 상호계약을 맺고 이를 지키는 일이다. 사회계약의 존재 이유가 바로 여기에 있다. 그러나 계약을 지키는 일, 그 자체도 어려서 어떤 감성을 지키며 자랐느냐에 따라 그 성과가 달라진다. 어려서 지나치게 서둘러 교육받은 아이들보다는 자연질서에 따라 서서히 성장한 아이들이 그 성과를 거둘 수 있다는 것이다. 요는 어려서 행복한 시간을 많이 보낸 아이가 한 번도 만족을 느끼지 못한 아이보다 이기심을 쉽게 억제할 수 있다는 말이다. 루소는 말한다. "20세가 될 때까지 순진하게 자란 아이는 가장 선량하고, 관대하고, 가장 사랑스럽고, 남을 사랑할 줄 아는 사람으로 이 시기를 지낼 수 있다. …… 인간은 약하기 때문에 사회인이 된다. …… 모든 인간의 애착은 인간이 스스로 완전하지 않다는 증거다."[25]

루소는 인간의 피할 수 없는 감정으로 동정이나 질투, 연민에 대해 흥미있는 고찰을 한다. 동정同情은 감미로운 것이다. 그 이유는 괴로워하는 입장에 서 보지만, 실제 나 자신이 괴로운 몸이 아닌 것을 기뻐하기 때문이다. 질투는 씁쓸하다. 왜냐하면 질투하는 사람은 상대의 입장이 되어 생각하지 않기 때문이다. 행복한 사람을 보면 자기의 불행의 원인이 그것 때문이라고 생각한다. 결국, 동정은 타인의 고통을 우리가 느끼지 않아도 되는 데 비해 질투는 타인과 같은 행복을 우리가 느낄 수 없기 때문에 생기는 것이다. 상상력이 발달되면 공포의 고통을 느끼고 괴로움을 알게 되며 인류의 비극에 대해 경험을 넘어 마음속으로 느끼게 되는데 여기서 연민이 생긴다. 러셀B. Russell은 이런 감정을 추상적 감수성이라 한다. 질투나 탐욕, 증오심을 인류애로 승화시키는 방법으로 루소는 세 가지 방안을 제시한다.

첫째, 자신을 낮은 위치에 넣자. 즉, 자기보다 행복한 사람의 위치에 자기를 놓는 것보다 불행한 사람과 비교하는 것이 인간의 마음에 적합하다. 젊은이를 인류애로 인도하기 위해서는 부귀영화를 누리는 사람에 현혹되지 않게 하고 그 뒷면의 비애를 알게 해 주어야 한다.

둘째, 타인의 불행이 나에게도 올 수 있다는 것을 기억하자. 즉, 불행을 겪어 본 사람만이 진정으로 남을 동정할 수 있다. 왜 왕은 신하를 동정하지 않는가? 왕은 자기가 신하가 된다는 것을 결코 상상하지 않기 때문이다. 신분, 계층이 고정된 사회일수록 있는 자들이 더욱 냉혹한 것은 바로 이 때문이다.

셋째, 인간의 고통을 동물의 고통과 동일한 것으로 보지 않아야 한다. 동물은 비록 먹이를 얻어먹고 있다 해도 다음 순간 도살된다는 예견을 하지 못하기 때문에 사람은 동물의 운명에 대해 동정하지 않는다. 그와 같이 부자는 가난한 자를 불행하게 하면서 가난한 자는 어리석어 그 불행을 느끼

25_ 앞 저서, pp. 184~189.

지 못한다고 생각한다. 경멸하는 사람들의 행복을 낮게 평가하는 것은 당연하다. 따라서 정치가는 평민을 경멸하고 대부분의 철학자들이 인간을 사악한 것으로 보게 되는 것도 별로 놀라운 일이 아니다.

이상에서의 논의는 다음과 같이 요약된다. 감성은 이성 이전에 인간을 지배하는 자연적 속성이다. 즉, 우리는 생각하기에 앞서 느낀다. 사람의 최초의 감성은 자애심이며 이는 원초적인 자연적 감성으로 인간의 힘으로는 어찌할 수 없는 기본적인 것이다. 이 자애심은 인간의 자기보존을 가능하게 하며 우리의 모든 행동의 일차적 동기이며 원인이 된다. 또한 이 원초적인 감성은 다른 동물의 세계에서도 볼 수 있으므로 인간과 동물을 구분하는 다른 감성이 여기서 파생된다. 이 감성은 동정심과 이기심으로 갈라지게 되는데 이는 사람이 고립된 생활을 할 수 없기 때문에 생긴 사회적인 산물로 나타난다. 동정심은 나와 동류인 인류에 대한 연민이라 할 수 있고, 반면에 이기심은 타인에 대한 자기 확대의 감정, 나뿐만 아니라 다른 사람에게도 나를 우선시키는 감정으로서 그 두 개의 감정은 질적으로 대립된 것이나 대인관계에서 비롯되었다는 점에서 같은 것이라고 볼 수 있다. 즉, 나 이외에 다른 사람과의 관계에서 우리의 감성은 동정심이나 이기심으로 갈라질 수 있고 또한 이 두 개의 감성이 혼합될 수도 있다.

사실, 『에밀』에서 루소는 이 두 개의 감성을 구분하기도 하고 때로는 하나로 통합하기도 한다. 그는 여러 곳에서 인간의 유일한 감성인 자애심은 넓은 의미의 이기심이라고 했다가 나중에는 이기심은 모든 감정의 최초의 감성이라고 쓰고 있다. 그의 이 같은 용어의 혼합은 다른 용어 사용에서와 마찬가지로 독자의 이해를 어렵게 만들고 있다. 그럼에도 불구하고, 그의 일관된 주장은 분명히 나타나고 있다. 그것은 인간 이해를 위한 그의 감성론의 주장이다. 어린이는 그 초기 발달의 특징인 감각 기능의 발달과 감성 교육에서 교육이 출발된다는 것이다. 그리하여 감성 교육에 대한 인식 없이는 그 후에 발달되는 이성 교육의 기초를 잃게 되며, 동시에 어린이의 참 모습을 이해하지 못하게 된다.

### 3) 성선론(性善論)

동정심이나 인류에 대한 연민의 감성이 자애심에서 파생되었고 자애심이나 동정은 결국 감성이라는 같은 줄기에서 나온 자연의 감성이라고 할 때 루소의 성선론과의 관련이 궁금해진다. 즉, 인간의 본성은 자연이고 그 자연은 선이라고 한다면 자연의 감성 또한 선이 아닌가. 자애심은 선한 것인가, 아니면 마치 동물의 세계에 선악의 관념이 없듯이 선악과 상관없는 원초적인 동물의 감각과 똑같은 것일 뿐인가?

루소가 말하는 선善이란 무엇인가? 인간 본성이 곧 선이라는 성선설의 명제는 루소 사상의 핵심이며 처음부터 분명하게 내린 선언이다. 따라서 선에 대한 정의 없이 루소에 대한 이해는 불가능하다. 『에밀』 본문 첫줄에 명시된 바와 같이 사람은 조물주의 손에서 이미 선한 존재로 태어난 것이다. 그 선의 존재인 인간이 사람의 손으로 옮겨지면서 타락해 악을 배우게 되고 불행하게 되기 때문에 교육이 필요하다. 교육은 이를 막아주고 보호해 줌으로써 본래의 선을 지켜야 하는 데 그 본분이 있다. 따라서 이상적인 사회인이 되기 위해서 초기교육은 자연을 지키는 것이 되어야 한다.

스타로빈스키J. Starobinski는 인간이 태어날 때 선하다는 단정과 모든 것이 인간의 손에서 타락한다는 또 다른 단정을 어떻게 타협할 수 있느냐고 묻는다. 즉, 사회란 인간이 만든 것인 만큼 사회악이 있다면 그것은 인간이 저지른 것이며 그 책임 또한 묻지 않을 수 없는 것이다. 인간이 자연의 어린이로 남아 있는 한 그의 무구함은 파괴될 수 없는 것이 아닌가? 루소는 변함없는 인간의 원초적인 선성善性을 인정하면서 동시에 인간 본성을 그르치는 사회 비판의 가능성을 포기하지 않는다. 이런 갈등을 어떻게 해소할 것인가?[26]

이에 대한 해답을 얻기 위해 스타로빈스키는 인간과 인류를 구분해서 설명한다. 즉, 악惡은 인간 개개인의 본질과 상관없는 역사적, 사회적 산물이

---

26_ J. Starobinski, *J. J. Rousseau: Transparency and Obstruction*(Chicago: The University of Chicago Press, 1988), p. 20.

다. 따라서 사회악은 인간 본성에서 온 것이 아니라 인간과 인간 간의 관계에서 비롯되는 것이다. 그 차이가 인간 본성과 인간 간의 관계에서, 혹은 사회성과 인간성에서 온다고 한다면, 인간의 원초적인 자연은 핵심적인 자리를 지켜야 하고 그 밖의 사회적, 역사적 변화에 수반되는 악의 존재는 가장자리의 말초적인 것으로 머무를 것이다. 즉, 악은 인간 외부의 것이며 선은 인간 내부의 것으로 일단 구분된다.

그렇다면 루소에게 있어 선은 무엇인가? 이 또한 자연의 개념에서 살펴본 것과 마찬가지로 분명하게 잘라 말할 수 없는 어려움이 있다. 그러나 루소의 선은 적어도 사회 일반의 도덕적인 차원의 것은 아니다. 즉, 사회인으로서의 지켜야 할 도덕적 규율이나 법질서를 준수하는 것 이전의 상태, 무구한 자연인 상태의 있는 그대로가 좋은 것이다. 좋다는 뜻의 "bon"이나 "bien"은 편의상 선善이라 쓰지만 일상생활에서 법규를 잘 지키는 선량한 시민이라든지, 부모에게 효도한 착한 사람의 행동과는 구분되어야 한다. 즉, 『에밀』 첫 줄에서 "조물주의 손에서 나올 때 사람은 좋았는데 ……"[27]라는 의미의 선성善性은 자연성과 동의어로 보아야 한다.

인간의 본성은 자연이고 자연은 선이다. 이렇게 루소는 인간의 본성을 선으로 단정하는 데는 하등의 주저가 없는데, 이런 확신은 어디서 오는 것일까? 그가 처음으로 인간의 성선론을 확신하게 된 계기는 그의 첫 논문인 『학문예술론』 비판에 대한 반박에서 비롯된다. 만일 학문예술이 없다면 인간은 영원히 동물의 세계에 머물러 살게 될 만큼 어리석고 악한 존재라는 비판이 제기되었다. 이에 대해 루소는 만일 인간이 본래 악한 존재라면, 학문예술은 그들을 더욱 악하게 할 뿐이기 때문에 자신의 주장을 반박할 여지는 없다는 것이다. "사람은 내가 믿는 바와 같이, 또는 다행히도 내가 느끼는 것처럼 본래 선하다는 것에 주목할 필요가 있다"고 그는 말한다.[28] 여

27_ J. J. Rousseau, *Emile ou de l'education*, 제 1부, 첫 줄 "Tout est bien, sortant des mains de l'Auteur des choses" 여기서 bien은 선이라는 명사적 의미 이외에 잘 되었다 혹은 좋다라는 형용사적 의미가 있다.

28_ 앞 저서, p. 329.

기서 알 수 있듯이, 루소의 확신은 오직 '믿는 바'이고 '느끼는 것'에 근거해 있다. 그 후 『불평등기원론』에서도 " …… 인간은 본래 선하다. 나는 그것을 증명한다고 믿는다."[29] 등등, 그의 모든 작품의 주제가 된 성선론은 그의 믿음과 느낌의 확고부동한 신념을 출발점으로 한다.

그의 선에 대한 확신은 처음에는 비판자들에 대한 반박에서 출발했다고 말했으나 그것만으로 모든 것이 설명되는 것은 아니다. 그보다는 그의 많은 작품에서 수차 언급된 것으로 보아 루소의 성선론은 그의 사상적 성숙 과정에서의 결실로 보아야 할 것 같다. 무엇보다도 그의 『고백』이나 다른 서한집에서 직접적인 확신의 증거를 찾을 수 있다. 즉, "이 지상에서 혼자 남은 나 자신은 내가 만나본 많은 사람 중에 나 이상 선량한 사람은 없다고 확신하고 나는 죽는 날까지 이를 믿는다"라고 했다. 그의 성선론에 대한 유일한 비평가는 다름 아닌 바로 자기 자신이고 그는 이런 확신을 자신의 내부를 관찰함으로써 얻게 된다. 즉, 그의 성선론은 인간에 대한 자기 자신의 투영된 모습이라고 하겠다.

루소의 자연주의적 성선설에 대한 확신과 단정의 근거가 바로 자기 자신이라는 이 절대 주관적인 측면은 많은 사람들의 비판을 받고 있으나, 카시러E. Cassirer[30]에 의하면, 칸트야말로 루소를 이해한 최초의 사람이다. 즉, 루소의 인간 본성에 대한 확신이 어디에 근거를 두었건 간에 루소의 확신은 칸트의 고정된 시각을 흔들어 놓았던 것이다. 칸트는 루소를 어떤 특정한 학설이나 새로운 체계의 창시자로서가 아니라, 철학의 본질과 가능성 및 그 사명과 존엄성에 대해 새로운 시각을 지닌 사상가로서 이해하였다. 40세의 칸트는 다음과 같이 쓰고 있다.

---

29_ 루소는 『인간불평등기원론』에서 처음부터 명확하게 성선론을 주장한 것은 아니다. "인간은 사악하다. 비참한 연속적인 경험이 그러한 증명을 불필요하게 한다. 그러나 인간은 본래 선하다."『인간불평등기원론』, p. 328.

30_ E. Cassirer, *Rousseau, Kant, Goethe* (New York: Princeton University Press, 1979), pp. 21~45.

> 나는 본질적으로 진리 탐구자이다. 지식에의 열망과 이에 따르는 만족을 얻음과 동시에 지적 향상을 위한 나의 정열은 끊임없이 이어진다. 한때 이런 일만이 인류의 명예를 지킨다고 생각하고 무지한 서민을 경멸한 때가 있었다. 그러나 루소는 나를 시정해 주었다. 내 안목을 흐려놓은 우월감이 소멸되고 나는 인간 본성을 존중하는 것을 배웠다.[31]

칸트와 루소의 두 인물을 비교할 때 그들의 개성적인 면과 학문 접근 방법의 깊은 골을 어떻게 설명할 수 있을지 기묘한 역설을 연상케 하며, 철학사哲學史 전체를 훑어보아도 이 같은 역설은 찾아보기 어렵다는 것이 카시러의 말이다. 칸트는 루소 사상을 뉴턴의 업적과 비교할 정도로 다음과 같은 높은 찬사를 아끼지 않았다. "루소는 인간의 가상적인 형태의 다양성 속에 깊이 감추어진 인간의 본성과 신의 섭리를 정당화하는 비밀스러운 법칙을 오직 관찰에 의해 처음으로 발견했다."[32] 루소의 자연인과 인위적인 인간의 구별에서 칸트가 포착한 것은 인류 발전의 역사적 기술이나 진화론적 가설이 아니다. 그보다는 윤리적, 사회적 비판에의 공헌과 참된 가치와 거짓 가치의 식별을 본 것이다. 즉, 칸트가 루소에게 감동한 것은 루소가 다른 누구보다도 분명하게 인간의 진실과 허위를 구분했다는 사실이다.

철학자에게 중요한 것은 인간의 불변하는 본성을 추구하는 일이다. 인간이 어떻게 타락했느냐 하는 조건이나 원인을 규명하는 일보다 인간의 현재의 모습이 아닌, 있어야 할 모습에서 그 일관성을 찾는 일이 중요하다. 루소는 이런 의미에서 인간의 있어야 할 이상理想으로서의 상像을 우리에게 제시해 준 참다운 철학자라 할 수 있다.

## 4. 맺음말

이상에서 루소의 아동관을 살펴보았다. 아동관이나 인간관이나 동일한 관점에 서 있으므로 이 두 단어는 아동과 인간의 차이만큼 어떤 의미에서

---

**31**_ 앞 저서, 原好男 역 『18世紀の精神』(1989), p. 22.

**32**_ 앞 저서, p. 45.

별 차이가 없다. 그러나 루소의 경우, 아동이라는 용어는 '어린이의 발견'이나 '어린이의 복음서'로 알려진 『에밀』의 저자로서의 이미지를 주기에는 다소 생소하고 그 어감이 약하다. 가령 루터의 아동관이나 프뢰벨의 아동관 등 일반 명사로 사용될 때와는 달리 루소의 아동관에는 좀 더 독창적이고 도발적인, 어떤 강력한 이미지를 부각시킬 수 있는 새로운 표현이 결핍된 것 같다. 그만큼 그가 만든 '어린이'는 생동감을 주는 새로운 존재이다.

루소의 어린이에 대한 새로운 관찰은 세 가지 각도에서 조명된 것이다. 그것은 앞서 기술한 바와 같이 인간 발달 단계론과 감성론, 그리고 성선론의 시각이다. 이 세 개의 시각은 각기 인간 내면의 특질을 심리적, 정서적, 윤리적 측면에서 분석한 것이나 결국 자연이라는 대전제, 즉 루소 사상의 제일원리인 자연에 연결되었다는 점에서 그 기반은 같은 것이다.

첫째의 시각에서 인간의 성장 과정을 단계별로 구분하여 각 단계의 고유한 신체적, 감각적, 심리적 특질을 발견하고 이에 적합한 양육과 교육을 주장한 루소는 분명히 오늘날 심리학의 비조鼻祖라 할 수 있다. 즉, 현대 일반 심리학이나 아동 연구에 관여하는 사람은 누구나 그 연구의 뿌리를 루소에게서 찾는다는 의미에서 그는 선구자다. 그러나 그의 발달 단계론을 단지 교육효과를 겨냥한 방법론의 하나로 축소시켜서는 안 된다. 그의 발달론은 실제 교육효과를 거둘 수 있는 하나의 방법이기는 하나 그것은 어디까지나 루소 사상의 큰 틀 속의 한 부분에 지나지 않는다. 즉, 루소가 심혈을 기울여 연구한 것은 『에밀』 서문에서 밝힌 것처럼 어린이에 대한 어른들의 무지를 깨우치기 위한 것이다. 어린이의 세계는 어른의 세계와 다르기 때문에 어린이는 어른의 축소물이나 복사가 될 수 없는 것이다.

루소는 로크의 교육론에 많은 영향을 받았으나 그가 로크에 전적으로 동의할 수 없었던 것은 그의 주장이 어린이를 어른에게 접근시키는 데만 관심을 두었기 때문이다. 어린이는 그들의 고유한 가치가 있고 이에 따른 활동을 함으로써 어린이로서의 완성된 삶이 있다는 것이다. 이러한 어린이 시절의 완성은 성장 발달 과정의 특징을 인식하고 이에 적합한 교육의 힘을 빌어 소기의 목적을 달성하게 된다. 그 전까지 어른의 세계의 일부이거나 어른들의 그늘에 가려진 어둠속의 존재인 어린이를 루소는 열린 세계로, 독자적인 세계로 끌어낸 것이다. '어린이 발견자'로서의 루소의 위치는 이런 지점에서 찾을 수 있다.

둘째의 시각은 어린이의 감성에 대한 고찰이다. 어린이를 감성적 존재로 파악한 것은 비단 루소에게서 처음 시도된 것은 아니다. 아리스토텔레스 이후 사람들은 인간의 감성을 이성이라는 보다 높은 가치에 비해 열등한 것, 다분히 동물적인 것으로 보았고, 이성적인 존재인 어른과의 관계에서 어린이는 언제나 이성의 지배를 받아야 하는 열등한 감성적 존재로 보았다.

그러나 루소에게서 감성은 동물과 같은 수준의 것이 아니며 또한 어른의 지배하에 감추어져야 할 수치스러운 것이 아니다. 감성은 루소에게 있어서는 원초적인 생명력이며, 자기보존의 원리이며, 생명유지의 원동력으로 인정된다. 즉, 그것이 없이는 살 수 없는 생명체의 기본적인 욕구다. 다시 말하면, 이성 없이는 살 수 있어도 감성 없이는 생명 유지가 불가능한 것이다. 감성은 기본적으로 삶의 즐거움을 취하고 고통을 피하는 본능적 특질이다. 이것 없이 어떻게 생존할 수 있겠는가?

루소의 이 같은 감성 존중론은 일단 이성 만능주의에 편중된 계몽사상가들에 대한 비판적 항변이다. 물론 어린이의 학습효과를 얻는 방법으로 감각을 통한 교육이나 감각훈련에 대한 중요성이 이미 17세기 코메니우스에 의해 『대교수학』에서 제창되어 왔다. 그러나 코메니우스는 당시 자연과학의 발달과 그 연구 방법론에 의거한 교수 방법의 과학화에 주안점을 둔 것에 비해 루소의 감성론은 방법론의 차원을 넘어선 넓은 의미의 인생론적 주장에 그 뿌리를 둔 점에서 다르다고 할 수 있다. 그의 『학문예술론』에서 보는 바와 같이 문명 사회의 산물이 어떻게 인간을 타락시켰는가에 대한 비판으로부터 출발한 그의 유일한 대안은 인류의 희망인 유토피아의 설정이다. 어린이는 유토피아 건설을 위한 이상적인 인간형성의 시작이며 이상적인 사회의 창조자로서 설정된다. 따라서 루소의 감성론은 그와 같은 일련의 이상 실현을 위한 근원적인 생명력의 고찰인 것이다.

세 번째 시각의 성선론 또한 같은 맥락에서 파악해야 한다. 논의의 순서로 보아 루소의 성선론은 『에밀』 첫 장, 첫 줄에 명시된 것처럼, 발달단계론이나 감성론에 앞서 서술된다. 그의 모든 교육적 논의는 조물주의 손에서 만들어진 인간 본성에 대한 정의에 그 근거를 두었다고 하겠다. 인간본성은 선이며, 자연인의 성선은 확고부동한 루소의 신념이며, 『에밀』의 핵심적인 주제이며, 또한 루소 사상의 중심적인 개념이다. 이는 칸트의 지적에서 본 바와 같이 인류발전의 역사적 기술이나 진화론적인 가설이 아니라 사회적, 윤리적 가치에 대한 확신이라 할 수 있다.

성선론에 대한 루소의 확신은 그의 첫 논문이 발표된 후 논쟁을 거듭하는 동안 발전한 사상적 형성 과정에서 점차적으로 확립되었다고 본다. 그의 첫 문명 비판론인 『학문예술론』에서, 인간이 만든 학문예술의 발달이 인간의 습성을 순화시키지 못하고 오히려 타락하게 만들었다는 그의 논조는 필연적으로 문명 이전의 상태를 가설하지 않으면 안 되게 되었다. 루소의 문장 구조의 특징은 그의 대비법의 탁월성에 있다. 즉, 자연과 인위적인 것, 인간과 사회, 자연과 문명, 그리고 선과 악, 감성과 이성 등, 두 개의 대립적 개념을 수시로 구사하여 논쟁한다. 인위적인 산물인 문명과 사회 상태를 악으로 설정한 이상, 그 대안으로 자연의 산물인 선을 요청하지 않을 수 없다. 여하튼 그의 논문에 대한 반박과 비난이 폭등하게 되면서 루소의 성선론은 점차로 확고한 신념으로 굳어진다.

결과적으로, 그의 성선론은 전통적으로 유럽사회를 지배해 온 기독교의 성악설과 정면으로 충돌하고, 또한 동시대의 이성 만능주의자들의 비난을 사게 되지만 루소의 확신이 단지 이들 논적들의 반박을 위한 방패 구실에서 끝나는 것은 아니었다. 그의 선에 대한 확신은 논리적인 전개에 의해 모순 없이 증명될 성질의 것은 아니다. 그것은 그의 유일한 증인이 다름 아닌 루소 자신이었다는 점에서 또다시 그의 독자적인 사상을 엿볼 수 있다. 루소는 거짓 없는 마음으로 스스로 자기를 재판하면서 자기 이상으로 선량한 사람이 없다고 믿는다. 그는 그의 굳은 신념을 지키는 바람에 이 세상에서 외톨이가 되어버린 자신을 돌아보며, 그러나 그만큼 사람을 사랑할 수 있는 사람이 자기 이외에 없다는 것을 고백한다. 결국 루소의 인간 성선론은 자기 자신의 자화상을 투사한 것 이외에 달리 더 적절한 해석은 없는 것 같다.

에밀은 루소의 원대한 이상을 실현해 주는 자연의 어린이이며 또한 루소 자신의 염원을 풀어주는 자연의 어린이다. 그러나 이 자연의 어린이는 언제까지나 어린이 세계에 머물고 있는 존재는 아니다. 에밀은 아동기의 삶을 완성한 것처럼 어른으로서의 삶을 완성시켜야 한다. 『에밀』에서 "인간을 만드느냐, 아니면 시민을 만드느냐, 어느 쪽이든 하나를 결정하지 않으면 안 된다. 왜냐하면 동시에 양쪽을 다 만들 수는 없기 때문이다."[33]라는 양분법은 루소의 자연인과 사회인의 구분과 관련되어 있다. 이 구분은 현실 비판을 바탕으로 한 현실 사회와 본래 있어야 할 인간 존재 사이의 문제점을 분명히 하기 위한 것이다. 또한 그 문제해결을 위해 자연인, 곧 보편적인 인간의 참모습과, 사회인, 곧 정치사회 시민의 참모습에 드러나는 각각의 독립적인 원리와 가치를 찾기 위한 것이다.

결론으로, 루소가 궁극적으로 생각한 교육목표는 인간과 시민의 완전한 통일에 있다. 교육은 인간을 만드는 기술이고 한마디로 살 줄 아는 사람으로 만드는 기술이다. 그러나 에밀은 새로운 사회에서 살아야 하고 새로운 사회 건설은 낡은 사회질서에서 요구하는 신분적, 경제적, 종교적, 교육적인 모든 제한에서 탈출하지 않는 한 그 실현은 불가능한 것이다. 즉, 낡은 질서의 굴레에서의 해방이 그 선결조건이 되는 것이다. 에밀은 이 조건을 받아들여 현실사회에서 고립된 환경이 필요했고 따라서 현실적인 모든 것을 다 버리고 가정교사와 단 둘이 자연환경 속에 살지 않으면 안 된다. 에밀은 결국 사회인으로 살아야 할 운명적인 존재이다. 자연인으로 자란 개

---

**33**_ 안인희, 앞 저서 p. 73.

인적인 에밀이 어떻게 사회인으로 무리 없이 연결되느냐는 쉽게 해답을 얻을 수 없는 문제다. 루소는 이 두 개의 대립된 인간상의 통일을 위해『정치경제론』과『사회계약론』을 저술했다.『사회계약론』의 출판이『에밀』출판과 거의 동시에 간행된 것으로 미루어 볼 때, 루소 자신이 이 문제를 상당히 깊이 있게 생각했다는 것을 짐작할 수 있다. 사회계약은 평등과 자유를 기반으로 한 개인들 사이의 계약이다. 로크나 계몽사상가들의 민주주의가 이기적인 개인의 사적 자유의 일부를 양도해서 국가를 형성하려는 것에 대해, 루소의 민주주의는 개인의 자유를 전면적으로 양도하는 것으로 각 개인은 오히려 국가를 자신의 대행기관으로 본다. 그것은 인민의 일반 의지를 집행하는 기관일 뿐 만일 그 약속이 어긋날 때는 언제든지 국가는 교체될 수 있는 것으로 보았다. 이로써 루소가 원했던 개인으로서의 자유와 시민으로서의 자유는 모순 없이 공존할 수 있다. 그러나 에밀은 이와 같은 모순 없는 자유를 누리는 사회가 아닌 현실 사회에 태어나서 자라야 하기 때문에 제대로 된 시민교육은 받을 수 없는 것이다. 이런 상황에서 루소가 할 수 있는 최선의, 그리고 유일한 교육은 사적인 교육, 즉 가정교육에서 출발하는 일이었다.

제 4 장

# 학교교육과 사회

- 존 듀이, 『민주주의와 교육』(발췌)*
- 양은주, "듀이의 진보주의 교육사상과 실험학교"**

* Dewey, J. (1916). *Democracy and Education. The Middle Works vol. 9.* Carbondale & Edwardsville: Southern Illinois University Press. "1. Education as a Necessity of Life": pp. 4–27; "4. Education as Growth": pp. 46–58; "7. The Democratic Conception in Education": pp. 87–106. (양은주 역).

전체 26개의 장으로 구성된 『민주주의와 교육』 가운데 본 장의 주제를 고려하여 일부를 발췌하여 수록하였다. 발췌된 부분은 제1장 생명의 필연성으로서의 교육, 제4장 성장으로서의 교육, 제7장 민주적인 교육 개념의 전문이다. 영어원전과 기존 번역서 참조시 활용할 수 있도록 문단번호를 첨가하였다.

** 양은주 (2006). "미국의 진보주의 교육운동", 『새로운 학교교육문화운동: 대안교육의 뿌리를 찾아서』 (오인탁, 양은주, 황성원, 최재정, 박용석, 윤재흥 공저). 서울: 학지사. pp. 105–176.

이 글은 서구 신교육운동의 역사적 의미를 국가별로 나누어 다룬 책 가운데 엮은이가 집필한 미국 사례에서 부분 발췌한 것으로, 학지사의 허락을 얻어 수록하였다. 미국 진보주의 교육운동의 역사적 배경과 이념적 실천적 특징을 포괄적으로 다룬 내용 가운데, 본 장의 주제에 맞게 듀이의 교육사상과 실험학교를 중심으로 재구성하였다.

〈그림출처: M. Greene, *Teacher as Stranger*〉

교육의 본질적 이해를 위해 탐구해야 할 또 한 가지는 교육의 사회적 의미와 기능에 관한 물음이다. 우리가 교육과 사회의 관계를 어떻게 바라보는가에 따라, 어떤 사회를 지향하는가에 따라, 교육의 목적과 교사의 역할은 달라질 수 있다. 교육이란 근본적으로 개인 인격의 도야를 위한 과정인가? 사회적 삶의 필요에 의한 과정인가? 교육에서 개인의 자유로운 발달을 억압함이 없이, 사회적인 통합과 발전의 요구를 균형 있게 추구하는 길이 있는가? 그런데 우리는 교육을 통해 어떤 사회를 준비하는가? 어떤 사회가 좋은 사회이며, 민주적인 사회의 의미와 가치는 무엇인가? 그리고 바람직한 사회를 위해서는 어떤 교육이 필요한가? 어떤 미덕과 가치, 어떤 성향과 관심을 어떤 방법으로 가르쳐야 하는가? 특히 공적 제도로서 학교교육에서 추구해야 할 사회적 목적과 방법은 무엇인가? 현재 우리의 학교는 어떤 사회인가? 학교에서 교사는 사회 질서의 유지 · 존속을 위해 지배적인 가치와 규범을 전수하는 국가의 대리인인가? 현실의 비판과 혁신을 통하여 보다 나은 사회적 삶을 준비하는 진보적 지성인인가? 이러한 물음들을 토대로, 이 장은 교육의 사회적 의미와 가치를 깊이 이해하고, 그에 비추어 우리의 학교교육 현실에 대한 비판적 성찰의 계기를 마련할 목적으로 구성되었다.

이를 위해 만나는 교육고전은 미국의 프래그머티즘 철학자이며, 진보주의 운동의 선구자로 알려진 듀이(1859~1952)의 『민주주의와 교육』이다. 듀이는 산업자본주의 시대에 인간 경험이 기계화 · 파편화하는 현실을 문제로 의식하며, 지성적이고 민주적인 삶의 공동체를 위한 철학과 교육론을 펼쳤다. 그러나 철학의 전 영역을 포함하는 방대한 체계와 일상적 개념을 재개념화하는 독특한 방식 등으로 인해 그의 사상은 이해하기가 쉽지 않다. 따라서 독자들은 생명, 경험, 성장, 습관, 민주주의 등 주요 개념들에 대해 일상적 관념을 유보하고, 듀이의 본뜻을 총체적인 철학적 맥락 속에서 읽어내기 위해 의식적인 노력을 기울여야 한다.

『민주주의와 교육』은 그의 철학과 교육론을 가장 잘 포괄한 것으로, 진정한 인간성과 민주적인 사회 변혁을 위한 교육은 필연적으로 상호 연결된다는 믿음에 기초해 있다. 이 책에서 듀이는 민주주의 이념에 근거한 공교육의 개념과 목적과 방법을 제안하는 한편, 민주적 삶의 조건 형성 이전의 지식과 가치에 관한 전통철학의 이론들이 교육의 이론과 실제에 미치는 문제점을 비판적으로 분석한다.

여기에 실은 세 가지 주제의 글은 모두 교육의 개념과 목적을 다루는 맥락에서 발췌한 것이다. 학교교육과 사회의 문제와 관련하여 다음 세 가지 질문에 초점을 두면서 듀이의 견해와 자신의 입장을 성찰해 보기를 기대한다. 첫째, 교육은 사회와 어떤 관계를 갖는가? 이와 관련하여 듀이가 말하는 생명과 경험의 연속성의 원리 및 교육이 사회적 삶의 연속성을 위한 수단이라는 주장의 의미를 새겨보자. 둘째, 개인과 사회의 성장을 위한 교육의 조건과 방법은 무엇인가? 이와 관련하여 듀이에게 독특한 의미소통, 미성숙, 습관 등의 개념과 성장의 표현으로서 적극적인 습관 형성에 대한 그의 견해를 주목해 살펴보자. 셋째, 좋은(혹은 민주적인) 사회의 특징은 무엇이며, 그것을 위해 어떤 교육이 필요한가? 이와 관련하여 사회의 가치를 판단하는 기준, 사회적 삶의 형식으로서 민주주의의 뜻, 참여와 소통과 변화를 위한 학교교육의 과제 등에 대한 듀이의 견해를 음미해 보자.

이어지는 글은 미국 진보주의 교육운동의 이념적 기틀이 되었던 듀이 교육사상과 진보적 학교의 원형이라 할 수 있는 시카고대학 실험학교의 실천적 특징을 소개한 것이다. 특히 실험학교 교육 실제에서 전통적 학교와 구별되는 어떤 대안적인 모색이 시도되었는지를 다룬 부분은 듀이 교육사상의 구체화된 실천적 의미를 밝혀주는 점에서 주목할 만하다.

# 민주주의와 교육

존 듀이 지음 / 양은주 옮김

## 제1장 생명의 필연성으로서의 교육

【1】 **1. 유전遺傳에 의한 생명의 자기갱신自己更新**—생명체가 무생물과 분명하게 구별되는 점은 갱신을 통해 자기 존재를 보존하는 데에 있다. 무생물인 돌멩이는 강한 타격에도 견딘다. 저항력이 치는 힘보다 크면 겉보기에 아무런 변화가 없다. 하지만 그 반대의 경우에는 산산조각이 나버리고 만다. 돌멩이는 결코 내리치는 힘에 맞서 자기를 보존하려고 애쓰지 않으며, 그 힘을 되받아 자기 운동을 지속하는데 이롭게 만드는 경우란 더더욱 없다. 하지만 생명체는 이와 다르다. 생명체는 강한 힘을 받아 쉽사리 쓰러질 수는 있지만, 작용하는 에너지를 자신의 생존 수단으로 만들기 위해 어떤 식으로든 반응한다. 그렇게 하지 못하면, 생명체는 그저 조각나 버릴 뿐만 아니라, (적어도 고등생물의 경우에는) 생명체로서의 정체성을 상실하게 된다.[1]

【2】 생명체는 살아있는 한, 주위 에너지를 자기에게 이롭게 만들려고

애쓴다. 생명체는 빛, 공기, 습기, 토양 등을 이용한다. 그것을 이용한다 함은 주위 에너지를 자기 생존의 수단으로 만든다는 뜻이다. 생명체가 성장하는 한, 환경을 이용하려고 내쏟는 에너지는 돌이켜 얻는 것으로, 즉 성장함으로써 그 이상의 보상을 받는다. 이런 의미에서 "제어"制御; control라는 말을 이해하면, 생명체란 자기 활동을 지속하기 위해 주위 에너지를 정복하고 제어해 가는 존재라 할 수 있다. 한마디로 생명life이란 환경과의 상호작용을 통해 자기를 갱신해 가는 과정이다.

**【3】** 하지만 이러한 과정이 고등한 생명체라고 해도 무한히 계속될 수는 없다. 시간이 지나면 생명체는 소멸하고 죽음에 이른다. 개별 생명체가 자기갱신의 과업을 무한정 지속할 수는 없다. 그러나 생명 과정의 연속성은 어느 한 개체의 존재 보존 여부에 달려 있지 않다. 번식을 통해 다른 생명체가 계속해서 생겨나는 것이다. 또한 지질학적 기록이 보여주듯이, 개별 생명체뿐 아니라 종種이 소멸하기도 하지만, 생명 과정은 점점 더 복잡하게 진화된 종을 통해 계속 이어진다. 일부가 멸종할 때, 그들이 싸워 이기지 못한 장애를 이용할 만큼 보다 잘 적응한 새로운 종들이 생겨난다. 이렇게 보면, 생명의 연속성continuity of life은 살아있는 유기체의 필요에 따라 환경 조건을 계속 재적응시켜 왔음을 의미한다.

**【4】** 여기까지는 생명을 가장 하위 수준에서, 곧 생물학적 존재로서 이야기했다. 그러나 우리가 "생명" 혹은 "삶"이란 말을 쓸 때, 그 의미는 넓게 개인이나 종족 경험의 전 범위를 포함한다. 『링컨의 생애』*Life of Lincoln*라는

---

1_ [역주] 듀이는 『민주주의와 교육』의 첫 장을 생명체와 무생물의 차이에 대한 논의로 시작하면서, 교육의 의미를 생명의 본질과 관련지어 설명하고 있다. 이렇게 인간에게 가치 있는 경험의 뿌리를 생명 현상에서 찾는 방식은 『경험으로서의 예술』이나 『논리학: 탐구이론』 등에서도 나타난다. 듀이가 생명 과정의 어떤 특질을 교육, 예술, 과학 등 인간 특유의 이상적인 활동의 원천으로 보았는지 깊이 이해할 필요가 있다. 여기서 "life"는 우리말로 그 의미가 복합적이어서 문맥에 따라 생명, 삶, 생애 등으로 번역하였다. 또한 'transmission'은 생명 현상과의 관련성에 주목하며 '유전(遺傳)'으로 번역하였다. 'transmission'은 '전수(傳授)'로 번역되곤 하는데 그것은 주로 지식과 기능 등을 전하여 준다는 의미로 제한될 수 있다. 유전이란 총체적 기풍이나 성향 혹은 감각이 후세에 전해짐을 뜻하는 점에서, 관심, 목적, 이상 등을 전하여 공유케 한다는 본래 맥락의 의미에 보다 가깝게 보인다.

제목의 책을 보면, 우리는 그 속에서 생리학 논문 같은 내용을 기대하지 않을 것이다. 아마도 당시 사회 조건들에 대한 설명, 생애 초기의 물리적 환경, 가족 상황과 일, 인격 형성의 주요 에피소드들, 개인적인 소망, 취향, 기쁨과 아픔들에 대한 묘사 등을 기대할 것이다. 이와 비슷하게 포괄적인 의미로 어느 야만 부족의 삶, 아테네인들의 삶, 혹은 미국이라는 국가의 삶에 대해서도 이야기할 수 있다. 이렇게 "생명" 혹은 "삶"이란 관습, 제도, 신념, 승리와 패배, 유희와 일 등을 포괄하는 넓은 의미를 갖는다.

【5】 "경험"이란 말도 이와 같이 풍부한 의미로 쓸 수 있다. 그리고 단순히 생물학적 의미의 생명에 대해서와 마찬가지로, 인간 경험에도 갱신을 통한 연속성의 원리가 적용된다. 즉, 생물학적 차원에서 존재의 갱신이 있듯이, 인간 경험의 경우에는 신념, 이상, 소망, 행복, 불행, 실천practices의 재창조re-creation가 이루어진다. 사회 집단이 갱신을 통해 그 경험의 연속성을 확보해 간다는 것은 말 그대로 사실이다. 이렇게 볼 때, 가장 넓은 의미에서 교육이란 사회적 차원에서 삶 혹은 경험의 연속성을 이루기 위한 수단이다.[2] 어느 사회 집단에서든지, 야만 부족에서든 현대 도시에서든, 구성원들은 모두 언어도, 신념도, 이상理想도, 사회적 기준도 갖추지 않은 채로 미성숙하고 무력한 존재로 태어난다. 한편 각 개인, 즉 그 집단에서 삶의 경험을 짐 지어 나르는 단위로서 개별 존재는 시간이 지나면 사라진다. 하지만 그 집단의 삶, 생명은 계속 이어진다.

【6】 이와 같이 사회 집단에서 개별 구성원들이 태어나고 죽는다는 일차적이고 거부할 수 없는 사실로부터 우리는 교육의 필연성을 말할 수 있다. 한편으로는, 새로 태어난 구성원들, 곧 미래에 집단을 이끌어 갈 이들의 미

---

2_ [역주] 여기서 "사회적 차원에서 삶의 연속성의 수단"으로 교육을 논하는 맥락에 대해 듀이가 교육을 단순한 사회화(socialization)로 보는 것으로 오해하지 않도록 주의할 필요가 있다. 듀이에게 생명의 연속성은 자기 동일적인 지속성이 아니라 자기 갱신(self-renewal)을 통한 자기 보존을 뜻한다. 자기 갱신에 내포된 변화의 측면이 간과되면, 교육이란 기존의 사회 체제와 습속을 유지하는 수단일 뿐으로 오해된다. 이와 달리 듀이는 여기서 기존의 사회에 속한 신념, 이상, 실천 등의 동일한 유지 존속이 아니라 그것들의 계속적인 갱신, 즉 재창조의 과정으로 교육을 말하는 것이다.

성숙함과 그 집단의 지식과 관습을 담지한 성인成人들의 성숙함 사이에 현저한 격차가 존재한다. 다른 한편으로는, 미성숙한 구성원들의 적절한 수효가 확보되어야 할 뿐 아니라 그들이 성인 구성원들의 관심interests, 목적, 정보, 기술, 실천에로 입문되어야 한다. 그렇지 않으면, 그 집단의 고유한 삶은 끝나버릴 것이다. 그런데 야만 부족의 경우에조차도 성인들이 이룬 성취는 미성숙한 구성원들이 스스로 터득할 수 있는 수준을 훨씬 넘어서 있다. 그리고 문명이 발달함에 따라 미성숙한 아이들이 본래 갖고 태어나는 능력과 어른들이 형성한 표준과 관습 사이의 갭은 점점 더 커지고 있다. 단지 신체적인 성장, 즉 그저 연명에 필수적인 것들의 숙달 정도로는 그 집단의 사회적 삶과 경험을 이어나가는 데 충분치가 않으며, 의도적인 노력과 사려 깊은 수고가 요청된다. 다시 말해, 사회 집단의 목적과 습속習俗에 대해 무지할 뿐 아니라 아무 관심 없이 태어난 존재들이 그것을 인지認知하고 적극적인 관심을 갖도록 만들어야 하는 것이다. 그러한 갭에 다리를 놓는 것은 교육, 오로지 교육만이 할 수 있는 일이다.

**【7】** 그런데 사회도 생명체와 마찬가지로 유전遺傳; transmission의 과정을 통해 존속된다. 이러한 사회적 유전이란 어른들이 어린이들에게 행동과 생각과 느낌의 습관화된 방식들을 의미소통communication함으로써 이루어진다. 이상ideals과 희망과 기대와 기준standards과 의견들이 집단에서 사라져 가는 사회 구성원들로부터 새로 태어나는 이들에게로 의미 있게 소통되지 못한다면, 사회의 생명 혹은 사회적 삶은 존속될 수가 없다. 만일에 어떤 사회에서 구성원들이 영영 죽지 않는 경우가 있다고 하면, 새로 태어나는 구성원을 교육한다 할지라도 그것은 사회적 필요에서라기보다 개인적 관심에 따른 일일 것이다. 그러나 실상 교육이란 사회적 삶의 필연성에 의한 것이다.[3]

---

3_ [역주] 사회를 근본적인 범주로 보는 듀이 철학에서 'communication'은 매우 중요한 개념이다. 보통 'communication'은 의사소통으로 번역되는데, 정해진 생각을 전달한다는 뜻 정도로 이해될 때 한계를 갖는다. 여기서는 듀이의 독특한 개념을 드러내고자 의미소통으로 번역하였다. 듀이에게 의미소통이란 진정으로 사회적인 상호작용이며, 새로운 의미와 가치를 공유하는 창조적 경험으로서, 참여자 모두를 변화시키는 교육적 과정이다. 이에 대해서는 다음 절에서, 특히 13문단에서 상세히 다루어진다.

**[8]** 만일 역병疫病이 돌아 사회 구성원 모두를 한꺼번에 앗아간다면 그 집단은 분명히 영영 사라질 것이다. 그런데 사회 구성원 개개인이 죽음을 맞으리라는 것도 전염병이 모두를 당장에 앗아가는 것만큼이나 확실한 사실이다. 그러나 사회 구성원의 연령별 차이 때문에, 즉 어떤 이들이 죽을 때 또 다른 이들이 태어나기 때문에, 그 집단의 생각과 실천의 유전遺傳을 통해 사회의 직조織造를 끊임없이 다시 짜는 일이 가능하다. 하지만 이러한 갱신은 절대로 저절로 되는 것이 아니다. 온전하고 철저한 유전이 이루어지도록 수고하고 애쓰지 않는다면, 가장 문명화된 집단도 야만이나 미개의 상태로 떨어질 수 있다. 어린 아기들은 너무나도 미숙해서 다른 이들의 안내와 도움 없이 혼자 남겨진다면 생존에 필요한 기본적 능력조차도 습득할 수 없는 것이 사실이다. 인간에게서 태어나는 어린 아이는 많은 하등 동물들의 새끼에 비해 원래 갖고 태어나는 능력 면에서 매우 부족하여, 심지어 신체적 생존에 필요한 초보적인 능력 습득에 있어서도 세심한 가르침이 필요하다. 그렇다면 인류의 온갖 기술적, 예술적, 과학적, 도덕적 위업들에 관해서야 얼마나 더한 교육적 수고를 필요로 하겠는가!

**[9]** 2. **교육과 의미소통**—사실 사회 존속을 위한 가르침과 배움의 필요성은 너무도 자명한 것이라서 이제까지 진부한 이치를 너무 길게 다룬 것처럼 느꼈을지 모른다. 그러나 이러한 논의가 필요한 까닭은 이 점을 강조함으로써 교육에 관해 지나치게 학교교육 위주로 생각하는 형식주의적 견해에서 벗어날 수 있기 때문이다. 학교 제도란 분명히 미성숙한 아이들의 기질 형성을 위한 중요한 전수 수단이다. 하지만 학교는 단지 한 가지 수단일 뿐이며, 사회의 여러 다른 기관들과 비교할 때 상대적으로 피상적인 수단인 셈이다. 따라서 우리가 보다 근원적이고 지속적인 방식의 가르침tuition의 필요성을 제대로 파악할 때라야만, 학교라는 제도적 수단을 본래의 참된 맥락 속에 확실하게 자리매김 할 수 있다.

**[10]** 사회는 유전에 '의해'*by*, 의미소통에 '의해' 존속하는 것일 뿐 아니라, 더 적절하게 말하자면, 유전하는 '가운데'*in*, 의미소통하는 '가운데' 사

회가 존재한다. 공통의common, 공동체community, 의미소통communication이라는 단어들 사이에는 언어적 연관성 이상의 어떤 것이 있다. 즉, 사람들이 공동체를 이루며 사는 것은 더불어 공통으로 갖는 것들에 의해서이며, 의미소통이란 사람들이 무언가를 공통으로 소유하게 하는 방법이다. 사람들이 공동체 혹은 사회를 이루기 위해 함께 공유해야 하는 것에는 목표, 신념, 열망, 지식, 즉 공통된 이해와 사회학자들이 말하는 비슷한 마음가짐like-mindedness 등이 있다. 그런데 이러한 것들은 벽돌처럼 물리적으로 한편에서 다른 편으로 전달할 수가 없다. 또한 사람들이 파이를 물리적으로 조각조각 나누어 먹듯 그렇게 나눌 수 있는 성질의 것이 아니다. 결국 공통된 이해에 참여할 수 있도록 해주는 의미소통만이 바로 그런 유사한 정서적 지적 성향들, 다시 말해 기대와 요구에 반응하는 유사한 방식들like ways을 확고히 해줄 수 있다.

【11】 사람들이 물리적으로 가까이 산다고 해서 하나의 사회를 이루는 것은 아니다. 마찬가지로 다른 이들로부터 수천 피트 혹은 수천 마일 벗어나 있다 해서 더 이상 사회적 영향을 받지 않는 것은 아니다. 때로는 한 권의 책이나 편지 한 통이 수천 마일이나 떨어져 있는 사람들에게 한 지붕 아래 사는 사람들 사이에서 보다 더욱 친밀한 연대감을 형성할 수가 있다. 또한 사람들이 공동의 목적을 위해 일한다고 해서 꼭 하나의 사회 집단을 이루는 것은 아니다. 가령 기계를 구성하는 부품들은 공동의 결과를 위해 최대한 상호 협력하는 셈이지만, 그것들이 하나의 공동체를 형성한다고 볼 수는 없다. 그러나 만일에 부분들이 모두 공동의 목적을 인지認知하고 그에 관심을 갖고 있어서 전체의 목적에 비추어 각자 자기의 특수한 활동들을 조절해 간다면, 그때 그 부분들은 하나의 공동체를 형성하는 셈이 될 것이다. 그런데 이렇게 되려면 의미소통이 이루어져야 한다. 각각은 다른 이들이 무엇을 하는지 알아야 하며 어떤 식으로든 자기 자신의 목적과 성취한 바를 다른 이들이 알고 있도록 해 주어야 한다. 일치consensus를 이루려면 우선 의미소통이 필요하다.

**【12】** 이렇게 보면 심지어 가장 사회적이어야 할 집단에서조차 결코 진정으로 사회적이라 할 수 없는 관계들이 많이 있음을 인정하지 않을 수 없다. 사실 어느 사회 집단에서나 상당히 많은 인간관계들이 여전히 기계적인 수준에 머물러 있다. 그때 개인들은 각자 바라는 결과를 얻기 위해 서로를 이용하기만 할 뿐, 다른 이들이 어떤 느낌과 생각을 갖는지 그들의 정서적 지적 성향을 고려하지도 않고 동의를 구하지도 않는다. 그렇게 이용함으로써, 신체적 힘의 우위나 지위, 기술, 전문적 능력, 기술적 · 재정적 수단의 통제력 등에서의 우월성을 드러내려 할 뿐이다. 부모와 아이, 교사와 학생, 고용주와 피고용인, 통치자와 시민 사이의 관계도 이렇게 기계적인 수준에 머물러 있다면, 아무리 각자의 행위가 서로에게 긴밀히 영향을 줄지라도 결코 진정으로 사회적인 집단을 형성한 것이 아니다. 명령을 주고받음으로써 행위와 결과를 바꾸어 놓을 수는 있지만, 그 자체로 목적의 공유, 관심의 소통에 이르게 할 수는 없다.[4]

**【13】** 사회적인 삶이란 결국 의미소통과 동일한 것일 뿐 아니라, 모든 의미소통(그래서 모든 진정으로 사회적인 삶)은 교육적이다. 진정한 의미소통의 수용자라면 경험이 확장되고 변화된다. 그 사람은 다른 사람이 생각하고 느낀 것을 공유하는 것이며, 빈약하게든 충분하게든 그렇게 하는 한, 자기 자신의 태도가 바뀌게 된다. 그런데 의미를 전달하는 사람 자신도 또한 영향을 안 받는 것이 아니다. 풍요롭게 그리고 정확하게 어떤 경험을, 특히 어느 정도 복잡하게 얽혀진 경험인 경우, 다른 사람에게 의미 있게 소통하는 실험을 시도해 보라. 그러면 그 경험을 향한 자신의 태도가 변화

4_ [역주] 듀이가 '사회(society)' 혹은 '사회적(social)'이라 표현하는 것의 의미에 주의를 기울일 필요가 있다. 듀이에게 '사회'란 가족과 같은 작은 단위를 포함하여 관심을 공유하는 모든 형태의 인간 집단을 일컫는 포괄적 개념이다. 또한 '사회적'이라는 것은 기계적 관계와 반대되는 것으로 진정으로 인간적인 관계의 의미에 가깝다. 이 맥락에서 우리는 현대 산업자본주의 사회에 대한 듀이의 비판적 문제의식을 읽어낼 수 있다. 산업화가 가속화되면서 사람들 사이의 관계가 진정한 의미의 사회적 성격에서 점차 멀어져 고립에 이르고 단지 서로를 수단으로 이용하는 식의 현실을 그는 문제시한다. 특히 눈여겨 볼 부분은 교사와 학생 사이의 관계도 진정으로 사회적인 관계를 항상 이루는 것이 아니라는 비판적 지적이다.

하는 것을 발견하게 될 것이다. 만일 그렇지 않다면 그것은 그저 사족이나 감탄사에 의지한 것일 뿐이다. 사실 경험을 의미 있게 소통하려면 얼마간 형식을 갖추어야 한다. 경험에 형식이 갖추어지려면, 그 사람 자신은 거기에서 일단 한 걸음 물러나 그것을 다른 사람의 시선으로 바라보고, 다른 사람의 삶과 어느 지점에서 만날 때 그 의미를 실감케 할 형식에 이를 수 있을지 헤아려보아야 한다. 진부한 말이나 유행어를 내뱉는 경우를 제외하고, 자신의 경험을 다른 사람이 이해할 수 있도록 말하려면, 상대방 경험의 어떤 부분을 상상 속에서 동화시켜야 하는 것이다. 이런 의미에서 모든 의미소통은 예술과 같다. 따라서 진정으로 사회적인, 혹은 긴밀히 공유하는 상태로 있는 사회적 배치配置; arrangement라면 어떤 것이든 거기에 참여한 사람들에게 교육적이라고 말하는 것이 적절하다. 반면에 사회적 배치가 주형틀에 넣어진 것처럼 판에 박힌 방식으로 될 때에는 그 교육적 힘을 상실하게 된다.

【14】 결론적으로, 사회적 삶의 존속을 위해 가르침과 배움이 필요한 것일 뿐 아니라, 더불어 살아가는 과정 자체가 사람을 교육한다. 즉, 그것이 경험을 확장하고 경험에 빛을 비춰주며, 상상력을 자극하고 풍부하게 해주며, 표현과 생각을 명료하고 생생하게 할 책임을 불러일으켜 준다. 진정으로 혼자서 (신체적으로뿐 아니라 정신적으로도 혼자) 살아가는 사람이라면, 자신의 지난 경험에 대해 그 의미를 끌어내고자 반성적으로 숙고해야 할 경우가 거의 혹은 전혀 없을 것이다. 앞서 살펴보았듯이, 성숙한 사람과 미성숙한 사람 간에 성취의 격차로 인해, 어린이들을 가르쳐야 할 필요성이 증대된다. 그뿐 아니라, 바로 그런 가르침의 필요가 경험이 가장 쉽게 소통되고 가장 잘 활용될 수 있도록 그 순서와 형식을 변형시키게 하는 데 막대한 자극을 제공한다.

【15】 **3. 학교교육의 위치**—이상의 논의로부터 두 가지 유형의 교육이 구별되어 나타난다. 한 가지는 누구나 다른 사람과 더불어 살아가면서, 그저 연명하는 수준이 아니라, 진정으로 살아 깨어있을 때 얻게 되는 교육이

고, 다른 한 가지는 어린이들에게 의도적으로 행하는 교육이다. 전자의 경우에 교육은 부수적으로 일어난다. 그러한 교육이 자연스럽고도 중요한 것이지만, 그 자체가 사람들이 모이는 일차적인 목적은 아니다. 사실상 경제, 가족, 정치, 입법, 종교 등, 그 모든 사회제도의 가치는 우리의 경험을 확장하고 증진시켜 주는 교육적 결과에 달려 있다고 해도 지나친 말은 아닐 것이다. 하지만 그러한 결과가 처음부터 그 제도들이 생겨난 동기動機는 아니다. 그 본래의 동기는 한정되고 보다 현실적인 것이었다. 예를 들어, 종교적 모임은 전능한 권위의 은혜를 얻고 악의 세력을 피하려는 욕망에서 시작되었다. 가족제도란 기본 욕구를 충족시키고 종족을 보존하려는 욕망에서, 조직화된 노동은 대개 다른 사람들을 부려야 하는 필요에서 생겨난 것이었다. 그러다가 점차로 제도의 부산물로서 정신적 삶의 질과 범위에 미치는 영향에 주목하게 되었던 것이다. 게다가 그런 교육적 영향을 제도 운용의 주된 요인으로 간주하게 된 것은 훨씬 더 서서히 진행된 일이다. 심지어 오늘날 산업 영역에서도 근면과 검약 같은 일부 가치를 제외하고, 세상사가 이루어지는 여러 가지 사회적 삶의 형식에서 생겨나는 지적 정서적 태도에 대해서는, 물질적 산물에 비해 거의 주의를 기울이지 않고 있다.

**【16】** 그러나 어린이들을 다루면서는 사람들이 더불어 모인다는 사실 자체가 인간 삶의 당연한 사실로서 중요한 의의를 얻게 된다. 물론 어린이들과의 교제에서도 우리 행위가 그들의 성향에 미치는 영향을 간과하거나 그러한 교육적 결과를 손쉽게 다른 어떤 외적이고 구체적인 성과에 종속시키기도 한다. 하지만 어른들을 상대할 때만큼 손쉽게 그러지는 않는다. 어린이들을 훈련시켜야 할 필요가 너무나 분명하고, 아이들의 태도와 습성을 변화시켜야 한다는 의식이 매우 절실해서, 이러한 결과들을 전적으로 무시한 채 지나칠 수가 없는 것이다. 또한 아이들을 공동체의 삶에 참여할 수 있게 이끄는 것이 우리의 주요 임무이기에, 그럴 힘을 길러주는지 여부를 고려하지 않을 수가 없다. 이렇게 볼 때, 모든 사회제도의 궁극적인 가치는 독특하게 인간적인 결과, 즉 정신적 경험conscious experience(사고와 정서)에

미치는 영향에 달려있다는 것을 깨닫는 데 조금이라도 지혜로워졌다면, 그 교훈은 주로 어린이들을 다루면서 배운 것이라 믿어도 좋을 것이다.

**【17】** 이렇게 해서 지금까지 살펴본 광범위한 교육의 과정 안에서 보다 형식화된 종류의 교육, 즉 직접적인 교수direct tuition나 학교교육과 같은 유형을 구분지을 수 있게 되었다. 그런 형식적 교수와 훈련은 미개 사회 집단에서는 거의 찾아보기 어렵다. 야만 부족들은 어린이들에게 필요한 성향을 불어넣기 위하여 성인들을 그 집단에 충직하게 만드는 모임을 그대로 이용한다. 따라서 젊은이들을 완전한 사회 구성원으로 입문시키기 위한 성년식initiation ceremony과 관련되는 것 외에는, 가르치기 위해 고안한 교재, 학습자료, 제도적 기관 같은 것이 따로 없다. 대개 아이들이 연장자들이 하는 일에 참여함으로써 어른의 관습을 배우고 정서적 체계와 관념을 익히도록 하는 방식에 의지한다. 때때로 이러한 배움은 어른들의 일에 참여하며 도제徒弟 교육을 받는 식으로 직접적으로 이루어진다. 또 때로는 연극적 놀이를 통해 아이들이 어른의 활동을 재현再現하며 배우는 식으로 간접적으로 이루어진다. 그래서 아마도 야만 부족 사람들에게는 오로지 배우기 위해서 학습 외에 다른 아무 것도 하지 않는 학교와 같은 별도의 장소를 열심히 찾는다는 것은 도통 앞뒤가 안 맞는 일로 보일 것이다.

**【18】** 그러나 문명이 진보함에 따라, 어린이의 능력과 어른의 관심 사이에 갭은 더욱 확대되었다. 따라서 어른의 일에 직접 참여함으로써 배운다는 것은 비교적 덜 발달된 일을 제외하고는 점점 더 어려워졌다. 어른이 하는 일의 많은 부분은 공간적으로나 그 의미에 있어서나 너무도 동떨어진 것이어서, 유희적인 모방 활동은 더 이상 거기에 담긴 정신을 재현하기에 적절치가 않게 되었다. 이제는 어른의 활동에 효과적으로 참여하는 데 필요한 능력을 기르려면 그것을 목표로 마련된 선행 훈련에 의존해야 한다. 이렇게 해서 의도적인 기관인 학교와 특정한 학습 자료인 교과가 고안되고, 가르치는 일은 정해진 일단의 사람들에게 위임된 것이다.

**【19】** 형식화된 제도로서의 학교교육이 없으면, 복잡한 사회의 온갖 자

원과 업적을 모두 전달하기란 불가능하다. 학교교육은 어린이들이 다른 사람들과의 비형식적 모임에서만 훈련받는다면 접근할 수 없었을 경험에로의 길을 열어준다. 그러한 형식적 교육을 통해서 여러 가지 책을 접하게 되고 지식의 상징인 기호를 숙달하게 되는 것이다.

**【20】** 그런데 문제는 간접적 혹은 비형식적 교육으로부터 형식적 학교교육으로 옮아가는 데에는 분명히 위험이 따른다는 것이다. 실제 활동에 참여함으로써 배운 것은, 직접적으로든 연극적 재현을 통한 대리경험에서든 간에, 적어도 그 사람 자신의 것이고 생생하다. 이러한 경험에서 얻는 질적인 차이는 직접 접해볼 기회의 범위가 좁은 약점을 어느 정도 보상해줄만큼 귀한 것이다. 이와 달리 형식적 교수는 현실과 동떨어진 죽은 교육, 흔히 비판하며 하는 말로, 추상적이고 탁상공론식의 내용이 되기 쉽다. 사실상 상대적으로 보다 미개한 사회일수록 축적된 지식은, 그것이 어떤 수준이든지 간에, 적어도 실제에서 쓰이며 인격의 일부로 체화되어 있다. 그러한 지식은 긴급한 일상의 관심사 속으로 연결되는 지식의 경우처럼 절실하고 살아있는 의미를 담은 채로 존재한다.

**【21】** 그러나 고도로 문명화된 문화에서는 배워야 할 많은 것이 상징이나 기호로 저장되어 있다. 그것은 주변의 익숙한 활동이나 대상으로 번역되기가 쉽지 않다. 그러한 교과내용은 상대적으로 전문화되어 있어 얼마간 피상적으로 느껴진다. 즉, 현실성reality의 일상적인 기준에서 그것은 가공적架空的; artificial으로 보인다. 현실감의 척도는 흔히 실제적 관심과 관련되는 정도에 달려있다는 점에서 그렇게 보일 것이다. 결국 이렇게 상징으로 저장된 교과내용은 일상적인 사고와 표현의 습관에 맞게 동화되지 못한 채, 그 자체로 별도의 세계에 존재하게 된다. 그래서 형식적으로 가르침 받는 내용은 언제나 삶의 경험의 소재로부터 유리遊離된 채, 그저 학교의 교과내용으로만 그칠 위험이 있다. 게다가 그 바탕의 지속적인 사회적 관심the permanent social interests은 시야를 떠나 상실되기 십상이다. 따라서 사회적 삶의 구조 안으로 전이轉移되지 못한 채, 대개 상징으로 표현된 전문적 정보

수준에 머무는 것들이 학교교육에서 눈에 띄는 특징을 이룬다. 결국 이렇게 해서 교육에 대한 일상의 왜곡된 견해가 생겨나는 것이다. 즉, 교육이란 사회적 삶의 필연성에 의한 것이며 정신적 삶에 영향을 주는 모든 인간적인 모임들과 한 가지라는 점을 간과하게 되고, 그럼으로써 교육을 동떨어진 사태에 대한 정보를 전달하고 언어적 상징과 기호를 통한 학습을 전하는 일, 곧 문해력文解力; literacy의 습득과 동일시하는 견해를 갖게 되는 것이다.

【22】 이러한 현실에 주목할 때, 교육철학이 대처해야 할 가장 무거한 문제들 가운데 하나는 교육에서 비형식적인 측면과 형식적인 측면, 부수적인 것과 의도적인 것 사이에서 적절한 균형을 유지하는 방법을 찾는 일이다. 정보나 전문화된 지적 기술을 습득하는 과정이 사회적 성향a social disposition 형성에 영향을 미치지 못할 때, 일상의 생생한 경험은 의미를 얻지 못하게 된다. 게다가 그렇게 되는 한, 학교교육은 학습에 있어서만 "빈틈없는 사람들"sharps, 즉 이기적인 전문가만을 낳게 된다. 학교교육이 전문화의 길로 나아갈수록, 한편으로 정해진 학습과정을 통해 배웠기 때문에 의식적으로 알고 있는 것과, 다른 한편으로 사람들과의 교제를 통해 배워 인격의 일부로 체화되었기 때문에 무의식적으로 알고 있는 것 사이에 간극은 더욱 심화되고 있으며, 양자를 통합하는 일은 점점 더 다루기 힘든 과제로 되고 있다.

【23】 **요약**—자기 존재being를 보존하려고 애쓰는 것, 그것이 바로 생명의 본질이다. 그런데 생명은 끊임없는 갱신更新을 통해서만 존속될 수 있기에, 생명이란 곧 계속하여 자기를 새롭게 만드는 과정이다. 생물학적 생명을 위해 필연적으로 영양과 생식 작용이 있듯이, 사회라는 생명의 필연적 요구로서 교육이 있는 것이다. 이러한 교육은 일차적으로 의미소통을 통한 유전遺傳에 의해 이루어진다. 의미소통이란 경험을 공동으로 소유하기까지 함께 나누는 과정이요, 그것은 참여하는 양편 모두의 성향을 변화시킨다. 갖가지 형태의 사회社會, 즉 사람들의 모임이 갖는 궁극적 가치는 결국 그것이 구성원들의 경험의 질을 높이는 데 얼마나 기여하는가라는 교육적 결과

에 달려 있다. 이러한 사실을 우리는 미성숙한 아이들을 다루면서 가장 확실하게 깨닫게 된다. 다시 말해, 사회적 배치social arrangement는 어떤 것이나 결국 교육적 영향을 미치지만, 어른들이 어린이들과 함께 모일 때는 교육적 결과가 처음부터 모임의 목적에서 중요한 몫을 차지하게 된다. 한편, 사회의 구조와 자원이 복잡해짐에 따라, 형식을 갖추고 의도적으로 기획된 교수-학습의 필요는 더욱 증대되고 있다. 그런데 형식적 교수와 훈련의 범위가 확장될수록, 직접적으로 사람들의 모임에서 얻는 경험과 형식화된 학교교육에서 얻는 것 사이에 바람직하지 않은 간극이 생길 위험이 커진다. 특히 지난 한두 세기 동안 지식과 전문적 기능의 발달이 급격하게 진전되었기 때문에, 이런 위험은 오늘날의 상황에서보다 더 심각한 적이 없었다.

## 제4장 성장으로서의 교육

【1】 1. **성장成長의 조건들** —어린이들의 활동을 지도하는 가운데, 사회는 어린이들의 미래를 결정하며 동시에 스스로의 미래를 결정짓는다. 어느 시기의 어린이가 얼마 지난 후에는 또 그 다음 사회를 구성하기 때문에, 더 나중에 올 사회의 성격은 더 이른 시기에 어린이들의 활동이 지도받은 방향에 따라 결정될 것이다. 이와 같이 더 나중의 어떤 결과a later result를 향해 행위가 누적되어 나가는 움직임이 곧 성장의 의미이다.

【2】 성장의 일차적 조건은 미성숙immaturity이다. 이 말은 어떤 존재든 아직 덜 발달된 어느 시점에서만 발달이 가능하다는 뜻으로, 그저 뻔한 소리로 들릴지 모른다. 그러나 미성숙이란 단어의 "미"未; im라는 접두사는 단지 비어 있거나 부족한 것만이 아니라 적극적인 무언가를 의미한다. 이와 관련하여 "수용력"capacity이나 "잠재성"potentiality과 같은 용어들이 이중적으로 소극적 의미와 적극적 의미를 모두 갖는 점이 주목할 만하다. 수용력이란 말은 소극적으로 단순히 받아들이는 능력을 의미할 수 있다. 1 쿼트quart의 수용력이라고 쓸 때가 그렇다. 잠재성의 경우에도 그저 잠복 중인 무활

동無活動; quiescent 상태, 즉 외적 영향에 의해 뭔가 달라질 수 있는 능력을 의미하는 것일 수 있다. 그러나 다른 한편으로, 수용력이란 뭔가를 할 수 있는 능력, 즉 일종의 힘a power을 의미하며, 잠재성도 적극적인 의미의 효능 혹은 효력을 뜻한다. 이와 유사하게 여기서 미성숙이 성장 가능성을 의미한다고 말할 때, 그것은 나중에 존재하게 될 힘의 부재를 지칭하는 것이 아니라, 적극적으로 현재 존재하는 힘, 곧 발달할 '역량'*ability*을 표현하는 것이다.

**【3】** 그렇지만 우리는 흔히 미성숙을 단순히 부족한 상태로 간주하며, 성장을 미성숙과 성숙 사이의 갭을 채우는 무언가로 다루는 경향이 있다. 그것은 아동기를 그 자체로가 아니라, '비교하는 시선으로'*comparatively* 보기 때문이다. 즉, 성인기成人期를 고정된 기준으로 삼고 비교해보기 때문에, 아동기는 단지 어떤 결핍缺乏; privation 상태로 여기게 되는 것이다. 이때 우리의 관심은 아이가 현재 갖지 못한 것, 어른이 될 때까지는 갖지 못할 것에 고정된다. 이렇게 비교하는 관점이 어떤 목적을 위해서는 충분히 정당한 것일 수 있다. 하지만 그것이 전부라고 한다면, 우리 어른들이 오만한 무례를 범하는 것이 아닐까? 아이들은 만일 명료하고 진솔하게 자신을 표현할 수 있다면, 그들 나름의 다른 이야기를 들려줄 것 같다. 또한 훌륭한 어른의 권위를 담은 책에서 도덕적 · 지적 목적을 위하여 어른들이 어린 아이와 같이 되어야 한다는 확신을 지지해 주는 경우도 있다.

**【4】** 미성숙에 담긴 가능성을 소극적인 것으로만 보는 견해의 심각성은 거기에 어떤 고정된 목적이 이상理想과 표준으로 수립되어 있음을 성찰할 때 더욱 분명해진다. 그때 성장의 완성이란 '성취된'*accomplished* 성장을 뜻하며, 성장의 부재ungrowth, 즉 더 이상 성장하지 않는 어떤 상태를 의미하게 된다. 하지만 몇 가지 사실을 살펴보면, 이러한 전제의 무익함은 쉽게 드러난다. 가령 어른이면 누구나 더 이상 성장할 가능성이 없다는 말을 들으면 불쾌히 여길 것이다. 또한 어른들은 성장 가능성이 끝났다는 사실을 발견하면, 그 사실을 상실의 징표로 슬퍼할 일이지, 적절한 힘의 표현으로 여기

며 이미 이룬 성취에 기대려 하지는 않을 것이다. 그렇다면 왜 아이와 어른에 대해 불균등한 척도를 들이대려 하는가?

**【5】** 비교하는 관점이 아니라 절대적 관점에서 볼 때, 미성숙이란 적극적인 능력 혹은 할 수 있는 역량, 즉 성장할 '힘'*power*을 나타낸다. 일부 교육학적 주장과 달리, 어린 아이에게는 적극적인 활동을 이끌어 내려고 애쓸 필요가 없다. 삶이 충만한 곳이면, 이미 열심이고 열정적인 활동이 존재한다. 성장이란 생명체의 활동들에 대해 가해져야 할 어떤 것이 아니라 그 활동들이 이룩해 내는 무엇이다. 가능성이라고 할 때의 이러한 적극적·건설적 측면은 미성숙의 두 가지 주요한 특질들인 의뢰심依賴心; dependence과 유연성plasticity을 이해하는 열쇠를 제공해 준다.[5] 의뢰심이 뭔가 적극적인 것이라 하면 이상하게 들릴 것이며, 일종의 힘power이라고 하면 한결 더 그러할 것이다. 하지만 무력함helplessness이 의뢰심이 뜻하는 전부라면, 거기에서는 도저히 발달이 이루어질 수 없다. 그저 무력하기만 한 존재는 줄곧 다른 사람들이 업고 다녀야 한다. 사실상 의뢰심이란 능력의 성장을 동반하는 것이지 갈수록 더한 기생寄生 상태로 떨어지는 무엇이 아니다. 여기서 우리는 의뢰심이 이미 건설적인 어떤 것임을 생각할 수 있다. 그저 단순히 다른 사람들에게 보호받는 상태라는 것은 성장을 촉진시키는 조건이 되지 않을 것이다. 왜냐하면 그런 식의 보호는 오히려 무기력impotence에 담을 둘러치는 일이 될 뿐이기 때문이다. 물론 물리적인 세계에 관한 한, 아이는 무력하다. 태어나 한참동안 아이에게는 신체적으로 자기를 가누고 스스로 살아

---

**5_** [역주] 미성숙한 존재에게 풍부한 특성으로 제시된 두 가지 개념, dependence와 plasticity는 보통 의존성과 가소성으로 번역되는데, 그 한계를 의식하며 여기서는 각각 의뢰심과 유연성으로 번역하였다. 우선 우리말의 의존성에는 듀이가 본문에서 지적하듯이 무력하여 보호를 받기만 하는 부정적 의미 그 이상을 담기가 어렵다. 여기서 의뢰심으로 번역한 dependence란 주위 사람들을 믿고 의지하며 자신을 열고 상호의존적으로 교감하는 능력이라는 적극적 의미로서, 인간의 사회적 상호작용의 가능성을 근거 짓는 특성이다. 또한 우리말의 가소성이란 고체가 모양이 변형되는 성질을 의미하며 다음 절에서 비판적으로 다루는 고정된 습관의 뜻에 가깝게 왜곡될 가능성이 있다. 여기서 유연성으로 번역한 plasticity란 적극적인 의미에서 유연하게 반응을 달리 해볼 수 있는 힘을 뜻하며 계속적인 새로운 습관 형성, 즉 자기갱신의 가능성을 근거 짓는 특성이다.

갈 힘이 없다. 갓난아이는 그 모든 것을 스스로 해야 한다면 거의 한 시간도 살아남아 있기 어려울 것이다. 이런 점에서 아기는 거의 전적으로 무력한 셈이다. 그에 비하면 짐승의 어린 새끼들이 헤아릴 수 없이 월등하다. 인간의 어린 아기는 신체적으로 약하고, 물리적 환경에 대처하는 데 자신이 가진 힘을 쓸 수가 없다.

**【6】** (1) 그런데 어린 아기의 이토록 철저한 신체적 무력함은 오히려 그것을 보상해 주는 힘으로 될 수가 있다. 상대적으로 더 나은 능력을 갖추고 있는 야생 동물의 새끼들은 어린 시기부터 물리적 조건에 상당히 잘 적응한다. 따라서 그것들은 주위의 다른 존재들과 그렇게 밀접하게 얽혀 살아가지 않는다. 달리 말하자면, 동물의 새끼들은 사회적 재능social gifts이 없기 때문에 신체적 재능physical gifts을 갖추지 않을 수가 없다. 반면에, 인간의 아기들은 바로 그런 사회적 능력이 있기 때문에 신체적으로 무력하면서도 잘 지낼 수가 있는 것이다. 때때로 우리는 아기들이 그저 우연히 특정한 사회적 환경에 놓이게 된 것처럼, 마치 사회적인 능력은 오로지 그들을 돌보는 어른들에게만 있고 아기들은 그저 수동적인 수혜자인 것처럼 말하고 생각하곤 한다. 그래서 만일 어린이들에게는 다른 이들의 협력적인 배려cooperative attention를 불러 모으는 놀라운 능력이 있다고 말한다면, 어른들이 어린이들의 필요에 놀라울 정도로 세심함을 뒤집어 말하고 있다고 여길 것이다. 그러나 잘 관찰하면, 어린이들에게는 사회적인 교감social intercourse을 위한 최고의 능력이 부여되어 있음을 보게 된다. 주위 사람들의 태도와 행위에 공감하며 감응하는vibrate sympathetically 어린이들의 온갖 유연하고 민감한 능력을 주목해 보자. 그것을 어른이 되어서도 그대로 간직하고 있는 이들은 거의 없다. 어린이에게는 물리적 사물에 대한 주의력이 부족한 만큼(그에 대한 조절 능력도 부족한 반면에), 사람들의 행위에 대한 흥미와 관심은 한결 더 강화되어 있다. 어린이의 본성적 메커니즘과 충동들은 모두 사회적인 민감성social responsiveness을 향해 있다. 그런데 청소년기 이전의 어린이들이 이기적이고 자기중심적이라는 주장은, 그것이 설령 참이라고 해

도, 여기서 말한 진리와 모순되지는 않을 것 같다. 그 주장은 단지 어린이들의 사회적인 민감성이 자기 자신들을 위해 쓰인다는 것이지, 그것이 없음을 의미하는 것은 아니다. 그러나 어떻든 그 말 자체가 사실상 참은 아니다. 어린이들이 순전히 이기적이라는 주장을 뒷받침하기 위해 드는 사실들을 살펴보면, 그들이 자신들의 표적 혹은 목표물을 향해 나아갈 때의 강한 열정과 진솔함을 보여주는 것들이다. 어린이가 겨냥하는 목적이 어른들에게는 부족하고 이기적인 것으로 보인다면, 그것은 단지 어른들이 (자신들이 어릴 적에 그와 유사하게 몰두하며) 그런 목표물들을 다 거치며 끝냈고 그래서 결과적으로 그것들이 더 이상 흥미롭지 않기 때문인 것이다. 그 밖에 또 어린이들의 본성적 이기심을 주장하는 나머지 대부분의 경우는 단순히 어른 자신의 이기주의와 배치되는 이기주의일 뿐이다. 자기 자신의 일에 너무나 몰두하고 있어서 어린이들의 일에 관심을 기울일 수 없는 어른에게는 틀림없이 어린이들이 터무니없이 자기들의 일에만 사로잡혀 있는 것처럼 보일 것이다.

**【7】** 요컨대, 사회적인 관점에서 의뢰심이란 약점이라기보다 일종의 능력을 뜻하며, 상호의존성interdependence을 내포하는 의미이다. 개인에게 독립심이 커지면 커질수록 그의 사회적인 능력social capacity은 언제나 그만큼 줄어들 위험이 있다. 말하자면, 더욱더 자기 자신에게만 의지하도록 만드는 과정에서, 그 사람은 더욱 자족적自足的으로 되고 냉담하고 무관심한 쪽으로 변해갈 수 있다. 그럴 경우에, 종종 다른 이들과의 관계에 대해 너무나 무감각해져서, 마치 자신은 정말로 홀로 서고 홀로 행할 수 있으리라는 허상을 키우게 된다. 그런 식의 냉담한 독존獨存 상태는 병명이 붙지는 않았지만 일종의 정신 이상異狀이며, 그것이 사실 이 세상에서 치유 가능한 고통의 상당 부분을 초래하는 원인이 된다.

**【8】** (2) 미성숙한 존재가 성장하기 위해 갖는 특수한 적응력適應力; adaptability이 곧 그 사람의 '유연성'柔軟性 *plasticity*이다. 이것은 창틀 고정용 퍼티putty나 밀랍이 갖는 유연성과는 다른 것으로, 그저 외적 압력에 따라 형태

변화를 받아들이는 성질이 아니다. 그보다는 사람들이 자신의 성향을 보유하면서도 주위 환경의 색조를 받아들이듯이 융통성 있게 변화하는 탄력성에 가깝다. 그러나 사실은 이보다 더욱 깊은 의미를 갖는 어떤 것이다. 본질적으로 그것은 경험으로부터 배우는 능력이요, 하나의 경험으로부터 더 나중 상황의 어려움에 대처하는 데 쓸 수 있는 무언가를 보유하는 힘이다. 이러한 의미에서 유연성이란 이전 경험의 결과에 근거하여 행동을 바꿀 수 있는 힘, 곧 '성향을 발달시키는' 힘을 뜻한다. 이것 없이 습관의 획득은 불가능하다.

**【9】** 익히 알고 있듯이, 고등 동물의 새끼들, 특히 인간의 어린 아기들은 본능적 반응을 활용하기 위해 '학습'*learn*을 해야 한다. 인간 존재는 다른 동물들보다 훨씬 더 많은 수효의 본능적 성향을 갖고 태어난다. 하지만 하등 동물의 본능은 태어난 지 얼마 안 되어 곧 적합한 행동을 할 수 있도록 저절로 완성되는 데 비해, 인간의 갓난아기의 경우 그 본능들 대부분이 원래 그대로는 거의 의미가 없다. 처음부터 특수하게 분화되고 완성된 조절 능력은 즉각적인 효율성을 확보하지만, 기차표처럼 정해진 길로만 통한다. 반면에 자신의 눈과 귀와 손과 다리를 활용하기 위해 실험적으로 그 각각의 반응들을 다양하게 연합해 보아야 하는 존재는, 그 과정에서 융통성 있고 다양한 조절 능력을 더불어 획득하게 된다. 예를 들어, 병아리는 알에서 부화하고 몇 시간 지나지 않아 음식 부스러기를 정확하게 부리로 쪼아 먹는다. 눈으로 보는 활동과 몸과 머리를 움직여 쪼는 활동을 정확히 조율하는데 몇 차례 시도만으로 완전해지는 것이다. 갓난아기의 경우에는 시각 활동과 조율해야 하는 내뻗어 붙잡기 행동이 거의 정확해지기까지, 즉 보이는 물체를 붙잡을 수 있는지와 어떻게 붙잡기를 실행해야 하는지 알게 되기까지 근 6개월이 필요하다. 그런데 결과적으로 병아리에게 본래 부여된 능력의 상대적인 완전함은 제약으로 된다. 어린 아기에게는 본능적인 잠정적 반응들과 그로부터 생기는 경험들이 '무수히 많은 것'이, 일시적으로는 서로 엇갈리어 불리하게 작용하지만, 결국에는 이득이 된다. 어떤 행

동이 완전하게 주어지지 않고 배워 익혀야 하는 경우에는 필연적으로 상황 변화에 따라 유연하게 여러 요인들을 달리 변화시켜보는 법, 즉 다양한 조합을 시도해 보는 법을 학습하게 된다. 이렇게 한 가지 행동을 학습하면서 다른 상황에서도 쓰일 수 있는 방법들이 발달하게 된다는 사실로 인해, 계속적인 진보의 가능성이 열린다. 한결 더 중요한 것은 인간 존재는 배움의 습관habit of learning을 획득하게 된다는 사실이다. 즉, 인간은 배우는 법을 배운다.

**【10】** 이와 같이 의뢰심과 적응적 조절variable control이라는 두 가지 사실이 인간 삶에서 갖는 중요성은 인간의 유아기 연장延長에 관한 학설로도 요약되어 나타난다.[6] 유아기가 연장된다는 것은 어린이들뿐 아니라 집단의 성인 구성원들에게도 중요한 의미를 갖는다. 의뢰하며 배우는 존재들은 어른들에게 양육과 애정의 필요를 일깨운다. 변함없고 지속적인 돌봄의 필요가 아마도 성인들의 일시적인 동거를 영속적인 연대連帶; union로 탈바꿈하게 만든 주요 요인이었을 것이다. 그러한 필요가 또한 애정 어린 공감적 보살핌의 습관들과 공동 삶에 필수적인, 다른 이들의 복지를 향한 적극적 관심을 형성하는 데 크게 영향을 미쳤음이 분명하다. 한편 지적인 측면에서 보면, 이러한 도덕적 발달로 인해 많은 새로운 관심 대상들이 생겨나고, 미래의 전망과 기획을 자극하게 된다. 이와 같이 사회 진보와 유아기의 연장은 상호 영향을 미친다. 사회적 삶이 복잡해질수록 필요한 능력의 습득에 보다 더 긴 기간의 유아기가 요청되고, 이렇게 해서 의뢰심이 늘어난다는 것은 유연성, 즉 다양하고 새로운 조절 방식을 습득하는 힘이 늘어남을 뜻한다. 그리고 그것은 다시 사회 진보를 위해 한층 더한 추진력을 제공하게 되는 것이다.

**【11】 2. 성장의 표현으로서의 습관들**—앞서 보았듯이, 유연성plasticity이

6_ 그 중요성에 대한 주장은 수많은 저자들에게서 발견되지만, John Fiske가, 그의 『진화론자의 유람』*Excursions of Evolutionist*이란 책에서, 이 점을 처음으로 체계적으로 제시한 것으로 인정받고 있다.

란 이전 경험에서 이후의 활동을 달라지게 만들 요인을 얻어 가져가는 능력이다. 이것은 습관習慣을 획득하는 능력 혹은 일정한 성향을 발달시키는 능력을 뜻한다. 이제 우리는 습관의 특징적 성격에 대해 알아보아야 하겠다. 우선 무엇보다도 습관이란 실행 기술의 형식a form of executive skill, 즉 효율적인 행위 형식이다. 이런 의미에서 습관은 자연 조건을 목적 실현의 수단으로 활용할 수 있는 능력이다. 다시 말해, 우리의 행동 기관器官; organ을 제어함으로써 환경을 적극적으로 제어하는 것an active control을 뜻한다. 그런데 실행 기술로서의 습관에 대해 말할 때, 우리는 아마도 환경을 제어하는 측면보다는 우리 몸을 제어하는 측면을 강조하기 쉽다. 예를 들어, 걷기, 말하기, 피아노치기나 조각가, 외과 의사, 건축가의 특수한 전문 기술들에 대해서, 그것이 단지 유기체 편에 형성된 용이함, 기민함, 정확함인 것처럼 생각하곤 한다. 물론 그런 것이기도 하지만, 유기체의 몸에 형성된 습관의 가치는 결국 환경 조건을 얼마나 경제적이고 효과적으로 제어할 수 있느냐에 달려 있다. 우리가 걷기를 할 수 있다는 것은 자연의 어떤 성질들을 우리 마음대로 쓸 수 있게 된 것이며, 또한 온갖 다른 습관들의 경우도 마찬가지이다.[7]

**【12】** 우리는 종종 교육을 개인과 환경 간의 상호 조절調節; adjustment에 이르는 습관 획득의 과정으로 정의한다. 이것은 성장의 본질적인 국면을 잘 나타내주는 정의이다. 그런데 여기서 조절을 목적 달성을 위한 수단의 '제어'*control*라는 적극적인 의미로 이해하는 것이 중요하다. 우리는 습관을 단

---

**7_** [역주] 듀이에게 교육이란 생명체와 환경의 상호작용을 통한 성장이요, 성장이란 모든 변화를 포괄하는 애매한 개념이 아니고 성장의 결과는 '습관'으로 표현된다. 즉, 교육적 성장의 경험이라면, 새로운 습관 형성이나 기존의 습관의 재구성으로 귀결되어야 한다는 것이다. 이렇게 '습관' 개념은 듀이 교육철학 이해에 매우 중요한데, 걷기나 말하기 등을 습관의 예로 드는 것에서 알 수 있듯이 그는 습관을 보다 근본적이고 포괄적으로 규정한다. 습관의 일상적 관념에서 놓치고 있는 측면으로 여기서 재조명되는 것은 두 가지이다. 첫째는 유기체의 신체적 변화로 표현되는 실행 기술로서의 습관과 관련하여 그것이 수동적·기계적으로가 아니라 환경과의 능동적·적극적 상호작용을 통해 형성된다는 점이다. 둘째는 습관이란 단순히 신체의 행동적인 차원에 한정되는 것이 아니라 지적·정서적 성향의 변화로 나타나는 정신적인 차원이 있다는 점으로서 15문단 이하에서 다루어진다. 요컨대 교육이란 우리의 생각과 느낌과 행동에 있어서 습관화된 성향과 기질을 변화시키는 일인 것이다.

순히 유기체에 가해진 변화로 여길 뿐, 그것이 또한 환경을 계속적으로 변화시키는 능력으로 이루어져 있다는 사실을 간과하기 쉽다. 그때 "조절"adjustment의 의미는 마치 밀랍이 찍어 누르는 봉인에 맞추어지듯이 환경에 순응하는 일로 생각될 것이다. 이와 같이 환경이란 고정된 어떤 것으로서 유기체에 일어날 변화의 목적과 표준을 제공하는 것으로 여길 때, 조절이란 그저 고정된 외적 조건들에 우리 자신을 맞추는 일이 된다.[8] 물론 '습관들임'(익숙해짐)habituation으로서의 습관은 사실상 '상대적으로'*relatively* 소극적인 어떤 것이다. 우리는 우리 주위의 것들에, 우리의 옷과 신발과 장갑에도, 어느 정도 한결같은 기후에도, 매일 어울리는 동료들에게도 길들고 익숙해진다. 이와 같이 환경에 적합하게 되는 것, 즉 환경을 변화시키는 능력과 관계없이 유기체에 형성된 변화가 습관들임, 즉 소극적인 습관의 분명한 특징이다. 그러나 이렇게 상대적으로 소극적인 조절(적극적인 조절active adjustments과 구별하기 위해 '순응'順應; *accommodations*이라 일컫는 것이 더 적절하겠다)이 갖는 특징을 환경을 적극적으로 활용하는 능력으로서의 습관의 의미와 혼동해서는 안 될 것이다. 여기서 습관의 의미 구분 문제는 잠시 접어두고, 습관들임habituation의 두 가지 특징에 주목해 보자. 첫째는 우리가 사물에 길들고 익숙해지는 것은 '처음에'*first* 우선 그것들을 활용함으로써 그렇게 된다는 점이다.

**【13】** 어느 낯선 도시에 길들고 익숙해지는 경우를 상상해 보자. 처음에는 자극이 지나치게 많고 또한 반응 행동도 지나치고 적절하지 않다. 그러다 점차적으로 어떤 자극들은 중요한 것이어서 선택적으로 반응하게 되고 다른 것들은 간과하게 된다. 그때 우리는 그런 자극들에 더 이상 반응하지 않는다거나, 보다 사실대로 말하면, 마침내 항구적인 반응, 즉 조절적 평형an equilibrium of adjustment을 이루었다고 할 수 있다. 이것이 습관들임의 둘째

---

8_ 물론 이러한 방식의 개념은 지난 장에서(『민주주의와 교육』 제3장 "지도로서의 교육"(Education as direction)을 지칭함-역자주) 살펴본 바 자극과 반응을 단지 외적인 관계로 보는 개념들, 그리고 이번 장에서 주목했던 미성숙과 유연성의 부정적 개념들과 논리적으로 상응하는 것이다.

특징과 연결되는데, 이러한 안정적인 조절 상태는 상황이 달라질 때 새로이 특수한 조절을 이루는 배경이 된다는 점이다. 우리는 결코 환경 '전체'*whole*를 모두 변화시킬 마음을 품지 않는다. 우리가 당연하게 여기며 그저 있는 그대로를 받아들이는 많은 것들이 있다. 이러한 것들을 배경으로 필요한 변화를 창출하려 할 때 우리의 활동은 특정 지점에만 초점을 두게 된다. 습관들임habituation이란 이렇게 당시에는 변화시킬 마음이 없는 어떤 환경에 대한 조절적 평형 상태로서, 우리의 적극적인 습관에 지렛대를 제공해 주는 것이다.

**【14】** 사실 적응適應; adaptation이란 우리의 활동이 환경'에'*to* environment 적응하는 것과 마찬가지로 또한 환경'이'*of* environment 우리 자신의 활동에 적응하는 그런 상호적인 것이다. 사막의 평원에서 그럭저럭 살아가는 원시부족을 상상해 보자. 그들은 나름대로 적응해 간다. 그러나 그들의 적응은 사물을 최대한 있는 그대로 받아들이고, 인내하고, 견뎌내는 방식이다. 다시 말해, 소극적으로 수용하고 받아들이는 것은 최대한으로 되는 반면에, 적극적인 조절, 즉 환경조건을 필요에 맞추어 활용하는 일은 최소한으로 된다. 이 장면에 문명화된 사람들이 들어온다고 해보자. 그들도 또한 적응해 간다. 그런데 그들은 관개 수로를 끌어들이고, 그 환경 조건에서 번성할 만한 식물과 동물을 찾기 위해 세계를 두루 탐색하며, 거기에서 잘 자라는 것들을 조심스럽게 선별하고 품종을 개량해 간다. 그 결과 황무지가 장미로 꽃을 피우게 된다. 미개인은 단순히 주어진 환경에 습관들여 익숙해진habituated 상태라면, 문명인은 환경을 변화해 가는 적극적인 습관을 갖춘 상태라 할 수 있다.

**【15】** 그런데 습관의 중요한 의미는 이제까지 살펴본 실행적·신체운동적 국면에서 그치지 않는다. 습관이란 행동상에서 손쉬움, 경제성, 효율성이 증대되는 것만이 아니라, 또한 지적 정서적 성향의 형성을 의미한다. 우선 어떤 습관이든지 거기에는 하고 싶어 하는 '성향'*inclination*, 즉 그 습관을 실행하기 위한 조건들을 더욱 적극적으로 좋아하고 선택해 가는 정서적 성

향이 따른다. 습관은 미코버Micawber[9]처럼 적절한 자극이 나타나 발휘되기를 막연히 기다리는 것이 아니라, 적극적으로 그 습관을 온전히 실행하게 될 상황을 찾아 나서는 그런 것이다. 만일 어떤 습관의 표현이 과도하게 억압되면, 불안감과 강한 열망의 형태로 하고자 하는 정서적 성향이 자기를 드러낸다. 또한 습관은 일종의 지적인 성향을 나타내 준다. 어떤 습관이 형성되어 있다면, 그 행동이 적용될 재료와 설비에 대한 정통한 이해와 그 습관이 작용할 상황들에 대한 확실한 지식이 존재한다. 생각과 관찰과 반성의 양식들 또한 기술과 열망의 형태로 어떤 사람을 공학자, 건축가, 의사 혹은 상인이 되도록 해주는 습관의 일부가 된다. 비숙련 노동의 경우에 지적인 요소들이 최소한으로 되는 까닭은 바로 그 일에 관련되는 습관들이 질 높은 것이 아니기 때문이다. 그러나 연장 다루기, 그림 그리기, 실험 수행하기와 같은 것이 일종의 습관이듯이, 판단하기와 추론하기도 마땅히 일종의 습관이다.

**【16】** 그러나 이렇게 말하는 것은 습관의 지적인 측면에 대해 줄여 말한 격이다. 사실 눈과 손의 습관들에 내포된 정신의 습관the habits of mind이야말로 눈과 손의 습관에 의미를 부여해 주는 것이다. 특히 무엇보다도 습관이 갖는 변화 가능하고 유연한 활용성과 계속적인 성장과의 관련성을 분명히 해주는 것은 바로 습관에서 지적인 요소이다. 우리는 흔히 굳어지고 '고정된' 습관들*fixed* habits에 대해 말하곤 한다. 그것은 물론 습관의 소유자가 필요할 때마다 항상 자원으로 쓸 수 있을 만큼 매우 확고하게 형성된 힘을 의미하는 것일 수 있다. 그러나 또한 굳어진 습관이라 하면 신선함, 열린 마음, 독창성 등이 결여된 상태로서 깊이 패인 자국이나 판에 박힌 방식들을 뜻하기도 한다. 이렇게 습관의 고정성이란 우리가 자유롭게 사물에 대해 꽉 잡고 있는 상태가 아니라, 무언가가 우리에 대해 고정된 장악력을 행사하는 상태를 의미할 수 있다. 이런 사실은 습관에 관한 일상적 견해의

9_ [역주] Charles Dickins의 1849년 소설 David Copperfield의 등장인물로서, 가난하지만 미래의 행운에 대해 낙관적인 기대를 갖고 살아가는 인물이다.

두 가지 점을 설명해 준다. 한 가지는 습관을 기계적이고 외적인 행위 양식과 동일시하면서 그에 내포되는 정신적이고 도덕적인 태도를 간과하는 것이다. 다른 한 가지는 습관을 "나쁜 습관들"bad habits과 동일시하면서 부정적 의미를 부여하려는 경향이다. 많은 이들이 자신이 선택한 전문직에서의 능력도 일종의 습관이라 하면 의아해하면서, 습관의 전형적인 사례로 담배, 술, 상스러운 언어 사용 등을 떠올릴 것이다. 이때 습관이란 그에게 지배력을 행사하는 무엇, 자신의 이성적 판단으로는 비난할만한 것이면서도 쉽게 떨치지 못하는 어떤 것이 된다.

【17】 이와 같이 습관이 판에 박힌 행동 방식으로 변질되거나 우리를 사로잡는 행동 방식으로 타락하는 것은 결국 지성知性과 단절되는 정도에 달려있다. 판에 박힌 습관은 아무 생각이 없는 습관이며, "나쁜" 습관이란 이성理性과 완전히 단절되어 의식적으로 숙고하여 내린 결론이나 결심과는 반대로 가는 습관이다. 앞서 살펴보았듯이, 습관의 획득은 본래의 유연성plasticity, 즉 적절하고 효율적인 행동 방식을 찾기까지 반응을 달리해 볼 수 있는 능력 때문에 가능한 것이다. 따라서 판에 박힌 습관과 우리가 소유하기보다 우리를 소유하고 있는 습관은 바로 그 유연성을 끝장내버리는 것이다. 그런 습관들은 뭔가 달리 해보는 힘power to vary이 차단되었음을 나타낸다. 의심할 바 없이, 나이가 들수록 생리적인 기초가 되는 신체 기관의 유연성은 떨어지는 경향이 나타난다. 그와 더불어 아이처럼 본능적으로 잘 움직이고 행동을 달리해보는 성향, 새로운 자극과 새로운 발달을 열렬히 좋아하는 마음은 "안주하는 상태"로, 즉 변화를 싫어하고 과거의 성취에 기대려 하는 상태로 너무나 쉽사리 변해간다. 이렇게 굳어지는 경향을 거슬러 가는 것은 오로지 습관 형성의 과정에서 지성知性; intelligence을 온전히 활용할 수 있게 하는 환경에서만 가능한 일이다. 물론 신체기관의 생리적 조건을 굳어지게 만드는 것이 동일하게 사고 작용에 관련되는 생리적 구조들에도 영향을 미친다. 하지만 이러한 사실은 지성의 작용이 가능한 최대한으로 발휘될 수 있도록 지속적으로 주의를 기울여야 할 필요성을 보여주는

것일 뿐이다. 결국 기계적으로 판에 박힌 절차와 반복에 의존하여 단지 습관의 외적인 효율성, 즉 생각을 동반하지 않는 신체운동적 기술 확보에만 급급한 근시안적인 방법은 주위 환경을 계획적으로 포위하여 성장의 길을 차단해버리는 일이 된다.

【18】 **3. 발달 개념의 교육적 함의**—이번 장에서 여태까지 교육에 대해서는 별로 이야기하지 않았다. 주로 살펴본 것은 성장의 조건과 그 의미에 대해서였는데, 우리의 결론이 정당하다면, 거기에는 분명히 교육적으로 중요한 의미가 담겨 있다. 교육이란 곧 발달發達; development이라고 말할 때, 그 모든 의미는 결국 발달을 '어떻게'*how* 개념화하느냐에 달려 있다. 우리의 핵심적인 결론은 삶이란 발달이요, 또한 그렇게 발달하고 성장해 가는 과정이 곧 삶이라는 것이다. 그 의미를 교육적으로 풀어보면, ① 교육의 과정이란 그 자체 이외에 어떤 다른 목적도 갖지 않으며, 교육이 곧 그 자체의 목적이라는 것, 그리고 ② 교육의 과정은 계속적으로 재조직하고 재구성하고 변형해 가는 과정이라는 것이다.

【19】 (1) 발달을 어린이와 어른의 삶의 특징에 비추어 '비교하는'*comparative* 언어로 해석할 때, 그것은 특별한 경로로 힘을 방향 잡는 일, 즉, 실행 기술, 분명한 흥미와 관심, 특정한 관찰과 사고의 대상들을 포함하는 습관의 형성을 의미한다. 하지만 상대적인 비교의 관점이 전부는 아니다. 어린이에게도 고유한 힘이 있다. 그 사실을 간과하면 어린이의 성장을 위한 기관器官; organs을 가로막거나 뒤틀어버리는 것이 된다. 어른은 자기 힘을 활용하여 환경을 바꾸어 나간다. 그렇게 함으로써 새로운 자극들이 생겨나고, 그것이 다시 그의 힘의 방향을 전환하여 계속적인 발달을 가능케 한다. 이러한 사실을 인정할 수 없다면, 그것은 그 사람이 발달 지체, 혹은 소극적인 적응 상태에 있다는 뜻이다. 결국 정상적인 어린이나 정상적인 어른이라면 모두 똑같이 성장하는 데 온 마음을 다한다. 양자 간의 차이는 성장이냐 비성장이냐 하는 것이 아니라, 각기 다른 조건에 적합한 성장의 양상樣相이 다르다는 데 있다. 특정한 과학적 경제적 문제들에 대처하기 위한 힘의 발

달에서는 어린이가 어른다움에로 성장해야 한다고 말할 수 있다. 한편, 공감어린 호기심과 편견 없는 민감성responsiveness, 그리고 마음의 개방성에 있어서는 어른이 어린이다움에로 성장해야 한다고 말할 수 있다. 어느 한 가지 주장도 나머지 다른 것과 마찬가지로 옳다.

**【20】** 앞에서 우리는 세 가지 생각들, 즉 미성숙을 단순히 결핍된 성질로 파악하는 것, 조절을 고정된 환경에 대한 정적靜的인 순응으로 보는 것, 습관을 굳어진 것으로 보는 것에 대해 비판적으로 짚어보았다. 이것들은 모두 성장 혹은 발달에 대한 잘못된 관념, 즉 고정된 목표를 향한 움직임을 성장으로 보는 견해와 밀접하게 관련된다. 여기서 성장이란 그 자체가 목적'인'*being* an end 것이 아니라, 다른 어떤 목적을 '갖는'*having* an end 것으로 여기는 것이다. 이러한 세 가지 잘못된 관념들은 교육적으로도 그에 상응하는 문제 현상으로 나타난다. 첫째로, 어린이들의 본능적인 자연적인 힘들을 살리는 데 실패하고, 둘째로, 새롭고 낯선 상황 대처에 필요한 자발성自發性; initiative을 기르는 데 실패하고, 셋째로, 자동적인 기술 확보를 위해 고안된 반복 연습이나 여타한 방법들을 과도하게 강조하면서 개개인의 고유한 지각知覺; perception을 희생시킨다. 이 모든 경우에서 어른의 환경은 어린이를 위한 표준으로 받아들여지며, 어린이는 어른의 환경에 맞게 키워져야 하는 것이다.

**【21】** 이러한 잘못된 견해들에서 자연적인 본성은 무시하거나 그저 귀찮게 여기면서, 억누르거나 어떻게든 외적 표준에 일치되게 해야 할 성가신 특성들로 취급된다. 정해진 기준에의 일치conformity가 목표이므로, 어린 사람에게 독특하게 개성적인 것은 털어내야 하는 것이거나, 못된 장난질과 무질서의 원천으로 간주된다. 또한 일치는 획일성에 상응하는 것으로 여긴다. 그 결과는 새로운 것에 대한 무관심, 진보에 대한 반감, 불확실하거나 잘 모르는 것에 대한 두려움이다. 여기서 성장의 목적은 성장 과정의 바깥에, 그 너머에 존재하는 것이기 때문에, 그것을 향해 가도록 하려면 외적인 동인動因에 의지해야 한다. 어떤 교육방법이 기계적이라는 낙인이 찍히는

경우에는 언제나, 외적인 목적 달성을 위해 외적인 압력을 가하고 있는 것임에 틀림없다.

**【22】** (2) 그러나 사실 성장에는 더욱 더 성장하는 것 외에 다른 어떤 목적도 없기 때문에, 교육은 보다 많은 교육 이외에 그 어떤 것에도 종속되어서는 안 된다. 학교를 졸업한다고 해서 교육이 끝나서는 안 된다고 말하는 것은 상식이다. 이런 상식의 요지要旨는 학교교육이란 성장을 위한 힘을 조직함으로써 계속적인 교육을 보장하는 데 그 목적이 있다는 것이다. 삶 그 자체로부터 배우려는 성향, 그리고 모든 이들이 살아가면서 배울 수 있는 공동 삶의 조건을 만들려는 성향이야말로 학교교육의 최고의 산물이다.

**【23】** 어른의 성취와 고정된 비교에 의해 미성숙을 정의하려는 시도를 그만두면, 미성숙이 바람직한 특질의 결핍 상태라는 생각을 버리지 않을 수 없다. 이와 더불어, 교수教授; instruction에 대한 잘못된 생각, 채워주기를 기다리는 정신적 도덕적 구멍 속에 지식을 부어넣음으로써 결핍을 채우는 방법이라 여기는 습관도 버리지 않을 수 없다. 삶이란 곧 성장을 의미하기 때문에, 진정으로 살아있는 존재는 어느 단계에서나 다른 어떤 단계에서만큼 진실로 적극적으로 살아가고 있으며, 그만큼 본질적으로 충만되게 그만큼 절대적인 요청을 갖고서 살고 있다. 그런 점에서 교육이란 나이에 관계없이 성장 혹은 삶에 합당한 것을 보장하는 조건들을 제공하는 일을 의미한다. 보통 우리는 처음에 미성숙한 상태를 가능한 한 빨리 극복해야 할 무언가로 간주하며 참을성 없이 바라본다. 그리고는 그러한 교육방법을 통해 형성된 어른들은 자신의 아동기와 청소년기를 기회 상실과 힘의 낭비로 점철된 한 장면으로서 참을 수 없이 유감스럽게 되돌아보곤 한다. 삶에는 그 자체의 본질적 특질its own intrinsic quality이 있으며 교육이 해야 할 일은 그것과 한 가지라는 것을 제대로 깨닫지 못하는 한, 이런 역설적 상황은 계속 되풀이될 것이다.

**【24】** 삶이 곧 성장임을 깨닫게 되면, 또한 아동기에 대한 낭만적인 이상화idealizing of childhood의 오류, 결과적으로 그저 나태한 탐닉에 빠지는 오

류를 막을 수 있다. 삶이란 온갖 얄팍한 행동이나 흥미와 동일시되어서는 안 된다. 단지 겉으로 바보같이 보이는 것이 실상은 무언가로 되려고 하지만 아직은 훈련되지 않은 힘의 징표signs인지를 분간하는 일은 언제나 그렇게 쉬운 것이 아니다. 그러나 우리가 꼭 기억해야 할 것은 나타나는 징표들을 그 자체가 전부인 것처럼 받아들여서는 안 된다는 점이다. 그것들은 앞으로 가능한 성장을 암시하는 싸인들이다. 그것들을 발달의 수단으로, 힘을 진척시키는 수단으로 다루어야지, 그 자체를 그대로 탐닉하거나 장려해서는 안 된다. 겉으로 드러나는 현상에 과도하게 관심을 두면(그것을 격려하는 방식으로든 꾸중하는 방식으로든), 그것을 굳어지게 해서 결국 발달 지체로 이끌 수 있다. 부모와 교사에게 중요한 것은 현재의 충동적 힘들이 무엇을 향해 움직여 가는가이지, 주어져 있는 그 힘들이 무엇이었는가가 아니다. 미성숙의 상태를 존중한다는 원리의 참뜻은 에머슨의 명구를 통해 가장 잘 표현될 수 있다. "'아이를 존중하시오. 너무 지나치게 아이의 부모 노릇을 하려 하지 마시오. 그가 홀로 머무는 자리를 침입하지 마시오.' 이렇게 제안하면 그에 답하여 외치는 다음과 같은 소리를 듣게 된다. '당신은 진실로 공적, 사적 규율의 고삐를 내던지려 합니까? 당신은 어린아이를 그 자신의 정념과 변덕이 미친듯이 이끌어 가도록 그대로 내버려두고서, 이런 혼란을 아이의 본성을 존중하는 것이라고 말하려 합니까?' 그러면 나는 이렇게 답하겠다. '아이를 존중하시오. 아이를 끝까지 존중하시오. 그러나 또한 당신 자신도 존중하시오 ……. 아이 훈련에서 두 가지 핵심은 그의 '본성'*naturel*을 지키고 그 이외의 모든 것은 단련하여 제거하는 것, 그의 본성을 지켜주되 그러나 야단법석과 어리석음, 소란한 장난은 멈추게 하는 것, 그의 본성을 지키고 '그 본성이 지시하는 바로 그 방향에 있는 지식을 갖추어주는 것'*arm it with knowledge in the very direction in which it points*입니다." 에머슨이 계속 이어 말했듯이, 아동과 청소년에 대한 존중이란 가르치는 이들에게 쉽고 태평스런 길을 열어주는 것이 아니라, "교사의 시간과 생각과 삶을 향한 막중한 요구를 포함하는 일이다. 그것은 시간, 관습use, 통찰, 사건

event, 하느님의 온갖 위대한 교훈과 도움을 요청하는 일이며, 그렇게 해 볼 생각을 하는 것만으로도 훌륭한 인격과 사색의 깊이를 나타내 준다."

【25】 **요약**—성장의 힘은 다른 사람들을 향한 의뢰심과 유연성에 달려 있다. 이런 조건들 둘 다는 아동기와 청소년기에 최고조에 달한다. 유연성 또는 경험으로부터 배우는 힘은 습관의 형성을 의미한다. 습관은 환경에 대한 통제력, 즉 인간의 목적을 위해 환경을 활용하는 힘을 부여해 준다. 습관이란 두 가지 형식을 띠게 된다. 하나는 습관들임 혹은 익숙해짐이요, 달리 말하면, 유기체의 활동과 환경 조건들 사이에 형성되어 있는 일반적이고 지속적인 균형 상태이다. 다른 하나는 새로운 조건을 만나 활동을 재적응해나가는 적극적인 능력이다. 전자는 성장의 배경을 제공하고, 후자는 성장해 나가는 과정을 구성한다. 적극적인 습관은 자신의 능력을 새로운 목표에 적용함에서의 생각과 창의와 자발성을 포함한다. 적극적인 습관은 성장 지체를 보여주는 판에 박힌 일과 정반대되는 것이다. 성장은 삶을 특징짓는 것이기에, 교육이란 성장하는 것과 한 가지이며, 그 이외의 다른 목적을 갖지 않는다. 따라서 학교교육의 가치를 판단하는 척도는 계속적인 성장에의 열망을 낳고 그 열망이 사실상 효력을 발휘하게 할 수단을 제공하는 정도에 달려 있다.

## 제7장 민주적인 교육 개념

【1】 지금까지는 일반적으로 어느 사회 집단에서나 있을 수 있는 교육에 관해 이야기해 왔다. 이제 우리는 교육이 각기 다른 공동체적 삶에서 운영될 때에 그 정신과 내용과 방법에 있어 어떤 차이가 생기는지를 명백히 해야 한다. 교육이란 사회적 기능a social function이요, 어린이들을 그들이 속한 집단의 삶에 참여케 함으로써 지도指導; direction와 발달을 확실히 하기 위한 일이라는 말은 결국 집단의 지배적인 삶의 질에 따라 교육이 달라진다는 것을 뜻한다. 특히 어떤 사회가 변화해 가면서 더욱 나아지려는 혁신의 이

상理想을 품고 있다면, 기존 관습을 영구히 유지하는 데 목적을 두는 사회와는 분명히 다른 교육의 기준基準; standards과 방법을 갖출 것이다. 그러므로 여태까지 전개된 일반적인 생각들을 우리 자신의 교육 실천에 적용 가능한 것으로 만들기 위해서는 현존하는 사회적 삶의 성격을 보다 면밀히 이해하는 일이 필요하다.

【2】 **1. 인간 모임human association에 내포된 뜻**—사회란 하나의 단어지만 여러 가지 것을 가리킨다. 사람들은 온갖 방식으로 온갖 목적을 위해 함께 모인다. 한 사람이 여러 다양한 집단에 속하며, 각 집단에서 함께 모이는 사람들은 아주 다를 수 있다. 그저 여럿이 모이는 삶의 양식이라는 점 외에는 공통되는 것이 전혀 없어 보일 때도 있다. 또한 보다 큰 사회조직에서는 언제나 그 안에 수없이 많은 작은 집단들, 즉 정치적인 파당뿐 아니라 산업, 학술, 종교 관련 모임들도 있다. 목적을 달리하는 정당들, 사교적 모임들, 파벌, 갱, 기업, 조합, 혈연 집단 등 무한히 다양한 형식의 모임들이 있다. 여러 근대 국가들과 일부 고대 국가들에서도 인구 구성이 엄청나게 다양하여 언어 · 종교 · 도덕규범 · 전통 등을 달리하는 경우를 찾아볼 수 있다. 이렇게 볼 때, 가령 현대의 대도시와 같이 수많은 하위 정치단위는 작은 사회들이 헐겁게 연합하여 모인 덩어리일 뿐, 행위와 사고가 포괄적으로 스며든 진정한 공동체라고 보기 어렵다.[10]

【3】 사회나 공동체라는 말은 이렇게 그 의미가 애매하다. 거기에는 찬양조의 규범적 의미와 단순한 서술적 의미, 즉 바람직한 사회라면 '마땅히 그러해야 하는' 것meaning *de jure*과 현존하는 사회가 '사실상 그러한' 것meaning *de facto*이라는 의미를 모두 담고 있다. 사회철학적 논의에서는 거의 언제나 전자의 의미가 중요시된다. 즉, 사회를 바로 그 본질적 성격상 마땅히 그러해야 하는 것으로 개념화한다. 그래서 하나의 단일체로서 목적과 복지를 공유하는 칭찬할 만한 공동체에 수반되는 특질들을, 예컨대 공적 목적

10_ [역주]p.24 참조(『민주주의와 교육』, 제2장 사회적 기능으로서의 교육 끝부분, 21번 문단에서 다룬 사회의 다원성에 대한 논의).

에의 충직함이나 상호 공감성 같은 것들을 강조하게 된다. 그러나 그런 본래의 '함축된 의미'*connotation*에만 관심을 한정짓지 말고 넓게 사회라는 말의 '외연을 보면'*denotes*, 우리는 한 가지 사회가 아니라 좋거나 나쁘거나 한 여러 다양한 사회들을 발견하게 된다. 거기에는 범죄 공모를 위한 사람들의 모임과 대중의 욕구를 먹이 삼는 기업가들의 연대와 수탈을 일삼는 정치적 기구들도 있다. 그런 조직은 사회라고 할 때의 이상적 기준에 부합하지 않기 때문에 사회가 아니라고 한다면 어떨까? 한편에서는 그런 식의 개념은 사실상 거기에 해당하는 사례가 없어 쓸모없을 정도로 너무 "이상적"ideal으로 만들어진 것이라고 반응할 수 있다. 다른 한편에서는 그런 조직들도 다른 집단의 이해관심과 얼마나 대립되어 있든지 간에, 각기 그들을 하나로 묶어주는, 이른바 "사회"가 갖는 칭찬할 만한 특질들을 얼마간 갖고 있는 셈이라고 반응할 수도 있을 것이다. 사실상 도적들 사이에도 명예심이 있으며 떼강도들도 자기 구성원들을 존중하는 공동의 관심이 있다. 갱들도 독특한 형제애적인 정서를 가지며 편협한 파당들에게도 자기들의 규범에 대한 강한 충성심이 있다. 가족의 삶은 그 울타리 밖 사람들에 대해 배타적이며 의심하고 시기하는 특성이 강할 수 있지만 그 안에서는 서로 사랑하고 협력함에 있어 모범적 전형이 될 수도 있다. 이렇게 다양한 차이를 고려해 볼 때, 결국 어느 집단에서 받는 교육이든지 그 구성원을 사회화하게 마련이지만, 사회화의 질과 가치는 그 집단의 습속과 목적에 달려 있게 된다.

**【4】** 그러므로 다시금 사회적인 삶의 형식들의 가치를 판단하는 척도가 필요하게 되는 것이다. 이러한 척도를 탐색함에 있어 우리는 두 가지 극단을 피해야 한다. 첫째로, 우리가 이상적인 사회라고 여길 만한 어떤 것을 상상 속에서 짜내어 기준으로 수립해서는 안 된다. 우리의 기준이 실천 가능한 것임을 확신할 수 있으려면, 실제로 존재하는 사회들에 기초하여 개념을 정립해야 한다. 둘째로, 앞서 살펴보았듯이, 우리의 이상적 기준이 실제 사회에서 발견되는 특성들을 단순히 되풀이하는 것이어서도 안 된다. 그렇다면 가능한 방법은 실제로 존재하는 공동 삶의 형식들에서 바람직한

특질들을 추출해 내어, 바람직하지 못한 모습을 비판하고 개선 방향을 제안하는 데 쓸 수 있게 만드는 일이다. 실재하는 어느 사회 집단에서나, 심지어 도적의 무리에서조차도 발견되는 사실은, 어떤 이해관심을 공유한다는 점과 얼마간 다른 집단들과의 상호작용과 협동적 교섭이 있다는 점이다. 이 두 가지 특질에서 우리의 기준을 고안해 낼 수 있는데, 그것은 다음과 같은 물음으로 표현될 수 있다. 첫째, 의식적으로 공유되고 있는 이해관심이 얼마나 많고 다양한가? 둘째, 다른 형식의 모임들과의 상호교섭이 얼마나 풍부하고 자유로운가? 이러한 기준을 우선 범죄 조직을 예로 들어 적용해 보자. 그 경우에 첫째로 구성원들을 의식적으로 함께 묶는 끈이란 그저 약탈에 대한 공동 관심으로 축약될 만큼 아주 적으며, 둘째로 삶의 가치를 주고받음에 있어 다른 집단들로부터 자신들을 고립시키는 그런 성격의 연대임을 발견하게 된다. 따라서 그런 사회가 제공하는 교육이란 부분적이고 왜곡되어 있다. 다른 한편으로 모범적 사회의 사례라고 할 만한 가족의 삶에 이 기준을 적용해 보자. 거기에서는 모두가 물질적 · 지적 · 심미적 관심사에 참여해 있고, 한 구성원의 발전은 즉시 의미소통됨으로써 다른 구성원들의 경험에도 가치 있는 것으로 된다. 또한 그러한 가족은 고립된 한 무리가 아니라 비슷한 다른 집단들뿐 아니라 경제 조직과 학교와 여러 문화적 기관들과도 밀접한 관계를 맺고 있고, 정치 조직에서도 적절한 역할을 수행하면서 그로부터 지원을 받는다. 한마디로, 의식적으로 소통되고 공유되는 관심이 많고, 또한 다른 형식의 모임들과 다양하고 자유로운 접촉을 갖고 있음을 알 수 있다.

**【5】** Ⅰ. 이제 이 기준의 첫째 요소를 전제국가에 적용해 살펴보자. 그러한 조직에서 통치자와 국민들 간에 어떤 공동의 이해관심도 없다는 것은 사실이 아니다. 권력을 휘두르는 국가도 얼마간 국민들의 본능적 활동에 호소해야 하며 얼마간 그들의 힘을 움직여야 한다. 탈레랑은 정부가 총검을 가지면 그 위에 앉는 일 빼고는 뭐든지 다 할 수 있다고 말했다.[11] 이러한 조롱조의 단언은 최소한 집단의 결속이 단지 강압적인 힘만으로 되지

않는다는 것을 인정하는 것이다. 그런데 문제는 자극하는 활동이 그 자체로 무가치하고 비열하다는 것, 말하자면 전제정부는 단지 두려움을 느끼는 능력에만 호소한다는 것이라고 할 수가 있다. 어떤 점에서 이 말은 맞다. 그러나 여기서 간과된 것은 두려움이 경험에서 반드시 바람직하지 못한 요인이기만 한 것은 아니라는 사실이다. 조심스러움, 세심한 검토, 신중함, 나쁜 일을 피하기 위해 미래 사태를 예견하려는 욕구와 같은 바람직한 특성들도, 비겁함이나 비천한 굴종이 그렇듯이, 두려움의 본능이 작용한 결과이다. 결국 전제국가의 진짜 문제는 두려움에의 호소가 '단절되어 있는'*isolated* 점에 있다. 다시 말해, 두려움을 불러일으키면서 손에 잡히는 보상, 가령 안락함과 편안함 같은 것에의 욕망을 자극할 뿐, 많은 다른 능력은 그대로 남겨져 있다. 아니면 다른 능력들에 영향을 미칠지라도 오히려 잘못 뒤틀어버리는 식으로다. 따라서 다양한 능력들이 그 자체의 목적을 위해 활용되지 못하고 단지 쾌락을 얻고 고통을 피하기 위한 수단으로 전락된다.

**【6】** 이것이 바로 공유하는 이해관심이 제한되고 사회 집단의 구성원들 사이에 자유로운 소통이 막혀버린 상태에 해당한다. 그때에는 자극도 반응도 지나치게 불공평하다. 많은 가치가 공유되려면 집단 구성원 모두가 다른 이들에게서 받아 가질 기회를 균등하게 가져야 한다. 따라서 함께 나누는 일과 경험들이 아주 다양해야 한다. 그렇지 않으면, 일부를 지배자로 교육시키도록 영향을 미치는 힘이 다른 이들을 노예로 교육시키게 된다. 또한 다양한 삶의 경험들의 자유로운 교류의 길이 가로막힐 때, 각각의 경험

**11**_ [역주] Chales-Maurice de Talleyrand (1754-1838) 프랑스 혼란기 나폴레옹 혁명기의 정치가, 외교관, 나폴레옹을 정계에 등장시켰고 능란한 수완을 발휘하여 권력과 재력을 잡았으며, 비도덕적 외교의 대표적 인물이다. 이 문단은 핵심 논지를 읽어내기가 쉽지 않은데, 사회적 삶의 가치를 판단하는 두 가지 척도 가운데 첫째 기준을 전제국가의 사례에 비추어 설명하는 대목이다. 즉, 전제국가가 나쁜 사회인 것은 통치자와 국민 간에 공동의 이해관심이 없어서가 아니라, 그것이 상당히 제한되고 단절되어 있어 다양한 관심과 목적이 추구될 수 없기 때문이라는 것이다. 아래에서 "두려움에의 호소가 단절"되어 있다는 지적은 두려움 자체가 무조건 나쁜 것이 아니라, 집단 구성원들이 무슨 일을 하든지 결국 두려움 때문에 하는 것이어서 다른 다양한 관심과 능력이 자극되지 못하는 것을 문제로 보는 것이다.

은 그 의미를 잃어버린다. 결국 사회가 특권 계급과 종속 계급으로 분리되면 사회적 삼투작용滲透作用; endosmosis을 저해하게 된다. 이로써 상위계급에 미치는 해악害惡은 물질적 · 가시적 측면에서는 하위계급에 비해 덜 하긴 하지만 마찬가지로 심각하다. 그때 상위계급 사람들에게 문화는 결실 없이 메말라 죽어가고, 예술은 화려하게 치장한 가짜 같아지고, 물질적 부富는 사치스런 탐닉이 되고, 지식은 지나치게 전문화되고, 삶의 태도는 인간적이지 못하고 까다로워지기 십상이다.

**【7】** 그런데 더 근본적인 문제로, 공유하는 관심이 다양할 때 생겨나는 자유롭고 평등한 상호교제가 없으면, 지적 자극intellectual stimulation이 균형을 잃고 일방적으로 된다. 자극이 다양하다는 것은 낯설고 신기한 것을 의미하며, 새롭고 낯선 것들은 생각을 촉발한다. 활동이 그저 몇 가지 정해진 방식으로 제한되면 될수록, 경험의 적절한 상호작용을 가로막는 계급 경계가 엄격할 때 그러하듯이, 소외된 사람들 편에서는 행위가 점점 더 판에 박은 듯이 되고, 물질적 풍요를 누리는 사람들 편에서는 행위가 점점 더 변덕스럽고 산만하고 충동적이 되기 쉽다. 플라톤은 노예란 자신의 행위를 통제하는 목적을 다른 사람들로부터 받아 행하는 자라고 정의한 바 있다. 사실상 이런 의미의 노예 상태는 법적으로 노예제도가 존재하지 않는 곳에서도 두루 퍼져 있다. 그것은 사람이 사회적으로 기여하는 활동에 종사하면서도 자신이 행하는 봉사의 의미를 이해하지 못하고 그에 대해 관심도 없는 경우 어디서나 나타난다. 요즘에 노동의 과학적 경영이란 것에 대해 많은 말들을 한다. 그런데 작업의 효율성 확보를 위한 과학의 역할을 이렇게 근육 운동의 문제에만 국한시키는 것은 편협한 태도이다. 과학의 중요성은 인간이 자신의 일의 의미를 참여하는 다른 이들과의 관계와 더불어 발견하는 데에 있다. 이렇게 해서 자신이 하는 일에 대해 진정으로 지성적인 관심이 자극되는 것이다. 물론 생산의 효율성을 위해 노동의 분업화가 요청될 때가 많다. 그러나 노동자들이 자신이 하는 일의 기술적 · 지적 · 사회적 의미를 제대로 깨닫지 못한다면, 그리고 그 의미를 이해함으로써 생

기는 적극적인 동기에서 자신의 일에 종사하는 것이 아니라면, 노동은 기계적이고 판에 박힌 일로 전락된다. 흔히 작업의 효율성이나 과학적 경영과 같은 것을 순전히 기술적이고 외적인 문제로 축소하려는 경향이 있다. 이것은 생각을 자극하는 기회가 기업을 통제하는 사람들, 즉 기업의 목표를 수립하는 사람들에게만 불공평하게 치우쳐 있다는 증거이다. 그들에게는 전면적으로 잘 균형 잡힌 사회적 관심social interest이 부족하기 때문에, 산업에서 인간적인 요인과 관계에 대해 주의를 기울이게 할 자극이 충분하지 않다. 따라서 지성의 작용이 단지 제품의 기술적 생산과 판매에 관련되는 요인들에로 제한된다. 의심할 바 없이, 이렇게 제한된 범위 안에서 아주 정밀하고 강력한 지성이 발달될 수 있다. 하지만 중요한 사회적 요인들을 고려하지 못한다는 것은 결국 정신의 부재와 다르지 않으며, 그에 따라 정서적 삶 또한 왜곡되어 있다.

**【8】** Ⅱ. 이러한 예증例證의 핵심 논점은 관심을 공유하지 못하는 모든 집단들에 확대 적용될 수 있으며, 우리의 두 번째 논점으로 연결된다. 갱이나 파벌의 고립성과 배타성은 그들이 갖는 반사회적反社會的; antisocial 충성심의 표현이다. 이러한 배타적인 충성심은 어느 집단에서 다른 집단과의 풍부한 상호작용을 가로막는 "자기들만의" 관심사가 있어서, 보다 확장된 관계를 통한 재조직과 진보가 아니라 기존의 것을 고수固守하는 일을 주된 목적으로 삼는 경우 어디에서나 찾을 수 있다. 예컨대, 다른 국가들로부터 고립되어 있는 국가, 보다 넓은 세상과는 전혀 무관하게 자기 가족의 관심사에만 골몰해 있는 가정, 가정이나 지역사회의 관심과 유리되어 있는 학교, 부자와 가난한 자, 배운 자와 못 배운 자를 가르는 구분들에서 나타난다. 중요한 것은 그러한 고립으로 인해 결국 삶의 경직성과 형식적 제도화, 집단 내의 고정되고 이기적인 이념이 초래된다는 점이다. 야만 부족들이 외부인과 적敵을 같은 뜻으로 쓴다는 것은 우연이 아니다. 사실 그들에게 삶의 경험이란 과거의 관습을 엄격하게 고수하는 일과 한 가지였다. 그러한 토대에서라면, 다른 이들과의 교류를 두려워하는 것이 전적으로 이해 가능한

일이 된다. 왜냐하면 그런 접촉으로 자기들의 관습을 해칠 수 있을 것이기 때문이다. 상호접촉은 분명히 재구성의 계기를 만든다. 정신적 삶이 기민하게 넓어지게 되는 것은 물리적 환경과의 접촉 범위가 확장되는 정도에 달려 있다는 것은 상식이다. 그러나 사실상 이 원리는 우리가 간과하기 쉬운 영역, 즉 사회적인 접촉이 이루어지는 영역에서 훨씬 더 의미 깊게 적용되는 것이다.

**【9】** 인류 역사상 번영의 시대에는 언제나 그 이전까지 서로 단절되어 있던 민족과 계층 간의 거리를 없애는 데 기여한 요인들이 작용하였다. 심지어 전쟁의 이득利得을 주장하는 경우도, 근거 없는 단언 이상이라면, 민족 간에 충돌이 일어나면 최소한 상호교류가 있게 되고 그래서 우연히 서로에게 배우게 되고 그럼으로써 자기들의 지평을 확장시킬 수 있다는 사실에서 나온 것이다. 여행과 경제적 · 상업적 추세로 인해, 오늘날에는 외적 장벽들이 무너지고 여러 민족들과 계층들이 서로 서로의 관련성을 더욱 가깝고 분명하게 느끼게 되었다. 하지만 이렇게 공간적 거리가 물리적으로는 제거되었지만, 그것이 갖는 지적 · 정서적 의의를 확보하는 일은 아직까지 대부분 풀어야 할 과제로 남겨져 있다.

**【10】 2. 민주주의의 이상**理想; ideal—이제까지 살펴본 두 가지 기준은 모두 민주주의를 시사해 준다. 첫째 기준은 공유되는 공통 관심사가 보다 더 많고 다양하다는 것뿐 아니라, 상호 관심사의 인정을 사회 통제의 요인으로 보다 중요하게 고려함을 뜻한다. 둘째 기준은 사회 집단들 간에 상호작용이 보다 자유로운 것뿐 아니라, 사회적 습관social habit이 변화하는 것, 즉 다양한 상호교류를 통해 새로운 상황들을 만나며 계속적인 재적응이 이루어짐을 뜻한다. 이 두 가지 특질들이 곧 민주적으로 구성되는 사회의 특징이다.

**【11】** 교육적으로 먼저 유념할 점은, 관심사들이 상호 관통되고 진보와 재구성이 중요시되는 사회적 삶을 실현하기 위해, 민주적인 공동체는 다른 공동체들보다 잘 계획된 체계적인 교육에 더 많은 관심을 기울여야 한다는

것이다. 민주주의 국가가 교육에 헌신한다는 것은 잘 알려진 사실이다. 그에 관한 표면적인 설명에 따르면, 통치자를 선출하고 통치자의 뜻에 따라야 할 국민들이 제대로 교육받지 못하면 대중의 참정권에 의지하는 정부는 성공할 수 없다. 또한 외적 권위의 원리를 거부하는 민주적인 사회는 그 대안을 구성원들의 자발적인 성향과 관심에서 찾아야 하는데, 이것은 교육을 통해서만 길러질 수 있다는 것이다. 그런데 사실은 민주적인 공동체와 교육의 관련성에 대해 이보다 더 근본적인 해석이 가능하다. 진정한 의미에서 민주주의란 정부 형태 그 이상을 의미하며, 일차적으로 함께 모여 살아가는 삶의 형식이요, 함께 참여하며 의미를 나누는 경험의 방식이다. 이는 곧 어떤 관심사에 함께 참여함으로써 각자가 다른 이들의 행동을 참조하여 행하고 다른 이들의 행동을 고려하여 자신의 행동의 초점과 방향을 잡아가는 개인들의 수효가 널리 확장되는 것을 뜻한다. 더 나아가 그것은 자기 활동의 온전한 의미를 깨닫지 못하도록 계층 · 종족 · 국가 간에 가로놓인 경계의 장벽들을 허무는 일이 된다. 이렇게 상호작용하는 접촉 지점이 보다 많고 다채로워지면, 개인이 반응해야 하는 자극이 훨씬 더 다양해지고, 결과적으로 유연하게 행동을 달리 해봄으로써 학습하는 능력이 한결 더 중요한 가치를 갖게 된다. 또한 여러 관심사를 차단하는 배타적인 집단에서라면 자극받지 못한 채 억눌려 있을 온갖 다양한 힘들이 자유롭게 해방되어 발달하게 된다.

【12】 그런데 민주주의를 특징짓는 두 가지, 즉 공유하는 관심 영역의 확장과 보다 다양한 개인적 능력의 해방은 물론 심사숙고와 의식적인 노력의 산물은 아니다. 오히려 그러한 변화는 처음에 자연 에너지에 대한 과학적 통제력이 확보된 결과로 공업과 상업, 여행, 이민, 상호 의사소통 등이 발달하면서 생겨난 것이었다. 그러나 일단 보다 다양한 개성과 보다 널리 관심을 공유하는 공동체가 생겨난 후에, 그것을 지키고 확장하는 일은 사려 깊은 노력을 요하는 문제로 된다. 분리된 계급으로의 계층화를 치명적 위험으로 여길 사회라면, 모든 이들이 지적인 발달의 기회에 평등하고 손

쉽게 다가갈 수 있도록 해야 한다. 계층적 분리를 당연시하는 사회라면 지배 계층을 위한 교육에만 특별히 관심을 쏟으면 될 일이다. 움직이는 사회, 즉 어디서 일어나는 변화든지 그것을 분배하는 통로가 가득한 사회에서는 구성원들에게 자기주도성과 적응 능력을 기르는 교육을 확실히 해야 한다. 그렇게 하지 않으면, 그들은 변화의 소용돌이를 겪으며 그 의미와 관련성을 지각하지 못한 채 그저 압도되고 말 것이다. 결국에는 다른 사람들이 맹목적으로 외적 지시에 따르며 일하여 얻은 결실을 몇몇의 소수가 착복하게 되는 혼동상태에 이르게 된다.

【13】 **3. 플라톤의 교육철학**—민주적인 개념들이 교육적으로 함의하는 바를 명료하게 하는 일은 뒤따르는 장에서 다루게 될 것이다. 이제 이번 장의 나머지 부분에서는 역사적으로 교육의 사회적 의미가 특별히 두드러졌던 세 시기에 전개된 교육 이론들을 살펴보고자 한다. 첫째로 다루려는 것은 플라톤의 교육론이다. 플라톤은 각 개인이 자기 본성에 적합한 일을 다른 이들에게 도움이 되도록 (혹은 그가 속한 전체에 기여하도록) 수행할 때 사회가 안정적으로 조직되며, 교육의 임무는 그러한 성향을 발견하여 사회적으로 쓸모 있게 점진적으로 훈련시키는 일이라는 사실을 누구보다도 잘 설명한 사람이다. 여태까지 이야기한 많은 것도 플라톤이 처음에 세상 사람들을 의식적으로 가르쳤던 것에서 빌려온 것이다. 그렇지만 그는 자신이 지적으로 통제할 수 없었던 당대의 조건들 때문에 이러한 생각들을 적용하는 데 한계가 있었다. 즉, 그는 결코 어느 개인이나 사회 집단 특유의 활동들이 무한히 다양하다는 개념을 가질 수 없었고, 결과적으로 개인의 능력과 사회적 배치配置를 제한된 수효의 '부류'部類; *classes*에 국한시켜 생각했던 것이다.

【14】 플라톤은 올바른 사회 구성이란 궁극적으로 존재의 목적에 대한 지식에 달려 있다는 생각에서 출발한다. 그에 따르면, 우리가 존재의 목적을 알지 못하면, 우연과 변덕에 따라 휘둘리게 된다. 존재의 목적, 즉 그것이 지향하는 좋음善; the good이 무엇인지 알지 못한다면, 우리는 어떤 가능성

을 길러줘야 하고, 사회적 배치social arrangements가 어떻게 이루어져야 하는지를 합리적으로 결정할 아무런 기준도 갖지 못할 것이다. 개인이나 사회를 구성하는 특징적인 활동들의 적절한 경계와 배분, 즉 플라톤이 올바름justice이라 일컫는 것에 대해 우리는 어떤 개념도 가질 수가 없다. 그렇다면 궁극적이고 영속적인 좋음(善의 이데아)에 대한 지식이란 어떻게 도달될 수 있을까? 이 질문을 다루면서 우리는 극복할 수 없어 보이는 난관에 부딪히게 된다. 즉, 그러한 지식은 올바르고 조화로운 사회 질서가 갖추어진 곳에서만 가능한 것이다. 그렇지 못한 다른 곳에서는 언제나 정신精神; mind이 잘못된 판단과 잘못된 관점에 의해 흐트러지고 길을 잃는다. 무질서하고 분열된 사회에서는 수없이 많은 상이相異한 모형과 기준들을 수립해 놓는다. 그러한 조건하에서 개인이 정신의 일관성에 이르는 것은 불가능하다. 결국 완전한 전체만이 온전하게 자기 일관성을 가질 수 있는 것이다. 합리성이나 균형성의 요구와 무관하게 특정한 요인을 다른 것의 우위에 두는 사회에서 생각은 필연적으로 길을 잃게 마련이다. 그런 사회에서는 특정한 것들에만 부가가치를 부여하면서 다른 것들은 간과해 버리고, 그리하여 허울만의 통일성이 강제되고 비뚤어진 정신을 낳게 된다. 교육이란 궁극적으로 제도, 관습, 법이 제공하는 패턴들에 따라 이루어지는 일이다. 따라서 올바르게 통치되는 국가에서만이 이러한 제도, 관습, 법이 올바른 교육을 제공하게 될 것이고, 올바르게 훈련된 정신을 가진 이들만이 존재의 목적과 사물을 질서 짓는 원리를 인식할 수 있을 것이다. 이렇게 해서 우리는 어쩔 수 없는 순환론의 고리에 갇힌 것처럼 보인다. 하지만 플라톤은 벗어날 방도를 제안해 준다. 즉, 소수의 사람들, 철학자들이나 지혜나 진리를 사랑하는 이들은 공부를 통해 참된 존재의 적절한 패턴에 대해 적어도 개략적으로 배울 수가 있다는 것이다. 그리고 그러한 패턴을 좇아 강력한 통치자가 국가를 형성한다면, 그때에는 올바른 통치 질서가 유지될 수 있다. 그런 사회에서라면 개개인을 선별할 수 있는 교육이 제공되어, 각 개인이 어떤 일에 적합한가를 발견하고 자신의 본성에 부합하는 삶의 일을 맡기기 위한 방법을 마련해 줄 것이다. 이렇게 해서 각자가 자신에게 맞는 역할을 수행하면서 경계를 결코 넘어서지 않을 때에, 전체의 질서와 통일성이 유지될 수 있으리란 것이다.

**【15】** 어느 철학적 사유 체계를 보더라도, 한편으로 사회적 배치social arrangements가 갖는 교육적 중요성에 대해, 또 다른 한편으로 그러한 사회적 배치가 청소년들을 교육하는 방식에 의존해 있음에 대해 이보다 더 적절한 인식을 찾기란 불가능할 것이다. 또한 개인적 능력들을 발견하여 계발하고 그것이 다른 이들의 활동과 연결되도록 훈련하는 교육의 기능에 대해 이보다 더 깊은 이해를 발견하기란 불가능할 것이다. 그러나 이 이론이 제안되었던 당시 사회는 너무나 비민주적이었기 때문에, 플라톤은 자신이 분명하게 보았던 문제에 대해 해결책을 마련해 낼 수가 없었다.

**【16】** 플라톤은 사회에서 개인의 위치가 출생이나 부富나 관습적 지위에 의해서가 아니라, 교육의 과정을 통해 발견되는 각자의 본성에 따라 결정되어야 한다고 강하게 주장할 만큼 혁신적이었다. 하지만 개개인의 고유함에 대해서는 전혀 인식하지 못하였다. 개인들이란 본성에 따라 특정 계급으로, 매우 적은 수효의 계급으로 구분된다고 보았다. 결과적으로 교육에서의 시험과 선별 기능은 어느 개인이 세 계급 중 어디에 속하는지를 알려주는 것일 뿐이었다. 이와 같이 각 개인이 자기 자신의 부류를 창조적으로 구성하는 절대적 존재임을 깨닫지 못한 탓에, 각자에게 가능성으로 부여된 활동적 성향들과 그것들의 결합이 얼마나 무한히 다양한지를 인지할 수 없었다. 대신에 개인을 구성하는 단지 세 가지 타입의 능력이나 힘들이 존재할 뿐이었다. 결국 다양성만이 변화와 진보를 이룰 수 있다는 점에서, 플라톤이 구상한 교육은 곧 각 계급 내에서 고정된 한계에 이를 수밖에 없었다.

**【17】** 플라톤의 구상에 따르면, 욕구欲求; appetites가 본성적으로 강한 개인들은 노동과 교역 계급에 속하게 되는데, 그 계급은 인간의 기본적인 필요를 나타내고 충족시켜 준다. 또 다른 개인들은 교육의 과정을 통해 욕구의 수준을 넘어 관대하고 외향적이며 매우 용감한 기질을 갖춘 것으로 드러난

다. 그런 이들은 국가의 시민이자 종복從僕으로 전시戰時에는 수호자요, 평화시에는 내부의 파수꾼이 된다. 하지만 그들은 보편자(이데아)를 파악하는 능력인 이성理性이 부족하여 처음부터 한계가 정해져 있다. 이러한 이성을 소유한 이들은 최고의 교육을 받을 수 있고 때가 되면 국가의 입법·통치자가 되는데, 왜냐하면 법이야말로 현상 세계의 특수자들을 통제하는 보편자이기 때문이다. 이렇게 보면 플라톤이 의도적으로 개인을 전체 사회에 종속시켰다는 주장은 참이 아니다. 그러나 모든 개개인의 고유함, 즉 다른 어떤 사람과도 바꿀 수 없는 각자의 특별함을 지각하는 데 이르지는 못했고, 따라서 사회가 변화하면서도 안정을 이룰 수 있음을 인지하지 못하였던 것이 사실이다. 결국 개개인의 능력과 계급을 한정짓는 플라톤의 주장은 결과적으로 개성을 종속시키는 견해로 되었던 것이다.

【18】 각 개인이 본성에 적합한 활동에 종사하게 될 때 개인도 행복하고 사회도 잘 운용되리라는 플라톤의 확신, 그리고 교육의 일차적 임무는 이러한 소질을 발견하고 효과적으로 활용토록 훈련시키는 일이라는 그의 강한 신념에 대해서는 문제 삼을 것이 없다. 그러나 지식이 진보함에 따라 우리는 이제 플라톤이 개인들을 본래 타고난 능력에 따라 단지 몇몇의 계급으로 구분해 묶는 방식이 피상적이라는 것과 본래의 능력들이란 무수히 많으며 다양하게 변할 수 있는 것임을 깨닫게 되었다. 이 사실을 달리 말하자면, 사회가 민주적으로 되면 될수록 계층적 분리 쪽으로가 아니라 개인들의 특수하고 다양한 자질들을 활용할 수 있는 방향으로 조직된다는 것이다. 플라톤의 교육철학은 혁명적이었지만, 그럼에도 불구하고 정체된 이념의 굴레를 벗어나지 못하였다. 그는 변화 혹은 변동하는 것은 아무런 법칙 없는 흐름flux의 징표요, 진정한 실재는 영구불변한 것이라고 생각했다. 따라서 기존 사회를 근본적으로 변화시키려 했지만, 그의 목표는 변화가 더 이상 일어나지 않을 상태를 실현하는 것이었다. 삶의 궁극적 목적은 고정되어 있으며, 그 목적에 따라 조직된 국가가 있다면 세세한 부분들조차도 변하지 않을 것으로 보았다. 그런 부분적인 것들이 본래 중요한 것이 아닐

수 있지만, 부분적인 변화가 허용되면 사람들의 마음이 변화의 관념에 길들게 됨으로써 사회가 해체되고 무질서해질 것을 우려하였던 것이다. 이렇게 플라톤은 교육이 개선되면 보다 나은 사회를 낳게 되고 그것이 다시 교육을 개선하고 이런 식으로 무한히 거듭되는 점진적인 개선의 길을 신뢰할 수 없었다. 여기서 그의 철학의 난점은 명백해진다. 결국 플라톤에게 올바른 교육이란 이상적인 국가가 존재할 때까지는 생겨날 수 없는 것이고, 그렇게 된 후에 교육은 단순히 국가의 유지 · 보존에만 헌신하는 것이었다. 또한 그런 이상국가의 존재 가능성에 대해서는 철학적 지혜를 갖춘 이가 국가의 통치력을 소유하게 되는 어떤 우연한 행운에 기댈 수밖에 없었다.

【19】 **4. 18세기의 "개인주의적" 이념**—18세기 철학에 이르면 우리는 상당히 달라진 생각들을 발견하게 된다. 여전히 "자연" 혹은 본성은 기존의 사회 조직과는 대립되는 무엇을 의미하며, 이 점에서 플라톤은 루소에게 상당한 영향을 미쳤다. 하지만 이제 자연은 개인적인 재능의 다양성과 온갖 다양한 개성의 자유로운 발달의 필요성을 옹호하며 목소리를 높이게 되었다. 따라서 자연에 일치하는 교육이 곧바로 교수와 훈육의 목표와 방법을 제공하였다. 게다가 극단적인 경우에, 타고난 본성적 능력이란 비사회적인 혹은 심지어 반사회적인 것으로 생각되었다. 사회적 배치social arrangements란 이런 비사회적인 개개인들이 자신들을 위해 보다 많은 사적私的 행복을 보장하기 위한 단순히 외재적인 장치일 뿐이라고 여겼다.

【20】 그렇지만 이렇게 말하는 것은 18세기 사상운동의 진정한 의미에 대해 부적절한 관념을 전하는 일이 된다. 사실상 그 운동은 진보와 사회 발전에 주된 관심을 기울이고 있었다. 겉으로는 반사회적인 것으로 보이는 그 철학이 사실은 보다 넓고 보다 자유로운 사회를 향하는, 범세계주의를 지향하는 충동에 일종의 투명한 가면을 씌운 것이었다. 거기에서 적극적으로 추구한 이념은 인간성人間性; humanity이었다. 일개 국가가 아니라 널리 인간성에 참여하는 구성원이 되면 인간의 온갖 능력들이 해방될 수 있다고 믿었다. 반면에, 기존의 정치 조직 안에서는 통치자들의 필요와 이기적인

관심에 직면하여 개인의 힘은 방해받고 왜곡된다는 것이다. 결국 겉으로 극단적인 개인주의로 보이는 18세기의 사상운동이 다른 한편으로 인간의 무한한 완성 가능성과 인간성만큼 광범한 연대를 추구하는 이념과 짝을 이루는 것이었다. 그렇게 해방된 개인이야말로 보다 폭넓고 진보적인 사회의 구성원이요, 대행자가 되리라고 보았던 것이다.

【21】 이러한 복음을 전파하는 이들은 자신들이 경험하였던 사회의 해악害惡을 예민하게 의식하고 있었다. 그들은 이런 사회악의 원인을 인간의 자유로운 힘 위에 강제되는 제약 탓으로 돌리고, 그러한 제약이 인간의 힘을 뒤틀고 타락시키는 것으로 보았다. 과거 봉건체제에서 권력 계급에게만 이롭게 작용하는 외적 구속에서 인간 삶을 해방시키는 일에 그들은 열정적으로 헌신하였고, 이를 위한 지적 형식을 자연 숭배에서 찾았던 것이다. "자연"에 온전히 맡긴다는 것은 인위적이고 부패하고 불평등한 사회 질서를 버리고 인간성에 기초한 새롭고 보다 나은 세계를 이룩하기 위한 것이었다. 또한 모범적 전형이자 실질적 동력으로서 자연에 대한 무한한 신뢰는 자연과학이 진보함에 따라 더욱 강화되었다. 편견에서 벗어나고 교회와 국가의 인위적 제약에서 해방되었을 때 자연과학적 탐구는 이 세계가 법칙으로 가득하다는 것을 밝혀주었다. 뉴턴의 태양계는 자연 법칙이 지배하는 질서를 보여주는 것으로서, 모든 힘이 다른 모든 힘과 균형을 이루는 놀라운 조화의 장면이었다. 자연의 법칙은 인위적으로 사람이 부과한 억압적 제약들을 제거하기만 하면, 인간관계에서도 동일하게 조화로운 법칙적 질서를 이루어낼 것으로 보았다.

【22】 자연에 일치하는 교육이야말로 이렇게 서로 조화를 이루는, 보다 사회적인 사회를 확보하기 위한 첫걸음이라고 생각되었다. 명백해진 것은 경제적 · 정치적 한계란 궁극적으로 사고와 정서의 한계에 의존해 있다는 점이었다. 따라서 인간을 외적인 사슬에서 자유롭게 하는 첫걸음은 그릇된 신념과 이상이라는 내면적 사슬로부터 해방시키는 일이었다. 하지만 그 당시의 사회적 삶에 속한 기존의 제도들은 너무나 잘못되고 타락해 있어서,

이러한 내면적 해방의 과업을 위해 신뢰할 만한 것이 못되었다. 기존의 사회 제도하에서 그러한 해방의 시도는 곧 스스로를 파괴하는 일이 되는데 어떻게 그것을 기대할 수 있겠는가? 그래서 이제는 "자연"을 그러한 해방의 과업을 맡길 힘으로 삼아야 했다. 당시에 유행했던 극단적인 감각주의적 인식론조차도 사실은 이러한 생각에서 고안된 것이었다. 마음이란 본래 수동적이고 텅 비어 있는 것이라는 주장도 결국은 무한한 교육 가능성을 찬미하는 한 가지 방식이었다. 마음이 밀랍판과 같아서 그 위에 대상들을 새겨 쓸 수 있는 것이라면, 자연적 환경에 의한 교육가능성에 아무런 제약도 없을 것으로 보았다. 그리고 자연적 대상들의 세계는 조화로운 "진리"의 장이기 때문에, 자연의 교육은 틀림없이 진리로 가득한 마음을 만들어낼 것으로 여겼다.

【23】 **5. 국가적인 교육과 사회적인 교육**—온갖 사회적 구속으로부터 자유를 향한 처음의 열정이 기울자마자, 이제 건설적인 측면에서 그 이론의 약점이 분명해졌다. 모든 것을 자연에만 맡겨두는 것은 결국 교육 바로 그 자체를 부정하고 상황의 우연적인 힘들에 위임하는 것이 되었다. 교육을 하려면 어떻든 방법이 필요할 뿐 아니라, 어떤 실제적인 기관, 즉 가르침의 과정을 집행할 행정 기관이 필요했다. "모든 힘들의 완전하고 조화로운 발달"이란 사회적인 의미에서 계몽되고 진보적인 인간성을 추구하는 것으로, 그 이상을 실현할 확실한 조직을 요하는 일이었다. 사적인 개인들이 여기저기에서 그 복음을 전파할 수는 있을지언정, 그러한 과업을 집행할 수는 없었다. 페스탈로찌와 같은 사람은 실험적 시도를 하면서 범인류애적 성향의 부유한 권력가들을 잘 설득하여 자신의 모범을 따르게 할 수 있었다. 하지만 페스탈로찌 자신도 새로운 교육적 이상을 효과적으로 추구하려면 국가적 지원이 필요함을 깨닫고 있었다. 새로운 사회 건설을 위한 새로운 교육을 실현하는 일은 결국 현존하는 국가의 활동에 달려있었다. 따라서 필연적으로 18세기 민주적 이념을 향한 운동은 학교가 공적으로 운영되고 관리되도록 하는 공교육운동으로 이어지게 되었다.

**【24】** 유럽의 당시 역사적 상황에서 국가가 지원하는 공교육 제도를 위한 운동은 정치적으로 근대 국민국가를 지향하는 민족주의 운동과 동일시되었고, 이 사실은 이어지는 변화에 매우 큰 의미를 갖는다. 특히 독일 사상의 영향으로 교육은 공민公民을 기르는 일이 되었으며, 공민교육의 기능은 국민국가a national state의 이상을 실현하는 일과 동일시되었다. "국가"가 18세기 인간성의 이념을 대치하였고, 범세계주의는 국가주의에 자리를 내주었다. 이제 "인간"이 아니라 시민 혹은 국민을 기르는 것이 교육의 목적이 되었던 것이다.[12] 여기서 언급하는 역사적 상황은 나폴레옹 정복 이후 특히 독일에서 일어난 변화들이다. 당시 독일제국은 교육에 대한 체계적인 관심이야말로 정치적 통일성과 힘을 회복하고 유지하기 위한 최선의 수단이라고 느꼈다. (그리고 이후의 사건들은 그러한 믿음이 올바르다는 것을 보여주었다.) 외적으로 그들은 약하고 분열되어 있었다. 독일제국은 이러한 조건을 프러시아 정치가들의 지도력에 힘입어 광범위하고 철저하게 토대를 갖춘 공교육 체제를 발달시키기 위한 계기로 삼았다.

**【25】** 이러한 실제적 변화는 필연적으로 이론상의 변화를 불러왔다. 이제 개인주의적인 이론은 뒤로 물러나게 되었다. 국가는 공교육의 수단뿐 아니라 목표도 제공하게 되었다. 실제적으로 학교 체제는 초등학교 저학년부터 대학의 학부를 거치면서 애국적인 시민, 병사, 미래의 국가공무원과 행정가들을 공급해 주고, 군사적 · 산업적 · 정치적으로 방어와 확장의 수단을 제공해 주었다. 그러한 현실 속에서 이론적으로 사회적 효율성social efficiency의 목표를 강조하지 않기란 불가능한 일이었다. 또한 민족국가는 막대한 중요성이 부여되었고 주변에 경쟁적이고 다소간 적대적인 다른 국가들에 둘러싸여 있었다. 그러한 현실에서 사회적 효율성의 목표를 모호한 범

**12**_지적으로 이러한 방향으로 흐르면서 루소 사상에 대해 상당히 간과된 측면이 있다. 그가 기존의 교육 사태에 반대했던 것은 그것이 시민을 형성하지도 인간을 형성하지도 못하였다는 이유에서였다. 기존의 타락된 조건하에서라면, 루소는 시민보다는 인간 형성을 위해 노력하는 쪽을 선호한 것이 맞다. 그러나 루소 자신의 말을 여러 곳에서 잘 살피면, 그가 이상적으로는 시민의 형성을 더욱 고귀한 일로 여겼으며, 『에밀』에 구현된 그의 노력은 단지 그 시대의 타락상 때문에 그에게 허락된 최선의 임시변통이었음을 나타내준다.

세계적 인간주의적 언어로 해석하기란 불가능한 일이었다. 그리고 국가가 통치권을 유지하려면 군사적 방위나 교역의 국제적 우위를 위한 경쟁에서 국가라는 보다 상위의 이해관심에 개인들을 종속시켜야만 하는 것이 현실이었다. 그 때문에 사회적 효율성의 목표 또한 그와 마찬가지로 개인의 국가에의 종속을 의미하는 것으로 이해되었고, 교육의 과정은 개인의 인격적인 발달보다는 규율 훈련을 위한 과정으로 여기게 되었다. 하지만 여전히 인격의 완전한 발달을 의미하는 도야陶冶; culture; Bildung 이념이 존재하고 있었기에, 교육철학은 그 두 가지 이념의 타협을 시도해야 했다. 타협은 국가를 "유기체적" 성격으로 개념화하는 방식으로 이루어졌다. 즉, 개인은 고립된 상태로는 아무것도 아니라는 것, 오로지 유기적으로 조직된 국가기관의 목표와 의미를 흡수함으로써만이 자신의 참된 인격에 도달할 수 있다는 것이다. 이렇게 정치적 권위에의 종속이요, 지배자의 명령에 대한 자기희생의 요구처럼 보이는 것이 실제로는 국가로 표현되는 객관적 이성the objective reason을 자신의 것으로 만드는 일이며, 그것이야말로 개인이 진정으로 합리적인 존재가 될 수 있는 유일한 길이라고 보았다. 제도적 관념론을 특징짓는 발달에 관한 견해는 (헤겔 철학에서처럼) 개별 인격의 완전한 실현과 기존 제도에 철저하게 "훈련된" 종속이라는 두 가지 이념을 결합하기 위해 매우 신중하게 노력한 결과였다.

**【26】** 독일에서 나폴레옹에 맞서 독립 투쟁에 임했던 세대의 교육철학이 변화된 정도는 이전 시대의 개인주의적·범세계적 이상을 잘 표현한 칸트 사상과의 대비를 통해 헤아려 볼 수 있다. 칸트의 『교육학 강의』는 18세기 후반 몇 년에 걸쳐 행한 강의로 이루어져 있다. 거기에서 그는 교육이란 인간이 인간으로 되어가는 과정이라고 정의한다. 그에 따르면, 인간은 이성理性; reason적 존재로가 아니라 자연 상태에서 삶의 이력을 시작하는데, 자연은 단지 본능과 욕구만을 제공한다. 자연은 단지 교육을 통해 발달시키고 완성시켜야 할 씨앗만을 제공해 줄 뿐이다. 진정으로 인간다운 삶에 독특한 점은 인간이 자신의 자발적인 노력을 통해 자신을 창조해야 한다는

것, 자기 자신을 진정으로 도덕적이고 합리적이고 자유로운 존재로 만들어야 한다는 것이다. 이러한 창조적인 노력은 더디게 움직이는 세대들의 교육활동을 통해 이루어진다. 이를 가속화하는 일은 자기 후손들을 현존하는 상태에 맞추기보다 미래의 보다 나은 인간성의 실현을 위해 교육하고자 의식적으로 애쓰는 사람들에 달려 있다. 그러나 거기에는 엄청난 어려움이 따른다. 각 세대는 어린이들을 그저 현재 세계에서 잘 살아가도록 교육시키고 싶어 할 뿐, 교육의 합당한 목적, 즉 참된 인간성을 향해 가능한 최선의 인간성의 실현을 촉진하는 일을 마음에 품지 못한다. 부모들이란 자녀들을 그저 현실에서 잘 지낼 수 있게 교육시키며, 군주들이란 종복從僕들을 자기들의 목적 실현을 위한 도구로 교육시키려 할 뿐이다.

**【27】** 그렇다면 과연 누가 진정한 인간성의 향상을 위해 교육할 것인가? 칸트는 이에 대해 개인적인 능력에 있어 계몽된 사람들의 노력에 의지해야 한다고 보면서 이렇게 말한다. "모든 문화란 사적인 개인들로부터 시작되어 밖으로 퍼져나가는 것이다. 미래의 보다 나은 이상理想을 끌어안을 수 있는 폭넓은 성향을 갖춘 사람들의 노력을 통해서만, 인간 본성이 자신의 참된 목적을 향해 점진적으로 접근해 갈 수 있다. 통치자들이란 국민들을 자기들의 목적에 더 잘 부합하는 도구로 만들도록 훈련하는 일에만 관심이 있을 뿐이다." 따라서 사적으로 운영되는 학교에 통치자들이 주는 지원금조차도 조심스럽게 경계해야 한다. 통치자들이란 최선의 인간성이 아니라 국가적인 복지에만 관심을 두기 때문에, 학교에 돈을 주게 되면 학교가 자기들의 계획을 따라 주기를 바란다는 것이다. 이러한 칸트의 견해에서 우리는 18세기 개인주의적 범세계주의를 특징짓는 논점의 명확한 표현을 읽을 수 있다. 즉, 사적인 개인 인격의 완전한 발달을 추구하는 일은 곧 전체적인 인간성의 목표와도 그리고 진보의 이념과도 한 가지라는 것이다. 그에 더하여 국가가 운영하고 통제하는 교육은 이러한 이념의 달성을 방해하도록 영향을 미칠 것을 분명하게 염려하였던 것이다. 하지만 그로부터 20년도 채 지나지 않아 칸트의 철학적 계승자인 피히테나 헤겔은 이와 달리

변화된 생각을 정교하게 발전시켰다. 즉, 국가의 주요한 기능은 교육에 있다는 것, 특히 독일의 재건은 국가적인 이해관심에 입각하여 실행되는 교육을 통해 성취되리라는 것, 그리고 사적인 개인은 필연적으로 이기적이고 비합리적인 존재이기에 국가의 제도와 법률이 정하는 교육적 규율에 자발적으로 자신을 내어놓지 않으면 자신의 욕망과 상황의 힘에 노예처럼 구속되리라는 생각이다. 결국 이러한 정신에 입각하여, 독일은 초등학교에서부터 대학에까지 이르는 공적이고 보편적인 의무교육 체제의 확대에 착수하였고, 모든 사적인 교육적 시도들을 국가의 방심 없는 관리와 감독하에 두는 첫 번째 나라가 되었다.

**【28】** 이상의 간략한 역사적 개관으로부터 두 가지 결론이 도출된다. 첫째는 교육의 개념에서 개인적이고 사회적이고 하는 말들은 일반화하거나 본래의 맥락을 떠나면 아주 무의미해진다는 점이다. 플라톤이 품었던 교육의 이상理想은 개인적인 자아의 실현과 사회적인 일치와 안정을 동일시하는 것이었다. 하지만 당시 시대적 한계 때문에 그의 이상은 사회가 계층화된 계급들로 조직되고 개인은 계급 속으로 소멸된다는 생각을 피할 수가 없었다. 18세기 교육철학은 형태에 있어 고도로 개인주의적이지만, 숭고하고 관용적인 사회적 이상에서 영감을 얻은 것이었다. 즉, 사회가 인간성 전체를 포함하도록 조직되어 인류의 무한한 완성 가능성의 기회를 제공할 수 있으리라는 사회적 이상에서 생겨난 것이었다. 19세기 초 독일 관념론에서는 다시금 애써 개인 인격의 자유롭고 완전한 발달이라는 이상을 사회적 훈육과 정치적 종속의 의미와 동일시하게 되었다. 거기서는 국민국가를 개별 인격의 자아실현과 전체적인 인간성의 실현 사이에 중재자로 만들었다. 결과적으로 그 철학의 근본 원리를 "개별 인격의 온갖 힘들의 조화로운 발달"이라는 고전적인 언어로나 "사회적 효율성"이라는 보다 근대적인 언어로나 동일하게 참되게 서술할 수 있었던 것이다. 이렇게 종합해보면 이번 장의 서두에서 말한 것이 더 한층 강화된다. 즉, 교육이란 사회적 과정이며 기능이라는 개념은, 우리가 마음에 그리는 사회의 유형을 한정짓지 않는

한, 그 어떤 확실한 의미도 가질 수 없다.

**【29】** 이러한 생각들은 우리의 두 번째 결론으로 이어진다. 그것은 우리가 마음에 그리는 사회를 민주적인 것으로 한정할 때의 교육적 문제에 관한 것이다. 즉, 민주적인 사회에서 그리고 민주적인 사회를 위한 교육의 근본적인 문제들 가운데 하나는, 국가주의적 목적과 보다 포괄적인 사회적 목적 사이의 갈등에서 비롯된다는 점이다. 이전 시기의 범세계적 "인간주의적" 교육 이념은 그 의미가 모호하기도 했고 확실한 집행 기관과 행정적 매개가 없었기 때문에 힘을 잃어갔다. 한편 유럽 특히 대륙의 국가들에서 인간의 복지와 진보를 위해 교육이 중요하다는 새로운 생각은, 국가적 이해관심에 붙들려서 확실히 편협하고 배타적인 사회적 목표를 위한 일을 하도록 족쇄가 채워졌다. 이렇게 교육에서 사회적 목적이 국가주의적 목적과 동일시되면서, 결과적으로 사회적 목적의 의미를 매우 모호하게 만들었다.

**【30】** 사회적인 것에 대한 이러한 혼란은 인간의 상호교류에서 지금 벌어지는 상황과도 일치한다. 한편으로, 과학, 상업, 예술 분야에서의 활동은 국가적인 경계를 넘나들고 있다. 이 분야들은 질적으로나 방법적으로 대부분 국제적 성격을 갖고서, 여러 다른 국가에 사는 국민들 간에 상호의존적이고 협동적인 노력을 필요로 하고 있다. 그런데 다른 한편으로, 정치에서 국가의 주권主權; sovereignty에 대한 생각은 오늘날에 보다 더 강조되었던 적이 결코 없었다. 각 나라는 억눌려진 증오심과 이웃나라들과의 전쟁의 불씨를 안은 상태로 살고 있다. 모든 국가는 각기 자기 나라의 이해관심에 관한 한 최고의 판관判官으로 생각하고, 또한 배타적으로 자기 나라만의 이익을 추구하는 것을 당연시한다. 따라서 이를 문제시하는 것은 바로 정치적 실천과 정치학 이론에서 기본으로 전제하는 국가의 주권 개념 자체를 의문시하는 것으로 여긴다. 이렇게 한편으로 함께 모이고 서로 돕는 사회적 삶의 영역은 더욱 더 넓어지는 반면에, 다른 한편으로 배타적이고 따라서 잠재적으로 적대적인 과업과 목적을 추구하는 영역은 더욱 더 편협해지고 있다. 이렇게 모순된 현실은 교육이론에서 교육의 기능이며 평가기준으

로서 "사회적"이라는 것의 의미에 대해 지금까지의 이해보다 더욱 명료한 개념을 요청하고 있다.

**【31】** 교육체제가 국민국가에 의해 실행되면서도 교육과정의 완전한 사회적 목적이 제한되거나 구속되거나 타락하지 않는 일이 과연 가능한가? 내적으로 이 물음은 현재의 자본주의 경제 조건에서 생긴 변화들, 즉 사회를 계층적으로 구분하고 일부 계층을 다른 이들의 보다 고급한 문화를 위한 도구로만 만드는 문제 현실에 직면하게 한다. 외적으로 이 물음은 국가에의 충성이나 애국주의의 목표를, 국가라는 정치적 경계를 넘어 인간을 공통의 목적으로 묶는 것들을 향한 보다 높은 헌신의 목표와 화해시키는 문제에 관한 것이다. 이러한 문제의 어느 쪽도 단순히 소극적 수단에 의해 어떻게 해결될 수는 없다. 다시 말해, 사회 내적으로 어느 한 계층이 다른 이들에 대한 착취를 보다 손쉽게 만드는 도구로 교육을 적극적으로 활용하지 않도록 살피는 것만으로는 충분치 않다. 단지 명목상으로만이 아니라 사실상으로 경제적 불평등의 영향을 줄일 수 있도록, 또한 국가에서 보호하는 모든 학생들이 동등하게 그들의 미래 직업을 위한 능력을 갖출 수 있도록, 학교 시설 면에서 충분한 공간과 효율성이 확보되어야 한다. 이러한 목적을 이루려면, 학교 시설을 행정적으로 적절히 제공하고 필요한 어린이들에게 가정의 자원들을 보충해주어 이용할 수 있게 해야 한다. 그뿐 아니라 더 나아가 전통적인 도야의 이상과 전통적인 교과목과 전통적인 교수와 훈육 방법들을 혁신함으로써, 모든 청소년들이 자신의 경제적 · 사회적 커리어의 관리자가 될 능력을 갖출 때까지 교육적 영향하에 머물게 해야 할 것이다. 이러한 이상은 실행 가능성이 없어 보일지 모르지만, 그것이 점점 더 우리의 공교육 체제를 지배하는 특징으로 되지 못한다면, 민주적인 교육의 이상은 우스꽝스럽고도 비극적인 망상이 될 것이다.

**【32】** 동일한 원리가 외적으로 한 국가가 다른 국가와 맺는 관계에서 고려할 측면에도 적용된다. 소극적으로 전쟁의 공포에 대해 가르치고 국가 간의 반목과 적대감을 자극할 만한 모든 것을 막도록 가르치는 것만으로는

충분하지가 않다. 보다 적극적으로 지리적 경계를 벗어나 협동적으로 인간적인 목적과 결과를 향해 사람들을 함께 묶을 수 있는 일이면 무엇이든지 강조되어야 한다. 또한 모든 인간 존재들이 상호간에 이루는 보다 완전하고 보다 자유롭고 보다 풍요로운 모임과 교제에 비추어 볼 때, 국가의 주권이란 이차적이고 잠정적인 것임을 배우고, 그것이 실제로 마음의 습관화된 기질로 스며들게 해야 한다. 이렇게 적용하는 것은 교육철학이 고려할 일에서 동떨어진 것처럼 보인다면, 그것이 바로 여태까지 전개한 교육개념의 의미를 적절히 이해하지 못했음을 드러내주는 것이다. 이러한 결론은 교육이 사회적 목적을 향해 점진적으로 성장하는 가운데 개인적 능력을 자유롭게 하는 일이라는 바로 그 생각과 함께 묶여 있다. 그렇지 않다면, 교육에서 민주적 가치 기준이란 그저 일관성 없이 적용될 수밖에 없다.

**【33】 요약**–교육이란 사회적 과정이고 사회에는 여러 종류가 있기 때문에, 교육에 대한 비판적 · 건설적 논의를 위한 어떤 기준이든지 거기에는 '특정한'*particular* 사회의 이상이 함축되어 있다. 여기서 사회적 삶의 형식의 가치를 판단하기 위해 선정한 두 가지 기준은 집단의 다양한 이해관심이 모든 구성원들에 의해 공유되는 정도와 다른 집단과의 상호작용이 풍부하고 자유로운 정도이다. 바람직하지 못한 사회란 말하자면 내적으로나 외적으로 장벽을 높이 세우고 자유로운 교류와 경험된 의미의 소통을 가로막는 사회이다. 반면에, 모든 사회 구성원이 동등한 조건으로 사회적 선善에 참여할 수 있도록 기회를 마련해 주고 다른 형식의 집단적 삶과 상호작용함으로써 제도를 융통성 있게 재적응해 갈 수 있도록 하는 사회라면, 그렇게 하는 한 민주적이다. 그러한 사회를 위해서 필요한 교육이란, 개인들에게 사회적인 관계와 통제에 대한 인간적인 관심과 더불어, 무질서를 낳지 않으면서 사회 변화를 이루는 정신의 습관을 길러주는 그런 것이다.

**【34】** 이러한 관점에 비추어 역사상 전형적인 세 가지 교육철학을 살펴보았다. 플라톤의 철학은 여기서 수립된 기준과 형식적으로는 아주 유사한 이상을 추구하는 것이었다. 그러나 그것을 실현함에 있어 개인보다 계급을

사회의 단위로 만들며 타협한 것으로 나타났다. 18세기 계몽의 시대 개인주의 철학은 인간성만큼이나 포괄적인 사회의 개념을 갖고 개인이야말로 사회 진보를 위한 기관이 되어야 한다고 본 것이었다. 그러나 자연으로 돌아가라는 주장에서 입증되듯이, 거기에는 그 이상을 발전시키기 위한 어떤 대행 기관도 없었던 한계를 갖는다. 19세기 제도적 관념 철학은 국가를 그 대행 기관으로 만듦으로써 이러한 결함을 보충하였다. 하지만 그렇게 하면서 사회적 목적의 개념을 축소하여 국가라는 동일한 정치 단위를 구성하는 사람들에게로 한정하였고, 결국 개인을 제도적 기관에 종속시키려는 생각을 다시 끌어들이게 되었던 것이다.

# 듀이의 진보주의 교육사상과 실험학교

양은주 지음

## 1. 학교교육의 새로운 모색

19세기 말 20세기 초 영미권과 유럽대륙 거의 전 지역에서는 이른바 신교육운동New Education Movement으로 불리는 교육개혁운동이 다양하게 전개되었다. 당대의 학교교육 문제를 비판적으로 반성하고 새로운 대안적 실천을 모색함으로써, 신교육운동은 교육의 역사에서 이론적 · 실천적으로 상당한 의미를 갖는 선례를 남겨 주었다. 따라서 거의 100년 전 서구 사회라는 시공간적 거리에도 불구하고, 현재까지 교육적 대안을 모색하는 많은 이들을 위해 귀중한 지혜의 보고가 되고 있다.

구체적인 사례로서 영국에서 '새로운 교육'New Education으로 불린 교육개혁운동과 1889년 세실 레디Cecil Reddie의 의해 설립된 선구적인 새학교 애보츠홈Abbotsholme, 프랑스에서 '에뒤카시옹 누벨'Education Nouvelle이라 불린 혁신운동과 사회학자 에드몽 드몰랭E. Demolins이 1899년 설립한 프랑스 최초의 신학교 에콜 데 로슈Ecole des Roches, 독일에서의 '개혁교육학'Reformpadagogik 운동과 그 선구자가 되었던 헤르만 리이츠H. Lietz에 의해 1898년 일젠부르크에 설립된 전원기숙사학교 등이 있다. 이러한 국제적인 흐름과 맥을 같이 하면서 미국에서 전개된 것이 진보주의 교육Progressive Education 운동이며, 진보적인 학교의 실천적 원형으로 1896년 존 듀이John Dewey에 의해 설립된 시카고대학 실험학교를 꼽을 수 있다.

실상 미국에서 '진보주의 운동'이란 산업화 이래 급속하게 진행된 사회변동으로 심화된 문제 해결을 위해 교육뿐 아니라 정치, 산업, 사회복지, 언론, 교회, 대학 등에서 다양하게 전개된 개혁적 시도들을 포괄적으로 일컫는 말이다(De Witt, 1968; Cremin, 1961). 미국의 진보주의 교육운동은 이러한 사회 전반적인 개혁 움직임의 큰 틀 속에서 전개된 것이다. 미국의 교육개혁운동의 흐름을 개괄하면서, 베루브Maurice. R. Berube는 "진보주의 교육은 19세기 말 20세기 초에 형성된 것이지만 그 태동 이래 20세기 전체에 걸쳐 미국의 교육과 사회의 틀을 변형시켜온 가장 영향력 있는 철학"이라고 단언한다(Berube, 1994: 13). 그 이후 1960년대에 나타난 '평등성'의 이념에 입각한 교육개혁운동이나 1980년대에 '수월성'의 가치를 추구한 교육개혁운동과 비교해 보더라도, 진보주의 교육운동은 미국에서 최초이자 가장 광범위하게 전개된 교육개혁운동으로 평가되고 있다.

여기서는 19세기 말에서 20세기 초에 전개된 서구 신교육운동의 미국 사례인 진보주의 교육운동에 초점을 두고, 그 이념적 기틀이 되었던 듀이의 교육사상과 시카고대학 실험학교의 실천적 특징을 살펴볼 것이다. 이를 통해서 현재까지도 개혁적인 교육 실천가들에게 영감을 불러일으키는 진보적인 교육과 학교의 참된 의미와 가치를 규명할 수 있을 것이다.

## 2. 듀이의 진보주의 교육사상

미국의 진보적 교육개혁가들은 루소, 페스탈로찌, 프뢰벨, 몬테소리 등 다양한 서구 사상가들에게서 영향을 받았지만, 그 일관된 사상적 토대를 제공한 것은 프래그머티즘 철학자 존 듀이John Dewey(1859-1952)라는 데에 이견이 없다. 사상 형성 초기부터 그의 사회철학에서 교육은 중요한 자리를 차지하고 있었으나, 진보적인 교육개혁에 대한 듀이의 관심이 본격화되고 그 실제적 표현을 찾게 된 것은 그가 1894년 시카고대학에 부임하면서부터이다. 그곳에서 듀이는 뜻을 같이하는 교사와 학부모들의 지원을 얻어 시카고대학 실험학교를 열고 7년간 이끌면서 미국 교육사상 가장 흥미로운 실험적 시도로 평가받는 좋은 선례를 남긴다(Cremin, 1961: 136). 또한 실험학교의 구체적인 실천과 그 가능성의 경험을 반영하면서, 1897년에 『나의 교육신조』, 1899년에 『학교와 사회』, 1902년에 『아동과 교육과정』 등 교육에 관한 그의 대표적인 저술들을 포함하여 진보적인 교육의 이념과 원리를 밝히는 많은 글들을 발표한다. 당시 새로운 교육개혁의 길을 모색하던 많은 실천가들이 듀이의 실험학교를 방문하였고 낙관적인 신념과 기대에 찬 그의 글에서 깊이 영향 받으면서, 진보적인 학교 확산의 발판이 마련되었다.

1904년 컬럼비아 대학으로 옮겨간 후에도 교육에 대한 듀이의 관심은 이어졌고, 1910년 『사고하는 법』, 1913년 『교육에서 흥미와 노력』 등 그의 성숙된 프래그머티즘 철학을 반영한 교육론을 발표하였다. 특히 1915년에 그의 딸 에블린 듀이와 함께 쓴 『내일의 학교들』은 당시 선구적인 사례로 평가되는 진보적 학교들을 직접 탐방하여 그 실천적 특징을 자세히 그려낸 것으로서, 초기 진보주의 교육운동의 실제에 대한 가장 풍부하고도 사실적인 기록으로 평가된다. 곧이어 1916년 『민주주의와 교육』이 발표되었을 때, 듀이는 이미 진보주의 교육운동의 지도적 인물이었고 진보적 실천을 모색하는 많은 사람들이 그에게 귀를 기울였다(Westbrook, 1991). 이 책에서 듀이는 당시 진보주의 교육운동의 다양한 가닥들을 단일한 이론 속에 조화시키고 통일성과 방향성을 부여함으로써 개혁 운동에 새로운 활력을 불어넣었다. 이로써 이론적·실천적으로 성숙기에 접어든 진보주의 교육운동은 폭넓은 지지 기반을 얻으며 조직화되고, 미국의 공사립 초·중등학교와 대학에 두루 영향력을 행사하게 되면서, 마침내 미국 교육의 특징을 보여주는 대명사로 되기에 이른다.

그러나 1920년대와 1930년대에 걸쳐 진보주의 교육을 표방하는 다양한 실천들에 대해 듀이는 글과 연설 등을 통해 실망과 우려를 나타냈으며, 그러한 문제의식을 가장 직접적으로 표명한 것이 1938년에 발표된 『경험과 교육』이다. 소위 진보적인 학교들이 전통적인 학교 교육에서의 문제점을 드러내 해체하는 데에 얼마간 성공적이었으나, 그에 대한 대안으로 새로운 교육이념, 내용, 방법적 원리를 정립하는 데에는 실패하였음을 통렬하게 꼬집고 있다.

이와 같이 교육에 관한 저서에 나타난 듀이의 입장이 낙관적인 신념, 이론적 정교화, 비판적 반성으로 변화한 것을 통해서도 알 수 있듯이, 미국에서 진보주의 교육운동은 반세기가 넘는 기간에 걸쳐 복잡한 양상으로 전개되었다. 따라서 진보주의 교육운동은 빈번히 엇갈리는 비판과 지지의 대상이 되곤 했다. 그렇게 다양한 양상으로 변모되기 이전의 이론적 원형으로서 듀이의 교육사상에 담긴 진보적인 교육개혁의 특징적 성격을 교육이념, 교육과정, 학교 조직의 측면에서 정리해 볼 수 있다.

### *1) 교육이념 : 지성적 인간과 민주적 사회*

진보주의 교육운동의 이념적 성격은 인간주의와 민주주의로 함축된다. 진보적 교육개혁가들은 학교교육 개혁의 구체적인 실천적 형식에서 다양한 견해의 차이를 보이면서도, 지성적인 인간 성장을 통한 민주적인 사회 변혁을 추구한 점에서는 한 가지이다. 전통적인 학교의 근본적인 문제는 개성적 존재로서의 아동의 내적인 필요를 권위적이고 획일화된 교육과정에 종속시킴으로써 학생들에게 수동적이고 순응적인 마음을 기르는 데 있다고 보았다. 따라서 진보적인 학교교육 개혁을 통해 모든 아동의 자유, 개성, 다양성을 존중하고 비판적 지성을 일깨움으로써, 사회의 정치 · 경제적 의사결정 과정에 모든 구성원이 평등하게 참여하는 민주 사회를 꿈꾸었다.

진보주의 교육운동을 특징짓는 인간적이고 민주적인 가치는 근원적으로 호레이스 만Horace Mann(1796-1859)이 정립한 미국 공교육 이념에 그 뿌리를 두고 있다. 만은 19세기 중엽에 미국 사회의 인종적, 종교적, 계층적 다양성에 대해 깊이 고민하였고, 가치의 갈등으로 인해 사회적 연대가 깨어지고 무기력해지는 파괴적 가능성을 염려했다. 따라서 각기 다른 배경의 모든 미국인들이 다원성 가운데 꽃피울 수 있는 공동의 가치와 공동체 의식을 모색하였고, 이를 실현하는 도구로서 Common School이라는 공립 보편교육 이념을 구안하였다. 만은 지성적, 도덕적으로 잘 발달된 자유인을 기르는 보편교육이야말로 국가 발전의 초석이 된다고 보았다. 만의 Common School 아이디어는 사회적 조화를 일차적 목표로 삼으며 모든 사람들에게 공통이 되는 대중교육체제로서 추구된 것이었다(Cremin, 1961). 이러한 미국 공교육이념은 듀이의 프래그머티즘 철학에서 계승 · 발전되어 진보주의 교육운동의 철학적 기초를 제공하는 형식으로 체계화되었다.

동시대를 살았던 현대 철학자들과 마찬가지로 듀이는 무엇보다 당시 산업 자본주의와 기계문명의 영향하에서 인간경험이 생명성을 상실하며 황폐해지고 사회 공동체적 삶이 소외와 대립으로 치닫는 현실을 고민하였다. 기계적이고 무감각하게 굳어진 현대인은 이 세계 안에서 제대로 교감하고 소통하지 못한다. 보고 들어도 그 깊은 의미를 실감하지 못하며, 일상 삶에서 생각과 느낌과 행위가 서로 엇갈리고 분열되어 있다. 특히 생산의 효율성을 위하여 분업화가 가속화되고 계층적 대립이 심화되면서 노동자 계층은 자신이 하는 일의 기술적, 지적, 사회적 의미를 깨닫지 못한 채 단순 반복적이고 기계적인 행위를 습관화해 가는 반면, 물질적 풍요를 누리는 여가 계층에서의 일은 변덕스럽고 목적 없이 산만하게 흐트러진다. 이와 같이 기계적이고 충동적인 행위 습관은 산업사회 구조 안에 물들기 이전부터 이미 고정된 교과를 기계적으로 주입하는 전통적인 학교교육을 통해 형성된다고 보았다. 이러한 문제의식으로부터, 듀이는 『경험과 교육』에서 명시적으로 밝히고 있듯이, 전통적인 교육에 반대하며 진보주의 교육운동을 정당화할 수 있는 가장 핵심적인 이념으로서 인간주의와 민주주의의 가치를 제안한다(Dewey, 1938: 17-18; 박봉목, 2000).

듀이에게 민주주의는 특정한 정치 형태의 의미를 넘어서 경험을 공유하며 살아가는 사회적 삶의 방식을 뜻한다. 교육이란 사회 공동체의 필요를 위하여 사회적 삶에의 참여를 통하여 이루어지며, 따라서 "교육은 그 집단에서의 삶의 질에 따라 달라진다"(Dewey, 1916: 87). 안정된 질서를 지향하는 사회와 진보적 혁신을 추구하는 사회에서 이루어지는 교육은 현저히 다르다. 민주적 공동체일수록 보다 다양한 개인적 관심의 발달과 다른 집단과의 자유로운 상호작용을 지원함으로써, 개인과 사회의 계속적인 성장과 진보를 위한 교육을 한다. 반대로 전체주의적 사회일수록 특정한 소수의 이해 관심이 전체 사회의 모든 활동을 지배할 뿐 아니라 집단들 간에 서로 단절되어 있기에, 한정된 가치와 기존 질서의 유지를 위한 교육을 한다는 것이다.

이러한 맥락에서 사회적 삶의 질을 판단하는 준거로서 듀이는 모든 구성원들의 다양한 개성의 발달과 집단들 간의 자유로운 상호작용을 제시한다(Dewey, 1916: 92-94). 자유로운 상호작용이 이루어지려면 각 개인이 고유한 관심과 능력을 발달시키고 어느 한 쪽이 다른 쪽을 지배해서는 안 되며 각각의 다른 경험이 모두 존중받는 평등한 관계로 맺어져야 한다. 여기서 특히 주목할 점은 듀이에게 다양한 관심의 자유롭고 균등한 소통이 중요한 이유는 지성을 자극하여 개인적 사회적 성장의 조건이 되기 때문이라는 것이다. 듀이에 따르면, "관심이 다양한 가운데 자유롭고 평등한 상호교류가 이루어지지 못하게 되면 지적 자극이 균형을 잃게 된다. 자극이 다양하다는 것은 낯설고 새로운 것이 있음을 의미하며 그런 새로운 것들이 지적인 탐구를 자극한다"(Dewey, 1916: 90).

이와 같이 다양한 관심과 능력을 갖는 개인의 차이가 존중되고 경험을 공유하는 과정에서 비판적 지성과 사회적 관심이 성장한다는 점에서, 듀이에게 진정한 인간성과 민주적인 사회를 실현하는 교육은 상호 필연적으로 연계되어 있다. 즉, 학교가 다양한 개성의 발달과 자유로운 상호작용의 장이 되어 지성적 습관과 협동적 교섭의 힘을 기르는 정도로 인간적이고 민주적인 사회를 실현할 수 있다고 본다. 따라서 진보적 학교들이 민주적인 탐구 공동체를 이룰 때, 학생들은 자신의 삶에서 지성적으로 깨어 있고 경험의 지평을 계속 확장시켜 가는 습관을 형성할 것이며, 궁극적으로 잘 교육된 지성적 개인들이 산업사회의 구조적인 모순과 갈등을 점진적으로 개선하여 민주적 사회로의 진보적 변혁이 실현될 것으로 기대하였다.

### *2) 교육과정의 실험적 재구성*

민주적 공동체를 위해 다양한 개성, 창조적 자기표현, 비판적 사고 능력, 지성적 습관 등을 갖춘 인간을 기르려면 무엇을 어떻게 가르치고 배워야 할까? 진보주의 교육운동은 기존의 전통적 학교에서 가르치고 배우는 내용과 방법에 대한 근본적인 도전에서 출발하며, 그 특징적 차이는 교육과정 개발을 위한 다양한 실험적 실천으로 구체화된다. 학교에서 고정된 교과내용을 처음에 교과로 성립된 방식이나 미래에 일어날 변화에 대한 고려 없이 완전한 것으로 보고, 모든 학생들의 정신적인 발달에 본질적 가치를 갖는 것으로 간주하며 획일적으로 가르치는 것을 문제시한다(Dewey, 1938: 7). 듀이에 의하면, 교육이란 생명체의 성장에 뿌리를 두는 경험의 계속적인 재구성이며, 성장에 이르는 상호작용적 과정은 개인 내면의 활동적 필요와 관심에서 나오는 것이다. 한편 경험의 성장이란 저절로 뒤따르는 것이 아니라 지성을 발휘하여 극복해야 할 난관이 있느냐, 그리고 보다 많은 지식의 체계화된 이해와 깊은 사회적 통찰력에로 귀결되느냐에 달려 있다(Dewey, 1938: 53). 따라서 교육자의 과제는 현재 학생의 활동적 관심에서 출발하여 새로운 보다 확장된 경험으로의 연속적인 발달을 보장하는 교육과정을 실험적으로 구성·재구성해 가는 일이다.

듀이 실험학교에서 예시되듯이, 진보적 학교의 교육과정 조직에서 준거로 삼는 두 가지 핵심 원리two cardinal principles는 개별 아동의 진정한 흥미에서 출발하는 것과 경험의 연속적 상호작용의 조건을 구성하는 것으로 요약된다(Mayhew & Edwards, 1936: 23). 첫째, 흥미의 교육원리란 아동의 자연적인 충동 가운데 "대화하고 탐구하고 구성하고 표현하려는 흥미"에서 출발하여 교육적 성장에 이르도록 이끌어야 한다는 것이다. 듀이에 의하면, 진정한 흥미란 외적 자극에 의한 단순한 흥분 상태와 구별되는 것으로서, "지각이나 상상의 대상이 그 사람의 경험 안에서 그를 움직이는 힘"이다(Dewey, 1910; 양은주, 2003). 따라서 아동의 본래적 흥미와 관심에서 출발하여 그것이 적절한 매개 과정을 통과하면서 의미 있는 지식과 기능의 습득과 더불어 전 인격적 성장으로 귀결되어야 한다. 이를 위해 교사는 교육에 적합한 내용과 방법이 이미 확립되어 있다는 전통적 전제에서 벗어나, 현재 학생의 직접적 흥미의 대상을 발견하려는 탐구가 필요하다.

둘째, 연속적 상호작용의 교육원리란 학생의 진정한 흥미에 기초한 교과학습 경험이 현재 경험에 의미를 더해주는 동시에 보다 확장된 경험을 향해 연속적 통합적으로 발달해야 한다는 것이다. 교과내용들이 구획되고 연결성을 상실하는 기존의 학교교육과정은 학생들의 교육적 경험 안에서 교과내용의 진보적 조직화와 체계적인 내면화에 이르기 어렵다. 따라서 추상적 교과 중심에서 탈피하여 실제 삶의 통합적 경험과 연결성을 갖는 활동중심 교육 과정이 필요하다. 예컨대, 듀이 실험학교에서는 다양한 교과활동을 하나로 연결시켜 주는 중심축으로서 사회적인 공동 삶이 이루어지는 "집과 같은 학교"school-house 개념을 구안하였다. 이를 통해 아동이 일상 경험에서 자연스럽게 형성하는 집과 자신에 대한 흥미와 관심을 활용하여, 집에서 접하는 사람들, 식물과 동물, 그것의 상호의존성, 모든 에너지원으로서의 태양, 집에서 사용되는 에너지의 한 형태로서의 열, 저장된 에너지로서의 음식 등의 기능에 대해 사회적이고 과학적으로 합당한 견해를 연속적 · 통합적으로 발전시켜 나가는 사례를 보여준다(Mayhew & Edwards, 1936: 43).

요컨대, 특정한 교과 지식이 교육적 가치를 내재하는 것으로 보았던 전통적 교육과정 관점과 달리, 진보적인 학교교육에서는 인간을 자유롭게 하고 보다 이상적인 가치를 향해 묶어주는 교육적 힘이 특정한 교과에 있는 것은 아니라고 본다(Dewey, 1938: 26-27). 다시 말해, 인간 마음의 계속적 성장이라는 목적을 위해 전통적 교양교과의 범위를 넘어서 보다 확장된 내용영역이 교육적 가치를 실현할 수 있다는 것이다. 따라서 어떤 교과든지, 과학이나 실업 교과의 경우에도, 단지 기능적 실용성을 위해서가 아니라 지성적 습관과 사회적인 마음을 형성하는가라는 준거에 비추어 그 교육적 가치가 판단되어야 한다. 특히 교육자의 과제로서 강조되는 점은 전통적 교과를 그대로 따르거나 학생의 일시적 흥미에 내맡기거나 하는 방식이 아니라, 학생에게 미래의 보다 확장된 관심으로 이끄는 교육과정 소재subject-matter를 발견해 내는 일이다. 즉, 현재 아동의 지적, 정서적 성장의 요구와 그 발달에 기여할 수 있는 객관적인 환경조건을 알아내기 위해 교육과정 구성에 있어서 계속적인 창의적 실험이 요청된다는 것이다.

### *3) 삶의 공동체로서의 학교*

듀이에 의하면, 이상적인 학교란 추상화된 기호와 책에 의존한 학습 공간이기 이전에 우선 무엇보다 진정한 삶의 공간이어야 한다. 교육이란 생명체의 필연적 과정이자 사회적 삶의 기능이므로, 학교는 집, 이웃, 놀이터에서와 같이 아동의 생생한 일상 현실과의 연속성을 확보하여야 한다(Dewey, 1897: 87). 그런데 근대화와 함께 학교는 형식적인 제도화된 기관으로 변하면서 교육의 본래적 모습, 즉 사회적 삶에의 참여와 진정한 의미소통을 통한 교육을 위한 환경으로서의 의미를 상실해 가고 있다. 학교가 생명 기운을 상실하고 삶과 유리된 죽은 지식의 교수-학습만을 위한 형식적 기관으로 남아 있는 한, 상징화된 정보의 학습에 있어서만 빈틈없는 이기적인 전문가를 양산할 뿐 진정한 삶의 교육이 이루어질 수 없다. 결국 학교교육에서 정보나 문해능력의 습득 수준을 넘어 지적 정서적 기질의 근본적인 변화를 이루기 위해서는, 진정으로 교육적인 환경 구성이 관건이다.

생명 활동에 비추어, "사람이 그에 따라서 변화하게 되는 것들, 그것이 그에게 진정한 환경"이라고 듀이는 말한다(Dewey, 1916: 15). 물리적으로 그 사람을 둘러싸고 있는 것이 아니라 그의 몸과 마음과 생각을 움직이는 것이 곧 그의 환경이다. 인간생명체에게 진정한 사회적 환경은 공동 활동에의 관심을 불러일으키고 다른 사람들과 생각과 정서를 공유하면서 자기 행위의 사회적 의미를 깨닫도록 기능 한다. 사회적 공동 활동에 능동적 참여자가 될 때, "그 공동 활동을 발동시킨 목적을 내면화하고 그 방법과 내용에 대해 익숙해지고 필요한 기능을 익히며 그 정서적 혼에 흠뻑 젖어들게 된다." 진정으로 사회적인 관계가 맺어지면, "함께 더불어 살아가는 과정 그 자체가 [공동 삶의 참여자들을] 교육한다." 그러나 교육적 효력을 발하는 사회적 환경으로서의 학교는 현대 사회의 일상 삶이 드러내는 복잡성과 혼란스러운 가치의 문제들을 그대로 재현하는 곳이 아니다. 진보적 학교는 아동이 사회적 삶의 현실을 이해하고 지성적 통찰력을 점진적으로 발달시킬 수 있도록, 현존하는 사회의 다양한 힘들을 단순화하고 사회의 가치와 인습을 보다 이상적으로 정화하며 보다 확장되고 풍부한 의미로 가득한 환경으로 재구성되어야 한다(Dewey, 1916: 22-27).

그런데 사회적 환경의 힘을 강조하는 듀이의 이러한 주장은 개인을 사회에 종속시키고 교육을 사회화의 과정으로 보는 것으로 오해하기 쉽다. 그러나 듀이에게 "사회는 개개인들로 이루어지는 사회이며, 개인은 항상 사회적인 개인이다 ……. 마찬가지로 사회도 그것을 이루는 개개인들을 통하여 존재하며 그 외에 따로 그 존재성을 확보할 수가 없다"(Dewey, 1897). 좋은 사회 공동체란 도덕적으로 성숙된 개개인들에 의해 이룩되는 것이면서 동시에, 개인의 도덕적 발달은 그가 속한 사회의 질적인 특성에 긴밀하게 의존해 있다. 이렇게 개인과 사회의 진보적 성장이 함께 이루어지는 것으로 보는 점에서 듀이의 견해가 독특하며, 사회적 상호작용을 강조하면서도 개개인의 자유롭고 고독한 공간의 필요성을 간과하지 않는다. "통합된 인격의 성장을 위해서는 그 성장 과정 동안 과도한 사회적 압력으로부터의 자유가 필요하다. 리듬감 있게 찾아오는 고독의 시간들은 개인이 그 자신의 이상을 발달시키고, 그가 속한 집단의 활동을 위해 자신의 행위를 향상시키고 적응시키는 방식을 발달시키는데 필수적이다. *이러한 리듬을 학교가 제공해주어야 한다*"(Mayhew & Edwards, 1936: 459).

이러한 듀이 견해를 반영하여 진보주의 교육에서는 하나의 작은 사회로서, 공동체적 삶의 형식이 실현되는 학교 조직과 운영 원리를 강조한다. 따라서 교사의 교직 수행과 학교 행정 조직의 책임이 엄격히 분리되어 있지 않으며, 모든 의사결정 과정에 전체 구성원이 참여하는 특성을 공유한다. 이렇게 교사와 학생과 학부모가 학교 운영에 자율과 책임의식을 갖고 참여함으로써 학교가 곧 모든 사람의 성장을 도모하는 민주적인 공동 삶의 장이 되기를 꿈꾸었다. 특히 학생들의 자유로운 개성, 도덕적 책임감과 사회적인 관심의 자연적 성장을 위해 학교에서 학생들이 자유롭게 활동하며 자기를 표현하고 다양한 비형식적인 관계를 맺을 수 있도록 배려한다. 요컨대, 학교를 제도화된 형식적 교육기관으로서 정해진 교과서를 통해 보다 많은 지식을 학습하는 장소로 보는 기존의 입장과 달리, 진보적 학교는 그 안에서 학생들이 적극적으로 활동하고 사고하는 "생활의 광장"이며 "진보하는 사회의 축도"로서의 모습을 갖추고자 하였다(김태길, 1990).

## 3. 듀이 실험학교: 진보적 학교 실제의 원형

1894년 듀이는 시카고대학의 철학 · 심리학 · 교육학 통합학과 학과장으로 부임한다. 1904년까지 시카고대학 교수로 재임한 기간은 듀이가 학문적으로나 사회적 실천을 위해 가장 왕성하게 활동한 시기이다. 이곳에서 듀이는 미드G. H. Mead, 터프츠J. Tufts, 엔젤J. Angell 등 여러 훌륭한 학자들을 같은 학과의 동료로 모으게 되는데, 이른바 '시카고 학파'라고 불리는 탐구공동체를 형성하며 자신의 사상적 발전을 이루게 된다. 또한 실험학교를 설립 · 운영하면서 그의 철학과 일관되는 교육의 이론적 · 실천적 모색을 시도한다. 이론화한 관념이란 관념의 수준에 머물러 있는 한 불완전하고 잠정적일 뿐이며 구체적인 실천을 통해 발전시키고 수정 · 검증하는 과정을 통해 완성된다는 듀이의 신념이 실제적 표현을 찾게 되었던 것이다. 자연과학이 실험실을 통해 놀라운 발전을 이루었듯이 철학도 실험실이 필요한데, 인간, 지식, 가치의 주제를 탐구하는 철학적 실험의 장은 인간의 지적 도덕적 성향을 형성하는 학교라고 보았다.

이러한 듀이의 아이디어와 뜻을 함께 하는 지식인, 학부모, 교사들의 적극적인 참여에 힘입어 1896년에 시카고대학 실험학교가 문을 열게 된다. 학생 16명과 교사 2명으로 일반 가정집을 빌어 시작되었는데, 특히 초기 6개월간은 "어떻게 하면 실패하는가에 대한 교훈을 더 많이 얻으며" 시행착오를 거듭하였다고 한다. 1898년 10월에 네 번째로 학교 건물을 이전할 무렵에는 4-5세 유아를 위한 과정이 증설되어 학생 82명에 교사진 16명 가량이 되었다. 또한 체육실, 수공작업실, 미술실, 의류직물작업실, 과학실험실, 역사와 문학 수업 교실, 조리실과 식당 공간을 확보하였다. 1902년에는 최대로 140명의 학생이 등록했고 23명의 교사와 10명의 대학원생 조교들이 함께 일했다. 듀이가 이사장을, 영E. F. Young이 교수 감독을, 듀이 여사가 교장을 각각 맡음으로써 학교행정 조직도 형식적 체제를 갖추게 되었다.

그러던 중에 시카고대학이 당시 진보적 교육 실천가 파커F. Parker가 책임을 맡고 있던 학교와의 합병을 추진하게 된다. 그 과정에서 듀이여사의 연임을 둘러싸고 하퍼 총장과 심한 마찰을 빚게 되면서 1904년 듀이는 갑작스럽게 시카고대학의 모든 직분을 사임하고 떠나게 된다. 듀이가 떠나자 실험학교에 참여했던 많은 교사들도 곧이어 학교를 떠났고 설립 초기의 이념과 특성에서 점차 멀어져 갔다. 현재에도 시카고대학 실험학교는 남아 있지만, 실질적으로 듀이 철학에 기초한 교육 실천의 장으로서의 실험학교는 후일의 교육 연구자들에게는 안타깝게도 이것으로 종결된다.

듀이 자신이 직접 참여하여 그의 프래그머티즘 철학이라는 확고한 이론적 기초 위에서 구현된 7년간의 시카고대학 실험학교는 '듀이 학교'로 불리며, 이후 확산되는 진보적인 학교에 크게 영향을 주는 실천적 원형이 되었다. 당시에 실험학교 교사로 참여하였던 두 자매 매이휴Katherine Camp Mayhew와 에드워즈Anna Camp Edwards는 그 후 30여 년이 지난 뒤에 듀이와 함께 일구었던 초기 7년간의 교육실험의 의미와 가치를 재인식하며 그에 관한 기록을 근 500쪽에 달하는 책으로 엮어 『듀이 학교』*The Dewey school: The laboratory school of the Univ. of Chicago, 1896-1903*를 발간하였다. 이를 토대로 시카고대학 실험학교에서 전통적 학교에서와 달리 시도한 교육 실제의 특징적 면모를 정리해 볼 수 있다.[13]

### *1) 아동의 흥미 발달의 원리*

듀이 실험학교의 가장 특징적인 차이는 전통적 교과가 아니라 아동의 자발적 관심과 흥미를 교육의 본질적 가치의 원천으로 삼았다는 점에 있다. 다시 말해, 아동에게 본성적으로 내재해 있는 호기심, 활동적 작업에의 적극적인 관심, 더불어 모이고 함께 나누려는 열망 등 아동 본래의 자발적 성향을 지식과 이해와 행위가 교육적으로 성장하는 데 본질적인 수단으로 보았다. 따라서 성장하는 아동을 그를 둘러싼 세계와 관련하여 연구함으로써 아동의 흥미가 교육적으로 의미 있게 성장하도록 할 상호작용의 외적 조건이 무엇인가를 실험적으로 탐구하였다. 이것은 절대적인 교육적 가치가 부여되는 전통적 교과를 아동의 현재 필요와 관심과 무관하게 반드시 가르치고 배워야 할 확정된 내용으로 도입하는 방식을 비판하며 모색된 대안이다.

듀이는 흥미의 어원, inter-esse의 '사이에 놓여 있음'이라는 뜻에 주목하면서, 흥미란 자아와 대상세계가 하나로 되어 나아가는 일련의 통일적

13_듀이가 이끌었던 시카고대학 실험학교에 대한 연구는 그다지 많지 않은데, Mayhew와 Edwards의 저술 이후로는 Wirth(1966)와 Tanner(1997)가 듀이 학교 실제의 기록과 평가를 포괄적으로 제시한 바 있다. 최근에는 듀이 실험학교의 기획을 비판적 시각에서 논의한 Schutz(2001)와 교사로서 학교교육과정 정책과 운용의 실제 경험을 바탕으로 듀이 실험학교 사례로부터 긍정적 함의를 이끌어 낸 Durst(2005)의 논문이 주목할 만하다. 국내에서는 박영만(1991)과 정건영(1990)의 연구가 있다.

활동a unified activity이라고 보았다(Dewey, 1913: 160). 흥미는 객관적 대상과 무관한 개인의 특성도 아니고, 자아의 활동과 무관한 객관적 대상의 특성도 아니다. 한편으로 흥미란 지각되었거나 상상 속에 떠올려진 대상들이 어떤 사람의 경험 안에서 그를 움직이는 힘이다. 또 다른 한편으로 흥미란 자아가 어떤 객관적 대상들을 포함하는 일련의 활동과 자신을 일체화하고 그것에 온 마음을 다하여 몰입되어 있음을 뜻한다. 이와 같이 진정한 흥미란 자아와 대상이 일체가 되는 활동으로서 일련의 연속적 과정으로 나타난다. 그 과정에서 대상 세계의 에너지와 조화로운 통합을 이루기 위해 줄곧 온 마음을 기울여 사유하고 탐구하는 지적 노력이 자연적으로 일어난다(양은주, 2003).

이와 같이 듀이 실험학교에서 중요하게 고려한 '흥미'의 원리란 일상적 개념에서 연상시키는 즉흥적이거나 순간적으로 자극되는 정서적 흥분상태와 구별된다. 당시의 심리학적 연구에 근거하여 실험학교에서는 전형적인 발달의 질서를 보이는 4가지 본성적 충동과 흥미를 교육과정 실험의 기초로 삼았다. 주위 사람들과 자기의 경험을 공유하려는 사회적 충동the social impulse, 힘을 기울여 의도하는 대상을 만들고자 하는 구성-조작적 충동the constructive impulse, 어떻게 될지 알고자 하는 호기심에서 나오는 탐구-실험적 충동the impulse to investigate and experiment, 자연의 사물과 에너지를 매개로 생각과 정서를 구현하려는 표현적 충동the expressive impulse이 그것이다(Mayhew & Edwards, 1936: 40-41 ; Dewey, 1913). 실험학교에서는 이러한 아동의 본래적 흥미에 대한 일반화된 이해와 그 발달의 질서를 계속적으로 탐구하면서 학생의 집단 편성과 교육과정 활동의 선정과 조직에 활용하였다.[14]

14_실험학교 사례에서 보면, 사회적 흥미와 표현적 흥미는 지속적으로 작용하는 배경이 되며, 놀이의 성격이 강한 신체-활동적 흥미는 4-6세를 전후해서, 구성-조작적 흥미는 9-10세를 전후해서, 탐구-실험적 흥미는 13-15세를 전후해서 가장 활발한 것으로 보고, 이러한 발달 단계를 고려하여 학생 집단을 편성하였다. 이와 같이 실험학교의 교육과정 구성에서는 학생의 흥미 발달에 대한 가장 신뢰할 만한 심리학적 이해를 어떤 고정된 원칙으로가 아니라 참조할 중요 자원으로 융통성 있게 활용하였다.

듀이 실험학교에서는 일차적으로 나이에 따른 학년별 집단 편성을 하였다. 그에 더하여, 실험적 탐구 결과 아동의 심리학적 발달의 질서에서 두드러지는 특성을 토대로 다음과 같이 세 단계로 구분하여 그에 상응하는 교육과정과 수업의 원리를 고안하였다(Dewey, 1898; 1899). 여기서 그 단계적 구분은 엄격하게 나눠는 것이라기보다는 이행해 가는 과정에서 상호 중첩되며 연속성을 갖는 것으로 보았다.

(1) 1단계(4-8세): 놀이 중심의 직접적 신체활동

학교에서의 생활과 학교 밖 가정이나 동네에서의 생활과의 연계성이 특별히 긴밀한 시기이다. 이 단계의 아이들은 주위 사람들과 함께하는 외적인(몸으로 하는) 활동에 대한 직접적인 흥미와 관심이 많아서 놀이의 성격이 강한 활동을 직접 해보고 그것에 대해 이야기하는 것을 좋아한다. 이 단계에서는 생각을 통해 지적으로 형상화하고 의식적으로 성찰하고 방법적인 기술을 익히는 일에는 흥미와 관심을 상대적으로 덜 기울인다.

(2) 2단계(8-10세): 도구 활용 작업을 통한 간접적 학습활동

보다 많은 시간과 노력을 요하고 정교하게 계획된 작업 활동에 대해 관심을 갖는 시기로서, 읽기, 쓰기, 셈하기, 도구 조작하기 등과 같은 기능 숙달의 필요성을 스스로 느낀다. 따라서 아동들에게 보다 직접적 관심사가 되는 활동 수행에 필요한 도구로서 다양한 기본 기능을 간접적으로 훈련하는 데 적절한 시기이다. 이 시기의 아동들은 수공 작업이나 과학 실험의 과정에서 단순히 직접 해보는 수준을 넘어서 적절하게 일을 수행하여 정확한 결과에 이르게 하는 방법에 대해 의식적인 주의를 기울인다. 기본 원리가 되는 지식과 도구를 활용한 작업 기술을 확보하는 데 특별히 중요한 시기이다.

(3) 3단계(10-13세): 본격적인 지적 탐구 활동

이전까지 습득한 기능과 지식을 활용하여 본격적인 탐구와 사고를 요하는 문제들을 해결해 가면서 일반화generalization의 의미와 필요성을 깨닫도록

안내하기에 적절한 시기이다. 이제는 지적인 탐구 자체에 대한 흥미와 관심이 본격적으로 발달하므로, 과학과 역사, 특히 물리학, 화학, 생물학과 같은 세부 과학 등의 개별적인 학문 분야들에 대해 각각의 탐구 양식과 원리들을 습득하면서 그 자체로 공부할 수 있는 시기로 옮아가게 된다. 이전까지의 지적인 학습이 간접적 수단이었던 것에 비해, 이제는 지적인 탐구 그 자체를 목적으로 삼는 점에서 이것이 중등교육의 시작 단계로 본다.

실험학교에서는 이와 같이 해서 1단계에서는 아이들이 공동의 그리고 다양한 경험의 배경을 얻게 되며, 2단계에서 아이들은 탐구의 수단이 되는 읽기, 쓰기, 셈하기, 조작하기의 기능을 익히게 되며, 3단계에서 비로소 각각의 공부가 고립되거나 현실성 없는 죽은 지식으로 될 위험 없이 전문적으로 분화된 공부를 위해 준비가 된다고 보았다. 초기 1-2년간의 교육과정 실험을 통해 아동의 흥미에 관한 비교적 안정된 이해를 얻게 되었고, 그에 따른 아동의 성장 단계 구분, 집단 편성, 흥미 발달을 고려하여 선정된 통합적 교육활동 주제를 도표화하면 아래와 같다.[15]

| 성장단계 | 집단 편성(학년) | 만 연령 | 통합교육과정의 중심 주제 |
|---|---|---|---|
| 1단계 | Group Ⅰ-Ⅱ(유아원) | 4-5세 | 집에서의 일: 의, 식, 주 |
| | Group Ⅲ (유치원) | 6세 | 가정에 영향을 주는 사회적인 일 |
| 이행기 | Group Ⅳ (1학년) | 7세 | 발명과 발견을 통한 진보: 선사시대의 삶 |
| | Group Ⅴ (2학년) | 8세 | 탐험과 발견을 통한 진보: 페니키안 문명의 탄생과 지리상의 발견 |
| 2단계 | Group Ⅵ (3학년) | 9세 | 미국 시카고 지역의 역사와 초기 개척자들 |
| | Group Ⅶ (4학년) | 10세 | 식민지 시대의 역사와 미국의 독립혁명 |

15_『듀이 학교』의 제 2부에서는 각 장별로 실험학교에서 시도한 구체적인 학년별 교육과정 내용을 자세히 소개하고 있으며, 그 핵심 내용을 도표의 통합교육과정의 중심 주제 항목으로 제시하였다(Mayhew & Edwards, 1936: 56-249).

| | | | |
|---|---|---|---|
| 이행기 | Group Ⅷ (5학년) | 11세 | 제국주의자들의 유럽적 배경과 문화 |
| | Group Ⅸ (6학년) | 12세 | 사회적 삶과 연계된 과학과 수학 공부 |
| 3단계 | Group Ⅹ (중 1학년) | 13세 | 언어적 표현 훈련과 동아리관 만들기 |
| | Group Ⅺ (중 2학년) | 14-15세 | 예술적 표현을 통한 완성적 경험 |

### *2) 공동 작업 중심 교육과정*

위에서 살펴본 흥미의 원리에 따른 결과로서, 듀이 실험학교에서는 전통적으로 가르쳐 온 교과 중심 교육과정에서 벗어나 협동과 지성적 의사소통을 필요로 하는 공동 작업social occupations을 중심으로 학교교육과정을 구성하였다. "공동 작업"을 교육활동의 중핵에 두는 통합 교육과정 구성이 전통적 학교와 구별되는 듀이 실험학교의 또 한 가지 중요한 특징을 이룬다.[16] 실험학교의 공동 작업 활동 사례는 정원가꾸기, 요리, 직물작업, 목공활동, 인쇄와 제본, 연극, 이야기 구성하기, 탐방 등으로 다양하다. 이것은 노작교육이나 협동학습 등과 개념적으로 관련되어 있다. 그렇지만 듀이 실험학교에서 공동 작업 중심 교육과정 구성의 기본 의도는 지적, 도덕적, 사회적 목적을 포괄하려는 점에서 독특하다.

공동 작업 활동을 교육과정의 중핵에 두는 까닭은 우선 무엇보다 인간 발달에 관한 심리학적 이해에 근거한 것이다. 인간의 지성이란 유목적적 행위의 필요로부터 발달하며, 사회·도덕적 성향은 경험을 공유하는 과정에서 형성된다고 보기 때문이다. 다시 말해, 능동적으로 탐구하며 필요한 지식과 정보를 얻는 지적 성향은 "얼마간 지속적·연속적으로 행해야 하는

16_여기서 '공동 작업'의 개념 이해가 중요한데, 우선 occupation이란 동사형 occupy의 의미와 관련하여 학생들의 온 몸과 마음의 힘을 차지하는 일을 의미한다. 또한 social이란 듀이철학에서 빈번히 사용되는 주요 개념인데, 개인과 대비되는 넓은 범위의 전체 사회에 관한 일이라기보다는 다른 사람들과 더불어 참여하는 일을 뜻한다. 따라서 기성 사회의 어떤 직업이나 단순히 활동적 과업 그 자체가 아니라, 목적을 공유하며 더불어 행하는 가운데 학생 자신들의 생각과 느낌이 일깨워지며 온전히 몰입하게 되는 일을 뜻한다.

작업 활동"consecutive occupational activities의 자연적 소산이며, 아동의 마음의 정상적인 발달은 물리적 세계만이 아니라 다른 마음들, 사회적 기관들, 사회적으로 구성된 인류의 축적된 지적 유산과의 접촉을 필요로 한다는 이해에 입각한 것이다. 또 다른 한편으로 사회적인 측면에서 활동적 공동 작업은 인류의 문화가 역동적으로 발달해 온 과정에 대한 공부의 길을 여는 자연적 통로를 제공할 뿐 아니라 아이들에게 또래 친구들과 함께 뭔가를 만드는 과정에서 느낄 수 있는 더 없는 기쁨의 기회를 제공하기 때문이다(Mayhew & Edwards, 1936: 474).

요컨대, 공동 작업 활동을 통한 교육의 궁극적인 의미와 취지는 어떤 지적, 정서적, 도덕적 성향이 형성되는가에 있다고 보았다. 즉, 아이들이 충분히 오랜 시간 동안 몰입하여 예견하고, 계획하고, 반성적으로 성찰하고, 더 많은 정보에 대한 필요를 느끼고, 관계의 원리에 대한 통찰력을 얻는 등의 지적인 성향 형성으로 인도되는가, 또한 인위적으로 규율을 가르쳐서가 아니라 진정한 내적 성향으로서 인내, 끈기, 철저한 책임의식 등이 부수적으로 형성되는가에 달려 있다. 따라서 학생들의 흥미와 관심에 부합하여 몰입하게 하는 활동이면서 이러한 교육적 목적에 이르기 위해서는 공동 작업 활동의 선별이 매우 중요한 과제로 된다. 실험학교에서는 공동 작업 활동 선정을 위한 준거로서 다음 세 가지 기준을 수립하였다(Mayhew & Edwards, 1936: 253-256).

첫째는 기본적인basic 활동이다. 의식주와 같이 인간의 기본적인 삶의 필요를 위한 활동이어야 한다는 것이다. 그러한 활동은 어느 시대 사회적 조건에서나 항구적으로 현실감을 확보할 수 있는 것이어서 아동의 흥미와 노력을 끌어들일 수 있다.

둘째는 단순한simple 활동이다. 미개한 원시인들의 생활 속에서나 현대의 작은 농촌 마을 생활에서의 일이나 노동과 같이 단순한 것이어야 한다. 단순한 도구를 재구성하고 원재료를 직접 다루는 일은 아동의 흥미와 관심을 불러일으키면서 그들의 능력 발달의 범위 안에서 계속적 성장을 가능케 하는 것이다.

셋째는 사회적social 관계를 내포한 활동이다. 아동이 하고 싶어 하는 일일 뿐 아니라 사회적 상황과 관계를 전형적으로 담고 있는 일이어서 그것을 통해 현대의 사회적 삶의 구성에 대한 의미를 느끼고 이해할 수 있는 것이어야 한다. 예컨대, 정원가꾸기와 같은 기본적 활동의 경우, 단순한 활동 속에 담긴 식물의 성장에 관한 사실들, 토양과 빛, 공기, 물의 역할 등에 대한 과학적 이해의 능력을 성장시킬 수 있을 뿐 아니라, 인류 역사에서나 현대 사회에서 농업과 원예가 차지하는 위치와 사회적 의미에 대해서도 배울 수 있다.

공동 작업 중심 교육과정의 복합적 의미와 가치는 실험학교에서 요리 활동을 교육적으로 활용한 방식의 사례를 통하여 구체적으로 제시된다(Mayhew & Edwards, 1936: 296-308). 저학년에서부터 실험학교 아동들은 자기들의 점심식사 요리를 돌아가면서 책임 맡아 만들었는데, 그것은 단지 식사 준비라는 실용적 필요를 위한 기능 훈련 과정이 아니었다. 요리 활동을 통해 아이들은 요리 재료가 되는 곡물, 채소, 육류 등에 대해 탄수화물, 단백질, 지방, 기타 성분을 분석할 수 있게 된다. 또한 물과 불을 활용한 요리 과정이 어떻게 소화 과정을 돕도록 기능하는가를 확인한다. 이런 식으로 은연중에 그들은 주방이 곧 실험실이며 요리하는 동안에 화학 공부를 하게 되는 것을 깨닫게 된다. 또한 요리 활동에 내포된 다양한 측정과 계산 활동은 수에 대한 관념을 견고하게 해주었고, 가장 어린 아이들도 분수를 자연수만큼 지성적으로 사용할 수 있게 되었다. 이러한 지적인 이해와 사회적 성향의 발달은 저절로 이루어지는 것이 아니며, 공동 작업 활동을 교육적으로 가치 있게 운용하는 교사의 축적된 경험과 지성적 관여를 통해 가능한 것이었다.

이렇게 볼 때, 듀이 실험학교에서의 공동 작업 중심 교육과정이란 단순한 활동적 경험으로 전통적 교과 공부를 대신하려는 것이 아니었음을 알 수 있다. 또한 실제 삶의 관심과 맞닿아 있는 활동을 강조하면서 궁극적으로 목표하는 바는 개개인을 기존의 사회제도에 "적응시키기"가 아니었다. 적응이 현재의 사회적 배열과 조건에 알맞도록 준비시키는 것을 의미하는 것이라면, 현재의 사회 조건은 충분히 안정적이지도 않고 그러한 절차를 정당화하기에 충분히 좋은 상태에 있지도 않다고 보았다. 결국 실험학교에서 공동 작업의 원리는 '어떻게 하면 학생들에게 학교 밖 삶에서와 같이 능동적인 태도와 탐구 관심을 유지할 수 있을까, 또한 역사, 과학, 예술과 같이 본질적으로 중요한 교육적 가치를 갖는 교과내용이 학생들의 현재 경험에 살아있는 의미를 주도록 하려면 어떻게 도입되어야 할까'라는 과제를 실험적으로 해결하려는 지성적 대안이었던 것이다(Mayhew & Edwards, 1936: 24-25).

### *3) 도구적 기능의 간접적 교수-학습*

듀이 실험학교의 또 다른 특징은 단순 반복과 직접적 주입 위주의 전통적 교수-학습 방법에 대한 대안을 모색한 점이다. 듀이 실험학교에서는 기본 기능과 지식과 태도의 학습이 물리적 · 사회적 환경과의 상호작용에서 활동적 필요에 따른 자연적 결과로서 발달하도록 하는 간접적 교수indirect teaching 원리를 구현하였다. 즉, 필요한 지식의 학습과 기능적 숙달의 과정을 그 자체가 좋아 목적을 품고 임하는 자기주도적 활동의 자연적인 부산물로 형성되도록 하는 방법을 고안하였다.

간접적 교수-학습 원리를 듀이는 직접적 흥미와 간접적 흥미의 개념 구분을 통해 제안한다. 먼저 직접적direct 흥미란 놀이하는 아이나 음악에 심취한 사람의 경우처럼 즉각적으로 그 자체가 좋고 순전한 목적이 되는 활동의 특징이다. 이렇게 자신이 좋아서 즐기며 전심을 다하는 활동에는 추구하는 목적과 수단적 과정이 분리되지 않는다. 반면에, 간접적indirect 흥미란 그 자체로 좋은 것은 아니지만 직접적 흥미의 대상을 위해 필요한 수단이 되는 활동의 특징이다. 어떤 사물이 그 자체로는 가치가 없지만 직접적 흥미의 대상과의 관련성을 인지할 때 후자의 가치가 전이될 수 있다. 예컨대,

"아이에게 음악의 악보와 운지법이, 그 자체로 제시될 때는 아무 흥미를 불러일으키지 못하는 것이지만, 노래를 좋아하는 그 아이의 열망을 더 좋고 풍부하게 만들도록 도움이 되는 수단적 의미를 깨닫게 될 때 그것에 몰입하게 된다"(Dewey, 1913: 163). 이렇게 간접적 흥미란 그 너머의 목적을 위하여 하는 활동이기에 결과와 수단적 과정이 구분되며, 목적에 대한 흥미가 수단에 대한 흥미로 전이되는 경우를 가리킨다. 따라서 간접적 교수-학습 방법이란 아동의 직접적 흥미의 대상이 되는 활동과의 관련성 속에서 도구적 기능의 학습이 이루어지는 교육적 상황을 구성하는 것이다.

듀이에 의하면, 독 · 서 · 산과 같은 형식적 상징을 다루는 기본 기능, 역사 · 지리 · 과학과 같은 의미 있는 지식, 공동체적 삶의 가치와 규범이 직접적인 주입, 기계적인 반복, 단순한 암기, 외적 규율의 강제 등을 통하여 가르치는 것이 전통적 학교의 문제이다. 이로써 기본 기능과 지식과 가치의 중요성을 간과하는 것이 아니라, 학생들에게 계속적 성장의 동력을 가로막는 성향이 부수적으로 뿌리 깊게 형성되는 것을 문제 삼는 것이다. 예컨대, 셈하기를 배우는 아이가 단지 정답을 맞히면 사탕을 받고 틀리면 매를 맞기 때문에 기계적으로 연산 기능을 숙달하게 되었다면, 외적 행동만이 변화된 것일 뿐이다. "더하기 부호가 하나의 숫자를 다른 것 아래에 쓰고 그 둘을 더하는 행위를 수행하라는 [물리적] 자극으로 받아들여질 뿐 자기 행위의 의미를 실감하지 못하며 수행하는 경우라면, 마치 자동 기계가 작동하는 것이나 다를 바 없다"(Dewey, 1916: 20). 그때 덧셈 기능 학습의 결과로 그에 동반되는 새로운 지적인 의미와 느낌이 없으며, 처음과 마찬가지로 연산은 즉각적으로 불쾌하거나 무감한 대상으로 고착되어 있을 것이다.

반면에, 실험학교에서는 어떤 순서와 절차에 따라 수의 연산을 행해야 하는지를 무조건 기능적으로 훈련하는 경우와 질적으로 다른 종류의 교육적 경험이 가능하다고 본다. 예컨대 자신이 필요로 하는 활동을 잘 수행하기 위해 필요하고 유용한 방법이라는 것을 지각할 때 반복적으로 연산 과정을 연습하는 일이 의미를 갖게 된다. 더 나아가 어떤 열정 어린 수학 선생님을 통하여 아이가 수의 연산을 왜 그렇게 하는 것인지 그 행위의 의미를 깨닫고 그 연습 과정에서 점차 더 능동적이고 의식적이 될 뿐 아니라, 더 나아가 어렴풋하게라도 '수'라는 것에 담겨 있는 아름다운 질서를 감동적으로 경험하게 될 수가 있다. 이와 같이 아이들이 학습하는 내용과 관련하여 생각하고 느끼는 방식이 근원적으로 변화될 수 있으며, 그러한 경우라야 '교육적 가르침'이라고 본다. 요컨대, 실험학교에서는 어떻게 하면 형식적 상징의 학습이, 그 자체로는 반복된 훈련을 요하는 지루한 과정이지만, 다른 공동 작업 활동을 배경으로 자발적으로 이루어지게 할 수 있을지를 궁리하였던 것이다.

### *4) 실험학교의 시간 구성: 균형과 변화*

이상에서 살펴본 바와 같이 아동의 성장과 교육과정의 통합적 연결성을 추구하며 실험학교를 시작한 초기에는 다양한 활동 주제의 프로그램 개발을 위한 실험적 모색을 거듭하였다. 관심을 갖고 참여하는 학부모 및 전문가의 의견을 참조하며 실험학교 교사들은 듀이와 함께 주례회의를 통해 성장 단계별 프로그램 내용과 시간 비중 등을 체계화하며 정착시켜 나갔다 (Mayhew & Edwards, 1936: 382-390).

평균적으로 실험학교에서 1단계의 아동들은 하루에 3시간, 이행기의 아동들은 4시간, 2단계의 아동들은 4시간 30분 정도의 수업 활동을 하였다. 프로그램은 의식주와 관련한 공동 작업 영역, 역사와 지리, 과학 등의 교과 영역, 읽기, 쓰기, 셈하기 등의 기능적 교과 영역, 음악, 미술, 체육 등의 예술과 체육 영역으로 구성된다. 일반적으로 6세부터 9세 아동들의 일과는 매일 공동 작업 1~1.5시간, 체육 30분, 음악이나 미술 30분이 포함되고 기타 요리, 재봉, 목공작업 등이 주별로 짜여 있다. 2단계의 아동은 오후까지 학교 수업 활동이 연장되었다. 특히 성장의 2단계로 접어든 아동들은 집중 가능 시간이 증대되었기 때문에 미술, 재봉 등과 같은 예술이나 실과 영역은 반 학기quarter 단위로 집중 수업 후에 교차하는 방식으로 운영되었다.

초기의 실험적인 프로그램 운영 과정에서는 특히 몸으로 하는 활동과 지적인 활동과의 균형, 요리 · 재봉 · 목공작업 등과 같은 실제적 목적의 활동과 순수하게 예술적 표현으로서의 활동과의 균형점을 찾는 일, 또한 아동의 성숙과 흥미 발달에 관한 이해를 반영하여 점진적으로 지적인 활동의 비중을 높여가는 일이 중요한 과제였다. 실제 프로그램 운영상에서 미술, 음악, 언어 표현의 경우 시간제 교사 활용에 따르는 실질적 제약과 같은 외적인 변수도 고려해야 했다. 실험적 시도를 거듭하면서 프로그램을 발전시킨 추이를 파악하기 위하여, 아동 발달의 첫 단계에 한정하여 초기 2년간 운영한 프로그램과 후기 5년간 좀 더 안정적으로 발전시킨 프로그램을 비교하여 도표화하면 아래와 같다(Mayhew & Edwards, 1936: 383, 385).

<table>
<tr><th colspan="2">초기 2년간의 프로그램(6–7세)</th><th colspan="2">후기 5년간의 프로그램(5–7세)</th><th rowspan="2">비고</th></tr>
<tr><th>교과</th><th>주별 시간</th><th>교과</th><th>주별 시간</th></tr>
<tr><td>미술관 등 탐방활동</td><td>1.5</td><td rowspan="3">소풍, 또는 전체회의, 또는 목공작업</td><td rowspan="3">1.5</td><td rowspan="3">통합,<br>시수 감소</td></tr>
<tr><td>전체회의</td><td>20분</td></tr>
<tr><td>목공작업</td><td>1.5</td></tr>
<tr><td>재봉/직물작업</td><td>1.5</td><td>공동 작업</td><td>6.5 ~ 5</td><td>활동 강화<br>시수 증가</td></tr>
<tr><td>요리</td><td>1.5</td><td>요리</td><td>1.5</td><td>변동 없음</td></tr>
<tr><td>체육</td><td>1시간 20분</td><td>체육 및 실내/외 게임</td><td>2.5</td><td>시수 증가</td></tr>
<tr><td>음악</td><td>1</td><td rowspan="2">음악 또는 미술</td><td rowspan="2">1.5</td><td rowspan="2">통합,<br>시수 감소</td></tr>
<tr><td>표현활동, 미술, 조형</td><td>2.5</td></tr>
<tr><td>과학</td><td>2</td><td rowspan="2">원시시대의 활동(역사와 과학)</td><td rowspan="2">6.5 ~ 5</td><td rowspan="2">통합,<br>시수 증가</td></tr>
<tr><td>역사–이야기, 대화</td><td>2.5</td></tr>
<tr><td></td><td></td><td>기능(읽기, 쓰기)</td><td>1.5 ~ 2.5</td><td>추가</td></tr>
<tr><td>총계</td><td>15시간 40분</td><td>총계</td><td>15시간</td><td>감소</td></tr>
</table>

실험학교의 교육 실제에서 실험적으로 운용해 가면서 계속적으로 조정해 나간 결과에서 몇 가지 주목할 만한 점이 있다. 첫째, 세부적인 활동적 교과 구분, 특히 의(재봉), 식(요리), 주(목공작업) 활동을 구분하여 각각 중점을 두었던 것에 비해 주제가 있는 공동 작업을 중심으로 융통성 있게 운용되도록 변경하였다. 둘째, 전통적인 견해와 달리 아주 어린 아이들도 한 가지 활동에 관심을 지속시킬 수 있고 만 6세 아동의 경우도 공동 작업에서의 놀이 활동에 1시간에서 1.5시간까지 몰입할 수 있음이 입증되어, 보다 짧은 단위 시간으로 나뉘어 진행되던 활동들의 단위 지속 시간을 늘렸다. 셋째, 주별 3~4회 정도는 그동안의 활동을 요약하여 정리하면서 관련되는 내용의 읽기, 쓰기 연습을 전담 교사와 함께 30분 정도씩 하는 것이 유익한 것으로 판단되어, 담임교사가 맡은 매일 1시간 30분의 활동을 1시간으로 줄이고 기능 연습 시간을 추가했다. 그러나 초기 아동의 발달 단계의 특성상 담임교사와의 시간이 너무 적어지면 좋지 않다는 것이 경험적으로 확인되어 적어도 주당 8~10시간을 담임교사가 맡도록 하였다.

듀이 실험학교의 시간 구성에서 가장 큰 특징은 무엇보다 프로그램을 입안하고 운영해 보고 아동의 경험에 비추어 판단하고 재구성하는 방식으로 교육적 성장을 위해 최적의 조건을 실험적으로 찾아나간 점이다. 또한 구체적인 상황에서의 교사의 자율적인 판단에 따라 수업 활동을 재구성하고 견학, 소풍이나 특별활동 등을 연계할 수 있도록 전체적인 프로그램의 시간 구성에서 융통성을 살려나갔다.

### *5) 실험학교의 공간 구성: 사회적 삶과의 유기적 통합*

듀이 실험학교의 건물 구조는 공동 작업 중심의 통합적 교육과정의 특성과 긴밀히 연계되어 있다. 또한 학교 시스템은 학교 밖의 가정, 자연 환경, 산업 부문, 대학과 유기적으로 상호 연계되어야 한다고 보았다. 실험학교 운영 초기에 발표한 『학교와 사회』에서 듀이는 사회적 삶과 유기적으로 통합된 학교라는 아이디어를 토대로, 실험학교의 물리적인 건물 평면도로서가 아니라 학교의 공간적 의미를 표상하는 도해를 제시하고 있다.

우선 다음의 첫째 도해는 실험학교 건물 1층의 아이디어이다(Dewey, 1899: 49). 사방의 네 모퉁이에는 각각 의식주와 연계된 공동 작업 공간을 배치하는데, 위쪽에는 목공작업실Shop과 의류직물실Textile Industries이, 아래쪽에는 주방Kitchen과 식당Dining Room이 놓인다. 그 사방의 활동을 연결하는 가운데에 도서실이 위치함으로써 모든 지적인 이론적 자원들이 사방의 실제적 활동에 방향성을 주는 기능을 하도록 되어 있다. 또한 의식주의 기본 생활과 관련된 활동 공간은 학교 외부에 위치한 가정과, 정원이나 공원과 같은 자연환경과, 경제 산업 부문과, 그리고 실험적 연구를 포괄하는 대학과 밀접하게 상호작용하는 상태를 상징적으로 나타내 준다. 예컨대, 실험학교에서 요리 활동은 단지 실제적 기능 훈련의 목적으로가 아니라 요리의 재료들에 대한 과학적 탐구로 안내하는 경험의 배경으로서, 또한 학교 밖의 자연환경에 대한 이해의 계기로서 다루어진다. 따라서 주방 공간은 내부적으로는 도서관과 위층의 과학 실험실 공간과 외부적으로는 자연 환경과 유기적으로 연결되어 있다.

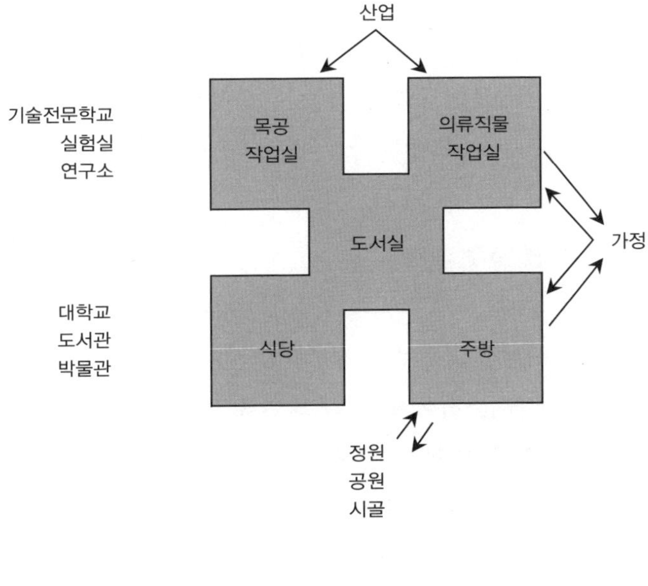

다음의 두 번째 도해는 실험학교 건물 2층의 아이디어이다(Dewey, 1899: 52). 위쪽 코너에는 물리-화학 실험실과 생물학 실험실이 있고, 아래쪽 코너에는 미술 작업실과 음악실이 있고 그 한 가운데에는 박물관과 같은 전시공간이 배치된다. 좀 더 본격화된 과학과 예술 교육을 위한 공간 구조이면서, 또한 위에서 살펴본 것처럼 의식주 활동과의 유기적인 연결성이 고려되었다.

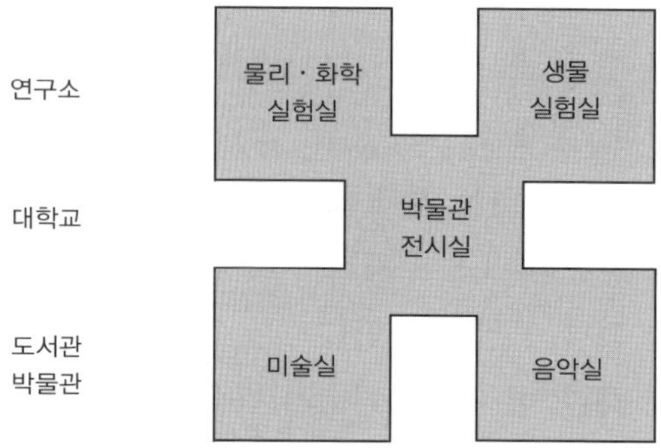


전통적 학교는 단지 교과의 학습만을 위한 공간으로서 일상 삶에서 분리된 채 고립되어 있다. 따라서 아동이 학교에서 배우는 것은 교실 지식에 그치며 학교 밖의 일상적인 세계 경험 속에서 그 연결성을 찾지 못한다. 이를 문제시하며, 듀이는 사회적 삶을 구성하는 각 부분들과 유기적으로 통합된 학교 체제를 구상하였던 것이다.

### *6) 실험학교의 예술적 교사*

학교가 사회적 삶과 유기적으로 통합된 교육공동체를 이루려면 교사의 역할이 전통적 교사상으로부터 크게 달라져야 한다. 진보주의 교육에서는 학생과의 관계에서 모든 지식을 알고 그것을 전달하는 전통적 권위적 존재가 아니라, 학생과 더불어 배움을 계속하는 공동체의 구성원으로서 학생에게는 고무하고 제안하고 질문하며 공부의 과정을 도와주는 조력자facilitator로서의 교사상을 추구하였다. 이와 같이 전통적인 권위주의에서 벗어나 아동의 흥미와 필요를 중요시하는 점에서 흔히 진보주의 교육은 교사의 의미를 축소시키는 것으로 오해되곤 한다. 그러나 듀이는 진보적인 학교에서 교사의 역할을 전통적인 학교의 경우보다 가벼운 것으로 보지 않으며, 아무리 잘 짜여진 새로운 교육과정이라 하더라도 그것을 활용하는 교사의 질을 넘지 못한다는 것을 분명히 한다(Dewey, 1933: 153).

우선 듀이 실험학교 교사들은 아동의 발달 단계를 이해하고 해석하고 방향을 안내해 주는 방식으로 교육적 성장의 경험에 적극적으로 참여하는 예술적 실천가이다. 실험학교에서는 이러한 교사의 역할을 연극 공연에서의 연출가의 역할에 비유하였다. "교사는 아동의 삶의 살아 움직이는 드라마를 위한 무대를 마련해 주고, 필요할 때 적절한 소품을 제공해 주고, 아동의 즉각적인 목표를 향한 그리고 더 나아가 교사의 마음에는 분명하지만 아직 아이들에게는 잘 보이지 않는 멀리 있는 목적을 향한 아동의 행위를 방향 잡아주어야 한다"(Mayhew & Edwards, 1936: 253). 최종적으로 완성된 연극을 무대 위에서 펼치며 박수갈채를 받는 배우는 아동 자신이며, 그에 이르는 과정에서 필요한 조건들을 전체적으로 조율하는 연출가로서 교사의 역할이 매우 중요하다. 시카고대학 실험학교에 직·간접적으로 참여하였던 이들에 따르면, 교실에서 아동이 무엇을 할 수 있고 해야 하는지에 관한 교사의 판단에 대해 듀이보다 더 깊은 신뢰를 갖고 있던 교육자는 없을 것이라고 증언한다(Mayhew & Edwards, 1936: 366). 교사는 아동이 매일매일 자신의 경험을 다시 시도해 보고 재발견하고 재구성해 가는 과정에서 지혜로운 해석자interpreter이고 안내인guide이 되어야 한다고 보았다.

또한 듀이 실험학교에서 교사는 정해진 교육과정을 그대로 실행하는 대행자가 아니라, 자유와 책임의식을 갖고 교과내용과 방법을 재구성해 가면서 교육에 대한 지적인 이해를 확장하는 전문가이다. 특히 학생들의 내적 성장의 동력을 신뢰하면서 그것이 적절히 발달할 수 있는 교육적 상황조건을 찾기 위해 교사 자신의 풍부한 경험을 토대로 한 실천적 탐구를 수행하였다. 듀이 실험학교에 참여한 교사들이 30여 년이 지난 후에 남긴 다음과 같은 회고적 고백이 암시해주듯이, 학생의 경험과 통합되는 교육과정을 만들어가는 도전적 과제를 놓고 교사들은 실험적 실천가이며 전문적인 연구자였다.

> [학생의 현재 경험과 교과내용을 관련짓는] 그 문제의 해결책은 극도로 어려운 일이다. 우리가 실험학교에서 그 해결점에 이르지 못했었고, 아직 그 어느 곳에서도 그렇게 하지 못하였다고 보이며, 아마도 그 완전한 해결점을 찾기란 결코 이룰 수 없는 과제일지 모르겠다. 그러나 어떻게 해서든 우리는 그러한 당면한 과제가 제기하는 문제와 난관에 접근하고자 하였다... [전통적 교과를 그대로 따르거나 아동의 흥미에 그저 내맡기거나 하는 식이 아닌] 다른 대안이란 진정으로 학생들 자신의 경험(personal experiences)이 되면서도 미래의 보다 폭넓고 잘 조율된 흥미와 목적으로 인도해 낼 대상을 발견하는 일이다. 이것이 실험학교가 헌신하였던 교과내용의 문제였다.(Mayhew & Edwards, 1936: 469)

마지막으로 실험적인 실천 연구를 수행하면서 교사들 상호간에는 상당한 수준의 협동적 관계가 형성되었다. 듀이 실험학교에서는 교사들 간의 협동적이고 친밀한 조직성cooperative social organization이 중시되었는데, 여기서의 협동성이란 단순히 실제적 행위의 수준에서가 아니라 지적인 수준에서 추구되었다. 특히 실험학교에 관심을 갖고 지적 · 사회적 자원을 제공하는 학교 밖의 전문가들이나 지역사회 구성원들과도 다양한 방식으로 협력하였다. 이렇게 민주적인 탐구공동체에서 교사들 간의 자발적인 모임과 교류는 장학supervision, 교수 평가, 수업기법 훈련 등의 관료적인 통제 중심 관념들을 대체하면서 듀이 실험학교 조직과 행정의 독특한 특징으로 자리 잡았다.

실험학교 사례에서 예시되는 진보적 교사의 특징은 다음 세 가지로 요약된다. 첫째, 근대적인 획일화된 학교교육체제에서 나타나는 기계적 관계를 넘어서, 진보적 교사는 아동의 질적인 경험에 대한 공감적 이해를 바탕으로 교육적 경험을 안내하는 예술적 실천가이다(Dewey, 1923). 둘째, 정해진 교육과정과 교수 이론의 실행자practitioner 역할을 넘어서, 진보적 교사는 창의적으로 교육과정을 재구성하고 실험적 교실실천 가운데 나타나는 구체적인 실제의 다원성을 이론화하는 과학적 탐구자이다(Dewey, 1929). 셋째, 진보적 교사는 지적인 자유, 협동적 능력, 개방된 마음을 바탕으로 교사들 간에 탐구공동체를 이룰 뿐 아니라, 다양한 지역사회 구성원과 더불어 공동체적 삶의 질적인 변혁을 모색하는 민주적인 사회개혁가이다.

이상에서 살펴본 바와 같이 시카고대학 실험학교에서 듀이가 참여하고 있던 7년간의 실험적 실천은 단위학교에서 이룬 진보주의 교육운동의 선구적 전형이 되었다. 특별히 주목을 끄는 것은 대학의 교수와 대학원생, 교수들 가운데에서도 다양한 분야의 전문가들, 그리고 지역사회의 지성적 실천가들이 연대함으로써 교사뿐 아니라 다양한 구성원들이 실험학교의 새로운 목표와 수단을 강구하는 과정에 참여하였던 점이다. 또한 듀이의 프래그머티즘 철학을 중심으로 일관된 교육철학과 원리를 정립하고 실험적 실천을 통해 인간의 성장과 학습 과정에 대한 심리학적 발견에 이름으로써, 교육의 이론과 실제의 순환적 발전 가능성을 보여준 점이 특징적이다. 그리고 무엇보다 교육과정을 실험적으로 구성하고 학교의 공동체 문화를 형성해가는 과정에서 진보적인 교사들의 능동적 참여와 협동적 탐구가 근본 동력이 되었다는 점이 중요한 의미를 갖는다.

## 4. 맺음말

이상에서 듀이의 진보주의 교육사상과 시카고대학 실험학교에서 구체화된 실천 사례들에서 나타나는 특성을 종합적으로 살펴보았다. 이를 통해 현재까지도 보편적인 의미와 가치를 갖는 것으로, 진보주의 교육개혁운동에서 추구한 새로운 교육적 이상의 정수는 생명성, 실험성, 사회변혁성이라는 세 가지 특성을 중심으로 정리해 볼 수 있겠다.

첫째, 진보주의 교육개혁운동은 생명체적 과정 혹은 삶의 과정으로서 교육 본질적 의미를 회복하려는 움직임이다. 근대 이전이나 교육이 제도화되는 초기까지, 3Rs' 이외에 더불어 살아가는 데 필요한 모든 것, 특히 지적 도덕적 규율을 공동생활에 참여하는 과정에서 자연스럽게 배울 수 있었던 시기까지는 삶과 교육의 단절이 문제로 떠오르지 않았다. 그러다 산업화, 기계화, 도시화로 특징짓는 근대적 조건 하에서 학교교육이 제도화되면서 교육이 삶과 유리되었고 죽은 지식과 규범을 전수하는 불가피하게 고통스러운 과정으로 변질되었다. 그러나 진보적 교육개혁가들은 현대의 복잡화된 지식과 규범의 전수 과정에서도 본질적으로 학습이란 곧 삶이요, 생명체적 성장에 이르는 기쁨으로 충만한 과정이 될 수 있다고 보았다. 진보적 학교 실제의 무한한 다양성에도 불구하고 그들을 공통적으로 묶는 신념은, "살아있음은 곧 성장이요, 생명체의 성장이란 장애를 만나고 극복하는 과정을 통하여 이루어지는 것이기에 힘겹게 고군분투해야 하는 때가 있지만 본질적으로 매 순간마다 온전한 기쁨을 주는 무엇"이라는 것이다(Dewey, 1933: 157). 듀이에 의하면, 진보주의 교육운동이 발견에 발견을 거듭해내는 점은 "학습이 필연적으로 고통스러운 과정은 아니라는 것"이며, 교육과 학습이 생명체로서의 인간 삶과 유기적으로 연결된 통합적 과정이라는 것이다. 이와 같이 진보주의 교육개혁운동이란 삶의 과정으로서의 교육, 살아있는 의미로 가득한 교실수업, 생명성으로 충만한 학교교육을 실현하고자 한 것이다.

둘째, 진보주의 교육개혁운동은 구체적인 교육실천에서의 창조적 실험을 통해 교육제도 전체의 혁신을 이끌어 내려는 시도이다. 현대에 이룩한 인간과 사회에 대한 새로운 과학적 이해, 특히 생물학, 심리학, 사회학 분야의 학문적 발전으로 인해 교육과 학습의 원리를 재구성할 필요가 생겼다. 반면에, 전통적 교수-학습 방법이 지배적인 현실 상황에서는 여전히 기계적인 단순 암기와 반복 위주의 학습방법이 지속되고 있었다. 이를 반성하면서 진보적 교육개혁가들은 교육과정과 수업의 변혁을 요청하는 심리학적 발견들, 즉 인간의 마음이 백지상태가 아니며 학습은 선행경험의 배경에서 이루어진다는 것, 모든 개인에게는 나름의 고유함이 있으며 세계를 경험하는 개인적 방식과 반응은 무한히 다양하다는 것, 그 사람에게 진정한 흥미의 대상일 때 탐구의 노력이 동반된다는 것 등에 주목하였다(Dewey, 1933: 151). 이러한 최신의 과학적 이해를 반영하여 대안을 모색하고, 더 나아가 성공적인 실험적 선례를 통하여 전체 교육제도에 근본적인 변혁을 일으키고자 했다. 듀이는 "진보적 학교의 성공의 진짜 척도는 그 실험적 선구적 기능으로 인해서 보수적 전통적 학교들에서 결국에 일어나는 변화에 있다. 그러한 기준에 의해서 판단했을 때에만, 진보주의 교육운동이 뭔가 유익을 가져다주는 것이 된다"고 말한다(Dewey, 1933: 157). 이와 같이 진보주의 교육개혁운동이란 교육적 경험의 신비를 밝히려는 창조적 지성과 구체적인 실험적 실천을 통해 교육제도 전반에 걸친 변화를 지성적으로 안내하고자 한 것이다.

셋째, 진보주의 교육개혁운동은 가르치고 배우는 학교교육 내부의 변화에 머무는 것이 아니라, 교육을 통해 궁극적으로 사회질서의 근본적인 변혁을 지향한 것이다. 급격한 변화의 시대를 살았던 진보적 개혁가들은 당대의 학교교육이 분절된 지식과 기능의 학습 위주로 되어 사회적 삶의 의미에 대해 일깨워주지 못하는 점을 문제시하였다. 그들은 인간적 민주적 가치가 실현되는 학교교육을 통해 형성되는 비판적 지성, 정서적 민감성, 사회적 관심 등이 사회변혁의 근본적인 동력이 될 것으로 기대하였다. 이러한 관점에서, 듀이는 학교교육을 통해 아이들이 사회 문제를 야기하는 거대한 힘 등에 대해 무지한 상태로 너무 순진하게 학교 문을 나서게 되는 것을 비판적으로 지적한다. 실험학교를 시작하면서 그의 교육적 신념을 밝힌 "나의 교육신조"에서부터 언명하였듯이, 듀이에 의하면 "교육이란 사회변화의 가장 근본적인 수단"이며, 교사는 보다 나은 사회—하느님의 나라—에로 인도하는 안내자이다(Dewey, 1897). 이와 같이 진보주의 교육개혁운동은 학교교육의 의미와 취지를 전체 사회변화와 본질적으로 관련짓고자 한다. 따라서 진보적 교사의 역할을 협소한 의미에서 교실수업의 책무에 한정짓지 않으며, 거대한 사회적 전망을 갖는 비판적 지성인으로서 교실 실천을 통해 사회변혁의 길을 준비하는 일이라고 본 것이다.

# | 참고문헌 |


김태길 (1990). 존 듀이의 사회철학. 서울: 명문당.

박봉목 (2000). 듀이. 연세대학교 교육철학연구회 편. **위대한 교육사상가들** IV. (pp. 355-393). 서울: 교육과학사.

박영만 (1990). 죤 듀이의 실험학교에 있어서의 교사능력모형에 관한 연구. 논문집, 24(1). 257-273. 인천교육대학교.

양은주 (2003). 듀이의 흥미개념과 학생 중심 교육과정. 교육과정연구. 21(1). 179-202. 한국교육과정학회.

정건영 (1991). 듀이 실험학교의 이론과 실제에 관한 연구. 춘천교대논문집 19. 49-69.

Berube, M. R. (1994). *American school reform: Progressive, equity, and excellence movements*, 1883-1993. Westport, CT: Praeger Publishers.

Bode, B. H. (1971, originally 1938). *Progressive education at the crossroads*. New York: Arno Press.

Butts, R. F. & Cremin, L. A. (1953). *A history of education in American culture*. New York: Holt, Rinehart and Winston.

Counts, G. S. (1932). Dare progresive education be progressive? *Progressive Education 9*. 257-263.

Cremin, L. (1995) . The revolution in American secondary education. *Teachers College Record* 56. 295-308.

Cremin, L. (1961). *The transformation of the school: Progressivism in American education 1876-1957*. New York: Alfred A. Knopf Publisher.

Dewey J. (1895). *The plan of organization of the University Primary School. The Early Works vol. 5*. 223-243. Carbondale & Edwardswille: Southern Illinois Univ. Press.

______ (1896). The need for a laboratory school. *The Early Works vol. 5,* 433-435.

______ (1897). My pedagogic creed. *The Early Works vol. 5,* 84-95.

______ (1898). The University Elementary School, General outline of scheme of work. *University Record*, December 30, 1898.

______ (1899). *The school and society. The Middle Works vol. 1,* 1-110.

______ (1902). *The child and the curriculum. The Middle Works vol. 2,* 271-292.

______ (1904). *Education direct and indirect. The Middle Works vol. 3,* 240-248.

______ (1906). The relation of theory to practice in education *The Middle Works vol. 3.* 249–272.

______ (1913). *Interest and efforts in education. The middle works vol. 7*, 151–197.

______ (1915). *Schools of To-Morrow. The middle works vol. 8*, 205–404.

______ (1916). *Democracy and education. The middle works vol. 9.*

______ (1923). The classroom teacher. *The Middle Works vol. 15*, 180–189.

______ (1928). The progressive education and the science of education. *The Later Works vol. 3*, 257–268.

______ (1929). The sources of a science of education. *The Later Works vol. 5*, 3–40.

______ (1933). Why have Progressive Schools. *The Later Works vol. 9*, 147–157.

______ (1934). The need for a philosophy of education. *The Later Works vol. 9*. 194–204.

______ (1938). *Experience and education. The later works vol. 13*, 1–62.

______ (1941). For a new education. *The later works vol. 14*, 278–279.

______ (1952). Introduction to *The Use of Resources in Education* by Elsie Ripley Clapp. In *Dewey on education*, Martin S. Dworkin (Ed.), pp. 127–134. New York: Teachers College Press.

De Witt, B. P. (1968, originally 1916). *The progressive movement: a non-partisan comprehensive discussion of current tendencies in American politics*. Scattle: University of Washington Press.

Durst, A. (2005). "The union of intellectual freedom and cooperation": Learning from the University of Chicago's Laboratory School Community, 1896–1904. *Teachers College Record* 107(5). 958–984.

Mayhew, K. & Edwards, A. (1936). *The Dewey school: The laboratory school of the Univ. of Chicago, 1896–1903.* NY: Appleton-Century. (The University of Chicago Laboratory Schools: http://www.ucls.uchicago.edu)

Meier, D. (2000). Progressive education in the 21st century: A work in progress. In R. S. Brandt (Ed.) *Education in a new era*, Alexandria, VA: Association for Supervision and Curriculum Development.

Mirel, J. (2002). Introduction. In W. J. Reese. *Power and the promise of school reform: Grassroots moverments during the Progressive Era* (pp. ix–xvi). N.Y.: Teachers College Press.

Semel, S. F. & Alan R. Sadovnik eds. (1999). "*Schools of tomorrow*", *schools of today: what happened to progressive education*. New York: Peter Lang.

Tanner, L. (1997). *Dewey's Laboratory School: Lessons for today*. New York: Teachers College Press.

Westbrook, R. B. (1991). *John Dewey and American democracy*. Ithaca: Cornell University Press.

제 5 장

# 인간 이해와 교육

- 오토 프리드리히 볼노오, 『교육 인간학』(발췌)*

- 한명희, "20세기 후반기의 교육철학 : 분석철학 · 실존철학과 현상학 · 포스트모더니즘"**

* Bollnow, O. F. (1999). 『교육의 인간학』 (오인탁, 정혜영 공역). 서울: 문음사. (원제목: *Padagogik in anthropologischer Sicht* ; 원본출판: 1969). pp. 77–126.

전체 12개의 장으로 구성된 『교육의 인간학』 가운데, 본 장의 주제를 고려하여 일부를 발췌하고 번역자의 허락을 얻어 수록하였다. 발췌된 부분은 제4장 교육적 분위기, 제5장 교육의 단속적 형식들, 제6장 위기와 교육의 전문이다.

** 한명희(1983). "20세기 후반기의 교육사상", 『교육철학』 서울: 배영사. pp. 79–100.
한명희(2005). "포스트모더니즘과 교육", 『교육의 철학적 이해』(한명희, 고진호 공저). 서울: 문음사. pp. 178–198.

이 글은 두 가지 교육철학 개론서에서 20세기 후반기 현대교육철학의 주요 흐름을 개괄하는 위의 두 장을 선별하고, 저자의 허락을 얻어 재구성하여 수록하였다. 현대 교육철학에 영향력이 큰 사상으로 여기에 실은 분석철학, 실존철학과 현상학, 포스트모더니즘 외에도, 원 저서에서는 비판철학, 해석학, 홀리즘 · 생태주의 등도 다룬다.

〈그림출처: M. Greene, *Teacher as Stranger*〉

'인간이란 어떤 존재인가?'라는 물음은 교육의 본질적 이해를 위해 가장 근본적인 철학적 탐구 주제에 해당한다. 인간의 본성은 무엇인가? 무엇이 참된 존재이며, 이 세계의 모든 존재 가운데 다른 부류와 구별되는 인간의 고유함은 어디에 있는가? 그리고 진정한 인간다움을 실현하기 위한 교육의 길은 어디에 있는가? 교사로서 우리는 인간 존재와 그 가능성을 어떻게 바라보고 어떻게 배려해야 하는가? 철학의 역사에서 인간 존재는 다양한 방식으로 이해되어 왔으며, 그에 따라 교육의 개념과 목적, 그리고 추구하는 인간상 또한 달리 제안되어 왔다. 앞서 만난 교육사상에서도 각각에 고유한 인간 이해가 전제되어 있다. 플라톤은 완전한 지혜, 곧 선의 이데아에 이른 철인왕의 이상을, 루소는 독립적 · 자율적 · 합리적인 자연인의 이상을, 듀이는 경험을 통해 의미를 생성 · 공유하는 창조적 지성인의 이상을 그리고 있다. 그런데 현대 불확실성 · 다원성 · 우연성의 시대에 이르러, 우리는 인간의 가능성에 대한 근본적인 회의를 갖게 되었고, 인간 존재의 의미를 다시 새롭게 되묻고 있다.

철학적 인간 이해와 그 교육적 의미를 탐구할 목적으로, 이번 장에서 읽을 고전적 교육철학 텍스트는 볼노오(1903~1991)의 『교육의 인간학』이다. 볼노오는 실존철학의 토대 위에서 철학적 인간학을 전개한 독일의 철학자, 교육사상가이다. 여기서 인간학Anthropologie이란 말 그대로 인간을 그 대상으로 하며, 일체의 선입관 없이 인간의 여러 현상들에서 얻어지는 본질적 특징을 통해 인간의 전체적인 이해로 나아가기 위한 학문을 일컫는다. 실존철학은 20세기초 인류가 경험한 온갖 음울하고 부조리한 사건들, 인간의 한계상황 등을 배경으로 형성된 것으로 잘 알려져 있다.

전통철학에서 인간의 본질을 한 가지로 규정하는 방식을 거부하며, 인간이란 사물의 세계에서와 달리 '본질'에 우선하는 '실존적 존재'라는 이해에 기초를 둔다. 따라서 자신의 실존성을 자각하는 개별 인간 존재가 자기 자신의 고유한 본질을 창조적으로 이룩해가는 과정에서, '자유'와 '책임'과 '선택'을 중요시한다.

여기에 발췌한 부분은 기존의 교육학에서 간과되어 온 '교육적 분위기'와 실존적인 '만남'과 '위기'에 관한 내용이다. 볼노오 사상의 독특한 점은 인간이란 어린이의 경우에도 언제나 이미 각인된 습관의 체계 속에 있다는 것, 실존적 체험을 통해 비로소 고유한 자기 자신을 이룩해야 한다는 것, 그러한 교육적 전환의 계기는 연속적인 발달을 가로막는 '단속적 형식'으로 나타난다는 견해에 있다. 여기서 깊이 다루는 '만남'과 '위기'는 표층적인 삶의 걸음을 멈추게 하고 '타락한 현존'과의 비판적 대결을 통해 자신의 실존성을 자각하도록 이끄는 단속적 교육 형식의 사례들이다. 그런데 또한 유년기에 교육자의 절대적인 사랑과 신뢰의 분위기에서 경험하는 '흠 없는 세계'와 일상의 수업과정을 통한 폭넓은 '도야'의 교육적 의미를 밝힘으로써, 연속적인 발달의 중요성을 관련지어 다루고 있다. 주요 논지를 따라 읽으면서, 인간이란 어떤 존재인가? 어떻게 인간다운 존재로 되어 가는가? 인간이 참된 자신을 이룩해 가는 과정에서 교육자의 역할은 무엇인가? 등의 물음에 답하는 볼노오의 견해를 만날 수 있다. 이를 통해, 교사로서 우리 자신의 인간 이해의 관점을 성찰해 보는 계기가 되기를 기대한다.

이어지는 글은 볼노오의 교육사상 자체에 초점을 둔 해설적 논의 형식이 아니라, 20세기 후반기에 전개된 현대 교육철학의 주요 흐름을 보다 포괄적으로 다룬 것이다. 분석철학, 실존철학과 현상학, 포스트모더니즘에 한정하여 사상적 특징과 교육철학적 의미를 설명하고 있다. 특히 실존철학의 기본 입장과 교육적 영향에 대한 해설적 논의 부분은 볼노오의 텍스트에서 함축적으로 다루어진 실존철학에 대한 체계적인 이해를 제공하는 점에서 주목할 만하다.

# 교육의 인간학

오토 프리드리히 볼노오 지음 / 오인탁, 정혜영 옮김

## 제4장 교육적 분위기

### *1) 교육적 분위기의 개념*

만약에 우리가 교육을 인간 삶의 보다 넓은 관련 안에서 올바르게 파악하려고 한다면 교육이 일어나고 있는 인간적인 환경의 일반적인 정신상태 및 교육에 참여하는 사람, 곧 교육해야 할 어린이와 교육하는 어른의 감정 상태가 매우 중요한 의미를 지니게 된다. 왜냐하면 교육이 성공적으로 이루어지기 위해서는 생활환경 안에서의 어떤 특정한 정신적 풍토 및 거기에 관계된 인간의 어떤 특정한 감정적 태도가 요구될 것이 분명하기 때문이다. 나는 여기서 일반적인 의미에 있어서 교육적 분위기Pädagogische Atmosphäre에 관하여 말하고 있다. 교육적 분위기라는 말 아래 나는 교육이 수행되는 배경으로서의 감정적이고, 기분적인 상태 전체 및 공감과 반감의 관계 전체를 이해한다.[1]

이러한 교육적 분위기는 교육의 성공에 아주 근본적인 의미를 지닌다.

그러나 이 교육적 분위기라는 것이 단순히 이것이 있음으로 해서 교육이 촉진될 수 있는 유리한 여건이라든가, 또 교육을 곤란하게 만드는 불리한 여건 같은 것만을 가리키는 것은 아니다. 왜냐하면 그러한 촉진적인 여건이 없이도, 또 그러한 곤란하게 만드는 여건에도 불구하고 교육은 어쨌든 이루어진다고 할 수 있기 때문이다. 따라서 교육적 분위기는 교육이 목표에 도달하기 위하여 반드시 충족되어야만 하는 아주 근본적으로 꼭 필요한 조건들을 의미하게 된다. 그러므로 이 조건의 결여는 교육의 모든 시도가 처음부터 실패할 수밖에 없도록 만들고 있다. 그러나 유감스럽게도 이러한 감정적인 요인들의 중요성이 이제까지 교육학에서 너무나 경시되어 왔다. 그리하여 체계적인 연구가 거의 이루어지지 않았다.

### *2) 아동 초기의 안정성*

교육적으로 성과를 거둘 수 있는 그러한 분위기의 기본 형태는, 유아발달의 초기 단계에서 집과 가정의 보호적 환경 속에서 느끼게 되는 안정성 Geborgenheit의 감정이다. 이는 친숙하고 신뢰할 만한 세계 안에서 안심하고 움직일 수 있다는 것을 직감적으로 아는 것을 의미한다. 이러한 안정감은 어린이가 올바르게 발달할 수 있기 위해서 필수적이다. 좀 더 자세하게 관찰하면, 그러한 안정감이란 어린아이에게 있어서는 단지 어떤 특정한 사랑하는 사람과의 개인적인 관계 속에서만, 그러므로 대체로 어머니와의 관계 속에서만 발달될 수 있는 것임을 알게 된다. 가정에서의 경험들은 다음과 같은 사실들을 밝혀 주고 있다. 즉, 아이들의 양육에 있어서 다른 조건들이 모두 훌륭히 갖추어져 있다고 할지라도 익명의 매개 안에서는, 다시 말해서 양육하는 사람이 자주 바뀌어서 어떤 특정한 사람과의 지속적인 관계 형성이 결여되어 있을 경우에는, 이러한 아이들은 동년배 아이들보다 발달

---

1_ Otto Friedrich Bollnow. Die pädagogische Atmosphäre. Untersuchungen über die gefühlsmäßigen zwischen menschlichen Voraussetzungen der Erziehung. Anthropologie und Erziehung. 12 Band. Heidelberg 1964. 3. Aufl. 1968.

이 훨씬 부진하다는 사실, 그리고 이들은 자신들을 둘러싸고 있는 환경과의 접촉을 기피함으로써 둔감하다는 사실을 밝혀주고 있다. 뿐만 아니라 이 아이들의 사망률이 평균적인 다른 아이들보다 훨씬 높다는 사실도 밝혀져 있다.[2]

페스탈로찌는 어린아이가 사랑과 신뢰, 감사와 순종으로 특징지어지는 어머니와의 관계 속에서 어떻게 세계에 대한 신뢰 넘치는 관계를 이룩하게 되는가를 매우 훌륭하게 밝혀 내었다.[3] 소아과 의사인 니츠케A. Nitschke는 오늘날 유년기의 생활 발달에서 신뢰의 중요성을 되풀이하여 강조하였다. 그는 이렇게 썼다. "어머니는 자신의 보살펴 주는 사랑 안에서 어린이에게 신뢰할 수 있는, 자신을 떠맡길 수 있는 투명한 공간을 창조해 준다. 이 공간 안에 관련되어 있는 것은 속해 있고 의미 있으며, 가깝게 익숙하며 통할 수 있게 된 것들이다."[4] 그러므로 이러한 분위기는 어린아이의 잠재 능력의 실현을 조장하는 영적 기후seelisches Klima 일반일 뿐만 아니라, 더 나아가서 사랑받고 신뢰받는 인간의 매개에 의해 아주 구체적인 방식으로 해명되는 세계와 이 세계 안에서 만나는 사물들에 대한 이해인 것이다. "바로 여기서부터 어린아이에게 세계와 사물들로 접근하는 통로를 열어주는 통찰력이 생겨난다."[5]라고 니츠케는 계속해서 말하고 있다.

오늘날 우리는 이와 같은 '흠없는 세계'heile Welt가 하나의 환상에 불과하다는 사실을 뼈저리게 경험하게 되었다. 이와 정반대로 우리의 세계는 어둡고 무시무시하며, 우리의 삶은 위험에 처해 있으며 위협받고 있다. 물론

---

**2**_ René A. Spitz. Über psychosomatische Epidemien des Kindesalters und vorbeugende Psychiatrie. In : Psyche. Eine Zeitschrift für Tiefenpsychologie und Menschenkunde in Forschung und Praxis. 4. Jahrg. 1950. S. 17 ff.

**3**_ Johann Heinrich Pestalozzi. Wie Gertrud ihre Kinder lehrt. Sämtliche Werke. hrsg. v. A. Buchenau, E. Spranger, H. Stettheimer. Berlin und Leipzig 1927 ff. 13. Band. S. 350.

**4**_ Alfred Nitschke. Das verwaiste Kind der Natur. Ärztliche Beobachtungen zur Welt des jungen Menschen, hrsg. v. August Nitschke. Forschungen zur Pädagogik und Anthropologie. 5. Band. T  bingen 1962. 2. Aufl. 1968. S. 13.

**5**_ Nitschke. a. a. O., S. 13.

어린아이의 세계에도 일찍부터 어두움과 낯선 것에 대한 공포가 얼마든지 끼어들 수 있다. 그리고 결국에 가서 이러한 초기의 안정감은 무너지게 마련이다. 곧 어린아이가 자신이 가장 사랑하는 어머니, 그리고 가장 강하다고 생각하고 있는 아버지조차도 결함투성이의 인간이라는 사실과, 그들도 세계의 위험으로부터 자신을 무조건적으로 방어해 줄 수 없는 똑같이 불완전한 인간이라는 사실을 경험하자마자, 그러한 안정감은 사라져 버리고 만다. 그리하여 어린아이는 자신이 홀로 남겨졌으며, 더구나 보호 없이 그러한 위험에 내맡겨져 있음을 느끼게 된다.

그러므로 위와 같은 경험은 성장 과정에 있는 인간의 삶에 있어 하나의 커다란 위기인 것이다. 성장 과정에 있는 인간은 이 위협에 대항하기 위한 발판Halt을 다른 방식으로 강구할 것을 배우지 않으면 안 된다.[6] 이는 일반적으로 성숙과 자립의 매우 거창한 과제이다. 이에 대해서는 우리가 다시 한 번 특별히 다루지 않으면 안 된다. 그럼에도 불구하고 이러한 모든 동요를 통하여 어린아이를 위해 그러한 안정을 제공하는 세계를 구축하는 일이 결코 무가치하지 않다는 사실은 여전히 주장되어야 한다. 만약에 이 '흠 없는 세계'가 필연적으로 언젠가는 무너져 버리지 않으면 안 된다고 할지라도 어린아이가 자신의 성장 발달의 첫걸음을 그러한 보호적인 분위기 속에서 내디딜 수 있다는 사실은 여전히 결정적으로 중요하다. 왜냐하면 앞으로 어린아이가 적대적인 세계의 위협과 대결할 수 있는 능력은 오직 여기에서만 길러질 수 있기 때문이다. 그러므로 온전한 의미다움으로 가득 찬 상징의 세계에 대한, 즉 거친 밖의 세계로부터 일종의 보호하는 울타리를 통하여 구분되어진 '어린이의 놀이터'Kindergarten에 대한 프뢰벨의 사상은, 오늘날에도 여전히 혼돈으로 위협받고 있는 우리들 세계의 성격이 이렇게나 가슴 아프게 명백하게 된 마당에 더욱이나 가볍게 웃어넘길 수 없는 귀중한 정신적 유산이다. 프뢰벨의 사상은 오늘날에도 또한, 아니 바로 오늘

6_ 『교육의 인간학』 제8장 1. 안정의 공간으로서의 집 참조.

날에 있어서 결코 시대에 뒤지지 아니한 의미를 지니고 있다.[7]

이제까지의 내용을 여기서 잠시 정리해 보자. 우리는 인간의 성장발달, 그리고 이 성장발달로부터 나오는 교육적인 문제들을 다음과 같은 삼중적인 단계들로 정리해 볼 수 있다.

1. 맨 처음에 어린이 초기의 안정 상태, 곧 전혀 손상되지 아니한 신뢰의 분위기가 있다.
2. 이러한 폐쇄된 세계는 필연적으로 언젠가 무너져 버리게 되어 있다. 그리고 인간은 위기로 가득 찬 동요 속에서 자기 자신의 현존의 철저한 불안정성과 어찌할 수 없는 상실감을 경험하게 된다.
3. 이로부터 인간은 자신의 삶의 안정의 새로운 근거정립의 필연성, 즉 신뢰할 만한 발판을 세계 안에서 스스로 다시 획득하지 않을 수 없는 필연성에 직면하게 된다.

그러나 이 단계들이, 마치 한 단계가 극복되면 즉시 다음 단계로 이행되는 단순한 시간적인 경과들로서 파악되어서는 안 된다. 유년기의 일원성이 한 번 깨지면 이 단계들은 일원적으로 파악될 수 있는 하나의 삶의 관련의 결코 극복할 수 없는 긴장으로 가득 찬 측면들로서 남아 있게 된다. 우리는 이 단계들을 하나하나 분석해 개체적으로 분명하게 정리해 내지 않으면 안 된다. 그러므로 우리는 또 한 번 첫 번째 단계인 아직 손상되지 아니한 교육적 분위기를 다루어 보고자 한다.

### *3) 어린이의 즐거운 기분*

만일 우리가 이러한 상황을 어린아이의 입장에서 고찰한다면 어린아이

7_ Otto Friedrich Bollnow, Von Arndt bis Fröbel, Die Pädagogik der deutschen Romantik, Stuttgart 1952, 2. Aufl. 1967, S. 223 ff ; Klaus Giel, Fichte und Fröbel, Die Kluft zwischen konstruierender Vernunft und Gott und ihre Überbrückung in der Pädagogik, Anthropologie und Erziehung, 3. Band, Heidelberg 1959. 참조.

가 만족스럽게 성장 발달하기 위한 첫 번째의 최우선적인 조건은 아마 어떠한 공포나 불안으로부터도 괴롭힘을 당하지 않는 행복하고 편안한 정신의 기본 상태일 것이다. 이러한 정신의 기본 상태를 조성하고 보호하고 보존하며, 모든 피할 수 없는 장애들이 지나간 뒤에 이를 다시 회복하는 일이 바로 교육자에게 최우선적으로 요청되는 과제이다. 왜냐하면 우리가 누구보다도 하이데거를 통해서 알고 있는 것처럼 기분Stimmung은 영혼의 표면에서 움직이는 어떤 의미 없는 놀이와 같은 것이 결코 아니며, 오히려 어떤 지속적인 기초와 같은 것이기 때문이다. 따라서 이 지속적인 기초로부터 비로소 모든 하나하나의 개별적인 성취들이 나오게 되고, 이 기초를 통하여 모든 개별적인 성취가 지속적으로 확고하게 되는 것이다. 세계와 삶은 이 기초를 통하여 언제나 이미 일정한 방식으로 해명되고 해석된다. 이 지속적인 기초로서의 기분은 우리들이 사물과 상황을 파악하는 방식을 미리부터 일정하게 인도하고 있다.[8]

이러한 사실은 무엇보다도 즐거운 기분, 슬픈 기분, 또 고조된 기분, 위축된 기분 등과 같은 기본적인 대비에서 그 타당성이 입증된다.[9] 이러한 기분들은 그 자체의 양극성 안에서 기본적인 대비를 이루고 있으며, 따라서 이 기본적인 대비 안에서 인간은 자신의 모든 행동방식을 자아내고 있는 것이다. 우울한 기분일 때 그 사람의 모든 생활은 우울해지기 마련이며, 그는 환경과의 관계를 더 이상 받아들이고 유지시킬 능력이 없게 된다. 이 때까지 그의 성장 발달을 추진해 오던 힘이 모두 느슨해지기 때문이다. 그리하여 완전히 자기 자신 안으로 움츠려들게 되며, 결과적으로 위축된 삶을 무관심하고 냉담하게 영위하게 된다. 그러나 이와 반대로 즐거운 기분은 동시에 모든 인간에게 생기를 불어넣어 준다. 위축되었던 모든 힘이 이제 새로운 삶을 향하여 눈을 뜨게 된다. 그리하여 그는 그를 둘러싸고 있는 환경에 다시 관심을 갖게 되고, 자신만의 고유한 활동에서 기쁨을 얻게 된다.

8_ Martin Heidegger. Sein und Zeit. Halle a. d. Saale 1927. S. 134 ff.

9_ Bollnow. Das Wesen der Stimmungen. a. a. O.

이러한 양극으로 대립된 기분들의 서로 다른 여러 가지 작용은 교육에 근본적인 의미를 주고 있다. 왜냐하면 아직 발달 과정에 있는 어린아이가 성인들보다 기분의 영향을 훨씬 더 많이 받기 때문이다. 이때에 교육자가 주의해서 해야 할 일은 유용한 기분들을 조장시키는 일과, 이와 반대로 유해한 기분들을 멀리하고 극복하도록 도와주는 일이다. 사람들은 그 나름대로 기분의 영향을 이미 오래 전부터 인식해 왔다. 이미 코메니우스는 삶을 우울하게 만드는 외부로부터의 압력에 대해서 경고하면서 학교생활을 놀이Spiel로 볼 것을 주장했다. 그리고 로크도 즐거운 학습을 전개시키려고 노력하였다. 그는 외부에서 오는 강압에 의한 학습을 거부하였다.

그러나 이러한 기분은 학습의 성공에 영향을 미칠 뿐만 아니라, 인간 안에 있는 모든 능력들의 계발에도 보다 깊이 있게, 그리고 보다 일반적으로 영향을 미친다. 심지어는 인간의 능력이 의식적으로 계발되어서는 안 되는 바로 그러한 곳에서조차도 기분은 결정적으로 작용하고 있다. 이것이 즐거운 기분 전체를 조장하는 작용이다. 중요한 '교육론'Erziehlehre인 『레바나』*Levana*를 우리에게 선사해 준 시인 쟝 뽈Jean Paul은 생기를 가져다주는 즐거운 기분의 작용을 되풀이해서 강조하였다. 그는 이 책에서 "즐거움Freudigkeit은 어린아이를 다가오는 모든 것에 개방시켜 주며 …… 모든 어린 능력들이 마치 아침햇살처럼 뻗어나가게 한다."[10]라고 말하였다.

이는 대단히 중요하다. 왜냐하면 모든 교육이, 특히 학교교육과 시설교육Anstaltserziehung이 삶의 진지성을 지나치게 강조하고 놀이를 경시할 위험이 있기 때문이다. 이러한 상황에서는 즐거움 없는 암담한 분위기만이 쉽게 감돌게 된다. 이러한 암담한 분위기는 어린아이들에게서 학습에 대한 모든 흥미와 애착을, 그리고 자기 자신의 고유한 활동에 대한 욕구 자체를 시들어 버리게 만든다.

여기서 우리는 이 장에서 할 수 있는 것보다 훨씬 더 많은 것들을 하나하

---

**10**_ Jean Paul. Levana oder Erziehlehre. Werke, hrsg. v. E. Berend. 5. Band. S. 503.

나 고찰해야 했을는지도 모른다. 예컨대 암담한 권태감의 작용과 같은 것이다. 곧 권태감은 인간으로 하여금 자신을 심하게 소모시켜 가면서 근심하도록 하며, 또한 인간을 강압적으로 자기 자신에게로 움츠러들게 함으로써 찌르는 듯한 고통을 준다. 또 하나의 예로서 조용하고 평화로운 흔쾌감Heiterkeit을 들 수 있다. 이러한 흔쾌감은 세계가 편견 없이 자신에게 작용할 수 있도록 자기 자신을 열어놓게 하며, 또한 자신의 삶에 대한 정열로부터 모든 힘을 자유롭게 행사하기를 갈망하도록 한다. 여기서 교육적으로 중요한 보다 넓은 연구분야가 전개된다. 그러나 이 장에서는 이 문제에 대해서 더 이상 상론할 수가 없다.

이러한 연관성 속에서 우리는 단지 특징적인 것 하나만을 특별히 강조해서 살펴보려고 한다. 이것은 어린이 현존의 시간적인 상태에 관한 것이다. 사람들은, 어린아이는 완전히 현재 속에서만 살고 있을 뿐이지 미래와는 관계가 없는 삶을 살고 있다고 흔히 말한다. 그러나 이는 잘못된 말이다. 어린아이가 다가올 날에 대비해서 계획을 세우지 아니할 때, 어린아이는 현재에만 몰두하고 있는 것으로 보인다. 그러나 만일 그 어린아이가 어떤 외부적인 압력에 의해 억압당하지 않는다면 어린아이는 즐겁게 미래를 바라보는 기분 속에서 생활하게 될 것이다. 이러한 기분을 나는 아침과 같은 것das Morgendliche이라는 말로써 표현하고 싶다. 이는 뭔가 아름다운 것과 행복을 약속해 주는 것으로 인간 앞에 나타나는 것이며, 미래를 향하여 기쁘게 개방되어 있음Geöffnet-sein의 상태를 말하는 것이다.

그리하여 이러한 아침과 같은 기분의 상태는 어린아이가 자신의 삶 속에서 모든 새로운 것을 기다리는 긴장에 가득 찬 모든 기대의 근거가 된다. 어린아이는 여행을 통하여 알기를 바라는 새로운 장소 하나하나 및 학교에서 상용되는 새로운 학습자료 하나하나를 모두 즐겁게 받아들일 준비를 갖추고 기대한다. 바로 여기에 외부의 압력에 의해 무력해지지 않는 어떤 새로운 것을 모두 맞아들이는 어린아이의 엄청난 수용준비성Aufnahmebereitschaft과 학습준비성Lernbereitschaft이 깊이 근거하고 있다. 이러한 준비성을 생동감 있게 간직하고 너무 일찍 둔화되지 않도록 하는 일은 교육자에게 얼마나 귀중한 과제인가! 이러한 기대들을 진지하게 받아들이고 기대들을 인지하며, 수업에서 바른 방법으로 이러한 기대들에 부응해 가는 일은 얼마나 중요한 일인지 모른다.

### *4) 교육자의 사랑과 신뢰*

그러나 성장 발달에 도움이 되는 이러한 일반적인 분위기만이 중요하다고 할 수는 없다. 이에 못지않게, 아니 이보다 더욱 중요한 것은 교육자 개개인과 어린이 개개인이 인격적으로 관계 맺는 구체적인 인간관계이다. 바로 이러한 의미에서 노올은 교육의 전제조건을 형성하고 있는 '교육적 관계'ein pädagogischer Bezug에 대해 언급하였다.[11] 교육적 관계에서는 무엇보다도 교육을 필요로 하는 어린이 개개인에 대하여 애정을 쏟는 일이 요구된다. 비록 이러한 관계가 젖먹이에 대한 어머니의 무조건적인 순수한 애정 집중으로부터 나중에 이루어지는 양육의 보다 힘든 요구들에 이르기까지 매우 상이한 형식들을 취할 수 있다고 할지라도, 이 모든 형식들은 다음과 같은 공통점을 지니게 된다. 이러한 모든 형식들은 어린이를 모든 교육적인 의도나 의식적인 형성의지에 앞서서 우선적으로 일단은 어린이 자신의 고유한 특성에 있어서 어린이를 그대로 보고 인정한다는 점이다. 따라서 일정한 기대를 갖고 어린이에게 접근해서, 만일 그 어린이가 기대와 다르게 발달하면 실망하는 것이 아니고, 오히려 어린이에게 그 자신만의 고유한 성장 발달을 위한 활동의 자유로운 공간Spielraum을 허용해 주는 것이다.

교육적 관계의 필수적인 전제조건은 신뢰이다. 여기서 내가 의미하는 신뢰는, 어린아이가 성장할 수 있는 일반적인 신뢰적 분위기만이 아니며, 오히려 교육자가 많은 난관과 실망에도 불구하고 언제나 다시금 어린이 개개인에게 바치는 아주 구체적인 신뢰인 것이다. 왜냐하면 이러한 구체적인

11_ Helene Hertz. Die Theorie des pädagogischen Bezugs. Göttinger Studien. Heft 22. 1932. 참조.

신뢰는 엄청나게 강한 형성력을 지니고 있기 때문이다. 어린이가 그런 행위를 할 수 있다고 교사가 믿으면, 그 어린이 자신도 또한 스스로 그 행위를 할 수 있다고 믿고 시도하게 된다.[12] 그러나 만일 교사가 어린이를 신뢰하지 않는다면, 어린이는 감히 스스로 그 과제에 접근하지 못하고 뒤로 물러서서 자신의 능력을 시험해 볼 수 없게 된다. 이러한 사실에 관하여 하르트만N. Hartmann은 그의 저서 『윤리학』*Ethik*에서 이렇게 말하고 있다. 믿음Glaube은 창조적인 힘을 지니고 있기 때문에 "낯선 사람에게 주어져 있다고 믿는 바로 그 믿음의 내용이 그 사람 안에서 실제로 생겨나도록 한다." 그래서 그는 "믿음은 인간을 개조시킬 수 있다"고 결론적으로 말했다.[13]

이러한 연관은 아무리 강조해도 지나치지 않을 정도로 교육에 큰 의미를 지녔다. 교사가 어린이를 대하는 방식에서 어린이 성장 발달의 지도방향이 설정되기 때문이다. 만일 교사가 어린이를 성실하고 믿음직스럽고 노력할 수 있다고 생각한다면, 동시에 이에 상응하는 특성들이 어린이 안에서 불러일으켜지고 강화될 것이다. 교사의 믿음은 교사가 어린이에게 주어져 있다고 전제하는 어린이 안에 있는 선한 힘을 강화한다. 그러나 또한 이와 반대의 경우도 똑같이 적용된다. 만약에 교사가 어린이를 거짓말쟁이고 게으르며 음흉하다고 여기면, 그 어린이는 교사가 그를 그렇게 보았던 대로 거짓말쟁이며 게으르고 음흉한 어린이로 성장하게 될 것이다.[14]

이러한 사실은 교사에게 커다란 책임을 지게 해준다. 즉, 교사는 자신의 잘못된 생각을 너무 일찍 전하지 않도록 주의하지 않으면 안 된다. 왜냐하면 교사는 이러한 자신의 잘못된 생각으로 말미암아 어린이의 성장 발달을 해치기도 할 것이며, 또 자신의 잘못된 생각에 의해 정해진 방향 안에서 어린이의 성장 발달을 이끌어 나갈 것이기 때문이다. 오히려 교사는 모든

---

12_ Werner Loch, Pädagogik des Mutes, Bildung und Erziehung, 18. Jahrg. 1965, S. 1 ff.

13_ Nicolai Hartmann, Ethik, Berlin und Leipzig 1926, S. 429.

14_ Otto Friedrich Bollnow, Wesen und Wandel der Tugenden(Ullstein-Bücher), Frankfurt a. M. 1958, S. 175 ff. 참조.

실망에도 불구하고 언제나 다시금 어린이에 대한 신뢰를 획득하는 능력을 배우지 않으면 안 된다. 어린아이는 오직 이러한 선한 것에 대한 신뢰가 보장되는 곳에서만 성장 발달할 수 있기 때문이다. 그러나 이것은 이따금씩 있는 무조건적인 모성애와 같은 무조건적인 신뢰가 아니다. 교사는 자신의 신뢰가 얼마든지 실패할 수 있는 하나의 모험임을 잘 알고 있다. 특히 교사가 심하게 실망한 후에 다시 새롭게 신뢰할 때, 더더욱 이러한 신뢰가 하나의 모험임을 잘 알고 있을 것이다. 왜냐하면 교육이라는 일은 그 결과를 우리가 어느 정도 확실성을 가지고 미리 계산해 낼 수 있는 기술적인 일처럼, 계획적으로 수행할 수 있는 일이 아니기 때문이다.

신뢰는 물론 교육이 성공하기 위한 불가결의 전제 조건이다. 그러나 그렇다고 해서 신뢰라는 것이 자연법칙적 필연성을 가지고 작용하는 것은 아니다. 왜냐하면 신뢰는 행위가 자유롭고 따라서 행위를 미리 계산할 수 없는 어떤 한 인간에 대한 것이기 때문이다. 모든 신뢰는 또한 좌절될 수 있다. 이때 교육적 의도는 실패하게 되며, 그리하여 대부분의 일반 대중들은 그 교육자를 신중성이 결핍된 사람으로 볼 것이다. 그러나 이러한 이의를 제기하는 것은 잘못된 일이다. 여기서 문제가 되는 것은, 보다 훌륭한 통찰이 있었다면 피할 수 있었을지도 모르는 오류를 교육자가 범했다는 사실이 아니고, 오히려 반대로 그 교육자가 나중에도 똑같이 행동하지 않으면 안 된다는 사실이 문제가 된다. 왜냐하면 모험은 분리해 낼 수 없는 교육 자체의 본질이기 때문이며, 따라서 교육자, 곧 자신의 직업이 안고 있는 위험 앞에서 눈을 감아버리지 않는 교육자는 의식적으로 모험을 감수하지 않으면 안 되기 때문이다. 가장 훌륭한 교육적 행위에도 좌절의 가능성은 이미 언제나 포함되어 있다. 따라서 하르트만이 이렇게 강조한 것은 지극히 당연하다 하겠다. "모든 신뢰와 모든 믿음은 하나의 모험이다. …… 신뢰하는 사람은 그가 신뢰하는 자의 손 안으로 들어가서 자기 자신을 걸고 모험을 한다."[15] 그러므로 교육은 이렇게 미리 지불하는 신뢰 안에서 개인적인 투신과 참여를 특별히 요청하는 일이다.

이러한 실망의 위험에도 불구하고 교육자는 언제나 다시금 의식적으로 자기 자신을 내맡기지 않으면 안 된다. 왜냐하면 신뢰에 있어서 위험은 불가피하기 때문이다. 만일 교육자가 신뢰를 오직 교육학적인 근거에서만 그럴듯하게 보여 믿게 하도록 시도한다면, 따라서 실제로는 그가 아직 유보하고 있으면서도 겉으로만 그것을 신뢰한다고 말한다면 이는 아무런 도움이 안 된다. 단순한 위선적인 신뢰는 결코 믿어질 수 없으며, 따라서 아무것도 성취할 수 없다. 신뢰는 오로지 전적인 성실성으로 주어지는 곳에서만 효과있게 작용하는 것이다.

이러한 요청이 교사 직업의 특별한 어려움을 이루고 있다. 교사는 자신에게 부과되는 투신의 내용들에 직면하여 끊임없이 혹사당하고 있다. 그리하여 많은 교사들이 여러 번 실패를 거듭한 후에 실망하고 좌절에 빠지게 되어, 결국에는 자신들의 직업을 순전히 일상적인 일과로서 처리해 버리게 되는 것을 우리는 지극히 인간적인 차원에서 이해할 수 있을 것이다. 이러한 일은 수업에서는 어느 정도 통할지 모르겠지만 참다운 교사로서는 있을 수 없는 일이다. 왜냐하면 젊은이들을 내적으로 감동시키는 교육, 곧 젊은 사람들 안에 내재되어 있는 고도의 많은 능력들을 참되게 일깨워 주는 일은, 오로지 교육자가 모든 좌절적인 경험에도 불구하고 언제나 다시금 자기 자신의 고유한 정신력으로부터 신뢰를 위한 용기를 키우며, 그리하여 언제나 다시금 이러한 신뢰에 관여하게 될 때만이 성공할 수 있을 것이기 때문이다.

### *5) 인내*

그러나 교육자는 그 모든 피할 수 없는 갑작스런 사건과 그에 따른 좌절을 경험한 후에도 사기를 잃지 않을 수 있어야 한다. 그리하여 교육자에게는 강한 내적 확신과 이 확신에 기반을 둔 인내Geduld가 요구된다.[16] 인내는

---

**15_** Nicolai Hartmann. Ethik. Berlin und Leipzig 1926.

**16_** Otto Friedrich Bollnow. Die pädagogische Atmosphäre. a. a. O. 56 ff. 같은 저자.

교육자의 큰 미덕이고, 반면에 인내의 결핍은 교육자에게 큰 결점이 된다. 교육자는 언제나 인내심을 잃게 될 위험에 처해 있다. 가령 학생들이 서투름과 연습 부족으로 인하여 제시된 과제를 때맞춰 끝내지 못하거나, 혹은 일반적으로 학생들의 학업성취가 교사의 높은 기대에 미치지 못할 때, 그리고 향상에 대한 모든 선의에도 불구하고 학생들이 옛날에 범했던 실수를 계속 되풀이할 때에도 교사는 인내심을 잃게 될 위험에 놓이게 된다. 그리하여 마침내 교사는 화를 냄으로써 모든 것을 망쳐버리거나 체념한 나머지 자포자기할 위험에 빠지게 된다.

이와 같이 교사에게 요청되는 인내는 단순한 무관심, 곧 어떤 사건에도 마음이 동요되지 아니하는 차가운 객관성과는 전혀 다른 것이다. 오히려 인내는 어린이의 성장 발달에 주의 깊게 동행함으로써 가능한 속성을 지닌다. 인내는 어린이가 성숙하기도 전에 성급하게 앞으로 밀어내서 열매를 미리 따내려고 하지 않는다. 교사는 기다릴 수 있어야만 한다. 교사는 발달을 성급하게 재촉하거나 적절한 순간을 놓치는 일이 없이 시간과 하나의 울림소리가 되어서 살아가지 않으면 안 된다. 이러한 인내는 물론 고도의 극기Selbstüberwindung를 요구한다. 인내하는 사람은 자기 자신의 의지를 포기하고, 성장 발달에 필요한 시간을 허용하는 것을 배우지 않으면 안 된다.

그러나 이러한 인내는 오직 모든 개체적인 돌발사건들과 좌절들을 넘어서서 자신의 일에 확신을 가지고 있는 사람에게만 가능한 것이다. 왜냐하면 이러한 사람은 최종적으로는 세계와 삶에 대한 파괴 불가능한 신뢰에 의해 지탱되고 있는 사람이기 때문이며, 바로 이 신뢰 안에 그의 모든 행동들 하나하나가 자리잡고 있기 때문이다. 이러한 최종적인 존재의 신뢰Seinsvertrauen가 바로 모든 교육의 불가결한 기초이다. 이 기초 없이 모든 교육은 아무런 희망도 없는 허공을 향한 몸부림이 될 뿐이다. 그러므로 이러한 기초 위에서 확신을 가지고 서 있는 사람만이 올바른 방식으로 교육할

---

Neue Geborgenheit. Das Problem einer Überwindung des Existentialismus. Stuttgart 1955. 2. Aufl. 1960. S. 65 ff. 참조.

수 있다.

## 제5장 교육의 단속적 형식들

### *1) 교육에 대한 기술공학적 이해와 유기체론적 이해*

지금까지 우리는 교육의 성과를 위태롭게 만드는 난점과 장애에 관하여 여러 가지로 논의하였다. 그런데 이러한 난점과 장애도 마찬가지로 교육이론의 대상이 된다. 따라서 이것들의 본질과 작용도 면밀하게 고찰하지 않으면 안 된다. 그러나 이전의 교육이론들은 그러한 난점과 장애에 대해 충분히 진지하게 다루지 못했다. 사람들은 그것들을 일상적인 실천과 대립되는 것으로 보고, 교육자의 불운이나 좋지 않은 상황에 의해 성립되는 돌발사건쯤으로 생각했다. 따라서 고상한 이론을 다룰 때에는 등한시해도 좋은 것으로 보았다.

지금까지의 교육학 이론체계에서는 사실상 여기서 '장애'Störung로 드러나는 현상을 적절하게 다룰 만한 여지도 또한 없었다. 우리가 교육의 역사를 회고해 볼 때 교육의 역사에는 교육의 과정의 본질에 관한 것으로서 언제나 되풀이되는 두 가지 유형의 기본적인 이해가 있어 왔다. 이것을 우리는 각각 간단하게 줄여서 적극적 교육positive Erziehung과 소극적 교육negative Erziehung, 곧 '만드는' 교육Erziehung des 'Machens'과 '자라나게 하는' 교육Erziehung des 'Wachsen-lassens'이라고 이름 붙일 수 있다. 전자는 교육을 수공업적인 활동의 모형에 의거해 이해하고 있다. 즉, 수공업자가 주어진 재료에서 물건을 만들어 내는 것과 마찬가지로 교육자도 일정한 교육목표에 맞추어 어린이를 형성한다고 이해하는 것이다. 이런 견지에서 볼 때 교육자의 목표지향적인 활동은 수공업자의 활동과 다를 것이 없게 된다.

이에 반하여 후자는, 어린이는 이렇게 저렇게 만들어 낼 수 있는 재료가 아니고 오히려 자연적인 존재Naturwesen로서 자신 안에 내재하는 고유한 법칙성Gesetzlichkeit에 따라 내부로부터 발달한다는 사실에 주목하였다. 따라서 교육이 할 수 있는 최선의 일은 발달에 장애가 되는 요인들을 제거하고 발달을 위한 자유로운 공간을 허용하는 것이다. 루소가 가장 먼저 이러한 '소극적 교육'의 사상에 관해 말했다. 그 후에 낭만주의자들이 자신들의 유기적 이해를 토대로 하여 루소의 이러한 사상을 인간의 삶으로 확대 발전시켜 놓았다. 만일에 성장 가능한 환경만 주어진다면, 식물이 그 자체의 고유한 성장법칙에 따라 저절로 성장하는 것처럼, 어린이도 또한 자유롭게 방해받지 않고 성장 발달할 수 있으리라는 것이다. 우리는 이 두 가지 견해를 간단히 줄여서 각각 기술공학적 교육관과 유기체론적 교육관이라고 칭한다.

교육에서 본질적인 것을, 적극적인 형성Gestaltung으로 보든지 저절로 자연스럽게 이루어지는 발달Entfaltung로 보든지 간에, 이 두 견해는 교육 과정의 지속성을 전제로 한다는 견해를 함께 공유하고 있다. 이러한 지속성에 의해 어린아이는 점차적으로 완전성에 이르기까지 성장 발달한다. 우리는 이러한 과정을 도야Bildung라고 부른다. 교육을 이렇게 보면, 도야로 인도되는 능력으로서의 도야가능성Bildsamkeit은 교육의 기본 전제가 된다. 그러므로 헤르바르트는 그의 저서 『교육학 강의 개요』에서 "교육학의 기본 개념은 학생의 도야가능성이다."[17]라는 간명한 말로 시작하고 있다.

이러한 견해는 타당한 것이다. 왜냐하면 이 말은 교육의 경과에서 드러나는 교육의 본질적인 부분을 잘 말해 주고 있기 때문이다. 그러나 이러한 견해가 충분한 것은 아니며, 결정적인 점에서 시정될 필요가 있다. 왜냐하면 위와 같은 견해에서 보면, 교육을 방해하고 중단시키며 더 나아가서 실패하게 하거나 철저한 좌절에 이르게 하는 것은, 한낱 우연히 외부로부터 오는 장애 때문인 것으로 보인다. 이러한 장애는 우리가 미리 피했어야만 하고, 또한 원칙적으로 예방될 수 있는 장애로서, 아무튼 교육을 핵심에 있어서 건드리는 과정이 아닌 것이다. 그러나 실존철학이 처음으로 다음과 같은 사실들에 주목하였다. 즉, 장애는 더 이상 불쾌한 우연적인 사건이 아

17_ Johann Friedrich Herbart. Umriß pädagogischer Vorlesungen § 1. Werke. hrsg. v. K. Kehrbach. Langensalza. 1887 ff. 10. Band. S. 69.

니며, 오히려 장애는 인간 현존의 본질 속에 뿌리박고 있는 것이라는 사실, 또 바로 그 장애는 이제까지 간과되어 온 인간 현존의 아주 새로운 기초적인 측면이 표현된 것이라는 사실, 그리고 이러한 인간적 현존의 기초적인 측면이 지속적인 발달의 이해 안에서는 등한시되거나 그 가치가 매우 상대화된다는 사실 등이다. 이리하여 단속적인 요소들이 인간 삶의 과정에서 기본적인 의미를 지니게 되었으며, 이 단속적인 요소들에 상응하는 교육의 단속적인 형식들이 필연적으로 나타나게 되었다.

그러므로 여기서 우리는 실존철학에 대해서 언급하지 않을 수 없으며, 아울러 교육이론에 의미를 가져다주는 실존철학의 잉여산물이 무엇인가에 대해서 알아보지 않을 수 없다.

### *2) 실존철학*

우리가 이해하는 실존철학은 독일에서 하이데거[18]와 야스퍼스K. Jaspers[19]에 의해 정립된 철학이다. 실존철학은 어떤 근본적인 동요Erschütterung가 표출된 철학이라고 볼 수 있다. 그런데 이러한 실존철학은 오래 전에 준비되었던 것이며(따라서 이미 19세기에 키에르케고르와 니체가 실존철학의 선구자로 간주될 수 있을 것이다), 제1차 세계대전 후의 붕괴의 시기와 잇단 경제적 공황의 시기에 활짝 피어난 사상이다. 실존철학에 의해 그때까지 자명한 것으로 받아들여졌던 많은 기존의 질서들이 허위임이 밝혀졌다. 전승된 조화롭고 이상주의적인 세계상이 의심스럽게 되어 버렸다. 전에는 그렇게 신뢰할 만하게 보이던 세계가 인간에게 위험하고 위협적인 것으로 마주쳐 왔다. 세기 초에 풍미했던 삶의 철학과 그에 뿌리를 두었던 개혁교육학에서 특징적으로 표현되었던 하나의 보다 더 큰 전체 안에서 자명하게 수용된 현존의 감정 대신에, 이제는 좌절의 감정과 마지막 것까지도 상실

18_ Martin Heidegger. Sein und Zeit. Halle a. d. Saale 1927.

19_ Karl Jaspers. Philosophie. Berlin 1932. 1. Band. Philosophische Weltorientierung, 2. Band. Existenzerhellung, 3. Band. Metaphysik.

해 버렸다는 감정이 만연하게 되었다. 깊이를 알 수 없는 불안과 절망, 곧 절대적인 의미 공백의 감정이 이 세대의 삶의 기분을 특징지었다.[20]

이러한 상황에서 실존철학은 일반적인 정신운동의 보다 큰 관련 안에 있었다. 실존철학은 시문학과 철학에서 똑같은 정도로 크게 영향을 주었다. 같은 시대에 릴케는 1923년에 완성한 『두이노의 비가』*Duineser Elegien*에서 인간의 상실성Verlorenheit을 "내가 절규한다고 할지라도 천사의 계열 중 도대체 그 누가 나에게 귀 기울일 것인가!"[21]라고 충격적으로 표현했다. 그리고 카프카Kafka도 그의 소설 『소송』*Der Prozeß*(1925)과 『성城』*Das Schloß*(1926)에서 불합리한 세상에 어쩔 수 없이 인도된 희망 없는 존재로서의 인간을 매우 어둡고 절망적인 방법으로 묘사했다.

이미 1920년대 후반에 독일을 뒤흔든 바 있던 이러한 운동은 널리 알려진 대로 제2차 세계대전 중에 프랑스에서 사르트르Sartre와 까뮈Camus, 그리고 그 밖에 다른 사상가들에 의해 다시 일어났다. 이 운동은 일반적으로 실존주의Existentialismus로 불려졌다. 전쟁이 끝난 후에 이 운동은 다시 독일에서 활발하게 영향력을 발휘하기 시작하여 실존주의는 이 시대를 특징짓는 표현이 되었다. 하지만 여기서 그러한 실존철학의 발달 과정을 더 이상 고찰할 수가 없다. 그러나 교육학에서 이 운동과 더불어 일어난 전환을 바로 파악하기 위하여 최소한도로나마 실존철학의 발달 과정을 언급하지 않을 수 없다.[22]

실존철학의 결정적인 시초는 사람들이 불안감과 허무감을 단순히 약화시키거나 또 이러한 감정들로부터 도망치려고 하지 않고, 오히려 이들에 단호하게 대항하고 이들을 의식적으로 수용하며, 나아가서 이러한 감정들을 내적으로 지탱해 내려는 데에 있다. 인간에게 모든 것이 의심스럽게 되

**20**_ Otto Friedrich Bollnow, Existenzphilosophie, Stuttgart 1943, 6. Aufl. 1965. 참조.

**21**_ Rainer Maria Rilke, Gesammelte Werke, 3. Band, S. 259.

**22**_ 이 주제에 대한 것은 Otto Friedrich Bollnow, Französischer Existentialismus, Stuttgart 1965 속에 집약되어 있음.

어 버리고, 또 모든 것이 금방 손에서 빠져나갈 것 같이 위협을 받게 되는 순간에, 그리하여 그가 의지할 수 있었던 것이 이제는 아무것도 없는 그러한 순간에 인간은 자신만의 고유한 '전환'Umschlag을 경험하게 된다. 이때에 인간은 그 자신 내부에, 외부로부터 오는 어떠한 것에 의해서도 더 이상 위협받을 수 없는 어떤 궁극적으로 절대적인 발판Halt을 발견하게 되는 것이다. 바로 이것을 실존철학은 키에르케고르에 의존해서 실존Existenz이라고 하는 실존철학 특유의 개념으로 표현해 냈다.

이러한 용어는, 잘못 이해되어 사용되지 않도록 하기 위해서 엄밀한 실존철학적인 의미에서 사용되지 않으면 안 된다. 그러므로 실존Existenz이라는 용어는, 그 말이 거기 있음實存; Da-Sein, 앞에 있음現有; Vorhande-sein 그리고 엣센찌아essentia, 무엇이 있음Was-sein 또는 본질Wesen과 구분되는 에그지스텐찌아existentia 등을 의미하듯이, 넓게 퍼져 있는 어의와 혼동되어 사용되어서는 안 된다. 또한 우리는 실존철학적인 의미에서의 실존 개념을 어떤 형식적인 정의로 규정지을 수도 없다. 왜냐하면 실존 개념은 내용적인 규정들을 가지고 있지 않기 때문이다. 우리는 실존 개념을 다만 실존적 경험existentielle Erfahung을 쌓아가면서 우리들 내부에서 스스로 체득할 수 있을 뿐이다.

그리고 우리는 이러한 실존적 경험을 단지 바로 위에서 언급된 바에 의거해서 다음과 같이 규정지을 수 있을 뿐이다. 곧 인간은, 그가 어떤 의미에서 "가지고 있다"라고 말할 수 있는 모든 것에 관하여, 어느 적당한 순간에 그것이 본질적으로 자신에게 속한 것이 아니라는 사실과, 그것이 자기 자신으로부터 가져가 상실될 수 있다는 사실, 그리고 자신 안에 있는 가장 내면적인 마지막 핵심ein letzter innerster Kern이 그것으로 말미암아 어떤 피해도 입지 않는다는 사실을 함께 경험할 수 있다. 여기에 속하는 것으로는 다음과 같은 것들이 있다. 예컨대 인간의 소유재산이 모두 여기에 속하며, 그리고 또한 신체의 영역에 속하는 것, 즉 건강한 팔다리와 감각기관을 가지고 있다는 것이 여기에 속한다. 더 나아가서 정신적인 영역에서 인간의 소질과 능력 및 참으로 윤리적인 의미에서의 미덕과, 더욱이 생활 속에서 작용하는 인간의 인격마저도 모두 여기에 속하는 것이다.

그러므로 인간은 이러한 일상적인 생활 속에서 있을 수 있는 모든 것이 아무리 중요하다고 할지라도, 그 모든 것이 궁극적인 의미에서는 자신에게 표층적인 것이라는 사실을 경험할 수 있으며, 또한 궁극적인 핵심은 모든 이러한 규정들에 의해서 발견될 수 없는 곳에 있다는 사실을 다시 한 번 경험할 수 있게 된다. 이러한 궁극적인 핵심이 바로 실존철학적인 의미에서의 실존이다.

여기서 우리는 실존철학과 불교의 가르침, 이 둘을 동일시하지 않고 비교한다는 입장에서 불교의 가르침을 회상해 볼 수 있을 것이다. 예컨대 부처Buddha가 말한 수많은 장구章句; Stellen들 가운데 한 구절만 인용해 보면 이러하다. "육체적인 것에 속하는 것이, 과거의 것이, 미래의 것이, 현재의 것이, 자신의 고유한 것 또는 타인의 낯선 것이, 거친 것 또는 섬세한 것이, 천한 것 또는 귀한 것이, 먼 것 또는 가까운 것이 있다. …… 감정Gefühl에 속하는 것도 있다. …… 지각Wahrnehmung에 속하는 것도 있다. …… 구별하는 것들Unterscheidungen에 속하는 것도 있다. …… 의식Bewußtsein에 속하는 것도 있다. …… 이 모든 것이 완전한 지혜Weisheit와 더불어 진리Wahrheit에 따라 간주되지 않으면 안 된다. 그것은 나에게 속해 있지 않다. 그것은 내가 아니다. 그것은 나 자신mein Selbst이 아니다." 여기서 가르침의 무조건성Unbedingtheit에 있어서 서로 폭넓게 연관되는 태도가 언명되고 있다.[23]

지금까지 논의한 내용들은 이렇게 요약될 수 있다.

1. 그러므로 이러한 실존은 인간적인 현존menschilches Dasein 전체와 동일시되어서는 안 되며, 오히려 실존은 어떤 가장 높은 비약의 순간에만 성취되는 것이다. 이러한 의미에서 야스퍼스가 "인간은 현존에 있어서 가능한

23_ Die Reden Gotamo Buddos. Mittlere Sammlung. 독역본 : K. E. Neumann. München 1922. 22. Rede. 그 밖에 이 책의 많은 곳에 이와 비슷한 것을 임의로 골라낼 수 있다.

실존mögliche Existenz이다."[24]라고 말할 수 있었다.

2. 이러한 정신의 고양Erhebung은, 자연적인 삶이 상승하는 도중에 일어나는 것이 아니라, 어떤 철저한 전환에 의해서만 일어나는 것이다. 즉, 하이데거의 표현방식에 의하면 비본래성으로부터 본래성으로, 현세로의 추락으로부터 본래적인 실존으로 향하는 전환에 의해서만 일어나는 것이다.
3. 이러한 정신적 고양은 상존적 지속현상으로 되지는 않는다. 정신적 고양은 순간적으로만 가능하고 또 순간과 더불어 다시 가라앉고 만다. 정신적 고양은 따라서 언제나 새로운 노력 속에서 비본래성으로부터 언제나 새롭게 이루어지지 않으면 안 되는 것이다.
4. 그러므로 실존적 경험은, 시간적인 연속성에 대한 아무런 고려도 없이 모든 노력들을 한 실존적 순간에 모으도록 강요한다. 만일 이러한 경험이 그 경험의 최종적 날카로움에 있어서 끝까지 관철된다면, 이러한 실존적인 순간 속에서 하나의 절대ein Absolutes에 이르게 된다. 그러므로 야스퍼스는 "실존은 오직 초월Transzendenz과의 관계 안에 있거나 아니면 전혀 없다."[25]라고 묘사하였다.
5. 죽음과 파멸의 위험에 직면하여 삶의 모든 빛을 순간 속에 결집시키며, 또한 극도로 예리하게 삶의 의미를 파괴하지 않은 채 그 자신 안에 지니고 있는 궁극적인 실존적 결단성을 하이데거는 '선행적인 결심의 상태'vorlaufende Entschlossenheit라고 표현하였다. 모든 지속적인 삶의 과정으로부터 두드러져 나온 이러한 순간 속에서 바로 인간의 실존적 규정이 이루어지는 것이다.

### *3) 교육학으로의 이행*

여기에서 우리는 실존철학을 자세히 체계적으로 서술할 수는 없고, 다만

24_ Jaspers. a. a. O., 2. Band. S. 2.
25_ Jaspers. a. a. O., 3. Band. S. 6.

다음과 같은 물음만을 제기할 수 있다. 실존철학과 실존철학에서 나타난 이 모든 뒤흔들어 놓는 삶의 경험이 교육학에 주는 의미는 무엇인가? 교육학은 실존철학으로부터 무엇을 배우는가?[26]

우선 실존철학보다도 정신적 배경들 전체가 그 특별한 형식에 있어서 먼저 다루어야 할 문제에 해당된다. 루소로부터 유래하였고 20세기 초엽의 개혁교육학에서 활짝 꽃피웠던 사상, 즉 오로지 올바른 교육을 통해서만 인간의 내면에 잠자고 있는 선을 일깨울 수 있다는 신념과, 최종적으로 위탁할 수 있는 근저에 대한 안정감이 그 사이에 붕괴되었다. 사람들은 현실주의적 인간상과 세계 안에서 자신의 위치를 정립하지 않으면 안 되었다. 사람들은 생물학(특히 유전학), 심리학, 인간 정신의 어두운 심층에 대한 인식인 정신분석학, 그리고 인간의 환경적 여건에 대한 통찰을 담고 있는 사회학 등이 발전시켰던 모든 지식을 근거로 하여 교육을 좁게 제한해 주고 있는, 인간의 본성에 관한 모든 지식을 새롭게 정립해야만 했다. 또한 공격적인 행위 속에서 나타나는 인간 안에 있는 근원적인 악을 인정해야만 했다. 그리하여 이제는 교육의 가능성들에 관하여 훨씬 더 겸손하게 생각하지 않으면 안 되게 되었다.

그러나 이러한 겸손이 단념을 의미하는 것은 아니었다. 반대로 이로 말미암아 교육의 필연성이 더욱 날카롭게 부각되었다. 이와 함께 교육은 교육 자체의 성격을 바꾸어 버렸다. 교육은 이제 더 이상 그와 같은 의미에서 창조적이고 그 자체로서 이미 선한 힘들을 계발하는 일에 몰두하지 않았다. 교육은 보다 강하고 보다 엄격하게 되었다. 교육은 우선 일단은 파괴적인 충동본능을 억제하는 일에 몰두하게 되었다. 처음에는 자주 우리를 놀라게 했던 인간에 관한 경험과학들의 연구성과가 이제는 전혀 새로운 의미를 획득하게 되었다.

그러나 우리의 관심은 어두운 측면들에 의해 각인된 삶의 감정들이 미치

26_ Otto Friedrich Bollnow, Existenzphilosophie und Pädagogik, Stuttgart 1959, 4. Aufl. 1969. 참조.

는 일반적인 영향을 넘어서 보다 더 중요한 의미에서 실존철학의 가르침이 교육학에 주는 의미가 무엇인가를 묻는 데에 있다. 이 물음은 단순한 것이 아니며, 또한 오랫동안 잘못 이해되어 왔던 문제이다. 만일 우리가 실존철학적으로 엄밀한 의미에서 실존으로부터 출발한다면, 언제나 순간 속에서만 반짝이다가 또 순간적으로 다시 사라져 버리고 마는 인간 안에 있는 궁극적인 핵심에 있어서는, 교육이 도대체 불가능한 것으로 보일 수 있을 것이다. 그리고 적어도 우리가 교육을 성장하는 인간의 어떤 지속적으로 발전하는 형성이라는 의미로 보는 한, 교육의 가능성을 생각하는 것조차 무모한 일로 보일 수 있을 것이다.

그러나 이러한 그림은 우리가 실존철학을 실마리로 하여 다음과 같은 사실을 인식하자마자 곧 바뀌게 된다. 즉, 인간의 삶 안에는 갑작스럽게 또 단속적으로 일어나는 사건들이 있으며, 이러한 사건들은 결코 단순히 밖으로 드러나는 장애들이라고만 볼 수는 없고 오히려 인간의 삶 안에서 어떤 긍정적으로 평가되는 중요한 기능을 지니고 있다는 사실과, 그리고 또한 이러한 사건들에 상응하는 것으로서 단속적인 교육형식들이 있다는 사실이다. 여기에 속하는 것으로는, 삶을 위협하는 결정적인 위기Krise, 갑작스럽게 나타나서 보다 새롭고 보다 높은 삶으로 인도하는 각성Erweckung과 호소Appell, 그리고 인간을 타락의 상태에서 벗어나도록 하는 충고Ermahnung, 그 이후의 삶 전체를 결정짓는 운명적인 만남Begegnung, 그리고 그 밖에 많은 현상들이 있다. 이 모든 경우에서 중요한 것은 엄밀한 의미에서의 실존적인 경험이다. 곧 갑작스럽게 충격적으로 인간의 삶에 엄습해 들어와서 일반적인 실존적 경험의 의미에 있어서는 인간에게 위협적으로 작용하지만, 그럼에도 불구하고 만일 인간이 철저한 의미에서 이 경험들과 대결한다면 삶 전체를 위해서 어떠한 결정적인 의미를 지니게 되는 실존적 경험이 중요한 것이다. 지속적으로 발전하는 도야의 이해에 대립적인 이러한 단속적인 교육형식들의 발견에 바로 교육학을 위한 실존철학의 고유한 연구성과가 자리 잡고 있다. 이러한 단속적인 형식들이 이전에도 알려지지 않은 것은 아니었다. 그러나 이러한 것들이 그 자체의 근본적인 의미에서 인식된 것은 아니었으며 실존철학이 비로소 단속적 교육형식들을 이론적으로 정립하기 위한 기초를 제공했다고 할 수 있다.

### *4) 만남*

실존사상이 교육학에 크게 작용한 첫 번째의 예는 만남Begegnung의 개념이다. 만남이라는 개념은 사실상 제2차 세계대전 이후에 독일에서 나타났으며, 이 말을 사용하는 사람들에 의해 특별한 의미를 지닌 표현으로 말해졌다.[27] 이것은 종래의 개념으로는 올바르게 정복할 수 없었던, 그래서 이제 사람들이 이 새로운 단어로써 표현할 것을 시도한 하나의 새롭고도 독특한 경험이었다. 따라서 이 단어 자체는 결코 새로운 것이 아니었다. 오히려 이 말은 독일어의 오래된 어휘들에 속하는 것으로서, 비록 사람들이 이 말을 특별히 강조해서 사용하지는 않았다 하더라도 그들은 이미 언제나 만남에 관해서 말해 왔었다. 그러나 이 만남이라는 말은 이제 전혀 새로운 색깔을 갖게 되었다. 그것은 이 말 속에서 갑자기 강조되어 나타나게 된, 전혀 새로운 삶의 경험, 곧 실존적 경험이었다. 비록 만남이라는 개념의 등장이 실존철학의 직접적인 작용에 의한 것으로 이해될 수 없고, 오히려 그 자신의 영역에서 독자적으로 이루어졌다고 할지라도, 그것이 한편으로는 실존의 개념 안에서 또 다른 한편으로는 만남의 개념 속에서 작용하는 똑같이 실존철학적인 기본 경험인 것이다. 그리하여 이와 같은 사실은 우리들이 이 두 개념을 단일화시켜서 고찰하는 것을 정당화시켜 준다.

맨 처음 만남이라는 말이 새로운 중요성을 얻게 된 것은 아마 종교적인 영역에서였을 것이다. 이전에 아마도 사람들이 일반적인 의미에서 어떤 '종교적 체험'에 관해서 말했을 곳에서 그들은 이제는 바로 '신과의 만

---

**27**_ 만남이라는 개념의 역사에 대해서는 Werner Loch. Pädagogische Untersuchungen zum Begriff der Begegnung. Diss. Tübingen 1953. 같은 저자의 Zur Vorgeschichte des p dagogischen Begegnungsbegriffs. Pädagogische Arbeitsblätter. 11. Jahrg. 1959. S. 337 ff., 12. Jahrg. 1960. S. 16 ff. 참조.

남'Begegnung mit Gott에 대해서 말하게 되었다. 이는 고유한 완고함을 표현하기 위한 것으로서, 여기서는 이러한 완고함으로써 인간에 마주 서서 존재하는 생소한 현실을 표현하기 위한 것이었다. 그런데 이 현실은 어떤 냉정한 객관성도, 그리고 바로 어떤 모호한 쾌락도 허용하지 않으며, 오히려 이 현실은 어떤 낯선 것etwas Fremdes으로서 준엄한 엄격성을 지니고 인간에게 마주 서 있기 때문에 인간은 매우 고통스럽게 이 현실에 직면하지 않으면 안 되는 것이다.

이러한 기본 특성은 우리가 다른 사람들과의 만남이나 혹은 어떤 예술작품과의 만남, 더 나아가서 일반적인 어떤 현실 영역Wirklichkeitsbereich과의 만남에 대해서 말할 경우에도 동일한 방식으로 되풀이된다. 개념은 여기서도 또한 인간이 부딪치게 되는 현실의 엄격성을 나타내 주고 있다. 그런데 이 엄격한 현실은 인간의 소원과 기대에 전혀 부응하지 않고 오히려 그것과는 전혀 다른 것이기 때문에 인간이 이 엄격한 현실에 부딪쳐 보았자 소용이 없으며, 결국 인간은 이러한 준엄하고 엄격한 현실에 의해 강압적으로 자신의 행동을 바꾸지 않을 수 없게 된다. 하나의 예술작품과의 관계를 만남으로 경험한 좋은 예가 있다.

우리는 릴케의 「고대 아폴로의 조상」Archaischer Torso Apollos이라고 하는 시에서 그 예를 찾아볼 수 있다. 릴케는 예술작품의 거부적인 아름다움에 놀란 나머지 이렇게 외치고 있다. "참으로 너를 보지 못하는 장소가 없도다. 너는 너의 삶을 바꾸지 않으면 안 되리라."[28] 그 작품은 어떤 절대적인 요청Absolutheitsanspruch을 가지고 인간에게 맞서 있으며, 따라서 인간은 이 요청으로 말미암아 자신의 존재의 가장 내적인 핵심에서 동요하게 된다. 이제까지의 그의 삶은 이러한 절대적인 요청에 직면하여 아무것도 아닌 것으로 여겨진다. 그는 "자신의 삶을 바꾸지 않으면 안 된다."

그러므로 우리는 어떤 다른 사람이나 혹은 어떤 예술작품을 알게 되는

28_ Rilke. a. a. O., 3. Band. S. 117.

모든 과정들을, 언제나 이 말이 갖고 있는 완전하고 중요한 의미에 있어서 만남이라고 표현하지는 않는다. 그러한 만남이란 오히려 특정적이고 매우 드문 운명적인 경험인 것이다. 왜냐하면 만남의 경험은 인간의 삶 속에 침입해 들어와서 지금까지의 그의 걸음을 갑작스럽게, 그리고 대부분은 고통스럽게 중단시키며, 그리하여 결국은 어떤 새로운 방향으로 걸어가도록 인도하기 때문이다. 대체로 문제가 되는 것은 다른 사람과의 만남, 예컨대 교육의 영역에서 교사와의 만남처럼 인간의 삶 안에 운명적으로 들어오게 되는 다른 사람들과의 만남인 것이다.

그러나 이러한 만남을 불러일으키는 대상은 위대한 예술작품일 수도 있고 철학자의 저서일 수도 있다. 왜냐하면 이러한 것들도 그것을 접한 인간의 삶에 결정적인 전환을 가져올 수 있기 때문이다. 그 어떤 경우에서든지 만남은 '단속적인 형식들'unstetige Formen에 속한다. 왜냐하면 만남은 단속적인 형식들이 그렇지 않은 지속적인 삶의 과정에 갑작스럽게 침입해 들어가서 이 지속적인 삶의 과정에 새로운 방향을 제시하는 것과 같은 방식을 취하기 때문이다. 만남은 실존철학적인 엄밀한 의미에 있어서 실존적인 사건, 곧 인간의 삶 안으로 간섭해 들어오는 실존적인 사건이다. 그러므로 만남을 그 본질에 있어서 적절하게 이해하기 위해서 우리는 실존철학이 연구하여 정리해 낸 인간의 삶에 대한 이해를 활용할 수 있는 것이다.

인간은 그 자신의 가장 내적인 핵심 안에서 가능한 이와 같은 만남들 안에서 시험대에 세워지게 된다. 이러한 만남들 안에서 그 자신에게 참된 것과 참되지 못한 것이 결정된다. 그러므로 이미 일찍이 만남의 개념의 중요성에 대해 주목했던 구아르디니Guardini가 만남의 특성으로서 결단Entscheidung과 확증Bewährung을 강조한 것은 정당한 일이다.[29] 그렇다고 만일

---

**29**_ Romano Guardini. Grundlegung der Bildungslehre. 현재 : Weltbild und Erziehung. 1. Heft. W rzburg 1953. 같은 저자. Die Begegnung. Ein Beitrag zur Struktur des Daseins. Hochland. 47. Jahrg. 1955. S. 224 ff. 현재 : R. Guardini und O. F. Bollnow. Begegnung und Bildung. Weltbild und Erziehung. 12. Heft. Würzburg 1956.

우리가 인간은 만남 안에서 '확증된다'라고 말한다면 근본적인 의미에서 이 말은 전적으로 올바른 주장은 못될 것이다. 인간은 처음에 그 자신er selbst이고, 그리고 나중에 확증되어야만 하는 존재가 아니다. 오히려 이러한 인간의 본래적인 자아eigentliches Selbst, 곧 엄격한 의미에서 인간의 실존은 만남의 과정 속에서만 형성되는 것이다. 이에 따라 만남의 과정은 인간의 자아형성Selbstwerdung에 결정적인 의미를 갖게 된다.

이러한 인간의 본래적인 자아는 결코 고독한 영혼의 조용하고 지속적인 발달 속에서 형성되는 것이 아니며, 원칙적으로 다른 사람과의 만남에 있어서만 형성되는 것이다. 그리고 가장 직접적으로는 아마도 언제나 하나의 너Du, 곧 구체적인 다른 한 인간과의 만남 안에서만 형성된다고 볼 수 있다.

### *5) 만남의 교육학적 의미*

그러한 만남은 분명히 교육에 지극히 중요한 의미를 주고 있다. 우리는 이 장에서 어떤 한 사람과의 만남에 대해서 더 이상 다루지 않을 것이며, 또한 교사와 학생 사이에서 있을 수 있는 만남에 대해서도 다루지 않을 것이다. 만남에 대해서 우리가 교육학적인 관점에서 고려해 보아야 할 것은 이제까지의 고찰 속에 이미 포함되어져 있기 때문이다. 여기서는 다만 보충을 위해서, 수업Unterricht에서 만남이 지니는 의미에 관한 것, 곧 하나의 특정한 수업의 재료Unterrichtsstoff와의 만남에 관한 것을 다룰 것이다. 만일 우리가 이러한 사상을 진지하게 받아들인다면, 이것은 이제까지의 수업관에 대해 근본적인 수정을 가져오게 될 것이다. 우리는 만남의 사상을 통해 갖게 되는 어떤 새로운 것을 부각시키기 위해서, 지금까지 파악한 내용들을 미리 간단히 살펴보고자 한다. 여기에서 우리는 논의를 소위 정신과학들, 곧 인간에 의해서 창조된 문화에 관한 과학들에 한정시킬 수 있을 것이다. 왜냐하면 만약에 우리가 만남의 개념을 충분히 날카롭게 파악한다면, 만남의 문제는 정신과학들 안에서만 작용하기 때문이다.

우리는 이러한 영역에서 교육의 목적을 도야Bildung의 개념으로 표현할 수 있을 것이다. 이 개념이 독일 고전주의deutsche Klassik 시대에 헤르더, 괴테, 훔볼트Humbolt 등을 거쳐 오늘에 이르기까지 효력을 지니고 있는 모습Gestalt을 얻게 되었던 것처럼, 사람들은 도야라는 개념을 인간 안에 내재되어 있는 모든 힘들과 능력들의 균형잡힌, 그리고 조화로운 발달Entfaltung로 이해하고 있다. 그러나 이러한 다면적으로 조화로운 발달allseitig-harmonische Entfaltung은 오직 다른 종류의 가능성들을 최대한으로 포괄하는 경험들을 통해서만 이루어지는 것이다. 왜냐하면 이 다른 종류의 가능성들에 몰두하는 가운데 자기 자신만의 고유한 개성Individualität의 우연한 한계들을 넘어서 성장 발달할 수 있기 때문이다. 그러므로 중요한 것은 인간정신이 창출해 낸 풍부성 전체를 알기를 배우고 그것을 자신 안에 수용하는 일이다. 도야는 가능한 한 최대한의 다면성Vielseitigkeit과 원숙Abrundung을 필연적인 목표로 삼고 있다.

이와는 대조적으로 만남의 개념과 함께 무엇인가 전혀 새로운 것, 다시 말해서 실존적인 관점이 첨가된다. 이러한 관점에서 볼 때 모든 도야는 어떤 구속적이 아닌 것, 바로 유희 같은 것Spieleriches이 된다. 만남 안에서 비로소 이 구속적이 아닌 것들의 영역이 돌파된다. 만남 안에서 비로소 그 자신의 전체적인 요구에 대상을 관여시키고, 또 그 자신의 심층 속에서 인간을 동요시키는 하나의 무조건적 관계가 형성된다. 그러나 만남이 이루어지는 곳, 바로 그곳에서 이러한 관계 전체는 곧바로 정신적인 세계로 변하게 된다. 이때까지 중요한 관심사가 되었던 문화재들과 정신세계의 풍부함이 그 의미를 상실하게 된다. 만남은 필연적으로 일면적이다. 역사나 문학의 위대한 인물들 가운데 어느 한 인물과의 만남이 이루어지는 곳에서 모든 다른 인물들은 필연적으로 침몰될 수밖에 없다. 전자가 후자들을 배제한다. 우리는 괴테와 횔더린Hölderlin을 똑같은 강도로 사랑할 수 없다. 더 나아가서 만남은 인간으로 하여금 가능성들 사이에서 하나를 선택하도록 강요하며, 이것을 원하고 저것을 반대하길 결정하도록 강요한다. 인간은 가능성들의 항쟁의 와중에 들어가서 스스로 결정하지 않으면 안 된다. 그러나 이러한 결정 안에서 비로소 인간은 자신의 실존의 최종적인 엄격성에 부딪치게 되며, 이 엄격성에 직면하여 모든 교육의 사건들은 다만 일시적인 것으로 지나가고 만다.

그러므로 자체의 과제를 참으로 진지하게 받아들이는 교육이라면, 성장 발달하고 있는 인간들이 정신세계의 여러 형태들과 그러한 결정적인 만남을 갖도록 그들을 이끌지 않으면 안 될 것이다. 따라서 모든 수업들도 그러한 만남을 지향하지 않으면 안 된다. 그러나 바로 이러한 사실과 함께 동시에 다음과 같은 난점이 제기된다. 모든 실존적인 사건들이 그러하듯이, 만남은 결코 계획될 수 없다는 점이다. 만남은 예측하지 못한, 그리고 예측할 수도 없는 어떤 임의의 순간에 돌발적으로 일어난다. 교사는 수업의 기술을 통하여 만남을 임의로 유발시킬 수 없다. 교사는 단지 만남을 준비시키고, 만남의 중요성에 대한 이해를 깨우쳐 주며, 그리고 만남이 일어났을 때에 현명한 배려를 통하여 만남이 확고하게 되도록 시도할 수 있을 뿐이다. 그러나 또한 교사는 만일 만남이 일어나지 않을 경우라도 조급해 해서는 안 된다. 그리고 만남이란 어떤 학급에서 동일한 시간에 동일한 대상에게서 모든 학생들에게 일어나는 것이 아니므로, 이미 만남은 수업의 직접적인 목표일 수가 없다. 수업은 단지 균형잡힌 지식을 전달하고, 만남이 일어날 수 있는 전제조건들을 조성할 수 있을 뿐이다. 따라서 만남이 일어날 것인가 아닌가 하는 것, 또 언제 일어날 것인가 하는 것은 이제 더 이상 교사의 역량에 속하는 문제가 아닌 것이다. 그러나 그럼에도 불구하고 정신적 세계에 대한 진정한 내적인 관계가 이루어져야만 한다고 한다면, 참된 만남은 불가결한 것이다. 만남이 없는 도야는 사실상 구속력 없는 단순한 유희Spiel에 불과할 뿐이기 때문이다.

그러나 이로 말미암아 도야의 가치가 떨어지는 것은 아니다. 단지 주도적인 교육목표로서의 도야의 위치가 상실될 따름이며, 따라서 보다 깊은 기초 위에서 파악된 인간이해 안에서 올바른 위치로 새롭게 세워질 뿐이다. 이러한 인간이해 속에서 도야와 만남 사이의 상호 의존적인 관계가 생긴다. 포괄적인 도야가 없이는 하나하나의 개별적인 만남은 우연적일 수밖에 없는 것이다. 그러므로 수업은 폭넓은 도야지식Bildungswissen을 전개하지 않으면 안 되며, 그리고 그러한 도야지식 안에서 이해의 범위를 확장시키지 않으면 안 된다. 이러한 확장된 이해 속에서 비로소 완전한 만남이 이루어질 수 있는 것이다. 그러나 다른 한편으로, 만일 도야지식이 적어도 어느 한 곳에서라도 진정으로 인간 자신 안에 있는 가장 내적인 핵심에 이르게 해서 삶 전체의 변화를 강요하는 만남에까지 이르지 못한다면 모든 도야지식은 구속력이 없게 되어 마침내 보잘 것 없이 될 것이다.

그러므로 만남의 개념은, 보다 엄격한 실존적 경험이 교육학적 사고 안으로 뚫고 들어가서 종래의 이해들을 결정적으로 철저화하도록 강요하는 곳에서, 너무나 분명하게 확인되는 바로 그 위치를 가리킨다.

## 제6장 위기와 교육

### *1) 위기*

실존철학은 우리에게 '단속적인 형식들'에 대한 보다 많고 깊은 이해를 가능하게 해주었다. 이러한 단속적인 형식들 가운데 또 하나의 예로 우리는 위기Krise를 들 수 있다. 불안감을 조성하면서 삶의 지속적인 과정을 중단시키는 갑작스럽고도 강압적인 사건을 우리는 위기라고 부른다.[30] 이러한 위기는 개개인의 개성적인 삶에서도, 또 인간 사회나 제도의 초개인적인 삶에서도 있을 수 있다. 그러므로 위기는 병의 경과 속에서 있을 수도 있고, 또 성장 발달의 위기, 성숙의 위기, 신앙의 위기, 결혼생활의 위기 등과 같은 정신적인 영역에서도 있을 수 있으며, 더 나아가서 경제의 위기, 정치의 위기, 국가들 간의 평화로운 관계에서의 위기 등과 같은 초개인적인 영역에서도 있을 수 있는 것이다. 이때에 언제나 문제가 되는 것은 정상

---

**30**_ O. F. Bollnow. Existenzphilosophie und Pädagogik. a. a. O., S. 24 ff. 참조.

적인 삶의 흐름이 어쩔 수 없을 것 같은 것으로 보이는 어려움에 의해 중단된다는 사실이다. 여기서 인간은 자신의 삶이 더 이상 그렇게 진행될 수는 없다는 것을 느끼게 된다. 자신의 삶이 파멸될지도 모른다는 위협을 느끼게 된다. 또 심연Bodenlose으로 굴러 떨어지지 않을 수 없다고 믿게 된다.

그러한 위기들은 최종적인 결단의 순간들이다. 위협은 모든 순간들을 파국Katastrophe에 이르도록 할 수 있다. 예컨대 병의 위기는 죽음으로 이끌 수 있고, 결혼생활의 위기는 이혼으로 이끌 수 있으며, 경제적 위기는 완전한 파산으로 이끌 수 있다. 그러나 또한 이 파국은 우리가 최대한으로 노력만 한다면 피할 수도 있는 것이다. 위기를 피하게 되면 우리는 새로 획득한 삶 안에서 안도의 한숨을 쉬게 된다. 우리는 보다 투명하고 순수해진 모습으로 새로운 삶을 시작할 수 있게 된다.

그러한 위기들이 있다는 것을 우리는 물론 언제나 알고 있었다. 그러나 우리는 위기가 일반적으로 참으로 삶을 위태롭게 방해하거나 위협하기는 하지만 일종의 장애로서 우연적일 수밖에 없는 대단히 유감스러운 우발적 사건Zwischenfälle으로 생각하였다. 다시 말해서 우리는 위기를 필연적으로 삶에 속한 것이 아닌, 외부로부터 삶 속으로 침입해 들어오는 것으로 보았다. 따라서 보다 주의를 기울인다면 피할 수도 있는 것으로, 그러나 그럼에도 불구하고 일어난다면 약화시키거나 가능한 한 빨리 다시 제거하도록 애쓰지 않으면 안 되는 우발적인 사건으로 생각했던 것이다. 인간학적 고찰은 여기서 문제제기의 방향을 바꾸어서 이렇게 묻지 않으면 안 된다. 그 위기라는 것이 혹시 인간의 삶에 필연적으로 속한 것으로서 인간의 삶 안에서 어떤 전적으로 특정한 기능을 수행하고 있는 것은 아닌가 하는 것이다. 우리는 미리 모든 것을 결정함이 없이 우선은 순수하게 발견적인 의미에서 이러한 물음을 설정할 수 있으며, 그리하여 이러한 물음을 실마리로 해서 무엇이 일어나는가를 볼 수 있을 것이다. 이러한 연관성 속에서 이제 문제제기는 실존철학으로 전환된다. 왜냐하면 실존철학의 매우 특이한 개념인 실존이라는 개념에 의하면 우리 인간은 존재하는 한, 순간순간마다 위기 속에 있는 것으로 규정될 수 있기 때문이다. 물론 이와 같은 날카로운 형식의 표현은 과장된 느낌도 있다. 또한 위기로 점철된 삶의 단층들 사이에는 지속적인 성장의 시간들이 있기도 할 것이다. 그럼에도 불구하고 위기들은 의미있는 기능들과 더불어 필연적으로 삶의 부분을 이루고 있다는 생각이 계속 우리들을 사로잡고 있다.

이 경우에 이 주장이 의미하는 바는 이러할 것이다. 즉, 이 주장은 식물의 발달에 오리엔테이션된 인간에 대한 유기적 성장organisches Wachstum의 이해는 인간의 삶을 너무 평탄하고 무해하게 그리고 있으며, 따라서 인간은 오히려 위기를 통해서만, 즉 근본적으로 다른 어떤 방도가 없는 이러한 매우 극단적인 위협을 통해서만 자신의 본래적인 자아-존재Selbstsein를, 다시 말하면 모든 영향들에 대항하여 자기 스스로를 책임질 수 있는 어떤 확고한 위치Stand를 획득할 수 있다는 것을 의미한다. 이러한 과정을 통해서 비로소 인간은 참된 윤리적 존재가 된다. 그리고 이러한 과정은 단 한 번만의 발걸음으로는 얻어질 수 없기 때문에, 모든 새로운 삶의 단계로의 이행은 위기를 통해서만 가능하다고 말할 수도 있다. 그러므로 특히 사춘기의 연령층에서 흔히 나타나는 성숙의 위기들도 유감스럽게 동반해서 나타나는 현상이 아니다. 오히려 그것들은 성숙 과정 자체와 필연적으로 연결되어 있다. 닥쳐오고 있는 위기를 돌파하지 않고서는 어느 누구도 내적인 자립을 이룩하지 못한다. 오직 위기 안에서 그리고 위기를 통해서만 우리는 성숙한다. 그러나 위기에는 일정한 연령 단계에 유착되어 나타났다가 곧 극복되는 위기가 있을 뿐만 아니라, 여러 시기에 인간의 삶 전체를 통틀어서 인간에게 닥칠 수 있는 여러 종류의 다양한 위기들도 있다. 인간의 삶은 전체적으로 위기에 의해 위협받고 있다.

그러나 만일 위기가 이렇게 인간의 본질에 속하며, 인간의 자아형성에 불가피한 것이라면 교육자가 이러한 위기에 대하여 어떤 태도를 취해야만 하는가라는 문제가 제기된다. 교육자는 위기의 치료적인 작용 때문에 위기를 의식적으로 야기 시켜야만 하는가? 그리고 또 야기시켜도 좋은가? 우리는 이러한 물음을 단호하게 거부하지 않으면 안 된다. 위기는 언제나 나쁜 결과도 가져올 수 있는 커다란 위험을 의미한다. 따라서 어떤 교육자도 그러한 큰 위험에 대한 책임을 감히 떠맡아서는 안 된다. 교육자는 위기를 지배할 수 없으며, 따라서 위기를 의도적으로 야기시켜서도 안 된다. 모든 위기는 숙명인 것이다. 바로 여기서 의도적인 '만듦'Machen으로서의 교육에 대한 이해가 내포하고 있는 어쩔 수 없는 한계를 발견하게 된다.

그러나 만일 위기가 그 스스로 들어와서 젊은 사람의 삶을 위협하는 경우에는, 문제가 근본적으로 다르다. 이때에 교육자는 그러한 어려운 상황에 처해 있는 젊은 사람을 올바르게 도와줄 수 있어야만 할 것이다. 그러나 그렇게 할 수 있기 위해서는 위기의 본질과 위기가 삶에 주는 의미에 대한 보다 깊은 통찰이 요구된다. 교육자는 위로하는 말로 미화시켜서 위기의 강도를 약화시키려 해서는 안 된다. 오히려 젊은이들이 위기가 지니는 의미를 명확하게 인식하고 위기를 충분히 감수하며, 더 나아가서 위기를 회피하지 않고 자유롭게 벗어나도록 도와주지 않으면 안 된다.

여기서 교육과학의 범위가 의식적인 교육행위보다 훨씬 더 넓게 확장된다는 사실이 다시금 명백해진다. 교육자는 인간의 성장 발달에 영향을 미치는 훨씬 더 많은 과정들을 자아성찰의 범위 안에 포함시켜서 자신의 교육행위 속에 소화해 넣지 않으면 안 된다. 비록 그러한 과정들이 교육자 자신의 고유한 의도적인 책임을 벗어나는 것이라고 할지라도 교육자는 또한 그렇게 하지 않을 수 없는 것이다.

### *2) 새로운 시작*

그러므로 우리는 위기를 어떤 새로운 시작을 가능하게 해주는 것으로서 이해할 수 있다. 위기가 심하면 심할수록, 그리고 끝까지 충실하게 관철되면 될수록, 위기가 사라진 다음에 나타나는 새로운 시작으로부터 오는 아침과 같이 신선한 기분은 더욱더 자유로운 것이다. 이에 신화적인 상상들은 깊은 의미에 있어서 인간의 중생重生; Wiedergeburt에 관해서 말해주고 있다. 요컨대 우리는 인간의 삶 전체를 새로운 시작의 가능성 아래 보지 않을 수 없다. 이것은 낡고 잘못된 발달을 중단하고 새로운 자극으로써 새롭게 시작할 수 있는 가능성이다. 이러한 가능성은 이제까지의 교육이론에서는 거의 고려되지 않았으나 그럼에도 불구하고 아주 근본적인 의미를 지니고 있는 관련인 것이다. 인간에게는 똑같은 높이를 고수하거나 지속적으로 위를 향하여 발전하는 일이 불가능한 것으로 보인다. 오히려 관습과 권태로 말미암아 힘이 빠지게 되고, 그리하여 타락의 상태로, 곧 자신의 현존재의 '비본래성'의 상태로 떨어지는 것이 인간의 삶의 속성인 것 같다. 자신에게 요구되는 가능성들의 뒷전에서 죄스럽게 뒤처져 있는 것이 일반적인 인간의 본질로 보인다. 그러므로 인간이 허약함의 상태에서 벗어나기 위한 새로운 출발점이 언제나 다시금 요청되는 것이다.[31]

이러한 새로운 출발점은 이제 여러 가지로 서로 대단히 상이한 기저 안에서 생겨날 수 있다. 우리는 스스로 자신의 빗나감을 인지하고 이로 말미암아 깜짝 놀라며, 그리하여 보다 열심히 새롭게 시작할 것을 스스로 결심하는 일이 자주 있다. 또한 이와 반대로 우리가, 특히 어린아이로서는, 우리 자신들만의 힘으로는 새롭게 시작할 수 없는 경우도 자주 있다. 이때 우리는 비로소 외부로부터의 자극을, 특별히 교육자의 관여를 필요로 한다. 이것은 교육자의 선의에 바탕을 둔 충고나 호소에서 일어난다. 그러므로 충고와 호소는 우리가 그것들의 기능을 올바로 파악하지 않으면 안 되는 교육적인 조처들인 것이다. 인간의 발달은 언제나 다시금 좌절과 방황으로 인하여, 또는 일반적으로 인간의 약함에 의해 중단되거나 잘못 인도되기 때문에, 그 중단된 발달을 새롭게 진행시키는 외부로부터의 자극을 언제나 다시금 필요로 하고 있다. 그리고 인간은 자신의 힘만으로는 지속적인 발달의 걸음걸이를 걸어갈 수 없으므로, 포기의 위협이 있을 때는 언제나 다시금 자신의 고유한 의지에 바탕을 둔 충고와 호소를 필요로 하게

31_ Otto Friedrich Bollnow. Krise und neur Anfang. Beiträge zur pädagogischen Anthropologie und Erziehung. Band 18. Heidelberg 1966. S. 34 ff. 참조.

된다. 물론 단순한 자극만으로도 소망된 성과를 가져오는 경우가 많다. 그러나 좀 더 심각한 경우에 이런 단순자극만으로는 충분하지 못하다. 따라서 인간이 자신의 잘못된 현존으로부터 벗어날 수 있기 위해서는 보다 더 깊이 파고드는 위기에 직면하지 않으면 안 된다.

그렇다고 이러한 새로운 시작이, 중단된 발달의 단순한 재개再開; Wiederaufnahme는 아니다. 오히려 새로운 시작은 이제까지의 잘못된 삶과의 비판적인 대결을 요구하며 아울러 잃어버렸던 순수한 근원으로의 회귀를 요구한다. 그래서 우리는 일반적인 인간학적 사고의 단서들로부터 다음과 같은 사실들을 추정해 볼 필요가 있다. 즉, 비본래성의 상태로 빠진다는 것이 단순한 어떤 회피할 수 있는 결함이 아니라는 사실, 그리고 직접적으로 앞으로 전진하는 걸음걸이로서가 아니라 언제나 오직 빙 둘러가는 걸음걸이로서만, 다시 말해서 타락한 현존과의 비판적인 대결을 통해서만 자신의 변조되지 않은 순수한 본질로 나아갈 수 있으며, 이러한 걸음걸이는 인간의 본질에 속하는 것이라는 사실이다.

### *3) 문화비판*

우리는 이러한 사실을 문화비판Kulturkritik의 현상에서 보다 큰 척도로 가장 명백하게 인식한다. 문화비판은 유럽의 정신사에서 여러 번에 걸쳐서 반복되었던 운동으로서 젊은 세대가 경직되고 생기없게 된 문화에 대항했던 일을 가리킨다. 이러한 의미에서 루소가 자연으로 돌아갈 것을 요구했었던 일을 가장 먼저 들 수 있다. 다음에 젊은 시절의 헤르더와 괴테, 그리고 야코비를 중심으로 하는 독일의 질풍노도Sturm und Drang의 세대가 사회적인 형식들과 인습적인 도덕률, 그리고 삶에 무의미하게 여겨지는 지식의 지배에 격렬하게 대항했었던 일을 들 수 있다. 그러고 나서 19세기 후반에 문화비판은 다시금, 고정되고 오래 전부터 공허해진 전승 형식들의 강제로부터 인간 안에 내재되어 있는 창조적인 힘들을 해방시킬 것을 요구했었다. 또 사람들은 문화비판을 다각적으로 논박하였다. 왜냐하면 전승되어

온 확고한 형식들을 해체하는 것은 억제할 줄 모르는 충동을 방치하는 것을 의미하고, 그리하여 필연적으로 혼돈을 가져오게 된다고 생각했기 때문이다.[32] 그러나 여기서 사람들은 문화비판을 그 본질에 있어서 잘못 이해했다. 왜냐하면 확고한 형식들에 대한 투쟁은 문화 일반에 대한 것이 아니라 단지 타락한 문화에 대한 도전이었을 뿐이며, 그리고 이러한 도전은 새롭고 순수한 생동적인 문화를 얻고자 하는 노력이었기 때문이다.[33]

그리하여 문화비판은 새로운 시작이라고 하는 우리의 문제와 다시금 관련을 맺게 된다. 대체로 이러한 사실이, 곧 발전신앙Fortschrittsglauben이라는 의미에 있어서 인간은 곧장 위로만 전진할 수는 없으며, 오히려 인간은 발달이 좌절된 곳에서 언제나 다시 새롭게 출발의 근원으로 되돌아가서 거기서부터 다시 새롭게 시작하지 않으면 안 된다는 사실이 그러한 것으로 보인다. 그런데 이러한 근원성Ursprünglichkeit을 우리는 시간적인 의미에서 이해해서는 안 된다. 우리가 역사의 발전을 소급해 들어갈 수 있는 한에서, 우리는 처음부터 어떤 낙원 같은 죄없음의 상태를 발견하는 것이 아니다. 오히려 우리는 언제나 이미 하나의 타락하고 외화된 세계를 발견하게 된다. 따라서 인간은 이러한 타락하고 외화된 세계와의 비판적인 대결 안에서 자신의 근원성을 비로소 획득해야 한다. 그러므로 문화의 쇄신과 회춘은, 인간이 언제나 다시금 새롭게 착수하지 않으면 안 되는 과제로서 인간 자신에게 주어지는 것이다. 이것이 바로 언제나 새롭게 수행하지 않으면 안 되는 문화비판의 기능인 것이다.

### *4) 교육의 과제 : 근원으로의 복귀*

문화비판은 인간 개개인의 삶에도 똑같은 방식으로 적용된다. 만일 우리가 처음부터 근원적인 생동성ursprüngliche Lebendigkeit이 있다고 가정한다면,

---

32_ Arnold Gehlen. Anthropologische Forschung. Zur Selbstbegegnung und Selbstentdeckung des Menschen. Rowohlts Deutsche Enzyklop die. Bd. 138. Hamburg 1961. 참조.

33_ Bollnow. Die Kritik an der Kulturkritik. Krise und nener Anfang. a. a. O., S. 15 ff. 참조.

그것은 여기서 너무 단순한 하나의 상像, Bild이 될 뿐이다. 어린이가 그를 둘러싸고 있으면서 그를 형성하고 있는 환경과 그에 의해 자명적인 것으로 수용된 세계이해와 삶의 이해에 대하여 의식을 갖게 되는 바로 그 순간에, 어린이는 언제나 이미 이와 같은 영향들에 의해 각인되고 있다. 처음에는 이 말이 매우 모순되게 들릴는지도 모르겠지만, 적어도 정신적인 의미에서 어린이는 이미 늙어서 세상에 태어나며, 그러고 나서 비로소 청년으로 발달하지 않으면 안 되도록 되어 있다. 어린이는 먼저 모든 전승된 형식들을 통해서 자신의 삶의 근원성으로 뚫고 들어가지 않으면 안 된다. 이것이 바로 근원성으로의 돌파라는 의미에서, 문화비판에 비교될 만한 하나의 경과인 것이다.

어린이가 자신의 근원성을 얻도록 도와주는 것은 교육의 특별한 과제이다. 그러나 이 과제가 아직은 잘 인식되지 못한 상태에 있다. 기일Giel은 자신의 저서인 『인간학적 교수학』[34]에서 어린아이가 매우 피상적으로 이해된 세계 안에 있는 사물들과의 잦은 교제 속에서 우선 어떠한 상태에 있는가를 매우 설득력 있게 제시하였다. 어린아이는 사물들과 관계를 맺을 줄 알고 있으며, 그 사물들을 합리적으로 사용할 줄도 알고 있다. 그러나 어린아이가 실제로 그 사물을 아는 것은 아니다. 그는 확장된 이해로 말미암아 처음에 있었을 상태를 전혀 알 수 없으며, 또한 그것을 편견없이 순수하게 직관할 수 없다. 왜냐하면 그러한 상태는 매일매일의 교제 속에서 언제나 이미 뛰어 넘게 되어 있기 때문이다. 인간은 게엘렌Gehlen이 매우 인상깊게 표현한 것처럼 이미 어떤 최소한의 인식 기능을 갖고 있다. 예를 들면, 의미 있는 특징이나 혹은 특색 있는 제한을 지니고 있는 사물을 인간은 언제나 이미 인식하고 있다.[35] 이것은 말하자면 우리가 사물을 파악하는 방법, 곧 우리가 사물을 어떻게 취급해야 하며, 또 어떻게 다루어야만 하는가를

34_ Klaus Giel. Studien zu einer anthropologischen Didaktik. Anthropologie und Erziehung. Heidelberg 1969.

35_ Gehlen. Der Mensch. a. a. O.

말해 주는 사용지침과 같은 것이다. 이 모든 것들이 매우 피상적인 방식으로 이루어진다. 그러므로 어린아이는 처음부터 각인된 관습의 체계 속에 있는 것이다.

이러한 사실은, 직관에서 시작해서 확실한 개념으로 올라가지 않으면 안 된다고 하는, 직관수업Anschauungsunterricht에 대한 우리들의 일반적인 파악을 교정하도록 유도한다. 처음부터 순수한 직관이라는 것은 결코 없다. 매우 생각없이 그럭저럭 진행되는 매일매일의 교제의 방식Weise이 있을 뿐이다. 순수하고 편견없는 직관에, 곧 사물을 있는 그대로의 모습에서 파악하는 직관에 도달하기 위해서는 우선 먼저 매개하는 습관의 껍데기를 뚫어버리는 돌파가 요구된다. 인간에게 이러한 일은 은혜받은 순간들 속에서 매우 드물게 일어난다. 이때 우리들의 시선은 행위를 주도하는 미미한 특성들의 속박에서 벗어나게 되며, 풍부한 감각적인 대상의 성질들에 대해서 자유로워지게 된다. 세계는 인간의 어떤 종류의 사용에 의해서도 유일하게 더럽혀지지 않은 최초의 창조의 날처럼 거기에 그렇게 놓여 있게 된다. 그러나 극소수의 사람만이 자신의 고유한 힘으로부터 이러한 돌파를 성취할 수 있다. 이것은 완벽한 예술작품에 대한 관조에 있어서 흔히 일어나는 현상이다. 그래서 예술은 인간을 세계에 대한 직접적인 관조로 되돌아가도록 인도해 주는 하나의 좋은 도구이다.[36]

그러나 이러한 원초적인 세계로의 매개는 수업의 대단히 특별한 과제이다. 그리하여 기일이 바로 이 과제를 모범적이고도 참으로 혁명적인 방법으로 제시하였다. 우리는 직관으로부터 시작할 수가 없다. 왜냐하면 직관은 실제적인 교제를 통해서 언제나 은폐되기 때문이다. 그러나 적어도 우리는 수업의 기술을 통해서 직관으로 인도되어 들어갈 수는 있으며, 또 그렇게 하지 않으면 안 된다. 그런데 이것은 우리가 어린아이들을 실제적인

**36**_ Otto Friedrich Bollnow. Bruchstück über die Anschauung. In : Gestalt, Gedanke, Geheimnis. Festschrift für Johannes Pfeiffer zu seinem 65. Geburtstag. Berlin 1967. S. 67 ff. 참조.

교제의 구속에서 벗어나도록 하고, 더 나아가서는 직관에 이르도록 함으로써, 즉 우리가 어린아이들을 결코 시간적인 의미에서 처음에 있지 않고 오히려 복귀하려는 노력에서 비로소 획득되어지지 않으면 안 되는 모든 세계관련의 근원으로 복귀시킴으로써 가능하게 된다.

이러한 의미에서 우리는 우선 어린이들로 하여금 어린이다움Kindlichkeit을 지닐 수 있도록 일깨워 주지 않으면 안 된다. 이는, 우리가 어린아이들을 일상적인 현존의 조숙성Altklugkeit으로부터 직관의 근원적인 원천으로, 보다 넓은 의미에서 자유롭고도 원초적인 체험으로 돌아가도록 인도함으로써 가능한 것이다. 이러한 관련 속에서 비로소 교수학Didaktik은 인간을 갱신하는 힘으로서의 최종적인 품위를 획득하게 된다.

그러나 이러한 과정 속에서는 어린이뿐만 아니라 호흡을 같이 하고 있는 가르치는 사람der Erziehende 자신도 또한 젊어지게 된다. 그리고 수업에서뿐만 아니라 어린아이의 새롭게 생동하는 삶과 접촉하는 곳이면 어디서든지 이러한 회춘은 있게 마련이다. 이러한 점을 그 전체적인 깊이에 있어서 정확히 인식한 첫 번째 사람은 프뢰벨Fröbel일 것이다. "우리는 죽어 있다. 우리를 둘러싸고 있는 것은 우리에게는 죽은 것이다. 모든 지식에도 불구하고 우리는 텅 비어 있다."[37] 무엇보다도 우리들의 언어가 공허한 잡담으로 되어 버렸다. 이어서 그는 이렇게 언급하였다. "우리들의 말들, 친밀한 공동생활 안에서 주고받는 우리들의 대화가 죽어 있다. 우리들의 말들은 돈 없는 봉투이며, 생명 없는 허수아비이고, 실속 없는 놀이패이다. 왜냐하면 그것들에는 내적인 삶에 대한 직관이 결여되어 있기 때문이다."[38] 오직 어린아이들과의 교제 속에서만 성인들은 다시 젊어지게 된다. 그러므로 프뢰벨은 매우 심오한 의미에서 이렇게 요청하였다. "아버지들이여, 부모들이여 …… 우리가 더 이상 소유하고 있지 않은, 모든 것을 생기있게 하고 모든 것을 형성하는 어린이의 삶의 이 힘이 어린이들에 의하여 우리들의 삶 안

---

**37**_ Fröbel. a. a. O., S. 55.

**38**_ Fröbel. a. a. O., S. 55 f.

으로 다시 들어오게 합시다!"[39] 따라서 프뢰벨에게는 어린이들과의 교제가 바로 자신만의 고유한 뿌리로의 귀환을 의미하게 된다. 여기서부터 또한 은물Spielgabe의 겉표지에서 자주 반복해서 강조된 경고인 "우리들의 어린이들을 살도록 놓아둡시다!"[40]라는 말이 깊은 의미를 얻게 된다. 왜냐하면 어른들은 어린이들과의 교제 속에서 다시 젊어지게 되고 그리하여 자신의 삶의 근원성으로 되돌아가는 길을 발견하게 되기 때문이다.

그러므로 프뢰벨은 깊은 의미에서 '삶의 쇄신'[41]에 대해서 말했다. 그에 의하면 이러한 쇄신은 교육을 통해서 얻어지는 것이다. 따라서 교육은 문화가 언제나 다시금 젊어지는 '자리'가 된다. 이리하여 교육은 문화의 생동성을 위해서 대단히 중요한 의미를 지니게 된다. 물론 오늘날 우리는 어린아이들이 이미 그 자체로부터 어리고 순수하다고 보는 프뢰벨의 낭만주의적인 믿음에 더 이상 동조할 수 없게 되었다. 만일 기일이 지적했던 것처럼, 어린아이들로 하여금 어린이다움을 얻도록 깨우쳐 주기 위해서 무엇보다 먼저 교육자의 기술이 요구된다면, 이것은 그 안에서 삶의 근원성으로의 돌파가 이룩되는 보다 복잡한 하나의 상호 교호적인 과정이 될 것이다. 그러므로 인간 한 사람 한 사람과 문화의 생동성을 위해 교육이 전체적으로 성취해야만 하는 과제의 의미와 책임은 더욱더 커진다.

---

39_ Fröbel. a. a. O., S. 56.

40_ Fröbel. a. a. O., S. 56.

41_ Friedrich Fröbel. Erneuung des Lebens fordert das Jahr 1836, hrsg. v. E. Strand. 1932.

# 20세기 후반기의 교육철학 : 분석철학 · 실존철학과 현상학 · 포스트모더니즘

한명희 지음

현대 교육철학의 주요 흐름을 개괄한다는 것은 명확한 작업이 되기 어렵다. 그것은 교육철학의 성격을 어떻게 규정하는가에 따라, 그리고 대표적인 사상을 어떤 기준으로 선별하느냐에 따라 달라질 수 있기 때문이다. 여기서는 20세기 후반기 교육철학의 흐름 가운데 중요한 의미를 갖는 것으로 분석철학, 실존철학과 현상학, 포스트모더니즘의 영향에 한정하여 살펴볼 것이다.

## 1. 분석철학의 영향

20세기 후반기에 들어와서 교육철학의 동향에 가장 큰 영향을 준 것은 아마도 분석철학이었을 것이다. 분석철학이 특히 20세기 후반기에 와서 보다 영향력 있는 철학적 방법으로 등장하자 교육철학의 방법도 그 영향을 강력하게 받았다. 그에 따라 철학의 연장으로서의 체계적인 교육사상, 즉 이런저런 주의식主義式; isms의 규범적 교육철학이 쇠퇴하고 새로운 접근을 시도하게 되었다. 여기서는 분석철학의 영향을 통하여 나타난 분석적 교육철학analytic philosophy of education의 기본 입장, 그리고 그것이 갖는 교육철학적 접근으로서의 공헌점과 문제점 등을 간단히 살펴보고자 한다.

### *1) 분석철학의 이론*

분석철학은 1923년 비엔나 서클이 주창하여 발표한 논리실증주의logical positivism를 기초로 발전한 철학의 한 입장이요, 일종의 방법론이라고 할 수 있다. 그 대표자는 비엔나 대학의 교수였던 슐리히M. Schlich(1882~1936)였고, 그 서클은 일찍이 영국의 러셀B. Russell(1872~1970)과 비트겐슈타인L. Wittgenstein(1889~1951)의 영향을 받았다. 그에 따라 실재에 대한 지식은 자연과학을 통해서만 얻을 수 있다고 보면서 철학의 과학화를 시도하려는 입장이다.

실증주의positivism에서 중심이 되는 생각은 '검증의 원리'verification principle이다. 즉, 경험을 통하여 증명될 수 없는 명제는 무의미한 것이기 때문에 진리는 과학적 방법에 의하여 실증되거나 논리적 방법에 의하여 명료화clarification되어야 한다는 것이다. 그러므로 현대 분석철학에는 논리적 경험론logical empiricism과 언어분석론linguistic analysis이라는 두 갈래의 학설이 있다.

논리적 경험론은 어떤 명제의 진실성은 경험과 논리를 통하여 실증되어야 한다는 견해이다. 에이어A. J. Ayer 등에 의하여 정립되었으며, 라일G. Ryle, 네이글E. Nagel, 호스피어스J. Hospers 등에 의하여 계승·발전되었다. 논리적 경험론은 기존 철학의 순수이론적 방법에 반기를 들고, 실제 경험에 근거하여 논리적으로 증명하는 일이 철학의 임무라는 입장을 취한다. 그러므로 종래의 독단적·타계他界적·초자연적·감상적 관심을 버리고, 철학적 논의를 실증 가능한 경험과 논리에 국한하자는 입장이다. 이 점에서 분석철학은 전통적인 철학과 같이 우주와 인생에 대한 체계적인 내용으로서의 철학이 아니라, 하나의 '방법으로서의 철학'이라고 할 수 있다.

논리적 경험론[1]의 입장은 다음과 같이 요약할 수 있다.

① 철학의 기능은 논리적 분석이다. 따라서 철학은 분석적analytical이며 비판적critical일 뿐이지 사변적speculative이 될 수는 없다. 이는 철학의 기능이 새로운 지식을 창조하는 데 있지 않고, 이미 존재하는 지식의 용어와 개념들의 의미와 논리적 관련성을 검토함으로써 명료하게 할 뿐이라는 것이다.

② 도덕 · 종교 · 심미에 관한 대부분의 주장들은 경험적으로 입증할 수 없기 때문에 무의미하다.

③ 분석적 명제와 종합적 명제들만이 의미 있는 논의가 될 수 있다. 논리학과 수학의 명제는 분석적 명제에 속하고 각종 과학의 명제들은 종합적 명제에 속한다.

④ 종합적 명제란 기본적인 경험을 논리적 · 상징적으로 표현한 명제들을 말한다. 많은 과학적 진술이 논리적 형식을 갖춘 진술로 표현될 수 있다.

이와 같이 논리적 경험론은 철학적 노력을 확고한 과학적 기초 위에 세우려는 데 강조점을 두었음에 비해, 분석철학의 또 다른 갈래인 언어분석론은 철학의 임무를 주로 언어와 문장과 표현의 의미를 명확히 하는 데 강조점을 두고 있다. 분석철학의 이 두 가지 입장은 모두 전통적인 철학의 사변적 방법을 배제하고 과학적 방법을 중시하며 언어의 의미와 논리를 명백히 할 것을 요구하는 점에서는 한 가지이다.

언어분석론에 의하면, 철학의 목적은 새로운 지식을 생산하는 것이 아니라 학문이나 일상생활에서 사용하는 언어의 참된 의미를 밝히고 논리적 관

1_ G.F. Kneller, *Introduction to the Philosophy of Education*, New York: Willy & Sons, 1964, pp. 75-76 참조.

계를 정리 분석함으로써 우리의 사고를 정확한 기초 위에 세우는 데 있다. 즉 철학은 '있는 것'What is이나 '있어야 할 것'What should be에 대한 것보다 '말해진 것'What is said에 유일한 관심을 가져야 한다[2]는 것이다.

언어분석론자들이 관심을 갖는 것은 언어의 사용use에 나타난 언어의 의미이다. 즉, 단순히 언어의 습관적 사용usage, 즉 여러 사람이 사용하는 방법만이 아니고, 그들이 사용하는 방법 속에 내재하는 의미를 분석하는 일에 관심을 둔다. 예컨대, "교육은 사회적응의 과정이다."라고 교육계에서 흔히 쓰는 진술의 의미를 분석한다는 것은, 이 문구가 사실을 말하는 진술인가, 우리의 바람을 말하는 것인가, 또한 '사회적응'이란 무엇을 말하고 있는가, 적응되었다는 것은 무엇을 증거로 알 수 있는가 등의 물음을 구명하는 일이다.

또 다른 예를 들어보자. 우리는 교육에서 "한국적 전통의 창조를 위한 교육"이란 말을 많이 한다. 이 진술 속에는 복잡하고, 애매하고, 혼미한 개념들이 뒤얽혀 있다. '한국적'이란 무엇을 의미하는가, 한국에서 생긴 것을 말하는가, 외국에서 시작되어 한국에 토착된 것을 말하는가, 아니면 생성된 장소와는 관계없이 한국의 문제상황에서의 주체적인 해답이면 '한국적'이라고 할 수 있는가? 등 수많은 질문들이 연쇄적으로 나올 수 있다. 또한 '전통'이란 개념도 문제이다. 무엇이 전통인가? 한국의 옛날 것이면 전부 전통인가? 아니라면, 단순한 옛것과 전통을 구별하는 조건은 무엇인가? 그리고 여기에서 그치지 않는다. '창조'라는 것은 무슨 뜻이며, 어떤 교육이 그것을 위한 교육인지를 무엇을 가지고 가릴 수 있는가? 이런 방식으로 그 교육적인 표어를 명백하게 이해하기 위하여 그 속에 포함된 복잡한 개념들의 의미를 명료화하자는 것이다.

이와 같이 교육에서 쓰는 말뿐만 아니라 정치 · 경제 · 문화 · 일상생활에서 우리가 쓰는 언어는 산만하고 애매하기 때문에 그 언어의 사용자 자신

2_ N. Gayer, "How to get the fly out of the bottle", *Foundations of American Education*, (ed)., James Johnson and otheres, Boston: Allyn and Bacon, 1969, p. 404

도 모르는 소리를 하는 때가 많고, 그 산만하고 애매한 정도는 사용자의 사고가 그만큼 명백하지 못한 것을 나타낼 뿐만 아니라 듣는 자의 사고도 산만하게 한다. 따라서 언어분석론의 입장은 이러한 산만한 언어들을 명백히 분석하는 작업을 통하여, 우리의 학문적 노력이나 일상생활에 있어서 사고를 명백히 하는 것을 철학의 사명이라고 보는 입장이다.

### *2) 분석철학의 교육이론에 대한 영향*

분석철학의 입장이 교육문제에 도입되어 적극적인 영향력을 행사하기 시작한 것은 1950년대 이후의 일이다. 분석철학은 전통철학에서와 같이 인생과 우주에 대한 거대한 목적이나 체계는 없고 다만 방법적인 목적이 있을 뿐이다. 분석철학은 철학의 과업을 이성의 한계가 정해 주는 겸손한 범주 내에서 논리와 언어의 문제에 국한시키면서, 언어의 의미의 정확성과 구조 그리고 논의의 논리적 관계에만 관심을 둔다. 따라서 분석철학은 교육철학에서 전통적 접근, 즉 철학의 연장으로서 교육이론을 추론해 내는 접근이나 사변을 통한 교육관의 통합적 체계화 등을 시도하는 접근에 대하여 많은 도전을 가했다. 특히 교육철학으로 하여금 교육의 현실과 교육문제에 보다 가까이 접근하게 하는 데 영향을 끼쳤다.

교육에 대한 분석철학의 영향은 교육철학자보다도 분석철학자 자신들로부터 시발되었다고 할 수 있다. 예컨대 라일G. Ryle 같은 사람은 『마음의 개념』[3]이라는 책에서 지식의 개념을 명제적 지식propositional knowledge; knowing that과 행위적 지식performative knowledge; knowing how으로 나누고 그 사이의 관계에 관한 이론을 비롯하여, 문장의 사용과 일을 묘사하는 동사task verb의 분석을 제시해 줌으로써 교육철학자들에게 자극을 주었다.

그 다음의 시도로는 교육문제를 명백하게 하기 위하여 분석적 기술을 사용한 것으로서 하디C.D. Hardie의 『교육이론의 진리와 오류』[4]가 출판되었다.

**3_** Gilbert Ryle, *The Concept of Mind*, New York: Barnes & Noble, 1949.

**4_** Charles D. Hardie, *Truth and Fallacy in Educational Theory*, Cambridge, Eng. : The

이것은 교육이론의 현재 혼미한 상태에 관하여 이론 간의 갈등과 충돌이 사실상 개념의 불명확성에서 오는 것인지, 감정의 차이에서 오는 것인지, 혹은 기초적인 사실의 이해가 달라서 그런 것인지 밝힘으로써 교육적인 논의를 명확히 하려는 시도였다.

그 밖에 오코너D.J. O'Cornnor[5], 윌슨J. Wilson, 스미드B.O. Smith[6], 솔티스J.F. Soltis[7] 등에 의하여 교육의 철학적 분석에 대한 연구가 진행되었다. 가장 중요한 교육문제의 분석은 지식의 조건, 교수teaching의 개념 및 교육의 개념의 분석에서 찾아볼 수 있다. 그 밖에 교육 기회 균등의 의미, 필요need의 개념, 적응의 개념, 맹교indoctrination의 개념, 정의의 개념, 교육에 있어서 비유metaphors의 개념 등의 분석이 그 예라고 할 수 있다. 이 같은 예를 통하여 짐작할 수 있듯이, 교육적 논의에서 개념과 논리의 문제를 명백히 함으로써 교육이론의 체계를 보다 확고하고 정확하게 하는 일은 의미가 큰 것이라 할 수 있다.

한편, 분석철학은 학문과 이론에 있어서 합리성을 증가시킨다는 의미에서 교육 자체나 교육이론의 논의를 명백히 하는 데만 도움이 되는 것이 아니라, 교사의 교육적 활동 그 자체에도 절대적으로 필요한 조건을 구비해 준다. 그것은 사고의 명확성, 추론의 일관성과 명증성, 지식의 사실적 정당성과 확실성 및 객관성, 그리고 도덕적 합리성[8]의 기초를 마련해 준다는 의미에서 교육의 실천적 행위 자체에 대한 공헌도 크다고 인정해야 할 것이다. 이 점에서 분석철학적인 시도는 교육의 이론과 실천을 위하여 앞으로

---

University Press, 1942.

5_ D.J. O'Connor, *An Introduction to the Philosophy of Education*, London: Routledge & Kegan paul, 1967.

6_ B.O. Smith and R.H. Ennis (ed)., *Language and Concepts in Education*, Chicago: Rand McNally, 1961.

7_ Jonas F. Soltis, *An introduction to the Analysis of Educational Concepts*, (2nd ed)., Reading, Mass.: Addison-Wesley, 1978.

8_ H. Feigel, "Aims of education for our Age of science: Reflections of a logical em-piricist", in *Modern Philosophies and Education*, 54th NSSE Year Book, Chicago: The University of Chicago Press, 1955, p. 90.

도 계속되어야 할 것이다.

그러나 앞에서도 지적한 바와 같이 교육에서 분석적 노력을 통해 해결할 수 있는 것은 일부이지 결코 전부가 될 수 없다는 것도 주목해야 할 것이다. 그 점을 잊어버리고 분석만능주의로 철학에 임할 때는 다음과 같은 문제가 야기된다. 즉, 개념과 논리의 분석이란 사실적인 차원에서 언어가 사용되는 현상 속에 내재하는 뜻만을 밝힐 뿐이지, 언어나 개념이 내포한 의미가 어떤 뜻이 '되어야' 하는가라는 가치론적 차원의 문제는 다루지 않는다. 예컨대 '사회적응'이라는 개념이 실제로 어떻게 쓰이고 있는지를 분석함으로써 그 속에 내재하는 논리나 개념의 혼미성을 제거하여 어떻게 쓰여야 하는지를 말해줄 뿐이다. 그것이 근본적인 의미에서 어떤 가치 있는 뜻을 내포해야 한다고는 대답할 수 없으며, 그러한 대답을 인정하지도 않는다. 결과적으로, 교육의 이론과 실천에 필연적으로 개입되는 가치와 도덕의 문제들에 대해서 지극히 사실적인 차원 이외에는 다룰 수가 없는 한계가 있다. 볼프는 이 점을 다음과 같이 말한다.[9]

> 언어철학은 언어 · 기술, 형식적 · 비형식적 논리를 강조함으로써 전시대의 철학자들의 업적만큼이나 큰 우리 시대의 업적을 남겨 놓았다. 그러나 분석철학의 목적은 언제나 철학이 이론의 형태와 논리에 관여할 수 있을 뿐이며, 어떤 방향도 제시해 줄 수 없다고 말함으로써 부정적인 것이었다. 또한 우리의 경험을 평가하는 준거를 상식수준에서 채택함으로써, 그 상식이 잘못될 수 있다는 과거의 교훈을 무시하고 있다.

또한 솔티스[10]도 분석은 교육의 중요한 문제인 사회철학과 가치 분야의 문제를 철학적 문제로부터 제외시킴으로써, 교육철학의 중요한 이론 전개를 완성하는 데는 부적합하다고 지적하였다. 즉, 언어의 문제가 철학의 문제의 전부가 아니듯이, 분석의 문제가 교육의 철학적 문제들의 전부를 대답해 줄 수 없다는 것이다.

9_ Mays, Wolfe, "Linguistic analysis and philosophy of education", *Educational Theory,* Vol. 20, No.4, (Summer 1970), p. 283.

10_ J. Soltis, Op cit.

그리고 또 다른 문제는 분석철학이 추구하는 분석과 비판이 단순히 추리력과 논리만 가지고 이루어질 수 없다는 점에 있다. 분석이나 비판이 추론의 능력과 논리를 필요로 하는 것은 사실이지만, 그 이외의 태도와 성향은 물론, 가설이나 전제를 구성하는 가치론적 · 도덕적 사변의 도움 없이는 이루어질 수 없는 것이다.[11]

그러므로 분석은 다른 철학적 노력과의 결합 속에서만 교육이론에 공헌할 수 있을 것이라는 점을 명심한다면, 교육철학에서의 분석적 노력과 능력은 모든 교육이론가와 교육자들에게 절대적으로 필요한 요건이 될 것이다.

## 2. 실존철학과 현상학의 영향

20세기 후반에 접어들면서 교육철학의 성격에 큰 변혁을 가져오는 데 큰 역할을 한 것은 분석철학만이 아니었다. 전통적 철학의 관심 체제와 접근 양식과는 근본적으로 다르게 나타난 또 다른 철학으로 실존철학과 현상학을 빼놓을 수 없으며, 현대 교육철학에 가장 큰 자극과 관심을 일으키는 사상이기도 하다. 이들은 모두 20세기 초반부터 존재한 철학들이지만 교육철학에 본격적인 관심을 불러일으키며 영향을 주기 시작한 것은 20세기 후반기에 접어들면서부터이다.

실존철학과 현상학은 서로 밀접한 관련을 가지고 발전하였으며, 현재는 실존적 현상학이란 용어도 아주 일반화되었다. 심지어 실존철학과 현상학이 어떤 면에서는 같은 의미를 가지게 되었으므로 상호 교환 가능한 것으로 사용한다고까지 말하고 있다.[12] 왜냐하면 대표적인 사상가 사르트르, 하이데거, 마르셀, 메를로-퐁티 등의 사상에서 현상학과 실존철학은 이미 결합되어 있기 때문이다. 현대 교육철학에서 실존철학의 영향도 실제로 현상

---

11_ Richard Pratte, "Analytic philosophy of educatin: A historical perspective", *Teachers College Record*, Vol 81, No.2(Winter 1979), p. 163.

12_ J. M. Edie, "Recent works in phenomenology", in *American Philosophical Quarterly* I., 1964, p. 115.

학의 형태로 크게 부각되고 있기 때문에 여기서는 이 두 사상을 함께 다루려는 것이다.

이 두 사상의 교육철학에 대한 영향은 체계적인 사조로서 하나의 주의ism의 연장으로서가 아니다. 오히려 교육철학을 그러한 접근양식으로부터 독립시키는 이론을 내재하고 있는 점에서 교육철학의 방법론에 새로운 조명을 준 점이 있다. 분석철학이 철학의 한 가지 입장이면서도 모든 철학 및 기타 학문을 하는 사람이 적용할 수 있는 방법론적 성격을 갖는 것과 마찬가지로, 실존적 현상학도 모든 철학, 모든 학문의 기초학으로서의 성격이 강하다. 즉, 실존철학과 현상학은 현대의 지식관을 근본적으로 변형시킨 배경이 되는 점에서 여러 다양한 철학적 입장들 가운데 하나의 견해에 그치는 철학이 아니다. 교육철학에의 영향도 그러한 시각에서 보아야 하며, 이를 위해 우선 실존철학과 현상학의 이론을 개관해 보고, 현대 교육철학에 끼친 영향을 살펴보고자 한다.

### *1) 실존철학의 기본 입장*

실존철학은 그 선구적인 형태를 19세기 키에르케고르S. Kierkegaard(1813~1855)와 니체F. Nietzsche(1844~1900)에서 찾아볼 수 있다. 본격적인 실존철학은 1920년대 후반부터 1930년대의 제2차 세계대전(1939~1945)이 발발하기 전까지 하이데거M. Heidegger(1889~1976)와 야스퍼스K. Jaspers(1883~1969)를 중심으로 활발하게 전개되었다. 그 후 중단되었다가 제2차 세계대전 직후부터 사르트르 등에 의하여 실존주의existentialism라는 이름으로 불리면서 다시 일어나 오늘에까지 이른 철학사상이다. 여기서 이 모든 실존철학자들의 사상을 각각 다룰 수는 없고, 이들의 공통적인 관심사와 현상학과 연결되는 부분만을 다루면서 현대 교육철학의 주요 관심사와 관련된 것만을 요약하고자 한다.

실존철학 혹은 실존주의 사상의 구체적인 내용은 철학자에 따라 다르지만, 이들의 사상을 실존철학이라고 부르는 이유에서 공통점을 찾을 수 있다.

실존철학은 인간 존재의 성격을 실존이라고 규정하고, 그러한 실존의 문제를 사상의 중심으로 잡는다는 데 특징이 있다. 그러면 실존의 문제를 사상의 중심에 놓는다는 것은 무엇을 의미하는가? 그것은 인간 존재의 성격 규명을 사유의 출발점으로 삼으며, 종래의 전통적인 철학에서 생각했던 실재의 문제, 인식의 문제, 가치의 문제 등에 관한 생각을 혁신적으로 다르게 전개한다는 것이다.

그러면 무엇이 인간 존재의 성격인가? 실존주의 철학을 가장 포괄적으로 표현하는 동시에 실존의 성격을 가장 잘 나타내는 한 가지 명제는 "존재existence는 본질essense에 우선한다"는 것이다. 전통철학에서는 본질이 존재에 우선하는 것으로 보는데 반해, 실존철학에서 그것을 뒤집어서 말한 뜻은 무엇일까? 여기서 본질이란 "그것은 무엇인가?"라는 물음에 대한 답과 같이 일반적 · 추상적 · 보편적 특성이며 영원불변한 관념적 실체를 말한다. 이에 대비하여 존재existence란 "과연 있는가?" 또는 "어떻게 있는가?"라는 물음에 답하는 것과 같이 특정한 시공간 속에 존재하는 현실적 · 구체적 · 개체적인 실재를 말한다.

이러한 존재의 우선성의 견해는 실존철학의 중심 관심사인 인간의 문제에 적용된다. 기존의 전통 철학에서 인간이란 관념적으로ideally 이러이러한 존재이며 이렇게 저렇게 되어야 하는 존재라는 점에서 보편적이고 추상적이며 획일적인 본질이 먼저 규정되어 있고, 개별 인간은 그것을 따라 살아야 하는 것으로 본다. 이 점에서 실존철학은 전통 철학의 인간 이해와 입장을 달리 한다. 실존철학에서 인간이란 먼저 특수한 시공간 속에 구체적인 한 사람 한 사람으로서 존재한다. 그 사람이 어떤 본질을 가진 사람이 되어야 하는가의 문제, 즉 그 사람의 존재방식인 본질의 문제는 밖으로부터 먼저 규정된 것에 의하여 만들어지는 것이 아니다. 그 사람의 본질은 자기 스스로의 선택에 의해 창조되어야 하는 것이다.

이와 같이 인간의 본질을 존재 이전에 먼저 규정함으로써 인간을 일반화하고 획일화하는 것에 반대하면서, 인간을 개별성과 주체성이 포함된 현실존재로서 인정하려는 것이다. 그러므로 존재가 본질에 우선한다는 말은 인간 존재는 개념과 추상에 의하여 규정되기 이전에 구체적인 개별적인 삶의 형식이 있고, 그 속에서 자신을 선택하고 만들어 가는 자유를 갖는다는 뜻이다. 달리 말해, 인간 존재는 각자 자기의 고유한 본질을 창조적으로 이룩해가야 한다는 뜻이다.

그러므로 실존철학에서는 인간에 대하여 본질적 실체로서 보편적으로 규정하는 것은 없고, 실재라고 인정하는 유일한 출발점이 있다면 그것은 본질이 아니라 현실존재, 즉 실존일 뿐이다. 이러한 인간 존재의 실존성에 대한 입장은 실존철학의 인식의 문제에 관한 견해와 관련되어 있다. 실존철학의 진리와 인식에 대한 이론을 한마디로 요약하면 "주체성이 진리다"Subjectivity is truth.라는 명제로 표현할 수 있다.

앞서 살펴본 "존재가 본질에 우선한다"는 주장의 의미에서 한 가지 분명한 것은 인간의 경우 본질은 주어지는 것이 아니라 개방되어 있는 것으로서, 인간은 자신의 '선택'에 의하여 자신의 본질을 창조한다는 뜻이었다. 그러므로 인간에게는 자신이 원하건 원하지 않건 간에 선택의 자유라는 피할 수 없는 자유가 주어져 있는 것이다. 그런데 그때의 선택이란 단순히 무엇을 할지에 관하여 행위를 결정하는 의미만이 아니라, 무엇을 믿을 것이며 무엇을 진실로 받아들일 것인가를 선택하는 의미도 포함한다. 즉, 인간에게는 자신의 진리를 선택함에 있어서도 실존적 자유가 있다는 뜻이다.

그러나 진리의 선택이 실존적 자유에 달려 있다는 것은 기분 내키는 대로 충동이나 감정에 의하여 선택한다는 뜻은 아니다. 모든 인식에 있어서 무엇이 자기에게 진리인가를 궁극적으로 결정하는 것은 개별적 자아라는 것이다. 예컨대, 아무리 객관적인 진리이며 보편타당한 진리라고 하더라도 내가 그 속에서 살고 체험하며 믿는 것이 아니라면, 혹은 나의 혼을 구원해 주는 것이 아니라면, 나에게 진리가 될 수 없다는 것이다. 또한 그것이 과학적 진리라고 하더라도 나에게 의미를 주는 것이 아니면, 혹은 나에게 어떤 뜻으로 의미 있게 해득되지 못하면, 적어도 그것은 진리의 상태로 존재하는 것이 아니라는 뜻이다. "주체성이 곧 진리다"라는 주장은 이런 의미를 표현한 말이다. 그러므로 실존철학의 입장에서 설명하면, 모든 인식 속에는 세계에 대한 그 사람의 개별적인 접근방식의 요소가 담겨 있는 것이다. 더 나아가 우리가 개별적으로 진리라고 믿는 바는 결국 우리가 믿기를 원하는 것이라고 할 수 있다.

또 한 가지 실존철학의 인식에 관한 이론에서 주목할 점은 모든 인식을 두 가지 양태로 나누어 생각하는 데 있다. 그것은 제 1형태와 제 2형태의 인식으로 나눌 수 있는데, 이러한 구분은 사르트르가 말한 '즉자적 존재'being in itself와 '대자적 존재'being for itself 개념 구분과도 관련해서 설명될 수 있다.

예컨대 내가 창밖의 나무 한 그루를 본다고 하자. 즉, 나는 지각적으로 한 그루의 나무를 의식하고 있다. 그 나무는 나의 인식에 있어서 대상으로 존재한다. 이 경우 그 나무에 대한 인식이 제 1형태의 인식이다. 그러나 내가 인식하는 것은 그 나무만이 아니라, 그 나무를 지각하는 나의 인식을 인식할 수 있다. 즉, 나는 나의 인식cognition을 인식하는 것이다. 나는 한 번에 나무뿐만 아니라 나무를 지각하는 나의 인식을 의식하지만, 이 경우 나의 두 가지 인식은 그 양식이 다른 것이다. 전자의 경우는 단순한 인식이지만, 후자의 경우는 이중적 · 주관적이며 내면적인 인식이므로 이를 구별하여 제 2형태의 인식이라고 부른다. 제 2형태 인식이 이루어지는 경우에 나는 모든 인식의 실존하는 중심으로서 나 자신의 존재를 느끼는 것이며, 그 느낌은 내가 나무를 보고 아는 것과는 다르게 아는 것이다. 이렇게 자기 자신을 알 수 있는 것이 바로 자기의식적인 존재, 즉 '즉자적 존재'와 구별되는 '대자적 존재'인 것이다.

그러므로 제 1형태의 인식을 통해서는 외부세계를 인식하지만, 제 2형태의 인식을 통해서는 나의 인식의 세계를 인식하는 것이다. 과학적 인식은 모두 제 1형태의 인식이지만, 인간의 의식의 특징적인 부분은 제 2형태의 인식이기 때문에 외부대상을 인식하는 형태의 과학적 접근에 의해 적절하게 인식될 수 없는 것이다. 다시 말해, 물리적 세계에서의 외부대상을 향한 인식 양식을 가지고는 인간 자신에 관한 궁극적인 이해에 이를 수 없다는 것이다.

이것이 바로 실존철학에서 인간이해를 위한 접근양식으로 과학적 방법의 한계를 다른 어떤 사상보다 강력하게 경고하는 이유이다. 즉, 사회학과 심리학이 자연과학적인 모델을 통하여 인간이해에 접근할 때에 가지는 상당한 한계점을 경고한다는 것이다. 물론 그러한 심리학이 전혀 필요 없다는 것이 아니라, 과학적 접근에 의한 인식 양식의 한계 때문에, 인간이해의 진정한 목표에는 도달할 수 없다는 것이다.

마지막으로 가치의 문제에 관한 실존철학의 입장도 "존재가 본질에 우선한다"라는 명제 속에 포함되어 있다. 존재가 먼저 있고 본질을 창조적으로 만들어 간다고 할 때, 존재는 어떠한 상태이고 본질을 어떻게 만들어야 하는가의 문제가 곧 가치의 문제인 것이다. 즉, 인간으로 존재한다는 것은 선택하지 않으면 안 되는 상황에 있다는 것을 의미하고, 그 선택이란 인간 자신의 책임 있는 자유의 영역인 것이다. 그러므로 실존철학에서는 선택 · 자유 · 책임의 문제가 가장 중요한 문제로 대두된다.

그렇다면 인간의 존재상황, 인간의 삶의 조건은 어떠한가? 20세기의 여러 가지 한계상황과 부조리한 현실을 배경으로 태동된 실존철학은 인간의 조건에 대하여 상당히 비관적이다. 실존철학은 인생의 무의미 · 외로움 · 무기력 · 무규범 · 허무 · 무목적 · 불안 · 부조리 등에 대하여 관심을 갖는다. 또한 권태 · 외로움 · 절망 · 고통 · 죄의식 · 비극 · 죽음 등의 문제를 분석한다.

그러나 그러한 인생의 부정적 측면이 실존철학의 관심이 전부라고 생각하면 그것은 바른 이해가 못 된다. 키에르케고르가 말한 대로, "진정한 의미에서 주체적으로 존재하는 사상가는 긍정적이면서 부정적이고, 부정적이면서 긍정적인 것이다."[13] 실존주의에서 인간 존재의 부정적인 측면에 대

13_ Soren Kierkegaard, Concluding Unscientific Postscript, trans. D.F. Swenson and W. Lowrie, princeton, J.N.: Princeton University Press, 1968, p.78.

한 분석은 존재를 진정으로 이해하고 그 부정적인 측면을 초극하기 위한 것이다. 무의미의 체험은 개인적인 의미의 구조를 발견하기 위한 것이며, 외로움과 불안에 대한 분석은 또한 고향의 따뜻함과 평안을 탐구하기 위한 것이다. 인생의 허무의 체험은 또한 존재의 기초를 마련하기 위하여 직면하지 않으면 안 되는 것이다. 권태와 불안, 절망의 분위기는 참된 존재의 평온을 위한, "존재하기 위한 용기"courage to be의 필요성을 보이기 위한 것이다. 이와 같이 실존주의는 인간 존재의 한계상황에 대한 분석을 통하여 허무주의를 극복하는 길을 제시하고 있다.

그러나 그러한 존재의 길을 통한 인간 본질의 모색은, 그 목적과 방향이 절대적 · 보편적 · 추상적 기준에 의해 주어지는 것이 아니라 개별적으로 인간 하나하나가 주체적으로 선택해 가야 하는 것이다. 그러므로 자유는 모든 가치의 유일한 기초이며, 개성적 존재로서 자기의 전존재를 건 책임의식에서 이루어져야 하는 것이다. 여기서 전존재를 건다고 한 것은 우리의 움직임 · 행동 · 느낌 · 생각 · 결정을 포함한 모든 선택 그 자체가 결국 자기의 본질을 창조하는 일이기 때문이다. 이렇게 실존적 인간이란 자기 자신의 가치의 창조자로서 책임 있는 선택과 자유로운 실천을 이룩해 가는 존재인 것이다.

### *2) 현상학의 기본 입장*

현상학은 분석철학과 함께 20세기 현대철학(특히 1960년 이후)의 2대 조류의 하나이다. 주요 관심사는 인간의 인식 · 의식 현상에 있고 현대의 지식관을 근본적으로 변형시킨 철학이다. 또한 하이데거 · 사르트르 등을 포함하는 현상학자들은 동시에 실존철학자이기도 할 만큼 실존철학과 관계가 깊다. 현상학은 많은 철학 사상의 한 가지라기보다, 하나의 방법론으로서 모든 철학, 모든 학문의 기초학으로서 위치를 굳히고 있다. 철학적 현상학philosophical phenomenology뿐만 아니라 응용현상학으로도 발전하여 언어 · 예술 · 윤리 · 심리학 · 교육 등에 큰 영향을 주고 있다. 그 중에서도 심리학적 현상학은 심리학뿐만 아니라 교육학적 접근에 큰 영향을 준 철학적 방법론이기도 하다.

현상학자들은 의식현상을 탐구 대상으로 삼는다는 점에서는 공통적이지만, 의식에 관한 이해의 근본적인 목적은 각기 다르다. 처음으로 자기의 철학을 현상학으로 명명한 후설E. Husserl(1859~1938)의 경우는 모든 학의 기초로서 의식 현상에 대한 탐구에 관심을 가졌다. 쉘러M. Scheler의 경우는 철학적 인간학의 기초로서, 하이데거M. Heidegger의 경우는 존재론의 정립을 위해서, 그리고 사르트르의 경우는 인간 실존의 성격을 구명하기 위하여 인간 의식에 관심을 가졌다. 2차 대전 후에는 주로 프랑스의 사르트르와 메를로-퐁티M. Merleau-Ponty를 중심으로 실존적 현상학의 방향으로 발전하였다. 이 두 사람은 모두 후설의 현상학적 방법을 받아들였으나 그것을 인간의 존재현상 분석에 적용하여 실존철학으로 완성하였다. 사르트르의 현상학적 공헌은 그의 소설과 희곡을 통해 나타난 인간의 정서와 상상력에 관한 연구에 있고, 메를로-퐁티의 현상학적 공헌은 지각perception과 언어의 분석에 있다.

그러나 이러한 다양한 차이를 넘어서 모든 현상학자들이 공유하는 것은 인간 의식에 대한 탐구 관심과 의식 분석의 방법, 즉 '현상학적 방법'phenomenological method이다. 이들은 모두 의식意識; consciousness을 탐구함에 있어 자연과학적인 모형을 배제하고 실증적 과학주의를 비판하는 것을 기본 출발점으로 삼는다. 곧 인간의 의식이란 앞서 실존철학의 인식론에서 잠시 언급한 바와 같이 자연과학의 인과율적 관계로는 설명할 수 없는 독특하고도 고유한 영역이라는 것이다.

현상학에서 주목하는 인간 의식의 고유한 점은 언제나 '지향성'志向性; intentionality을 가진, 지향적 구조로 되어 있다는 것이다. 지향성이란 의식의 본질적 속성을 표현하는 개념으로서 "의식은 언제나 무엇에 관한 의식"이라는 것이다. 여기서 '무엇'을 의식의 대상이 되도록 의식하는 '의식작용'noesis과 의식이 향하고 있는 대상으로서의 '의식내용'noema 사이에는 독특한 상관관계가 있는 것으로 본다. 다시 말해, 지향성으로 표현되는 인간의식의 본질적 구조는 대상을 형성하는 주관, 즉 의식작용과 그것에 의하여 형성되는 대상, 즉 의식내용의 상관관계로 파악된다.

그러므로 의식에 관한 이해는 이러한 의식의 지향성, 의식작용과 의식내용의 상관관계에 근거하여 성립한다. 즉, 의식은 지향성을 가진 것이기 때문에, 인간 의식에 대한 탐구에서 의식작용만을 따로 분리시켜서 관찰할 수 없다는 것이다. 의식은 삶의 흐름, 즉 체험의 흐름 속에 함께 있는 것이며 그 흐름이란 따로 뗄 수가 없기 때문에, 의식내용과 의식작용이 상관관계로 맺어진 흐름으로 파악되어야 한다. 또한 인간의 의식에 나타나는 현상phenomenon은 단순한 물리현상처럼 고정되어 있는 것이 아니므로, 정태적인 인과율적인 틀 속에서 파악될 수 없다. 의식현상은 그때그때 삶의 상황에 따라서 변할 수 있는 것이며 인간의 주관적인 의도가 개입되는 의미意味현상이다. 의식이란 단순히 주지적主知的인 성향만을 갖는 것이 아니고, 사고思考 능력 · 사고 태도를 포함하면서도 가치價値와 의미 현상을 중심에 가지고 있는 것이다. 따라서 의식은 행동의 능동적인 방향을 제시하는 기능으로 본다.

그러면 현상학의 방법이란 무엇인가? 이것은 후설이 "엄밀한 학으로서의 철학"이라고 명명한 것으로, 모든 학문의 기초학으로서의 방법론을 의미한다. 즉, 철학은 다른 어떤 것에도 의거하지 않는 '무전제의 학'이어야 하며, 이를 위해 철학적 인식의 원천은 '근원적인 직관'이 되어야 한다는 것이다. 그러므로 현상학의 구호는 "의식의 근원적인 직관에로의 귀환"인 것이다. 객관적 논리나 개념의 옷을 입히지 않는 '생활세계'에서 개별 경험이 갖는 원초적인 본질本質은 '직관'直觀; intuition에 의하여만 파악할 수 있다고 한다. 그것이 본질직관 혹은 '현상학적 환원'이며, 이것이 현상학적 방법인 것이다.

여기서 현상학적 방법으로서의 직관이란 단순히 감성적 직관만을 말하는 것도 아니고, 단번에 파악한다는 뜻도 아니다. 그것은 '자연적 태도'를 극복하기 위한 '판단중지'epoche를 말하는 것이다. 자연적 태도란 우리가 일상적으로 취하는 태도로서, 지각된 그대로가 실재한다고 믿는 태도이다. 또한 자연적 태도는 물리적 세계에 대한 자연과학적 인식의 태도이며 지각 세계에다 이념이나 개념의 옷을 입힌 것이다. 따라서 그러한 자연적 태도에 의하여 판단을 하는 것은 참다운 인식이 되지 못하므로, 자연적 태도에 의한 확신을 일단 배제해야 한다는 것이다. 다시 말해, 자연과학적 인식에 물들지 않고 원초적으로 생활세계에 나타나는 세계로 돌아가야 밝은 인식이 가능하다고 보기 때문에, 그리고 모든 이론과 논리에 앞서서 우리의 지각에 최초로 직접 나타나는 세계로 돌아가야 하기 때문에, 자연적 태도에 의한 판단은 중지되어야 한다는 것이다.

그러므로 현상학적 방법에서는 지각知覺에 주어지는 세계, 체험된 세계에서 직접적으로 주어지는 지각의 세계가 모든 사유思惟의 근원으로 중시된다. 이 같은 지각의 우위성優位性에 의하면, 지각이란 일차적으로 우리가 존재를 체험하는 첫 통로로서 최초의 실재實在이며, 모든 관념의 세계 · 언어 · 문화 등은 결국 이러한 지각의 세계의 기초 위에서 구축되는 것이다. 따라서 순수지각이란 모든 학문과 사유의 의미구조를 이루는 기저基底인 동시에 일체의 선입견이나 편견을 일소하고 모든 이론적 · 개체적 구축물의 진위를 소급하여 검증하는 원초적인 지각을 말한다.

요컨대, 앞서도 지적한 대로 무엇을 의식의 대상이 되도록 하는 것이 의식작용이고 그 의식작용은 주관이 개입되는 의미구조를 가진 것이므로, 참된 인식을 위해서는 단순히 외부대상으로만 향하던 우리의 시선을 의식과 내적인 세계로 돌려야 한다고 본다. 다시 말해, 우리의 시선을 의식대상으로부터 그것을 형성하는 의식작용, 즉 대상을 형성하는 주관으로 돌려야 한다는 것이다. 이러한 점에서 볼 때, 현상학에는 지식에 관한 근본적인 변혁의 의도가 있음을 알 수 있다. 즉, 모든 대상을 객체적으로만 인식하려는 종래의 실증주의적인 태도를 지양하고, 모든 인식을 의식주관의 책임으로부터 새로이 기초 지으려 하는 점에서, 현상학은 지식의 주체화 운동이라고 할 수 있다.

### *3) 교육이론에 대한 영향*

실존철학과 현상학의 인식론적 · 가치론적 입장은 교육이론에 대하여 상당히 광범위한 영향을 미쳐왔다. 그 영향에 대한 구체적인 탐구는 아직도 진행 중에 있는 방대한 작업이 되겠지만, 현재까지의 영향은 대략 세 가지 영역으로 나누어 생각할 수 있을 것이다. 첫째는 인간 존재의 새로운 이해를 통한 교육의 이념과 목적에서의 변화이다. 둘째는 새로운 지식관을 통한 교육내용 및 교수이론에서의 변화이다.[14] 셋째는 특히 현상학적 방법의 도입에 의한 교육학 연구의 방법론적 관점에서의 변화이다.

먼저 교육의 이념과 목적에 대한 이해에 미친 영향을 살펴보자. 실존철학의 입장에서 교육의 목적은 인간으로 하여금 자기 자신이 되도록 하는 데 있다. 실존철학은 인간의 본질을 보편적으로 정의하지 않고 인간다움의 가치를 획일적으로 규정하지 않으며, 개개인의 자유와 더불어 책임 있는 선택을 중시한다. 이러한 실존철학의 인간 이해는 현대 교육이론에서 교육의 목적을 외부적으로 규정하지 않는 하나의 흐름으로 나타나고 있다. 그 대표적인 예로서, 브라우디H.S. Broudy[15]의 자아결정self-determination · 자아실현self-actualization · 자아통합self-integration의 이념을 들 수 있다. 이것은 자유 · 책임 · 선택과 같은 실존철학적 가치가 내포된 교육이념이라고 볼 수 있다. 이것은 다원주의多元主義 사회에서 요청되는 다문화주의 이념에도 부합하기 때문에 현대적 교육이론과 잘 조화되는 측면이 있다.

현상학적인 입장에서 볼 때, 교육의 목적은 인간의 의식을 연마하는 데 있다. 여기서 말하는 의식이란 외부로만 향한 일차적 객관세계의 의식뿐만 아니라 자기 자신의 의식에 대한 의식을 포함하는 것으로, 의식의 연마는 곧 내면성의 성장이라고 할 수 있다. 따라서 인간의 의식이 단순히 필요충족만을 유일한 목적으로 하는 '기술적技術的 지성'에 그침으로써 생生의 본

14_ Donald Vandenberg, "Existential and phenomenological influence in educational philosphy", *Teachers college Record*, Vol. 81, No.2 (Winter 1979), pp. 166-191.

15_ Harry S. Broudy, *Bulding a Philosophy of Education*, Englewood Cliffs: PrenticeHall, 1963.

능적 충동에만 충실한 자연과학적 도구적 지성에 머물지 않도록, 그러한 필요를 넘어서서 자기의 내부로 향하는 정신의 우위성을 확보하는 '정신적 지성'을 향해 갈 것을 목적으로 한다.

여기가 바로 실존철학과 현상학이 만나는 지점이다. 일반적으로 실존철학은 내용이고 현상학은 방법으로 구분하지만 그것은 단순한 생각이다. 현상학 또한 방법론을 넘어서 중요한 내용을 이루고 있다. 현상학에서 보는 인간 의식의 본질적인 작용은 의미를 부여하고 뜻을 만드는 능력 속에 있으며, 의식현상이란 단순한 지적 능력 이상이다. 따라서 기술이 지배하는 현대 사회의 인간 정신의 몰락과 비인간화 현상 속에서 의미를 추구하고 정신의 우위성을 지닌 인간 형성의 과제가 바로 현상학의 문제인 것이다.

자연과학적 지성, 도구적 수준의 지성을 극복하고 내면의 세계에로 눈을 돌림으로써 정신의 몰락에서 구원하려는 것은 실존철학과 현상학 양자 모두의 인식론에 내재해 있다. 단순히 외부 사물로 향한 인식만이 아니고, 그러한 인식을 의식하는 자기의식self-consciousness이 있는 의식의 개발이란 곧 인간의 내면성의 추구이다. 이것이 바로 인간의 앎knowing의 문제와 가치 혹은 인격의 문제가 하나가 되는 지점이다. 인식과 가치의 문제를 하나로 본 이 두 철학은 교육에서 지적 차원만이 아니라 전인적 인격교육을 추구한다. 그것은 단순한 덕목주의 도덕성의 수준이 아니라 인간존재의 심층적 상황을 극복하는 수준에까지 관심을 갖는 인격교육이라고 할 수 있다. 즉, 실존적 관심이란 인간 존재의 허무주의적이며 비극적 상황의 문제들을 인정하고 그것을 초극하는 데 있다면, 교육의 궁극적 관심도 이러한 초극의 문제에 있어야 한다는 것이다.

다음으로 실존철학과 현상학이 지식의 문제에 대한 새로운 관점을 제시함으로써 교육내용과 교수이론의 변화에 미친 중요한 영향을 몇 가지 살펴보자. 첫째로, 현상학에서 의식의 지향적 구조에 대한 설명은 인식론에 있어서 지knowing · 지식knowledge, 그리고 지의 주체knower의 문제를 새롭게 정의하게 하였다. 특히 지식이란 지의 주체와 분리시켜서 생각할 수 없다는 현대적 지식관을 제시함으로써 교육과정 및 교수-학습 이론에 중요한 시사점을 준다.

둘째로, 실존철학과 현상학 공통의 기본적인 견해 중의 하나로서, 의식에 있어 주관적 의식subjective consciousness의 우선성primacy과 중요성을 새롭게 조명해 주었다. 이것은 모든 의식이 자기의식self-consciousness[16]을 포함할 뿐만 아니라 그것에 의존해 있음을 말한다. 따라서 학생으로 하여금 세계에 대하여 알도록 가르치고자 하면, 먼저 세계에 대한 자기의 의식에 대하여 알게 하여야 한다는 것이다.

셋째로, 의식의 능동적active 성격과 의미를 부여하는 적극적 작용에 대해 밝혀주었다. 여기에 내포된 교육학적 의미란 우리가 무엇을 가르친다는 것은 학생의 의식 작용을 변화시키는 일이며, 그러한 변화를 위해서는 학생에게 의미를 주도록, 즉 유의미하게 유도해야 한다는 것이다. 또한 앎에 있어서 그 대상에 대해 적극적으로 정서적 반응을 갖기 전에는 완전히 안다고 할 수 없음을 뜻한다. 따라서 교육적으로 우리가 무엇을 가르친다고 할 때 중요한 핵심은 이것저것을 모두 가르치는 일보다는 앎의 주체가 능동적이 되도록 정열을 불어넣는 일이라고 할 수 있다. 이러한 이해는 교수-학습 상황에서 동기motivation의 문제를 재조명해주는 것이다.

넷째로, 앎에 있어서 주체성subjectivity의 중요성을 밝혀줌으로써, 교육의 주요 관심사인 지식의 문제와 가치의 문제를 통합적으로 이해하는 데 많은 시사점을 제공해 주었다. 주체성의 중요성은 모든 지식이 의지를 포함한다는 점에 있다. 모든 앎은 해석을 포함하고 모든 해석은 선택을 포함하므로 엄밀한 의미에서 중립적인 지각과 인식이란 없다. 따라서 "지식은 덕이다"Knowledge is virtue라는 명제가 성립할 수 있다.[17] 즉, 안다는 것은 특정한 태도를 수반하므로, 올바른 태도와 의지를 가지고 접근하지 않는 한 진리

---

16_ Bernard Curtis and Wolfe Mays, Phenomenology and Education, *Self-consciousness and its development*, London: Methuen, 1978, p. xiii.

17_ Louis P. Pojman, "Kierkegaard's theory of subjectivity and education", Ibid., p. 3.

를 알 수가 없다는 것이다. 달리 말하면, 세계에 대한 지적인 이해란 곧 주체적인 의지를 말한다고 할 수 있다. 소크라테스의 경우에는 덕이란 곧 지식Virtue is knowledge을 의미했지만, 실존철학과 현상학에서 밝혀주는 현대적 지식관에서 보면 지식이 곧 덕이다. 이러한 주장은 현대의 지식교육과 도덕교육의 문제에 비추어 의미 있는 시사를 준다.

끝으로 살펴볼 점은 현상학적 방법에 의해 교육학 연구의 방법론적 관점에 미친 영향이다. 교육학의 연구란 심리학이나 사회학에서 탐구하는 대상과 달리 총체적인 교육 현상을 대상으로 한다는 점에서 구별된다. 교육 현상이란 학습을 통하여 의식적 존재가 점진적으로 심화와 확대 및 통합을 하는 일과 관련되어 있다.[18] 학습이란 그 전에 의식하지 못했던 것을 의식하게 되는 과정이므로 교육 현상이란 의식적 존재로서의 인간이해를 기반으로 한다고 할 수 있다.

교육학에서 인간 실재를 이해하기 위해서는 실재가 놓여 있는 의식을 이해해야 하며, 의식의 이해를 위해서는 인식의 궁극적 주체인 자아를 이해해야 한다. 그런데 이 같은 인간 존재의 성격을 이루는 의식이란 자연과학의 실험적 모델을 통한 경험과학적 연구방법론에 의해서는 이해될 수 없는 것이다. 왜냐하면 자연과학은 인간을 객체로 간주하여 관찰 가능한 대상, 즉 물物로 만들어 탈脫인간화시켰기 때문에, 특히 구체적인 교육적 상황에서 교사와 학생의 실존적 만남에 의하여 생성되는 살아 있는 의식의 과정은 탐구대상에서 제거해 버리기 때문이다. 이러한 한계에 비추어 볼 때, 교육학 연구에서 현상학적 방법의 도입은 경험과학적 연구방법이나 분석철학적 연구방법에 의하여 제외되는 부분을 복귀시키면서 동시에 새로운 교육이론을 형성시킬 수 있는 가능성으로 등장한다.

그러한 사례 중의 하나가 피닉스[19]의 '초월 교육과정' 이론이다. 이것은

**18**_ Donald Vandenberg, "Existential and phenomenological influence in educational philosophy", *Teachers College Record*, Vol 81, No. 2, p.178.

**19**_ P.H. Phenix, "Transcendence and the curriculum", *Teachers College Record*, Vol. 73, No. 3, December, 1971, pp. 271-83.

내성內省; introspection에 의하여 의식에 직접적으로 나타나는 인간의식의 제諸 측면을 범주화함으로써 교육 과정의 구조를 형성하는 이론이다. 이것은 현상학적 방법을 교육과정에 적용해서 교육적 가치를 구명하고자 한 것이다. 여기서 초월이란 개념은 관찰 가능한 과학적 대상으로서의 인간이나 단지 합리적 동물로서만 파악되는 철학적 인간과 달리, 소여상태所與狀態를 무한하게 넘어서 가는 인간 특유의 경험을 의미한다. 인간은 실제적 측면과 지성, 그리고 영성靈性으로 이루어진 존재로서, 인간의 의식이란 단순히 신체적이거나 지적 과정만이 아니라 자유와 자기초월이 가능한 것으로 이해한다. 결국, 피닉스의 초월지향적 교육과정이란 학문에 인간적 의미를 부여하여 지식의 인간화를 추구하고, 교사-학생-교재의 실존적 만남을 위한 교육의 길을 모색하는 교육론인 것이다.

결론적으로 교육학 연구에서 실존철학과 현상학의 방법론은 인간 존재를 대상화對象化하는 자연과학적 방법론의 한계에서 벗어나 인간 존재와 의식의 심층적 구조에 관심을 둠으로써 교육의 이론과 실제를 인간화하는 운동에 크게 기여하고 있다고 보아야 할 것이다.

## 3. 포스트모더니즘과 교육

지난 세기 동안 우리의 교육연구와 실천의 패러다임을 지배한 배경은 '모더니즘'Modernism이며, 그것은 과학주의 혹은 실증주의, 구조주의, 분석철학에 내재된 합리주의적 지향성이라고 할 수 있다. 모더니즘은 20세기 학문의 사고방식과 연구방법, 이론적 틀, 전제된 가치, 제기하는 질문과 간과하는 질문의 유형 등에 영향을 주면서 우리 교육학의 주류를 형성해 왔다. 그러나 이러한 패러다임의 토대를 이루는 시각과 가치들에 대하여 의문과 비판이 누적되면서, 새로운 의미의 과학주의, 후기 분석철학, 후기 구조주의 등을 포함하는 포스트모더니즘이 학문과 문화의 패러다임의 변화를 인도하고 있다. 여기서는 먼저 포스트모더니즘 형성의 배경을 개괄하고, 주요 흐름에서 나타나는 특징과 교육에 미친 영향을 살펴볼 것이다.

### *1) 포스트모더니즘의 배경*

넓은 의미의 '포스트모던'Postmodern이란 용어는 어느 시대이든 그 시대를 초월 내지 비판하려는 커다란 움직임을 일컫는 보통 형용사로 볼 수도 있다. 우리가 현재 쓰고 있는 의미의 포스트모던 개념은 1947년 판피츠R. Pannwitg가 쓴 『유럽문화의 위기』*Die Krisis der Europaeische Kultur*에서 처음 출현하였고, 그 후 이 말은 드라마 등 여러 곳에서 사용되었는데 근대를 극복하는 비전을 담고 있었다. 그러다가 1960년대 문화 영역에서 포스트모던에 관한 논의가 시작되어 예술, 인문학, 사회학, 자연과학 등에서 광범위하게 사용되었고, 특히 20세기 후반의 상황에 직면하면서 이성과 계몽에 대한 회의에 기반을 두고 널리 퍼지게 되었다.

20세기 후반 이성중심주의의 한계와 새로운 패러다임의 필요성을 촉발시킨 배경은 정치, 경제, 사회뿐 아니라, 문화, 예술, 학문 등의 광범위한 영역에서 설명될 수 있다. 정치적으로는 이데올로기의 대립 구조가 해체됨에 따라 일상적이고 비이데올로기적인 중요한 문제들, 즉 환경, 여성, 여가, 청소년, 지역사회 문제 등을 이론적으로 풀어가야 했다. 경제적으로는 후기 자본주의, 다국적 자본주의의 등장과 함께 소비 중심 사회로의 변모가 진행되었다. 또한 대중문화의 흐름이 나타나고, 정보사회에서 기호적인 차별성이 새로운 의미를 갖게 되고, 영상문화의 가치가 부상하면서, 가치관과 사고방식, 생활양식의 변화를 겪고 있다. 예술 영역에서도 순수 고급예술과 대중예술의 경계가 불분명해짐으로써 경계를 넘어서는 다양한 시도들이 이루어지게 되었다.

그러나 무엇보다 포스트모던 패러다임을 이끌어 가는 핵심은 이 모든 현상들을 설명하려고 노력하는 학문 분야에서 일어난 변화에 힘입은 바 크다. 우선 자연과학 분야에서 뉴턴식 고전 물리학의 기계론적 관점이 현대 소립자 물리학, 아인슈타인Einstein의 상대성이론, 하이젠베르크Heisenberg의 불확정성 원리, 로렌츠Rorentz의 카오스이론 등에 의하여 더 이상 지탱될 수 없게 되었다. 따라서 이 모든 변화를 설명하는 커다란 패러다임의 변화를 요구하게 되었다.

포스트모더니즘의 '포스트'Post는 사용 맥락에 따라서 '후기' 혹은 '탈(벗어남)', '초월'의 뜻을 갖는다. 따라서 후현대적Postmodern 시각은 근대적 인식론과 이론을 비판하고 초월한다. 그러나 근대적인 것을 전부 버린다는 것을 의미하지는 않는다. 후자가 전자를 거부한다기보다 전자의 존재를 기초로 하여 비판, 초월, 변화를 시도하면서, 새로운 것을 위하여 때로는 거부하고 수정하며, 또한 새 것 속에서 과거를 이용하는 것 사이의 긴장관계를 지닌다. 따라서 포스트모더니즘은 분야에 따라 학자에 따라 다양한 접근이 존재하기 때문에 한 가지의 포괄적인 정의를 내리기는 어렵다. 그리고 표출되는 양상과 비판의 대상도 다르기 때문에 다양한 유형의 포스트모던적 시각과 접근이 존재한다.

그러므로 포스트모더니즘의 분류는 기준에 따라 다양하게 나눌 수 있겠지만, 여기서는 교육이론과 관련해서 크게 두 갈래로 묶어서 생각해 보기로 한다. 우선 가장 중요한 포스트모더니즘의 흐름은 모더니즘의 비판적 계승 및 새로운 패러다임으로의 전환을 의미한다. 이것은 우주론과 인간관, 인식론과 지식관의 변화를 주도하는 흐름이다. 한편 이와는 상당히 다른 의미에서의 또 다른 포스트모더니즘은 후기 자본주의 문화논리를 지칭하는 경우이다. 이 둘 사이에 관련이 있는 것은 사실이지만, 두 개를 나누어서 살펴보아야 양쪽을 제대로 볼 수 있을 것이다.

### *2) 패러다임의 변화로서의 포스트모더니즘*

포스트모더니즘은 일차적으로 모더니즘에 속했던 세계관, 인간관, 지식관에 대한 비판과 새로운 이해를 일컫는다.

### (1) 세계관의 변화

모더니즘은 현대 서구사상의 기초가 된 18세기 계몽철학의 합리주의 사상으로 지난 300년간 서구의 지성을 지배하였으며, 그 배경은 기계론적인 우주관이다. 그것은 데카르트와 뉴턴의 세계관이었으며, 우주는 기계적이고 법칙적인 것이라는 시각이었다. 즉, 살아있는 우주가 아니라 죽은 불활성 입자 즉, 공허 속에 법칙적으로 움직이는 입자로 채워진 것이었다. 지구가 우주의 중심이었던 '전근대'Premodern 시대에는 우주적 자연과 자연의 활동은 삶과 죽음, 성장과 생식과 같이 생태적인 관점에서 이해되었었다. 하지만 근대 과학혁명 이래 세계가 기계적으로 계속 움직이는 톱니바퀴의 회전처럼 생각되면서 전근대의 유기체론적인 시각으로부터 기계론적 · 인과율적인 시각으로 바뀌었다.

이와 같은 모더니즘의 기계론적 인과성은 데카르트의 합리주의적 사고에 기초한 것으로서, 과학과 수학에 의해 빈틈없이 정확하게 세계 변화의 법칙적 질서를 찾아낼 수 있다고 생각하게 만들었다. 우주는 인과율에 따라 측정 · 예측 가능한 대상이 됨에 따라 과거의 패러다임이 가졌던 자연적인 조화와 질서의 상실을 가져왔으며, 그 대신 인과율적 법칙이라는 추상화된 언어가 지배하게 되었다. 모더니즘에서는 데카르트의 정확하게 신뢰할 수 있는 이성적 방법과 뉴턴의 안정된 우주를 지배하는 수학적 원리가 중요한 역할을 하였다.

그러므로 근대적 사고를 지배해 온 것은 단순히 과학적 사고라기보다는 이와 같은 우주론적 시각이다. 따라서 지난 300년 동안 모든 자연과학의 학문적 토대는 물론 사회과학의 토대에서까지도 인과론적 '예언 가능성', '선형적 질서', '계량화된 질서'를 전제로 삼게 되었던 것이다. 그것은 정해지고 고정된 닫힌 체계의 우주질서였다. 그리하여 인간은 단순히 이미 정해진 객관적 법칙적 질서를 발견만 하면 되는 것이었다.

그러나 뉴턴-데카르트 사상에 기초한 고전물리학의 닫힌 우주, 기계론적 우주, 객관적 우주의 관점은 20세기의 현대물리학, 수학, 생물학에 의하여 그 한계를 드러냈고 부정되었다. 소립자 연구에서 연구주체와 연구대상은 결코 분리될 수 없다는 사실은 인과적 결정론의 정당성을 부정하는 근거가 되었다. 소립자 물리학과 아인슈타인의 상대성이론은 우주에 대한 객관적 파악의 가능성을 부정하였다. 또한 완벽한 논리구조에 의하여 뉴턴적 고전 물리학을 떠받치고 있었던 정교한 수학의 체계도 그 자체만으로 무모순적일 수 없다는 '괴델Gödel의 불완전성 정리'로 인해 한계를 드러냈다. 그리고 최근 로렌츠에 의해 주장된 카오스이론 또한 결정론적이고 환원론적인 고전적 자연과학의 문제를 노출시켰다. '카오스이론'Chaos theory은 우주를 이루는 물리체계가 비가역적이고 비결정론적임을 밝힘으로써, 기존의 질서 개념으로 설명되지 않는 혼돈적인 자연에서 나타나는 다른 차원의 의미의 질서를 찾은 것이다.

이와 같이 포스트모더니즘의 변화하는 관점에서 세계는 결정론과 선형적 질서가 중심인 기계적인 닫힌 체계가 아니라 복잡성과 혼돈 속의 질서, 자율조직, 재조직, 상호작용과 창조적 과정이 있는 열린 체계로 이해되고 있는 것이다. 이러한 열린 체계로서의 우주관에서는 세계를 생태학적, 전체적, 체계적, 상호관련적이며 비선형적인 관계의 패턴으로 보는 것이다.

### (2) 인간관의 변화

근대적 자아관과 인간관이 후현대로 오면서 어떻게 변해 가는가를 살피는 일도 역시 패러다임의 변화와 연관해서 생각할 수 있다. 우선 근대 합리주의자들은 인간의 합리적 이성에서 인간의 본질을 찾으려 하였다. "나는 생각한다. 그러므로 나는 존재한다."고 주장하였던 데카르트는 근대적 사고의 전형을 보여준 사람이다. 그는 합리적으로 사유하는 능력을 자아의 본질로 보고, 그 사유주체를 '자아'self라고 하여 확실한 실체로서 존재한다고 생각하였다. 따라서 사유하는 주체를 시공간적으로 제한된 나의 신체 속에 그 어떤 것으로 실체화하고 외적 세계나 다른 인간의 사유 주체와 철저하게 분리된 자아를 상정하였다. 그리하여 자아와 자아, 인간과 자연을 완전히 별개의 것으로 상정하는 이원론적 태도를 보였다.

이것은 인간 이해에 있어서 두 가지를 의미한다. 첫째로 근대적 자아상은 이성적 자아상으로서 인간이 어떤 인간이 되어야 하고 어떻게 살아야 하는지를 규정해 주는 근거였다. 이 같은 이성적 자아상은 칸트의 자율적 도덕적 자아상과 뉴턴의 과학적 자아상에 의해 보완된다. 이들 자아상들이 통합된 것이 근대의 주체적 자아상으로서 근대 이래 서구인의 삶을 규정해 온 이상적 인간상이었다. 즉, 이성만을 자아로 여기는 편협한 자아상을 형성한 것이다. 둘째로 이러한 주체적 자아상은 동시에 분리된 존재로서 원자론적 자아개념이었다. 분리된 존재로서 자아개념은 자아와 대자아, 자아와 타인, 인간과 자연, 인간과 우주를 분리시킴으로써 인간으로 하여금 존재의 근원과 자기 자신으로부터 소외된 자아, 이기적 자아의 형성을 촉진시키도록 영향을 주었다.

이와 같은 근대적 자아관에 대비하여 포스트모더니즘에서는 인간의 자아를 어떻게 생각하는가? 한마디로 근대의 이성적, 주체적, 개별적 자아의 해체를 두 가지 차원에서 접근한다. 한편으로는 포스트모던 문화논리 속에서 실체적 자아의 해체를 통해 '이성적 자아'의 허구성을 드러내고 있으며, 다른 한편으로는 그러한 자아의 해체 후에 자아를 어떻게 생각해야 할 것인가에 관해 탐구해 나간다.

근대적 자아의 허구성은 라깡J. Lacan, 데리다J. Derida, 로티R. Rorty 등에 의하여 폭로되고 해체된다. 라깡은 "나는 생각한다. 그러므로 나는 존재한다."는 데카르트의 명제를 "내가 존재하지 않는 곳에서 나는 생각하고, 내가 생각하지 않는 곳에 나는 존재한다."로 바꾸어 말한다. 자아란 내가 생각하지 않는 무의식적 영역에 존재한다고 주장한다. 오히려 사유하는 의식활동은 나의 존재가 있지 아니한 의식세계에서 일어나기 때문에 인간의 존재와 사유는 서로 갈등하는 균열적 관계를 가진다고 본다.

이러한 사상은 사념을 넘어서는 존재의 세계를 말하는 불교나 기타 동양사상의 시각과도 일치한다. 생각하는 자아란 언어와 상징의 산물로서 타율적이고 분열적이고 모순적이지 결코 선험적이고 주체적이라고 할 수 없다는 것이다. 이런 방식으로 데카르트식 주체적 자아의 개념은 '부정'되고 '해체'된다. 다른 어떤 개념과 마찬가지로 자아의 개념에서도 절대적 의미의 '기의'Signified란 없고, '기표'Signifier의 관계망 속에서 차이가 생겨나고, 이러한 관점에서 본다면 자아 동일성은 부정된다는 것이다.

로티 역시 데카르트식 자아관을 거부하고 해체한다. 그는 이성이나 합리성과 같은 불변적 본질을 인정하지 않는다. 자아란 신념과 욕구들의 중심 없는 집합이며, 그 집합은 역사적 문화적 상황에서 우연히 형성되는 것이므로 고정적이고 본질적인 것은 아니라는 것이다. 그 같은 의미에서 오늘날의 포스트모던 대중사회는 한마디로 '몰자아성'non-self 문화라는 것이다. 오늘의 자아란 대중매체가 만들어 낸 '의사환경'pseudo-environment 속에서 형성된 '의사자아'pesudo-ego라고 할 수 있다. 오늘날은 미디어에 의해 주체가 탈중심화, 파편화되며, 자아의 일관성도 기대하기 어렵게 되었다. 매체가 쏟아내는 이미지와 정보의 불연속적 경험양식은 주체를 해체시키고 분산시킨다.

이것이 포스트모던 문화현상 속에서 자아의 실상이다. 그렇다면 포스트모던 탐구에서 근대적 자아의 해체 이후 모더니즘의 이성적 인간관은 어떻게 극복되고 있는가? 여기에 대한 대답은 다양하고 아직은 형성 과정에 있다. 그러나 분명한 것은 이성 중심의 인간관을 극복하려는 새로운 패러다임의 인간이해는 인간의 내적 주관적 측면, 영적 차원의 존재의식, 인간존재의 관계성 등을 중요하게 부각하는 방향으로 나가고 있다.

이러한 방향에서 모던적 인간 교육의 대안으로 주목 받고 있는 접근의 한 가지가 바로 홀리스틱 교육Holistic Education이다. 포스트모던 시각은 세계를 다차원적 관계망으로 이루어진 전체로 보는 시각인 시스템적 시각, 생태학적 시각, 맥락적, 영성적, 환경적 시각과 공통성을 지니고 있는 사고방식이다. 이와 같은 전일적 세계관에서는 세계를 하나의 통합된 전체로 보며, 존재하는 모든 현상이 본질적으로 상호관련, 상호의존, 상호침투된다는 사실에 주목한다.[20] 따라서 이기적 경쟁적 인간관에서 상호관계적 협동적 인간관으로, 분리된 인간관에서 생태적 근원적 시각에 기반을 둔 관계 지향적 인간관으로의 전환을 추구하고 있다.

### (3) 인식론 및 지식관의 변화

포스트모더니즘의 인식론적 특징은 무엇보다 모더니즘의 인식론에 전제된 객관적 합리주의, 실증적 과학주의, '대서사적 지식'을 추구하는 보편주의 등의 한계에 대한 비판에서 두드러진다. 세계를 이해하는 관점이 곧 지식관의 기초가 되는 점에서, 포스트모던 지식관의 변화는 앞서 살펴본 세계관의 변화와도 맞물려 있다.

우선 무엇보다 포스트모더니즘의 인식론에서는 모더니즘의 객관주의적 지식관을 비판하고 지식의 구성적 성격을 강조한다. 모더니즘의 합리주의적 세계관은 인식의 주체와 객체를 대립적으로 구분하여, 지식의 탐구란 인간의 주관적인 의미와 가치가 배제된 객관세계의 특징을 발견하는 일이라고 여겨왔다. 그러나 포스트모던 시각에서는 객관세계를 투명하게 있는 그대로 바라보는 독립적 · 합리적 주체란 허구이다. 따라서 지식 구성에서 인식 주체의 참여와 주관적 의미 해석의 중요성을 인정한다. 가령, 푸코M. Foucault 같은 학자들은 지식은 구성되는 것이며 '사회적 관계'와 '권력'이 작용하여 생성되는 것이기 때문에, 모든 지식은 가치중립적이거나 객관적이지 않다고 주장한다.

이와 관련하여 모더니즘 지식관의 또 다른 문제는 실증적 과학주의가 지니는 분석적 환원주의, 인과적 결정주의, 계량적 객관주의의 입장을 포함한다. 모더니즘 인식론은 실증과학을 모든 학문의 모형으로 생각하는 과학주의적 지식관으로 이어졌으며, 그것이 사물을 바라보는 패러다임으로 간

---

20_ Miller, R. (ed.) (1991). *New Directions in Education: Selections from Holistic Education Review*. Brandon, VT: Holistic Education Press.
Nakagawa, Y. (2000). *Eastern Philosophy and Holistic Education*. Unpublished Doctoral Thesis. University of Ontario.

주되었다. 선형적 사고에 기초하여 주체로부터 연구대상을 분리시키고 순수하게 객관적인 인과율적 결과를 진리로 인정하는 근대적 인식론의 인과적 결정주의는 근대 과학의 중심 신조이며, 우리가 모든 문제를 바라보는 자연스런 방법이 되어왔다.

그러나 포스트모던 시각에서 볼 때, 이러한 근대적 인식론은 다양한 시각, 또는 개인적인 주관적 해석을 존중하지 않는 문제점이 있다. 또한 동일한 원인이 있다고 반드시 동일한 결과가 나오는 것도 아니며, 동일한 결과라고 해서 반드시 동일한 원인이 있는 것도 아니라는 사실을 간과하고 있다. 그것은 실재의 다차원성, 복잡성, 불확실성을 무시한 결과라고 볼 수 있다. 뿐만 아니라 과학주의가 계량주의를 주장하지만 실재에 있어서는 모든 질적인 것을 계량화할 수 있는 것도 아니며, 계량화했다고 해도 연구주체의 주관이나 감정을 완전하게 배제하는 것은 사실상 불가능한 것이다.

포스트모던 시각에서 비판하고 극복하려는 모더니즘 인식론의 또 하나의 특성은 지식의 보편성, 확실성, 정확성을 주장하는 '대서사적 지식관'이다. 모던적 시각에서 학문이란 모든 사람에게 보편타당한 것으로 주장되는 궁극적인 가치나 목적을 중심으로 하는 포괄적인 이론체계이다. 즉, 정치학, 경제학, 역사학, 사회학, 생물학, 교육학 등과 같이 논리적인 일관성 및 통일성을 갖춘 이론체계를 구축함으로써 시공을 초월한 기준과 지침으로 사용 가능하다고 본다. 예컨대, 리오타르J. F. Lyotard가 '대서사'Grand Narrative라고 부르는 포괄적인 이론체계는 여타의 개별 이론의 평가 및 정당성의 준거가 된다는 점에서 '메타서사'Meta Narrative라고 한다. 그러나 구체적인 현실의 다양성과 차이에 주목하는 포스트모던 사회에서는 그러한 지식관이 부적합하며 '소서사적 지식'이 중요하다는 것이다. 대서사적 지식관은 지식의 인지적 · 명제적 차원만을 중시하는데 그것은 부적절할 뿐 아니라 포스트모던 사회에서는 더욱 맞지 않는다. 행할 줄 아는 앎, 생각할 줄 아는 앎 등과 같이, 지식의 윤리적 · 미적 · 기술적 · 종교적 차원이 재조명되어 다양한 삶의 창조에 기여해야 한다는 생각이다.

한편, 이와 같이 '주지주의'에 편중된 모더니즘의 지식관은 다른 말로 하자면 '언어 중심적 진리관'의 반영이라고 할 수 있다. 그러나 포스트모던 시각에서 언어는 자연을 비추는 거울이 아니며, 기호sign로서의 언어는 지시하는 대상과의 대응에 의해서가 아니라 기호들 간의 차이와 변별성에 의하여 의미를 가질 뿐이라고 본다. 그런데 데리다J. Derida에 의하면, '기표'들 간의 차이는 확정적이지 않고 기표들의 끝없는 관계맺음에 의하여 이루어지기 때문에, '기의'의 완성은 계속 '연기'된다. 따라서 역사나 문화와 같은 맥락을 벗어난 초월적 기의는 허구이므로 '해체'되어야 한다고 본다. 가령, 교육에서 흔히 사용하는 수월성, 평등, 비판적 사고와 같은 개념들이 그 자체의 뜻이 확정적으로 존재하는 듯이 생각되지만, 실제에 있어서 개념이란 언어의 유희에 의하여 표류하기 때문에 다양한 방식으로 해석될 수 있다는 것이다.

따라서 포스트모던 학자들은 언어로 구성된 '담론'들의 의미가 그 자체로 확정적이 아니므로 실제에서 어떻게 정치적, 역사적, 언어적 맥락 속에서 암묵적으로 결정되는지에 주목한다. 특히 구체적인 실제 맥락의 다원성과 무관한 초월적 기의를 거부하며, 당대의 지배적인 이데올로기와 인습적 가치들이 어떻게 은밀하게 반영되고 있는지를 비판적으로 해체하고 재구성해야 한다고 주장한다. 결국 이와 같은 대서사의 부정과 초월적 기의의 해체는 모든 '중심주의'와 지적인 권위주의를 배격하는 것으로 이어진다. 따라서 백인 서구문화 우선주의, 수도 중심적 문화주의, 성차별적 남성문화 우월주의, 위계적 성인문화주의, 반생태적 인간 중심주의 등을 인정하지 않는다. 이와 같은 '중심주의'에 대한 부정은 다양한 시각, 다양한 목소리를 복원하고 구체적인 실제 맥락의 다원성에 근거한 지식을 존중하게 하는 기초가 된다.

### *3) 문화논리로서의 후현대주의*

포스트모더니즘이 앞에서 말한 세계관, 인간관, 지식관에 있어서 패러다임의 변화를 뜻하는 것이었다면, 후기 자본주의 사회의 문화논리를 지칭하는 의미로도 사용된다. 보드리아르J. Baudrillard나 제임슨F. Jameson 같은 학자들은 다국적 자본주의, 정보에 의해 매개되는 후기 산업사회의 특유한 문화논리를 일컬어 후현대주의라고 지칭한다. 그 특징적 성격은 다음의 네 가지로 정리해 볼 수 있다.

첫째, 후현대주의 사회에서는 상업적 대중문화와 고급문화의 구분이 사라진다. 예술적 창조의 자율성이나 상업적 시장성으로부터의 독립성은 지금과 같은 대중매체사회에 기반한 소비사회에서는 무의미하다는 것이다. 그리고 문화라는 것이 정치, 사회로부터 분리되어 독자적 영역을 구축하는 것이 아니라 모든 영역에 침투하여 문화의 보편화 현상이 일어난다.

둘째, 포스트모더니즘은 제도화된 예술의 목적과 기반을 부정하며, 일차적인 감각화, 미학화, 육체 미학을 선호한다. 또한 체계적인 해석이 불가능한 텍스트의 불연속성, 개방성, 비일관성, 다의성을 강조하며, 인지방식과 일상생활의 미학화가 일어난다.

셋째, 근대적 문화에서 주체적(이성적) 자아를 중시하고 학문화된 예술 속에서 주체적 자아가 완벽하게 실현될 수 있다고 보았던 견해가 해체된다. 포스트모던 문화 속에서는 '이성적 자아'를 허구로 볼 뿐 아니라, 오늘날의 소비사회, 대중매체사회에서는 '주체적 자아'는 분열되고 해체되어 있다. 따라서 인간은 더 이상 주체적 자아를 지켜야 한다는 강박관념이나 그 자아가 상실되는 데서 오는 긴장감이나 불안감 등을 가질 필요 없이 가벼운 행복감을 추구하게 된다. 후현대주의 문화를 일반적으로 '깊이 없고 피상적인' 문화라고 하는 이유가 여기에 있다.

그런데 정통성과 총체성, 주체성에서 해방되어 유희적 행복감과 임의적 개성을 추구하는 것은 어떤 면에서 인간해방의 측면이 있다. 하지만, 뒤집어 보면 진보나 개선, 개혁, 성장에 대하여 무관심해지고, 판단력이 마비되어 이것도 저것도 좋다는 식이 되기 때문에, 포스트모던 사회는 자칫하면 전근대의 비합리주의로 기울어지는 '신 보수주의'를 생성시킬 위험을 안고 있다고 지적되기도 한다. 이것을 일컬어 후현대주의의 인간해방과 비인간화의 엇갈리는 두 얼굴이라고 한다.

넷째, 언어적 기호와 상징이 가졌던 이론적 기능이 상실된다. 근대의 고전적 언어관에서는 기호는 기표와 기의의 합일에 근거하여 존재하는 것으로 보았다. 반면에, 포스트모던 사회의 후기 구조주의적 기호관에 의하면, 기표의 유희적 관계에 의해 기의가 표류한다. 따라서 이러한 문화논리 아래에서는 사실적 실재와 가상적 실재가 뒤바뀌는 현상이 일어난다고 보드리아르는 지적한다. 뿐만 아니라, 이러한 상황 속에서는 이론은 현실을 재현하지 못하기 때문에 이론이 현실을 진단, 비판하는 근거나 방향을 제시하는 역할을 하지 못한다는 것이다.

이상에서 살펴본 바와 같은 포스트모던 문화의 대기권에 살고 있는 청소년의 사고방식과 행동양식은 그러한 특성의 영향을 받는다. 가치감의 결여, 언어의 해체, 기존 문화체계의 거부, 문화적 정전正典의 거부, 가상과 현실의 혼동, 행동양식의 임의성, 기호적 소비행태, 깊이 없고 감각주의적인 쾌락 추구 등은 많은 면에서 포스트모던 문화논리를 반영하고 있다고 볼 수 있다.

### *4) 포스트모더니즘과 교육 패러다임*

지금까지 포스트모더니즘의 시각에서 본 세계관, 인간관, 지식관의 변화를 살펴보았다. 이러한 패러다임의 변화는 물론 교육을 생각하는 방식, 교육적 인간상(방향), 교육과정과 교육방법에 대한 생각은 물론 모든 교육실천의 기본 원리상의 변화를 수반한다. 물론 이것은 모더니즘의 시각을 완전히 대치한다거나 벗어났다는 뜻이 아니라 이에 대한 비판, 이해, 확장, 변용을 통한 시도를 수반하게 된다는 뜻이다. 포스트모던 패러다임에서는 교육의 목적, 내용, 방법, 평가를 분리할 수 없는 '교육의 과정'process of education으로 보고 '목표-내용'을 '목적-수단'의 분석적, 인과율적 틀 속에서 보지 않는다. 따라서 분석적 범주에 따라 논의를 전개하는 것은 자기모순일지 모르지만, 논의의 편의상 여기서는 다음 세 가지 범주별로 나누어서 논하기로 한다.

(1) 교육의 방향에서의 변화

포스트모던 세계관, 인간관, 지식관의 변화는 자연히 교육의 방향, 교육적 인간상의 변화를 수반하게 된다.

첫째, 인간의 본질을 이성에 두었던 모더니즘의 교육에서 바람직한 인간상은 이성적 인간이었지만, 그 한계를 비판한 포스트모더니즘은 교육적 인간상을 다원화하고 '이성' 이외에 '감성', '창조성', '영성' 등을 인간의 본질로 생각하는 대안을 제안하고 있다. 단순히 합리적, 논리적 지성만이 중시되지 않고 '감성적 지식', '행동적 지식', '직관적 지식' 등의 다양한 앎이 교육에서 추구되어야 한다고 생각한다. 영성, 불성을 인간존재의 본질로 보는 포스트모던 대안에서는 그것에 지적인 것을 능가하는 중요한 가치를 부여한다.

둘째, 모더니즘의 인간 중심주의, 서구 중심주의, 남성 중심주의의 가치에 기반을 둔 교육관은 생태(우주)적 교육, 홀리스틱 교육, 다문화주의 교육, 양성평등 교육으로 변화해 갈 것이 촉구되고 있다. 그동안의 교육은 소위 이들 '중심주의'로 인하여 여러 가지 문제점과 한계를 드러냈다. 교육 속으로 우주의식, 다문화 가치, 인종, 성별, 지역, 계층 등 다양한 인간 조건을 모두 포괄하는 평등의 가치가 적극적으로 도입되어야 할 것이다.

셋째, 개인주의적, 경쟁적, 좁은 자아 중심의 모더니즘 인간상에서 공동체적, 대화적, 협력적, 생태적 인간상에로의 전환을 주장하고 있다. 데카르트적인 분리된 자아개념과 대비되는 인간 본질의 관계성에 대한 인식을 통해 대화와 협력, 생태적인 상생相生의 가치를 이상으로 추구한다.

넷째, 모더니즘 교육에서 실체적, 고정적 자아개념에 기초한 자아정체성, 자아실현, 자아결정의 교육목표에 대한 비판적 재구성이 요청된다. 포스트모던 사회는 '몰자아성' 문화라고 할 정도로 자아인식이 어렵게 되었다. 자아정체성이란 언어와 사회문화의 구성물일 뿐이며, 미디어가 쏟아내는 이미지 정보의 불연속적 경험양식은 주체를 해체시키고 분산시킨다. 따라서 정체성이란 구성적, 선택의 문제이며, 유동적, 다원적, 가변적 성격으로 되었다. 이러한 해체된 자아에 직면하여 표피적 존재를 넘어서 진정한 존재에 기초한 정체성, 그리고 자아초월에까지 이르도록 도와주는 것이 포스트모던 교육의 사명으로 등장하고 있다.

### (2) 교육연구와 실천논리의 변화

인식론과 지식관의 변화는 그대로 교육에 관한 연구와 사고방식에도 적용된다. 모더니즘 시대에는 연구와 실천의 논리가 논리와 분석, 인과율적인 결정론적 사고, 측정과 계량화, 경직된 이분법적 사고, 객관적 지식론, 경험의 선형질서가 지배적이었고, 이는 교육연구에도 지배적인 사고방식이었다. 예컨대, 교육의 체계적이고 효율적인 운영, 교육목표-교수방법의 관계, 표준화된 평가, 논증과 실증 중심의 연구 등은 모두 모더니즘 인식론의 특징에 기초하고 있는 것이었다. 반면에, 포스트모더니즘 시각에서 교육연구를 구성하는 개념은 담론과 이론의 해체, 담론의 무질서, 인식론적 모순, 우연성의 산재, 모든 것의 관계성, 자율조직의 열린 체계를 전제로 한다. 이것은 바로 대서사로서의 교육이론이 지니는 보편성과 객관성에 대한 신뢰가 해체되는 변화에 기인한 것이다.

교육이론과 실천의 관계에서도 모더니즘 시각에서처럼 이론이 먼저 있고 실천이 그에 따라야 한다는 생각을 하지 않고, 항상 시공간적 특수성의 맥락에서 담론을 구성해야 한다고 본다. 이것이 곧 포스트모더니즘에서 말하는 맥락적 사고를 교육연구에 적용하는 것이라 할 수 있다. 이 점은 교육이론뿐만 아니라 이론을 구성하는 개념과 원리에도 적용된다. 일반적으로 모더니즘에서는 개념을 초월적 기의로 간주함으로써 탈역사 · 탈문화적인 사고를 했지만, 그것은 허구라는 것이다. 가령, 전인교육, 수월성, 평등, 열린교육이란 개념을 마치 '초월적 기의'가 있는 것으로 생각하지만, 실제로는 특정한 역사적, 사회적, 정치적, 언어적 맥락에서 당대의 이데올로기와 인습적 가치들이 암묵적으로 반영된 것이기 때문에 그것들을 비판적으로 분석하고 재구성하는 데 관심을 기울여야 한다는 것이다.

끝으로 모더니즘의 시각이 지닌 관람자적, 객관주의적 인식론과 분석적이고 인과율적 지식관은 인간존재의 복잡성과 실존을 포착하지 못함으로써 교육을 이해하고 사고하는 데 한계가 있다고 본다. 이와 같은 결정론적 시각을 지양하고 해석학적 인식론, 현상학적 인식론, 구성주의 인식론 등에 기초한 교육연구와 실천의 논리를 모색한다.

(3) 교육과정 및 방법의 변화

모더니즘의 객관주의적 지식관은 초역사적, 초문화적인 보편성을 주장하지만, 포스트모더니즘의 구성주의적 지식관에서는 지식을 개인적, 집단적 의미형성으로 파악한다. 따라서 전자의 경우는 지식의 전달이 중요하지만 구성주의 교육과정은 학생들의 주체적 지식구성이 강조된다. 구성주의 교육과정에서는 기존의 상식으로 여겨져 왔던 교육에 관한 많은 생각을 달리한다.

첫째, 구성주의 교육과정에서 학생은 수동적으로 지식을 전달받는 수용자가 아니라 능동적 참여와 의미구성의 주체이다. 그러므로 전달된 지식의 습득이나 정답을 아는 것 그 자체보다도 창조적인 지식구성과 의미추구 과정이 중요하다. 또한 교사 중심의 교육보다 학생의 자기주도적 학습 과정이 강조된다.

둘째, 구성주의 교육과정에서는 교육의 정전적 지식이나 권위적 지식, 이론의 보편성이나 정확성 그 자체에 중심을 두기보다 학생의 학습과정을 중요시한다. 따라서 교사에게 권위적인 교수자로서가 아니라 안내자, 조력자, 동료 및 선배 학습자로서의 역할이 중시된다. 그리고 구체적인 실제에서 지식구성과 의미추구의 맥락과 다차원성이 강조된다. 따라서 고립된 개별 주체의 경쟁적 학습이 아니라, 대화적 협동학습, 혹은 상호 협력학습이 중요시된다.

셋째, 구성주의 교육과정의 구체적 방법론으로는 더불어 진행하는 '인지적 도제이론', 특정상황에서 다양한 해석을 통해 협동적으로 문제를 해결해 가는 '상황적 학습모델', 그리고 비정형화되고 독특하며 다차원적 개념으로 구성된 사고를 전개해야 하는 '인지적 유연성 모델'들이 있다. 이 모든 것은 맥락적 상황적 사고를 강조하는 포스트모던의 지식관을 반영한 것으로서, 기존의 단순한 문제해결학습 모형과는 여러 면에서 차별화될 수 있다. 종전의 문제해결학습이 상대적으로 선형적, 과학적 사고에 기초한 것이라면, 여기서는 문제해결의 다차원성, 다양한 시각, 다양한 맥락이 중시되며, 문제 자체도 높은 불확정성의 요소를 내포하고 있다는 점이 다르다. 이 같은 사고는 필연적으로 다학문적으로 이루어질 수밖에 없고 대화적으로 수행해야 하기 때문에 통합교과적 접근도 필요하다고 하겠다.

제 6 장

# 교사의 교육철학

- 파울로 프레이리, "세계읽기와 글읽기: 파울로 프레이리와의 대담"*
- 맥신 그린, "이방인으로서의 교사"**
- 양은주, "교육철학의 '교사' 연구 동향과 과제"***

* Freire, P. (1985). "Reading the World, Reading the Words: An Interview with Paulo Freire", *Language Arts* vol. 62, no. 1. pp. 15–21. (양은주 역).

이 글은 미국의 국어교육학회에서 주관한 프레이리와의 대담 기록으로 해당 학술지에 실린 것을 번역한 것이다. 교사의 의미와 문해교육에 관련한 프레이리 사상의 핵심을 간명하게 제시해 준다.

** Greene, Maxine (1973). "Teacher as Stranger", *Teacher as Stranger: Educational Philosophy for the Modern Age*. Belmont, California: Wadsworth Publishing Company. pp. 267–302. (양은주 역)

이 글은 번역자가 독자의 이해를 돕고자 세부 주제별 소제목을 첨가하고, 부분적으로 발췌하여 재구성한 것이다. 이방인으로서의 교사 개념 이해에 초점을 두고, 구체적인 시대적 상황과 예술작품들을 통한 예시 부분은 각주에 요약을 제시하고 중략하였다.

*** 양은주 (2005). "교육철학의 '교사' 연구 동향과 과제" 『교육철학』 33집. pp. 63–81.

이 글은 지은이가 2004년도 교육철학회 연차학술대회에서 발표한 것을 토대로 학술지에 게재한 것으로, '교사'를 주제로 한 교육철학적 탐구의 성격에 대한 개괄적 이해를 돕기 위해 실었다.

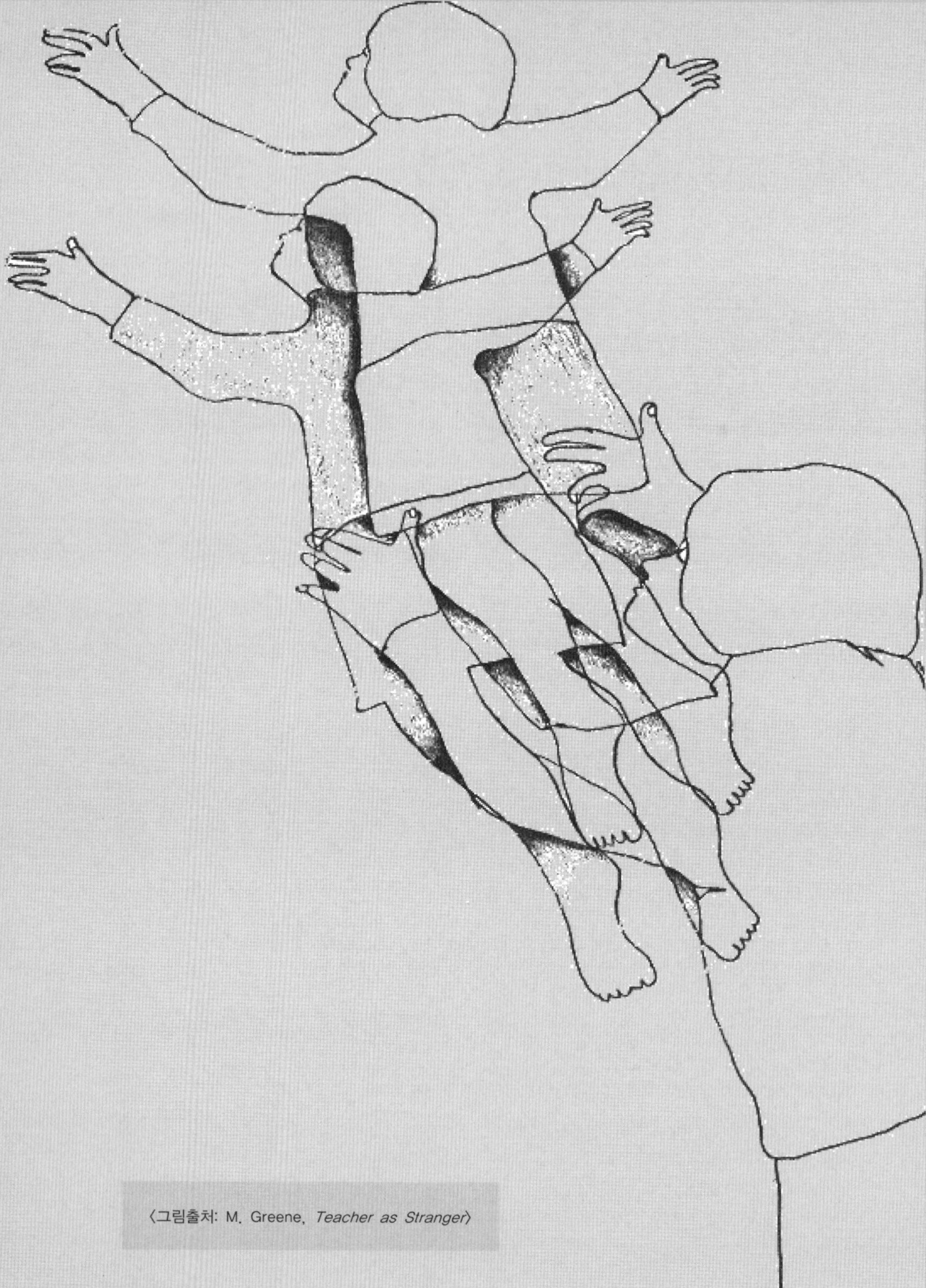

〈그림출처: M. Greene, *Teacher as Stranger*〉

교육의 본질적 이해를 위한 교육철학적 탐구 주제로서 마지막으로 생각해보려는 것은 교사의 문제이다. 교사양성 교육과정에서 '교사론' 과목을 비롯하여 제반 교육학 과목을 통해 우리는 교사의 의미와 역할 및 바람직한 교사상에 관한 다양한 논의를 접한다. 하지만 오늘날 더불어 공감하며 추구함직한 좋은 교사의 의미와 근거를 찾기는 쉽지가 않다. 이러한 난점은 특히 교사의 중요성에 관심이 모아지고 교사의 질을 높이기 위한 방안이 제도적으로 모색되면서, 더욱 간단치 않은 문제로 되고 있다.

교사란 어떤 존재인가? 누가 참된 교사인가? 훌륭한 교사에게 기대되는 미덕과 자질은 어떤 것인가? 우리는 어떤 교사를 희망하는가? 그런데 교사가 실제로 만나는 현실에서는 어떤 역할이 요구되는가? 교사의 교육적인 의도와 실천을 가로막는 제약 조건은 무엇인가? 우리의 교육 현실에서 다양한 제도와 정책의 바탕에 전제된 교사 존재의 의미는 무엇인가? 그리고 무엇보다 훌륭한 교사가 되는 길은 어디에 있는가? 어떻게 진정한 교사로 성장해 가는가? 교사의 의식을 일깨우고 계속적인 배움과 성장의 길을 열어갈 수 있게 하려면, 교사교육의 과정에서 무엇을 가르치고 배워야 하는가? 이러한 물음들을 토대로, 이 장은 교사의 본질적 이상과 실제 현실, 그리고 교사교육의 목적과 방법에 대한 철학적 성찰의 계기를 마련해 보려는 목적으로 구성되었다.

이를 위해 만나는 첫 번째 글은 브라질의 교육사상가이며 실천가인 파울로 프레이리(1921~1997)와의 대담이다. 짧은 대화 형식의 글을 통해 프레이리 교육사상의 핵심을 읽을 수 있다. 즉, 교육의 궁극적인 목표는 인간을 해방시키는 일이며, 따라서 교육은 인식활동일 뿐 아니라, 정치적이고 예술적인 차원을 내포한다는 것, 이를 위해 세계읽기와 글 읽기의 연속적인 관계를 깊이 깨닫게 해주는 언어교육이 필요하다는 것, 그리고 그 과정에서 교사는 학생들과 더불어 가르치고 배우며 세계의 진보적 변혁의 길을 열어가야 한다는 것 등이다. 여기서 교사의 의미와 관련하여 특히 주목을 끄는 것은 '교사학습자'teacher-learner라는 개념이다. 교사는 전문가로서 요청되는 자질과 미덕을 기르기 위해 부단히 노력해야 한다는 것, 그리고 교사는 가르치는 과정에서 배우며 또한 배움이 없이는 가르치는 일이 불가능하다는 것을 역설하는데, 그 구체적인 의미를 깊게 음미해볼 필요가 있다.

두 번째 글은 현재 미국에서 활동 중인 교육철학자 맥신 그린의 실존적 교사론을 담은 "이방인으로서의 교사"이다. 동일한 제목의 교사를 위한 교육철학 입문서 마지막 장에서 발췌하여 옮긴 것으로, 앞서 1장에서 만난 글과 함께 묶여 있다. 그린은 사회 현실의 관습에 젖어 아무 생각 없이 침잠하는 '내부자'와 대비하여, 자기 자신의 삶의 세계, 익숙한 일상 현실을 탐구하듯이 경이에 찬 시선으로 바라보고 새로운 의미와 가치를 찾고자 하는 '이방인'에 비유하여, 이 시대 교사의 의미와 역할을 밝히고 있다. 그린의 교사론은 절대적이고 완전한 존재로 그려지는 전통적 교사상을 문제시하며, 현대 세계의 근원적 부조리와 불확실성 속에서, 고뇌, 권태, 죄의식과 같은 감정 상태를 경험하며, 복잡하게 얽힌 문제상황에 놓인 교사의 현실에서 출발하는 점에서 독특하다. 특히 이방인으로서 학생들과 더불어 제대로 진실되게 바라보고 자신의 독창적인 시각과 자기 존재를 찾으려 하는 교사를 위해 예술이 갖는 교육적 의미와 가치를 다룬 부분이 주목할 만하다.

마지막으로 붙인 글은 한국 교육철학 분야에서 교사와 관련되는 주제의 연구 경향을 분석하고 앞으로의 과제를 논의한 것이다. 교사의 문제에 대한 기존의 기능주의적 통제 중심의 접근의 한계, 교사와 교사교육에 관한 교육철학적 접근의 필요성, 교사의 문제에 관련하여 심화·확장될 수 있는 교육철학적 탐구의 주제 영역들을 제안하고 있다.

# 세계읽기와 글읽기: 프레이리와의 대담

양은주 옮김

## 가르치기와 교육하기

**사회** 프레이리 선생님, 선생님께서는 '해방의 교육', 즉 배우려는 모든 이들이 자신들의 삶에 가로놓인 온갖 억압을 극복하고 다양한 유형의 자유를 성취하도록 돕기 위한 교육에 관해서, 그리고 그러한 인간해방을 위한 교육의 과정에서 대화dialogue와 문해 능력literacy이 갖는 중요한 역할에 관해서 참으로 특별한 성과를 이루신 것으로 널리 알려져 있습니다.[1] 또한 그러한 교육을 경험하는 데에 교사의 역할이 바로 그 열쇠로 보시는 것으로 압니다. 그래서 먼저 교사의 의미에 대한 선생님의 생각에 대해 질문 드리고 싶습니다. 선생님께는 교사란 존재가 무엇을 의미하는지 말씀해 주시겠어요?

1_ [역주] 프레이리는 1921년 브라질에서 태어나 성인 문맹자들의 교육에 헌신하며 가난하고 억눌린 민중의 각성을 위한 교육운동을 펼친 실천가이며 교육철학자이다. 그를 세계적으로 유명하게 만든 『페다고지』*Pedagogy of the oppressed*에서 기존의 학교교육이 '은행저금식 교육(banking concept of education)'이라고 비판하며 학생들이 자신들의 세계 경험을 다시 읽고 문제를 제기하고 변혁을 모색케 하는 '대화식 교육'이 필요함을 주장하였다.

**프레이리** 저는 교사라는 것이 너무나도 좋습니다. 저에게 교사란 절대적인 사명이 부여된 성직자라거나, 하늘로부터의 어떤 명령을 받드는 자를 의미하지는 **않습니다**. 오히려 교사란 일종의 전문가a professional로서 보다 나아지기 위해, 그리고 어떤 자질이나 미덕을 기르기 위해 끊임없이 노력해야 하는 자라고 봅니다. 그런데 전문가로서 교사의 자질이나 미덕은 전달 받을 수 있는 것이 아니고, 스스로 만들어 가야 하는 것입니다. 우리 스스로 날마다 자기 자신을 새롭게 만드는 능력이 매우 중요합니다. 그것이 우리를 소위 "정신의 관료화"bureaucratization of mind에 빠지지 않도록 막아줍니다. 이런 의미에서 저 자신도 교사입니다.

**사회** 교사의 여러 가지 미덕virtues이나 자질들qualities 가운데 어떤 것이 프로다운, 전문가다운 교사가 되는데 가장 중요하다고 보십니까?

**프레이리** 미덕이란 우리가 행동과 실천을 통하여 새롭게 만들어가는 자질이요, 우리의 꿈을 향해 우리 자신을 한결같고 시종일관되게 만들어 주는 자질이지요. 그러한 한결같음을 교사들은 그들이 하고 있는 일들 속에서 이루려 애써야 할 것입니다.[2]

교사에게 중요한 미덕에는 우선 겸손humility이 있습니다. 겸손이란 교육을 통해 우리가 할 수 있는 것과 할 수 없는 것에 관련하여 우리 앎의 한계를 아무런 고통 없이 인정하는 자질입니다. 겸손은 우리가 배워야 하고 거듭해서 다시 배워야 하는 필요성을 받아들이는 것입니다. 그것은 우리가 알아가도록 도와야 할 아이들과 **더불어** 알아가기 위한 겸손을 말합니다. 겸손하지 않을 하등의 이유가 없기 때문에 우리는 겸손해야 합니다. 그러나 겸손함이 모욕을 당해도 그저 묵묵히 받아들인다는 뜻은 아닙니다. 겸

2_ [역주] 프레이리가 마음에 그리는 진보적 교사의 자질로서 여기에 간략히 소개한 내용을 보다 깊이 이해하려면, 예비 교사에게 쓰는 서한문 형식의 저서, 『프레이리의 교사론』 *Teachers as Cultural Worker*, 제4서한을 참고할 만하다. 여기 제시된 덕목들 외에 결단력, 안정감과 자신감, 삶을 즐겁게 만드는 자질 등에 대해서도 이야기한다.

손에는 다른 이들의 고통과 느낌을 이해하는 일이 포함됩니다. 우리는 학생들이 가지는 기대와 그들이 갖고 있는 지식을 존중해야 합니다. 하지만 실상 교사로서 우리는 흔히 학생들이 처한 자리에서가 아니라 우리가 서있는 위치에서 시작하려는 경향이 있습니다. 교사는 **자유로운** 마음이 되어 학생들에게 "네가 나를 일깨웠는걸!"이라고 주저 없이 말할 수도 있어야 합니다. 대화dialogue란 그저 공허한 교수 전략에 불과한 것이 아니라, 알아가는 과정에 놓여야 할 자연스런 일부분입니다.

또 하나 중요한 교사의 미덕으로 인내patience와 그것과 짝을 이루는 갈망impatience이 있습니다. 교사들은 우리와는 다를지 모르는 학생들과 함께 살아가는 법을 배워야 합니다. 이러한 배움에는 인내와 갈망이 필요합니다. 우리가 우리의 꿈을 이루기 위해, 그리고 또한 학생들이 그들의 꿈을 이루도록 돕기 위해, 우리는 언제나 안타까운 마음으로 갈망해야 합니다. 그러나 만일 우리의 꿈을 위해 우리 자신과 학생들을 너무 강하게, 또 너무 조급하게 밀어붙이면, 우리는 그들을 망쳐놓을 수 있습니다. 그래서 우리는 인내하며 또한 동시에 갈망할 수 있어야 합니다.

관용tolerance 또한 교사에게 매우 중요한 미덕의 하나입니다. 그것은 겸손과 인내 모두와 관련되어 있습니다. 관용은 뜻을 달리하는 이들과 대면하는 법을 배운다는 의미를 내포합니다. 예를 들어, 여러 학생들로 구성된 한 학급은 말 그대로 특정한 사회 계급이 아닙니다. 어느 교실이든 다양한 사회 계층적 배경을 갖고 오는 개개인 학생들로 구성됩니다. 교사로서 나와 그들의 관계는 일종의 계급 관계가 아닙니다. 나의 가치관은 학생들의 가치관과 다를 수 있지만, 그런 이유 때문에 그들을 적대시해야 할 존재로 여길 수는 없는 것입니다. 나는 관용해야 합니다.

이와 관련하여 모택동과 그의 조카딸에 관한 일화가 있습니다. 조카딸이 하루는 자신이 다니는 대학에서 "장개석 만세!"라고 칠판에 휘갈겨 써진 것을 발견하고는 불만을 토로하였습니다. 모택동이 그에 대해 묻자 그 대학에 다니는 오천 명의 학생들 중에 그렇게 썼을 법한 사람은 딱 두 명의 반동적인 학생들밖에 없다고 대답했다고 합니다. 이에 대해 모택동은 "단 두 명뿐이라면 그건 참으로 나쁘구나. 공산당 편에서는 주위에 더 많은 반동 세력들이 있어야 좋을 텐데."라고 답했다고 합니다. 여기서 그의 요지는 사람들은 누구나 자신의 생각을 말할 권리를 가지고 있으며, 공산주의자들 편에서도 반대자들의 오류에 대해 설득할 권리를 갖고 있다는 것입니다.

지금까지 이야기한 미덕들은 모두 서로 연결됩니다. 예컨대 관용하는 것은 존중하는 것을 수반하며, 또한 학생들의 단순하고 순진함naivety을 당연하게 받아들이는 것을 포함합니다. 교사는 가르쳐야 하는 실제적 이유 때문에도 학생의 순진함을 받아들여야 합니다. 명령으로 학생의 순진함을 넘어설 수는 없는 것입니다. 우리는 학생들이 있는 지점에서 시작해야 합니다. 우리가 있는 곳에서 시작하려 한다면, 학생들이 있는 지점과 연결고리를 만들어야 합니다. 학생들이 그들의 순진함을 넘어서 나아가려면, 스스로 자신들의 순진함을 깨닫는 것이 필요합니다. 그때 학생들은 의미심장한 도약을 하려고 애쓸 것이며, 우리 교사와 더불어 도약하게 될 것입니다. 그러나 학생들의 순진함을 당연히 수용하는 것이 곧 우리도 단순해지거나 학생들의 수준에 머물거나 하는 것을 의미하지는 않습니다. 학생들의 순진함을 받아들이는 것은 그것을 이해하고 독단적으로 거부하지 않는 일이요, 하지만 그들의 순진함을 긍정하면서도 그들의 생각을 자극하기 위해 중재에 나서는 일입니다. 그렇게 함으로써 학생들은 현실에 대한 자신들의 순진하고 단순화된 이해를 넘어서 나아갈 수 있을 것입니다.

가장 최종적으로 중요한 미덕, 그런 것이 있다고 하면, 그것은 온갖 상황에도 불구하고 학생들을 사랑하는 능력입니다. 여기서 말하는 의미의 사랑이란 어떤 부드럽고 감미로운 사랑이 아닙니다. 오히려 그와 상반되는 의미에서, 매우 적극적인 사랑, 모든 것을 받아들이는 사랑, 우리가 한계를 넘어서도록 우리를 밀어주고, 우리의 과업에 대해 더욱 책임감 있게 만들어 주는 학생들을 향한 사랑을 뜻합니다.

**사회** 선생님께서는 교실에서의 교사에 대해 언급하면서 종종 "교사 학습자"teacher learner라는 표현을 쓰셨는데요. 가르치는 상황에서 학습자로서의 교사란 어떤 의미입니까?

**프레이리** 가르침과 배움이 불가분리함을 이해한다는 것은 참으로 중요한 자질 혹은 미덕이라고 생각합니다. 교사들은 매일 자신들이 학교에 배우러 온 것이지 그저 가르치기만 하려고 온 것이 아니라는 사실을 분명히 인식해야 합니다. 이런 식으로 우리는 그저 가르치는 사람이기만 한 것이 아니라 가르치며 배우는 사람입니다. 가르침이 없이는 배울 수 없는 것과 마찬가지로 배움이 없이는 가르치는 것이 정말로 불가능합니다. 그 어느 하나를 다른 것과 분리할 수 없는데요, 그렇게 하려고 할 때 부당한 의미 왜곡을 낳게 됩니다. 하지만 오랜 기간 동안 우리는 끊임없이 가르침을 배움으로부터 분리하면서도 그것을 의미의 왜곡으로 느끼지 않았습니다. 그러면서 교사는 가르치는 존재이고 학생은 배우는 존재라고 결론 내리곤 합니다. 그때에 불행하게도, 학생들은 그들이 학교에 오는 것은 단지 가르침을 받기 위함이고 가르침을 받는다는 것은 흔히 교사에 의한 지식 전달을 뜻하는 것이라고 확고히 믿게 됩니다.

어떤 대상의 개념을 알아가는knowing 일은 필연적으로 그것을 이해하는 apprehending 일을 수반합니다. 먼저 나는 그 대상을 이해하고, 그 대상을 이해하면서 그것을 알게 됩니다. 그리고 내가 그것을 알게 되었기 때문에 그때 비로소 나는 그것을 기억하는 것입니다. 즉, 이해가 기억에 선행한다는 것입니다. 진정한 배움은 제대로 알게 됨이 없이는 가능하지 않습니다. 그렇기에 가르친다는 것이 제게는 학생들로 하여금 그 대상을 이해하고 알아가도록 자극하는 일로 생각됩니다.

교사로서 우리는 가르치는 과정으로부터 배우며, 우리가 배움의 조건을 마련해 주려는 바로 그 학생들과 더불어 배우게 됩니다. 또한 우리는 학생들이 우리를 가르치는 그 과정으로부터도 배우는 것입니다.[3]

**사회** 교육에 대한 선생님의 비전은 무엇입니까? 선생님께서는 어린 아이들의 성장을 위해 교육이 무엇을 할 수 있기를 희망하십니까?

**프레이리** 저에게 교육이란 인식 활동이자, 정치적 행위요, 또한 동시에 예술적 사건입니다. 이렇게 저는 교육의 정치적 차원에 대해서만 말하지 않습니다. 더 이상 교육에서 인식의 차원에 대해서만 말하지도 않습니다. 마찬가지로, 예술을 통한 교육에 대해서만 이야기하지 않습니다. 저는 교육이 정치요, 예술이며, 인식 활동이라고 말하고자 합니다. 교육은(지식의 교수 · 학습을 통해) 어떤 인식론을 매일매일 실행에 옮기는 일이지만, 그것은 미적인 옷으로 감싸이게 됩니다. 아이들이 그들 스스로 자신의 존재를 형성할 수 있게 도와야 하는 우리 교사의 첫째가는 임무는 바로 교육의 예술적 측면에 있다고 봅니다. 결국 교사가 되는 일은 우리가 동시적으로 정치가이며, 인식론자이며, 또한 예술가이기를 요구합니다. 하지만 이런 세 가지 것들이 모두 함께 되는 일이란 그리 쉽지 않다는 것을 저도 잘 알고 있습니다.

그래서 우리가 책임감 있는 교사이려면 잘 준비되어 있어야 하고 유능하고 실력을 갖추어야 합니다. 자신들의 기대, 의문, 알려는 열망에 대한 답을 찾으려는 희망으로 우리에게 다가온 학생들을 좌절시켜서는 안 됩니다. 우리는 물론 우리가 가르치는 교과에 대한 지식을 갖추고 있어야 하지만 우리는 또한 학생들이 알아가는 것을 돕기 위한 방법을 알아야 한다. 이러한 방법how의 차원은 예술적인 것이지, 단순히 정해진 절차에 따르는 방법

---

3_ [역주] 교사가 가르치면서 배운다는 것의 의미는『프레이리의 교사론』첫 번째 편지 서두에서 깊이 다루고 있다. 프레이리는 교사가 가르치면서 이전에 배웠던 지식을 다시 이해하게 되는 측면이 있을 뿐 아니라, 더욱 중요하게는 학생들의 호기심이 어떻게 작동하는지를 예민하게 살핌으로써 교사에게 새로운 배움이 생긴다고 본다. 그는 이렇게 설명한다. "학생들의 때때로 매우 순수한 호기심이 움직여가는 길과 흐름의 일부는 교사가 한 번도 주목하지 않았던 질문과 제안들로 가득하다. 그래서 교사는 *관료화된 정신*으로가 아니라 학생들의 호기심 단계를 재구성해 가면서 가르쳐야 한다. 이를 위해 교사들은 온 몸의 의식이 깨어 민감하게 움직이며, 학생들의 추측, 무지, 분별을 향해 열려 있어야 한다. 이와 같이 교사가 수행하면, 교사는 가르치는 과정에서 풍요로운 배움의 순간들을 갖게 된다."

론적 문제는 아닙니다.

교육 행위를 이렇게 이해할 때, 많은 쟁점과 질문들이 생겨납니다. 우선 이러한 이해에 근거할 때, 우리 교사들은 우리 자신과 학생들에게 끊임없이 물음을 던져야 합니다. 그것은 우리가 확실하다고 생각하는 것들에 대해 확신을 갖지 않음으로써 확실성을 추구하는 정신을 만들기 위함입니다. 우리가 가진 확실성들에 대해 전적으로 틀림없다고 여기지 않는 정도에 따라, 비로소 진정한 확실성을 "향해 나아가는 걸음"을 시작하게 되는 것입니다.

또 다른 문제는 교육이 정치성, 즉 정치적인 특질을 갖는다는 점입니다.[4] 정치적 사안들에는 교육적 차원이 있으며 그 반대의 경우도 성립됩니다. 교육이란 곧 정치이기 때문에 결코 중립적일 수 없습니다. 우리가 중립적이 되려고 하면, 빌라도가 그랬듯이, 지배적인 이데올로기를 지지하는 것이 됩니다. 교육이란 결코 중립적일 수 없기 때문에, 틀림없이 인간을 해방시키는 일이거나 길들여 순응시키는 일일 것입니다. (그러나 우리가 실제로 경험하는 교육은 아마도 순전히 어느 한 가지인 것은 결코 아니라는 점을 저도 인정합니다.) 그런 점에서 우리 교사는 자신이 또한 정치가임을 인지해야 합니다. 그렇다고 우리가 학생들에게 우리의 정치적 선택을 주입할 권리를 갖는다는 뜻은 아닙니다. 하지만 우리의 정치적 선택을 감추지 않아야 할 의무가 있습니다. 학생들은 우리의 정치적인 꿈이 무엇인지 알 권리가 있습니다. 그때 학생들은 그것을 받아들이거나, 거부하거나, 또는 수정

4_ [역주] 교육의 정치성에 대해 프레이리는 『자유를 위한 교육론』*A Pedagogy for Liberation*에서 다음과 같이 설명한다. "교육이 정치라는 것, 이것은 위대한 발견이다. 교사가 자신이 또한 정치가임을 발견할 때, 그 교사는 내가 교실에서 하는 것이 어떤 종류의 정치인가? 즉 나는 누구를 위하는 교사인가? 라는 물음을 물어야 한다. 교사의 일은 무언가를 위하는 것이며 또한 무언가에 저항하는 것이다. 그 때문에, 그는 또 하나의 더 중요한 물음을 가져야 한다. 즉, 어떻게 하면 나의 교실 실천과 나의 정치적 선택을 일치시킬 수 있을까? 해방의 꿈을 공표하고서 그 다음날 학생들과의 관계에서 권위주의자가 되서는 안 될 것이다." 여기서 암시되듯이, 프레이리가 말하는 교육의 정치성이란 특정한 정치적 사안을 교실에서 다루는가의 문제에 달려있는 것은 아니다. 오히려 어떤 교과 수업에서든지 교사가 학생과 맺는 관계의 성격에 따라 어떤 종류의 정치를 위하는 일이 된다는 것을 의식하여야 한다는 것이다. 가령 진보적 정치를 지향하는 교사라면 일상의 교육 실천에서 권위주의적으로 군림하지 않으며, 민주적이고 인간적인 교실 문화를 이끌어가도록 애써야 함을 말한다.

할 자유를 갖게 됩니다. 우리의 책무는 우리의 꿈을 그들에게 주입하는 것이 아니라, 그들에게 그들 자신의 꿈을 갖도록, 그들의 선택을 그저 무비판적으로 당연시하지 않고 자신의 선택을 명료화하도록 자극하는 일입니다.

많은 교사들이 불행하게도 사회의 지배적인 이데올로기에 의해 망가지고 매몰되어 왔으며, 그렇게 세상을 바라보고 행위 하는 방식을 아이들에게 주입하는 경향이 있습니다. 그들은 흔히 그렇게 하는 것을 마치 성직자가 그러하듯이, 아동을 "구원하는 것"으로 여깁니다. 이런 경향은 우월성 콤플렉스에서 비롯되는 것입니다. 우리가 이런 사고방식에 빠질 때, 외과 의사의 마스크를 쓰고 수술 장갑을 끼고 아이들을 만지고 있는 것이나 다름없습니다. 지배적인 이데올로기는 사회적인 강자의 이해관심에 봉사하는 것이요, 그것은 우리에게 세계를 불투명하게 만듭니다. 우리는 종종 실제로 우리가 살아가고 있는 현실을 믿기보다는, 우리가 거듭하여 듣고 되뇌는 이데올로기적인 언어를 믿게 됩니다. 그런 이데올로기적인 덫을 피하고 현실의 베일을 벗기는 유일한 길은 우리가 지배적인 이데올로기를 부수고 나오도록 도울 수 있는 대응-이데올로기a counter-idealogy를 창안하는 것입니다. 이것은 우리의 구체적인 경험에 대해 비판적으로 성찰하고 우리가 직면하여 성찰하는 사실들의 그러한 까닭을 깊게 생각해 볼 때 이룰 수 있는 일입니다.

그리고 또한 교사들은 아이들과 함께 유희하고 그들과 더불어 꿈꿀 수 있어야 합니다. 교사들은 아이들 문화의 물결 속에 먼저 자신들의 몸을 담그고 적셔야 합니다. 그때에야 비로소 교사들은 아이들에게 읽고 쓰기를 어떻게 가르쳐야 하는지를 알게 될 것입니다.

교사들이 자신들의 말과 행동 사이의 모순을 깨닫게 될 때, 선택할 수 있는 길은 두 가지 중의 하나입니다. 한 가지는 영리하게 입장을 정리하면서 보수적이 되어야 하는 이유를 의식적으로 확고히 하는 것입니다. 다른 한 가지는 현실 변혁을 위한 행동에 참여하는 비판적인 입장을 적극적으로 받아들이는 것입니다. 후자의 경우와 같이, 지배자로서는 죽고 지배당하는 자로서 다시 태어나 억압을 극복하기 위해 투쟁하는 그러한 선택을 저는 매일매일을 "부활절로 만들기"라고 부릅니다.

## 언어의 기능과 읽기

**사회** 언어, 특히 읽기가 선생님의 교육에 대한 비전과 어떻게 관련되는 것입니까? 우리의 꿈을 일깨우는 비판적 의식을 길러주고 우리가 억압에서 해방되어 그러한 꿈을 향해 나아가도록 하는 데 언어와 읽기가 어떻게 도움이 될 수 있습니까?

**프레이리** 인식 행위로서의 교육에 대해 생각할 때, 읽기reading는 알아가기knowing와 관련됩니다. 읽기 행위란 단순히 기능적으로 글자를 읽는 일로 설명될 수 없습니다. 왜냐하면 모든 글 읽기는 필연적으로 이전의 세계 읽기와 이후의 세계 다시 읽기를 수반하기 때문입니다. 우리는 세계 "읽기"와 글 읽기 사이에서 끊임없이 순환적으로 움직이는데, 글뿐 아니라 말로 표현된 것도 역시 우리의 세계 읽기입니다. 그런데 한 걸음 더 나아가 보면, 글 읽기에 앞서 세계 읽기가 있을 뿐 아니라, 또한 어떤 식으로든 세계 쓰기와 다시 쓰기도 있습니다. 여기서 세계 쓰기란 다른 말로 하면 의식적인 실천 행위를 통해 세계를 변혁하는 일입니다. 저는 글 읽기와 세계 읽기 그리고 읽기와 쓰기 사이를 오가는 이러한 역동적 운동이야말로 문해 능력literacy의 핵심이라고 봅니다.

결국 읽기란 살아 있는 현실을 공부하는 일이요, 우리가 살고 있는 세계의 현실을, 우리가 만들어 가고 또한 우리를 만들어 가는 역사로서의 현실을 공부하는 일임을 알 수 있습니다. 또한 텍스트의 맥락을 읽지 않고는, 담론과 그것을 형성한 현실 사이의 관계를 이해함이 없이는, 텍스트 읽기가 불가능하다는 것을 알게 됩니다. 이렇게 볼 때, 어떤 텍스트 읽기에도 반드시 수반되는 책임을 강조하게 됩니다. 즉, 우리는 텍스트의 맥락을 읽고 또한 그것을 우리가 그 텍스트를 읽고 있는 맥락에 관련지으려고 애써야 합니다. 읽기는 그렇게 단순한 일이 아닙니다. 읽기는 알아가기를 매개해 주며 또한 알아가는 인식 행위 자체가 됩니다. 왜냐하면 언어는 곧 지식이요, 단순히 지식 전달의 통로가 아니기 때문입니다.[5]

제 딸, 마달레나가 쓴 책의 제목을 통해 예를 들 수 있을 것 같습니다. 마달레나는 브라질에서 교사로서 어린 아이들이 읽기와 쓰기를 배우는 과정을 돕고 있는데, 무엇보다도 그들이 세계를 알아가도록 돕는 일을 합니다. 마달레나는 아이들과 함께 하는 자신의 작업과 그들의 배움의 성격을 잘 보여주는 책을 썼습니다. 그 책의 제목은 흔히 볼 수 있는 『아동의 읽기 쓰기 지도방법』과 같은 것이 아닙니다. 그것은 『세계를 알기 위한 열정』으로 되어 있습니다. 우리가 가르치는 학생들의 수준이나 연령이 어떠하든지, 유치원에서부터 대학원 과정에 이르기까지, 비판적 읽기는 절대적으로 중요하고 기본이 되는 것입니다. 올바른 읽기에는 언제나 비판적 지각, 해석, 읽은 것의 "다시 쓰기"가 포함됩니다. 그러한 읽기 작업은 텍스트 속에 숨겨진 베일을 벗기는 일입니다. 제가 함께 공부하는 학생들에게 저는 늘 "읽기란 단어들 위를 산보하는 일이 아니라 그것에 담긴 혼을 포착하는 일"이라고 말하곤 합니다.

**사회** 어떤 의미에서 아이들은 학교에 올 때 이미 "읽기" 방법을 알고 있는 것 같습니다. 즉, 아이들은 어떤 방식으로 세계를 알아가고 변화시킬 수 있는지를 알고 있다는 의미에서 그렇게 보입니다. 그런데 사회의 구조적 모순을 재생산하는 무비판적 교육체제 하에서 가르쳐야 할 때, 우리 교사의

5_ [역주] 프레이리는 문해교육의 의미와 가치를 재정립한 것으로 잘 알려져 있다. 특히 학교교육에서 읽기와 쓰기의 기능적 접근을 비판하면서, 능동적이고 주체적인 읽기, 일상의 세계 경험과 관련한 비판적 읽기, 새로운 이해의 창조로서의 읽기 등을 강조한다. 읽기에 대해 『프레이리의 교사론』 첫 번째 편지에서 그는 다음과 같이 말한다. "읽기와 쓰기를 위해 요청되는 중요한 연습 한 가지는 일상 경험을 특징짓는 **감각적 경험**으로부터, 학교 언어에서 쓰이는 **일반화**로, 그리고 다시 만져지는 구체적 경험으로 원활히 옮겨가는 훈련이다. 이를 위한 실천이 바로 '이전에 읽었던 세계를 다시 읽기'라고 말했던 것이다."

길은 가로막힐 수 있고, 그런 조건 속에서 읽기는 그저 "단어들 위를 산보하기"처럼 공허하고 기계적인 과정이 될 수 있을 것 같은데요. 우리가 어떻게 하면 그렇게 되는 것을 막을 수 있을까요? 마달레나는 어떤 방식으로 아이들과 함께 공부합니까? 그녀는 어떻게 해서 아이들이 세계를 알고자 하는 열정의 불꽃을 더욱 활활 타오르게 합니까?

**프레이리** 글 읽기와 글 쓰기는 세계 읽기의 역동적인 운동으로부터 나와야 합니다. 문제는 양자 사이의 유연한 연속성을 만드는 방법에 있습니다. 즉, 한편으로 경험을 이야기하기, 자발적으로 자유롭게 말하기를 통해 이루어지는 세계 읽기와, 다른 한편으로 쓰기와 읽는 법을 배우는 계기 사이에 연속적인 흐름을 만듦으로써, 읽기 쓰기 학습의 출발점이 되는 단어들이 교사의 읽기 교과서에서가 아니라 아이들의 생각으로부터 나오게 만드는 것이 관건입니다.

결국 가장 중요한 것은 무엇보다 아이들이 자발성으로 가득 차 있어야 한다는 것입니다. 아이들이 자신의 느낌과 그들 나름의 질문과, 그들의 창의적인 상상과, 그들 스스로의 창조를 위한 모험을 가지고서, 그들 자신의 언어를 "그들 자신의 손에" 넣고서, 그것으로 아름다운 일을 하려고 해야 하는 것입니다. 어린 아이들에게 있어서 비판적 읽기를 위한 기본적인 토대는 그들의 호기심입니다.

다시 강조하지만, 아이들에게 읽고 쓰기를 가르치는 일은 예술적인 사건이 되어야 합니다. 그러나 안타깝게도 많은 교사들이 이렇게 중요한 경험을 단지 기술적인 일로, 즉 아무런 정서나 새로운 구상이나 창조적 상상력 없이 그저 단순한 *반복*으로 될 수 있는 무엇으로 변질시키고 있습니다. 많은 교사들이 예술적으로 일해야 할 때에 관료적으로 일을 하곤 합니다. 아이들에게 세계 안에서 글 읽기를 가르치는 일이란 참으로 어떤 정해진 프로그램 안에 맡겨 둘 수 없는 무엇입니다. 아이들이란 현실에 대하여 상상력 가득하게 살아가는 것이 정상적인 모습인데, 기술적이고 관료적으로 통제되는 읽기 프로그램에서는 아이들이 이런 방식으로 읽을 때 죄의식을 느끼게 될 것이며, 결국에는 행동주의적인 절차 때문에 그들의 상상력 넘치는 비판적 읽기를 포기해 버릴 수 있습니다.

읽기란 기술적인 일 이상의 것이라고 저는 생각합니다. 읽기는 나 자신의 의식적인 몸의 활동을 필요로 하는 어떤 일입니다. 나 자신이 교사와 더불어 읽고 쓰는 나의 행위의 주체가 되어야지, 읽고 쓰기를 가르치는 활동의 단순한 객체로 머물러서는 안 됩니다. 내가 알아야 하는 것입니다! 나 자신이 읽고 쓰는 과정을 내 손 안으로 가져와야 하는 것입니다.

마달레나는 어떤 과도한 통제행위 없이도 아이들을 진지한 세계 이해로, 그들이 살아가는 현실의 여러 차원들에 대한 이해로 이끌어 들입니다. 이를 위해 그녀는 아이들과 이야기하고, 수업에 텍스트나 신문 기사를 가져오고, 그들에게 유익한 것을 읽어주고, 학부모들이 와서 인생 경험을 이야기해 주도록 초대하고, 아이들에게 책이나 물건이나 그들의 경험을 갖고 오도록 권장하고, 아이들에게서 나오는 그들 자신의 기대를 표현하는 생성적 언어들generative words을 자주 인쇄하기도 합니다. 이렇게 해서 아이들은 그들 자신의 언어로 성찰하기 시작하고 언어가 "그들의 손 안으로" 들어오게 됩니다. 조금씩 그들은 비판적으로 읽고 쓰기를 배웁니다. 그리고 이러한 배움은 아이들을 오만한 공부꾼arrogant academics으로 만들지 않고도 이룰 수 있습니다.

교사는 어린 아이들과 더불어 하나가 되어야 합니다. 그것은 그들과 더불어 호기심에 가득할 때 가능한 일입니다. 그러나 교사가 그저 아이들 가운데 하나로 되어야 한다는 뜻은 아닙니다. 아이들은 어른을 필요로 합니다. 아이들은 우리 교사가 그들보다 더 많이 알고 있다는 것을 알 필요가 있습니다. 그뿐 아니라 우리 교사들도 알아가기를 계속하고 있음도 알 필요가 있습니다. 마달레나의 학생들 중 한 아이가 어느 날 선생님이 어떤 것을 모른다는 것을 알고 충격을 받은 경우가 있었습니다. 그러나 다음 며칠이 지나면서 선생님이 어떻게 그것을 알아가는지도 알게 되었습니다. 그러한 경험에는 학교교육과 학습에 대한 이데올로기적인 차원이 놓여 있습니다. 교사에게도 부족한 점이 있을 수 있음을 알게 됨으로써, 오히려 그것이 교사에 대한 신화를 벗기고 교사를 더욱 사랑스러운 존재로 만들 수 있다는 것입니다. 어른들에 대한 이러한 방식의 탈신비화는 아이들이 성장해가는 데 필수적인 길입니다.

한마디로, 학교교육을 위해 근본적인 문제는 어떻게 하면 글 읽기와 세계읽기 사이를, 텍스트 읽기와 맥락 읽기 사이를 분리시키지 않을 수 있는가 하는 것입니다.

**사회** 이렇게 해서 우리는 대화의 한 바퀴를 완전히 돌아온 것 같습니다. 돌이켜볼 때 염려스러운 점은 선생님 말씀을 들으며 어느 때에는 교사가 하는 일에, 또 다른 때에는 아이가 하는 일에만 초점을 두는 식으로 이분법적으로 이해하지 않았나 하는 것입니다. 그런데 실제로는 그것이 모두 하나의 질문이며 하나의 답인 것 같습니다. 결국 우리 교사 스스로가 어린 아이들에게 기대하는 방식의 읽고 쓰기를 하는 사람으로 되어야 하는 일인 것 같습니다. 우리가 그것을 제대로 알고 가르쳐야 하는데, 그것은 그러한 삶을 살아감으로써만 가능한 일이겠지요.

**프레이리** 예, 바로 그것입니다!

**사회** 교사들 자신이 세계를 알려는 열정을 갖고 있다면, 그들이 호기심에 가득차서 궁금해 하고 있다면, 교실에서 읽기와 쓰기는 그런 방식으로 다루어질 것이고, 참으로 그 이외의 다른 방식으로 읽기와 쓰기를 가르칠 수는 없을 것 같습니다.

**프레이리** 예, 맞습니다. 예컨대, 마달레나가 읽기와 교육을 관료적으로 이해하고 있었다면 그녀가 하고 있는 일을 하기란 불가능했겠지요. (제가 마달레나 이야기를 하는 것은 단지 그녀가 쓴 책에 대해 앞서 우리가 이야기했었기 때문입니다. 브라질에는 그와 비슷한 일을 하는 많은 교사들이 있습니다.) 어느 교사가 교육에 대해, 현실에 대해, 존재에 대해 관료적으로 둔화된 이해를 갖고 있다면, 필연코 그 교사의 읽기에 대한 이해 또한 관료화된 것일 겁니다. 교사들에게 필요한 도전은 자기 자신을 위하여 아이들이 배우려 하는 대상들을 다시 알아가고re-know, 이전에 감추어졌던 의미를 새롭게 발견하는 일입니다. 그렇게 하지 않는다면, 교사는 학생들에게 자신의 지식을 무비판적으로 전달하게 될 위험이 있습니다. 아이의 비판적 읽기 여부는 그 아이가 누구와 더불어 누구를 위하여 읽는가에 달려 있습니다.

가령 어느 교사가 우연히 제 수업을 듣게 되어, 존재와 교육과 현실에 대하여 새로운 방식으로 생각하는 법을 만나게 되었다고 해봅시다. 그런데 그 교사에게 자기 자신의 이해를 다시 형성할 충분한 시간이 없다면, 그래서 제 견해를 단지 지적으로만 받아들였을 뿐 정서적으로, 정치적으로, 존재론적으로 받아들인 것이 아니라면 어떤 일이 일어날까요? 결국 그가 아이들과의 일터로 돌아갔을 때, 그는 세계 읽기와 글 읽기에 대해 제가 제안한 그 온갖 역동적인 과정을 단 하나의 공식으로 변형시킬 수가 있습니다. 그렇게 해서 다시금 그 교사는 읽기를 또 하나의 관료적인 절차로 만들 것이며, 생각대로 잘 할 수 없을 것이기 때문에 아마도 금세 좌절감을 느끼고는 파울로 프레이리가 완전히 틀렸다고 말할 것입니다. 그러나 사실은 그 교사는 관료화된 마음의 죽음을 맞고, 열린 마음, 곧 창조적인 마음으로 다시 태어날 수가 없었던 것이지요.

교사로서 알아갈수록, 우리는 겸손한 확신을 가져야 합니다. 우리가 너무나 강한 확신에 차 있을 때는 종종 변화를 받아들일 수가 없게 됩니다. 물론 우리는 확신을 가질 필요가 있지만, 그러나 겸손과 더불어 언제나 우리의 "확신"을 넘어서기를 기다리는 자세를 가져야 합니다. 원리원칙에 대해서만이 아니라 구체적인 경험에 대해서도 겸손한 방식으로 확신을 가져야 합니다. 그렇게 하지 않으면, 좋은 생각들을 오히려 눈가리개로 변질시킬 위험이 있으며, 그것은 통하지 않게 될 것입니다.

**사회** 대단히 감사합니다. 덧붙이고 싶은 마지막 말씀이 있으세요?

**프레이리** 이 대화를 읽어주신 독자들에게 감사드리고 싶을 뿐입니다. 또한 독자들께서 우리가 말한 것을 그저 그대로 수용하는 것이 아니라 우리가 말한 것에 대해 스스로 비판적으로 생각해 보시기를 요청 드리고 싶습니다.

# 이방인으로서의 교사

맥신 그린 지음 / 양은주 옮김

… 앎과 무지를 시험하여 친근한 것과 낯선 것을 구별하는 모든 존재는 배움을 사랑하는 자임에 틀림없지 않을까?

단연코 그렇다고 확신합니다.

그런데 배움을 사랑하는 것은 곧 지혜를 사랑하는 일이요, 그것이 곧 철학이 아닌가?

그것은 동일한 것으로 보입니다.

그리고 인간의 경우에도, 만일 어떤 사람이 친근하고 잘 아는 이들에게 온순하다면, 그는 본성적으로 지혜와 지식을 사랑하는 자임에 틀림없다고 자신 있게 말할 수 있지 않을까?

확실히 그렇다고 볼 수 있을 것입니다.

그렇다면 국가를 위해 훌륭하고 고귀한 수호자가 될 만한 사람은 그 사람 안에 철학(지혜의 사랑)과 고양된 영혼과 민첩함과 강인한 힘을 잘 융합시켜야 할 것이 아닌가?

의심할 바 없이 그렇습니다.

그러면 우리는 바람직한 본성을 발견한 셈이며, 이제 그것을 발견했으니, 그러한 본성이 어떻게 양육되고 교육될 수 있는가를 알아야 하겠지?

– Plato, *The Republic* –

### *교사–이방인의 뜻*

일상 현실에 대해 이방인의 관점을 취한다는 것은 자기 삶의 세계를 탐구하듯이 경이驚異에 찬 시선으로 바라보는 것을 의미한다. 그것은 마치 타지他地에 오래 머물다 고향에 돌아온 사람의 경험과 같다. 그 사람은 주위 가까운 것들에서 전에는 결코 보지 못했던 부분들과 틀지어진 삶의 패턴들을 주목하여 다시 보게 된다. 이제 그는 그 지방의 의례와 관습에 대해 그저 손쉽게 별 생각 없이 받아들일 수가 없다. 또한 한동안은 그곳에서 편안하게 지내며 익숙한 세계를 당연시하는 사람들에게 상당한 거리감을 느끼게 된다. 슈츠A. Schutz가 말했듯이, 어느 세계에서든지 내부자로 살아가는 사람은 일상적으로 "조상과 스승과 권위자들로부터 전수받은 기성의 표준화된 문화적 체계를 모든 사회적 상황에서 의심의 여지없는 지침으로 받아들인다."[1] 물론 지금은 이방인처럼 느끼는 그 사람도 과거에는 내부자로 살아가는 사람이었을 것이다. 하지만 이제는 새로운 시선으로 바라봄으로써, 기존 문화의 삶의 패턴을 더 이상 당연하게 받아들일 수가 없다. 그것은 임의적任意的이거나 부조리하거나 뭔가 부족한 것으로 보일 것이다. 따라서 자신의 세계에서 살아가는 방식을 다시 의미 있게 만들기 위해서는, 눈에 보이는 것들을 자신의 변화된 경험에 비추어 재해석하고, 새로운 질서를 다시 회복해야 한다. 즉, 그 사람 자신에게 익숙하던 세계를 낯설게 다시 보면서, 의식적으로 깨어 탐구해야 한다.

사람은 누구나 평소대로 생각하기가 어려워질 때, 의식의 위기를 경험한다. 그러면 과거에 의심 없이 받아들였던 것이 의심스럽게 느껴지고, 이전에는 보이지 않았던 것이 눈에 보이게 된다. 그때 그 사람은 알버트 카뮈A. Camus의 『이방인』에서 주인공 뫼르소가 자신의 재판을 지켜보면서 거기에 모인 사람들의 의례적인 행동을 낯설게 대면할 때처럼 느끼게 될지 모른다.

> 그때 나는 마치 같은 세계의 사람들끼리 서로 만나서 즐거워하는, 무슨 클럽에라도 와 있는 것처럼 모든 사람들이 서로 아는 얼굴을 찾아서 이야기를 걸고 말을 주고받고 하는 것을 보았다. 또, 나는 어쩐지 침입자 같고 남아도는 존재인 것 같은 기묘한 느낌이 들었다.[2]

또는 나다니엘 호손N. Hawthorne의 『주홍 글씨』에 나오는 주인공 헤스터 프린의 경우와 비슷한 느낌을 가질지도 모른다. 간통죄로 추방당한 헤스터

---

1_ Alfred Schutz, "The Stranger", in *Studies in Social Theory, Collected Papers II* (The Hague: Martinus Nijhoff, 1964), p.95.

2_ Albert Camus, The Stranger (New York: Vantage Books, 1954), p.104. 김화영 역 『이방인』 서울: 책세상. p.115.

는 청교도 공동체 외곽의 황무지 끝자락에서 살아야 했다. 하지만 그녀는 "타고난 용기와 적극적인 마음"을 지녔기 때문에, 오히려 "소외된 위치"에 처함으로써, 한때 당연하게 받아들였던 제도를 비판적으로 다시 볼 수 있게 된다. 또한 "성직복의 띠, 판사의 법복法服, 교수대, 교회 등에 대해 그 문화권 밖의 인디언들이 느끼는 정도로 별다른 경외심을 갖지 않고서" 모든 것을 비판적으로 볼 수 있게 된다.[3] 뫼르소와 헤스터는 모두 관습적인 시각을 공유하지 않는 점에서 이방인들이다. 카뮈는 관습에 따르며 경건을 가장하지 않는 온전하게 정직한 한 인간을, 호손은 "자유롭게 해방된" 한 여성을 그려내 보여주고 있다. 이방인으로서 이들은 내부자로 살아가며 비판적 의식이 일깨워지지 못한 다른 사람들보다 더 많은 것을 볼 수 있으며, 경이驚異에 가득 차서 질문을 던질 준비가 되어 있다. 진정한 배움이란 이와 같은 경이와 질문에서 시작되는 것이다.

여기서 우리는 교사가 이들 소설 속 이방인들처럼 자기 존재의 부조리함을 깨달아야 한다고 말하는 것은 아니다. 또한 교사에게 자기 자신을 공동체로부터 소외시키라고 요구하는 것도 아니다. 다만 교사들이 사회 현실 속에 만연해 있는 '아무 생각 없는 침잠'unthinking submergence 상태와 맞서 싸워야 함을 제안하려는 것이다. 교사가 비판적으로 사고하고 진실한 선택을 할 수 있도록 능동적인 존재가 되기를 원한다면, "기존의 표준화된 체제"를 그저 있는 그대로 받아들일 수는 없다. 심지어 지성, 합리성, 교육 등의 가치조차도 당연하게 여기며 그냥 지나칠 수 없다. 과연 인간이 지성적으로 합리적으로 행위해야 하는 까닭은 무엇일까? 자신이 근무하는 학교에서 수행하는 교육정책들은 과연 모두 정당화될 수 있는가? 이런 종류의 질문을 교사 스스로 던지지 않는다면, 학생들에게도 그들의 경험으로부터 자기 자신을 알아가기 위한 탐구로 이끌 수 있는 물음을 기대하기 어려울 것이다.

그런데 이렇게 깊이 따져 묻는 탐구의 길을 가로막는 것은 확실성의 느

---

3_ Nathaniel Howthorne, *The Scarlet Letter*, in *The Portable Howthorne*, ed. Malcolm Cowley (New York: Viking Press, 1955), p.425.

낌이다. 메를로-뽕띠M. Merleau-Ponty는 그것이 고대의 인간관에서 비롯된 문제라고 본다. 즉, 고대에는 인간이란 무엇이 진정한 실재이며 참된 진리인가를 완전하게 "관조"할 수 있는 "작은 개체, 호먼큘러스"homunculus를 자신의 내면에 갖고 있는 존재로 보았던 것이다. 이러한 유령과도 같은 내면의 호먼큘러스야말로 인간 존재에게 가능한 최선의 상태로서, 최고의 이상the Ideal을 인식하고 있다고 믿어 왔다. 메를로-뽕띠는 이렇게 말한다.

> "인간 안에 있는 작은 개체, 호먼큘러스"란 우리의 성공적인 표현 활동이 지어낸 환영幻影일 뿐이다. 진실로 감탄스런admirable 인간 존재는 이런 환영이 아니라, 자신의 나약한 몸과 숱하게 쏟아내는 말과 비틀거리는 역사를 가진 바로 그 사람, 즉 자기 자신을 다시 추슬러서 제대로 바라보고, 이해하고, 뜻을 표하려 하는 그 사람 자신인 것이다. 이렇게 현대의 휴머니즘에는 이제 더 이상 어떤 근엄하고 장식적인 것이란 없다. 현대의 휴머니즘은 자기 몸과 대립하는 인간, 자기 언어와 대립하는 정신, 사실과 대립되는 가치를 더 이상 반기지 않는다. 따라서 소박하고 겸허한 방식으로 외에는 인간과 정신에 대해 이야기하지 않는다. 정신과 인간이란 결코 그 자체로 존재하는 것이 아니라, 오히려 그것은 신체가 몸짓으로, 언어가 예술작품으로, 공존이 진리로 되어가는 구체적인 움직임을 통해 드러나는 것이다.[4]

교사의 의미와 역할에 대해 이야기할 때, 교사는 마치 자기 자신의 고유한 삶이나 육체적인 몸도 내면적 요구도 없는 (완전한) 존재인 것처럼 말하는 경우가 종종 있다. 교사론 강의에서 흔히 그렇듯이, 훌륭한 교사란 무한한 자제력과 적응력과 효과적인 교수 기술을 갖추고 분위기에 따라 흔들리지 않는 존재로서 묘사할 때, 우리는 "개별 인간 안에 어떤 절대적인 인간"을 가정하는 셈이 된다. 사람들은 교사를 교실에서 **기대되는** 역할에 맞게 온갖 목표를 추구하며 모든 의문점들을 다 해결한 존재로 규정하려는 것 같다. 그런 경우에, 살아있는 인간 존재로서의 교사가 처하는 무수한 현실들은 간과된다. 또한 마찬가지로 교사의 개인적인 삶의 이력과 사적으로

4_ Maurice Merleau-Ponty, "Man and Adversity", in *Signs*, tr. Richard C. McCleary (Evanston, Ill.: Northwestern University Press, 1965), p.240.

자신을 드러내는 다양한 방식들과 자신이 실감하는 세계의 지평들, 그리고 스스로 세상을 바라보는 관점들은 간과되는 것이다.

여기서 우리의 관심은 구체적인 현실을 살아가는 인간 존재로서 교사를 교사 자신에게 드러나 보이게 하려는 데에 있다. 만일 교사가 체제 속으로 자신을 침잠시키면서 다른 이들의 관점에서 교사의 역할이 규정되는 데 동의한다면, 스스로 자기 자신을 위하여 "보고, 이해하고, 의미를 구성할" 자유를 포기하는 셈이 된다. 이렇게 교사가 침잠하여 굳어져 버린다면, 결코 학생들에게도 자기 자신을 개성적 존재로 규정하도록 일깨울 수가 없다. 그러나 교사가 귀향한 이방인의 관점을 갖고, 관습적으로 당연한 현실로 받아들여 온 것에 대해 기꺼이 새로운 시각을 구성해 나간다면, 그의 가르침은 학생들과 세계를 향해 힘차게 개방된 사람의 프로젝트가 될 수 있다. 그때 교사는 메를로-뽕띠가 "감탄스런" 존재라고 말하는 의미에서, 스스로 자기 자신을 규정하게 될 것이다. 또한 현실을 언제나 새롭게 해석하는 일에 지속적으로 참여할 것이며, 이전보다 한층 더 강렬하게 살아있다는 존재감을 느끼게 될 것이다.

그러한 교사라면, 소통을 위한 몸짓과 적절한 언어적 표현을 찾으면서, 학생들 사이를 옮겨 다니며 그들과 함께 생각하려고 의식적인 노력을 기울일 것이다. 또한 학생들과 공존하면서, 그들과 더불어 가능한 시야를 열어가면서, 매일매일 중요한 진리를 향한 여행을 떠날 것이다. 메를로-뽕띠가 말했듯이, "일단 모든 참여자들이 우상을 거부하고, 더불어 성찰하는 행복을 향해 자기 자신을 내놓을 때, 우리는 문화와 학문적 삶과 가르치는 일이 이룰 수 있는 가능성에 대해 꿈꾸기 시작한다."[5] 그런데 현대 사회를 살아가는 교사는 역사적 시간 속에서 이 시대의 역경, 즉 폭력과 불평등과 비합리에 직면하면서, 그런 꿈을 불가능하게 여길지도 모른다. 그러나 그의 의식의 어느 수준에서 교사는 내면으로부터 바로 이러한 행복을 향한 강렬한

**5**_ Maurice Merleau-Ponty, "Man and Adversity", in *Signs*, p.242.

요구를 느낄 수 있다.……[6]

### *교사의 가치 판단과 도덕교육의 난점*

현대의 교사는, 아무리 깊게 숙고하며 능숙하게 적절한 교수 방법을 개발해 낸다 해도, 새로운 의미를 구성하는 일에 지속적으로 참여하게 된다. 교사의 창조적인 의미 구성 행위는 가르치는 일에 대한 관점과 사회적인 과업으로서 교육을 바라보는 관점을 형성하는 과정에서 나타난다. 또한 인간을 바라보고 지식의 구조를 이해하고 윤리적인 문제를 해결하는 관점 형성에도 적용된다. 물론 반대 의견과 개혁과 제도적 혁신에 관련되는 물음들에 직면해서도, 이 시대의 비인간적인 사태들에 대응하기 위한 방법을 선택하는 과정에도 적용된다. 교사는 학교가 “감히 사회 질서를 변화시켜야” 한다거나 그러지 말아야 한다고 손쉽게 단언할 수는 없다. 오히려 그런 어떤 노력을 기울이는 가운데, 자신이 취할 역할을 의식적으로 선택해야 한다. 심지어 “사회 질서”를 어떻게 생각할지에 대해서도, 가령 억압적이고 비인격적인 체제로 볼 것인지, 변화 가능한 인간 공동체로 간주할 것인지, 혹은 “온갖 가능한 세계 가운데 최선의 상태”로 생각할 것인지, 교사 자신이 스스로 선택해야 하는 것이다.

그런데 집단 간이나 규범 체제들 간에 팽팽한 긴장이 현저할 때는, 어느 교육자도 상충하는 이해 관심의 조정 방안을 강제할 위치에 설 수가 없다. 예컨대, 학교에서 인종 집단들 간에 서로 다툼이 있을 때, 교사는 해결 방법을 **제안**할 수 있고, 극단적인 긴급 상황에서는 힘으로 갈등을 제어할 수도 있을 것이다. 그러나 그때에도 무엇이 공정하고 합당하고 인간적인가를 어느 개인이나 집단 **편에 서서** 결정하는 것은 올바르지 않다. 설령 전문가

---

6_ [역주] 생략된 부분의 골자: 헤밍웨이의 『무기여 잘 있거라』의 한 맥락을 인용하면서, 큰 소리로 구호처럼 외치는 거창한 목적에 관한 선언들이 실제 현실과 동떨어지는 경우가 많음을 지적하고 있다. 교육의 목적으로 포장된 이미지와 말들의 장벽이 현실 경험을 왜곡시키는 위험을 문제시하면서, 교사가 외부로부터 규정된 목적 실현을 위한 대행자가 아니며, 자신의 현실 경험 안에서 스스로 구체적인 목표를 수립해야 함을 강조한다.

라고 해도 다른 사람들이 직접적으로 느낀 개인적 경험에 대해서는, 현상학적으로 이해되어야 하는 어려움들 때문에, 그것이 어떤 가치를 갖는지 알 수가 없다. 따라서 다른 영역에서처럼 도덕적인 영역에서도, 교육자의 과제는 개개인들로 하여금 자기 자신을 위해 지성적으로 그리고 진실 되게 authentically 선택하도록 이끄는 방법을 찾아내는 일이다. 이를 위해 교육자는 학생들에게 개념적 인식 도구와 자아존중감을 갖게 해주고, 구체적인 상황에서 스스로 옳다고 여기는 방향으로 행동하도록 깨어 선택할 기회를 마련해 주는 방법을 배워야 한다.

이렇게 하는 것은 특정한 가치나 대의大義나 사회 변혁을 위해 헌신하는 교사에게는 성가신 해법일 수 있다. 물론 한 사람의 평범한 시민으로서, 교사는 자신의 신념에 따라 사회개혁을 위해 일할 권리(그리고 아마도 의무)가 있다. 실상 교사가 자신의 신념에 따라 행동하지 않는다면, "불성실"한 것이며 "부끄러움"을 느껴야 한다고 할 것이다. 또한 교사가 헌신하여 추구하는 일이 없고 아무런 사회문제에도 관여하지 않는다면, 어린이들에게 필요한 존재, 즉 열성적이고 정신이 일깨워진 교사가 아닐 것이다. 그러나 교사가 학생들로 하여금 자기 자신의 가치를 만들어 가고 스스로 해결책을 찾아가도록 일깨우는 일에 헌신하려 할 때에는, 갈등상황에 직면하지 않을 수가 없다. 교사가 (학생들을 개별적으로나 집단적으로 다루면서) 어떤 상황에서는 공정한 입장을 취할 수 있겠지만, 가령 베트남전쟁, 인종 차별, 알콜 중독, 혹은 인간 삶을 병들게 하는 수많은 불의한 것들에 관해서는 공평무사하거나 중립적이 될 수가 없다.

이러한 갈등 상황에 대해 어떤 철학자들은 분석적이고 냉철한 합리성을 매우 중요시하면서, 교사들에게 학교에서는 그들의 정치적 · 사회적 열정을 다른 방식으로 승화시키도록 충고할 것이다. 가령 교사에게는 해야 할 일이 충분히 많고, 어린이들을 "과학, 시, 공작, 혹은 다양한 놀이와 여가활동 등으로 안내해야 하며, 학습 활동 대부분은 장래의 직업, 전문직, 혹은 가능한 천직과 삶의 이상과도 관련되어 있는 중대한 것이라고 말할 것이다."[7] 다른 철학자들은 현실에서의 그러한 문제들을 협동적으로 해결하도록 시도하면서 중용을 지키고 지성을 활용하기를 권할 것이다. 또 다른 철학자들은 현실 삶의 위기와 역경 쪽으로 주의를 돌리려 할 것이다. 즉 정치적 · 사회적 참여가 개개인의 삶 속에 퍼져 있어야 하며, 교사는 학교에서 성취하는 가치에 의해서만큼이나 학교 밖에서 추구하는 목적들을 통해 자기 자신을 규정하는 것이라고 설득할 것이다.

교사가 행동하는 실천가라면, 청소년들이 스스로의 힘으로 선택해 갈 수 있도록 그들을 자유케 하려고 애쓰는 것과 동일한 이유에서, 세계의 평화와 정의를 위해서도 투쟁할 수 있을 것이다. 그런 교사는 교조적인 방식으로 가르치는 것이나 학생들에게 한 가지 행위 양식만이 "올바르다고" 단언하는 것은 도덕적으로 정당화될 수 없음을 분석철학자만큼이나 (물론 그들과는 다른 근거에서) 충실하고 명료하게 알고 있다. 또한 사르트르가 말했던 것처럼, "나 자신을 선택해 가는 가운데 나는 인간이기를 선택하는 것"이라고 느낄 수 있을 것이다.[8] 하지만 자신의 선택이 보편적이고 심지어 절대적인 것이라고 느낄지라도, 다른 이들의 자유에 반하는 그의 의지는 정당화될 수가 없다. 게다가 자신의 신념을 주입하기 위해 자신의 위치를 이용하려 한다면, 바로 다른 이들의 자유를 가로막는 일을 하는 것이 된다. ……[9]

결국 "도덕교육"을 하려면, 어떤 교사든지 복잡하게 뒤얽힌 문제들에 직면한다. 실증주의 철학자들처럼 올바른 동기의 성격과 함께 도덕적 원리만을 가르칠 수 있다고 믿는 교사라고 해도, 여전히 어떤 도덕적 원리가 요즘 청소년들에게 의미 있는 것일지를 결정해야 한다. 어떤 종류의 행위들은

---

7_ Richard S. Peters, "Concrete Principles and the Rational Passions", in *Moral Education: Five Lectures by James M. Gustafson, Richard S. Peters, Lawrence Kohlberg, Bruno Bettelheim and Kenneth Keniston* (Cambridge, Mass.: Harvard Univ. Press, 1970), p.39.

8_ Jean-Paul Sartre, *Existentialism*, tr. Bernard Frechtman(New York: Philosophical Library, 1947), p.21.

9_ [역주] 생략된 부분의 골자: 마약, 폭력 등 교사들이 직면하는 도덕교육의 문제들이 갈수록 심각해지는 한편, 어떤 확정된 도덕 규범을 강제할 수 없도록 점차 복잡하게 다원화되는 사회 현실 상황에 대해 지적하고 있다.

그들에게 "도덕적 반향"을 갖고 또 어떤 것은 갖지 않는지, 그러한 것이 과연 마땅한지를 판단해야 한다. 교사가 행위에 대한 안내지침을 정해주는 것을 불가능한 일로 여긴다 해도, "양심"의 호소에 따르는 방식과 사람들 스스로가 규범을 존중하도록 만들어가는 방식에 더 관심을 기울인다 해도, 현대의 교사는 여전히 개개인들의 폭력적이고 부주의한 행위를 지켜보면서 긴장감을 느끼지 않을 수 없다. 그리고 진실로 교사가 어떤 철학을 갖고 있든지 간에, 인간 존재가 품위를 잃어가고 혹사당하고 있다는 것, 자신의 학생들도 증오에 가득 차고 고집불통이 될 수 있다는 것, 그리고 사람은 누구나 자기 자신을 속이지 **않는 일**이 어렵다는 것을 인정하지 않을 수가 없다. "자신이 선호하는 삶의 방식이란 결국 도덕적 삶을 내포한다는" 인식에 근거하여 일관되게 애써 "차분하고 침착하게" 살아가든지,[10] "조화에 이르기 위해 치르는 대가가 너무 커서 불만스럽게 분노한 채로" 살아가기를 선택하든지 간에,[11] 교사는 간단히 답해질 수 없는 물음들이 끊임없이 출몰하는 문제상황에 뒤얽혀져 있는 자신을 발견할 것이다.

이러한 현실의 복잡성에도 불구하고, 사람들은 흔히 능력 있는 교사라면 모든 답을 알고 있고 청소년들에게 어떻게 살아야 하는지 가르쳐 줄 처방전을 손에 넣고 있으리란 기대를 한다. 그래서 교사는 가르치면서 개인적으로 느끼는 불확실성을 견딜 수 없을 때, 자신에게 사실 모든 문제가 다 해결되어 있고 자신은 모두 다 **알고 있다고** 말하게 될 수도 있다. 카뮈는 이렇게 쓴 적이 있다. "인간이란 누구나 초보적인 의식 수준을 넘어 성장하면, 자신의 존재에 통일성을 부여해 줄 형식이나 입장을 찾으려고 부단히 애쓰곤 한다. …… 그러므로 인간은 지금보다 더 나은 세계에 대한 생각을 품고 있다고 말할 수 있다. 그런데 여기서 더 나은 것이란 다른 것이 아니라 보다 조화롭게 통일된 것을 의미한다."[12] 이러한 통일성 혹은 의미를 추

---

**10**_ William Frankena, *Ethics*, p.98.

**11**_ Fyodor Dostoevsky, *The Brothers Karamazov*, tr. Constance Garnett (New York: The Modern Library, 1945), p.291.

구하는 욕망은 밖으로 향하여 배우고자 하는 충동의 원천이다. 그러나 그것은 우리를 매우 불안하게 할 수 있는데, 특히 자기의식이 강한 교사에게는 더욱 그러할 것이다. 그러한 교사가 할 수 있는 일이란 학생들 편에 서서 함께 의미 있는 운동에 참여하면서, 새로운 의미를 구성하기 위해 힘쓰고, 강렬하게 현재 진행 중인 사고와 이루어지는 선택들에 마음을 쓰는 것이다. 학생들의 불완전함을 교사 자신의 불완전함과 함께 의식하면서, 우리가 할 수 있는 일이란 학생들을 대상화objectifying하지 않으면서, 그들과 진정으로 만나기 위해 힘쓰며, 학생들이 자율적인 존재로서 스스로 선택할 수 있도록 돕는 것이다. …… [13]

### *실존적 교사의 도덕 교육*

그러면 실존적인 성향을 지닌 교사는 도덕 교육의 문제를 실제로 어떻게 다루려 할까? 그에게는 도덕적 원리나 안내지침에 대해서가 아닌 많은 다른 문제들이 있다. 분명히 그는 자신의 자유와 학생들의 자유를, 그리고 종종 "극단적인" 상황 속에서 선택해야 하는 필요성을 크게 강조할 것이다. 실존적 교사는 또한 고뇌, 권태, 죄의식 (혹은 자책감) 등, 자신과 학생이 경험하지 않을 수 없는 기분들moods, 즉 분석적인 성향의 교사라면 간과했을 법한 감정 상태를 진지하게 고려할 것이다. 그에게는 이런 기분들이 결코 병리적인 상태가 아니다. 그러한 감정들은 불의, 비인간성, 근원적인 "부조리"absurdity로 가득한 현대 세계에 대한 적절한 반응들이다. 더 나아가, 그러한 기분들은 우리가 선택을 하고 가치를 규정하는 정서적 · 주관적 맥

---

12_ Albert Camus, *The Rebel*, tr. Anthony Bower (New York: Alfred A. Knopf, 1954), p.231.

13_ [역주] 생략된 부분의 골자: 전쟁에 반대하는 반전 평화 운동을 목적으로 수업거부를 하려는 학생들의 도덕적인 판단과 의사결정 과정에 교사는 어떤 방식으로 교육적인 관여를 할 수 있는가 하는 문제를 사례로 들면서, 구체적인 실제에서 교사가 직면하는 도덕교육의 난점을 논의한다. 이 예시는 이 글이 쓰여진 1970년대 사회 문제에 참여하는 학생운동이 활발했던 미국 상황에 근거한 것이다. 또한 이어서 합리적인 판단의 원칙에 충실한 교사의 도덕교육 원리를 부연하기 위해 학생들의 마약 문제에 대처하는 경우를 사례로 들고 있다.

락을 구성한다. 기분들이 그렇게 작용한다고 볼 때, 도덕적인 삶을 위해 매우 냉철하고 사려思慮적인 접근은 생각할 수가 없는 것이다.

그런데 이 말은 인간이 자신의 열정에 의해 결정되는 존재라는 뜻은 아니다. 왜냐하면 인간은 어떤 열정에 자신을 내놓을지에 대해서도 주체적으로 결정할 수 있는 존재이기 때문이다. 또한 이 말은 단순한 충동이나 느낌에 의해 도덕적 선택이 지배됨을 의미하는 것도 아니다. 사르트르는 "우리가 원하는 인간을 창조해 가는 것"에 대해 말해준다. 그에 따르면, 우리가 행하는 모든 행위는 인간이란 그러해야 한다고 우리가 **생각하는** 바의 인간 이미지를 창조한다. "우리는 결코 나쁜 것을 선택할 수 없기 때문에, 이렇게 되기를 혹은 저렇게 되기를 선택한다는 것은, 그와 동시에 우리가 선택한 것의 가치를 긍정하는 일이 된다. 우리는 언제나 좋은 것을 선택한다. 그런데 그 어떤 것이든지 궁극적으로 모두를 위해 좋은 것이 아니라면, 우리에게도 좋은 것일 수가 없다."[14] 그렇다면 우리의 책임은 막중하다. 특히 (실존주의자에게는) 미리 정해진 어떤 가치도, 무엇이 좋은지 결정할 어떤 도덕적 원리도 없다는 것을 고려할 때, 더욱 그러하다.

개인은, 혼자서 그리고 자유에로 추방된 채, 선택을 **해야만 한다**. 그때 그는 불안이나 고뇌anguish를 경험한다. 왜냐하면 그가 어느 때에 스스로 되고자 선택한 사람이 그가 장차 될 사람과 같으리라는 확신조차 가질 수가 없기 때문이다. 가령 어느 학생이 화학자가 되기로 선택하고, 그가 가치 있는 일이라고 결정한 것에 자신의 온갖 에너지를 쏟아 붓고 있었다고 하자. 그런데 그가 자기 자신을 위해 마음에 그렸던 그 "본질"essence이 그 다음 해에도 동일할는지 알 수 없는 상태가 될 수 있다. 그러면서 그 사이 당분간은 자신이 되기로 결정한 것을 위해 필요한 아주 많은 일들을 **하지 않기로** 선택할 수가 있다. 이처럼 고뇌는 자유가 그 자체를 드러내는 방식이다. 그것은 추구했던 목표가 성취되었을 때 가치 있는 것이리란 보장이 없는 가

---

**14**_ Jean-Paul Sartre, *Existentialism*, p.20.

운데, 완성을 향해 가려는 성마른 욕망의 표현이다. 한편, 권태boredom는 허무와 냉담의 위협이 그 자체를 의식에 드러내는 방식이다. 많은 경우에 "뿌리 깊은 권태"에 직면하여 선택이 이루어진다. (하이데거가 이야기하듯이,) "존재의 심연에서 침묵하는 안개처럼 이리로 저리로" "부유浮游하면서", "어떤 이상스런 냉담함"[15] 속으로 온갖 것들을 끌어들이면서 선택이 이루어진다. 대체 무엇이 문제인가? 정말 중요한 것이 무엇인가? 이런 질문들도 역시 각 개인이 결정을 해야 하는 그 혹독한 자유의 작용이며, 실존적 교사라면 이를 심각하게 고려해야 할 것이다. 그때 또한 그토록 빈번히 억압하거나 무시했던 죄의식(혹은 자책감)guilt의 문제가 나타난다. 죄의식이란 개인이 자신의 가능성에 따라 행하지 않고 있다는, 즉 그의 미래를 형성해 가고 있지 않다는 느낌의 표현일 수 있는데, 그러나 여기서도 역시 교사는 결코 확실한 감을 가질 수 없다. 실존적 교사는 그런 죄의식의 느낌들을 덜어내거나 피하려 하지 않을 것이다. 오히려 그런 느낌들에 수반되는 불안disquietude을 의식적으로 자극할 것이고, 스스로 선택하는데 완전히 자유로운 사람들에게 책임 있는 행동을 불러일으킬 것이다.

가령 반전反戰 평화운동을 위한 수업거부 움직임에 대해, 실존적 교사라면 학생들의 자유에 반하는 뜻을 행사하거나, 자신의 현실 참여방식을 학생들에게 강요할 수 없다. 그렇지만 어떤 행동도 거부하게 만드는 회피evasion의 문제에 대해서는 힘주어 말할 것이다. 불의하고 악한 일로 느껴지는 전쟁에 대해 단순히 물러앉아서 비난만 하는 것은, 특히나 어떤 행동이 가능한 경우라면, 불성실bad faith의 과오를 범하는 것이 된다.[16] 이런 이유에서, 나치즘을 혐오하면서도 자신의 반대를 드러내는 그 어떤 행동도 하지

15_ Martin Heidegger, "What Is Metaphysics?" in *Existence and Being*, tr. R. F. C. Hull and Alan Crick (Chicago: Henry Regnery Company, 1965), p.334.

16_ [역주] 여기서 불성실로 번역한 'bad faith'는 사르트르에 의해 제안된 실존철학의 중요 개념이다. 이것은 인간이 스스로 선택하고 목적하는 방향대로 자신의 삶을 구성해 갈 수 있는 자유를 부인함으로써, 고뇌 가운데 책임 있는 선택의 길을 포기하고, 상황의 힘에 자신을 내놓는 자기기만의 상태를 일컫는 것이다.

않았던 독일인들을 역설적인 의미를 담아 그저 "좋은 독일인"good German이라 부르는데, 그것은 아무런 책임도 짊어지지 않고 자기 삶을 불성실하게 산 사람을 뜻한다. 그러므로 실존적인 교육자라면, 분석적인 성향의 교사보다 훨씬 더 분명하게, 책임의 불가피성에 대해 역설할 것이다. 각 사람은 자신이 살아가는 상황을 구성하는 "저자"the author이며, 자신의 삶의 세계에 의미를 부여하는 존재이다. 그런데 그것은 행동을 통해서, 즉 자신의 프로젝트를 통해서 가능한 일이지, 좋은 의도의 생각만으로는 그렇게 될 수 없다. 어느 학생이 전쟁에 대한 자신의 반대를 공언하면서도 어떤 행동을 취하거나 자신의 이름으로 무언가가 행해지는 것에 적극적인 관심을 기울이려하지 않는다면, 아무도 그에게 무엇을 해야 한다고 **말해주지** 않을지라도, 그는 회피와 무책임의 과오를 면할 수 없다. ……[17]

그런데 실존적 교사의 근본적인 프로젝트는 바로 자신의 교실에서 추구되어야 한다. 그곳에서 교사는 사회적인 불의와 불평등이 자신의 아이들에게 미치는 결과에 대해, 가난한 이들과 부유한 이들의 삶 사이에 가로놓인 극심한 괴리에 대해 대처해야 한다. 만일 그가 가난한 슬럼가에서 가르치는 교사라고 해보자. 그곳에서 아이들이 접하는 모델은 마약중독자나 갱단들이나 자포자기의 실직자들일 수 있는데, 그러한 조건 속에서 생기는 도덕교육의 문제를 교사는 정면으로 마주해야 한다. 그런 상황에서라면, 교사는 자신의 학생들에게 기존의 문화적 규범들을 더욱 잘 배우도록 해야 하지 않을까? 그들이 거리에서 배우는 것들에 거스르는 삶의 원리들을 더욱 적극적으로 가르쳐 주어야 하지 않을까? 만일 그들에게 세상을 지배하는 게임의 규칙들을 가르쳐 주지 않으면, 그들에게 동등한 기회가 부여될 수 있을까? 때때로 학부모들은 교사에게 공적인 규율을 잘 갖추고, 심지어 아주 엄격하고 무섭게 아이들을 가르쳐 주기를 요구한다. 아마도 부모들은

17_ [역주] 생략된 부분의 골자: 학생들에게 단순히 기계적인 행동이 아니라 의식적인 선택에 의한 자유로운 행위를 자극하고자 하는 실존적 교사가 부딪히는 다양한 도덕교육의 문제들을 상세하게 논의하고 있다. 도덕적 행위와 관련되는 다양한 철학적 심리학적 이론들을 상호 관련짓고, 구체적인 현실과 문학작품 속의 상황을 예로 들어 다룬다.

그렇게 함으로써, 자녀들에게 세상의 게임에 참여하는 데 필요한 능력과 수단을 길러 주게 될 것으로 기대하기 때문이다. 결국 교사는 스스로 자기 결정과 자유로운 선택에 따른 가치에 얼마나 헌신해 있든지 간에, 자신의 학생들에 대해, 그들의 부모들에 대해, **그리고** 공동체에 대해 책임 있는 존재로서 자신을 드러내야 한다. 달리 말하면, 교사는 자신의 교실에서 이루어지는 선택에 대해서, 자신이 참여하여 조정한 일에 대해서, 그리고 자신의 가치가 요구하는 저항에 대해서 깊은 책임의식을 가져야 한다는 뜻이다.

이렇게 슬럼가의 경우를 예로 들었지만, 교외의 부유한 지역에서나, 노동자 계층이 모여 사는 곳에서나, 비교적 동질적인 작은 마을에서나, 보통의 중산층 공동체에서나 모두 마찬가지이다. 교사가 일하는 곳에 따라서는, 논쟁적인 이슈에 대한 토론을 반대하는 사람들, "인성교육"을 강조하는 사람들, 혹은 모든 외적인 규율을 나쁘게 여기는 사람들을 만날 수 있다. 교사는 그의 에너지 대부분을 영재 아동들에게 쏟으라거나, 혹은 학생들이 더 좋은 대학에 가도록 진학 준비에 헌신하라고 지시를 받을 수도 있다. 또는 첨단 교수 매체에 주로 의지하도록, 교과서 중심 수업에서 탈피하여 멀티미디어 활용 수업으로 대신하도록, 혹은 예술 과목과 같은 기타 "하찮은 것들"에 대한 흥미는 접게 하도록 교사에게 요구할지 모른다. 교사는 교육과정상의 중점에 관한 원칙들을 결정해야 할 뿐 아니라, 그 지역 학부모들이 생각하는 자녀들의 삶의 방식들과 자신이 가르쳐야 할 규범들에 관해서도 끊임없이 선택을 해야 할 것이다.

요컨대, 교사가 어디서 가르치도록 배정받건 간에, 이러한 책임 있는 선택의 문제는 피할 수가 없다. 왜냐하면 교사는 온갖 압박이 가중되는 공적 공간에서, 자기의식이 있고 자율적이며 자신에게 진실한 사람으로서 역할을 다하도록 요청받기 때문이다. 예술가나 학자나 과학자와 달리, 교사는 화실이나 서재나 실험실로 물러나 은거하면서 여전히 실천가로 남을 수는 없다. 그는 자신의 기본적인 프로젝트를 추구하는 그 어느 때나 그 어디서나, 학생들, 동료 교사들, 학교운영위원들, 그리고 학부모들과 관련을 맺게 된다. 교사는 혼자서 일할 수가 없다. 게다가 교사는 자신의 교실 문 바깥의 거대한 사회 구조들과의 관련도 피할 수가 없다. 언제나 자유롭게 성찰하고 선택할 수 있기를 기대하는 아이들과 사회 구조 사이에서 교사는 자신이 매개 역할을 해야 한다고 생각한다. 교사는 아이들을 어떤 특정한 사고와 행위 양식들에로 입문시켜야 할 뿐 아니라, 아이들이 자기들에게 제시된 여러 선택지들 가운데서 제대로 인식하고 선택할 수 있도록 도와주어야 한다. 또한 교사는 아이들을 비인간성, 저속함, 위선에 대해 민감해지도록 자극해야 하며, 아이들이 폭력이나 전쟁에 대응할 방안을 찾도록 도와야 한다. 그리고 어느 수준에서 교사는 아이들이 사회에서 주창하는 이상들, 즉 자유, 평등, 개인 존중과 같은 가치들에 대해서도 깊이 이해할 수 있도록 해야 한다. 이런 이상들은 모두 민주적인 신념의 근간을 이루는 것으로서, 민주적인 삶의 방식을 특별하고 위엄 있게 해주는 것들이다. 그러나 그러한 이상은 일종의 규범, 즉 **되어야 하는***ought* 것에 대한 관념이다. 따라서 그것이 인간 존재들을 그들이 이해하는 세계 속에서 도덕적으로 행위 하도록 이끄는 확실한 이상으로 되려면, 원칙 있고 규범적인 삶을 선택하는 각 사람에 의해서, 세대를 거듭하며 새롭게 재창조되어야 한다.

### *예술과 교사*

교사의 책임은 점점 더 복잡해지고 있으며, 그는 또한 매일 현대의 삶을 재해석하고 스스로에게 이해되도록 만들기를 요청받고 있다. 현대의 삶에는 너무나 많은 측면과 다양한 차원들이 있기 때문에, 관습적인 수단으로는 그것이 완전하게 이해될 수가 없다. 따라서 마지막으로 우리는 예술의 주제로, 그리고 기꺼이 이방인의 관점을 취하려는 교사를 위한 예술의 관련성에로, 몸을 돌리게 된다. 그 관련성은 이중적이다. 첫째로, 예술작품이란 (비트겐슈타인에 따르면) 철학이 침묵하는 것들을 드러내주는 능력을 갖는다. 상상을 통한 재현은 단순한 기술로는 이룰 수 없는 방식으로, 인간 존재와 현실과 시간의 변화하는 의미들 속으로 개개인들을 몰입시킬 수가 있다. 둘째로, 예술과의 경험은 그것을 진정으로 이해하려는 이들에게 자기 자신을 대면케 하고, 자아정체성을 깊이 깨달을 수 있게 한다. 그런 경험들은 온전한 사람으로, 키에르케고르가 "단일한 존재"single one라고 묘사한 바와 같은 사람으로 존재하기를 소망하는 교사를 위해서는 각별한 의미를 가질 수 있다.

전통적으로 예술이란 모방의 형식들, 즉 보편적이고 되풀이되는 패턴들의 재현으로 여겨졌다. 예술을 이해한다는 것은 시간성에 묶인 세계의 창을 통해서 그보다 더 넓고, 더 순수하고, 빛나고, 고요한 영역 속을 들여다보는 일이었다. 오늘날에조차도, 눈에 보이는 사물의 표면들에서 드러나는 저속함과 잔인성에 상처 입은 사람들은 예술을 통해 그것을 얼마간 상쇄시켜 주는 힘을 찾기를 열망한다. 멜빌H. Melville(미국의 소설가 겸 시인-역주)의 소설 『빌리 버드』*Billy Budd*에서 비어 선장Captain Vere은 (젊은 항해사의 처형을 정당화하려고 힘쓰면서) 다음과 같이 말한다. "인간에게는 잘 측량된 형식들이 곧 전부이며, 그것이 시를 노래함으로써 숲속 야생의 존재들에게 마법을 건 오르페우스 이야기에 함축된 의미이다." 여기서 그는 "원시적인 것들"의 애매함과 무형식성은 어떤 식으로든 인간의 질서와 법에 의해 조절되어야 함을 의미한 것이다. 지속 가능한 질서를 향한 열망은, 그때에도 종종 좌절되었지만, 그래도 여전히 존재한다.

하지만 많은 젊은이들에게는 "잘 측량된 형식"이란 더 없이 낯선 것으로 보일 뿐이다. 그들에게 삶이란 유동적으로 흐르고, 에워싸며, 그저 느끼고 즐기고 감각하는 불연속적 사건들의 더미로 지각된다. 현대 사회의 익명성, 조건화, 정량적 성격에 위협을 느끼며, 젊은이들은 "즐기기", 약속된 일, 행동으로의 표출, 의식의 확장, 존재의 의미 발견 등을 위한 기회를 찾아다닌다. 오늘날 예술 형식에 대한 신세대들의 개념과 전통적 개념(교사들이 빈번히 고수하려는 관념들) 사이의 긴장은 예술의 문제를 고조시키고 있다. 모든 분야에서 다중적인 예술적 산물들 가운데 가치 판단이 필요할 뿐 아니라, 예술의 중요성과 개개인의 삶에서 심미적 경험의 의미에 대한 이해가 점점 더 중요해지고 있다. 심미적 경험은 자기의식을 강화해 주는 만큼, 민감한 감수성과 예민한 감각을 고양시켜 주어야 한다. 권위자들(학자들, 비평가들, 미술관의 큐레이터들)은 이제 더 이상 개인적 취향과 감상에 표준을 입안할 위치에 서 있지 않다. 전문가의 예술적 감식안은 많은 이들에게 의심스러운 것이 되었다. 결국 "예술"이란 이제 더 이상 만족스럽게 정의될 수가 없게 되었다.

그럼에도 불구하고 전통적인 예술에 대한 향수가 남아 있으며, 그것 역시 중요한 의미를 갖는다. 예를 들어, 어떤 사람에게는 탁월함을 추구하는 영웅들의 온갖 이야기가 담긴 『일리아드』, 인간의 행동 양식을 모방해 그린 그리스 비극들, 셰익스피어의 연극들을 생각할 때, 그 광대한 스케일 때문에 현대의 다른 작품들보다, 가령 베케트의 『고도를 기다리며』, 말라머드의 『픽서』, 롤랑 바르트의 『막다른 길』, 실비아 플라스의 『아리엘』, 트뤼포의 『줄과 짐』 같은 것들보다, 더욱 참되고 보다 본질적으로 예술적인 것으로 보일 수 있다. 또한 어느 현대의 감상자들에게 라파엘의 마돈나 그림에서 푸른색과 금빛과 광택 나는 표면들, 미켈란젤로의 거대한 젊은 다비드상, 렘브란트 그림에서 흐릿하게 비추인 사울 등은 진정한 궁극을 드러내 보여주는 것 같다. 그것은 특히 피카소의 게르니카, 베이컨의 유리 상자 속에서 비명 지르는 인물들, 알베르토 자코메티의 허공에 남아 얼어붙은 황량한 이미지들과 비교할 때, 더욱 그러할 수 있다.

그러나 많은 사람들은 위대하고 잘 알려진 고전적인 작품들이 불러일으키는 독특한 향수를 느낄지라도, 예술에서 이제는 보편적인 것들이나 지속적으로 반짝이는 진리들에 대해 이야기할 수 없다고 느낀다. 예술에 대한 전통적인 설명이나 이론들 그 어느 것도 태초 이래 "예술"로 구별되어온 현상들 전부를 설명할 수는 없다는 것에, 결과적으로 "예술"이란 정의될 수 없다는 생각에 동의한다. 가령 『햄릿』이나 영화 『시계태엽 오렌지』*A Clockwork Orange*, 소설 『허영의 시장』*Vanity Fair*, 『무기여 잘 있거라』, 『고도를 기다리며』, 『모나리자』, 『게르니카』와 같이 다양하고 각기 다른 작품들을 놓고, 거기에 공통된 (어떤 예술다움을 나타내는 특질과 같은) 단일한 요소나 본질을 발견하기란 불가능하다. 앤디 워홀이 캠벨 수프 깡통으로 만든 것은 예술로서 해석될 수 없기 때문에 모네의 작품 『수선화』와 함께 예술 세계에 포함되어서는 절대로 안 된다고 누가 원칙적으로 단정 지어 말할 수 있을까?

예술의 개념에서의 이러한 혼돈에 대해, 와이츠M. Weitz는 "예술이란 무엇인가? 그것은 어떻게 정의되어야 하는가?"라고 묻는 대신에 이제 우리는 "소위 '예술'이란 어떤 종류의 개념인가?"라고 물어야 한다고 말한다. 또한 그렇게 하면서 우리 자신이 그 용어를 올바르게 적용할 수 있는 조건들을 찾으려고 노력해야 한다고 본다.[18] 와이츠는 비트겐슈타인이 말한 "유사성의 가닥"strands of similarity이라는 개념을 끌어오면서, 우리가 할 수 있는 최선은 셰익스피어, 라파엘, 디킨스, 입센 등에 의해 창조된 작품들과 같은 범례적인 사례들과 새로이 나타나는 형식들 사이에 유사성을 규명하는 것이라고 말한다. 와이츠에 의하면, "예술"이란 개방된 조직texture을 지닌 개념으로 다루어져야 하며, 그것은 예술 개념이 적용되는 조건들은 수정이나 개정의 가능성에 개방된 것으로 보아야 함을 뜻한다. 가령 이야기나 장면전환이 없는 소설 작품 같은 그런 새로운 형식이 나타나면, 기존의 예술 개념을 확장하여 사용할지, 아니면 새로운 개념을 고안해야 할지를 결정해야 할 것이다. 자기의식이 있는 한 개인이 그런 결정을 내릴 때에는, 심미적 경험에 대한 자신의 기대들, 어떤 것이 예술작품이라고 규정할 때 자신의 판단에 토대가 되는 원리들, "위대한" 작품들을 분별하는 자신의 기준들, 자신이 합당하게 내놓을 수 있는 권고들을 살펴보게 될 것이다. 그런 사람이라면, 자기 스스로의 질문을 따라가면서 아마도 보다 깊게 즐기며 감상한 경험이 있을 것이다. 또한 그가 소중히 여기고 최고라고 알고 있는 예술 형식들에 대해 이야기하는 데 어려움을 느끼지 않을 것이다.

18_ Morris Weitz, "The Role of Theory in Aesthetics", in *Problems in Aesthetics*, ed. Morris Weitz (New York: The Macmillan Company, 1959), pp. 149-151.

한편, 예술작품은 자연적인 대상과는 다르다. 따라서 감상자 편에서 자연물을 대할 때와는 다른 어떤 자세를 요구한다는 점에는 (예술의 개념 정의에 합의가 어려움에도 불구하고) 거의 이견이 없는 것 같다. 어떤 작품을 예술로서 만나면서 그것을 바라보려는 사람에게는 그가 매일 일상적으로 지닌 이해의 양식을 제쳐둘 것이 요구된다. 피카소의 『게르니카』는 일종의 만화라거나 실제 스페인에서 폭탄 투하 상황을 비틀어 제시한 것이라고 이해할 때에는, 그 의미를 제대로 만날 수가 없다. 푸생N. Poussin의 『소크라테스의 죽음』의 경우에도 고대 그리스의 실제 사건을 그려낸 사례로 본다면 제대로 "읽혀질" 수가 없다. 그 어떤 예술작품도 그 자체로 투명하지 않으며, 감상자가 그것을 통해 특정한 역사적 사건을 보도록 투명하게 비추어 주는 유리 같은 것이 아니다. 지금 예로 든 두 작품은 모두 불투명하고, 그 자체로 완전하며, 상호 관계 맺어진 색채와 모양과 선들로 이루어져 있다. 캔버스에 그려졌을 때, 색채와 모양과 선들은 그에 상응하는 대상물 혹은 제 2의 세계를 창조하는 것이다. 즉, 그것은 그림이지, 사진이나 그림자 같은 반사물이 아니다. 두 작품을 만든 화가들은 어쩌면 분노와 슬픔 혹은 철학적인 사유를 시각적인 이미지로 변형하고 싶었을 것이다. 그 작품들은 그러한 느낌을 복합적인 형식 속에 구현하기 위해서, 그 느낌을 세계 안에 독립적인 존재로서 다른 이들이 선택할 가능성으로서 구체화하기 위해서, 의도적으로 만들어진 것이다. 사르트르는 『게르니카』에 대해 이렇게 말했다. "그것이 스페인 사람들의 대의를 향해 통일된 마음을 확보하게 한 것이라고 생각하는 사람이 있을까? 오히려 그와 달리 결코 제대로 들을 수 없는 그 어떤 것, 제대로 표현하려면 무한한 수효의 단어가 필요할 만한 그 어떤 것이 표현된 것이다. ……"[19] 거기에 표현된 의미는 생각할 수 있는 그 이상으로 어떤 방식으로도 말로는 설명할 수가 없는 것이다. 시와 마찬가지로 회화는 다른 언어로 바꾸어 말해질 수가 없다.

---

**19**_ J. P. Sartre, *Literature and Existentialism*, tr. Bernard Frechtman (New York: The Citadel Press, 1965, p.11.

그런데 작품에 충분한 시간을 들임으로써, 그것을 기꺼이 경험하려는 이들에게 제공되는 잠재된 것들을 마음에 그리려는 이들이 정말 너무나 드물다. 또한 피카소의 작품과 푸생의 작품들과 같이, 세잔느의 정물화와 같이, 데 쿠닝W. De Kooning(미국 추상표현주의 화가-역주)이 그려낸 여성과 같이, 그림이란 객관 세계의 어떤 "실재하는 것"에 대한 표상이 아니라는 것을 기억하는 이들이 너무나 드물다. 화가는 유산으로 이어받은 관습을 갖고 일하면서, 자기의 비전, 자기의 스타일을 추구하면서, 그리고 싶은 열망을 일으킨 처음의 소재subject matter에 대해 그에 상응하는 새로운 형식formal equivalents을 창작한다는 것을 사람들은 너무나 자주 잊고 유념하지 않는다. 그러한 처음의 소재는 스페인 작은 마을에 가해진 총격이었을 수 있다. 또는 화가가 어느 곳에선가 우연히 만난 풍경, 그가 타오르는 빛과 검은 그림자와 함께 본 것일 수 있다. 그것은 그가 경험했던 상실이나 공포의 느낌일 수도 있으며, 증기기관차의 돌진, 속도감, 혹은 빛 가운데 색채의 충돌일 수도 있다. 예술가는 자신의 예술매체를 갖고 창작하면서, 자신의 아이디어, 비전, 느낌, 혹은 기억을, 색채의 점차적인 변화, 평면의 배열, 감상하는 이들이 말로는 소통할 수 없는 어떤 사적인 메시지로 번역 가능한 "암호들"cryptograms로 변형시키는 일을 하는 것이다.

감상자는 예술작품과 만나면서, 그의 지각적 감수성이 풍부하면 할수록, 기꺼이 주목하고 이해하려는 마음이 많으면 많을수록, 자신의 정서의 레퍼토리가 더욱 확장되고, 자신의 감정적인 팔레트가 더욱 풍요로워지는 것을 발견하게 될 것이다. 그는 자신의 삶의 공간에 대한 비전이 그림을 보면서 갖는 경험 때문에 더욱 예리해지는 것을 발견할 것이다. 또한 이전에는 결코 알아차리지 못했던 형식과 색채를 더욱 민감하게 느낄 수 있게 될 것이다. 더 나아가 그는 보다 명료한 비전과 현실의 질서를 이루는 양식에 대한 탐구라는 또 다른 차원에 적극적인 참여자가 될 수 있을 것이다. 이러한 방향으로 안내된 교사는 그가 잘 가르치려는 노력과 더 많은 것을 의미 있게 보려는 노력 사이에 놓인 연속성을 마땅히 발견할 수가 있다. 지각적 경험에 몰입할 때, 교사는 그림을 향하여 자신만이 옳다거나 독점적 위치에 설 수가 없음을 알 수 있다. 그는 자신이 가르치는 이들이 그와 더불어 볼 수 있도록, 진실 되게 보도록, 그러나 교사의 시선을 통해서가 아니라 학생 자신들의 시선을 통해서 보도록 안내할 기회를 얻을 수 있다.……[20]

### *창조적 삶의 선택*

"눈 오는 저녁 숲가에서"와 같은 프로스트R. Frost의 시를 제대로 감상하기 위해서, 뉴잉글랜드 지방에서 직접 살아 볼 필요는 물론 없다. 누구나 어두운 곳을 경험해 보고, 도심 한복판에서건 확 트인 평원에서건 허무감에 이끌려 보기도 한다. 마찬가지로, 소설 『모비 딕』*Moby Dick*을 이해하기 위해 고래잡이배를 타고 항해해 볼 필요는 없다. 인간 존재라면 한번이라도 "관을 쌓아둔 창고 안을" 들여다보거나, 복잡한 거리 한 가운데로 돌진해 나가고 싶은 유혹을 느껴본 적이 없겠는가? 인간 존재라면 (자기-파괴적이고 절망적인 심정이 될 때) "학교장에서 항해사로" 옮겨가고, 자신의 상상 속에서 "거대한 고래"가 될 수 있는 것이 무엇이든 급히 찾아 나서길 원하지 않겠는가? 결국 그런 경험에 따르는 위험을 무릅쓰고자 하는 교사라면, 자기 자신의 내면성inwardness의 발견을 추구하며 스스로 온전히 몰두하여야 한다. 또한 이러한 일들이 자신의 학생들에게도 가능하게 하려면, 교사는 그들의 사적인 영역을 시작부터 끝까지 확실히 존중해 주어야 한다. 학생들 사이에서 서로 오가는 대화, 상호교류, 상호참여가 잘 이루어지게 해야 함은 물론이다.

그리고 아이젠버그A. Isenberg(미국의 철학자, 비평이론가-역주)가 말했던 것처럼, 교사는 "새로운 지각과 더불어 새로운 가치"를 허용하면서 훌륭한 비평가와 같은 역할을 할 수가 있다.[21] 교사는 예술작품과의 어떤 특별한

---

**20**_ [역주] 생략된 부분의 골자: 이상에서 예술의 본질적 성격에 대해, 그리고 창작과 감상의 과정에 내포된 교육적 의미에 대해 미술 영역을 사례로 다룬 것과 유사한 방식으로, 문학작품이나 영화와 같은 다른 예술 장르의 작품들을 소재를 삼아 논의를 구체화한다.

**21**_ Arnold Isenberg, "Critical Communication", in *Contemporary Studies in Aesthetics*,

경험에 대해서는 그 어떤 최종적인 설명도 가능하지 않다는 것을 **알게** 될 것이다. 또한 그 누구도 자신이 감상하거나 즐겁게 경험한 것을 다른 사람에게 동일하게 불러일으킬 수 없다는 것, 그저 다른 이들이 제대로 보도록 만들기 위해 도움을 줄 수 있을 뿐이라는 것을 교사는 알게 될 것이다. 그럼에도 불구하고, 교사는 자신의 학생들이 간과할지도 모르는 어떤 특별한 것들을 깨닫게 하기 위해 노력할 수는 있다. 그는 (강요하지 않으면서) 그 작품에 대한 자신의 생각을 분명하게 말할 수가 있다. 즉 어떤 식으로 초점을 두도록, 다양한 패턴들의 생성을 추적하도록, 상투적인 표현과 패러독스와 아이러니들을 명료화하도록 안내하는 방식으로 교사 자신의 생각을 표현할 수 있을 것이다. 그러나 자기 자신의 내면적인 항해가 어떤 것인지를 알고 있기 때문에, 교사는 학생들에게 자신이 내리는 평가를 채택하거나 자신의 느낌을 공유하도록 설득하려 하지는 않을 것이다. 그보다는 좋은 이유를 제공하고, 학생들이 스스로 내리는 판단에서 좋은 이유를 이끌어 내도록 하기 위해 힘쓸 것이다. 하지만 결국 눈앞의 작품에로 되돌아갈 때, 학생들은 자기들 스스로의 여행을 시작해야 하며, 그때에는 아무도 동반할 수가 없다.

교사는 어떤 예술작품을 마주하여 스스로 깊이 몰입하고 감상을 마치면 자신의 분명한 생각을 학급의 학생들에게 가져올 수 있을 뿐이다. 교사는 전도사도 아니고 미술관의 안내인도 아니다. 그는 한 인간으로서, 자기 자신의 독창적인 시선, 지각의 고유한 어떤 것을 되찾으려 힘쓰고, 자신이 누구인가를 규명하려 애쓰며, 제대로 보고자 노력하는 존재이다. 이렇게 교사는 탐구하고 선택하는 일에 종사하는 **한 인간으로서**, 새로운 관점들에 내포된 위험을 기꺼이 감수하려 하는 사람으로서, 또한 배려하는 한 사람으로서, 자기 자신을 드러낼 수 있는 것이다.

시인 릴케R. M. Rilke는 "고대 아폴로의 토르소"라는 시에서 예술작품과의

---

ed. Francis J. Coleman(New York: McGraw-Hill Book Company, 1968), p.154.

만남이 무엇을 할 수 있는지에 대한 느낌을 다음과 같이 전하고 있다.

> 고대 아폴로의 토르소
>
> 우리는 눈동자가 익어 있는 그의 머리를
> 들어 본 일 없고 알지도 못했다. 하지만
> 그의 몸통은 촛대처럼 여전히 불타고 있다.
> 그 속엔 그의 관조가 죄어 들어간 채
>
> 지속적으로 유지되어 빛을 발하고 있다. 그렇지 않고서야
> 가슴의 만곡이 그대를 눈부시게 할 수 없으리라.
> 허리의 살몃한 뒤틀림 속에서 한 가닥의 미소가
> 생식을 지닌 저 중심으로 나아가지도 못하리라.
>
> 그렇지 않으면 이 돌덩이는 어깨의 투명한 그루터기 아래에
> 이지러지고 짤막하게 놓여 있으리라.
> 그리하여 맹수의 모피처럼 빛나지도 못하리라.
>
> 그리고 모든 가장자리로부터 별처럼 빛을
> 발하지 못하리라. 왜냐하면 거기에는 그대를 보지 않는
> 그 어떤 곳도 없기 때문이다. 그대는 그대의 삶을 바꾸어야 한다.[22]

릴케는 로댕A. Rodin이 조각한 토르소를 묘사하고 있다. 그것은 빛과 지식과 예술의 신神 아폴로의 토르소이며, 많은 현대인들에게 아폴로 신은 "아주 오랜" 존재이다. 로댕은 자신의 매체를 갖고서 자기 자신의 경험으로부터 작품을 만듦으로써, 그렇게 하지 않았으면 죽어 없어졌을 하나의 형상을 변형시켜 낼 수 있었다. 그의 상상력을 통하여 그저 지나가버린 과거의 조각을 살아있는 존재로 회복시키고 텅 빈 허공이었을 곳에 의미를 창조할 수 있었다. 그 의미는 이제 기꺼이 자기 자신의 눈으로 바라보려 하는 사람

22_ Rainer Maria Rilke, "Torso of an Archaic Apollo", in *Rilke: Selected Poems*, tr. C. F. MacIntyre (Berkeley: University of California Press, 1958), 93. (이 시의 한국어 번역은 독일어 원문에 기초한 것으로, 김길수의 관련 논문에서 재인용한 것이다. 김길수(2001), "「고대 아폴로의 토르소」를 통해 본 변용의 미학", 독어교육 22, pp. 335-356. -역자주).

에게 소리내어 외친다. 그것은 달아나 숨어버리려는 욕망을 떨치고 그 조각상의 생명성과 광휘를 진정으로 마주할 수 있는 사람에게 어떤 요구를 한다. 그 위대한 작품은 훈계한다. “너는 너의 삶을 바꾸어야 한다”라고.

교사의 프로젝트는 바로 그와 같은 요구를 하는 일을 포함하기 때문에, 여기서 하나의 비유적인 의미를 찾을 수 있다. 즉, 교사는 또한 다른 이들이 새롭게 보도록 도울 목적으로 소재를 변형하고 빛을 비추는 일에 종사하는 존재이다. 만일 교사가 한 인간으로 생생하게 현존하면서 자신이 하는 일의 의미를 생각할 수 있다면, 그는 다른 이들 곧 학생들이 그들 자신의 자유로운 선택 속에서 행위하도록 도울 수 있다. 그 학생들 중 일부는 배우는 법을 배우면서, 사유의 고귀한 바람 속에서 자신의 선택에 의해 굳게 설 때까지, 보호받는 은거지를 넘어서 나아갈 수 있게 될 것이다. 그럼으로써 그들은 릴케가 “서시”Initiation에서 다음과 같이 이야기한 모험을 경험할 수 있을 것이다.

서시(序詩)

당신이 누구이든지, 저녁으로 나아가시오
당신이 그 모든 부분을 잘 알고 있는 당신의 방을 떠나 보시오
당신의 집은 그 무한함 앞에서는 가장 마지막 거처입니다
당신이 누구이든지.
그때 지쳐서 거의 뜰 수도 없이 된 당신의 눈으로
다 닳아 없어진 문지방으로부터
당신은 천천히 그림자와 같이 검은 나무를 일으켜 세워
그것을 하늘에다 고정 시킵니다. 가냘프고, 외롭게.
이제 당신은 세계를 만들었습니다. (그리고 그것은 자라겠지요
또한 말해지지 않은, 고요한, 한마디 말처럼 익어 가겠지요).
당신의 의지를 갖고 당신이 그 의미를 파악하게 될 때,
그때 부드럽게 당신의 두 눈은 그것이 그대로 떠나가게 둘 것입니다...[23]

23_ Rainer Maria Rilke, “Initiation”, in *Rilke: Selected Poems*, p.21.

이 시에서 나무란 개개인이 스스로 배우면서 만들어가는 질서, 패턴 혹은 관점을 상징하는 것으로 볼 수 있다. 자신의 의지를 갖고 그 의미를 파악한다는 마지막 구절은 드러나 보이는 것을 통합하기 위한 그 사람의 선택, 그것을 활용하여 자신의 삶의 세계를 해석하고 조직하기 위한 그 사람의 선택을 의미하는 것으로 볼 수 있다. 그와 같이 교사 또한 자신의 그림자 드리워진 나무를 키우고 그것이 익어가도록 해야 한다. 그리고 교사가 길을 떠난 이방인이요, 귀향한 사람으로서, 질문을 던지는 자요, 또한 다른 이들을 일깨우는 자극제로서, 자기 자신에게 분명하게 드러나 보이게 되는 것은 결국 철학하기를 통해서이다. 변화되어야 하는 삶과 다시 만들어져야 할 세계는 헤아릴 수 없이 무한하다.

# 교육철학의 '교사' 연구 동향과 과제

양은주 지음

## 1. 서론

학교교육 현실에 대한 비판적 논의의 장에서 '교사'의 문제가 점차 중요한 화두로 떠오르고 있다. 교육의 질은 교사의 질을 넘지 못한다는 선언은 최근 교육적 논의의 서두를 장식하는 문구가 되었다. 국가 수준에서 시도된 다양한 교육개혁 방안들이 교육의 질적인 혁신을 이룰 수 없었던 까닭은 교육 실천의 열쇠를 쥐고 있는 교사의 문제를 간과한 데에 있다는 것이다. 학교교육의 실질적인 변화를 위해서는 결국 교실상황에서 학생들과 유의미한 경험을 만들어가는 교사의 실천이 관건이라는 인식이 확산되고 있다. 이렇게 교사의 중요성을 재조명하게 되면서 교사의 '질적 수월성' 확보를 목표로 '교사교육 내실화'를 위한 교육 프로그램의 연구와 개발에 많은 관심을 기울이고 있다(교사교육프로그램개발 추진기획단, 2004). 또한 보다 거시적으로는 현행의 교대와 사대를 중심으로 이루어지는 교원양성체제의 구조적 개편이나 교사평가제 도입 등과 같은 제도적 정책적 개선 방안이 연구 · 발표되고 있다(강인수, 2004; 교육인적자원부, 2004; 전국교육대학교총장협의회, 2004).

그런데 이러한 교사와 교사교육을 둘러싼 논의들은 한국 교육학계에서 그동안 주로 교육정책적 관심사로서 교육행정학 분야를 중심으로 다루어져왔다. 근래에는 교사의 창의적인 교육과정 재구성 능력이 강조되면서 교육과정 분야에서도 교사의 문제, 특히 교사의 실천적 지식과 전문성 발달과정에 대한 연구관심이 높아지고 있다. 교육철학 분야에서는 전통적으로 교육의 이념과 목적에 대한 탐구 및 교육사상의 이해와 개념 분석 연구에 중점을 두면서, 교사와 교사교육 주제에 관해서는 연구관심이 상대적으로 적은 편이었다. 교사에 관한 연구 관심이 높아지는 최근 십여 년간을 살펴보아도, 교육철학회 연구 활동에서 교사의 문제를 특별한 학술적 논의 주제로 초점을 두어 다룬 바가 없다.

따라서 연구자의 과문 탓일지 모르나, 교사의 현실에 관한 정책적 의사결정과정에 교육철학자의 직접적인 참여가 많지 않을 뿐 아니라, 교육철학 분야의 연구 성과들이 예비 교사나 현직 교사들의 삶과 일에 호소력을 갖고 파고들지 못하는 형편인 것 같다. 예비 교사들에게 교사의 본질적 의미와 가치를 새롭게 깨달을 수 있도록 교육철학적 연구는 어떤 빛을 던져주는가. 특히 요즘 신세대 학생들의 변화, 지식과 매체의 급속한 발달 등으로 심한 혼란을 겪는 현장 교사들에게, 이 시대의 교사의 의미와 역할을 재정립할 수 있도록 교육철학적 연구는 어떤 길잡이가 되는가. 훌륭한 교사를 기르는 일, 진정한 교사로의 계속적 성장을 안내하는 일이란 근본적으로 교육철학적 과제라고 생각한다. 교육과 교사의 본질에 관한 철학적 이해가 일관된 토대로서 자리함이 없이는 교사의 현실과 교사교육과정을 개선하려는 어떤 이론적 · 실제적 시도도 결국 방향성과 동력을 잃게 될 것이다.

이러한 반성적 맥락에서 이 연구는 교사에 관한 교육철학적 연구의 동향과 앞으로의 과제를 살펴보는 것을 목적으로 한다. 이를 위하여 먼저 지난 40년간 한국의 교육철학회와 교육철학자들의 연구 활동을 통하여 수행된 교사 관련 주제의 연구 경향을 분석하고, 연구의 한계점과 대안적 가능성을 교육학의 변화하는 학문적 성격에 비추어 논의하겠다. 결론적으로 교사교육의 대안 모색을 위하여 현재 가능하고도 필요한 교육철학적 탐구 과제를 제안할 것이다.

## 2. 교육철학 분야의 교사에 관한 연구 동향

먼저 지난 40년간 교육철학회에서 발표된 연구들 가운데 교사의 문제를 다룬 사례들을 살펴봄으로써 교사 관련 연구의 세부주제 분석의 틀을 마련할 것이다. 이를 토대로 교육철학 분야의 연구자들이 여타 관련 학회 논문이나 저서 등의 형식으로 발표한 교사 주제 연구를 포괄적으로 분석하여, 교육철학자들이 그동안 수행해 온 교사에 관한 연구의 특징적 성격과 내용을 구체적으로 이해해보고자 한다.

### *1) 교육철학회의 교사 관련 연구 활동*

우선 교육철학회의 월례발표회와 연차학술대회를 통한 교사 연구를 살펴보자. 1964년 12월부터 2004년 6월까지 교육철학회에서 학술발표의 형식으로 총 470여 편의 연구논문이 발표되었는데, 그 가운데 교사와 관련한 주제를 다룬 연구는 총 15편이었다.[1] 양적으로 보면 전체 발표논문의 약 3% 정도로서, 교사의 문제는 본 학회에서 비중 있게 다루어지는 연구 주제가 아니었음을 알 수 있다. 그런데 발표 시기를 살펴보면, 학회 활동의 전반 20년 동안에는 1968년, 1969년, 1979년에 각각 1편씩 총 3편이 발표되

1_ 교육철학회 월례발표회와 연차학술대회에서 발표된 연구 논문 제목에서 '교사'나 '교원'이 포함된 사례에 한정한 결과이다. 따라서 제목에는 제시하지 않고 내용에서 구체적으로 교사 관련 주제를 부분적으로 논의한 경우도 있을 것인데, 그러한 사례는 여기에서 제외되었다. 아래의 학술지 게재 논문 분석에서도 마찬가지로 논문 제목에 한정하여 조사한 결과이다. (학회 홈페이지 http ://www.eduphil.com 학회소개의 학회연혁 및 연구활동사의 연구발표 주제, 학회지 논문 목록 참조.)

는 데 그쳤다. 반면에 후반 20년간의 발표 논문 수는 총 12편으로, 1984년부터 1993년 사이에 6편, 1996년부터 2002년까지 6편이 발표되었다. 적은 사례에 근거한 거친 일반화가 될 수 있겠으나, 교육철학회에서 교사에 관한 연구가 80년대에 증가하기 시작했고 2000년대에 들어 더욱 현저한 증가 추세에 있는 것으로 전망해 볼 수 있겠다.

세부 내용주제 면에서도 전반 20년의 연구에서는 교사채용 시험제도, 교사-학생 관계, 현직교육의 역사 등 교사와 관련한 제도나 현상에 관한 일반적인 수준에서의 논의가 이루어졌다.[2] 반면에, 후반 20년의 연구에서는 교사교육(6편), 교사의 역할과 의미(3편), 사상/철학자의 교사론(2편), 교원정책과 교사의 현실(1편) 등 다양한 주제가 심도 있게 다루어짐으로써, 교사에 관련한 교육철학적 연구에서의 발전적 흐름을 읽을 수 있다.[3] 특히 1987년 연차학술대회에서 "교사교육의 철학"을 주제로 삼은 것을 시작으로, 학회 기획의 연차학술대회에서 교사 관련 연구발표가 증가한 점이 주목된다. 정재걸(1996), 정영수(2001), 정영근(2002), 조경원(2002)의 연구가 그러한 경우로서, 교육철학회가 학회 차원에서 교사 및 학교 현실에 관련한 연구에 관심을 높여온 것으로 해석된다.[4]

---

2_ 1968년 10월 월례회에서 자유토론 주제로 "한국의 교사채용 시험방침 문제에 관하여" 다룬 것이 첫 사례이다. 주제 발표로는 1969년 11월 김인회의 "교사와 학생의 관계의 분석연구"와 1979년 7월 김영우의 "1910년대 우리나라의 현직교육 상황"이 있으며, 후자의 연구는 학회 초기에 교육사교육철학연구회로 운영되던 당시 교육사학의 관점에서 교사 관련 주제를 다룬 것이다.

3_ 1984년 9월 박덕규의 "교사교육원리의 철학적 근거"; 1987년 2월 연차학술대회에서 박덕규와 남궁달화의 "교사교육의 철학" 주제의 발표; 1987년 6월 김동구의 "Augustine의 교사에 관한 철학"; 1989년 11월 손경수의 "교육사의 역할에 대한 제견해 및 역사의 본질과 가치 : 교사교육을 중심으로"; 1993년 3월 최윤진의 "교사의 역할과 권리"; 1996년 11월 연차학술대회에서 정재걸의 "교육개혁에서의 교사교육의 문제" (교육철학 14-1호 게재); 2000년 5월 한상원의 "여래와 교사-대승기신론의 교육학적 의의"; 2001년 11월 연차학술대회에서 정영수의 "교원정책에 대한 비판적 분석"; 2002년 11월 연차학술대회에서 정영근의 "중등교사의 교육적 의미와 역할 과제" 조경원의 "중등교사 양성교육의 비판적 검토"; 2002년 12월 이경후의 "교사교육의 문제와 예술론적 대안 탐색."

4_ 교사에 관한 연구 동향 분석에서 시기 구분의 사적(史的) 근거 제시가 필요하다는 지적이 있었고 타당한 문제제기로 생각되나, 여기서는 교육철학회 40년간의 활동을 전반기와 후반기로 구분하여 개략적인 서술에 그쳤음을 밝힌다. 단, 기계적으로 기간을 이분한 것은 아니며, 본문에서 제시한 발표 연도와 내용에 관한 분석을 토대로 교육철학 분야의 교사 연구는

다음으로 교육철학회의 학술지 『敎育哲學』을 통해 발표된 교사에 관한 연구를 살펴보자. 1977년 창간호부터 2004년 8월 발간된 제32집까지 교육철학회 간행의 학회지에서 발표된 전체 논문 수는 대략 300편 정도이다. 그 가운데 교사 주제를 직접적으로 다룬 연구논문은 학술대회발표 논문 1편을 포함하여 총 6편이다(정순목, 1980; 백명희, 1980; 정재걸, 1996; 최정실, 1998; 반채익, 2002; 정윤경, 2002). 이는 앞서 살펴본 학술 발표에서보다도 더 적은 비중이며, 교육철학회의 학문적 성격에 따른 평가기준을 통과하여 게재된 논문들 가운데 교사에 관련한 연구는 매우 적은 수준임을 알 수 있다. 학회의 학술지 게재 논문들이 그 학회 고유의 학문적 성격과 연구 관심 주제의 범위를 드러내 준다는 점에서, 교사의 문제는 그동안 본 학회의 주된 관심 주제가 되지 못했음을 확인하게 된다.

이상에서 정리해 본 교육철학회의 학술 발표와 학회지 논문에 한정하여 연구내용의 성격을 분석한 결과, 교사에 관한 교육철학적 연구의 세부주제는 크게 세 가지 범주로 구분 지을 수 있다.[5] 첫째는 교사의 본질적 이상에 관한 규범적 연구이다. 교사란 무엇인가라는 근본적 물음에 답하려는 것으로, 바람직한 교사의 의미와 교사의 이상적 자질과 역할을 해명하는 연구를 말한다. 특정한 철학이나 사상적 토대 위에서 규범적으로 그에 기초한 교사상 혹은 교사론을 정립하거나, 개념분석적 방식으로 교사 관련 개념들의 의미를 명료화하는 연구들이 수행되었다. 정순목(1980)의 연구가 그 대표적 사례가 된다. 그는 한유韓愈의 고전적 교사론인 사설師說, 예기의 학기편과 주역 등의 유학사상에 근거하여 전통적 한국인의 스승상을 연구하였다. 이 연구에서는 교사가 진정한 道를 전하는 인사人師가 되지 못하고 언어

1980년대에 본격적으로 전개된 것으로 판단된다. 연구 동향의 시기 구분에 대한 엄밀한 사적 근거 제시를 위해서는 교육학 전체 영역에서 수행된 교사에 관한 연구의 종합적 분석이 필요하다고 판단되며 이는 후속 연구 과제로 남겨두고자 한다.

5_ 여기서 제시하는 교사에 관한 교육철학적 연구 주제 분석의 틀은 이 연구의 한정된 연구 사례들을 토대로 구성한 하나의 시안이며, 이 주제 영역의 연구가 다양하게 발전될 수 있도록 유사한 연구 관심을 공유하는 교육철학자들에 의한 비판적 검토와 보완 작업이 필요할 것이다.

적 수준의 지식만을 전습하는 경사經師에 그치는 현실 문제를 반성적으로 성찰하고, 교사와 관련한 개념들의 깊은 의미들을 해석하여, 결론적으로 스승의 길이 곧 배움의 길이요, 사람됨의 길임을 고전적 텍스트에서 이끌어 내고 있다.

둘째는 교사의 실제 현실에 대한 경험적 비판적 연구이다. 교사의 구체적인 현실 경험의 문제는 무엇인가, 사회에서 교사란 어떤 의미와 가치를 갖는 것으로 인식되는가, 어떤 정책 결정의 바탕에 전제된 교사관은 무엇인가, 특정 제도적 정책적 변화가 교사의 일을 어떻게 제약하는가와 같은 물음을 탐구하는 연구들이 있다. 이러한 교사의 현실에 관한 연구는 흔히 교육 실제에 대한 경험과학적 탐구와 교육철학적 관심을 연결 짓는 방식으로 수행되었다. 예를 들면, 5.31 교육개혁의 교사교육 개혁안 바탕에 전제된 '전달자'와 '조력자'라는 상호 모순되는 교사관의 문제를 학교교육 현실에서 편재해 있는 전통적 교사관과의 대비를 통해 철학적으로 비판한 정재걸(1996)의 연구, 현장 교사가 경험하는 교실붕괴 현상에 내재된 교사의 권위와 학생의 자유의 문제를 발도르프 학교교육 사례를 통해 재조명한 반채익(2002)의 연구 등이 여기에 해당한다. 또한 한국인의 교사관에 대한 조사 연구를 통해 교직이 갖는 전문성, 공공성, 근로자성이라는 복합적 특성에 비추어 교사, 행정가, 학부모 집단에서 각기 기대하는 권리와 의무상의 모순과 갈등이 내재되어 있음을 밝힌 백명희(1980)의 연구도 교육철학적 논의를 요하는 현상을 드러내 준 점에서 이러한 범주에 관련지어 볼 수 있다.

셋째는 교사교육의 이념적 실천적 과제와 방향에 대한 연구이다. 학교교육에서 교사의 문제를 근본적으로 교사교육의 문제로 돌리면서 교사교육의 목적과 이념, 교사교육과정의 방향 및 실제 교사교육에서 전제된 인간관과 지식관을 탐구하는 연구들을 말한다. 훌륭한 교사가 되는 길은 어디에 있는가, 우리 시대는 어떤 교사를 희망하며 교사로서의 훌륭함은 어떻게 길러지는가, 교사교육을 통해 가르쳐야 하는 것이 무엇인가, 교사교육에서 이론적 학습과 현장 실습의 바람직한 균형점은 어디인가, 현행 교사교육에서 근본적인 문제와 난점은 무엇인가, 어떤 대안이 가능한가, 등의 물음에 답하는 연구이다. 예컨대, 최정실(1998)은 포스트모더니즘에 내재된 지식과 인식에 대한 이해의 전환이 교사교육에 낳는 패러다임적 변화를 조명하였다. 모더니즘의 폐쇄적 인식론에 입각한 기술적 교사교육의 한계를 비판하며, 포스트모더니즘의 탐구지향적 교사교육 패러다임에 입각한 연구자로서의 교사 개념을 대안으로 제안하고 있다. 정윤경(2002)은 이론적 제도적 과정 중심인 우리의 교사교육과정을 문제로 의식하며 대안적 사례로서 발도르프 교사교육과정을 연구하였다. 자유를 중시하는 발도르프 교육의 철학적 토대 위에서 계속적인 자기교육, 예술적 수공활동 및 학교현장과의 연계성을 강조하는 교육 프로그램의 특징과 그 시사점을 논의하였다.

요컨대, 교사에 관한 교육철학적 논의들은 주로 훌륭한 교사란 어떤 존재인가, 우리 시대의 교사는 어떤 현실을 경험하는가, 훌륭한 교사를 기르는 길은 어떤 것인가라는 물음을 중심으로 이루어졌다. 한마디로 교육철학회에서의 교사 주제의 연구들은 교사의 이상, 교사의 현실, 교사교육의 과정이라는 세 가지 범주로 크게 구분된다. 이러한 연구내용 분석의 틀을 갖고서, 다음에서는 본 학회 중심의 연구 활동 범위를 넘어서 교육철학자들이 수행한 교사 관련 연구들을 종합적으로 살펴보겠다.

### *2) 한국 교육철학 분야의 교사 연구 개괄*

교육철학 분야의 연구자들이 수행한 교사 관련 연구들을 포괄적으로 조사하기 위하여, 자료 분석은 오인탁 외(2001)의 해방 후 2000년까지의 교육사 교육철학 연구의 주제별 색인에서 교사에 관련한 주제로 분류된 연구사례들을 중심으로 하였다. 또한 2000년 이후 최근까지의 연구들을 보완하기 위하여 국회전자도서관(http://www.nanet.go.kr/)에 구축된 석박사 학위논문 데이터베이스와 한국학술정보(http://search.koreanstudies.net/)

에서 제공하는 학술지 데이터베이스 검색을 활용하였다.

우선 교육철학 분야의 전체 연구 가운데 교사에 관한 연구의 비중을 양적으로 살펴보자.[6] 해방 후 2000년까지 교육사, 교육철학 분야의 연구로 조사된 결과물이 총 6500여 편이며, 그 가운데 교사와 관련한 주제색인어 17개 항목하에 분류된 연구물은 총 184편으로 대략 전체의 3% 정도에 해당한다.[7] 이러한 수준의 양적인 비중은 앞서 살펴본 교육철학회의 연구활동에 대한 분석과도 유사한 결과이다. 시기별로 보면, 1979년까지 발표된 연구가 26편, 1980년대에 67편, 1990년대에 91편으로 최근 20여 년에 걸쳐 교사에 대한 연구관심은 높아진 것으로 보인다.

연구주제 면에서 보면, 교사의 이상에 관해서는, 특정 철학자나 사상에 기초하여 이상적 교사상을 밝히거나 교사 관련 개념의 의미를 명료화하는 방식의 규범적, 분석적 연구가 수행되었다. 교사의 현실에 관해서는, 실제 교직 실천에서 교사가 갖는 경험에 대한 양적 질적 분석 및 교직 수행과 관련한 제도적 정책적 문제에 대한 경험적 비판적 연구들이 있다. 교사교

6_ 교육철학 분야에서 교사에 관한 연구관심이 교육학의 다른 분야와 비교하여 어느 수준인지를 보기 위하여 국회도서관의 최근 10년간 전공영역별 석사학위 논문 검색을 토대로 분석한 결과는 아래의 표와 같다. 교육행정 분야에서 교사 연구 비중이 가장 높았으며, 교육과정 분야에서도 근래에 교사의 교육과정 실행, 통합 및 재구성 능력이 중요하게 부각되면서 교사에 관한 연구가 늘고 있다.

| 전공 분야 (전공코드) | 석사학위 논문편수 〈1994~2004년〉 | 교사 주제 논문수 〈제목/키워드=교사〉 |
|---|---|---|
| 교육철학 (C06) | 311 편 | 6 편 (2%) |
| 교육행정 (C04) | 7611 편 | 2586 편 (33%) |
| 교육과정 (C12) | 5623 편 | 1038 편 (20%) |
| 교육학/초등교육학 (C00) | 4898 편 | 358 편 (7%) |

7_ 교육철학 분야로 조사된 것은 3600여 편이며 나머지는 교육사 분야의 연구인데, 주제별 색인에서 교육사와 교육철학 연구를 구분하여 다루지 않았기 때문에 이 연구에서도 통합된 전체를 분석했다. 교사 연구에 해당하는 것으로 분류한 주제어는 교사(57), 교원(7), 교직(8), 교사의 역할(4), 교사관(4), 교사론(16), 교사상(16), 교직관(3), 교사교육(22), 교원교육(9), 교원교육사(17), 교사와 학생(3), 교사의 전문성(2), 교사운동(3), 교원운동(9), 교원정책(2), 교원자격제도(2)이다(괄호 안은 해당 연구물의 수를 나타냄).

육의 과정에 관해서는 교사교육의 철학적 기초를 이루는 목적과 이념에 관한 논의와 구체적인 교사교육 프로그램의 내용과 방법에 관한 연구들이 수행되었다. 이렇게 구분지어 본, 교사에 관한 교육철학적 연구의 세부 주제 영역을 도표로 정리하면 다음과 같다.

| 연구주제영역 | | 세부연구내용 | 연구방법 |
|---|---|---|---|
| 교사의 이상 | 교사의 본질 | 사상이나 철학에 기초한 바람직한 교사상, 교사론, 교사의 자질과 역할 | 철학적 텍스트 해석 |
| | 관련 개념 | 자율성, 권위, 전문성, 교사지식, 우수교원, 예술과 기술, 영성 등의 의미 | 개념적 의미 분석 |
| 교사의 현실 | 현장 실제 | 현장 교사의 교실 경험, 교사와 학생간의 갈등, 교직에 대한 사회적 인식 | 조사 연구, 현상학적 질적 연구 |
| | 제도적 문제 | 교직단체, 교원정책 및 제도 개혁 | 역사적 비판적 분석 |
| 교사교육의 과정 | | 교사교육 프로그램의 철학적 기초, 내용 및 방법과 대안적 사례 | 다원적 접근 |

이제 각 주제 영역별로 그 특징적 성격을 반영한 구체적인 연구 사례들을 살펴보자. 우선 교육철학자들이 지속적으로 탐구한 세부주제는 교사의 본질, 즉 특정 사상이나 철학에 기초한 이상적 교사상 연구이다. 소크라테스, 공자, 원효; 페스탈로찌, 아놀드, 이퇴계; 니일, 도행지, 김교신을 각각 고대, 근대, 현대의 스승상을 대표하는 사상가로 개괄하면서 역사의식을 갖추고 민중과 같이 호흡하는 미래의 교사상을 제안한 김정환(1981)의 연구를 비롯하여, "교사를 통로로 하여 교육이해에 접근하려는 시도"로서 정신과학적, 경험과학적, 비판적 교육학에서의 교사 이해를 다룬 강병철(1990)의 연구, 정금자(1990)의 몬테소리 교사론, 강기수(1998)의 실존주의 교사관, 김태오(2002)의 퇴계의 교사상과 공자의 교사상, 이주한(2003)의 듀이 교사상; 위기를 맞고 있는 학교교육에서 전인교육의 통합적 전체

적 조망을 회복하는 길을 모색한 노상우 · 신병준(2003)의 코메니우스 교사상 연구 등을 꼽을 수 있다. 구체적인 내용 면에서 특히 근래의 연구에서는 교사의 비판적 지성, 예술성, 영성 등이 훌륭한 교사의 가치로운 특성으로 부각되고 있다.

교사의 일과 관련되는 특정한 개념적 의미를 분석하고 명료화하는 연구 사례로는 교직의 '자율성' 개념을 다룬 한명희(1980)와 정우현(1988)의 연구 및 교사의 '권위' 개념에 대한 분석적 논의를 전개한 조수환(1988)과 신차균(1990)의 연구를 꼽을 수 있다. 또한 보다 확장된 범주로 보면, 교원정책의 철학적 기초로서 우수교원의 개념적 실질적 조건을 논의한 한명희(1993)의 연구; 21세기의 변화하는 지식관의 성격에 비추어 교사의 직업적 '전문성'의 의미를 재조명한 이돈희(2000)의 연구; 현대의 교사에게 요구되는 '유동적 사고'에 관한 조용태 · 조태윤(2002)의 연구; 연구자로서의 교사 개념에 내포된 교사 연구의 다양한 의미 맥락을 분석하고 교사의 실천적 연구의 좋은 사례를 제시한 양은주(2003)의 연구; 현대 교수-학습이론의 발달에 따른 '교직'의 의미 축소와 그에 내재된 비판적 함의를 논한 정영근(2003)의 연구 등이 여기에 속한다.

한편, 이와 같이 교사의 이상적 가능성을 탐구한 연구들은, 고전적인 철학 텍스트 해석에 의한 것이든 개념적 의미 분석을 통한 것이든, 일반적으로 규범적 · 처방적이거나 지나치게 추상적이며, 따라서 실현 불가능한 교사의 의미와 가치를 제시하는 한계를 갖는다. 현대 기술문명사회에서 갈수록 경쟁주의적 비인간적으로 되고 기능적인 수준의 지식 습득에 치우치는 학교교육 현실에 대한 문제의식에 비추어 이상적 가치에 관한 논의는 필요한 것이지만, 그것이 교사의 실제 현실 경험을 대상화하고 그것과의 괴리가 심할 경우에는 그 의의를 상실하게 된다. 교사의 자질과 역할에 관한 기존의 철학적 논의들에 대한 이러한 반성적 맥락으로부터, 구체적인 생활세계 속에서 교사의 위상을 밝히는 현상학적 질적 연구, 교사 현실의 이해를 위한 사실적 탐구가 요청되는 것이다(한명희, 1995).

교사의 현실 경험에 관한 교육철학자의 구체적인 연구 사례로는 김동구(1986)의 교직관 조사 연구, 곽노의(1991)의 교사들의 교육신념에 관한 조사 연구, 조용환(1995)의 학교 구성원의 삶에 대한 질적 연구, 황규호 외(2001)의 교사-학생 갈등 현상에 대한 연구 등이 있다. 교사와 관련한 제도적 정책적 현실을 다룬 것으로는 교사가 교육의 목적을 고민할 수 없고 '서책 중심 정답 교육론'이 지배적인 현장에서 진정한 교직의 의미가 쇠퇴하는 현실을 비판하는 김민남(1998)의 연구 등을 들 수 있다. 그런데 교사의 현실을 사실적으로 이해하려는 연구 관심은 중요한 의의를 갖는 것이면서, 또한 분명한 것은 그것이 교육학의 다른 경험적 접근들과 구별되는 교육철학적 접근의 특성을 확보하는 방식으로 되어야 한다는 점이다. 이러한 맥락에서 교직의 현실적인 경험과 관찰로부터 교사의 유형을 귀납적으로 탐구하는 사실주의적 교사 연구 전통을 소개한 오인탁(1984, pp. 59-62)의 연구는 교사의 현실에 대한 현상학적 연구의 필요성과 가능성을 숙고하는데 유익하다.

마지막 세부 연구주제인 교사교육의 문제에 대해서 비교적 많은 연구가 이루어졌는데, 주로 교사교육의 목적과 이념에 대한 비판적 성찰, 실제 교사교육제도와 정책 개선의 문제, 교사교육 프로그램의 구체적인 내용과 방법적 대안 모색 등에 관심을 기울여 왔다. 예를 들면, 교사교육에서 추구하는 이념과 내용의 문제를 철학적으로 분석한 한명희(1990)의 연구; 좋은 교사의 특성과 이를 위한 교사교육의 방향을 논의한 강승규(1996)의 연구; 교사양성과정의 전문성 문제를 논의한 정진곤(1997)의 연구; 교사 공동체의 사회적 실천과 현장성을 강조하는 진보적 관점에서 교사교육론을 철학적으로 성찰한 김민남(1995, 1999)의 연구; 교사교육에서 목적론 교육의 문제를 다룬 조용기 · 최석민(2003)의 연구가 있다.

특히 교사가 정해진 목적 달성을 위한 효과적인 교과와 방법과 평가의 기술을 익히게 하는 과정으로 설정된 기존의 기능주의적 교사교육론을 통렬히 비판하는 김민남(1995, 1999)의 연구가 주목할 만하다. 그에 의하면,

"교사훈련"이 아닌 진정한 인간화 교육을 추구하는 "교사교육"은 "교사가 누구인가의 물음, 교사가 교사로서의 자기 삶을 사는 자신의 교육학이 무엇인가라고 묻는 반성적 물음 위에서" 성립해야 한다고 주장한다(김민남, 1995). 또한 교사들로 하여금 교육 목적에 대한 고민의 계기를 박탈하고 "수업의 과정에 대한 기법적 관여"만이 교사의 몫으로 한계 짓는 교사 양성 과정의 문제를 비판하면서, "교육은 당대 그곳의 요구와 필요에 의해 구성되는 사회적 실천"이며 교사는 "자신의 교육활동을 통해 부단히 양성되는" 것임을 깨닫고 교육적 의사결정에 참여하여 사회적 현실 변화의 주체로 되게 하는 지성적 교사교육론을 제안한다(김민남, 1999). 또한 이와 유사하게 조용기 · 최석민(2003)도 목적에 대한 고민 없이 내용과 방법에 관한 이해에만 역점을 두는 교사교육의 현실을 비판하고 목적관의 차이가 교육실제의 차이를 낳는 점을 재조명한다. 또한 구체적인 실천적 방안으로서, 목적론을 직접 다룰 수 있는 교육철학 강좌에서 다양한 사상과 개념을 나열식으로 배우는 개론서적 방법보다 어떤 체계적 교육이론을 중심으로 한 목적론 분석의 방법이 적합함을 설득하고 있다. 이러한 주장은 교사교육과정에서 구체적으로 교육철학이 어떤 목적과 내용으로 다루어져야 하는가에 대한 공동 논의의 장을 열어주는 계기가 되는 점에서 의의가 있다.

이상에서 개괄해 본 지난 40년간 한국 교육철학계의 교사에 관한 연구의 성격을 간추려 보면 다음과 같다. 첫째, 교육철학 분야의 전체 연구에서 교사와 관련된 주제 연구의 비중으로 볼 때 교사에 대한 연구관심은 매우 적은 편이었다. 단, 시기적으로 근래에 교사에 관한 연구가 점증한 사실에 비추어 발전적 변화를 조심스럽게 전망해 볼 수 있다. 둘째, 세부 연구주제 영역은 크게 교사의 이상, 교사의 현실, 교사교육의 과정이라는 세 범주로 구분되며, 특정 사상과 철학에 기초한 이상적 교사상 탐구가 가장 많았다. 교사에 관한 교육철학적 접근이 추상적인 수준에서 규범적 처방적 논의로 그칠 때 교사의 현실에 생동하는 의미와 가치를 불어넣는 데는 한계가 있다. 셋째, 교육철학 분야에서 교사교육과정의 이념과 내용에 대한 철학적 분석과 대안 모색이 시도되었으나 교육학의 다른 영역에 비해 실질적인 관심과 기여가 부족한 편이었다. 교사에 관한 이념적 실천적 이해를 바탕으로 현행의 교사교육과정 개선을 위한 정책 제안들의 문제에 접근하는 철학적 탐구가 활성화될 필요가 있다.

## 3. 교사와 교육철학의 만남 : 한계와 가능성

한국 교육철학 분야에서의 교사에 관한 연구의 역사를 통해 살펴본 바와 같이, 그동안 교사와 교육철학의 만남은 풍요롭지 못했다. 교사의 문제는 교육철학적 연구관심을 직접 자극하지 못하였고, 교육철학의 논의들은 교사의 삶과 성장의 길을 밝히는 데 크게 도움이 되지 못했던 것으로 보인다. 그런데 교사의 문제가 교육철학에서 주된 학문적 연구 관심 주제로 떠오르지 않았던 근본적인 이유는 무엇일까? 교육학에서 교사와 교사교육의 문제는 주로 교육행정과 정책 분야나 교육과정과 수업 분야를 중심으로 다루어져 온 까닭이 어디에 있을까? 여기서는 이러한 한계와 대안적 가능성에 대한 이해를 위하여, 영미권을 중심으로 교사와 교육철학 연구의 동향에서 주목할 만한 변화의 흐름을 살펴보겠다.

### *1) 교사에 관한 교육학의 연구관심*

최근 10여 년에 걸쳐 영미권에서 교사와 교사교육에 대한 연구관심은 현저히 높아지고 있다. 이는 위로부터의 개혁이 아니라, 교사들이 힘을 갖고 학교의 의사결정 과정에 책임 있는 주체로 참여하게 될 때 교육의 질적 변화를 가져올 것이라는 이해가 형성되면서부터이다. 학교변화와 교육혁신을 위한 교사의 중요성을 새롭게 인식하게 되면서, 기존의 "통제와 관리 시스템 설계"designing controls 중심 관점으로부터 교육을 책임질 수 있는 교사의 "능력 개발"developing capacity 중심 관점으로 교육정책결정 패러다임 전환의 필요성이 설득력 있게 제기되었다(Darling-Hammond, 1993). 이를 반영하며 교사들이 어떻게 자신들의 교육학적 지식을 계발하는지, 교사들의 계속적인 전문성 발달을 지원하는 조건이란 어떤 것인지 등에 대한 질적 연구와 교사교육 개선을 위한 실천적 움직임들이 본격적으로 전개되고 있다. 이러한 근래의 다양한 논의와 활동들은 이른바 "교사연구운동"teacher research movement을 형성하는 것으로 평가될 정도로 광범위하게 전개되고 있다. 교육의 이론과 실제에서 교사를 "테크니션, 소비자, 수동적 전달자, 전문가에 의해 고안된 교육과정을 실행하는 사람" 등으로 소극적으로 개념화했던 기존의 교사관에 근본적인 도전을 제기하고, "의사결정자, 교육과정 개발자, 기획자, 실천적 운동가, 학교의 리더"로서 교사의 역할을 재정립해 나가고 있다(Cochran-Smith & Lytle, 1999).

교사의 의미와 가치에 관한 이러한 변화의 성격은 미국 공교육제도 형성 초기부터 교사를 이해해 온 전통적 방식과의 대비를 통해 더욱 분명하게 파악될 수 있다. 1850년대를 전후하여 호래이스 만Horace Mann의 공동의 학교Common School 이념을 토대로 형성된 미국 공교육제도는 "모든 사람에게 공통인 학교"의 의미로 시작되었다. 이는 당시 사회의 특수한 현실을 반영한 것인데, 종교적, 계층적, 민족적, 인종적 차이를 넘어 모든 이들에게 열린 학교를 통한 사회적 조화가 절실히 필요하였던 것이다. 이로써 미국 공교육제도는 초기부터 대중이 참여하는 정치적 절차에 의해 운용되는 시스템을 모색하였고, 결국 학생들에게 가르칠 공공의 철학public philosophy을 교사나 교육 전문가가 아니라 선출된 대중이 민주적으로 결정하는 독특한 구조를 형성하게 되었다(Cremin, 1961, pp. 8-14). 따라서 사회 공익의 차원에서 교육 내용을 결정하고 매뉴얼처럼 체계적으로 잘 짜인 교육과정을 개발하는 데에 일차적 관심을 두게 되었고, 이때 교사는 그 위상이 축소되어 교육과정의 결정자가 아니라 단지 대행자로서 주어진 교육과정의 실행만을 담당하는 것으로 간주되었다. 이러한 관리 중심의 관점은 교사의 능력이나 개성과 무관하게 누가 실행해도 동일한 질을 확보할 수 있도록 하는 "방防교사교육과정"teacher-proof curriculum 개발 시도에서 잘 예시되고 있다.[8] 이런 배경에서 개별 교사들의 능력의 성장보다는 대중교육을 효율적으로 통제하기 위한 행정관리 시스템 및 매뉴얼처럼 구조화된 교육과정 개발에 대한 연구 관심을 발전시켜 왔던 것이다.[9]

그러나 교사의 위상을 축소시켜 온 이러한 시스템 중심 관점은 근대 실증주의적 패러다임의 한계를 비판적으로 통찰하게 되는 20세기 후반에 접어들면서 급속히 변화하고 있다. 구체적인 실천을 중심으로 교사의 의미와 가치를 새롭게 정립하며 교사교육에 주목하는 근래의 변화도 이러한 흐름의 연속적 발전으로 이해될 수 있다. 특히 미국의 교육과정 분야에서는 1970년대를 전후하여 소위 '개발' 패러다임으로부터 '이해' 패러다임으로, 처방적 관심에서 해석적 관심으로의 전환을 말하고 있으며, 점차 현상학적 접근을 통해 교사의 구체적인 교실 실천을 이해하려는 연구가 많아지고 있다. 교사의 전문성 확보 방안을 논의하면서도 기존의 관점이 주로 교사의 자질과 역할에 대한 처방적 성격이 중심을 이루었던 반면, 현재 변화하는 관점에서는 교실 경험에 기초한 교사의 개인적·실천적 지식의 의미와 가능성에 대한 이해에 초점을 두고 있다(박순경, 2003; 이용환, 2002).

---

8_ 방(防)교사교육과정(teacher-proof curriculum)이라는 아이디어는 교사의 개인 변인, 즉 교사의 관점, 능력, 스타일에 상관없이 동일한 질을 담보할 수 있도록 세부적인 수업안으로 조직된 교육과정 패키지를 개발하려는 시도이다. 이것은 1960년대 미국에서 학문 중심 교육과정 운동을 반영하여 나타난 것으로, 학습결과에 영향을 미치는 주요 변인이 교과의 내용이라고 본 것이다. 어떤 교사든지 어떤 학생에게든지 가르칠 수 있을 정도로 교수-학습 과정을 계획하여 교사에게 전달하고자 했으며, 실제 교육과정 실행에서 중심적인 교사를 한낱 기술자로 전락시켰다는 비판을 불러 일으켰다(김경자, 2000, pp. 168-171).

9_ 영미권에서 형성된 교육과정 연구 전통에서 축소된 교사의 의미는 유럽 대륙철학 특히 독일 도야이론에 기초한 교수학(Didaktic) 연구 전통에서와 현저한 대조를 보인다. 교수학 전통은 일반적인 국가 교육과정에 제시된 교육적 능력을 교실에서의 실제 삶으로 변형하기 위해 필요한 언어와 이론을 제공함으로써 교사의 반성적 사유를 돕기 위한 것이다. 교수학의 일차적 관심은 객관화된 학습 대상의 조직에 있는 것이 아니라 학생들이 자신을 스스로 도야해 가는 주관적 경험 안에서 "특정한 학습 목표 혹은 도야 재료가 자신의 고유한 형성을 위해 어떤 의미와 기능을 갖는가"를 깊이 이해함에 있었다. 따라서 학생들을 "instruct"하는 것이 아니라 학생들의 "forming"을 돕기 위한 교사의 반성적 사유와 교육과정 구성자로서의 적극적인 역할을 강조한다(Westbury, 2000). 이와 같이 독일 교육학 연구 전통에서 교사의 교육실천과 연계된 이론 및 교사의 판단력 도야에 대한 특별한 관심은 '학교교육학'이라는 연구영역의 성격에서도 반영되어 있다(정혜영, 1999).

영미권, 특히 미국의 교육학 연구 전통은 해방 이래 한국 교육에 많은 영향을 미쳐 왔다. 이상에서 살펴본 교사와 교사교육에 관한 연구관심의 변화에 비추어, 기존의 시스템 중심의 행정학적 관점이 한국 교육에서 교사와 교사교육에 관한 이론적 실제적 모색에서 지배적인 영향을 행사해 왔으며, 그러한 관점이 지배적인 한에서는 교육철학적 관심과 유기적인 연결성을 확보하기가 어려웠음을 알 수 있다. 그러나 영미권에서 교사와 교사교육에 관한 관심과 학문적 접근 양상이 크게 달라지고 있다. 특히 구체적인 실천적 상황 가운데 적극적으로 참여하며 반성적 사유, 지성적 판단과 비판적 통찰의 힘을 행사하는 교사로의 성장에 학문적 탐구 관심이 모아지고 있다. 이러한 교사 이해의 변화로 인해서 교사에 관한 여타 교육학의 연구와 교육철학적 연구의 연결고리가 보다 다양하게 형성될 수 있을 것으로 전망된다.

### *2) 교육철학의 실천적 관심의 확장*

위에서는 교사와 교사교육에 관한 교육학의 연구관심이 교육철학적 탐구와 유기적으로 연결성을 확보할 수 있는 방향으로 변화하는 흐름에 대해 짚어보았다. 여기서는 최근 교육철학의 학문적 성격에 관한 논의들을 통하여 교사와 교사교육의 실천적 측면에 대한 관심이 확장되는 방향으로의 변화를 살펴보려고 한다.

교사와 교사교육에 관한 문제의식과 탐구의 계기는 교육 현장의 실천에 대한 관심에서 비롯되는 것이다. 따라서 교육철학 분야에서 교사에 대한 연구관심이 상대적으로 부족한 현상의 원인은 결국 교육 실천과 관련한 교육철학의 학문적 정체성의 문제에로 거슬러가게 된다. 다시 말해 교육철학이 특수한 시공간적 맥락을 초월하여 보편타당한 규범체계를 정립하고 철학의 방법적 엄밀성을 따르는 순수하게 이론적인 탐구 영역으로 간주될 때, 구체적인 상황의 실천에 관여하는 교사의 문제는 교육철학적 탐구 관심의 중심에 놓이기 어렵다.

교육철학은 순수하게 이론적인 학문인가, 철학의 엄밀성을 응용한 실천적인 학문인가? 교육철학이 하나의 독립된 분과 영역으로 자리 잡은 이래 그 학문적 성격에 대한 비판이 계속적으로 제기되어왔다. 철학자 편에서는 교육철학에서 전문적인 철학적 이슈들을 그 엄밀성의 기준에 못 미치는 방식으로 손쉽게 다룬다는 점에서 비판하는 반면, 교육의 실제에 관여하는 사람들 편에서는 교육철학의 관념적 사변적 성격 때문에 현실과 동떨어진 이상적 주장에 그칠 뿐 실천적 함의를 제시하지 못한다는 점에서 비판한다. 교육철학 분야에서는 이러한 비판들을 의식하며 교육철학의 학문적 성격과 가치의 정당성을 해명하고자 이 분야의 본질적 성격이 무엇인가에 대한 논의를 다각도로 전개해 왔다(Maloney, 1985). 특히 주목을 끄는 점은 교육적 개념이나 주장들에 대한 논리적 분석과 의미 명료화를 주된 과제로 삼았던 분석적 교육철학의 난점을 비판적으로 성찰하게 되면서 1980년대 이래 영미권의 교육철학은 사회철학적 실천적 성격을 강조하는 방향으로 옮아가고 있다는 것이다(유재봉, 2004). 따라서 이러한 흐름을 반영하여 구체적인 교육 현실의 "철학함"philosophizing을 중요한 과제로 삼고 정책적 현안이나 실천적 문제에 대한 철학적 탐구에 더 높은 관심을 기울이고 있다.

그런데 여기서 교육 현실을 철학함이란 무엇을 뜻하는가? 근본적으로 철학적 방법을 특징짓는 이론적 엄밀성으로 인해 실상 교육철학의 학문적 성격을 실천적인 것으로 규정한다는 것이 어떤 의미인가는 자명하지 않다. 이런 맥락에서 히긴스(Higgins, 2000)의 논의가 주목할 만하다. 그는 철학과 교육현실 사이에서 교육철학의 역할과 학문적 정체성에 대한 쟁점을 흥미로운 방식으로 접근하여 대안을 제시한다. 교육철학이 철학의 방법론적 엄밀성rigor의 기준에 맞추어야 하는가, 교육현실에의 적합성relevance의 요구에 맞추어야 하는가 하는 문제는 오랜 쟁점이 되어 왔다. 근래의 논쟁에서 전자의 입장은 시겔H. Siegel에 의해서 후자의 입장은 솔티스J. Soltis에 의해 지지된 바 있다. 히긴스는 이러한 대립이 결국 이론과 실천의 세계를 별개로 구별하는 이원론적 전제에서 비롯되는 것이라 지적한다. 더 나아가 이를 극복하기 위한 방안으로, 교육철학자들이 예비 교사를 가르치는 교사/교육자로서 자신들의 현재 교육 실천적 행위를 주목함으로써 "철학과 교육이 이미 불가분리하게 연계되는 방식"을 성찰하도록 요청한다. 그럼으로써 교사교육이 미리 처방된 교수관련 능력들을 습득하는 단순한 직업교육이 아니라 진정한 자유인을 기르는 교육의 과정이 되도록 하는 데 교육철학이 독특하게 기여할 수 있다고 보았다.

철학과 교육 그리고 교사교육의 유기적 연결성을 압축적으로 제시한 히긴스의 주장은 호간과 스미스(Hogan & Smith, 2003)에게서 더욱 풍부하게 전개된다. 그들은 철학을 순수하게 이론적인 전문가의 산물로 보고 교육철학이란 교육의 실천적 행위를 규범적으로 안내하기 위한 철학적 반성이라고 여겼던 기존의 관념을 비판한다. 그들은 철학이 근본적으로 구체적인 현실 삶의 경험에서 출발하고, 불확실한 상황 속에서 전개되는 대화적 방법에 의거하며, 우리가 살아가는 세계의 실제적인 변화를 지향하는 점에서 실천적이라고 본다. 또한 "삶의 방식"a way of life으로서 철학과 교육철학의 실천적인 성격을 강조하면서, 교육철학이 교사교육에서 갖게 되는 실제적인 중요성을 재조명하고 있다. 호간과 스미스의 결론적 논의에 따르면, 실천적 성격의 교육철학이란 예비/현직 교사들에게 자신들의 무의식적 실천 속에 담겨 있는 신념과 가치들을 의식적으로 명료화할 수 있는 계기를 마련해 주고, 교육의 본질에 대한 신념과 일관되는 가르침을 위하여 자기 나름의 교육철학을 형성하도록 도우며, 교육의 세계가 이미 주어져 있는 것이 아니라 서로 엇갈리는 다양한 견해들 가운데 대화와 설득을 통해 구성해 가는 것임을 깨닫게 하는 것이다.[10]

10_ 미국 교육철학계에서 교사와 교사교육에 관한 증가하는 관심을 보여주는 것으로, 교육기초 강의계획서 온라인 데이터베이스가 있다(http://coe.ilstu.edu/lteckri/phyedsyll/). 일리노이 주립대학교 에크리(L. Eckrich) 교수가 교육철학자들이 가르치는 교사교육과정의 강의계획서를 모아 구축한 웹자료실이다. 현재 38명 정도의 학자들이 강의계획서를 제공하고 있으며, 미국 교육철학회 홈페이지를 통해 자료 공유가 가능하다(http://cuip.uchicago.edu/pes/). 교사와 교사교육에 관한 교육철학적 연구 관심과 관련하여 주목할 만한 사례로는 토론토 대학 애플봄(B. Applebaum) 교수가 대학원 수준에서 개설한 "철학자로서의 교

이와 같이 철학의 성격을 실천적인 것으로 재규정하려는 시도는 형이상학과 인식론적 탐구에 의문을 제기한 로티R. Rorty의 반정초주의 논쟁으로부터 본격화된 것으로 볼 수 있다. 그러나 로티의 극단적인 입장을 따르지 않더라도, 객관적으로 확실한 진리와 존재의 근거를 마련하려는 기존의 철학 전통을 비판하고 구체적인 실천과 다원적 상황 맥락성에 주목하는 방향으로의 변화는, 실상 근대성을 반성하는 포스트모더니즘의 큰 틀 속에서 다양한 방식으로 진행되어 왔다. 이러한 맥락에서 영미권 교육철학의 학문적 성격의 변화를 읽게 되면, 교육 현실과 실천에로의 교육철학적 연구관심의 확장은 보다 보편적인 흐름으로 이해될 수 있으며, 따라서 교사와 교육철학의 만남의 필요성과 가능성은 더욱 높아질 것으로 전망된다.

## 4. 교사교육의 대안 모색을 위한 한국 교육철학의 과제

이상에서 한국 교육철학 분야의 연구에서 교사의 문제에 관한 연구 관심이 미흡하였고 예비/현직 교사들에게 교사의 본질적 의미와 가치를 밝혀주는 데에 이르지 못한 한계점을 짚어보았다. 또한 영미권을 중심으로 교육학과 교육철학의 최근 학문적 동향을 통하여 교육 실천과 교사교육에 대한 교육철학적 관심이 확장되는 방향으로의 변화 가능성을 살펴보았다. 이제 마지막으로 교사교육의 문제에 초점을 두어 한국 교육철학의 과제를 논의하고자 한다.

교사의 문제는 결국 교사교육의 문제로 귀결된다. 현재 교사에 관한 학문적 연구 관심이 높아지는 추이는 현행의 교사교육에 대한 비판적 반성과 대안 모색이 절실하다는 현실 인식과 관련되어 있다. 그동안 기능주의적

사"(The Teacher as Philosopher)라는 강의를 꼽을 수 있다. 이 강의는 철학이 교사의 비판적 반성을 돕기 위한 것이다. 교사들이 가르침이라는 실천적 행위를 보다 의미 있게 행할 수 있도록 자신들의 교육에 대한 신념을 밝히고 비판적 반성의 힘을 기르기 위한 목적으로 고안된 강의이다. 이와 같이 교육철학이 구체적인 교사교육의 과정에 기여하려는 실천적 관심으로부터 새로운 실험적 모색을 시도해가고 있음을 확인하게 된다.

통제 중심 관점에서 제도와 정책의 변화를 통해 접근되어 온 교사교육의 문제를 이제는 보다 근본적으로 철학적으로 접근해 볼 필요가 있겠다. 교사교육의 대안적 방향에 대한 구체적인 논의는 이 연구의 범위를 넘어서는 것이다. 다만, 교사의 이상과 현실에 관한 교육학의 다양한 연구 성과를 종합해 볼 때, 이 시대의 교사교육을 통해 추구하는 목적과 내용의 일관된 방향을 찾는 일에 교육철학 분야의 중심적인 참여가 요청되는 때라고 생각된다.[11] 여기서는 교사교육의 대안 모색을 위하여 현재 가능하고도 필요한 교육철학적 탐구 과제를 다음 세 가지로 제안하고자 한다.

첫째는 교사에 관한 교육철학적 탐구로서, 이상적인 교사상의 의미를 밝히는 연구의 세부 내용을 더욱 다양화하는 일이 필요하다. 전통적으로 교육철학 분야에서 교사란 무엇인가라는 물음을 갖고 수행해 온 교사의 본질적 의미에 대한 탐구가 계속적으로 발전되어야 하겠다. 특정 사상이나 철학자로부터 이끌어지는 교사의 이상을 밝히는 일과 교사의 일에 관련되는 다양한 개념들의 의미를 명료화하고 기본 전제를 논리적으로 분석하는 교육철학의 연구 성과는 교사의 이념적 의미에 대한 이해를 더욱 풍부하고 깊게 하는 토대가 된다. 특히 시공간적 경계를 넘어 교육의 본질에 대한 통찰을 주는 위대한 교육사상 가운데 교사의 역할을 표면적으로 다루지 않은 경우들이 있다. 그러한 교육사상에 함의된 교사의 본질과 현재적 의미를 밝혀주는 연구가 더욱 확장되어야 하겠다. 더 나아가 다양한 교육사상의 비교연구를 통해 각각에 함축된 교사상의 보편적 의미와 특징적 차이를 분별하고 구체적인 실천적 시사점을 드러내는 작업이 필요하다. 이와 같이 교사의 의미에 초점을 두는 교육철학적 연구는 예비/현직 교사들에게 다양

---

11_ 오인탁(2004)은 아름답고 선한 조화의 전통적 가치를 해체하여 새로운 창조의 길을 여는 현대 예술에서 실현한 바와 같이, 교육철학이 교육에서 조화와 불일치를 통한 새로운 창조의 세계를 열어갈 수 있기를 제안한 바 있다. 그러한 세계는 교육학의 영역을 분절해 온 분과주의, 방법적 이론과 실천의 기술이 철학을 배제하는 과학주의를 넘어서 "교육과 교육학 자체가 교육철학적이 될 때" 열릴 수 있음을 역설한 바 있다. 그동안 교사의 문제, 교사교육의 문제를 깊이 있게 다루고 권위 있게 방향을 제시하는 역할을 철학적 기초 없이 교육을 논하는 이론가들의 손에 맡겨 두었음을 반성할 필요가 있다.

한 교육사상의 생동하는 의미와 가치를 실감케 하고, 각자 자기 나름의 바람직한 교사상을 형성 · 발전시켜 가도록 안내하는 길잡이가 될 것이다.

둘째는 교사에 의한 교육철학적 탐구로서, "교육함 가운데 철학함"을 통해 교사의 현실에 관한 철학적 탐구의 길을 열어가는 일이 필요하다(Flitner, 2000). 즉 교사로서의 자기 정체성을 의식하며 자신의 삶의 현실을 이해하고 비판적으로 성찰하는 연구를 활성화함으로써, 이념적 지향과의 상호 순환적 발전의 계기를 마련할 필요가 있다. 사유하는 교사의 현장연구는 교육철학의 실천적 의미를 직접적으로 강화할 수 있는 것으로서, 단순히 수업방법의 개선을 위한 연구와 구별된다. 현장의 교실 실천 가운데 가능한 철학적 탐구의 한 가지 방법은 현상학적 연구이며, 현상의 이해와 철학적 의미 해석의 순환적 연계를 통해서 발전될 수 있다. 그런데 이런 작업이 초 · 중등 단계의 교사들에게만 필요한 과제로서 부과하는 형식에 머물러서는 안 될 것이다. 우리 교육철학자들 또한 대부분 가르치는 자이다. 특히 교대나 사대에서 예비 교사들을 가르치는 교사교육자는 결코 특정한 학문 분야의 전문 지식만을 배려하는 입장이 될 수 없으며, 학생들과의 인격적 관계 형성을 중요하게 의식할 필요가 있다. 또한 교육철학 강의 경험에서의 실천을 반성적으로 성찰하는 방식으로 수행하는 현상학적 해석학적 연구는 교사의 현실 이해를 위해 유익한 통로가 될 것이다. 실제로 대학에서 듀이 교육철학을 토대로 학생의 삶과 통합된 철학교육을 시도한 실험적 실천 연구가 이러한 탐구 양식의 좋은 사례가 된다(Fishman & McCarthy, 1998).[12]

---

12_ 피쉬만이라는 미국의 한 철학과 교수는 1967년부터 미국 대학에서 철학을 가르쳤다. 강의를 시작하고 한동안은 철학 수업의 전형적인 방식을 따라 가르치다가 추상적 논증 중심 수업의 의미에 대해 점차 문제의식을 갖게 된다. 우연히 수업 개선을 위한 워크샵에 참여한 것이 계기가 되어 자신의 강의를 반성적으로 성찰하고 대안을 시도하는 실험적인 교사로 변화해 간다. 학생들에게 유의미한 수업 경험을 만들기 위한 부단한 노력의 과정에서 질적 연구자 맥카시와 공동탐구 기회를 갖게 되면서 그의 실험적 교실 실천은 새로운 전환의 계기를 맞는다. 그들의 공동저서 『존 듀이와 교실 실천에의 도전』은 15년에 걸친 한 진지한 교사의 쉽지 않았던 교사연구 여정과 1995년 가을학기 철학개론 수업에서 마침내 이룩한 작은 성취의 의미를 그려내고 있다.

셋째는 교사를 위한 교육철학적 탐구, 즉 훌륭한 교사 양성을 목적으로 하는 교사교육과정에 대한 교육철학적 연구가 더욱 심화될 필요가 있다. 현행의 교사교육에 대한 비판과 함께 이루어지는 개별적 시도는 흔히 구조적 틀이나 제도 개선에 초점을 두며 거시적 방향에서 수행되어 왔다. 그러나 보다 미시적으로 교육 실천 속에서 발휘되는 교사의 개인적 체득지로서의 앎의 성격에 대한 깊은 이해, 그러한 인식이 주체적으로 구성 · 재구성되는 과정에 대한 분석, 그리고 교사의 실천에 관계하는 다양한 사회의 권력관계에 대한 비판적 인식을 토대로, 교사교육의 목적과 방법의 대안을 모색하는 새로운 접근이 필요하다. 한편으로, 구체적인 실제에 주목한다는 것은 달리 말하면 하나의 통일적인 교사교육론으로 다룰 수 없는 차이와 다양한 맥락성을 고려하자는 것이다. 이를 위해서 단위 교사교육기관에서 희망하는 교사의 이상과 교사교육의 방법적 과정을 실험적으로 고안하고 운영해 보는 일이 필요하다고 본다. 또 다른 한편으로, 대부분의 교사교육과정에서 이루어지고 있는 교육철학 강의에서 교사를 위해 유의미한 교육적 경험을 구성하기 위하여 교육철학자들의 공동탐구를 시도해 볼 필요가 있겠다.

요컨대, 교사란 기능 습득을 위한 일정한 제도적 자격과정을 통하여 완성되는 것이 아니라 교사의 의식적 실천을 통해서 끊임없이 성장해가는 것이다. 그와 같은 교사의 계속적 성장의 힘은 근본적으로 교사의 이념과 실천을 매개하는 철학적 성찰을 통하여 확보될 수 있다. 이렇게 볼 때 교사를 기르는 양성교육이나 현직 교사의 계속교육에 대한 비판과 대안 모색을 위한 공론의 장에 이제 교육철학자의 적극적인 참여가 요청된다. 이를 위해서는 교육철학자 자신이 교사/교육자로서의 정체성을 공유하면서 교사로서 또한 자기교육자로서의 경험을 반성적으로 조망하고, 초중등학교 현장의 실천가들과 교사지식을 공유, 발전시켜 가는 방식으로 구체적인 실천의 맥락 속에서 교사교육의 대안적 이념과 방법을 모색해 가야 하겠다. 또한 하나의 보편적 교사상을 넘어서 구체적인 다양한 맥락 속에서 이념적 지향과 실제적 조건의 차이를 반영한 다양한 교사교육론을 실험적으로 정립해 가는 과정이 필요한 때이다.

마지막으로, 플라톤의 대화편 『메논』의 의미를 다시 생각해 보자. 가르침과 배움, 교사, 앎과 삶, 지식과 도덕 등 교육과 관련되는 주요 개념들을 포괄하는 이 대화편은 인간의 훌륭함Arete에 이르는 길을 묻는 물음으로 시작된다. 그것을 알고 있는 교사가 가르쳐줘서 얻게 되는지, 실천적 훈련을 통해서인지, 아니면 본래 타고나는 성품의 결과인지를 메논은 묻는다. 이에 대해 소크라테스는 우선 훌륭함, 덕 그 자체에 대한 자신의 무지를 고백하고, 메논 또한 여전히 그림자와 같이 어둡고 부분적인 앎의 수준에 불과함을 일깨움으로써, 훌륭함의 이데아에 대한 공동탐구에로 초대한다. 이것을 교사의 훌륭함, 교사의 덕에 관한 사유로 연결지어 볼 수 있다. 교사의 훌륭함에 이르는 길이 무엇인가? 교사의 훌륭함은 가르침의 결과인가, 연습으로 훈련되는 것인가, 타고나는 것인가? 훌륭한 교사로 기르는 교사교육의 방법에 대한 물음은 교육철학자로서 교육대학이나 사범대학에서 미래의 교사를 기르는 임무를 안고 있는 우리에게 직접적으로 와 닿는 물음이다. 그런데 방법적 모색을 서두르고 있는 우리를 다시 돌이켜보면 아직 교사의 훌륭함이 무엇인지 모르는 자임을 자각하게 된다. 아직 우리는 이 시대 교사의 훌륭함이 무엇이며, 그것이 어떻게 길러지는가에 대한 참된 철학적 지혜를 확보하지 못하고 있다. 교사의 훌륭함과 그러한 덕을 갖춘 교사에 이르는 길에 대해 예비/현직 교사의 현실과 이상적 가능성을 거듭 돌이켜 살피며 공동탐구의 길을 열어가야 하겠다.

# | 참고문헌 |

강기수(1998). 실존주의 교사관에의 접근. 한국교육사상연구회, 교육사상연구 7. 17-39.

강병철(1990). 현대 교육학의 교사의 철학. 연세대학교 석사학위논문.

강선보, 신창호(2001). 부버의 교사관과 유학의 교사관 비교 연구. 한국교육 28(2). 113-136.

강승규(1996). 교원교육에 대한 철학적 접근. 한국교사교육 12. 13-40.

강인수(2004). 학교교육력 제고를 위한 교원평가제도 개선의 방향. 한국교육학회 · 한국교육평가학회 · 한국교육행정학회 주관 심포지엄(2004년 12월 14일) 자료집. 3-29.

곽노의(1991). 유치원 및 초등학교 교사들의 교육신념에 관한 조사연구. 서울교육대학교, 학생생활연구 17. 113-148.

곽병선(2001). 교실교육의 개혁과 교사의 수업 전문성. 한국교사교육 18(1). 5-13.

교사교육프로그램개발 추진지획단(2004). 초등교사교육 내실화를 위한 교육프로그램의 개발과 적용. 2004년 연구발표회(2004년 10월 16일) 자료집. (http ://tep.snue.ac.kr).

교육인적자원부(2004). 교원양성체제 개편 종합방안 시안. 교원양성정책 공청회(2004년 12월 10일) 자료집.

김경자(2000). 학교교육과정론. 서울 : 교육과학사.

김동구(1986). 교직관에 관한 조사 연구. 청주사대, 사도문화 3. 37-50

김민남(1995). 교사교육론의 철학. 한국교사교육 11. 1-24

______(1998). 교직의 기원 : 우리 교육현실을 역사적으로 이해하는 한 방식. 한국교육철학회, 교육철학 16. 1-19.

______(1999). 교사교육론과 실천, 한국교육철학회, 교육철학 17. 19-37.

김정환(1981). 과거 · 현대 · 미래의 바람직한 교사상. 교육학연구 19(3). 17-23.

김태오(2002). 퇴계의 삶에서 본 교사상. 한국교육철학회, 교육철학 22. 61-79.

______(2002). 공자의 "온고지신"의 교사관. 한국교육철학회, 교육철학 20. 37-53.

노상우, 신병준(2003). 코메니우스의 교사상 연구. 한독교육학연구 8(2). 45-66.

박순경(2003). 교육과정 탐구 주제로서의 교사 전문성 논의에 대한 대안적 관점. 교육학연구 41(2). 75-92.

반채익(2002). 교육에서의 자유의 의미 : 발도르프 학교의 자유와 교사의 역할을 중심으로. 교육철학 28. 89-108.

백명희(1980). 현대 한국인의 교사관 : 교직의 복합적 성격을 중심으로. 교육사교육철학 4. 5-17.

송순재 외 편(2002). 영혼의 성장과 자유를 위한 교사론. 서울 :내일을 여는 책.

신차균(1990). 교육과 교사의 권위. 국민대학교, 교육논총 10. 57-75.

양은주(2003). 연구자로서의 교사 개념과 대안적 교실 실천. 한국교원교육연구 20(2). 203-221.

오인탁(1984). 교사론 : 누가 가르치는가. 오기형 외. 교육학개론 (pp. 41-79). 서울 : 문음사.

______(2004). 21세기 교육철학의 방향 모색. 교육철학 31. 71-86.

오인탁, 김창환, 윤재흥(2001). 한국현대교육철학과 교육사학의 전개 : 1945년부터 2000년까지. 서울 : 학지사.

유재봉(2004). 영・미 교육철학의 동향에 나타난 교육철학의 성격과 방법 탐색 : 분석철학적 전통을 중심으로. 교육철학 31. 87-110.

이돈희(1981). 교육개혁과 교사. 교육학연구 19(3). 5-16.

______(1998). 교과학의 성격과 교사의 전문성. 충북대학교, 교육연구논총. 91-100.

______(2000). 21세기 교사상과 교직. 한국교사교육 17(1). 1-18.

이용환(2002). 교육과정 패러다임의 변화와 교사. 교육과정연구 21(1). 27-51.

이주한(2003). Dewey의 지성 개념에 입각한 교사상 탐색. 초등교육연구 16(1). 79-96.

전국교육대학교총장협의회(2004). 교원양성체제 혁신을 위한 심포지엄(2004년 7월 16일) 자료집.

정순목(1980). 경사와 인사 : 전통적 한국인의 교사관. 교육사교육철학 4. 1-4.

정영근(1997). 교사와 교육학적 지식의 성격. 한국교사교육 14(2). 1-17.

______(2003). 중등교사의 교육적 의미와 역할과제. 한독교육학연구 8(1). 89-109.

______(2003). 현대 교수학습이론의 발달과 교직의 의미 축소. 상명대학교 인문과학연구 제13호.

정영수 외(1998). 교사와 교육. 서울 : 문음사.

정우현(1988). 교권의 확립과 교직의 자율성. 교육학연구 26(2). 15-28.

정윤경(2002). 발도르프 학교의 교사교육. 교육철학 27. 91-108.

정재걸(1996). 교육개혁에서의 교사교육의 문제. 교육철학 14-1. 169-181.

정진곤(1997). 교사양성과정의 전문성 확보. 한국교육학회 연차학술대회발표논문집

정혜영(1999). 학교교육학의 학문적 성격과 의미. 한독교육학연구 4(2). 23-40.

조수환(1988). Peters 교육철학에 있어서의 교사의 권위. 한국교육철학회, 교육철학 6. 73-88.

조용기, 최석민(2003). 교사교육과 교육철학의 성격. 한국교육철학회, 교육철학 24. 157-169.

조용태, 조태윤(2002). 21세기 교사의 유동적 사고의 필요성. 한국교육철학회, 교육철학 20. 153-171.

조용환(1995). 학교 구성원의 삶과 문화 : 교사와 학생, 그들은 행복한가? 교육학연구 33(4).

77–102.

최정실(1998). 포스트모던 시대의 교사교육에 대한 인식론적 접근. 교육철학 20. 85–100.

한기언(2002). 21세기 새 스승상의 정립 : 사도문화의 함양과 사도정신의 제창. 초등교육연구 17. 1–22.

한명희(1980). 교직의 자율성. 교육 12. 46–55.

______(1990). 교사교육의 이념과 내용의 관계. 한국교사교육 7.

______(1993). 우수교원의 개념적, 실천적 조건. 교육과정연구 12. 143–155.

______(1995). 현대교사론의 한계극복의 과제. 교육과정연구 13. 191–200.

한상원(2000). 여래와 교사 : 대승기신론의 교육학적 의의. 서울대학교 석사학위논문.

한영란(2004). 교사와 영성교육. 서울 : 내일을 여는 책.

황규호, 양은주, 전영국, 허희옥(2001). '교실붕괴'로 불리는 교사–학생 갈등 현상의 이해를 위한 질적 연구. 한국교육 28 (2). 247–276.

Burbules, N. (2000). A half–century of Educational Theory. *Educational Theory* 50(3). 279–288.

Carson, T. (1997). 반성적 실천을 통한 교사교육의 재개념화. 허숙, 유혜령 편. 교육현상의 재개념화 : 현상학, 해석학, 탈현대주의적 이해. pp. 395–418. (원제목 : *Reflective practice and a reconceptualization of teacher education*, 유혜령 역) 서울 : 교육과학사.

Clandinin, J. & Connelly, M. (1995). *Teachers' professional knowledge landscapes*. NY : Teachers Colledge Press.

Cochran–Smith, M. & Lytle, S. (1999). The teacher research movement : A decade later. *Educational researcher* 28(7). 15–25.

Cremin, L. (1961). *The transformation of the school : Progressivism in American education 1876–1957*. New York : Alfred A. Knopf Publisher.

Darling–Hammond, L. (2000). How teacher education matters? *Journal of Teacher Education* 51(3). 166–173.

Fenstermacher, G. D. & Soltis, J. F. (1992). 가르치는 일이란 무엇인가. 이지헌 역(원제목 : *Approaches to teaching*). 서울 : 교육과학사.

Fishman, S. M. & McCarthy, L. (1998). *John Dewey and the challenge of classroom practice*. New York : Teachers College Press.

Flitner, A. & Scheuerl, H. (Eds.) (2000). 사유하는 교사. 송순재 역. (원제목 : *Einfuhrung in Padagogisches Sehen und Denken*; 원본출판 : 1984). 서울 : 내일을 여는 책.

Freire, P. (2000). 프레이리의 교사론 : 기꺼이 가르치려는 이들에게 보내는 편지. 교육문화연구회 역. (원제목 : *Teachers as cultural workers : Letters to those who dare teach*; 원본출판 : 1998). 서울 : 아침이슬.

Ginsburg, M. B. (1988). *Contradictions in teacher education and society : A critical analysis*. London : Palmer.

Goodwin, D. (1998). A qualitative study of the inner growth of teachers involved in educational action research projects. Unpublished doctoral dissertation, University of Illinois, Urbana-Champaign.

Grossman, P. L. (1990), *The Making of a Teacher : Teacher Knowledge and Teacher Education*, Teachers College, Columbia University, New York and London.

Hargeaves, A. (1993). *Commonsense Model of the Professional Development of Teachers*, London : The Falmer Press.

Higgins, C. (2000). Educational philosophy as liberal teacher education : Charting a course beyond the dilemma of relevance. *Philosophy of Education Society Proceedings*. 271-279. Followed by H. Siegel, Relevance, pluralism, and philosophy of education. (pp. 280-282).

Hogan, P. & Smith, R. (2003). The activity of philosophy and the practice of education. .In N. Blake, P. Smeyers, R. Smith, & P. Standish (eds.) *The Blackwell guide to the philsophy of education* (pp. 165-180). Oxford : Blackwell Publishing.

Kincheloe, J. (1991). *Teachers as researchers : Qualitative inquiry as a path to empowerment*. London : The Falmer Press.

Lieberman, A. (2000). Transforming teaching and schooling in the 21st century. 학교변화와 교사의 역할 제1회 애마학술강좌 자료집(pp. 3-15). 서울 : 이화여자대학교.

Maloney, K. (1985). Philosophy of education : Definitions of the field, 1942-1982. *Educational Studies* 16(3). 235-258.

Pearson, A. T. (1989). *The teacher : Theory and practice in teacher education*. New York : Routledge.

Schon, D. A. (1983). *The reflective practitioner : How professionals think in action*. Basic Books.

Schulman, L. S. (1986). Those who understand : Knowledge growth in teaching. *Educational Researcher* 15(2). 4-14.

Spranger, E. (1976). 천부적인 교사. 김재만 역. (원제목 : *Der geborene Erzieher*, 원본출판 : 1957). 서울 : 배영사.

Westbury, I., Hopmann, S., & Riquarts, K. (Eds.) (2000). *Teaching as a reflective practice : The German Didaktik tradition*. Lawrence Erlbaum Associates.

| 엮은이 |

**양은주**

미국 뉴욕주립대학교(University of New York at Buffalo) 대학원에서 교육철학 전공으로 박사학위를 받았다. 서울 영란여자중학교에서 다년간 영어를 가르쳤고, 2004년부터 광주교육대학교 교육학과 교수로 재직 중이다. 주요 관심 분야는 듀이 철학과 교육론, 미적 경험의 교육적 의미, 교사교육, 초등교육의 철학 등이다. 공저로 『학교교육과정론』, 『초등교육의 재조명』, 『새로운 학교교육문화운동』 등이 있으며, 논문으로 "듀이의 자연주의적 형이상학에 근거한 교육적 경험의 원리", "변화하는 학습 개념과 그 교육적 의미", "듀이 실험학교와 예술가로서의 교사" 등이 있다. ejyang@gnue.ac.kr

| 지은이 |

(교육고전 제외, 목차순)

**맥신 그린** : 미국 콜럼비아대학교 교사대학 명예교수, Center for Social Imagination, Arts, and Education 소장. 저서로 *Releasing the Imagination, The Dialectic of Freedom, The Public School and the Private Vision and Existential Encounters for Teachers* 등이 있다.

**한스 라우웬베르거** : 독일 카셀교원대학교 교육학 교수. 저서로 Unterricht in der Sekundarstufe I, Zum Verhaltnis von Padagogik und Soziologie. In: Erziehungswissenschaftliches Handbuch Ⅱ 등이 있다.

**이명준** : 한국교육과정평가원 선임연구위원. 저 · 역서로 『헤겔철학의 현대성』, 『분석적 교육철학』, 『유토피아와 교육』 등이 있다.

**안인희** : 이화여자대학교 사범대학 교육학과 명예교수. 저 · 역서로 『루소의 교육론: 에밀』, 『누가 아이를 이렇게 키우라 말할 수 있을까』, 『교육철학 에세이』(공저) 등이 있다.

**한명희** : 동국대학교 사범대학 교육학과 명예교수. 저서로 『교육의 미학적 탐구』, 『서양교육사 신론』, 『교육의 철학적 이해』(공저) 등이 있다.

| 옮긴이 |

**송순재** : 감리교신학대학교 기독교교육학과 교수. 저 · 역서로 『유럽의 아름다운 학교와 교육개혁운동』, 『프레네 교육학에 기초한 학교 만들기』, 『느낌이 있는 학교건축』 등이 있다.

**김안중** : 서울대학교 사범대학 교육학과 교수. 저 · 역서로 『플라톤의 교육론』, 『한국현대교육의 재조명』 등이 있다.

**민희식** : 한양대학교 인문대학 불어불문학과 명예교수. 저 · 역서로 『프랑스 문학사』, 『법화경과 신약성서』, 『감성교육』 등이 있다.

**오인탁** : 연세대학교 교육과학대학 교육학과 명예교수. 저 · 역서로 『대학교육 개혁의 철학과 각국의 동향』, 『파이데이아: 고대 그리스의 교육사상』, 『현대교육철학』 등이 있다.

**정혜영** : 공주교육대학교 교육학과 교수. 저서로 『교육인간학』, 『위대한 교육사상가들 Ⅰ, Ⅲ』(공저), 『교육학적 사유를 여는 교육의 철학과 역사』(공저) 등이 있다.

**교사를 일깨우는 사유**

초판 1쇄 2007년 8월 23일
6쇄 2024년 3월 15일

엮은이 양은주
펴낸이 장후녕
펴낸곳 문음사

주소 | 16914 경기도 용인시 기흥구 구성로 279번길 3-32
전화 | 031-282-5875
팩스 | 031-624-5875
이메일 | moonumsa@moonumsa.co.kr
홈페이지 | www.moonumsa.co.kr

ISBN 89-8168-417-0 93370



정가 22,000원